Gerrit Horstmeier

Prekäre Beschäftigungsverhältnisse

de Gruyter Handbuch

Gerrit Horstmeier

Prekäre Beschäftigungsverhältnisse

Systematische Darstellung sämtlicher Beschäftigungsformen

WDEG RECHT

De Gruyter Recht · Berlin

Dr. jur. *Gerrit Horstmeier*, Villingen-Schwenningen
Professor der Hochschule Furtwangen

⊚ Gedruckt auf säurefreiem Papier,
das die US-ANSI-Norm über Haltbarkeit erfüllt.

ISBN 978-3-89949-468-6

Bibliografische Information der Deutschen Nationalbibliothek

Die Deutsche Nationalbibliothek verzeichnet diese Publikation in der Deutschen Nationalbibliografie; detaillierte bibliografische Daten sind im Internet über http://dnb.d-nb.de abrufbar.

Printed in Germany
Umschlaggestaltung: Martin Zech, Bremen
Umschlagabbildungen: pressmaster/fotolia.com (oben), Martin Zech (unten)
Datenkonvertierung/Satz: Reemers Publishing Services GmbH, Krefeld
Druck und Bindung: Hubert & Co., Göttingen

Vorwort

Zur Zeit der Drucklegung dieses Buches ist die aus der Finanzkrise entstandene Wirtschaftskrise in vollem Gange. Großbetriebe versuchen, ihre Stammbelegschaft über die von den politischen Gremien verlängerte Kurzarbeit zu halten. Diese an sich begrüßenswerte Reaktion verdeutlicht aber auch schon die Problematik, die sich dahinter verbirgt und mit der sich dieses Buch beschäftigt: zahlreiche Beschäftigungsgruppen wie Leiharbeiter, befristet Beschäftigte, freie Mitarbeite etc. gehören nicht dazu. Sie müssen in der Krise als erste gehen.

Mit diesen und anderen Beschäftigungsverhältnissen, ihrer Historie, und rechtlichen Einordnung, beschäftigt sich dieses Buch. Dieses Handbuch über die Beschäftigungsformen außerhalb der Standardarbeitsverhältnisse zeigt aber auch das mittlerweile erreichte millionenfache Ausmaß dieser unsicheren Beschäftigungsformen und die damit verbundene zunehmende Marginalisierung des klassischen Arbeitsrechts und seine Aufspaltung in viele kleine arbeitsrechtliche Sonderbereiche mit einem entsprechend geringerem Sicherheitsniveau.

Danken möchte ich Frau stud. oec. Anne-Marie Timmalog, für die Erstellung des Literatur-, und Abkürzungsverzeichnisses.

Widmen möchte ich das Buch dem Glück meines Lebens, meinen Kindern und meiner Frau, die so manches Wochenende und so manchen Abend auf mich verzichtet und mich dennoch bestärkt und ermutigt haben – wie ich hoffe, zum Vorteil des Buches.

Villingen-Schwenningen, im Mai 2009

Gerrit Horstmeier

Inhaltsverzeichnis

Literaturliste

Adomeit, Klaus	Der untypische Arbeitnehmer – am Beispiel des Wissenschaftlichen Angestellten, in: Festschrift für Otto Rudolf Kissel, München 1994, S. 1 ff.
Albrecht, Rüdiger	Die Einrichtung von Tele- und Außenarbeitsplätzen – rechtliche und personalpolitische Anforderung, in: NZA 1996, 1240 ff.
Annuß, Georg	§ 242 BGB als Fundament eines allgemeinen Kündigungsschutzes?, in: BB 2001, 1898 ff.
Annuß, Georg/ Thüsing, Gregor	Teilzeit- und Befristungsgesetz, 2. Aufl., Frankfurt/M. 2006
Backmeister, Thomas/Trittin, Wolfgang/Mayer, Udo R.	KSchG mit Nebengesetzen, 3. Aufl., München 2004
Bauer, Jobst-Hubertus	Befristete Arbeitsverträge unter neuen Vorzeichen, in: BB 2001, 2473 ff.
ders.	Betriebsänderungen in Tendenzunternehmen, in: Festschrift für Helmut Wissmann, München 2005, S. 215 ff.
Bauer, Jobst-Hubertus/ Günther, Jens	Heute lang, morgen kurz – Arbeitszeit nach Maß!, in: DB 2006, 950 ff.
Baumann, Christian	Grundfragen des kirchlichen Arbeitsrechts, in: AuA 1997, 154 ff.
Baumbach, Adolf/Hopt, Klaus	Handelsgesetzbuch, 33. Aufl., München 2008
Bauschke, Hans-Joachim	Tendenzbetriebe – allgemeine Problematik und brisante Themenbereiche, in: ZTR 2006, 69 ff.
Bayreuther, Frank	Tarifpolitik im Spiegel der verfassungsrechtlichen Rechtsprechung, in: NZA 2005, 341 ff.
ders.	Gesetzlicher Mindestlohn und sittenwidrige Arbeitsbedingungen, in: NJW 2007, 2022 ff.
ders.	Die Neufassung des § 14 Abs. 3TzBefG – diesmal europarechtskonform?, in: BB 2007, 1113 ff.
Beckers, Markus	Einrichtung von Betriebsräten in kirchlichen Einrichtungen?, in: ZTR 2000, 63 ff.
Berger-Delhey, Ulf	Kein Interessenausgleich im Tendenzbetrieb, in: BB 1996, 1064 f.
ders.	Zwei Jahre zur Probe?, in ZTR 2006, 74 f.
Berndt, Joachim	Arbeitnehmer oder freier Mitarbeiter, BB 1998, 894 ff.
Bertzbach, Martin	Zur Zulässigkeit von sog. „Einfühlungsverhältnissen", in: FA 2002, 340 ff.
Biedenkopf, Kurt	Grenzen der Tarifautonomie, Karlsruhe 1964

Bischoff, Bernhard/ Hammer, Ulrich	Grundfragen des kirchlichen Arbeitsrechts, in: ArbuR 1995, 161 ff.
Blanke, Thomas	Die Auflösung des Arbeitnehmerbegriffs – Von der Bekämpfung zur Förderung von Scheinselbstständigkeit und geringfügiger Beschäftigung, in: KJ 2003, 7 ff.
Bleistein, Franzjosef	Das Mitwirkungsrecht der Mitarbeitervertretungen nach der Mitarbeitervertretungsordnung der katholischen Kirche bei Kündigungen, in: Festschrift für Eugen Stahlhacke, Neuwied, Kriftel, Berlin 1995
Böhm, Wolfgang	Zeitenwende bei der Zeitarbeit: Start mit Irritationen, in: NZA 2003, S. 828 ff.
Boemke, Burkhard	Ausstrahlungen des Betriebsverfassungsgesetzes ins Ausland“, in: NZA 1992, 112 ff.
ders.	Das Telearbeitsverhältnis, in: BB 2000, 147 ff.
Boemke, Burkhard	Das Telearbeitsverhältnis – Arbeitsschutz, Datenschutz und
Ankersen, Per	Sozialversicherungsrecht, in: BB 2000, S. 1570 ff.
diess.	Telearbeit und Betriebsverfassung, in: BB 2000, 2254 ff.
Böhning, Björn/Helbig, Silvia/ Heyser, Jessica	Praktika von Hochschulabsolventen, Frankfurt 2006
Böttcher, Inge	Mitbestimmung bei Versetzung eines Tendenzträgers, Urteilsanmerkung zu ArbG Hamburg v. 8.6.1994, in: AiB 1995, 186 f.
Bourdieu, Pierre	Gegenfeuer. Wortmeldungen im Dienste des Widerstands gegen die neoliberale Invasion, Konstanz 1998
Braun, Stefan	Anspruch auf Arbeitsvertrag nach wirksamer Befristung?, in: ZTR 2007, 78 ff.
Briedis, Kolja/ Minks, Karl-Heinz	Generation Praktikum – Mythos oder Massenphänomen?, HIS-Projektbericht April 2007, in: www.his.de/generation-praktikum.pdf
Brinkmann, Ulrich/Dörre, Klaus/ Röbenack, Silke	Prekäre Arbeit – Ursachen, Ausmaß, soziale Folgen und subjektive Verarbeitungsformen unsicherer Beschäftigungsverhältnisse, Bonn 2006
Brötzmann, Ulrich	Urteilsanmerkung zu BAG v. 8.11.2006, Az.: 5 AZB 36/06, in: NJW 2007, 1229
Brors, Christiane/ Schüren, Peter	Konzerninterne Arbeitnehmerüberlassung zur Kostensenkung, in: BB 2004, 2745 ff.
Brose, Wiebke	Das Ende der Kleinbetriebsklausel und des Contrat nouvelles embauches wegen Europarechtswidrigkeit?, in: ZESAR 2008, 221 ff.
Budde, Petra	Kirchenaustritt als Kündigungsgrund, in: AuR 2005, 353 ff.
Bundesministerium für Bildung und Forschung (Hg.)	Die wirtschaftliche und soziale Lage der Studierenden in der Bundesrepublik Deutschland 2006 (zit.: 18. Sozialerhebung des Deutschen Studentenwerks), Berlin 2007
Canaris, Claus-Wilhelm	Atypische faktische Arbeitsverhältnisse, in: BB 1967, 165 ff.
Castel, Robert	Die Metamorphosen der sozialen Frage, Konstanz 2000
Chesnais, Francois	Das finanzdominierte Akkumulationsregime, in: Die globale Enteignungsökonomie (Hg. C. Zeller), Münster 2004

Däubler, Wolfgang	Die veränderte Betriebsverfassung, in: AuR 2001, 285 ff.
ders.	Weltanschauung auf europäisch, in: NJW 2006, 2608 f.
Däubler, Wolfgang/Bertzbach, Martin	Handkommentar AGG, Baden-Baden 2007 (zit.: Däubler/ Bertzbach/Bearbeiter)
Decruppe, Hans/Utess, Mario	Arbeitszeitpolitik durch die Judikatur?, in: AuR 2006, 347 ff.
Deinert, Olaf	Zur Tariffähigkeit einer Arbeitnehmerkoalition, in: AuR 2004, 212 ff.
ders.	Reichweite des deutschen Kündigungschutzgesetzes bei internationalen Sachverhalten, in: RiW 2008, 148 ff.
Dewender, Sascha	Betriebsverfassungsrechtliche Schwellenwerte und Leiharbeitnehmer, in: JR 2004, 262 ff.
Dieterich, Thomas u.a.	Erfurter Kommentar zum Arbeitsrecht, 9. Aufl. München 2009 (zit.: EK/Bearbeiter)
Dollmann, Bernd	Praktikum und Vergütungsanspruch – Zwischen Einfühlungsverhältnis und verschleierter Probeanstellung, in: ArbRB 2006, 306 ff.
Dörner, Hans-Jürgen	Der befristete Arbeitvertrag, München 2004
Dörner, Hans-Jürgen	Die Leiharbeitnehmer in der Betriebsverfassung, in: Festschrift für Hellmut Wissmann, München 2005, S. 286 ff.
Dörre, Klaus	Prekäre Arbeit. Unsichere Beschäftigungsverhältnisse und ihre sozialen Folgen, in: Arbeit 2006, 181 ff.
Dörre, Klaus/Kramer, Klaus/ Speidel, Frederic	Marktsteuerung und Prekarisierung der Arbeit, in: Moderner Rechtspopulismus. Ursachen, Wirkungen, Gegenstrategien, Hamburg 2004
Dörre, Klaus/Neis, Matthias	Geduldige Prekarier? Zur Unsicherheit wissenschaftlicher Karrieren, in:http://www.academics.de/portal/action/ popup/print?nav=31002 (23.10.2008, auch in Forschung & Lehre Oktober 2008 veröffentlicht)
Epping, Volker/ Lenz, Sebastian	Die Finanzierung von wissenschaftlichem und weiterem Personal aus Studienbeiträgen – am Beispiel der Rechtslage in Nordrhein-Westfalen, in: Die Verwaltung 2008, 155 ff.
Erdmann, Jörg Peter	Au-Pair-Verhältnis und Versicherungspflicht, in: Die Beiträge zur Sozial- und Arbeitslosenversicherung (Die Beiträge) 2001, 321 ff.
ders.	Die Versicherungspflicht mitarbeitender Ehegatten und Familienangehöriger, in: Die Sozialversicherung 1996, 57 ff.
Etzel, Gerhard	Betriebsverfassungsrecht, 7. Aufl., Neuwied, Kriftel 2001
Evers, Jürgen	Die Nichtigkeit von Handelsvertreterverträgen wegen zu geringer Verdienstmöglichkeiten und ihre Rückabwicklung, in: BB 1992, 1365 ff.
Fangmann, Helmut	„Die Rechtsstellung des Praktikanten“, in: ArbuR 1977, 201. ff.
Federkeil, Gero	„CHE-Alumni-Ranking – Ergebnisse einer vergleichenden Absolventenbefragung des Centrums für Hochschulentwicklung“, Arbeitspapier Nr. 66, 2005

Feldhoff, Kerstin	Anspruch auf Teilzeitbeschäftigung – zum Verhältnis der rechtlichen Grundlagen der §§ 8 TzBefG, 15 BErzGG und 15 b BAT/11 TVöD im Kontext der aktuellen Rechtsprechung des Bundesarbeitsgerichts, in: ZTR 2006, 58 ff.
Fenn, Herbert	Die juristische Qualifikation der Mitarbeit bei Angehörigen und ihre Bedeutung für die Vergütung, in: FamRZ 1968, 291 ff.
Ferme, Marco	Praktikantenverträge – Vorsicht bei der rechtlichen Einordnung, in: AuA 2007, 456 ff.
Fesenmayer, Julia	Projektbefristung, Urteilsanmerkung zu BAG v. 7.11.2008, 7 AZR 484/06, in: BB 2008, 955 f.
Fey, Detlev	Richtlinie über Anforderungen der beruflichen Mitarbeit in der Evangelischen Kirche in Deutschland und ihrer Diakonie, in: AuR 2005, 349 ff.
Fischer, Ulrich	Teilzeitarbeit in Kleinbetrieben, in: BB 2002, 94 ff.
ders.	Zustimmungsverweigerung wegen unterbliebener Ausschreibung in Teilzeit, in: AuR 2005, 256ff.
Fitting, Karl	Betriebsverfassungsgesetz, 22. Aufl., München 2004
Flämig, Sandra	Arbeitnehmerüberlassung im internationalen Konzern, Aachen 2003
Franzen, Martin	Der Franchisevertrag als Arbeitsvertrag?, in: Festschrift 50 Jahre Bundesarbeitsgericht, München 2004, S. 31 ff.
Fricke, Wolfgang	Virtuelle Betriebe – Auswirkungen auf die Betriebsratsarbeit?, in: AiB 1997, 31 ff.
Frik, Roman	Die Befristung von Leiharbeitsverträgen nach dem Teilzeit- und Befristungsgesetz, in: NZA 2005, 386 ff.
Fröhlich, Oliver/ Mirwald, Carolin	Die Mitarbeit im Familienbetrieb, in: ArbRB 2007, 217 ff.
Gast, Wolfgang	Arbeitsrecht und Abhängigkeit, in: BB 1993, 66 ff.
Gaul, Björn	Betriebsverfassungsrechtliche Aspekte einer Entsendung von Arbeitnehmern ins Ausland, BB 1990, 698 ff.
Gaul, Björn	Die Weiterbeschäftigung nach zumutbaren Umschulungs- und Fortbildungsmaßnahmen, in: BB 1995, 2422 ff.
Gemmel, Yvonne	Personaleinsatz über Grenzen hinweg, in: AuA 2008, 270 ff.
Gillen, Christoph/ Hörle, Ulrich	Betriebsänderungen in Tendenzbetrieben, in: NZA 2003, 1225 ff.
Gnann, Thomas/ Gerauer, Alfred	Arbeitsvertrag bei Auslandsentsendung, 2. Aufl., München 2002
Grahn, Björn	Studenten in Beschäftigungsverhältnissen, in: JA 2003, 346 ff.
Gravenhorst, Anna Caroline	Kündigungsschutz bei Arbeitsverhältnissen mit Auslandsbezug, in: RdA 2007, 283 ff.
Gravenhorst, Wulf	Anwendungsbereich des Kündigungsschutzgesetzes in Fällen mit Auslandsberührung, in: jurisPR-ArbR 31/2008 Anm. 1
Groeger, Axel	Haushaltsrecht und Befristung von Arbeitsverträgen, in: NJW 2008, 465 ff.

Grunsky, Wolfgang	Arbeitsgerichtsgesetz, 7. Aufl. München 1995
Gussone, Maximilian	Rezension von „Der befristete Arbeitsvertrag" von Hans-Jürgen Dörner, München 2004, in: AuR 2005, 104 f.
Hamann, Wolfgang	Mitbestimmung bei Übernahme von Leiharbeitnehmern, Anmerkung zu BAG v. 23.1 .2008, Az. 1 ABR 74/06, in: jurisPR-ArbR 18/2008 Anm. 1
Hammer, Ulrich	Bewegungsspielräume im kirchlichen Arbeitsrecht, in: ZTR 1997, 97 ff.
Hanau, Peter	Tendenzschutz und Partnerschaft, in: AfP 1993, 452 ff.
ders.	Verfassungsrechtlicher Kündigungschutz, in: Festschrift für Thomas Dieterich, München 1999, 200 ff.
Haratsch, Andreas/ Holljesiefken, Anke	Studentische Hilfskraft auf Lebenszeit, in: NZA 2008, 207 ff.
Haug, Volker	Hochschulrecht in Baden-Württemberg, Heidelberg, 2001
Heilmann, Micha	Betriebsratsarbeit in Kleinbetrieben, in: AiB 2008, 30 f.
Heinke, Yvonne/Böcking, Victoria/Lingg, Jutta	Arbeitnehmerentsendung – der wirtschaftliche Arbeitgeber zahlt, in: AuA 2003, S. 45 ff.
Helfrich, Marcus	Kündigung eines Wissenschaftlers in der Probezeit – Rechte des Betriebsrats und Tendenzschutz, in: WissR 1994, 64 ff.
Hennssler, Martin/ Willemsen, Heinz-Josef/ Kalb, Heinz-Jürgen	Arbeitsrecht Kommentar, Köln 2004
Hergenröder, Carmen Silvia	Mitarbeit von Familienangehörigen, in: AR-Blattei SD 700.1 (1999)
diess.	Mitarbeit des Ehegatten sowie des Lebenspartners, in: AR-Blattei SD 615.1 (2003)
Hergenröder, Claus Wolfgang	Urteilsanmerkung zu BAG v. 21. 9. 2006, Az.: 2 AZR 840/05, in: EWiR 2007, 345 f.
Hirschberg, Lothar	Urteilsanmerkung zu LAG Hamm v. 24.5.1976, Az.: 8 Ta 44/76, in: NJW 1976, 1807 f.
Hommel, Ulrich/ Knecht, Thomas C. Wohlenberg, Holger	Handbuch Unternehmensrestrukturierung, Frankfurt 2006
Hoppe, Jeannine	Die Entsendung von Arbeitnehmern in das Ausland, 1999,
Horstmeier, Gerrit	Der Sukzessivlieferungsvertrag in Praxis und Rechtsprechung, Villingen-Schwenningen 2006
ders.	Praktikumsverträge mit Hochschulabsolventen – angemessener Berufseinstieg oder sittenwidrig?, in: JR 2006, 313 ff.
ders.	Studiengebühren nach dem Landeshochschulgebührengesetz, in: VBlBW 2008, S. 93 ff.
Hoyningen-Huene, Gerrick v./ Linck, Rüdiger	Kündigungsschutzgesetz, 13. Aufl. München 2002
Hromadka, Wolfgang	Befristete und bedingte Arbeitsverhältnisse neu geregelt, in: BB 2001, 674 ff.
Hueck, Alfred/ Nipperdey, Hans Carl	Lehrbuch des Arbeitsrechts, Bd. 1, 6. Auflage München 1959

Hurlebaus, Horst-Dieter	Neue Rechtsprechung zum Berufsbildungsgesetz, in: GewA 2002, 14 ff.
Jarass, Hans D./ Pieroth, Bodo	Grundgesetz, 9. Aufl., München 2007
Jauernig, Othmar	Bürgerliches Gesetzbuch, 12. Aufl., München 2007
Jousssen, Jacob	Neue kollektivrechtliche Wege im kirchlichen Arbeitsrecht – Modelle für die Zukunft oder Sackgassen der rechtlichen Entwicklung?, in: ZTR 2007, 300 ff.
Kania, Thomas	Betriebsräte in Lizenzfußballvereinen, in: SpuRt 1994, 121 ff.
Kast, Matthias/ Herrmann, Rajko	Altersdiskriminierung und erleichterte Befristung gemäß § 14 Abs. 3 TzBefG: ein Praxistest, in: BB 2007, 1841 ff.
Keller, Berndt/ Seifert, Hartmut	Atypische Beschäftigungsverhältnisse: Flexibilität, soziale Sicherheit und Prekariat, in: WSI-Mitteilungen 5/2006, 235 ff.
Kessler, Wolfgang/ Peter, Markus	Weiterentwicklung des Betriebsstättenprinzips, in: BB 2000, 1545 ff.
Kittner, Michael	Der freie Arbeitsvertrag, in: Festschrift für Otto Rudolf Kissel, München 1994, S. 497 ff.
Kittner, Michael/Däubler, Wolfgang/Zwanziger	Kündigungsschutzrecht, 6. Aufl., Frankfurt/Main 2004
Kittner, Michael/ Zwanziger, Bertram	Arbeitsrecht – Handbuch für die Praxis, Frankfurt/M. 2005
Kliemt, Michael	Der neue Teilzeitanspruch, in: NZA 2001, 63 ff.
Klunzinger, Eugen	Mitarbeit im Familienverband, in: FamRZ 1972, 70 ff.
Knospe, Armin	Europäische Dimensionen der geringfügigen Beschäftigung, Die geringfügige Beschäftigung in europäischen Vergleich und in der Rechtsprechung des Europäischen Gerichtshofs, in: ZESAR 2008, 323 ff.
Kock, Martin	Kündigungsschutz von Alt- und Neuarbeitnehmern im Kleinbetrieb, in: MDR 2007, 1109 ff.
Kölpien, Joachim	Die Ausstrahlung des Betriebsverfassungsgesetzes 1972 bei der Entsendung von Arbeitnehmern deutscher Arbeitnehmer in das Ausland, 1987
König; Kai/Christoph J./ Zeidler, Frank	Outsourcing: arbeitsrechtliche und umsatzsteuerliche Aspekte bei privaten Hauptvogel, Krankenhäusern, in: BB 2005, 9 ff.
Körner, Marita	Flexicurity in atypischen Arbeitsverhältnissen, Düsseldorf 2006
Kopp, Ferdinand/ Ramsauer, Ulrich	Verwaltungsverfahrensgesetz, 10. Aufl., München 2008
Korinth, Michael H.	Weiterbeschäftigungsanspruch in Tendenzbetrieben, in: ArbRB 2003, 350 ff.
Kortstock, Ulf	Befristung von Arbeitsverhältnissen im Hochschulbereich – Wissenschaftszeitvertragsgesetz in Kraft getreten, in: ZTR 2007, 350 ff.
Kraushaar, Bernhard	Tendenzbetrieb – Einsetzung einer Einigungsstelle, in: AiB 1994, 505

Krawietz, Marian/ Müßig-Trapp, Peter/ Willige, Janka	Praktika im Studium, HISBUS-Blitzbefragung Kurzbericht Nr. 13, HIS Hochschulinformationssystem GmbH, Hannover, September 2006
Kreutz, Peter	Leiharbeitnehmer und Betriebsratswahl – wer wählt, zählt nicht!, in: SAE 2004, 168 ff.
Kronisch, Gerhard	Auslandstätigkeit will gut vorbereitet sein, in: AuA 2001, 119 ff.
Küchenhoff, Wolfgang	Tendenzschutz in Bildungseinrichtungen für Erwachsene, in: NZA 1992, 679 ff.
Küttner, Wolfdietrich	Personalhandbuch 2008, München 2008 (zit.: Küttner/Bearbeiter)
Kukat, Klaus	Nachteilsausgleich in Tendenzbetrieben, Urteilsanmerkung zu BAG v. 27.10.1998, 1 AZR 766/97, in: BB 1999, 688 f.
Kusak, Barbara	Große Novelle des tschechischen Arbeitsgesetzbuchs, in: WiRO 2000, 409 ff.
Lakies, Thomas	Volontär und Praktikant, in: AR-Blattei SD (174. Aktualisierung Dezember 2007), 1740
Laux, Helga/ Schlachter, Monika	Teilzeit- und Befristungsgesetz, München 2007
Leibholz, Gerhard/ Rinck, Hans Justus	Grundgesetz für die Bundesrepublik Deutschland, Köln 1975/2006
Leinemann, Wolfgang/ Taubert, Thomas	Berufsbildungsgesetz, München 2002
Lettl, Tobias	Der arbeitsrechtliche Kündigungsschutz nach den zivilrechtlichen Generalklauseln, in: NZA-RR 2004, 57 ff.
Leube, Konrad	„Internatsjahr als Praktikantenverhältnis", in: DÄ 1972, 313 ff.
ders.	Das ruhende Arbeitsverhältnis, München 1969
Liemen, Erhard	Zur Tendenzbetriebseigenschaft von Entwicklungshilfeorganisationen, in: RdA 1985, 85 ff.
Lindemann, Achim/ Simon, Oliver	Betriebsvereinbarungen zur E-Mail-, Internet- und Intranet-Nutzung, in: BB 2001, 1950 ff.
Lindner, Josef Franz	Grundrechtsfestigkeit des arbeitsrechtlichen Kündigungsschutzes, in: RdA 2005, 166 ff.
Linne, Gudrun/ Vogel, Berthold	Leiharbeit und befristete Beschäftigung, Hans-Böckler-Stiftung Arbeitspapiere Nr. 68, Düsseldorf 2003
Linnenkohl, Karl	Die Virtualisierung der Arbeitsbeziehungen, in: BB 1998, 45 ff.
ders.	Selbständigen-Kultur und Arbeitsmarkt, in: BB 1999, 48 ff.
ders.	Selbständigen-Kultur und Arbeitsrecht, in: BB 1999, 48 ff.
Löffler, Martin/ Ricker, Reinhart	Handbuch des Presserechts, 4. Aufl., München 2000
Löwisch, Manfred	Die Voraussetzungen der Tariffähigkeit, in: ZfA 1970, 295 ff.
ders.	„Zuvor" bedeutet nicht: „in aller Vergangenheit", in: BB 2001, 254 f.

ders.	Vermeidung von Kündigungen durch befristete Weiterbeschäftigung, in: BB 2005, 1625 ff.
ders.	Auswege aus dem Kündigungsschutzrisiko?, in: Festschrift 50 Jahre Bundesarbeitsgericht, München 2004, 423 ff.
ders.	Die Ablösung des HRG durch das Wissenschaftszeitvertragsgesetz, in: NZA 2007, 479 ff.
Löwisch, Manfred/ Schüren,Peter	Aktuelle arbeitsrechtliche Fragen von Teilzeit und kürzerer Arbeitszeit, in: BB 1984, 925 ff.
Lohmann, Sabine	Ein-Euro-Job – Maßnahme zwischen Hilfe und Zwang, Frankfurt/M., Berlin, Bern, Bruxelles, New York, Oxford, Wien 2006
Lordon, Frédéric	„Aktionärsdemokratie“ als soziale Utopie? Hamburg, 2003
Loritz, Karl-Georg	Die Dienstreise des Arbeitnehmers, in: NZA 1997, 1188
Loritz, Karl-Georg/ Koch, Klaus-Hugo	Reisezeit als Arbeitszeit, in: BB 1987, 1105 ff.
Lunk, Stefan	Der Tendenzgemeinschaftsbetrieb, in: NZA 2005, 817 ff.
Lutz, Helma	Sprich (nicht) drüber – Fürsorgearbeit von Migrantinnen in deutschen Privathaushalten, in: WSI-Mitteilungen 2007, 554 ff.
Malzahn, Marion	Kapazitätsorientierte variable Arbeitszeit und Arbeitnehmergrundrechte, in: AuR 1985, 137 ff.
Maschmann, Frank	Befristeter Arbeitsvertrag zur Vertretung, Urteilsanmerkung zu BAG v. 5.6.2002, Az. 7 AZR 201/01, in: BB 2002, 2179 f.
Mastmann, Gabriele/ Stark, Josefine	Vertraggestaltung bei Personalentsendung ins Ausland, in: BB 2005, 1849 ff.
Maties, Martin	Generation Praktikum, in: RdA 2007, 137 ff.
Matthiesen, Sigrun	Dokumentation „Ewig Praktikant – Eine Generation in der Warteschleife“ 2007
Matthießen, Volker	Arbeitnehmerüberlassungsgesetz und Arbeitnehmer-Entsendegesetz – Besprechung von Ulber, Kommentar zum AÜG, in: AuR 2005, 105 f.
Maunz, Theodor/Dürig, Günter/Herzog, Roman	Grundgesetz-Kommentar, Bd. I, München, 53. Lieferung, Stand 10/2008
Meinel, Gernod/Heyn, Judith/ Herms, Sascha	Teilzeit- und Befristungsgesetz, 2. Aufl., München 2004
Melms, Christopher/ Lipinski, Wolfgang	Absenkung des Tarifniveaus durch die Gründung von AÜG-Gesellschaften, in: BB 2004, 2409 ff.
Menken, Ellen	Arbeitsrechtliche Probleme des Ehegattenverhältnisses, in: DB 1993, 161 ff.
Meusel, Ernst-Joachim	Sind Großforschungseinrichtungen Tendenzbetrieb?, in: WissR 1984, 15 ff.
Meyer, Uwe	Die haushaltsrechtlichen Befristungsgründe nach dem Teilzeit- und Befristungsgesetz, in: AuR 2006, 86 ff.
Meyer, Wolfgang	Handbuch des Arbeitsrechts für die Praxis, 9. Aufl. 2000
Mikosch, Ernst	Arbeitnehmerbegriff und Schutzzweck des Arbeitsrechts, in: Festschrift für Manfred Löwisch, München 2007, 189 ff.

Mittag, Reinold	Beweislast für Tatbestandsmerkmal „Kleinbetrieb“ im Kündigungsschutzrecht, Urteilsanmerkung zu BAG v. 24. 2. 2005, Az. 2 AZR 373/03, in: AuR 2005, 419 f.
Moll, Wilhelm/ Henke, Stefan	Urteilsanmerkung zu BAG v. 28.8.2003, Az.: 2 ABR 48/02, in: EWiR 2004, 531 (zu § 103 BetrVG 1/04)
Müller, Stefan	Nichtanwendbarkeit des Kündigungsschutzgesetzes im Kleinbetrieb (§ 23 Abs. 1 KSchG): Verteilung der Darlegungs-und Beweislast, in: DB 2005, 2022 f.
Müller-Knapp, Klaus	Urteilsanmerkung zu BAG v. 31.1.1995, Az. 1 ABR 35/94, in: AiB 1995, 796 Münchener Handbuch zum Arbeitsrecht, Bd. 1, 2. Aufl. München 2007 Münchener Kommentar zum Bürgerlichen Gesetzbuch, Bd. 1 (§§ 1–240), 5. Aufl., München 2006 Bd. 4 (§§ 611–704), 5. Aufl., München 2009 Bd. 7 (§§ 1297–1588), 4. Aufl., München 2000 (zit.: MK-Bearbeiter, MüKo-Bearbeiter)
Mummenhoff, Winfried	Loyalität im kirchlichen Arbeitsverhältnis, in: NZA 1990, 585 ff.
Nadler, Andreas/ Medem, Andreas	Formnichtigkeit einer Befristungsabrede im Arbeitsvertrag – ein nicht zu v. korrigierender Fehler?, in: NZA 2005, 1214 ff.
Nebeling, Martin/Dippel, Harms	Praktikanten – die besseren Arbeitnehmer?, in: NZA-RR 2004, 617 ff.
Neumann, Daniela	Aktuelle Fragen des kirchlichen Arbeitsrechts, in: Festschrift für Manfred Löwisch, München 2007, 205 ff.
Niermann, Walter/Plenker, Jürgen	Die Neuregelung der geringfügigen Beschäftigungsverhältnisse ab 1. 4. 2003, in: DB 2003, 304 ff.
Nikisch, Arthur	Arbeitsrecht Band I, 2. Aufl. 1954
Noll, Gerhard	Arbeitsrecht im Tendenzbetrieb, Frankfurt/Main, 2001
Oberwetter, Christian	Dass Allgemeine Gleichbehandlungsgesetz im Bereich der Personaldienstleistungen, in: BB 2007, 1109 ff.
Ohle, Jessica	Die Haushaltshilfe, in: ArbRB 2006, 309 ff.
Opolony, Bernhard	Die Weiterbeschäftigung von Auszubildenden nach § 78 a BetrVG, in: BB 2003, 1329 ff.
Ory, Stephan	So wird Scheinselbständigkeit vermieden, in: BB 1999, 696
Otten, August-Wilhelm	Heimarbeitsrecht – Kommentar zum HAG, Köln, 2008
Otto, Hans-Jörg	Die regelmäßige Beschäftigung i. S. von § 23 Abs. 1 S. 2 KSchG, Urteilsanmerkung zu BAG v. 22. 1. 2004, Az.: 2 AZR 237/03, in: RdA 2005, 185 f.
o. Verf.	Staufenbiel-Studie „JobTrends 2005/2006“
o. Verf.	Versicherungsrechtliche Beurteilung der Beschäftigung von Angehörigen, in: BB 2000, 2103 ff.
Palandt, Otto	BürgerlichesGesetzbuch, 67. Aufl., München 2008 (zit.: Palandt/Bearbeiter)
Pohle, Ekhard	Die Unterrichtung des Betriebsrats über die Beschäftigung von freien Mitarbeitern, in: BB 1999, 2401 ff.

Powietzka, Arnim	Eingetragene Lebenspartnerschaft und Arbeitsrecht, in: BB 2002, 146 ff.
Preis, Bernd	Die Sportgerichtsbarkeit des DFB und die „Bestechungsfälle" in der Bundesliga, in: DB 1971, 1570 ff.
Preis, Ulrich (Hg.)	Innovative Arbeitsformen, Köln 2005 (zit.: Preis/Bearbeiter)
Preis, Ulrich/Lindemann, Viola	Änderungsvorbehalte – das BAG durchschlägt den gordischen Knoten, in: NZA 2006, 632 ff.
Preis, Ulrich/Kliemt, Michael/ Ulrich/Christoph	Das Probearbeitsverhältnis, in: AR-Blattei SD 1270, November 2003
Räder, Evelyn/ Steinheimer, Karl-Heinrich	Das neue Wissenschaftszeitvertragsgesetz, in: Der Personalrat 2007, 328 ff.
Rebien, Martina/ Spitznagel, Eugen	Betriebspraktika – Auf Umwegen zum Ziel, in: IAB-Kurzbericht 7/2007 vom 20.3.2007, zit.: IAB-Kurzbericht 7/2007
Reichold, Hermann	Europarecht und das deutsche kirchliche Arbeitsrecht, in: NZA 2001, 1054 ff.
Reinecke, Gerhard	Flexibilisierung der Arbeitszeit im Arbeitgeber- und Arbeitnehmerinteresse – ein Rechtsprechungsbericht, in: BB-Special 4.2008, 21 ff.
Reiserer, Kerstin	„Scheinselbständigkeit" – Arbeitnehmer oder Selbständiger?, in: BB 1998, 1258 ff.
diess.	Die freie Mitarbeit wird wieder hoffähig, in: BB 2003, 1557 ff.
Reiter, Christian	Anwendbare Rechtsnormen bei der Kündigung ins Ausland entsandter Arbeitnehmer, in: NZA 2004, 1246 ff.
Reuter, Dieter	Das Sonderarbeitsrecht des Pressebereichs – eine Bestandaufnahme, in: Festschrift für Otto Rudolf Kissel, München 1994, S. 941 ff.
Reuter, Eva-Maria	Zulässigkeit von unentgeltlichen Probearbeitsverhältnissen, www.rechtpraktisch.de/artikel.html?id=861, 2005
Richardi, Reinhard	Die Betriebsverfassung der evangelischen Kirche, in: Festschrift für Otto Rudolf Kissel, München 1994, S. 967 ff.
ders.	BetrVG, 11. Aufl., München 2008
Richter, Nikola	Die Lebenspraktikanten, 2006
Rieble, Volker	Personalabbau in Forschungseinrichtungen – Kündigungsschutz und Sozialplan, in: WissR 1994, 40 ff.
Rixen, Stephan/ Pananis, Panos	Hartz IV: Welcher Ein-Euro-Job ist „zusätzlich"? – Sozial- und strafrechtliche Grenzen, in: NJW 2005, 2177 ff.
Roetteken, Torsten v.	Mittelbare Diskriminierung teilzeitbeschäftigter Frauen, in: jurisPR-ArbR 34/2008, Anm. 1
Rolfs, Christian	Das neue Recht der Teilzeitarbeit, in: RdA 2001, 129 ff.
Roscher, Falk	Zum Arbeitschutzrecht für Praktikanten in einstufigen Hochschulausbildungen, in: BB 1978, 1120
Rudolph, Helmut	Befristete Arbeitsverträge und Zeitarbeit, in: Leiharbeit und befristete Beschäftigung, Hans-Böckler-Stiftung Arbeitspapier 68, Düsseldorf 2003, S. 9 ff.
Rüthers, Bernd	Rechtstheorie, München 1999

Ruland, Franz	Die Sonderstellung der Religionsgemeinschaften im Kündigungsschutz und in den staatlichen Mitbestimmungsordnungen, in: NJW 1980, 89 ff.
Ruppel, Alfred	Der Angehörigenvertrag im Zwielicht von zivilrechtlicher und steuerrechtlich-wirtschaftlicher Bedeutung, in: BB 1996, 458 ff.
Rust, Ursula/Falke, Josef	AGG Kommentar, Berlin 2007
Schaub, Günter	Arbeitsrechts-Handbuch, 12. Auflage München 2007 (zit.: Schaub/Bearbeiter)
Scherer, Werner	Verträge mit Praktikanten, in: NZA 1986, 280 ff.
Scheriau, Karl Michael	Tendenzunternehmen – frei von Mitbestimmung?, in: AiB 2006, 145 ff.
Schirner/Eiderhorst	Eine Frage von Person und Vertrag, AuA 2005, 352 ff.
Schleitzer, Erhard	Kirchliches Arbeitsrecht und Tarifvertrag, in: Der Personalrat 1998, 101 ff.
Schliemann, Harald	Europa und der Heilige Geist, in: NJW 19/2008, S. III (Editorial)
Schoor, Hans Walter	Arbeitsverhältnisse zwischen Eltern und Kindern, in: StWK 2004, Gruppe 4, S. 487 ff.
Schüren, Peter	Zu den Schranken der Abrufarbeit, in: SAE 1985, 362 ff.
ders.	Betriebsratswahl – Leiharbeitnehmer – Arbeitnehmer in der Freistellungsphase der Altersteilzeit, in: RdA 2004, 184 ff.
ders.	Die Regelung der Vergütung der Leiharbeitnehmer, in: Festschrift Manfred Löwisch, München 2007, S. 367 ff.
ders.	Tarifunfähigkeit der CGZP wegen Missbrauchs der tariflichen Normsetzungsbefugnis in der Leiharbeit, in: AuR 2008, 239 ff.
Schüren, Peter/ Behrend, Britta	Arbeitnehmerüberlassung nach der Reform, in: NZA 2003, 521 ff.
Schüren, Peter/ Hamann, Wolfgang	Arbeitnehmerüberlassungsgesetz, 3. Aufl., München 2007
Schubert, Michael	Kündigungsschutz im Kleinbetrieb, Urteilsanmerkung zu ArbG Freiburg v. 4. 2. 2005, Az.: 14 Ca 469/04, in: AuR 2006, 70 f.
Schwerdtner, Peter	Kündigungsschutz in Kleinbetrieben – Auswirkungen der Entscheidung des BVerfG vom 27.1.1998 auf die Rechtsprechung der Arbeitsgerichte, in: Festschrift 50 Jahre Bundesarbeitsgericht, München 2004, S. 459 ff.
Seifert, Achim	Arbeitsrechtliche Sonderregeln für kleine und mittlere Unternehmen, in: RdA 2004, 200 ff.
Siegmund-Schulze, Gerhard	Befristete Chefdienstverträge, in: NJW 1976, 360 f.
Sievers, Jochen	Änderung des Verteilungswunsches bei Teilzeit, in: jurisPR-ArbR 48/2008, Anm. 1
Sinn, Hans-Werner	Wie Deutschland zu retten wäre, in: Suchy, Bernhard (Hg.) Was jetzt zu tun ist – wie sich Deutschland ändern muss, Berlin 2005, S. 151 ff.

Soergel, Hans Theodor/ Siebert, Wolfgang	Bürgerliches Gesetzbuch, Bd. 2, 2. Teil (§§ 104–240), 13. Aufl., Stuttgart, Berlin, Köln, Mainz 1999 (zit.: Soergel/Bearbeiter)
Sowka, Hans-Harald (Hg.)	Kündigungsschutzgesetz – Kölner Praxiskommentar unter Berücksichtigung sozialrechtlicher Bezüge, 2. Aufl. Köln 2000
Spiegelhalter, Hans-Joachim	Arbeitsrechtslexikon Bd. 1, München, Stand 08/2004
Stahlhacke, Eugen	Grundfragen der betriebsbedingten Kündigung, in: DB 1994, 1361 ff.
Stein, Peter	Mindestkündigungsschutz außerhalb des KSchG – Praktische Fragen der Darlegungs- und Beweislast, in: DB 2005, 1218 ff.
Steiner, Regina/ Mittländer, Silvia	Prekäre Beschäftigungsverhältnisse, Frankfurt/M. 2008
Strasser, Karsten/ Melf, Andreas	Studierende als Tagelöhner?, in: AuR 2006, 343 ff.
Stuhr, Dorothee/ Stuhr, Hans-Jürgen	Anspruch der Studenten auf Urlaub und Entgelt für die Tätigkeit im praktischen Studiensemester, in: BB 1981, 916
Ulber, Jürgen	AÜG-Kommentar, 3. Aufl., Frankfurt 2006
Thüsing, Gregor	AÜG-Kommentar, München 2005
ders.	Das kirchliche Arbeitsrecht vor neuen Herausforderungen, in: ZTR 2006, 230 ff.
Tillmann, Michael	Telearbeit nach der Novellierung des BetrVG – die Geburt des doppelten Betriebsbegriffs, in: K&R 2002, 629 ff.
Voelzke, Thomas	Status von Ein-Euro-Jobbern, in: jurisPR-SozR 2/2008 Anm. 1
Wank, Rolf	Arbeitnehmer und Selbstständige, 1988
ders.	Die „neue Selbständigkeit“, in: DB 1992, 90
ders.	Bestandsschutz in Deutschland aus arbeitsrechtlicher Sicht, in NZA 2003, Beilage zu Heft 21, S. 3 ff.
Weber, Hansjörg	„Zur Regelung von Praktikantenverhältnissen durch Tarifvertrag“, in: AP Nr. 3 zu § 3 BAT (1975)
Weberling, Johannes	Aktuelle Entwicklungen im Presserecht, in: AfP 2000, 317 ff.
Wedde, Peter	Nachteilsausgleich in Tendenzbetrieben, Urteilsanmerkung zu BAG v. 27.10.1998, 1 AZR 766/97, in: AiB 2000, 42 f.
Weinkopf, Claudia	Förderung haushaltsbezogener Dienstleistungen, in: Vierteljahreshefte zur Wirtschaftsforschung Bd.72 (2003), 133 ff.
Wensing, Hans-Hubert/ Freise, Agnes	Beteiligungsrechte des Betriebsrats bei der Übernahme von Leiharbeitnehmern, in: BB 2204, 2238 ff.
Wiegelmann, Lothar	Die Neuregelung bei geringfügig Beschäftigten, in: BB 2003, 734.
Willemsen, Heinz-Josef/ Annuß, Georg	Kostensenkung durch konzerninterne Arbeitnehmerüberlassung, in: BB 2005, 437 ff.
Willemsen, Heinz-Josef/ Schweibert, Ulrike	Schutz der Beschäftigten nach dem Allgemeinen Gleichbehandlungsgesetz, in: NJW 2006, 2583 ff.

Zachert, Ulrich	Ein Mosaik von Arbeitnehmergrundrechten im Grundgesetz, in: BB 1998, 1310 ff.
Zeckei, Matthias	Das Diskriminierungsverbot im Zivilrecht, Göttingen 2008
Zipprich, Jana	Einstellung von Ein-Euro-Jobbern, Urteilsanmerkung zu BAG v. 2.10.2007, Az. 1 ABR 60/06, in: JR 2008, 263 f.
Zundel, Frank	Die wachsende Bedeutung der „Kleinbetriebsklausel" des Kündigungsschutzgesetzes, in: NJW 2006,3467 ff.
Zwanziger, Bertram	Rechtliche Rahmenbedingungen für „Ein-Euro-Jobs", in: AuR 2005, S. 8 ff.

Verzeichnis der nicht im Text erläuterten Abkürzungen

a.A.	anderer Ansicht
AAG	Aufwendungsausgleichsgesetz
a.a.O.	am angebenen Ort
ABl.	Amtsblatt
ABM	Arbeitsbeschaffungsmaßnahme
Abs.	Absatz
a.E.	am Ende
a.F.	alte Fassung
AfP	Archiv für Presserecht, Zeitschrift
AG	Amtsgericht
AGB	Allgemeine Geschäftsbedingungen
AGG	Allgemeines Gleichbehandlungsgesetz
AGH	Anwaltsgerichtshof
AiB	Arbeitsrecht im Betrieb, Zeitschrift
AktG	Aktiengesetz
Alt.	Alternative
Anm.	Anmerkung
AO	Abgabenordnung
AP	Arbeitsrechtliche Praxis, Entscheidungssammlung
AR-Blattei	Arbeitsrecht-Blattei
ArbG	Arbeitsgericht
ArbGG	Arbeitsgerichtsgesetz
ArbPlSchG	Arbeitsplatzschutzgesetz
ArbRB	Arbeits-Rechtsberater, Zeitschrift
ArbSchG	Arbeitsschutzgesetz
ArbuR	Arbeit und Recht, Zeitschrift
ArbZG	Arbeitszeitgesetz
Art.	Artikel
ASiG	Arbeitsicherheitsgesetz
ATG	Altersteilzeitgesetz
AuA	Arbeit und Arbeitsrecht, Zeitschrift
AÜG	Arbeitnehmerüberlassungsgesetz
Aufl.	Auflage
AuR	Arbeit und Recht, Zeitschrift
Az.	Aktenzeichen
AZG	Arbeitszeitgesetz
BaföG	Bundesausbildungsförderungsgesetz
BAG	Bundesarbeitsgericht
BAGE	Entscheidungsammlung des Bundesarbeitsgerichts

Verzeichnis der nicht im Text erläuterten Abkürzungen

BAT	Bundesangestelltentarifvertrag
BawüLHG	Landeshochschulgesetz Baden-Württemberg
BayrVGH	Bayrischer Verwaltunsgerichtshof
BB	Betriebberater
BBiG	Bundesbildungsgesetz
Bd.	Band
BDSG	Bundesdatenschutzgesetz
BeckRS	Beck-Rechtsprechung
BEEG	Bundeselterngeld- und Elternzeitgesetz
BeschFG	Beschäftigungsförderungsgesetz
BeschV	Beschäftigungsverordnung
BErzGG	Bundeserziehungsgeldgesetz
BetrVG	Betriebsverfassungsgesetz
BfAI	Bundesstelle für Außenhandelsinformation
BGB	Bürgerliches Gesetzbuch
BGH	Bundesgerichtshof
BGHZ	Entscheidungssammlung der BGH-Rechtsprechung in Zivilsachen
BPersVG	Bundespersonalvertretungsgesetz
BRAK	Bundesrechtsanwaltskammer
BSG	Bundessozialgericht
BT	Bundestag
BUrlG	Bundesurlaubsgesetz
BVerfG	Bundesverfassungsgericht
BZA	Bundesverband für Zeitarbeit
bzgl.	bezüglich
bzw.	beziehungsweise
CGZP	Christliche Gewerkschaft für Zeitarbeit und Personalserviceagenturen
CH	Schweiz
CHE	Centrum für Hochschulentwicklung
DÄ	Deutsche Ärztezeitung
DB	Der Betrieb
ders.	derselbe
DGB	Deutscher Gewerkschaftsbund
d.h.	das heißt
diess.	dieselben
DM	Deutsche Mark
Drs.	Drucksache
DrittelbG	Drittelbeteiligungsgesetz
Dtv	Deutscher Taschenbuchverlag
€	Euro
EBRG	Europäisches Betriebsrätegesetz
EDV	Elektronische Datenverarbeitung
EFZG	Entgeltfortzahlungsgesetz
EG	Europäische Gemeinschaft
EGBGB	Einführungsgesetz zum BGB

EK	Erfurter Kommentar
EStG	Einkommenssteuergesetz
etc., etc. pp.	et cetera; et cetera perge perge
EU	Europäische Union
EuGH	Europäischer Gerichtshof
evtl.	eventuell
EWG	Europäische Wirtschaftsgemeinschaft
EWiR	Europäisches Wirtschaftsrecht, Zeitschrift
EzA	Entscheidungsammlung zum Arbeitsrecht, Zeitschrift
f., ff.	folgende
FamRZ	Zeitschrift für das gesamte Familienrecht
FAZ	Frankfurter Allgemeine Zeitung
Fn.	Fußnote
FS	Festschrift
gem.	gemäß
GEMA	Gesellschaft für musikalische Aufführungs- und mechanische Vervielfältigungsrechte
GewA	Gewerbearchiv
GewO	Gewerbeordnung
GG	Grundgesetz
ggf.	gegebenenfalls
GmbH	Gesellschaft mit beschränkter Haftung
GS	Großer Senat
HAG	Heimarbeitsgesetz
HessVGH	Hessischer Verwaltungsgerichtshof
Hg.	Herausgeber
HGB	Handelsgesetzbuch
HIS	Hochschulinformationssystem
h.M.	herrschende Meinung
HRG	Hochschulrahmengesetz
HS	Halbsatz
HSRG	Hochschulrahmengesetz
IAB	Institut für Arbeitsmarkt- und Berufsforschung
ILO	International Labor Organization
InsO	Insolvenzordnung
i. S. d.	im Sinne des, der
i.V.m.	in Verbindung mit
JA	Juristische Arbeitsblätter, Zeitschrift
JArbSchG	Jugendarbeitsschutzgesetz
JR	Juristische Rundschau, Zeitschrift
jurisPR-ArbR	juris-Praxisreport zum Arbeitsrecht
jurisPR-SozR	juris-Praxisreport zum Sozialrecht
Kap.	Kapitel
KJ	Kritische Justiz, Zeitschrift

Verzeichnis der nicht im Text erläuterten Abkürzungen

KPK	Kölner Praxiskommentar zum KSchG
KODA	Kommission zur Ordnung des Arbeitsvertragsrechts
K&R	Kommunikation und Recht, Zeitschrift
KSchG	Kündigungsschutzgesetz
LAG	Landesarbeitsgericht
LG	Landgericht
LHG	Landeshochschulgesetz
LHO	Landeshaushaltsordnung
lit.	Buchstabe
LPartG	Lebenspartnerschaftsgesetz
max.	Maximal
MAVO	Mitarbeitervertretungsordnung
MDR	Monatsschrift für Deutsches Recht, Zeitschrift
m.E.	Meines Erachtens
Mio	Million, -en
MitbestG	Mitbestimmungsgesetz
MK	Münchner Kommentar
MSchG	Mutterschutzgesetz
MüKo	Münchener Kommentar
MuSchG	Mutterschutzgesetz
MVG	Kirchengesetz über Mitarbeitervertretungen in der evangelischen Kirche
m.w.N.	mit weiteren Nachweisen
n.F.	neue Fassung
NJW	Neue Juristische Wochenschrift, Zeitschrift
Nr.	Nummer
NRW	Nordrhein-Westfalen
NVwZ	Neue Zeitschrift für Verwaltungsrecht
NZA	Neue Zeitschrift für Arbeitsrecht
o.	ohne
o.a.	oben angegeben
o. ä.	oder ähnliches
OGH	Oberster Gerichtshof
OVG	Oberverwaltungsgericht
p.	Punkt
p. a.	per anno (pro Jahr)
PR	Public relations
Prof.	Professor
RdA	Recht der Arbeit, Zeitschrift
RG	Reichsgericht
RGZ	Entscheidungssammlung des Reichsgerichts in Zivilsachen
RiW	Recht der internationalen Wirtschaft, Zeitschrift
RL	Richtlinien
Rn.	Randnummer

RR	Rechtsprechungsreport
Rz.	Randziffer
s.	siehe
S.	Satz, Seite
SAE	Sammlung arbeitsrechtlicher Entscheidungen, Zeitschrift
SG	Sozialgericht
SGB	Sozialgesetzbuch
s.o.	siehe oben
sog.	so genannte
SozR	Sozialrecht
SpuRt	Sport und Recht, Zeitschrift
StGB	Strafgesetzbuch
Str.	Strasse
StWK	Steuer- und Wirtschaftskurzpost, Zeitschrift
s.u.	siehe unten
SZ	Süddeutsche Zeitung
TAZ	Tageszeitung
TDG	Teledienstgesetz
TVG	Tarifvertragsgesetz
TV-L	Tarifvertrag der Länder
TVöD	Tarifvertrag des Öffentlichen Dienstes
TzBefG, TzBefrG	Teilzeit- und Befristungsgesetz
u.a.	unter anderem; und andere
usw.	und so weiter
UmwG	Umwandlungsgesetz
Urt.	Urteil
USA	United Staes of America
u.U.	unter Umständen
v.	von
VBlBW	Verwaltungsblätter für Baden-Württemberg, Zeitschrift
VerbrKrG	Verbraucherkreditgesetz
Verf.	Verfasser
VG	Verwaltungsgericht
vgl.	vergleiche
VO	Verordnung
vs.	versus
VwVfG	Verwaltungsverfahrensgesetz
WiRO	Wirtschaftsrecht in Osteuropa, Zeitschrift
WissR	Wissenschaftsrecht, Zeitschrift
WissZeitG	Wissenschaftszeitvertragsgesetz
WM	Wertpapiermitteilungen, Zeitschrift
WRV	Weimarer Reichsverfassung
WSI	Wirtschafts- und Sozialwissenschaftliches Institut des DGB
www.	Worldwideweb

Verzeichnis der nicht im Text erläuterten Abkürzungen

z.B.	zum Beispiel
ZESAR	Zeitschrift für das Europäische Sozial- und Arbeitsrecht
ZfA	Zeitschrift für Arbeitsrecht
ZIP	Zeitschrift für Wirtschaftsrecht
zit.	zitiert
ZPO	Zivilprozessordnung
z.T.	zum Teil
ZTR	Zeitschrift für Tarif-, Arbeits- und Sozialrecht des öffentlichen Dienstes
z.Zt.	zur Zeit

1. Kapitel – Einführung

Jobnomaden, Generation Praktikum, nivellierte Mittelstandsgesellschaft, soziale Exklusion, Minijobs, Prekariat – das sind nur einige der neu entstandenen Begriffe, die der öffentlichen Diskussion zum Arbeitsleben eine neue Richtung gegeben haben. „Nur noch jede zweite Stelle ist tarifgebunden“,[1] „Jeder dritte Beschäftigte ohne feste Vollzeitstelle“,[2] oder „Berlin ist Hauptstadt der prekären Jobs“,[3] so lauten einige der Schlagzeilen und Überschriften der Gazetten. Während Jahrzehnte die Vollbeschäftigung und wachsende Arbeitslosigkeit, jährlich wiederkehrende Tarifverhandlungen oder die Mitbestimmung Hauptgegenstand der öffentlichen Auseinandersetzung zur Arbeitswelt war, hat sich die Diskussion seit etwa 2005/2006 gewandelt.

Viele Autorinnen und Autoren[4] aus der Politik, Gewerkschaftsbewegung, Soziologie usw. haben sich dazu geäußert. Einiges davon wird in dieser Arbeit zitiert werden. Allerdings fehlte bislang eine zusammenhängende Arbeit zu diesem Phänomen der „neuen“ Jobs aus juristischer Sicht, auch wenn diese Beschäftigungsformen teilweise so neu gar nicht sind. Dennoch ist es erforderlich, das (vermeintliche?) Anwachsen dieser Beschäftigungsverhältnisse im Verhältnis zu den „normalen“ Arbeitsverhältnissen abzugrenzen. Was macht eigentlich prekäre Arbeit aus? Ist das juristisch fassbar? Was sind die Unterschiede zur bereits früher bekannten „atypischen“ Beschäftigung. Ist das dasselbe?

---

1 SZ v. 23.6.2007, „Nur noch jede zweite Stelle ist tarifgebunden“.

2 SZ v. 1.12.2007, „Jeder dritte Beschäftigte ohne feste Vollzeitstelle“.

3 SZ v. 28.8.2007, „Berlin ist die Hauptstadt der prekären Jobs“.

4 Soll es die gesamte Arbeit mit „Juristinnen und Juristen, „Arbeitnehmerinnen und Arbeitsnehmer“, „…Praktikantinnen und Praktikanten…“ oder besser noch „… PraktikantInnen…“ weitergehen? Auch der höchste Souverän, der Gesetzgeber, vollzieht die „politisch korrekte“ Schreibweise nicht konsequent, vgl. z.B. BGBl. I Nr. 20 v. 21.5.2007, zur Neufassung des Luftverkehrsgesetzes, § 2: „Halter“; § 4: „Bewerber“; § 5: „Luftfahrer“. Wie wäre es, es an dieser Stelle bei „Autor“ bzw. „Autoren“ zu belassen? Für mich bedeutet die Form nichts anderes als das, was es gemeint ist, nämlich eine geschlechtsneutrale Bezeichnung. Der Text wird dadurch meines Erachtens auch lesbarer.

§ 1 Thema der Arbeit

Ein Handbuch ist ein Nachschlagewerk, das ein Wissensgebiet systematisch ordnet und beschreibt. Entstanden sind sie im Mittelalter, als man noch per Hand wissenschaftliche Beobachtungen und Arbeitsergebnisse in sein Buch, eben sein Handbuch eintrug. Dieses Buch wuchs so mit der Zeit zu einem gesammelten Werk über die erzielten Erkenntnisse.

Ziel dieser Arbeit ist es in diesem Sinne zum einen, handbuchartig die Vielzahl (vermeintlich?) „prekärer" und atypischer Beschäftigungsverhältnisse darzustellen, zu gewichten und zu kommentieren. Außerdem soll untersucht werden, ob es überhaupt im juristischen Sinne „prekäre Beschäftigungsverhältnisse" gibt, und inwiefern es sich bei den einzelnen Vertragstypen im Einzelnen um prekäre Beschäftigungsverhältnisse handelt. Es ist daher zunächst erforderlich, zu prüfen, nach welchen Kriterien Beschäftigungsformen als „prekär" einzuordnen sind.

Die hier untersuchten Beschäftigungsverhältnisse werden auch zu den üblichen unbefristeten „normalen" Arbeitsverhältnissen in Beziehung gesetzt. Nach dem 2. Weltkrieg ist es in Deutschland gelungen, Arbeitsverhältnisse mit relativ hohen Sicherheitsstandards zu etablieren. Erodieren diese relativ sicheren Beschäftigungsverhältnisse durch die juristischen Konstruktionen prekärer oder atypischer Beschäftigung? Die Bewertung der üblichen Arbeitsverhältnisse mit denen mit „prekärem" Charakter findet dann auch auf der Basis unseres Grundgesetzes, insbesondere mit dem Sozialstaatsprinzip, statt.

I. Bedeutung der Arbeit im Arbeitsrecht

Warum bekommt diese Diskussion um „prekäre" Arbeit eine solche öffentliche Dimension? Hier kann man vom Wert der Arbeit für jeden einzelnen ausgehen. Der war und ist schon lange Diskussionsgegenstand nicht nur der Juristen, sondern auch der Philosophen, Wirtschaftswissenschaftler, Soziologen und vieler anderer Disziplinen.[5] Ohne diese Diskussion und Erklärungen hier wiederzugeben, beruht die Bedeutung der Arbeit für den Praktiker darauf, dass die Arbeit für jeden einzelnen mehr ist, als nur ein Vertragsverhältnis, sondern zugleich

---

5 Vgl. nur *Max Weber* Die protestantische Ethik und der Geist des Kapitalismus, 1905; *Karl Marx* Das Kapital Band 1 (Der Productionsprozess des Kapitals), 1867; *Hannah Arendt* Vita activa oder Vom tätigen Leben, 2002; *Günther Anders* Die Antiquiertheit des Menschen: Über die Zerstörung des Lebens im Zeitalter der dritten industriellen Revolution, 1980.

auch Existenzgrundlage eines jeden einzelnen, der abhängig beschäftigt ist. Das Bundesarbeitsgericht hat hierzu einmal ausgeführt,

„... die Achtung und Anerkennung des Arbeitnehmers als Mensch ... beruht nicht nur auf dem wirtschaftlichen Wert seiner Leistung, sondern weitgehend darin, wie er die ihm obliegenden Aufgaben erfüllt...“.[6]

Ein hehres Wort ... Und dann erfordern die heutigen Umwälzungen des Arbeitsmarktes durch Globalisierung, verstärktem Wettbewerb usw. auf einmal doch ein Ausmaß an Flexibilität, Mobilität und veränderten Arbeitsformen, die sich anscheinend allein am wirtschaftlichem Wert der Arbeitsleistung orientieren. Mit diesen besonderen Arbeitsformen, ihre Abgrenzung oder Einordnung als prekäre Beschäftigungsverhältnisse beschäftigt sich diese Arbeit.

II. Sensibilisierung für das Thema

Auf dieses Thema kam ich nicht nur aus rein akademischem Interesse, sondern auch aus eigener Erfahrung. Es ist nämlich seit einiger Zeit ein Phänomen zu beobachten, dass ich zunächst bei unseren eigenen Absolventen meiner Hochschule zunächst vereinzelt wahrnehmen konnte: erst selten, dann immer häufiger erhielten unsere Absolventen als Berufseinstieg Praktika angeboten. Ja, selbst am Schwarzen Brett der Hochschule wurden diese ausgeschrieben, worauf sich zahlreiche erfolgreiche Diplomanden beworben haben – und sich noch in einem harten Bewerberwettbewerb um diese Praktika wieder fanden.

Natürlich war mir als Mitte der 1980er Jahren als seinerzeitiger frischgebackener Jurist das Beschäftigungsförderungsgesetz von 1985 bewusst gewesen, dass damals erstmals die Möglichkeit befristeter Arbeitsverträge ohne sachliche Begründung ermöglichte. Ebenso kannte ich die rechtlichen Möglichkeiten von Teilzeit- und anderen Beschäftigungsmöglichkeiten, die das Arbeitsrecht außerhalb des unbefristeten, langfristigen Arbeitverhältnisses schon früher bot. Aber erst mit der eigenen praktischen Erfahrung, dass von unserer Hochschule ausgebildete Absolventen zumindest teilweise auf diese ungesicherten Praktika[7] angewiesen waren, hat mich für die Thematik sensibilisiert, die Vielzahl der rechtlichen Gestaltungsmöglichkeiten außerhalb eines „normalen“ Arbeitsverhältnisses zu untersuchen.

III. Typische/Atypische Beschäftigung

Die Unterscheidung von „typischen“ und „untypischen“ Arbeitsverhältnissen ist nichts Neues.[8] Von jeher gab es einen Konflikt zwischen klassischer Zivilrechts-

---

6 So wörtlich das BAG v. 10.11.1955, in: NJW 1956, 359 f.; bekräftigt durch den Großen Senat des BAG v. 27.2.1985, in: NJW 1985, 2968/73.

7 S. im einzelnen 2. Kap. § 4 IV.

8 Vgl. *Adomeit* FS Kissel, S. 1 ff.; *Wank* in: DB 1992, 90.

sicht und Arbeitsrechtlern. Während die einen die Vertragsfreiheit hochhalten und auf dieser Basis der Vertragsgestaltung, auch zu „untypischen" Arbeitsverhältnissen, einen großen Spielraum zubilligten, stellten andere den Schutzzweck des Arbeitsrechts für den einzelnen Arbeitnehmer in den Vordergrund, der Beschränkungen der Vertragsfreiheit geradezu erforderte.[9]

1. Die Unterscheidung von Dienstverhältnissen in den §§ 611 und 627 BGB

Ein erster Ausgangspunkt für die Betrachtung von typischen und „atypischen" Beschäftigungsverhältnissen sollen die §§ 611, 627 BGB sein.

Das BGB regelt in den §§ 611 ff. die Dienstverträge, wozu auch die Arbeitsverträge gehören. Aber beide Begriffe des Dienst- wie Arbeitsvertrag sind nicht synonym. Aus § 627 BGB wird außerdem deutlich, dass es neben den „freien" Dienst- und Arbeitsverträge noch Dienstverhältnisse „höherer" Art gibt. Zum einen wird dadurch deutlich: Dienstverträge sind der Oberbegriff, unter den Arbeitsverträge als ein besonderer Zweig der Dienstverträge fallen.[10]

Zum anderen könnte man zusätzlich durch den § 627 BGB im Umkehrschluss darauf kommen, Arbeitsverhältnisse im Unterschied zu „höheren" Dienstverhältnissen in einem polemischen Sinne eher zu den „niedrigeren" Dienstverhältnissen zu zählen. Dies ist natürlich keine juristische Einschätzung. In der juristischen Literatur werden diese Begriffe selbstverständlich und mit guten Gründen anders beschrieben.[11] Man könnte dennoch in der Entwicklung der „prekären Beschäftigung" gerade dieser Einschätzung folgen, dass derartige als „prekär" eingestufte Verhältnisse als noch niedriger, noch unterhalb der üblichen Normarbeitsverträge einzustufen seien. Immerhin sind sie dann noch Teil des Arbeitsrechts.

An anderer Stelle finden sich Beschäftigungsverhältnisse, die gänzlich aus dem Arbeitsrecht heraus gelöst sind.[12] Der Gesetzgeber trennt selbst zwischen Arbeitsverhältnissen und Beschäftigungsverhältnissen, vgl. § 7 Abs. 1 S. 1 SGB IV. Beschäftigungsverhältnisse müssen also nicht zwangsläufig Arbeitsverhältnisse sein, die letzteren sind ein engerer Begriff als das Beschäftigungsverhältnis. Beide werden zwar häufig durcheinander geworfen.[13] Dabei wird aber nicht realisiert, dass z.B. bei den Ein-Euro-Jobs gemäß § 16 Abs. 3 SGB II der Gesetzgeber selbst diese aus dem Arbeitsrecht herausgenommen hat.[14] Trotz der klassischen arbeitsrechtlichen Einordnungskriterien wie das Weisungsrecht und persönlicher Abhängigkeit des

---

9 Vgl. *Kittner* FS Kissel S. 497 ff. m.w.N.
10 EK/*Preis* § 611 BGB Rn 3; *Mikosch* FS Löwisch 189.
11 Vgl. EK/*Müller-Glöge* § 627 BGB Rn 5.
12 Beschäftigungsverhältnisse der Beamten und Soldaten werden hier nicht betrachtet.
13 *Maties* in: RdA 2007, 135, 143.
14 Vgl. unten 2. Kap. § 5 IV.

Betroffenen sind diese Rechtsverhältnisse per se ohne arbeitsrechtlichen Schutz. Eine Umgehung mag man deswegen dennoch nicht erkennen.[15] Es scheint, dass sich alte wie neue Gesetze des Staates Beschäftigungsverhältnisse differenzieren und auch gewichten. Sind sie damit auch an der Schaffung eines „Prekariats“ beteiligt?

2. Prekäre Beschäftigung

Prekär – was bedeutet das? Das Wort selbst kommt aus dem Lateinischen.[16] „Precarius“ bezeichnet eine bedenkliche, peinliche, unsichere, labile und heikle Situation. „Precere“ als Verb bedeutet darüber hinaus, dass man um etwas bitten muss. Bereits diese sprachliche Exegese zeigt, dass die Arbeitnehmer, die in einem als „prekär“ eingestuften Beschäftigungsverhältnis tätig sind, des guten Willens des Arbeitgebers bedürfen, und zwar in einem weit größeren Maße, als es unbefristet Beschäftigte sind.

Das „Prekariat“ ist mittlerweile ein politischer Kampfbegriff geworden.[17] Einerseits wird die Ausbreitung sozialer Unsicherheit auf dem Arbeitsmarkt durch die Aufteilung des Arbeitsmarkts in so genannte „gesicherte“ oder „typische“ gegenüber den „ungesicherten“, „atypischen“ oder „prekären“ Arbeitsverhältnisse gerügt und beklagt.[18] Unsicher sind derartige Arbeitsverhältnisse allerdings nur für die betroffenen Beschäftigten. Aus der Unternehmenssicht wird in diesen „unsicheren“ Beschäftigungsverhältnissen gar keine prekäre Arbeit erkannt. Vielmehr werden sie als Formen flexibler Arbeit begrüßt,[19] mit deren Hilfe in Deutschland auf die Folgen der Globalisierung reagiert werde. Auch als Brückenfunktion für Langzeitarbeitslose bildeten diese Arten von Arbeitsverhältnissen erst überhaupt eine Chance auf Beschäftigung für diese Menschen. Diese Ausdifferenzierung von Arbeitsverhältnissen spiegele darüber hinaus den Individualisierungsprozess, die Pluralisierung und die Tendenz zu diskontinuierlicher Arbeit wider, die heute für den generellen Umbruch in der Arbeitswelt stehen.[20]

---

15 *Maties* in: RdA 2007, 135, 143.
16 Vgl. auch das aus dem französischen kommende „precaire“.
17 *Bourdieu* (1998), 97 f.
18 Vgl. *Keller/Seifert* WSI-Mitteilungen 2006, 235 ff.
19 *Hans-Werner Sinn* in: Suchy, 151/3 ff.
20 Nach *Brinkmann/Dörre/Röbenack* 9 f.

§ 2 Ablauf der Untersuchung

Die Arbeit untersucht zunächst, welche Formen des Arbeitsvertrages als typisch oder normal anzusehen sind. Hat das Arbeitsrecht überhaupt eine solche „Idee" eines typischen Arbeitsverhältnisses? Welches sind dagegen die Kriterien von atypischer, unsicherer, prekärer Beschäftigung? Hierbei ist bereits jetzt darauf hinzuweisen, dass die Untersuchung aus Platzgründen sich vor allem auf die Kriterien konzentriert, die für eine Beurteilung eines Beschäftigungsverhältnisses als prekär oder atypisch ausschlaggebend sind.

Sodann werden einzelne Vertragsverhältnisse des Arbeitslebens, die sich von den typischen Arbeitsverhältnissen unterscheiden, betrachtet. Diese dort beschriebenen Vertragsverhältnisse werden in der Praxis von Personalverantwortlichen meistens nicht als kritisch oder gar prekär angesehen. So dürfte wahrscheinlich jeder Arbeitgeber und auch Arbeitnehmer eine in dieser Arbeit behandelten Probezeit zu Recht als etwas völlig Normales ansehen. Allerdings heißt „prekär" ja nun einmal „unsicher", und für die betroffenen Arbeitnehmer in einer Probezeit ist nun der Erfolg der Probezeit eine unsichere Phase, ob und inwiefern sie danach in den Genuss eines geschützten, unbefristeten Arbeitsvertrages im Einzelfall kommen werden.

I. Typische Arbeitsverhältnisse

Mit dem Anstieg der Lohnarbeit während der Industrialisierung wurden die Beschäftigungsverhältnisse erst langsam institutionell eingebettet in eine Reihe von Regulierungen, beginnend mit der Bismarkschen Sozialgesetzgebung, oder etwa 1918 mit der Einführung des Acht-Stunden-Tags als Normalarbeitstag.

Diese Regulierungen setzten sich – nach der Unterbrechung in der Nazizeit – in den fünfziger Jahren fort. Die Arbeitnehmer erzielten in den Jahren dieses Wirtschaftswachstums einen Nettolohnzuwachs wie nie zuvor. Die betriebliche und unternehmerische Mitbestimmung der Arbeitnehmer verdeutlichten einen weit über das reine betriebswirtschaftliche Denken hinaus reichende Bedeutung der Arbeit für die Menschen. Die Risiken der Arbeitsverhältnisse wurden durch ihre Entfristungen und den Kündigungsschutz weiter minimiert. Für die Betroffenen bedeutete diese Entwicklung nicht nur eine früher nie gekannte Wohlstandschance, sondern auch die Möglichkeit einer längerfristig ausgerichteten Lebensplanung.

„Normale Arbeit" hat sich im Nachkriegsdeutschland der alten Bundesländer als eine Vollzeitbeschäftigung, die unbefristet läuft, herausgebildet, die häufig in mitbestimmten Betrieben stattfindet. Dieses Modell spiegelt sich auch im Arbeitsrecht wider, in dem andere als das „Normal"-Arbeitverhältnis in den Schutzstandards geringer gewichtet wird. Als Beispiel seien die Beschäftigtengrenzen und die Methode ihrer Feststellung für die Anwendbarkeit einzelner Gesetze erinnert, vgl. § 23 Abs. 1 KSchG, der teilzeitbeschäftigte Arbeitnehmer nur anteilig zählt. Auch das Sozialversicherungsrecht knüpft an die unbefristete Vollzeitbeschäftigung an, die vor allem für den Aufbau einer hinreichenden Altersrente vorausgesetzt wird. Dieses Modell entsprach den Bedürfnissen der Wiederaufbaugeneration nach dem 2. Weltkrieg nach Sicherheit einerseits der Arbeitnehmer, andererseits auch der Unternehmer, die mit diesem Modell Arbeitnehmer in ihrem Unternehmen halten konnten.

Die Hochzeit dieser abgesicherten Arbeitsverhältnisse darf man auf die Zeit zwischen den Jahren 1950 bis 1990 datieren. In dieser Zeit stieg die Zahl der so Beschäftigten auf über 90 % aller Erwerbstätigen. Bis Ende der neunziger Jahre des letzten Jahrhunderts sank er auf ca. 88 %.[21]

Als Normarbeitsverhältnis wird dabei üblicherweise eine unbefristete, dem Kündigungsschutz unterliegende Vollzeittätigkeit für einen Arbeitgeber außerhalb des eigenen Haushalts bezeichnet, deren Arbeitszeit zumindest einigermaßen gleichmäßig auf die Werktage verteilt ist.[22] Zusätzlich sind allerdings noch einige weitere Kriterien von Bedeutung. So sollte die dazugehörige Belegschaft einen gesetzlichen Anspruch auf Mitbestimmung haben.[23] Zu ergänzen ist außerdem, dass die „Norm"-Arbeitverhältnisse in der Regel in tarifgebundenen Betrieben anzutreffen sind, dessen Tarifregeln ein einem Vollzeitarbeitsverhältnis angemessenes Einkommen sichert. Auch dass der Arbeitnehmer weisungsgebunden sein soll, gehört hierzu.[24]

II. Auseinanderdriften des traditionellen Arbeitsmarkts

In der Öffentlichkeit wird die teilweise Umschichtung der typischen Beschäftigungsverhältnisse zugunsten der atypischen und prekären Arbeit diskutiert.[25] Dabei konzentriert man sich auf die Aspekte von Teilzeitarbeit, geringfügiger oder befristeter Beschäftigung sowie die Leiharbeit als typische Formen prekärer Beschäftigung.[26]

---

21 *Brinkmann/Dörre/Röbenack* 15; vgl. auch 1. Kap. § 3 I zu weiteren Zahlen.

22 Soweit versteht auch das Statistische Bundesamt diese Beschäftigungsformen als „normale" Arbeit, vgl. FAZ v. 10.9.2008, „Mehr Beschäftigte durch Teilzeit und Zeitarbeit".

23 *Castel* 360 f.; *Brinkmann/Dörre/Röbenack* S. 16.

24 *Keller/Seifert* WSI-Mitteilungen 2006, 235.

25 Vgl. *Brinkmann/Dörre/Röbenack* 11 ff.

26 *Keller/Seifert* WSI-Mitteilungen 2006, 235.

Die Ursachen der prekären Beschäftigung werden dabei in ökonomisch-politischen Entwicklungen gesehen, die einhergeht mit einer fortschreitenden Marktsteuerung von Erwerbsarbeit. Als Auslöser dieser Entwicklung wird – verkürzt – das finanzmarktgetriebene Wachstum seit Ende der neunziger Jahre des letzten Jahrhunderts identifiziert.[27] Die dadurch hervorgerufene größere Wachstumsdynamik habe den Finanzmärkten zentrale ökonomische Funktionen und Kompetenzen zugewiesen, um den Fluss von Investitionen, ihrer Festlegung und Ausrichtung zu steuern. Es erweist an den steigenden Zahlen von Maßnahmen wie Reorganisationen, Fusionen, Akquisitionen, Auslagerungen, Sitzverlagerungen, Konzentration auf das Kerngeschäft. All diese Schritte wirken direkt auf die Lage der Beschäftigten ein.[28] Sie führen mehr und mehr dazu, „... dem Faktor Arbeit das Prinzip der Liquidität aufzuzwingen, mit der die Finanzmärkte das Kapital ausstatten."[29] Unternehmen wurden nicht nur durch die Konkurrenz, sondern zunehmend von den eigenen Anteilseignern über Benchmarks, Gewinn- und Kostenvorgaben in einer ständig sich weiter drehenden Wettbewerbssituation gehalten. In dieser Logik sind Personalkosten reine betriebswirtschaftliche Größen, die sich flexibel an die Erfordernisse des Marktes anzupassen haben. Dadurch würde die Arbeitskraft einen verstärkten Warencharakter gewinnen.[30]

Damit würden Risiken des Marktes direkt an die Beschäftigten weiter gegeben. Schutzmechanismen wie Tarifverträge, Kündigungsschutz usw., die diesen Anpassungen entgegenstehen, werden zum Objekt von Kampagnen mit dem Ziel, diese Widerstände zu beseitigen.[31] Mit anderen Worten, es sollen die in der Industrialisierung vollzogenen Sicherheitsstandards für Arbeitsverhältnisse in Frage gestellt und „flexibilisiert" werden.

1. Soziale Typologie der prekären Beschäftigungsverhältnisse

Diese Entwicklung des Arbeitsmarkts in unterschiedliche Bereiche der typischen wie atypischen bis prekären Beschäftigungsverhältnisse ist unter soziologischen Gesichtspunkten untersucht worden. Dabei wird noch zwischen der subjektiven Wahrnehmung der Betroffenen und einer objektiven Betrachtung der Beschäftigungsverhältnisse unterschieden.

---

27 *Keller/Seifert* WSI-Mitteilungen 2006, 235 f.

28 *Lordon* 60.

29 *Chesnais* S. 235; *Dörre* Arbeit 2006, 181/2.

30 Das wäre dann ein Widerspruch zu dem eingangs genannten Zitat des BAG v. 10.11.1955, in: NJW 1956, 359 f.

31 *Brinkmann/Dörre/Röbenack* 11f. vgl. *Löwisch* FS Bundesarbeitsgericht, 423/4 f. zu Wettbewerbsnachteilen im internationalen Vergleich auf Grund zu zahlender Abfindungen bei Kündigungen.

Aus der subjektiven Wahrnehmung ist hierzu auf Grund einer Befragung von Betroffenen eine interessante Typologie herausgearbeitet worden, die drei unterschiedliche Zonen der Wahrnehmung beinhaltet:[32]

A. Zone der Integration

1. Die Gesicherten (das bedeutet eine gesicherte Integration in den Arbeitsmarkt; dazu zählten sich 31,5 % der Arbeitnehmer)[33]
2. Die atypische Integration in den Arbeitsmarkt (die „Unkonventionellen" oder die „Selbstmanager", hierzu zählten sich 3,1 % der Beschäftigten)
3. Die unsichere Integration in den Arbeitsmarkt (die „Verunsicherten", so ordneten sich 12,9 % der Beschäftigten ein)
4. Die gefährdete Integration in den Arbeitsmarkt (die „Abstiegsbedrohten", hierauf entfielen 33,1 % der Befragten!)

B. Zone des Prekariats

1. Prekäre Beschäftigung als Chance/temporäre Integration (die „Hoffenden"; das sind 3,1 % der Befragten)
2. Prekäre Beschäftigung als dauerndes Arrangement (die „Realisten", betrifft 4,8 % der Betroffenen)
3. Entschärftes Prekariat (die „Zufriedenen", die sich mit dieser Situation nicht nur arrangiert, sondern sogar angefreundet haben; hierzu zählen 5,9 % der Befragten)

C. Zone der Entkoppelung (zusammen 1,7 % der Befragten), die sich aufteilen in:

diejenigen, die sich in einer überwindbare Ausgrenzung befinden (die „Veränderungswilligen"); bzw. die sich kontrolliert ausgegrenzt fühlen (die „Abgehängten").

Zur Zone der Integration zählen sich demnach etwa 80,6 %, zur Zone des Prekariats 13, 8 % der Beschäftigten und zur letzten Zone der Entkoppelten 1,7 %.[34] Anzumerken ist, dass diese Einteilung der Untersuchung auf der Selbsteinschätzung der Befragten beruht. Es finden sich jedoch Parallelen zu Untersuchungen des Arbeitsmarkts durch das IAB bzw. dem Statistischen Bundesamt. Das IAB hat sowohl für Ost- wie Westdeutschland einen 71 %-igen Anteil so genannter „standardisierter" gegenüber 29 % „nicht standardisierter" Beschäftigungsverhältnisse festgestellt.[35] Das Statistische Bundesamt bestätigt für 2002 einen noch geringe-

---

32 *Brinkmann/Dörre/Röbenack* S. 55.

33 Nachfolgende Zahlen stammen von *Dörre/Krämer/Speidel*, sie wurden bei ihrer Untersuchung mit einer Befragung von n=5388 Teilnehmern gewonnen.

34 3,9 % konnten keiner Zone zugeordnet werden.

35 Stand 2004; aus *Brinkmann/Dörre/Röbenack* S. 20.

ren Anteil „Normal"-Beschäftigter von etwas über 50 %; der Rest verteilt sich auf Befristungen Teilzeit- und geringfügige Beschäftigung sowie Leiharbeit sowie noch einen Anteil von Selbständigen.[36]

Hier ist doch ein wesentlicher Unterschied zu den objektiven Zahlen, wonach nur noch drei Viertel der Arbeitnehmerschaft in „normalen" Arbeitsverhältnissen arbeiten.[37] Ein Viertel der Betroffenen werden aber bereits in zunehmenden Maße in atypisch bzw. prekär beschäftigt, während in der subjektiven Sicht lediglich 1,7 % plus 13,8 %, also nur rund 20 % ihre Situation als entkoppelt bzw. prekär ansehen.

2. Juristische Aspekte untypischer Beschäftigung

Ist der Begriff der „prekären" Beschäftigungsverhältnisse überhaupt juristisch relevant? Oder hat er nur heuristische Bedeutung? Der Begriff hat bislang noch nicht in einen Gesetzestext aufgenommen worden. Andererseits ist er über Presse- und sonstige allgemeinen Veröffentlichungen hinaus auch in Stellungnahmen und offiziellen Äußerungen insbesondere der europarechtlichen Institutionen bewusst benutzt.[38]

Häufig konzentriert sich die öffentliche Debatte über „prekäre" Beschäftigung auf die Teilzeit- und Leiharbeit, befristete und geringfügige Beschäftigung, freie Mitarbeiter als Hauptformen atypischer und prekärer Beschäftigung. Dabei handelt es sich um eine eher enge Definition, weil sie diverse Formen unüblicher Arbeitsverhältnisse teilweise ausblendet, teilweise nicht angemessen berücksichtigt. So wurden Praktika von Hochschulabsolventen in diesen Kerngruppen lange nicht als solche problematischen Fälle wirklich aufgezeigt; auch sonstige Bereiche atypischer Ausbildung, der Familienarbeit, die Arbeit in besonders (zugunsten des Arbeitgebers!) geschützten Bereichen wie die Kirchen und Tendenzbetrieb etc. fallen in dieser Betrachtungen heraus. Dabei handelt es sich durchaus um Größenordnungen, die nicht zu vernachlässigen sind. Aus diesen Arbeitsformen lassen sich folgende, auch juristisch zu bewertende Kriterien für das Vorliegen einer atypischen bzw. prekären Beschäftigung im Unterschied zu einem Normarbeitsverhältnis auflisten:

- Vollzeit oder Teilzeitbeschäftigung?
- Angemessene Entlohnung?
- Integration in soziale Sicherungssysteme?

---

36 Aus *Brinkmann/Dörre/Röbenack* S. 21, mit einer seit 1991 aufgezeigten Veränderung der stetigen Abnahme der „Normal"-Arbeitsverhältnisse.

37 *Brinkmann/Dörre/Röbenack* 15.

38 Vgl. etwa Stellungnahme der Europäischen Wirtschafts- und Sozialausschusses 2006/C 318/27 vom 13.9.2006 (Abl. C 318 vom 23.12.2006, S. 157 ff., sub 1.4.) „Prekären Beschäftigungsverhältnissen mit geringem sozialen Schutz ist dabei besonderes Augenmerk zu widmen."

- Unbefristetes Beschäftigungsverhältnis?
- Außerbetrieblicher Arbeitsort?
- Kündigungsschutz?
- Schutz durch Tarifvertrag?
- Gleichmäßige Verteilung der Arbeitszeit?
- Wahrnehmung der betrieblichen Mitbestimmung?

Neben diesen auch von soziologischen Untersuchungen[39] übernommenen Einordnungen hat die Rechtswissenschaft darüber hinaus etwas zur Ausdifferenzierung der Kriterien für atypische bzw. prekäre Beschäftigung beizutragen. Auszugehen ist dabei von der Entwicklung des Arbeitsrechts als Schutzrecht zugunsten des Arbeitnehmers.[40] Daraus ergeben sich einige typische Schutzfunktionen, die heute dem Weisungsrecht des Arbeitgebers entzogen sind:

- Gesundheitsschutz: vgl. §§ 1, 2 ArbSchG, § 1 JArbSchG, § 1 MuSchG;
- Entgeltschutz: Hierzu gehören die Fälle der geschützten Entgeltfortzahlung, § 615 Abs. 3 BGB, §§ 1, 10, 11 EFZG, §§ 2, 12 BUrlG. Auch der Schutz von Betriebsrenten nach dem BetrAVG gehört im weiteren Sinne dazu, ebenso wie das pfändungsfreie Arbeitseinkommen gemäß § 850 ZPO;
- Einen besonderen Diskriminierungsschutz nicht nur durch das 2006 in Kraft getretene AGG,[41] sondern gerade durch den schon seit langem akzeptierten allgemeinen arbeitsrechtlichen Gleichbehandlungsgrundsatz[42]
- Schutz vor unbeschränkter Haftung: die Grundsätze der differenzierten Arbeitnehmerhaftung im Rahmen einer betrieblichen Tätigkeit findet im BGB keine Stütze, ist aber seit langem etabliert[43] und in den §§ 105 f. SGB VII zu Zwecken der Unfallversicherung geregelt;
- Bestandschutz durch das KSchG; damit soll die Beendigung von Arbeitsverhältnissen an einen billigenswerten Grund geknüpft werden und nicht dem freien Ermessen des Arbeitgebers unterliegen;[44]
- Auch die betriebliche Mitbestimmung erfasst einen wichtigen Schutz von Arbeitnehmern durch das gewählte Organ des Betriebsrat in Form der sozialen,

---

39 *Castel* 360 f.; *Brinkmann/Dörre/Röbenack* 16.

40 *Mikosch* FS Löwisch 189/192; *Kittner* FS Kissel S. 497/9.

41 Bzw. durch die schon früher geltenden §§ 611 a, 612 a BGB.

42 Vgl. Schaub/*Linck* § 112.

43 Vgl. *Kittner* FS Kissel S: 497/503 f.

44 *Kittner* FS Kissel, S. 497/504 f. hält die krankheitsbedingte Kündigung allerdings für einen Fall der nicht ausgewogenen Risikoaufteilung zwischen Arbeitnehmer und Arbeitgeber.

§§ 87 ff. BetrVG, und personellen Mitbestimmung, §§ 92 ff. BetrVG, aber auch durch die Rechte im Rahmen der wirtschaftlichen Angelegenheiten, §§ 106 ff BetrVG;

- Schutz durch echte Tarifverträge, die insofern zugunsten der Arbeitnehmer Mindeststandards für Arbeitsverhältnisse gewährleisten sollen;
- Schutz durch Arbeitsgerichte: mit ihrem besonderen, auch relativ kostengünstigen und in der ersten Instanz schnellen Verfahren, der Beteiligung von Laienrichtern von der Arbeitgeber – wie der Arbeitnehmerseite wird hier zwar nicht materiell, aber prozessual im Sinne eines einfacheren Verfahrens eine Schutzfunktion zugunsten der Arbeitnehmer verwirklicht.[45]

Warum werden diese Kriterien hier herausgearbeitet? Wie bereits ausgeführt, erfolgt die öffentliche Einordnung prekärer Beschäftigungen vor allem im Vergleich zu den bis heute üblichen, typischen Arbeitsverhältnissen. All die vorgenannten Kriterien treffen auf diese gesicherten Arbeitsverträge mit ihrem durch das Arbeitsrecht gewährleisteten Schutz zu. Allen ist gemein, dass sie gerechtfertigt werden durch die Einstufung von abhängig Beschäftigten als schutzbedürftige Arbeitnehmer.

Diese Schutzbedürftigkeit ergibt sich wiederum aus verschiedenen Betrachtungen: Arbeitsverhältnisse zeichnen sich durch Weisungsabhängigkeit, § 106 GewO, Fremdbestimmung sowie die persönliche und wirtschaftliche Abhängigkeit der Betroffenen aus.[46] Letztere leitet sich aus den vorhergehenden Kriterien ab. Diese Merkmale, die den besonderen Schutz von Arbeitnehmern bezwecken, bilden wichtige Kriterien für die Beurteilung der Frage, wann eine Beschäftigung als atypisch bzw. prekär einzustufen ist. Je mehr Beschäftigte dieses Schutzes entbehren, desto eher wird man grundsätzlich von prekärer Beschäftigung sprechen können.

Dabei ist zu bedenken, dass auch selbstständige Dienstleister und Werkunternehmer wirtschaftlich abhängig und sozial schutzbedürftig sein können. Das ist jedoch nicht zu verwechseln mit der persönlichen Abhängigkeit von Arbeitnehmern.[47] Die Rechtfertigung für diese Besserstellung von Arbeitnehmern liegt in der Integration ihrer Tätigkeit in einen fremden Betrieb. Sie macht es erforderlich, dass der Beschäftigte Weisungen unterworfen ist, weil sonst die Produktionsorganisation nicht funktioniert, Abläufe im Betrieb nicht reibungslos funktionieren. Diese Vorgaben am Arbeitsplatz, zur Tätigkeit, zur Organisation führen dazu, dass der Arbeitnehmer seine Arbeit nicht selbst organisiert, also selbst bestimmt, sondern insofern auch persönlich fremdbestimmt handelt – abgesehen davon, dass das Arbeitsergebnis auch nicht ihm, sondern dem Arbeitgeber gebührt.

Dies liegt nicht vor, wenn Tätigkeiten z.B. auf Grund eines Gesellschaftsvertrages gemäß § 705 BGB geschuldet werden, in dem der Gesellschafter durch den Gesell-

---

45 Kriterien nach *Mikosch* FS Löwisch 189, 193 ff.

46 BAG v. 25.5.2005 in AP Nr. 117 zu § 611 BGB „Abhängigkeit"; vgl. § 84 Abs. 1 S. 2 HGB.

47 *Mikosch* FS Löwisch 189/203.

schaftsvertrag den Organisationsrahmen der Gesellschaft selbst geschaffen hat. Bei einem Arbeitsverhältnis liegt eine derartige Verwirklichung der Selbstbestimmung gerade nicht vor. Aus dieser Einbindung in eine fremde Betriebsorganisation erwächst nicht nur eine wirtschaftliche, sondern eben auch eine persönliche Abhängigkeit des Betroffenen, die zu seiner Arbeitnehmereigenschaft gehört. Diese charakterisiert aber auch die „gesicherten", typischen Arbeitsverhältnisse, so dass deren Fehlen durchaus eine Rolle für die Einschätzung spielt, ob es sich im Einzelfall um eine prekäre Beschäftigung handelt.

Daher sind die aus der soziologischen Sicht erarbeiteten Kriterien der prekären Arbeit durchaus auch für die juristische Sicht maßgeblich, allerdings ergänzt um weitere rechtliche Kriterien. Für die Differenzierung von typischen zu atypischen bzw. prekären Beschäftigungsverhältnissen können also folgende Gesamtkriterien heran gezogen werden:

- Vollzeit oder Teilzeitbeschäftigung?
- Angemessene Entlohnung?
- Integration in das soziale Sicherungssystem?
- Unbefristetes Beschäftigungsverhältnis?
- Betriebliche Integration: Keine Identität von Arbeits- und Beschäftigungsverhältnis, Auseinanderfallen von Betrieb und Arbeitsort?
- Kündigungsschutz?
- Schutz durch Tarifvertrag?
- Gleich- bzw- regelmäßige Verteilung der Arbeitszeit?
- Wahrnehmung der betrieblichen Mitbestimmung?
- Einbeziehung in den Entgeltschutz?
- Einbeziehung in den betrieblichen Diskriminierungsschutz?
- Privileg der beschränkten Arbeitnehmerhaftung?
- Rechtsweg zu den Arbeitsgerichten eröffnet?

Im Vergleich zu den zuvor behandelten, soziologisch definierten Kriterien ergeben sich durch die juristische Betrachtung also weitere wertvolle Ergänzungen zur Frage, ob ein Beschäftigungsverhältnis als atypisch oder prekär einzustufen ist. Mit Hilfe dieser Kriterien sollte es möglich sein, im Einzelfall prüfen zu können, ob ein betreffendes Beschäftigungsverhältnis prekär zu nennen ist.

Zusätzlich zu den o.a. Kriterien für die Beurteilung einer Arbeit gibt es natürlich weitere, die (Norm-) Arbeitsverhältnisse begünstigende und schützende Regelungen wie den betrieblichen Gesundheitsschutz, die betriebliche Altersversorgung oder die Belange der Elternzeit und des Elterngeldes nach dem BEEG. Diese sind jedoch für Beurteilung der (Un-) Sicherheit eines bestehenden typischen Arbeitsverhältnisses nicht wirklich prägend. Sie werden daher, auch aus Gründen der Übersichtlichkeit, nicht zu den o.a. Beurteilungskriterien mit aufgenommen.

3. Einbeziehung subjektiver Kriterien: Prekäre Beschäftigung als objektive und subjektive Einordnung

Eine solche Einstufung muss natürlich konsistent sein. Dabei stellt sich die Frage nach der Maßgeblichkeit subjektiver Einschätzungen der Betroffenen. Zu erinnern ist das bereits erwähnte Modell,[48] das Beschäftigungsverhältnisse in drei verschiedene Zonen der Sicherheit einteilt. Diese Ergebnisse beruhen auf subjektiven Selbsteinschätzungen der Betroffenen. Soll diese Perspektive des jeweils einzelnen in seinem Beschäftigungsverhältnis eine Rolle spielen, ob es sich im Einzelfall eines Arbeitsplatzes um ein prekäres Beschäftigungsverhältnis handelt oder nicht?

Wie wird dabei der Wunsch der Betroffenen, freiwillig als freier Mitarbeiter, Heimarbeiter, Teilzeitbeschäftigte, Geringverdiener usw. arbeiten zu wollen, für die Beurteilung eines Beschäftigungsverhältnisses einzuordnen sein? Tatsächlich wird es in der Lebenssituation von einzelnen Betroffenen immer Fälle geben, die sich nachvollziehbar für eine Erwerbsarbeit außerhalb des „typischen" Beschäftigungsverhältnisses entscheiden. Nach dem beschriebenen Zonenmodell haben sich 3,1 % der Betroffenen selbst als solche „Selbstmanager" eingeschätzt.[49] Dennoch wird durch eine entsprechende subjektive Motivation nicht eine eventuell objektiv vorhandene Prekariatsperspektive beseitigen können.

Dabei ist zu berücksichtigen, dass es selbst in der „Zone der Verwundbarkeit" Betroffene gibt, die über die prekäre Arbeit eine Integration in den „normalen" Arbeitsmarkt erwarten oder erhoffen. Ein schlecht oder gar unbezahlter Praktikant, der sich entschlossen hat, ein solches zu absolvieren, wird das in der Regel wegen der Aussicht machen, mit Hilfe des Praktikums einen Berufseinstieg in Form einer festen Stelle zu finden. Gleiches gilt für den viel zitierten „Klebeeffekt" bei der Leiharbeit, bei der die Hoffnung besteht, dass ein Leiharbeitnehmer in ein festes Arbeitsverhältnis im Entleiherbetrieb übernommen wird. Gleiches gilt für (meist weibliche) Ehegatten, die sich in einer Teilzeitbeschäftigung oder als Geringverdiener mit einer Rolle als bloße Hinzuverdiener zufrieden geben. Auch hier gibt es also ein subjektives Integrationspotential.[50]

Es sind also offensichtlich Unterschiede zwischen der subjektiven und objektiven Einordnung von Beschäftigungsverhältnissen auszumachen. Einerseits zeigt sich die seit mehreren Jahren sich verstärkende Tendenz, Arbeit in atypische und prekäre Beschäftigungsverhältnisse auszulagern. Andererseits wird deutlich, dass sich die Betroffenen zu über 80 % (und damit abweichend vom objektiven Befund)

---

48 *Brinkmann/Dörre/Röbenack* S. 55.
49 Vgl. 1. Kap. § 2 II 1, „A. Zone der Integration".
50 *Brinkmann/Dörre/Röbenack* 59.

noch zur Zone der Integration zählen, andererseits 1/3 dieser Menschen sich zu den „Abstiegsbedrohten“ zählen, die die Gefahr des Abrutschens in prekäre oder atypische Verhältnisse sehen.

Andererseits verarbeiten Menschen in „prekären“ Beschäftigungsverhältnissen diese ganz unterschiedlich.[51] Das zeigt sich vor allem bei den „Selbstmanagern“. Auch sonst mag es zahlreiche Betroffene geben, die eine derartige Situation als Motivation z.B. für eine Weiterbildung annehmen. Nicht alle fühlen sich als „Lückenbüßer“, „Mädchen für alles“, die in Krisenzeiten als erste von Bord gehen müssen. Ihnen gemeinsam ist jedoch, dass sie in Krisenzeiten keine Vertrags-„Reserven“ (mehr) haben, und sie in solchen Situationen überfordert sind.

Daher werden im Ergebnis für diese Arbeit die o.a. Kriterien aus objektiver Sicht herangezogen, um ein Beschäftigungsverhältnis als „typisch“ oder „atypisch“ oder gar „prekär“ einzustufen. Denn wie auch immer die Betroffenen ihre Situation subjektiv wahrnehmen und verarbeiten, nur aus der Sicht eines unbeteiligten Dritten ist eine Prüfung der Beschäftigung an Hand der aufgezeigten Kriterien dahingehend möglich, ob es sich um eine unsichere oder verhältnismäßig sichere[52] Beschäftigung handelt.

Die subjektive Betrachtung ist deswegen nicht unerheblich. Sie ist wichtig für die gesellschaftliche Rückkoppelung derartiger Prozesse und die subjektive Zuordnung der Betroffenen, ob man sich noch der „Zone der Integration“ oder sich bereits zu den „Abstiegsbedrohten“ zugehörig fühlt. Das ist hingegen eine soziologische Betrachtung.

Für die Rechtswissenschaft spielt diese subjektive Betrachtung bei der Beurteilung derartiger Rechtsverhältnisse daher keine Rolle. Selbst für Personen, die sich subjektiv nicht zu den „Abstiegsbedrohten“ oder gar zu den prekär Beschäftigen zählen, ist objektiv diese Entwicklung dahin angesichts der Ausgestaltung ihrer Dienstverhältnisse immer möglich. Hochqualifizierte Berufstätige, die sich zugunsten des Freiheitsgewinns durch Auskoppelung aus betrieblichen Hierarchien als z.B. freelancer betätigen wollen, können durch diese Umwandlung ihres Beschäftigungsverhältnisses in ein prekäres Beschäftigungsverhältnis gelangen. Die „Fallhöhe“ derartiger Entwicklungen dürfte bei solchen Dienstnehmern subjektiv dann als besonders schmerzhaft empfunden werden, wenn sich ihr Risiko verwirklicht. Es geht jedoch nicht darum, innerhalb des Instabilen die sich subjektiv stabil Fühlenden auszusondern, sondern das System des Instabilen herauszuarbeiten.

---

51 *Dörre* Arbeit 2006, 181/7.

52 Eine 100 %-ige Sicherheit gibt es nicht. Auch Angestellte mit unbefristeten Arbeitsverträgen, Tarifbindung, Kündigungsschutz usw. sind vor Kündigung nicht gefeit. Es geht um die Sicherheit, die das Arbeitsrecht den Beschäftigten bietet.

4. Kategorisierung atypischer Merkmale von Beschäftigungsverhältnissen

Die Einordnung von Beschäftigungsverhältnissen als atypisch oder prekär ist, wie bereits gezeigt, von zahlreichen Kriterien abhängig. Kann man für eine rasche Übersicht diese etwa in Tabellenform kategorisieren, um im Einzelfall eine schnelle Bewertung vornehmen zu können? Oder ist der Gegenstand der Betrachtung zu sperrig, dass sich jeder Versuch einer pauschalen Einordnung verbietet?

Für einen solchen Versuch könnte man die dreizehn Kriterien, die für eine Beurteilung einer Beschäftigung als (un-) sicher oder prekär bereits herausgearbeitet wurden, zugrundelegen. Diese einzelnen Kriterien gilt es jedoch auch zu gewichten. Denn die Schutzwirkung jedes Kriteriums auf das einzelne Arbeitsverhältnis ist unterschiedlich. So wird der gesetzliche Kündigungsschutz als zumindest rechtliche Möglichkeit, den Bestand eines Arbeitsverhältnisses zu „retten", höher einzustufen sein, als das Kriterium der prozessualen Zuständigkeit von Arbeitsgerichten. Insofern müssen diese Kriterien in eine plausible Zuordnung zueinander in Form einer Bewertungshierarchie gebracht werden. Hierfür wird folgende Gewichtung vorgeschlagen:

Für eine existenzsichernde Tätigkeit sind jeweils die folgenden Kriterien für ein sicheres Arbeitsverhältnis maßgeblich und wichtig:

- unbefristete Beschäftigung
- Vollzeitbeschäftigung
- angemessene, auskömmliche Entlohnung
- Einbeziehung in die Sozialversicherung
- soziale Integration in einen Betrieb
- Geltung des KSchG.

Sie werden hier daher mit der höchsten Teil-Punktzahl von jeweils zehn, die unbefristete Beschäftigung mit 15 Punkten bewertet. Mit jeweils sieben Punkten werden die folgenden Absicherungen bewertet:

- Tarifstandards,
- betriebliche Mitbestimmung, an die man sich ggf. wenden kann,
- kalkulierbare gleich- und regelmäßige Arbeitszeit

fünf Punkte erhalten folgende Möglichkeiten der Absicherung:

- Entgeltschutz für Krankheits- und Urlaubszeiten
- besonderer Diskriminierungsschutz

Die letzten Kriterien runden das Bild mit jeweils zwei Punkten ab.

- die besondere Haftungsprivilegierung für Arbeitnehmer
- gesondert zuständige Arbeitsgerichtsbarkeit.

In der Addition ergeben sich damit 100 Punkte, wenn alle Kriterien vollständig zu bejahen sind. In der nachfolgenden Mustertabelle wird versucht, dies an Hand eines typischen Arbeitsverhältnisses anzuwenden.

Tabelle 1: Mustertabelle für Prekariatskriterien

Arten von Beschäftigungsverhältnissen → Kriterien (Max. Punktzahl) ↓	**Unbefristeter Arbeitsvertrag in einem üblichen Betrieb**
Vollzeit (10 P.)	X
Angemessene Entlohnung (10 P.)	X
Sozialversichert (10 P.)	X
Unbefristet (15 P.)	X
Betriebliche Integration (10 P.)	X
KSchG gilt (10 P.)	X
Tarifstandards (7 P.)	X
RegelmäßigeArbeitszeit (7 P.)	X
BR-Vertretung (7 P.)	X
Entgeltschutz (5 P.)	X
Besonderer Diskriminierungsschutz (5 P.)	X
Haftungsprivilegierung (2 P.)	X
ArbG zuständig (2 P.)	X
Gesamtpunktzahl (Maximale Punktzahl: 100)	**100**
Anzahl der Kriterien erfüllt/ teilweise erfüllt/ nicht erfüllt	**13** **0** **0**

Alle Kriterien eines „sicheren“ Beschäftigungsverhältnisses sind hier vollständig erfüllt, die maximale Punktzahl von 100 erreicht. In einem abhängigen Beschäftigungsverhältnis in einer Marktwirtschaft ist mehr Sicherheit nicht zu haben.

Bei den nachfolgend im 2. Kapitel behandelten atypischen Beschäftigungsverhältnissen wird keines dabei sein, dass alle diese Kriterien einer „sicheren“[53] Beschäftigung erfüllt. Dennoch wird angenommen, dass es unterschiedliche Ausprägungen für die einzelnen Beschäftigungsformen gibt, die auch seine Einstufung als „prekär“ beeinflussen. Insofern wird als Symbol neben dem „X“ als Zeichen für ein vollständig erfülltes Kriterium noch das Zeichen „O“ für ein teilweise erfülltes und ein

53 Nochmals: Eine 100 %-ige Sicherheit gibt es nicht. Auch Angestellte mit unbefristeten Arbeitsverträgen, Tarifbindung, Kündigungsschutz usw. sind vor Kündigung nicht gefeit. Es geht um die Sicherheit, die das Arbeitsrecht den Beschäftigten bietet.

„–" für ein nicht erfülltes Kriterium benutzt werden.[54] Generell wird man sagen können, je weniger Kriterien erfüllt sind, je weniger Punkte ein Beschäftigungsverhältnis hier erreicht, desto höher ist das Risiko einer prekären Beschäftigung.

III. Behandlung atypischer und prekärer Beschäftigung in dieser Arbeit

Welche Arten von Beschäftigungsverhältnissen sollen nun auf ihr „Prekariatspotential" hin besprochen und untersucht werden? Hierzu wird auf die o.a. Liste der Kriterien verwiesen. Beschäftigungsverhältnisse, bei denen ein Kriterium oder mehrere der Kriterien offensichtlich nicht gegeben sind, wie z.B. fehlende Mitbestimmung, fehlende geregelte Vollzeitbeschäftigung, werden nun in die Untersuchung mit einbezogen.

1. Bildung von Gruppen untypischer Beschäftigungsverhältnisse

Diese Vertragsverhältnisse werden der besseren Übersicht wegen in verschiedene Gruppen aufgeteilt. Dabei erfolgt diese Aufteilung entsprechend den Besonderheiten, die sie von „normalen", unbefristeten Arbeitsverhältnissen unterscheiden:

- Beschäftigungsverhältnisse mit Besonderheiten aus traditionellen, auch ggf. nachvollziehbaren Gründen (Familienbetrieb und familiäre Mitarbeit, hauswirtschaftliche Beschäftigung)
- Beschäftigungsverhältnisse mit Besonderheiten aus (Aus-) Bildungsgründen sowie für Berufsanfänger (Anlernverhältnisse, Berufspraktisches Jahr, Praktika vor/während eines Studiums bzw. Ausbildung, Probezeit, Volontariat, Werkstudenten, Umschulung)
- Beschäftigungsverhältnisse in besonderen Bereichen (Kirchen, Tendenzbetriebe, Hochschulen und Wissenschaft)
- Beschäftigungsverhältnisse, die gerade den Weg aus Normarbeitsverhältnissen heraus suchen, etwa durch (Schein-) Selbständigkeit, freie Mitarbeit, Auslandsentsendungen, Befristungen, Leiharbeit, Praktika nach abgeschlossener Ausbildung, oder die Reduzierung auf einen Kleinbetrieb
- Beschäftigung in Form von „Patchwork"-Verhältnissen,[55] wie Teilzeit einschließlich Rentner- bzw. Studentenbeschäftigung, geringfügige Beschäftigung, Ein-Euro-Jobber, Tele- und Heimarbeit sowie die Arbeit auf Abruf.

---

54 In der Punktzahl wird sich das derart auswirken, dass für ein „X" die volle, für ein „O" die halbe Punktzahl angesetzt wird, bei einem „-" wird dagegen kein Punkt vergeben.

55 Darunter versteht man in der öffentlichen Diskussion, dass eine Arbeit als ausreichende Einkommensquelle nicht ausreicht, so dass mehrere parallele Beschäftigungen erforderlich sind.

Diese Unterscheidung erfolgt aus der Notwendigkeit, die Arbeit zu strukturieren. Dennoch ist nicht zu übersehen, dass sich einige Themenfelder überschneiden. So sind Aushilfstätigkeiten, die hier unter den „patchwork"-Beschäftigungen behandelt werden, häufig auch gleichzeitig befristete Beschäftigungen. Befristungen wiederum finden sich auch im Wissenschafts- und damit in einem weiteren Kapitel. Geringfügige Arbeit ist gleichzeitig auch ein Unterfall der Teilzeitarbeit. Insofern sind Überschneidungen nicht zu vermeiden. Andererseits entspricht dies auch dem Charakter eines Handbuches, in dem ggf. ein Thema wie z.B. die Praktika nachgeschlagen wird und alle wesentlichen Informationen zur möglichen Prekarisierung dort zu finden sein sollen.

Besondere Beschäftigungsformen wie die Ich-AGs mangels Berührungspunkte zum Arbeitsrecht oder die Altersteilzeit wegen ihrer nur noch vorrübergehenden Erscheinung sind in der Untersuchung nicht enthalten

2. Bewertung der einzelnen Beschäftigungsverhältnisse im zweiten Schritt

Es wird in einem weiteren Schritt darauf ankommen, für diese besonderen Beschäftigungsverhältnisse deren atypische Elemente zu identifizieren, zu bewerten, ob und inwiefern sie unsichere Kriterien für den Betroffenen enthalten, oder diese Beschäftigungsform gar als eine prekäre einzustufen ist. Hierzu werden die untersuchten Beschäftigungsverhältnisse insbesondere an den zuvor aufgezeigten Kriterien beurteilt, ob und welche bei ihnen ganz oder teilweise zutreffen bzw. fehlen. Anschließend wird versucht, je Gruppe eine tabellarische Übersicht im Verhältnis zu den gewichteten Kriterien darzustellen. Damit wird es im Ergebnis darauf ankommen, ob diese generalisierenden und typisierenden Übersichten in der Lage sind, je untersuchten Beschäftigungstyps eine Einordnung seiner (Un-) Sicherheit zu erlauben.

Nicht ersetzen kann eine solche Übersicht die Untersuchung jeden Einzelfalls. Deswegen wird man den im 2. Kapitel aufgezeigten Übersichtstabellen und die darin zugeordneten Punkten keine Allgemeinverbindlichkeit bescheinigen können. Es kann sich naturgemäß nur um Anhaltspunkte, um Indikationen handeln. Eine konkrete Gewichtung wird man ohne Prüfung des Einzelfalls nicht vornehmen können. Daher wird es in der individuellen Beurteilung erforderlich sein, z.B. die Existenz eines Betriebsrats oder eine Tarifbindung etc. einzeln zu gewichten. In dieser Arbeit können die Tabellen lediglich dazu dienen, das abstrakte Gefährdungspotential aufzuzeigen, die die einzelnen untersuchten Beschäftigungsverhältnisse aufzeigen. Dennoch ist von diesem Vorgehen zu erhoffen, damit ein relativ einfach zu handhabendes Raster anbieten zu können, dass es erlaubt, schnell herauszufinden, wie weit ein Beschäftigungsverhältnis von einem „sicheren" Arbeitsverhältnis abweicht.

Die Frage im Anschluss daran lautet, welchen Einfluss diese atypischen bzw. prekären Beschäftigungsverhältnisse für die gegenwärtige und zukünftige Arbeitswelt haben. Dazu wird auch zu überprüfen sein, wie die rechtliche Einordnung dieser Beschäftigungsverhältnisse mit der betriebswirtschaftlichen Einordnung der Personalkosten durch die verstärkte Ausgestaltung so genannter atypischer oder prekärer Arbeitsverhältnisse zu vereinbaren ist.

§ 3 Soziale Realität

An dieser Stelle soll ein Blick auf das vorhandene Zahlenmaterial geworfen werden, um die gesellschaftliche Relevanz des Themas zu vermitteln.

I. Überblick über die Entwicklung atypischer Arbeitsverhältnisse

Zeitungsmeldungen setzen das Thema unsicherer Beschäftigung zunehmend auf die Tagesordnung der Öffentlichkeit. Waren z.B. 1996 noch 69 % der Beschäftigten in Betrieben beschäftigt, in denen ein Flächentarifvertrag galt, waren es 2006 bundesweit nur noch 57 %.[56] Mehr als 1/3 der Arbeitnehmer habe außerdem keine feste Vollzeitstelle mehr.[57]

Wie sehen die Beschäftigtenzahlen in der „normalen", unbefristeten Beschäftigung bzw. in „unnormaler, prekärer" Beschäftigung aus? Was ist das Ausmaß dieser Abweichung? Auszugehen ist dabei von einer Größenordnung von etwa insgesamt ca. 40 Mio Beschäftigten in Deutschland.[58] Unter Abzug von ca. 4 Mio Beamten und ca. 4 Mio Selbständigen[59] verbleibt somit für das Jahr 2007 ca. 32 Mio. Personen als Potential für abhängige Erwerbsarbeit, von denen ca. 28 Mio. abhängig Beschäftigte sind.[60]

Wie viel entfallen dabei auf „normale" und „atypische" bzw. „prekäre" Arbeitsverhältnisse insgesamt? Anfang der neunziger Jahre des letzten Jahrhunderts waren etwa noch 90 % aller Erwerbstätigen abhängig Beschäftigte.[61] Zu dieser Zeit wurde von den „untypischen" Arbeitsverhältnissen angenommen, dass sie lediglich an den Rändern der Arbeitgesellschaft existierten.[62]

---

56 Süddeutsche Zeitung vom 23.6.2007, „Nur noch jede zweite Stelle ist tarifgebunden" unter Berufung auf das IAB (Institut für Arbeitsmarkt- und Berufsforschung).

57 Süddeutsche Zeitung vom 1.12.2007, „Jeder dritte Beschäftigte ohne feste Vollzeitstelle" unter Berufung auf die Hans-Böckler-Stiftung.

58 Monatsbericht der Bundesagentur für Arbeit vom Oktober 2007, 32, ohne Unterscheidung in alte oder neue Bundesländer.

59 Monatsbericht der Bundesagentur für Arbeit vom Oktober 2007, 6, gibt die Zahl mit 4,46 Mio an, darin allerdings die mithelfenden Familienmitglieder eingeschlossen.

60 Monatsbericht der Bundesagentur für Arbeit vom Oktober 2007, 32; die Differenz bildet die Arbeitslosenzahl; ähnlich *Körner* 12.

61 *Brinkmann/Dörre/Röbenack* S. 15

62 *Adomeit* FS Kissel, S. 1.

Rasante technische Fortschritte und eine fortschreitende Globalisierung haben dieses Modell in seinen Grundfesten erschüttert. Dabei spielen natürlich auch Kosten, und damit Arbeitskosten eine verstärkte Rolle. Sie werden aber auch verstärkt als Hebel inszeniert, um arbeitsrechtliche Instrumente wie Kündigungsschutz und Flächentarife als Kostentreiber zu identifizieren. Da es generell akzeptiert ist und auch betriebswirtschaftlich erforderlich zu sein scheint, Kosten zu senken, führt dies fast zwangsläufig zu der Entwicklung, die Arbeitswelt flexibilisieren zu müssen. Flexibilisierung ist insofern zwangsläufig die Abkehr von der unbefristeten Vollzeitbeschäftigung hin zu „innovativen", weil kostensenkenden Arbeitsformen.[63]

Seither hat sich eine Menge getan. Durch die zunehmende Flexibilisierung der Arbeitsverhältnisse spaltet sich die Arbeitsgesellschaft in verschiedene Gruppierungen mit einerseits sicheren, geschützten „Normal"-Arbeitsverhältnissen, und andererseits in eine heterogene Gruppe „verwundbarer" Arbeitsverhältnisse.

Um die Dimensionen zu verdeutlichen, sind überblicksweise folgende Entwicklungen für einige der als atypisch oder prekär bezeichneten Beschäftigungsverhältnisse aufzuzeigen. So ist die Teilzeitbeschäftigung in 2004 mit über 7 Mio Arbeitsverhältnissen angegeben, was mehr als 22 % der Beschäftigten ausmacht. Seit 1991 hat sich die Zahl der Teilzeitbeschäftigten damit fast verdoppelt. Außerdem werden für 2004 2,2 Mio befristete Arbeitverhältnisse gezählt, gegenüber 1,8 Mio für 1991. Eine besondere Entwicklung ist bei der Leiharbeit zu verzeichnen. Gab es 1993 nur 121.400 Leiharbeitsverhältnisse, hat sich diese Beschäftigungsgruppe rasant entwickelt auf 400.000 im Jahr 2004 und bis auf 745.000 im Jahr 2008.[64] Zwar können diese Zahlen nicht einfach aufaddiert werden, weil verschiedene Beschäftigungsformen auch miteinander kombiniert werden können. Deutlich wird aber, dass es sich keinesfalls mehr um Randbereiche des Arbeitsmarktes, sondern um millionenfache Phänomene handelt.

Zwar bleiben damit noch drei Viertel der Arbeitnehmerschaft in traditionellen, „normalen" Beschäftigungsverhältnissen verhaftet.[65] Allerdings ist aus der Untersuchung auch festzuhalten, dass es innerhalb der Generationen schon einen Umwälzungsaspekt zu berücksichtigen gibt. Denn der Einsatz „flexibler" Arbeitsverhältnisse wirkte sich vor allem auf die Jüngeren aus und nahm am stärksten bei den Berufsanfängern zu. Bei den zwischen 15- bis 24-jährigen verdoppelte sich der Anteil der so atypisch Beschäftigten von 20 auf 40 Prozent.[66] Bei den älteren Arbeitnehmern fiel der Zuwachs bedeutend geringer aus. Das deutet auf eine schleichende Aushöhlung des klassischen „normalen" Arbeitsverhältnisses hin zu mehr und mehr „flexiblen" Formen der Arbeit durch den kommenden Generationenwechsel

63 So der wörtliche Buchtitel von *Preis* „Innovative Arbeitsformen", Köln 2005.

64 Vgl. FAZ v. 6.11.2008, „Schwere Zeiten für Zeitarbeiter", unter Berufung auf das Institut der Deutschen Wirtschaft, Köln.

65 *Keller/Seifert* 235/6.

66 Angaben des Statistischen Bundesamts entsprechend FAZ v. 10.9.2008, „Mehr Beschäftigte durch Teilzeit und Zeitarbeit".

hin. Denn die älteren Arbeitnehmer dürften nach ihrem Ausscheiden in das Rentenalter erwartungsgemäß eher von Nachfolgern ersetzt werden, die seltener als Vollzeitbeschäftigte mit vollem Arbeitnehmerschutz eingesetzt werden, sondern sich eher in einem atypischen Beschäftigungsverhältnis wieder finden.

Neben der Abweichung von der bis heute auch soziologisch als Norm geltenden unbefristeten Vollzeitbeschäftigung treten hier bei diesen Betroffenen weitere Elemente hinzu: bei diesen Arbeitsformen ist das Einkommen, die Integration in ein funktionierendes betriebliches Umfeld, sowie der Schutz dieser Beschäftigten auf ein Niveau weit unterhalb der „Normal"-Arbeitsverhältnisse gesunken, dass den Betroffenen die Berechenbarkeit, Planbarkeit, Sicherheit der typischen Beschäftigungsverhältnisse fehlt. Sie sind – aus der Sicht der Betroffenen – unsicher, d.h. sie bieten kaum oder gar keinen Schutz vor nachteiligen Veränderungen.

II. Wer ist betroffen?

Es fällt auf, dass in der Zone der „Abstiegsbedrohten" und des Prekariats häufig Frauen, gering Qualifizierte und auch Migranten zu finden sind.[67] Während insgesamt ein Drittel aller Arbeitsverhältnisse als atypische Beschäftigungsformen auftreten, liegt der Anteil atypischer Beschäftigungsverhältnisse bei Frauen bei 54 %.[68]

Insbesondere für Frauen, deren Erwerbsbiografie häufig „nebenbei" läuft und sich als „Mithinzuverdiener" betätigen, hat diese bedrohliche oder prekäre Situation langfristigen Bestand. Das mag im Einzelfall gar nicht so empfunden werden. Dennoch bilden diese „Karrieren" erwerbsbiografisch Probleme für die Betroffenen dar. Ihre Chancen auf dem Arbeitsmarkt sind dann drastisch eingeschränkt, wenn Frauen als „Mitverdienende" nach einer Trennung vom Ehegatten mit dieser Erwerbsbiografie auf dem Arbeitsmarkt ihren Platz suchen: Große Chancen auf den Einzug in die Zone der Integration dürften nicht bestehen. Diese Probleme bestehen für diese Betroffenen unabhängig von ihrer gefühlten, subjektiven Zugehörigkeit.

Außerdem fallen bestimmte Gewichtungen auf. Die Betroffenen in der Gruppe der geringfügig Beschäftigten sind zu 71 % Frauen; bei den Minijobs in Haushalten sind es sogar 94 %. Auch die Teilzeitarbeit ist überwiegend weiblich: 42 % aller erwerbstätigen Frauen haben einen Teilzeitjob. Jede zweite berufstätige Frau übt keine Vollzeittätigkeit aus.[69]

Auch junge Menschen sind von prekären Arbeitsverhältnissen besonders betroffen. 2003 wurde für Nordrhein-Westfalen festgestellt, dass mehr als die Hälfte

---

67 *Brinkmann/Dörre/Röbenack* S. 16 f.

68 *Keller/Seifert* 235/6.

69 Angaben des Statistischen Bundesamts nach FAZ v. 10.9.2008, „Mehr Beschäftigte durch Teilzeit und Zeitarbeit".

aller Erwerbstätigen unter 24 Jahren nur einen befristeten Arbeitsvertrag hatten. Laut dem Statistischen Bundesamt waren im Jahre 2004 40 % der Erwerbstätigen unter 20 Jahre befristet beschäftigt. In der Altersgruppe zwischen 20–24-jährigen waren es 29 %, und bei den 25–29-jährigen immerhin noch 16 %.[70]

Außerdem ist die Bedeutung unsicherer Beschäftigung für Migranten hervor zu heben.

Ende 2003 waren von den 82 Mio deutschen Einwohner insgesamt 7,335 Mio Ausländer, die allerdings heterogen ist. Angehörige der EU-Staaten haben relativ selten mit prekärer Beschäftigung zu tun als die Angehörigen der ehemaligen Anwerbestaaten wie die Türkei oder Serbien/Montenegro.[71]

Insofern erscheint es nur folgerichtig, dass Ausländer hauptsächlich in solchen Bereichen als Arbeitnehmer zu finden sind, die deutsche Arbeitnehmer unattraktiv finden. Dazu gehören Tätigkeiten, die schlecht entlohnt sind, ungünstige Arbeitszeiten oder Arbeitsbedingungen aufweisen und wenig Aufstiegschancen bieten.[72]

Die ausländischen Mitbürger sind im Schnitt auch erheblich jünger als die Gesamtbevölkerung, woraus folgt, dass diese ein erheblich höheres Potential an Erwerbspersonen aufweist. Dennoch sind die ausländischen Beschäftigten nicht nur stärker von Arbeitslosigkeit betroffen als die Gesamtbevölkerung.[73] Auch ihr jeweiliger Anteil an atypischen Beschäftigungsverhältnissen ist größer. So sind mehr ausländische Arbeitnehmer teilzeitbeschäftigt als deutsche Arbeitnehmer.[74] Auch der Anteil ausländischer Beschäftigter an geringfügiger Arbeit (9%) ist höher als der Gesamtanteil der Mini-Jobber (6,8 %). Ausländische Arbeitnehmer haben einen solchen Mini-Job auch häufiger zusätzlich zu einer sozialversicherungspflichtigen Beschäftigung.[75] In den Jahren von 1997 bis 2007 nahm die atypische Beschäftigung insgesamt bei Deutschen und EU-Ausländern um sieben Prozent zu, während sie bei Ausländern aus Drittstaaten um mehr als zwölf Prozent anstieg.[76]

Die Gründe hierfür sind vielschichtig. Zum einen dürften Ausländer, die nicht EU-Angehörige sind, ausländerrechtliche Restriktionen hinzunehmen haben, so dass ihre prekäre Situation auch abministrativ-politische Gründe hat. Außerdem tragen das System des formalisierten Berufszugangs mit formalisierten Qualifikationen, aber auch die Sprachbarriere zur unsicheren Berufsperspektive dieser Beschäftigten bei.

---

70 Pressemitteilung des Statistischen Bundesamts Nr. 193 vom 26.4.2005.

71 *Brinkmann/Dörre/Rabenack* 42.

72 *Brinkmann/Dörre/Rabenack* 44.

73 Für 2005 betrug der Anteil der Ausländer an der gesamten Arbeitslosenquote 14,3 % (12,5 für 2003), obwohl ihr Anteil an der Anzahl der Erwerbspersonen nur rund 9 % beträgt, *Brinkmann/Dörre/Rabenack* 47.

74 8,5 % der abhängig ausländischen Beschäftigten gegenüber 6 % aller abhängig Beschäftigten, *Brinkmann/Dörre/Rabenack* 46.

75 *Brinkmann/Dörre/Rabenack* 49 f.

76 Angaben des Statistischen Bundesamts nach FAZ v. 10.9.2008, „Mehr Beschäftigte durch Teilzeit und Zeitarbeit“.

2. Kapitel – Arten der untypischen und prekären Beschäftigung

Wie bereits ausgeführt, wurde bereits früher zwischen „typischen“ und „untypischen“ Arbeitsverhältnissen unterschieden.[77] Die Rechtsverhältnisse, die man den „untypischen“ Arbeitsverhältnissen seinerzeit zuordnete, finden sich teilweise auch in dieser Schrift.[78]

Hier werden unterschiedlichste Beschäftigungsverhältnisse beleuchtet. Die Untersuchung einzelner Vertragsverhältnisse aus dem Arbeitsleben folgt der Frage, ob und inwiefern sie sich von den unbefristeten, z.B. durch den Kündigungsschutz geschützten Arbeitsverhältnissen unterscheiden. Dennoch bedeutet die Behandlung der einzelnen Rechtsverhältnisse in dieser Arbeit nicht automatisch, dass der Autor sie als prekär einstuft. Diese Bewertung wird zwar sukzessive zu den einzelnen Beschäftigungsverhältnissen in einer generalisierenden Weise vorgenommen. Wegen der hierfür erforderlichen Kriterien, wann eine Beschäftigung als prekär einzustufen ist, wird auf die o.a.[79] Ausführungen verwiesen. Entscheidend ist jedoch immer die Beurteilung eines jeden Einzelfalls in seiner jeweiligen Gestaltung und Handhabung.

---

77 *Adomeit* FS Kissel, S. 1 ff.

78 *Adomeit* a.a.O., behandelt die leitenden Angestellten (die in dieser Arbeit nicht behandelt werden), den Nebenjob, wissenschaftliche Angestellte, der am Unternehmen beteiligte Arbeitnehmer.

79 Vgl. Kap.1. § 2 II 4.

§ 1 Mitarbeit in Haushalt und Familie

I. Familiäre Mitarbeit

Ist die Mitarbeit als Ehe- oder Lebenspartner oder als Kind im familiären Betrieb gleich eine prekäre Beschäftigung? Ist es nicht schon immer üblich und normal gewesen, dass Familienmitglieder mitgeholfen haben? Müssen auch in familiärer Umgebung politische „Kampf"-Begriffe wie der der prekären Arbeit eingeführt werden?

Es ist in der Rechtswissenschaft anerkannt, dass derartige Tätigkeiten von Familienangehörigen im familiären Betrieb sich nicht im rechtsfreien Raum abspielen, sondern ebenfalls rechtlichen Regeln unterliegen.[80] Insofern ist die Frage, ob es sich hierbei um prekäre Arbeit handeln könnte, klärungsbedürftig. Wie bereits ausgeführt,[81] spielt es für die angestellten Ableitungen keine Rolle, ob und wie sich Betroffene subjektiv prekär beschäftigt fühlen.

1. Mitarbeit des Ehegatten

In Zeiten steigender Arbeitskosten ist es für einen Betrieb auch heute weiterhin interessant, den Ehegatten mitarbeiten zu lassen. Diese Tätigkeiten bedürfen an der Schnittstelle zwischen dem Familien- und Arbeitsrecht einer genaueren Differenzierung.

a) „Unterhaltsarbeit" des Ehegatten, §§ 1353, 1360

Als Beitrag zur ehelichen Lebensgemeinschaft kann eine Verpflichtung eines Ehegatten zur Mitarbeit im Unternehmen des anderen Ehegatten bestehen.[82] Jeder[83] Ehegatte hat außerdem nach § 1360 grundsätzlich für einen angemessenen Unterhalt der Familie seine Arbeitskraft einzusetzen. Diese familienrechtliche

---

80 Die in dem Zusammenhang mit Verträgen zwischen Familienangehörigen häufig vorkommende Problematik der steuerlichen Anerkennung spielt in dieser Darstellung keine Rolle; vgl. dazu u.a. *Ruppel* BB 1996, 458 ff.

81 S.o. 1. Kap. § 2 II 3.

82 BGH v. 20.5.1980, in: NJW 1980, 2196 f.

83 Gilt für Ehefrauen wie Ehemänner, *Hergenröder* AR-Blattei SD 615.1., Rn 7.

Pflicht zur Mitarbeit in einem Betrieb des Ehegatten ist allerdings nur ausnahmsweise gegeben,[84] etwa wenn das dem Familienunterhalt dienende Geschäft ohne die Mitarbeit des anderen Ehegatten nicht aufrechterhalten werden könnte. Diese eheliche Unterstützungspflicht kann insbesondere im Gründungsstadium eines Geschäfts,[85] in Notfällen wie einer Krankheit des Ehegatten[86] oder akut fehlender Arbeitkräfte wegen fehlender Mittel[87] entspringen.

Dem ist zuzustimmen. In Zeiten selbstbestimmter Lebensführung auch während der Ehe kann eine derartige Unterhaltsarbeit nur in den o.a. Fällen verlangt werden. Denn beide Ehegatten haben die Art. 3 Abs. 2 GG die gleichen rechtlich die gleichen Möglichkeiten zur Erwerbstätigkeit.[88] In solchen Ausnahmefällen sollte eine Mitarbeit aber auch selbstverständlich sein. Umgekehrt ist diese familienrechtliche Pflicht wegen ihres Ausnahmecharakters auch nicht als eine langfristig aufrecht zu erhaltende, tatsächliche Arbeitspflicht anzunehmen.

Wird diese Pflicht der ehelichen Mitarbeit verletzt,[89] gibt es dem Ausnahmecharakter entsprechend hier auch nur beschränkte Sanktionsmöglichkeiten, weil eine Schadensersatzpflicht des diese Pflicht nicht erfüllenden Ehepartners verneint wird. Allenfalls im Rahmen einer Vermögensauseinandersetzung anlässlich einer Scheidung können derartige Pflichtverletzungen berücksichtigt werden.[90]

Wegen dieses Ausnahmecharakters und der eingeschränkten rechtlichen Durchsetzbarkeit dieser familienrechtlichen, nicht arbeitsrechtlichen Pflicht ist hier auch keine rechtlich prekäre Beschäftigung gegeben. Denn es kann sich nicht um eine längerfristig angelegte Erwerbsarbeit, sondern lediglich um eine kurz- bis allenfalls mittelfristige Tätigkeit handeln.

b) Ehegattenarbeitsverhältnis ohne Arbeitsvertrag

In geregelter Form kann die Mitarbeit des Ehegatten eher ausnahmsweise in Form der „Unterhaltsarbeit“ gemäß § 1360 erfolgen. Aber welche Kriterien entscheiden über die Einordnung einer ehelichen Mitarbeit als familienrechtliche Unterhaltsarbeit oder als ordentliches Arbeits- oder Gesellschaftsverhältnis?

---

84 Palandt/*Brudermüller* § 1353 Rn 6; *Fröhlich/Mirwald* in: ArbRB 2007, 217; sie entfällt außerdem, wenn die Eheleute getrennt leben, da die zu unterstützende Lebensgemeinschaft nicht mehr existiert, *Hergenröder* AR-Blattei 615.1. Tz. 26; *Küttner-Röller* „Familiäre Mitarbeit“ Rn 3.

85 BGH FamRZ 1959, 454.

86 *Fröhlich/Mirwald* in: ArbRB 2007, 217.

87 BGH v. 14.12.1966, in: NJW 1967, 1077.

88 *Hergenröder* AR-Blattei SD 615.1., Rn 7.

89 Zwischen Ehegatten gilt ein privilegierter Haftungsmaßstab, wonach sie gemäß §§ 1359, 277 BGB erst ab grober Fahrlässigkeit haften; gleiches gilt gemäß § 4 LPartG für Lebenspartner.

90 *Hergenröder* AR-Blattei 615.1., Rn 28.

Nachdem früher ein solches Arbeitsverhältnis zwischen Ehegatten entsprechend der seinerzeitigen Moralvorstellungen als „ehefremd" abgelehnt wurden,[91] ist die Möglichkeit des Abschlusses eines Arbeitsvertrages heute unstreitig.[92]

Dennoch wird die juristische Diskussion hierzu von der Frage bestimmt, wann ein solches Arbeitsverhältnis anzunehmen ist. Denn häufig werden Ehegatten aus einer Situation der o.a. „Unterhaltsarbeit" ohne entsprechende formelle Vereinbarung arbeiten, vielleicht zunächst nur einspringen, um dann die Arbeit längerfristig fortzusetzen. Entsteht hier ein Vergütungsanspruch des Ehegatten? Die h.M. verneint hier einen Vergütungsanspruch mit Verweis auf § 1360 b, so lange es sich um diese unterhaltsrechtliche Mitarbeit handelt.[93]

Setzt ein Ehegatte die Tätigkeit über die familienrechtliche Mitarbeit hinaus freiwillig fort, etwa um dem anderen Arbeit abzunehmen, oder den gemeinsamen Lebensstandard zu fördern, stellt sich die Frage, ob diese Tätigkeit als Arbeitsleistung zu vergüten ist. Das ist dann unproblematisch der Fall, wenn beide Ehegatten einen formellen Arbeitsvertrag abschließen.

In der Praxis bestehen jedoch häufig Probleme, eheliche Mitarbeit richtig einzuordnen, da Ehegatten im ehelichen Betrieb häufig anders behandelt werden wie „normale" Arbeitnehmer.[94] So wird für einen Ehepartner als Arbeitnehmer das Kriterium der Weisungsgebundenheit des arbeitgebenden Ehegatten nicht immer im gleichen tatsächlichen Ausmaß zutreffen, wie für familienfremde Mitarbeiter. Wenn jedoch das Kriterium auch der Abhängigkeit des mitarbeitenden Ehegatten zutrifft, ist die Arbeitnehmereigenschaft des Ehegatten zu bejahen.[95]

Besteht zwischen den Ehegatten kein formeller Arbeitsvertrag, ist die Frage der Vergütung allerdings problematisch. Dafür gibt es mehrere Lösungsansätze.

aa) Konkludentes Arbeitsverhältnis?

Eine Alternative besteht darin, ein konkludentes Arbeitsverhältnis, dass stillschweigend abgeschlossen wurde, anzunehmen.[96] Voraussetzung ist jedoch, dass hinreichende Anhaltspunkte für einen subjektiven Rechtsbindungswillen der Parteien existieren, die einen konkludenten Vertragsabschluss stützen.[97] Umgekehrt wird aus der Tatsache, dass ein Ehegatte jahrelang unentgeltlich mitarbeitet, häufig geschlossen, die Parteien wollten die Beziehung dem Familienrecht und damit

91 So BAG v. 5.10.1960, in: BB 1961, 332.
92 *Hergenröder* AR-Blattei 615.1., Rn 87.
93 *Hergenröder* AR-Blattei 615.1., Rn 100; *Küttner-Röller* „Familiäre Mitarbeit" Rn 7.
94 *Erdmann* in: Die Sozialversicherung 1996, 57.
95 *Powietzka* in: BB 2002, 146, 150 m.w.N.
96 So schon BGH v. 20.12.1952, in: NJW 1953, 418 f.; MüKo-*Wacke* § 1356 Rn 25.
97 BAG v. 19.7.1973, in: NJW 1974, 380 ff.; *Fenn* S: 411 ff.

gerade nicht dem Arbeitsrecht unterstellen.[98] Für ein konkludentes Arbeitsverhältnis spricht dagegen die Einhaltung bestimmter Arbeitszeiten, ein festgelegter Arbeitsort und damit auch die Unterordnung unter das Direktionsrecht des Unternehmer-Ehegatten.[99] Unter diesen Voraussetzungen wird man nicht mehr annehmen können, dass hier das Arbeitsrecht vom Familienrecht überlagert werden sollte. Ein Entgeltanspruch bestünde daher in diesen Fällen.

bb) Faktisches Arbeitsverhältnis?

Weiterhin wird für diese Fälle vorgeschlagen, die Dienstleistungen des Ehegatten als faktisches Arbeitsverhältnis einzustufen. Leistet ein Ehegatte Mitarbeit auf Grund eines außerrechtlichen Motivs, soll das als subjektiver Beweggrund für die Annahme eines „atypischen faktischen Arbeitsverhältnisses" ausreichen.[100] Aber auch für ein faktisches Arbeitsverhältnis wird von der h.M. zumindest der Wille der Beteiligten auf den Abschluss eines Vertrages vorausgesetzt, der mindestens durch schlüssiges Handeln offenbar werden muss.[101] Insofern dürften eher die Grundsätze des konkludent abgeschlossenen Arbeitsvertrages für diese Problemfälle angemessen sein.

cc) Ausgleich nach §§ 812 ff. BGB?

Wie aber ist die Situation einzuschätzen, wenn es an rechtsgeschäftlichen Erklärungen, und seien sie nur konkludenter Natur, fehlt? Ein weiterer Vorschlag will die geleistete Tätigkeit nach Bereicherungsrecht ausgleichen, § 812 BGB. Hierbei wird der Wegfall des rechtlichen Grundes des § 812 Abs. 1 S. 2, 1. Alt. BGB durch die Auflösung einer ehelichen Lebensgemeinschaft von der h.M. abgelehnt, da die eheliche Lebensgemeinschaft mehr als nur ein bloßer Rechtsgrund für die freiwillige Mitarbeit des Ehegatten sei.[102]

Auch die zweite Alternative des § 812 Abs. 1 S. 2 BGB der Zweckverfehlung wird von der h.M. verneint, weil der Wegfall eines Zweckes in diesem Sinne zumindest eine konkrete Vergütungserwartung voraussetzt. Diese wird bei Eheleuten im Rahmen freiwilliger Mitarbeit verneint.[103]

---

98 Küttner/*Röller* „Familiäre Mitarbeit" Rn 7.

99 LAG Mainz v. 28.1.2002, in: DB 2002, 2050; ArbG Siegburg v. 8.7.1986, in: NJW-RR 1987, 73.

100 *Canaris* in: BB 1967, 165 ff.

101 BAG v. 19.7.1973, in: NJW 1974, 380 ff.; MüKo-*Wacke* § 1356 Rn 24; Schaub/*Linck* § 35 Rn 34 ff.

102 MüKo-*Wacke* § 1356 Rn 24; *Hergenröder* AR-Blattei 615.1. Rn 115.

103 BGH v. 25.6.1966, in: FamRZ 1966, 492/4; v. 22.2.1967, in: FamRZ 1967, 320/2; *Fenn* in: FamRZ 1968, 291/8.

dd) Schenkung?

Ein weiterer Ansatz, dieses Problem fehlender Willenserklärungen zu lösen, wird in der Möglichkeit gesehen, die geleistete Mitarbeit als Schenkung anzusehen, die gem. § 530 BGB zurückgefordert werden könnte. Diese wird man jedoch bereits mangels einer hierfür erforderlichen Vermögensverschiebung zu verneinen haben.[104] Außerdem ist auch hier gemäß § 516 Abs. 1 BGB eine rechtsgeschäftliche Erklärung des Zuwendenden erforderlich.[105] Worin sollte sie auch liegen? Sie kann nicht einfach unterstellt werden.

ee) Innengesellschaft?

Weiterhin könnte man an die Konstruktion einer Innengesellschaft denken, mit dem Ziel, die geleistete freiwillige Mitarbeit als berufliche Zusammenarbeit über die Verwirklichung der ehelichen Lebensgemeinschaft hinaus nach den §§ 705 ff. BGB zu beurteilen. Das würde nach dem Scheitern der Ehe zu einem gesellschaftsrechtlichen Auseinandersetzungsanspruch des mitarbeitenden Ehegatten führen.[106]

Sofern die Ehegatten im Rahmen dieser beruflichen Zusammenarbeit gemeinsam ein Vermögen aufbauen, also auch der mitarbeitende Ehegatte seinen entsprechenden Anteil an dem Betrieb, und sei es auch nur im Rahmen einer Innengesellschaft, innehat, ist die Anwendung der §§ 705 ff. BGB für den Fall des Scheiterns der Ehe angemessen. Für die Fälle, in denen die freiwillige Mitarbeit des Ehegatten jedoch auf die Leistung der Dienste beschränkt ist, ist fraglich, ob die gesellschaftsrechtlichen Normen anwendbar sein können. Denn einer Gesellschaft wohnt ja auch ein unternehmerischer Antrieb inne, Gesellschafter wollen mehr als Dienste leisten, sie wollen auch am Gewinn und Verlust, also am unternehmerischen Risiko teilhaben. Eine Ehefrau, die freiwillig im Betrieb des Ehemannes[107] mitarbeitet, dabei aber in den Betrieb eingegliedert ist, und auf die unternehmerischen Entscheidungen des Betriebsinhabers und Ehegatten keinen Einfluss nimmt, wird man nicht als Mit-Gesellschafterin ansehen können. Erst, wenn sie tatsächlich wie eine Gesellschafterin teilnimmt und das unternehmerische Risiko (mit-) trägt, ist es sinnvoll, die §§ 705 ff. BGB anzuwenden.

---

104 *Hergenröder* AR-Blattei 615.1., Rn 126.

105 Palandt/*Weidenkaff* § 516 Rn 1.

106 BGH v. 30.6.1999, in: NJW 1999, 2962/4; v. 26.4.1995, in: NJW 1995, 3383 ff.; MüKo-*Wacke* § 1356, Rn 26; Palandt/*Sprau* § 705 Rn 39.

107 Die Aussage trifft auch im umgekehrten Sinne zu.

ff) Wegfall der Geschäftsgrundlage?

Seit 2002 ist das Rechtsinstitut der Störung der Geschäftsgrundlage in § 313 BGB kodifiziert. Diese schon vor der Schuldrechtsmodernisierung durch die Rechtsprechung etablierte Rechtsfigur[108] ist teilweise auch im Falle der Scheidung einer Ehe herangezogen worden, wobei die Ehe als Geschäftsgrundlage für eine Leistung des Ehegatten herangezogen wurde.[109] Das wird von der neueren Rechtsprechung soweit grundsätzlich bejaht, wie die Eheleute den Güterstand der Gütertrennung vereinbart haben. Denn in diesem Fall habe der Partner durch seine Mitarbeit das Vermögen des den Betrieb innehabenden Ehegatten vermehrt. Dies soll jedoch nicht im gesetzlichen Güterstand der Zugewinngemeinschaft gelten.[110] In der Lehre wird dieser Ansatz außerdem deswegen verneint, weil der § 313 allenfalls auf sachliche Zuwendungen anwendbar seien, nicht jedoch auf Arbeitsleistungen des Ehegatten.[111]

Aber § 313 als Anpassungsregel an die geänderten Umstände erscheint hier als ein geeignetes Instrument, die freiwillige Mitarbeit innerhalb der Ehe bei deren Scheidung abzugelten. Dafür spricht auch die Gleichbehandlung mit denjenigen Ehegatten, die einen Betrieb mit dem Ehepartner als (Innen-) Gesellschaft führen: Hier ist eine gesellschaftsrechtliche Auseinandersetzung zu Recht die richtige Folge des Ehescheiterns. Warum ein „nur" mitarbeitender Ehegatte dagegen leer ausgehen soll, ist nicht recht nachvollziehbar. Allerdings setzt § 313 BGB ebenfalls einen abgeschlossenen Vertrag voraus,[112] der bei freiwilliger Mitarbeit gerade zweifelhaft ist.

gg) § 612 BGB

Zum letzten könnte § 612 BGB herangezogen werden, wonach mangels Vereinbarung eine Vergütung als stillschweigend vereinbart anzusehen ist, wenn die geleisteten Dienste den Umständen nach nur entgeltlich erbracht werden. Die h.M. verneint dies, weil unter den Umständen einer Ehe eine Bezahlung gerade nicht zu erwarten sei.[113] Die Tatsache, dass in der Regel erst nach einem Zerwürfnis zwischen Eheleuten ein Entgelt verlangt wird, spreche gegen die Entgeltlichkeit der geleisteten Dienste.[114] Das BAG nimmt hingegen ohne große Differenzierungen bei fehlgeschlagenen Vergütungserwartungen einen Vergütungsanspruch nach § 612 BGB an.[115]

---

108 *Horstmeier* 154.
109 BGH v. 7.1.1972, in: NJW 1972, 580 f.; v. 5.7.1974, in: NJW 1974, 2045 f.
110 BGH v. 3.7.1994, in: FamRZ 1994, 1167; v. 27.4.1977, in: NJW 1977, 1234 ff.
111 MüKo-*Wacke* § 1356 Rn 27; *Hergenröder* AR-Blattei 615.1., Rn 124.
112 Palandt/*Grüneberg* § 313 Rn 7.
113 MüKo-*Wacke* § 1356 Rn 24; Palandt/*Putzo* § 612 Rn 4.
114 ArbG Passau v. 30.11.1989, in: DB 1990, 844.
115 BAG v. 15.3.1960, in: AP Nr. 13 zu § 612 BGB; v. 30.9.1971, in: AP Nr. 27 zu § 612; Schaub § 66 Rn 16 f.

hh) Stellungnahme

Da die geschilderten rechtlichen Lösungsansätze teilweise über das Familienrecht zu den bürgerlich-rechtlichen Streitigkeiten, teilweise über das Arbeitsrecht der Arbeitsgerichtsbarkeit zugeordnet werden, kann es zu Zuständigkeitsproblemen kommen, je nachdem, auf welcher Grundlage ein Anspruch geltend gemacht wird. Insofern ist eine Klärung erforderlich, um widerstreitende Ergebnisse zu vermeiden.

Maßgeblich erscheint für die Beurteilung, ob es sich bei einem mitarbeitenden Familienmitglied die Arbeitnehmereigenschaft aufweist oder nicht. D.h., die Kriterien der betrieblichen Eingliederung, wie unter aa) beschrieben, sind hier maßgeblich. Handelt es sich bei dem Familienmitglied um einen echten Arbeitnehmer, ist nicht ersichtlich, warum er nicht in die gleichen Rechte wie andere Arbeitnehmer kommen sollte. In diesen Fällen besteht neben der familienrechtliche Verbundenheit eine weitere rechtliche Verknüpfung, nämlich die des Arbeitsrechts. Insofern stehen der Annahme des § 612 BGB keine durchgreifenden Bedenken entgegen, wenn die Ehegatten keine Abrede zum Entgelt getroffen haben. Da für die § 612 BGB nicht den Bestand der Ehe voraussetzt, besteht dieser Anspruch also unabhängig davon, ob die Ehe scheitert oder nicht.

c) Ehegattenarbeitsverhältnis mit Arbeitsvertrag

Es ist heute allgemein anerkannt, dass Ehegatten, gleich welchen Güterstands, einvernehmlich einen konkreten Arbeitsvertrag untereinander schließen können.[116] Gegenüber der familienrechtlichen „Unterhaltsarbeit" hat ein ordentlich abgeschlossener Arbeitsvertrag zwischen Ehegatten Vorteile. Der mitarbeitende Ehegatte ist frei, über sein gewonnenes Einkommen zu verfügen, kann seinen Gehaltsanspruch auch einklagen, ist Mitglied der Sozialversicherung (außer bei Geringbeschäftigten)[117] und wird durch die Arbeitsschutzgesetze geschützt. Außerdem entfällt im Falle einer Scheidung eine evtl. erforderliche Streitigkeit über den Ausgleich bzw. Vergütung für die während der Ehe geleistete Arbeit im Betrieb des Ehegatten, deren Grundlage, wie gezeigt, sehr streitig ist. Insofern ist zur Vermeidung dieser Unwägbarkeiten ein fest vereinbarter Arbeitsvertrag nur zu empfehlen.

Rechtlich ist so einer prekären Beschäftigung eines Ehegatten auch vorgebeugt, sieht man von einer de facto erleichterten Kündigung im Falle des Scheiterns ab.[118] Allerdings wird in der Praxis doch öfters Schindluder mit einem an sich

116 BVerfGE 13, 290, 301 f. (v. 24.1.1962); BGH v. 23.2.1977, in: FamRZ 1977, 311/3; zum nichtigen Schein-Arbeitsvertrag – z.B., um Steuern zu sparen – vgl. BAG v. 9.2.1995, in: NZA 1996, 249 f.

117 Vgl. zur geringfügigen Beschäftigung 2. Kap. § 5 II.

118 Vgl. dazu unter 2. Kap. § 1 I 1.d).

ordentlich abgeschlossenen Arbeitsverhältnis getrieben. Einen besonderen Fall der „betrieblichen Optimierung", der es für den mitarbeitenden Ehegatten erforderlich machte, juristisch aktiv zu werden, hatte das LAG Rheinland-Pfalz zu entscheiden.[119] Ein Gastwirt hatte seine Ehefrau in seiner Gastronomie mit einer wöchentlichen Arbeitszeit von 40 Stunden und einem vereinbarten Bruttolohn von 1.000,– DM beschäftigt. Der Lohn wurde vom Ehemann nie ausgezahlt, lediglich die Sozialversicherungsbeiträge wurden entrichtet. In solchen Fällen hilft es nur, die Gerichte einzuschalten.

Die Sozialversicherungspflicht ist ein wesentliches Indiz für die Beurteilung von Beschäftigungsverhältnissen als prekär. Eine versicherungspflichtige Beschäftigung hängt für das Sozialversicherungsrecht nicht von einem ausdrücklichen Arbeitsvertrag ab, sondern von der tatsächlichen Eingliederung des Ehegatten in den Betrieb, die tatsächliche Ausübung der Tätigkeit im Betrieb, Zahlung eines regelmäßigen, angemessenen Entgelts, die Verbuchung dieses Entgelts als Betriebsausgabe, Entrichtung von Lohnsteuer sowie ob der Ehegatte statt einer fremden Hilfskraft beschäftigt wird.[120] Dabei müssen nicht alle Voraussetzungen kumulativ vorliegen. In Streitfällen wird unter Abwägung der o.a. Aspekte abgewogen, ob eine versicherungspflichtige Beschäftigung vorliegt. Dabei ist das Gesamtbild maßgeblich, wie die Tätigkeit ausgestaltet ist.[121]

Ehegatten sind allerdings nicht in den Schutz des Betriebsverfassungsrechts einbezogen, solange die häusliche Gemeinschaft besteht, § 5 Abs. 2 Nr. 5 BetrVG. Sie sind daher weder aktiv noch passiv wahlberechtigt, noch werden sie bei der Berechnung der Schwellenwerte mitberücksichtigt.[122]

d) Kündigung und Scheidung

Bei einem vorliegenden Arbeitsverhältnis sind im Fall einer Beendigung des Arbeitsverhältnisses die generellen Regeln des arbeitsrechtlichen Kündigungsrechts im KSchG bzw. der aus § 242 BGB abgeleiteten Minimalregeln bei Kleinbetrieben zu beachten.[123]

Problematisch ist die Kündigung eines Arbeitsverhältnisses zwischen Ehegatten im Falle des Scheiterns der Ehe. Denn eine Scheidung begründet für sich keine

---

119 LAG Rheinland-Pfalz v. 28.1.2002, in: AR-Blattei ES 615 Nr. 5; der nach der Trennung von der Ehefrau verlangten Lohnauszahlung wurde stattgegeben.

120 Seit BSG v. 4.12.1958, in: BSGE 8, 278; *Erdmann* in: Die Sozialversicherung 1996, 57/8.

121 BSG v. 22. 2. 1973, Az.: 2 RU 150/72; die Finanzverwaltung stellt im übrigen für die Anerkennung ehelicher Arbeitsverhältnisse ähnliche Überlegungen an. Solche Arbeitsverhältnisse werden steuerlich anerkannt, wenn sie ernsthaft und eindeutig vereinbart sind und tatsächlich durchgeführt werden, vgl. BFH v. 3.12.1957, Az.: IS 231/56, in: BStBl. III, 27.

122 *Powietzka* in: BB 2002, 146, 150.

123 Vgl. im einzelnen 2. Kap. § 4 IV.

Aufhebung des Arbeitsverhältnisses, auch nicht nach den Grundsätzen des Wegfalls der Geschäftsgrundlage.[124] Es bedarf einer Kündigung mit einem Kündigungsgrund.

Hierzu wird nach der Rechtsprechung anerkannt, dass solche personen- oder verhaltensbedingte Gründe dann vorliegen können, wenn (nach-) eheliche Streitigkeiten in das Arbeitsverhältnis ausstrahlen und dort z.B. fortgesetzt werden. Dem Arbeitgeber und Ex-Ehegatten wird dann ein gewisses Ermessen eingeräumt, kündigen zu können, wenn anzunehmen ist, der ehemalige Ehegatte würde seine arbeitsvertraglichen Pflichten und Pflichten nicht mehr mit der nötigen Sorgfalt erfüllen. Dann könne er davon ausgehen, dass das für die Fortsetzung des Arbeitsverhältnisses erforderliche Vertrauen fehle.[125] Im Ausnahmefall ist gar eine fristlose Kündigung gem. § 626 BGB möglich.[126]

So sehr es zu begrüßen ist, dass heute das reine Faktum einer Ehescheidung allein nicht ausreicht, um das Arbeitsverhältnis mit dem Ex-Ehegatten zu beenden,[127] muss man hier doch eine u.U. nicht gleich prekäre, so doch unsichere Konstellation des mitarbeitenden Ehegatten annehmen. Denn das Ermessen des arbeitgebenden Ex-Ehepartners, ob das für ein Arbeitsverhältnis erforderliche Vertrauen weiter besteht, ist richterlich schwer überprüfbar, wenn dies vorgetragen würde. Hier ist zumindest zu fordern, dass der kündigende Ex-Ehegatte hinreichend konkrete Tatsachen und Auswirkungen der Ehescheidung auf das Arbeitsverhältnis vorträgt und ggf. beweist, die den Schluss einer solchen Vertrauenszerrüttung zulassen.

2. Mitarbeit des Kindes

a) Familienrechtliche Mitarbeit, § 1619

Kinder, die zum elterlichen Hausstand gehören, sind gemäß § 1619 verpflichtet, entsprechend ihren Kräften und Lebensstellung auch im elterlichen Geschäft unentgeltlich mit zu helfen. Das gilt grundsätzlich sogar für volljährige Kinder, so lange sie dem elterlichen Hausstand angehören.[128] Eine zwangsweise Durchsetzung auch gegenüber den volljährigen Kindern scheidet jedoch aus, da selbst ein obsiegendes Urteil nicht vollstreckbar wäre, § 888 Abs. 2 ZPO.[129] Eine praktische Auswirkung hat diese Hilfspflicht noch in der Landwirtschaft oder im Handwerk.

124 BAG v. 9.2.1995, in: NZA 1996, 249 ff.

125 BAG v. 9.2.1995, in: NZA 1996, 249 ff.; ArbG Passau v. 14.9.1995, in: BB 1995, 115.

126 *Hergenröder* AR-Blattei 615.1., Rn 160; *Menken* in: DB 1993, 161/6.

127 *Hergenröder* AR-Blattei 615.1. Rn 157.

128 Vgl. BGH v. 21.1.1958, in: AP § 1617 BGB Nr. 1; *Hergenröder* AR-Blattei 700.1., Rn 8, 28; auch im Familienrecht steht ihnen eine Haftungsprivilegierung analog § 1664 BGB zu, vgl. Palandt/*Diederichsen* § 1619 Rn 3.

129 *Hergenröder* AR-Blattei 700.1., Rn 24.

b) „Echte" Arbeitsverhältnisse mit Kindern

Anerkannterweise können Eltern mit ihren Kindern auch „echte" Arbeitsverträge abschließen.[130] Dadurch werden sie die Arbeitnehmer. Allerdings fallen sie nicht unter das Betriebsverfassungsrecht, § 5 Abs. 2 Nr. 5 BetrVG. Sie sind weder aktiv noch passiv wahlberechtigt, noch werden sie bei der Berechnung der Schwellenwerte mitberücksichtigt. Zwischen getrennt lebenden Verwandten ersten Grades ist diese Ausnahme also nicht betroffen, so dass die Betriebsverfassung wieder zum Zuge kommt, wenn ein Kind bei den Eltern auszieht.[131]

Für eine evtl. Kündigung gelten die üblichen arbeitsrechtlichen Grundsätze, etwa die Geltung des § 622 zu den Kündigungsfristen oder das KSchG, wenn das Arbeitsverhältnis in dessen Anwendungsbereich fällt.[132] Familiäre Zerwürfnisse, wie sie auch zwischen Eltern und Kindern vorkommen mögen, sind als solche nicht geeignet, das Arbeitsverhältnis zu beenden, es muss vielmehr eine begründete Kündigung ausgesprochen werden.[133]

3. Eingetragene Lebenspartnerschaft

Für die heute unstreitig zulässige[134] Vereinbarung eines Arbeitsvertrages zwischen Lebenspartnern nach dem LPartG gilt das zur Ehe Gesagte entsprechend.[135]

Lebenspartner sind wie Ehegatten nicht in den Schutz des Betriebsverfassungsrechts einbezogen, § 5 Abs. 2 Nr. 5 BetrVG. Sie sind daher weder aktiv wählen noch passiv gewählt werden. Auch werden sie nicht bei der Berechnung der Schwellenwerte berücksichtigt.[136]

Fehlt eine arbeitsvertragliche Grundlage für eine Mitarbeit des Lebenspartners, scheitert ein familienrechtlicher Ausgleichsanspruch an § 5 S. 2 LPartG, § 1360 b. Auch ein Bereicherungsanspruch nach § 812 BGB für das ohne rechtliche Grundlage Geleistete soll hier nicht anwendbar sein.[137]

Möchte ein Lebenspartner nach der Trennung als Arbeitgeber den mitarbeitenden Ex-Partner kündigen, reicht die Aufhebung der Lebenspartnerschaft nach § 15 LPartG hierzu als Grund allein nicht aus Es bedarf einer arbeitgeberseitigen, sozial

---

130 Zu den Besonderheiten derartiger Arbeitsverhältnisse mit minderjährigen Kindern bzgl. §§ 113, 181 vgl. *Hergenröder* AR-Blattei 700.1., Rn 47 ff., zum JArbSchG Rn 54 ff.

131 *Powietzka* in: BB 2002, 146, 150.

132 Für im Haushalt beschäftigte Familienangehörige fehlt es allerdings an einem Betrieb, so dass die verlängerten Fristen des § 622 bzw. das KSchG hier nicht greifen.

133 *Hergenröder* AR-Blattei 700.1., Rn 87, 90.

134 *Hergenröder* AR-Blattei 615.1., Rn 88.

135 *Powietzka* in: BB 2002, 146/9.

136 *Powietzka* in: BB 2002, 146, 150.

137 *Hergenröder* AR-Blattei 615.1., Rn 118.

gerechtfertigten Kündigung.[138] Im übrigen dürften die Frage, ob und wann eine arbeitgeberseitige Kündigung eines (Ex-) Lebenspartners zulässig ist, denen der Kündigung nach dem Scheitern einer Ehe vergleichbar sein, s.o.[139]

4. Fazit: Abhängigkeit, seltener Klagen zwischen Familienangehörigen[140]

Ein Kriterium für das Vorliegen einer prekären Beschäftigung ist die Frage, ob betroffene Beschäftigte von der betrieblichen Mitbestimmung geschützt werden können. Familienmitglieder wie Ehegatten, Kinder oder auch Lebenspartner sind nicht in den Schutz des Betriebsverfassungsrechts einbezogen, § 5 Abs. 2 Nr. 5 BetrVG. Sie sind daher weder aktiv noch passiv wahlberechtigt, noch werden sie bei der Berechnung der Schwellenwerte mitberücksichtigt.[141]

Sie werden also nicht vom Betriebsrat vertreten. Voraussetzung ist eine häusliche Gemeinschaft der Betroffenen. Zwischen getrennt lebenden Verwandten ersten Grades ist diese Ausnahme also nicht betroffen.

Liegt die Arbeitnehmereigenschaft von Familienangehörigen vor, gelten für sie auch die einzelnen Arbeitnehmerschutzrechte des EFZG,[142] des BUrlG,[143] des MSchG,[144] oder des ArbZG.[145] Ebenso kommen sie in den Genuss der Haftungsprivilegierung für Arbeitnehmer.

Erstaunlicherweise führt gerade das Erfordernis der strikten Dokumentation und Durchführung eines Arbeitsverhältnisses zwischen Familienangehörigen aus steuerlichen Gründen dazu, dass diese Beschäftigungen eher dem nichtprekären Lager zuzuordnen sein dürften.[146] Denn diese steuerrechtlichen Vorgaben sehen ja gerade eine angemessene Entlohnung und, wenn die Sozialabgaben auch steuerlich geltend gemacht werden sollen, auch die Integration in die Sozialsysteme vor. Dabei wird natürlich unterstellt, dass die dokumentierten Konditionen auch eingehalten werden. Allerdings gibt es jedoch hier zahlreiche Fälle von Teilzeitbeschäftigungen und/oder Befristungen. Unter solchen Gesichtspunkten können solche familiären Arbeitsverhältnisse im Einzelfall doch wieder eher den prekären Beschäftigungsverhältnissen zuzuordnen sein.

---

138 *Hergenröder* AR-Blattei 615.1., Rn 154.

139 *Powietzka* in: BB 2002, 146, 150; *Hergenröder* AR-Blattei 615.1, Rn 158.

140 *Fenn* in FamRZ 1968, 291/2.

141 *Hergenröder* AR-Blattei 700.1., Rn 61; *Powietzka* in: BB 2002, 146, 150.

142 *Hergenröder* AR-Blattei 700.1., R. 65, nicht jedoch für familiäre Mitarbeit.

143 Schaub/*Linck* § 102 Rn 8, 15; *Hergenröder* AR-Blattei 700.1., Rn 64; gilt jedoch nicht für familiäre Mitarbeit.

144 *Hergenröder* AR-Blattei 700.1., Rn 62, nicht jedoch für familiäre Mitarbeit.

145 *Hergenröder* AR-Blattei 700.1, Rn 63, nicht jedoch für familiäre Mitarbeit.

146 Zur entsprechenden Dokumentation ist der Arbeitgeber-Ehegatte auch dem NachweisG verpflichtet, vgl. Küttner/*Röller* „Familiäre Mitarbeit" Rn 14.

II. Hauswirtschaftliches Beschäftigung

Erbringen familienfremde Personen Dienstleistungen in privaten Haushalten, liegt ein hauswirtschaftliches Beschäftigungsverhältnis vor. In der Regel geht es dabei um Dienste der Reinigung, des Kochens, der Gartenpflege, oder sonstige Tätigkeiten der Haushaltsführung oder um die Betreuung von Familienangehörigen.[147] Dabei handelt es sich historisch um weibliche Arbeit, wie auch in der Anfangszeit des BGB die Erwerbsarbeit dem Mann und die Fürsorgearbeit der Frau zuschrieb. Trotz aller Emanzipationsbemühungen sind in diesen hauswirtschaftlichen Tätigkeiten bis heute hauptsächlich Frauen tätig.[148]

In diesem Bereich gibt es eine große Unsicherheit, wie viele Menschen in einem hauwirtschaftlichen Beschäftigungsverhältnis arbeiten, weil es hierzu keine gesicherten Zahlen gibt.[149] Diese schwanken zwischen 137.000[150] und 1,1 Mio Menschen – eine gewaltige Spanne. Begründet wird diese große Unsicherheit mit der häufig nicht angemeldeten Beschäftigung von z.B. Osteuropäerinnen in der privaten Altenpflege.[151] Sozialversicherungspflichtig angemeldet sind offiziell lediglich 40.000.[152]

1. Hauswirtschaftliche Arbeitsverhältnisse

a) Geltung des Arbeitsrechts

Unabhängig von aufenthaltsrechtlichen Fragen, ob sich eine Person aus dem Ausland, die in einem Haushalt beschäftigt wird, illegal in Deutschland aufhält,[153] unterliegt das Beschäftigungsverhältnis grundsätzlich dem Arbeitsvertragsrecht, § 611 BGB.[154] Ob sie dabei in die häusliche Gemeinschaft mit aufgenommen werden, ist dabei belanglos. Insofern sind die allgemeinen Vorschriften einzuhalten. Insbesondere ist auch das NachweisG zur Dokumentation des Arbeitsverhältnisses

---

147 Küttner/*Reinicke* „Hauswirtschaftliches Beschäftigungsverhältnis“, Rn 1.

148 *Lutz* in: WSI-Mitteilungen 2007, 554/5.

149 *Lutz* in: WSI-Mitteilungen 2007, 554/5.

150 Davon 100.000 allein aus Osteuropa stammende, in der Familien-Rundum-Pflege Beschäftigte, vgl. *Lutz* in: WSI-Mitteilungen 2007, 554/5.

151 Nach der BeschV von 2004 können sozialversicherungspflichtig Beschäftigungen als Haushaltshilfen für Menschen aus dem Nicht-EU-Ausland aufenthaltsrechtlich von der Arbeitsverwaltung genehmigt werden; fehlt diese, ist das Arbeitsverhältnis nicht nach § 134 BGB nichtig, da der Arbeitgeber lediglich ein Beschäftigungsverbot dieses Arbeitnehmers hat, vgl. Schaub/*Koch* § 27 Rn 33.

152 *Weinkopf* in: Vierteljahreshefte zur Wirtschaftsforschung Bd. 72 (2003), 133 f.; teilweise wird von bis zu vier Mio Haushaltshilfen berichtet, vgl. *Maria S. Rerrich* Evangelischer Pressedienst vom 17.11.2006, „Dienstmädchen aus aller Welt“.

153 Vgl. Schaub/*Koch* § 27 Rn 33.

154 Ausnahmsweise wird auch ein Werkvertrag als Freier-Mitarbeiter-Vertrag für denkbar gehalten, *Ohle* in: ArbRB 2006, 309 f.; das dürfte aber nicht die Regel sein.

hier anzuwenden.[155] Gemäß § 2 Abs. 1 S. 3 NachweisG ist bei geringfügig Beschäftigten im Haushalt auf die Möglichkeit der Rentenversicherung hinzuweisen.

b) Vergütung

Ob und wie die im Haushalt Beschäftigten generell bezahlt werden, ist weitgehend unbekannt. Dennoch ist im Einzelfall eine Prüfung der Angemessenheit der Entlohnung möglich. Denn für eine angemessene Entlohnung gibt es einige Standards, die etwa im Rahmen des § 612 BGB herangezogen werden können, wenn keine Vereinbarung besteht. So wird für den Bereich der Altenpflege unter Vermittlung der ZAV eine Greencard-Regelung vorgesehen, nach der jemand aus Osteuropa für drei Jahre in einem Haushalt Pflegeleistungen erbringen kann. Dabei geht die Regelung von einer 38,5-Stunden-Woche aus, das mit einem Standardgehalt von 1.250,– € brutto pro Monat versehen ist.[156] Im Rahmen der Dienstleistungsfreiheit (vgl. Richtlinie 2006/123/EG) von einer osteuropäischen Vermittlungsagentur nach Deutschland geschickte Personen, die hier in Haushalten Pflegeleistungen erbringen, sollen zwischen 1.000,– € und 1.500,– € verdienen.[157]

c) Schutz dieser Beschäftigten

Wesentliche Arbeitsgesetze zum Schutz der Arbeitnehmer dürften bei Haushaltshilfen seltener anwendbar sein, sofern sie für deren Anwendbarkeit erforderliche Schwellenwerte vorsehen, die in diesem Bereich häufig nicht erreicht werden.

aa) Kündigungsschutz

So ist das KSchG bereits deswegen unanwendbar, weil ein Haushalt keinen Betrieb im Sinne des Gesetzes darstellt. Ohnehin dürfte dessen Anwendung regelmäßig an den Schwellenwerten der Beschäftigtenzahlen scheitern. Eine Kündigung könnte daher allenfalls auf der Grundlage des § 242 BGB[158] überprüft werden. Auch bzgl. der Kündigungsfrist ist die Haushaltshilfe gegenüber Arbeitnehmern in Betrieben schlechter gestellt: die verlängerten Fristen des § 622 Abs. 2 BGB gelten nur für Arbeitnehmer in Betrieben und Unternehmen. Hier gelten also nur die kurzen Fristen des § 622 Abs. 1 BGB.

155 Küttner/*Reinicke* „Hauswirtschaftliches Beschäftigungsverhältnis", Rn 6.

156 *Lutz* in: WSI-Mitteilungen 2007, 554/6; die ZAV hat aber 2006 nur 1.700 solcher Fälle bearbeitet – offensichtlich gibt es hier eine riesige Grauzone.

157 *Lutz* in: WSI-Mitteilungen 2007, 554/6.

158 Vgl. hierzu die Ausführungen in 2. Kap. § 4 V zum Kleinbetrieb.

bb) BetrVG

Die betriebliche Mitbestimmung spielt bei diesen Beschäftigungsverhältnissen ebenfalls regelmäßig keine Rolle, schon weil auch hier der Haushalt nicht als Betrieb angesehen wird.[159]

cc) Sonstige Schutzgesetze

Ebenso ist der Mindestschutz bzgl. der Arbeitszeit teilweise eingeschränkt. Gem. § 18 Abs. 1 Nr. 3 AZG gilt das Arbeitszeitrecht nicht für Arbeitnehmer, die in häuslicher Gemeinschaft mit den von ihnen betreuten Personen leben und diese pflegen und betreuen. Alle in der Hauswirtschaft Beschäftigten unterliegen gemäß § 17 Abs. 1 ASiG auch nicht der arbeitsmedizinischen Betreuung. Auch die Bestimmungen des Arbeitsschutzes im Sinne des ArbSchG nimmt in § 1 Abs. 2 S. 1 die „Hausangestellten in privaten Haushalten“ aus diesen Schutzregeln heraus.

Dagegen ist das MuSchG, der Sonderkündigungsschutz des § 18 BEEG (vgl. § 15 Abs. 1 BEEG) und des § 85 SGB IX (vgl. §§ 90, 73 SGB IX) auch für Haushaltshilfen gegeben.[160] Auch das EFZG nimmt die Haushaltshilfen als Arbeitnehmer nicht aus, vgl. § 1 Abs. 2 EFZG.

d) Haushaltshilfen als Mini-Jobs

Hinzu kommt bei geringfügigen hauswirtschaftlichen Tätigkeiten, dass Haushaltshilfen in Form eines Minijobs beschäftigt werden. Unsichere oder prekäre Tendenzen dieser Beschäftigung ergeben sich damit auch aus dem Charakter als geringfügige Beschäftigung.[161] Diese Form der Beschäftigung ist vom Gesetzgeber gar noch durch ein vereinfachtes Meldeverfahren durch den so genannten „Haushaltsscheck“ gefördert worden.[162] Wenn auch mit diesem Instrument den so Beschäftigten statt der Schwarzarbeit ein legales Beschäftigungsverhältnis ermöglicht wird, und zusätzliche Einnahmen für die Sozialversicherung und Finanzkasse erzielt werden sollen, so erkennt die öffentliche Hand und der Gesetzgeber diese Beschäftigungsarten nicht nur an, sondern nimmt unsichere bis prekäre Arbeit in diesem Bereich auch in Kauf.

---

159 *Ohle* in: ArbRB 2006, 309/311.
160 *Ohle* in: ArbRB 2006, 309/311.
161 S. hierzu 2. Kap. § 5 II; *Ohle* in: ArbRB 2006, 309/310 f.
162 Hierzu *Ohle* in: ArbRB 2006, 309/311.

2. Au-pair-Verhältnisse

Eine beliebte Möglichkeit für junge Leute, eine zeitlang im Ausland zu verbringen, ist der Aufenthalt als Au-pair in einer Gastfamilie. Dort helfen sie im Rahmen der Familie bei der Hausarbeit, passen auf Kinder auf und lernen oder vervollständigen ihre Fremdsprachenkenntnisse. In Deutschland sind diese Aufenthalte besonders von jungen Osteuropäerinnen geschätzt, die ca. 75 % aller Bewerbungen ausmachen.[163]

Zur Regelung von deren Rechtsverhältnissen beschloss der Europarat 1969 das European Agreement on „au-pair"-placement vom 24.11.1969.[164] Obwohl es nur von einigen europäischen Ländern ratifiziert wurde, entsprechen die darin genannten Bedingungen doch den heute üblichen Bedingungen eines Au-pair-Aufenthalts. Dazu zählt

- die Integration in die aufnehmende Gastfamilie
- Mindestalter 17 Jahre
- Ein freier Tag pro Woche und vier freie Abende pro Woche
- Freistellung für Sprachunterricht
- Vier Wochen bezahlter Urlaub pro Jahr
- Kranken- und Unfallversicherung durch die Gastfamilie (gesetzlich oder privat)
- Angemessene Vergütung
- Angemessene Unterbringung und Verpflegung durch die Gastfamilie.

Das Au-pair-Verhältnis ist geprägt durch die Aufnahme des Au-Pairs alsGast in die Familie, den Familienanschluss und die Aufnahme auch in deren sozialen Kreise. Die stundenweise Mithilfe im Haushalt oder Kinderbetreuung findet also nicht in einem „Betrieb" statt. Das Au-pair nimmt diese Tätigkeit auch nicht aus Erwerbsgründen auf, sondern eher aus Gründen des Kulturaustausches. Eine Abhängigkeit wie in einem Beschäftigungsverhältnis eines Arbeitsnehmers ist nicht gegeben. Dementsprechend fallen in der Regel auch keine Sozialversicherungsbeiträge an.[165] Die o.a. erwähnten Versicherungen erfolgen privat. Wegen des familiären Zusammenhangs wird man au-pairs auch die Haftungsprivilegierung analog zubilligen, wie sie Kindern innerhalb ihren Familien analog § 1664 BGB zusteht.[166] Mangels Arbeitnehmereigenschaft sind hier die Arbeitsgerichte unzuständig.

Insofern fehlt es bei diesen klassischen Au-pair-Verhältnissen an einem Arbeitsverhältnis, es ist weder ein Studien- noch ein Arbeits-, sondern ein Betreuungsverhält-

---

163 *Erdmann* in: Die Beiträge 2001, 321.
164 European Treaty Series (ETS) Nr. 68.
165 Küttner/*Schlegel* „Hauswirtschaftliches Beschäftigungsverhältnis" Rn 31.
166 Palandt/*Diederichsen* § 1619 Rn 3.

nis eigener Art.[167] Idealerweise entfällt hier der Tatbestand einer sozial prekären Beschäftigung.

Trotz dieser Vorgaben lassen sich derartige Beschäftigungen nicht pauschal als klassische Au-pair-Verhältnisse einordnen. Vielmehr muss im Einzelfall geprüft werden, ob ein solches zu bejahen ist. Es wird auch darauf hingewiesen, dass die klassischen Au-pair-Verhältnisse immer mehr zur reinen Haushaltsarbeit mutieren.[168] Es ist daher durchaus denkbar, dass die Beteiligten im Einzelfall eine abhängige Beschäftigung vereinbaren, so dass ein Arbeitsverhältnis entsteht.[169] Insofern könnten hier die Maßstäbe der prekären Beschäftigung anzuwenden sein, wie sie für die o.a. hauswirtschaftlichen Beschäftigungsverhältnisse bzw. für die geringfügige Beschäftigung gelten.[170] Bei zahlreichen ohne Aufenthaltserlaubnis arbeitenden „Au-pair“-Migrantinnen ist der Tatbestand des ungeschützten Arbeitsverhältnisses offensichtlich.

III. Zusammenfassung

Eine Zusammenfassung in diesen Beschäftigungsverhältnissen ist zwangsläufig nicht leicht. Hier vermischen sich unter anderem arbeits- und familienrechtliche Beziehungen, die ja auch außerrechtlich die Beziehungen zwischen den Beteiligten prägen. Bei der nachfolgenden Tabelle handelt es sich daher naturgemäß nicht um eine absolute Aussage. Sie kann lediglich ein Indikator für die Einschätzung solcher Beschäftigungsverhältnisse als sichere bis unsichere oder gar prekäre Beschäftigung bieten. Und auch die individuelle Ausgestaltung des Arbeitsverhältnisses mag im Einzelfall zu einer größeren Sicherheit führen, wenn beispielsweise Tarifstandards anzuwenden sind. Umgekehrt ist natürlich auch eine Verschlechterung in den Kategorien möglich, etwa wenn nur eine befristete oder Teilzeitbeschäftigung vorliegt.

167 *Erdmann* Die Beiträge 2001, 321/3; in einem Ausnahmefall **a.A.** ArbG Bamberg v. 27.10.2003, in: AuR 2004, 116.

168 *Lutz* in:WSI-Mitteilungen 2007, 554/6, Fn. 7.

169 *Erdmann* in: Die Beiträge 2001, 321/3.

170 S. 2. Kap. § 5 II.

Tabelle 2: Prekariatskriterien für familienbezogene Beschäftigung

Kriterien/ (Max. Punkte)	**Unterhaltsarbeit Ehegatte/ Lebenspartner/Kind**	**Ehegatte/ Lebenspartner mit Arbeitsvertrag**	**Arbeitsvertrag mit Kindern**	**Haushaltshilfen**	**Au pair**
Vollzeit (10 P.)	X 10	X 10	O 5	O 5[171]	O 5
Angemessene Entlohnung (10 P.)	–	X 10	X 10	X 10	O 5[172]
Sozialversichert? (10 P.)	–	X 10	X 10	O 5[173]	–[174]
Unbefristet? (15 P.)	–	X 15	X 15	X 15	–
Betriebliche Integration (10 P.)	–	X 10	X 10	–	–
Gilt KSchG? (10 P.)	–	O 5	X 10	–	–
Tarifstandards? (7 P.)	–	O 3,5	O 3,5	–	–
Regelmäßige Arbeitszeit? (7 P.)	–	X 7	X 7	O 3,5	O 3,5
BR-Vertretung? (7 P.)	–	O 3,5	O 3,5	–	–
Entgeltschutz? (5 P.)	–	X 5	X 5	X 5	–
Besonderer Diskriminierungsschutz? (5 P.)	–	X 5	X 5	X 5	–
Haftungsprivilegierung (2 P.)	X[175] 4	X 2	X 2	X 2	–
ArbG zuständig? (2 P.)	–	X 2	X 2	X 2	–
Gesamtpunktzahl (max. Punktzahl: 100)	**14**	**83**	**83**	**52,5**	**13,5**
Anzahl der Kriterien erfüllt/ teilweise erfüllt/ nicht erfüllt	**2** **0** **11**	**10** **3** **0**	**10** **3** **0**	**6** **3** **4**	**0** **3** **1**

Aus dieser Übersicht lässt sich ableiten, dass die reine Unterhaltsarbeit der Ehegatten (nur 14 Punkte und zwei voll erfüllte Kriterien), die Haushaltshilfe (52,5 Punkte und weniger als die Hälfte erfüllter Kriterien), aber auch die Tätigkeit als Au-pair (nur 13,5 Punkte und gar kein vollerfülltes Kriterium) nicht risikolos sind und arbeitsrechtlich wenig bis keinen Schutz bieten.

Bei Au pairs ist immerhin die Sondersituation zu berücksichtigen, dass sich hier junge Menschen einige Zeit in einem fremden Land aufhalten wollen. Diese Situa-

171 In der Regel liegt keine Vollzeitarbeit vor.
172 Diese Annahme lässt sich kaum überprüfen.
173 Keine volle Sozialversicherung bei Mini-Jobs, vgl. 2. Kap. § 5 II.
174 Unfall- bzw. Krankenversicherung privat abzuschließen.
175 Entsprechend familienrechtlichen Regeln, vgl. § 1359 BGB.

tion ist also nur vorübergehend geplant und durchgeführt wird, und dient in vielen Fällen eher der Persönlichkeitsbildung der Au pairs, als dass es sich um eigentliche Erwerbsarbeit handelt.

Objektiv kritisch ist die Lage allerdings bei mitarbeitenden Ehegatten. Insofern wäre zumindest der Abschluss formeller Arbeitsverträge auch bei familiärer Mitarbeit anzuraten.

§ 2 (Aus-) Bildungsbezogene besondere Beschäftigungsverhältnisse

Es gibt einige Beschäftigungsformen, die mit dem Wunsch nach einer Aus-, Weiter- oder Fortbildung einhergehen. Da sie auch Arbeitsleistungen einschließen, die die Betroffenen in diesem Zusammenhang zu absolvieren haben, „lohnt" sich deren Behandlung hier durchaus. Denn ein Blick auf die damit zusammenhängenden Konditionen zeigt, dass auch in diesen Fällen unsichere oder prekäre Gestaltungsformen vorkommen können, die von den seriösen Handhabungen zu unterscheiden sind. Neben dem Einfühlungs- oder Anlernverhältnis, dem Berufspraktischen Jahr sowie der Umschulung wird besonderes Gewicht wird auf ausbildungsbezogene Praktika gelegt. Außerdem gehören das Volontariat sowie die Tätigkeit als Werkstudent hierher.

Der klassische Ausbildungsweg einer Lehre nach dem BBiG, wird hier nicht per se als unsicher oder prekär eingestuft. Denn diese Lehre ist ja zunächst eine wesentliche Voraussetzung für die eigene Lebensplanung, für das eigene spätere Erwerbsleben. Idealerweise ist es die Vorstufe, eine sichere und unprekäre Beschäftigung zu erreichen, und insofern nicht in dieser Reihe atypischer Beschäftigungsverhältnisse zu prüfen.

Die Probezeit wird als Übergang von der Ausbildung zum Beruf ebenfalls hier behandelt, auch wenn sie sich dabei nicht direkt auf eine Ausbildung bezieht. Allerdings wird die Probezeit in der Regel wegen der Prüfung der beruflichen Eignung des neu eingestellten Mitarbeiters vereinbart, so dass auch hier wegen dieser Bewährungssituation die Einordnung dieses Themas hier angebracht erscheint.

I. Praktikanten vor/während einer Ausbildung

1. Einleitung, Ausgangslage und Hintergrund

Der Begriff des „Praktikums" wird in ganz unterschiedlichen Diktionen benutzt.[176] Dieses ist nichts Neues, schon in den 70er Jahren des letzten Jahrhunderts gab es bereits vereinzelt Literatur zur Rechtssituation des Praktikanten.[177]

176 Vgl. LAG Hessen v. 25.1.2001, Az.: 3 Sa 1818/99; ArbG Berlin v. 8.1.2003, Az.: 36 Ca 19390/02; EK/*Preis* § 611 BGB, Rn 205, hält den Rechtsstatus der Praktikanten weitgehend für ungeklärt.

177 *Fangmann* in: ArbuR 1977, 201 ff; *Leube* in: DÄ 1972, 313 ff; *Weber* in: AP Nr. 3 zu § 3 BAT.

Dabei wird häufig der Zusammenhang eines Praktikums mit einer Ausbildung bzw. der Berufsbildung hergestellt. Danach unterzieht sich Praktikanten vorübergehend einer bestimmten Tätigkeit und Ausbildung in einem Betrieb, weil sie diese z.B. im Rahmen einer Gesamtausbildung, entweder zur Zulassung zum Studium oder als Voraussetzung für eine Hochschulprüfung benötigen.[178] Zur Klarstellung des Untersuchungsgegenstands wird ein Praktikum für diese Arbeit in dreierlei Hinsicht relevant sein:

- zum einen ein solches, das vor Beginn einer beruflichen (Aus-) Bildung, die nachfolgend auch als Praktikums des Typs a bezeichnet wird;
- des weiteren ein Praktikum, das während einer Ausbildung absolviert wird, und nachfolgend auch als Praktikum des Typs B bezeichnet wird; Es gibt heute immer mehr Studiengänge, aber auch andere Berufsausbildungsarten, bei denen während des Studiums oder der Ausbildung ein Praxissemester bzw. ein Praktikum zu absolvieren ist. Daher ist von einer zunehmend höheren Zahl von Studenten auszugehen, die während der Ausbildung ein Praktikum absolvieren. Welche Rechtsstellung haben diese Praktikanten inne? Allein die Praktika, die während eines Studiums zu absolvieren sind, erreichen eine Größenordnung von jährlich 60–70.000;[179]
- außerdem werden ebenfalls als Praktika bezeichnete Tätigkeiten nach einer fertigen Ausbildung zu besprechen sein;[180] diese werden nachfolgend als Praktikum des Typs C bezeichnet und an anderer Stelle[181] behandelt werden, da bei ihnen kein Ausbildungsbezüge, sondern andere Motivationen herrschen.

Die Gesamtanzahl dieser Praktika werden vom IAB-Betriebspanel für Mitte 2006 mit ca. 600.000 ausgewiesen.[182]

Die Schwierigkeiten bei der rechtlichen Beurteilung von Praktikanten ergeben sich in erster Linie aus den faktischen Umständen. Diese haben entscheidenden Einfluss darauf, ob es sich im betreffenden Fall um einen „echten" Arbeitnehmer handelt, der die Arbeitnehmerrechte auf seiner Seite hat, ob es sich um ein sonstiges Vertragsverhältnis gemäß § 26 BBiG oder ob es sich um ein freies Dienstverhältnis außerhalb des Arbeitsrechts handelt.[183]

---

178 Schaub/*Vogelsang* § 16 Rn 9; *Hueck-Nipperdey* 76 Fn. 21; Leinemann/*Taubert* § 19 Rz 6; Küttner/*Röller* „Praktikant" Rn 1; *Weber* Anm. in AP Nr. 3 zu § 3 BAT; *Maties* in: RdA 2007, 135/8.

179 IAB-Kurzbericht 7/2007, „Betriebspraktika – Auf Umwegen zum Ziel", 2.

180 LAG Hamm v. 19.5.1995, in: 4 Sa 443/95.

181 Vgl. 2. Kap. § 4 IV.

182 IAB-Kurzbericht 7/2007 „Betriebspraktika – Auf Umwegen zum Ziel", 2; 59 % von ihnen sind erwartungsgemäß Fachhochschulstudierende, *Krawitz/Müßig-Trapp/Willige* 1; andere Zahlen sprechen von 800.000 Praktika, vgl. *Dollmann* in: ArbRB 2006, 306 Fn. 1.

183 EK/*Preis* § 611 BGB Rz 204.

Wie will man entscheiden, ob ein Praktikant ein solches Praktikum zu Ausbildungszwecken absolviert, oder ob er an einen Arbeitgeber geraten ist, der ihn für ein geringes Entgelt als vollwertige Arbeitskraft beschäftigt? Die bei einem Vertragsschluss gewählte Bezeichnung ist insofern nicht ausschlaggebend, vielmehr kommt es auf die Art der tatsächlichen Beschäftigung und den mit der Einstellung verfolgten Zweck an.[184] Nachfolgend wird dargelegt, welche arbeitsrechtlichen Auswirkungen auf ein Praktikum vor oder während einer Ausbildung gegeben sind.

2. Definition der untersuchten Praktika

a) Praktika vor einer Ausbildung

Bei den Praktika vor einer Ausbildung kann man faktisch nicht trennen zwischen solchen Praktika, die zwingend absolviert werden müssen, um zu einem Studium zugelassen zu werden, und solchen, bei denen Praktikanten ohne ein solches Erfordernis Praktika ableisten, etwa um sich beruflich zu orientieren, bevor sie sich für eine Ausbildung entscheiden. Denn die subjektive Zielrichtung eines solchen Praktikums lässt sich nicht zwingend nach äußeren Kriterien bestimmen, kann sich diese doch noch während des Praktikums ändern.

Für diese Arbeit ist der Unterschied jedoch nicht wesentlich. Solche nicht in ein Studium integrierte Praktika werden zu Recht generell als Vertragsverhältnisse im Sinne des § 26 BBiG angesehen.[185] Bei diesen Praktikanten handelt es sich um Personen, die sich im Rahmen einer Gesamtbildung, also nicht einer speziellen Berufsausbildung, bestimmten betrieblichen Tätigkeiten als Praktikant unterziehen.[186] Unter diesem Regime haben solche Praktikanten nach h.M. die Rechte der §§ 26, 10 ff. BBiG in Bezug auf die Vergütung, Urlaub, Zeugnis usw.

Teilweise ist eine Praxis zu beobachten, dass ein Arbeitgeber eine Ausbildung erst nach Ableistung eines unentgeltlichen Praktikums in Aussicht stellt, mit dem die Eignung des Aspiranten belegt werden soll.[187] Das ist jedoch unzulässig. Zum einen ist in § 20 BBiG ausdrücklich eine Probezeit vorgesehen, in der die Ausbildungseignung geprüft werden soll. Zum anderen liegt hier ein klassischer Sitten-

---

184 So bereits *Nikisch* 723; *Maties* in: RdA 2007, 135/8.

185 Hessisches LAG v. 25.1.2001, Az.: 3 Sa 1818/99; Leinemann/*Taubert* § 19 Rz 7; Küttner/*Röller* „Praktikant" Rn 6, 8; *Weber* in AP Nr. 3 zu § 3 BAT; *Ferme* in: AuA 2007, 456/7; *Nebeling/Dippel* in: NZA-RR 2004, 617/8; *Dollmann* in: ArbRB 2006, 306/8.

186 EK/*Schlachter* § 26 BBiG Rz 3; Leinemann/*Taubert* § 19 Rz 2; Küttner/*Röller* „Praktikant" Rz 1.

187 *Maties* in: RdA 2007, 135/9.

verstoß gemäß § 138 BGB vor, weil der Praktikant der Unentgeltlichkeit nur zustimmt in der Hoffnung, einen Ausbildungsplatz zu erhalten.[188] § 26 BBiG setzt für diese Praktika allerdings ausdrücklich voraus, dass der Erwerb beruflicher Kenntnisse, Fertigkeiten oder Erfahrungen im Vordergrund steht. Auch wenn eine Berufsausbildung damit nicht verknüpft ist, stellt diese Vorschrift daher den Ausbildungsgedanken, das Lernen an sich, und nicht die Arbeitsleistung in den Vordergrund. Mit anderen Worten: der Praktikant schaut und hört zu, läuft mit, probiert auch selbst aus, ist aber mit seinen Verrichtungen nicht in die tägliche Arbeitsplanung des Betriebs eingebunden.[189]

Wie bereits ausgeführt, unterliegen Praktika vor einer eigentlichen Berufsausbildung dem Arbeitsrecht in der Weise, dass §§ 26, 10 Abs. 2 BBiG die wesentlichen Vorschriften des BBiG sowie des Arbeitsrechts auf diese ausdehnt. Grundsätzlich steht diesen Praktikanten also eine Vergütung zu, §§ 17 ff BBiG. Die Vereinbarung eines vergütungsfreien Praktikums ist daher nichtig.[190]

Fehlt eine Vereinbarung über eine Vergütung, ist nicht der gesamte Vertrag nichtig; vielmehr sind die §§ 17 BBiG, 612 BGB anzuwenden, nach denen in diesen Fällen eine angemessene Vergütung zu zahlen ist.[191] Für die Beurteilung der Angemessenheit der Vergütung gibt es im Einzelfall Tarifverträge, ansonsten Empfehlungen von Handwerkskammern oder Innungen für eine Mindestentlohnung.[192]

Eine Probezeit[193] ist vorgesehen, § 20 BBiG, wobei deren Laufzeit kürzer als einen Monat sein kann, § 26 BBiG. Gemäß § 16 BBiG steht diesen Praktikanten ein Zeugnis zu. Auch die sonstigen arbeitsrechtlichen Grundlagen wie BUrlG, JArbSchG, AZG etc. finden Anwendung.[194] Grundsätzlich besteht Sozialversicherungspflicht, vgl. zur Höhe § 168 Abs. 1 SGB VI.[195]

Die Entgeltfortzahlungspflicht gemäß §§ 19, 10 Abs. 2 BBiG, § 1 Abs. 2 EFZG ist auf Praktikanten ebenfalls anzuwenden,[196] ebenso für betroffene Praktikantinnen

---

188 Vgl. LAG Rheinland-Pfalz v. 8.6.1984, in: NZA 1986, 293/5; ArbG Frankfurt/M. v. 20.2.2001, Az.: 5 Ca 2426/00; *Maties* in: RdA 2007, 135/9.

189 BAG v.13.3.2003, Az.: 6 AZR 564/01; *Fangmann* in: ArbuR 1977, 202; so bereits *Nikisch* 723.

190 ArbG Berlin v. 7.2.1992, in: NZA 1992, 842 f; ArbG Frankfurt/M. v. 20.2.2001, Az.: 5 Ca 2426/00; ArbG Berlin v. 8.1.2003, Az.: 36 Ca 19390/02; ArbG Solingen vom 19.5.2005, Az.: 5 Ca 2437/04; *Scherer* in: NZA 1986, 282; *Ferme* in: AuA 2007, 456/8. Entgeltfreie Praktika hielt *Fangmann* in: ArbuR 1977, 203, noch für zulässig.

191 Hessisches LAG vom 25.1.2001, Az.: 3 Sa 1818/99; *Dollmann* in: ArbRB 2006, 306/8.

192 BAG vom 30.9.1998, in: AP Nr. 8 zu BBiG § 10; Hessisches LAG v. 25.1.2001, Az.: 3 Sa 1818/99; EK/*Schlachter* § 17 BBiG Rz 3.

193 Zur Probezeit generell vgl. 2. Kap. § 2 V.

194 *Fangmann* in: ArbuR 1977, 206; *Scherer* in: NZA 1986, 282.

195 *Ferme* in: ArbRB 2007, 456/8.

196 EK/*Dörner* § 1 EFZG Rz 12; *Lakies* Rn 88.

das MSchG.[197] Diese Praktikanten des Typs A sind prinzipiell auch Normadressaten von Tarifverträgen.[198]

Der Arbeitgeber der Praktikanten ist dazu verpflichtet, ihnen Gelegenheit zu geben, sich das erforderliche Wissen selbst zu verschaffen, eine eigene Ausbildungspflicht trifft ihn dabei nicht.[199] Die Praktikanten erhalten also Informationen, Einweisungen, Material, Unterlagen usw., mit denen sie selbst ihre Kenntnisse und Fähigkeiten zu erwerben haben.

Im Sinne des § 5 Abs. 1 S. 1 BetrVG unterliegen diese Praktikanten auch dem Betriebsverfassungsrecht, da der Begriff der darin genannten beruflichen Bildung weit zu fassen ist. Sie gehören insofern zu den Arbeitnehmern. Dabei ist es unerheblich, ob sie ein Entgelt erhalten oder nicht. Daraus folgt, dass in Betrieben mit Betriebsrat dieser berechtigt ist, auch Praktikanten zu vertreten, und etwa auch bei der Einstellung von Praktikanten gemäß § 99 BetrVG gehört zu werden.[200] Daher sind Praktikanten bei der Bestimmung der Anzahl von Arbeitnehmern im Sinne des §§ 1, 9 BetrVG mitzuzählen.[201] Auch das aktive Wahlrecht gemäß § 7 S. 1 BetrVG steht ihnen zu; für ein passives Wahlrecht gemäß § 8 BetrVG wird es in der Regel wegen der Befristung der Praktika nicht kommen.

b) Praktika während eines Studiums

Bei dem Begriff der „Praktikanten" denkt man häufig an Studierende, die während des Studiums insbesondere an Fachhochschulen ein so genanntes Pflichtpraktikum zu absolvieren haben.[202] Es handelt sich dabei um ein bewährtes Instrument, mit dem die Studierenden ihr Studienwissen in der Praxis erproben und überprüfen können. Das Praktikum ist hier also Teil der Ausbildung, die von den Hochschulen teilweise zwingend in den jeweiligen Studien- und Prüfungsordnungen vorgeschrieben, teilweise dort lediglich empfohlen werden. Der Ausbildungszweck, wenn auch nicht in der Hochschule, sondern in einem Unternehmen, steht hier im Vordergrund.[203] Die Studierenden erhalten also im Rahmen ihrer Hochschulausbildung mehrere Monate eine praktische Ausbildung in einem Betrieb. Solche Praktikanten bleiben begrifflich auch während dieses Prak-

---

197 ArbG Kiel v. 23.12.1997, in: NZA-RR 1998, 344 f.; EK/*Schlachter* § 1 MSchG Rz 3.

198 EK/*Schaub* § 1 TVG Rz 85.

199 Vgl. Schaub/*Vogelsang* § 16 Rn 9 ff.

200 BAG v. 25.10.1989, in: AP Nr. 40 zu § 5 BetrVG; EK/*Eisemann* § 5 BetrVG Rz 10; Leinemann/*Taubert* § 19 Rz 34.

201 EK/*Eisemann* § 1 BetrVG Rz 23; Küttner/*Röller* „Praktikant" Rz 8.

202 *Hueck-Nipperdey* 76 Fn. 21; vgl. auch § 29 Abs. 4 S 2 BawüLHG; die Ausführungen können zu Praktika, die im Rahmen einer sonstigen Berufsausbildung zu absolvieren sind, sinngemäß herangezogen werden; zu anderen Erscheinungsformen der hier nicht behandelten Praktika, insbesondere der Schüler, vgl. *Scherer* in: NZA 1986, 280 ff.

203 *Stuhr/Stuhr* in: BB 1981, 916; *Haug* Rn 1229; vgl. Studien- und Prüfungsordnung der Hochschule Furtwangen für Bachelor-Studiengänge.

tikums des Typs B, auch Praxissemester genannt, Studierende. Daher soll auf sie nach h.M. kein Arbeitsrecht angewendet werden.[204]

§ 26 BBiG, der die Rechte der §§ 10–23, 25 BBiG auch auf sonstige, der generellen Berufsbildung dienende Verträge bezieht, würde demnach hier entfallen. Diese Praktikanten haben also danach keinen arbeitsrechtlichen Anspruch auf Vergütung, Urlaub, Lohnfortzahlung o. ä..[205] Dementsprechend leisten zwei Drittel dieser Praktikanten ihr Praktikum unentgeltlich.[206] Ebenso wäre auf sie als Nicht-Arbeitnehmer folgerichtig das BetrVG nicht anzuwenden, so dass ein Betriebsrat kein Vertretungsmandat für die Praktikanten hätte.[207] Auch die Grundzüge der Haftungsprivilegierung von Arbeitnehmern würden dann hier nicht gelten.[208]

aa) Keine Anwendbarkeit von Arbeitsrecht?

Als Begründung hierfür wird angeführt, dass in diesen Fällen das Praktikum Teil des Hochschulstudiums sei. Das erweise sich nicht nur dadurch, dass es in Studien- und Prüfungsordnungen als Ausbildungselement enthalten sei. Vielmehr blieben die Studierenden während des Praktikums immatrikuliert, sie müssten vor- und nachbereitende Praxissemesterseminare absolvieren und sie würden auch während des Praktikums von der Hochschule betreut. Das Praxissemester sei daher integrierter Bestandteil einer geschlossenen Hochschulausbildung. Die Studierenden unterlägen nur einem Gewaltverhältnis, nämlich dem zur Hochschule. Die Hochschulausbildung fiele aber in den Kompetenzbereich der Bundesländer.[209]

Demzufolge könne das BBiG oder sonstiges Arbeitsrecht als Bundesrecht nicht auf diese Personengruppe angewandt werden. Diesen Praktikanten fehle daher die Arbeitnehmereigenschaft. Bei der Frage, ob für sie das BetrVG anwendbar ist, wird ebenso die Auffassung vertreten, sie seien gar keine Arbeitnehmer, sie blie-

---

204 BAG v. 19.6.1974, in: AP Nr. 3 zu § 3 BAT; BAG v. 25.3.1981, in: AP Nr. 1 zu § 19 BBiG; BAG v. 16.10.2002, in: BB 2003, 906 f; ähnlich LAG Hamm v.19.5.1995, Az.: 4 Sa 443/95; Schaub/*Vogelsang*, § 16 Rn 10; EK/*Preis* § 611 BGB Rz 205; Küttner/*Röller* „Praktikant" Rn 6; *Maties* in: RdA 2007, 135/9; *Ferme* in: AuA 2007, 456 f.; *Nebeling/Dippel* in: NZA-RR 2004, 617/8; *Lakies* Rn 21, *Dollmann* in: ArbRB 2006, 306/7.

205 BAG v. 19.6.1974, in: AP § 3 BAT Nr. 3; BAG v. 3.9.1998, Az.: 8 AZR 14/97; Leinemann/*Taubert* § 19 Rz 9; Erfurter Kommentar a.a.O.; Henssler/Willemsen/Kalb-*Hergenröder* § 19 Rn 3; *Scherer* in: NZA 1986, 282; Küttner/*Röller* „Praktikant" Rz 6; verwirrend in diesem Zusammenhang die Äußerung in Schaub § 175 Rn 3, wonach grundsätzlich kein Praktikant ohne Vergütung beschäftigt werden kann, unter Verweis auf ArbG Berlin vom 7.2.1992, in: NZA 1992, 842. Im gleichen Werk (Schaub/*Vogelsang* § 16 Rn 10) liest es sich anders.

206 IAB-Kurzbericht, „Betriebspraktika – Auf Umwegen zum Ziel", 2; *Krawietz/Müßig-Trapp/Willige* 5, berichten von 68 % unentgeltlicher Praktika; das knappe Drittel, das eine Vergütung erhalten hat, erhielt zu 99 % lediglich eine Vergütung von maximal 3,– €/Stunde. Bei 83 % lag der Stundenlohn unter einem Euro!

207 Küttner/*Röller* „Praktikant", Rz 6; Dietz/*Richardi* § 5 Rz 68.

208 Vgl. *Lakies* Rn 107 ff.

209 BAG v. 19.6.1974, in: AP Nr. 3 zu § 3 BAT; *Ferme* in: AuA 2007, 456 f.

ben allein Studierende.[210] Mangels Arbeitnehmereigenschaft könnten sie also auch nicht vom Betriebsrat vertreten werden.[211]

Diese herrschende Auffassung ist unzutreffend. Ein Unterschied zur Trennung des betrieblichen zum schulischen Bereich in anderen Ausbildungsberufen ist nicht zu erkennen. Wie Auszubildende während des Berufschulbesuchs zugleich Angehörige des Ausbildungsbetriebs sind, bleiben Studierende während des Praxissemesters Mitglieder der Hochschule, sind aber auch gleichzeitig während des Praktikums Betriebsangehörige. Es ist nicht einsichtig, warum ein dualer Charakter auch hier nicht denkbar sein sollte.[212] Warum für den einen das BBiG gilt, für den anderen jedoch nicht gelten kann, ist also nicht ersichtlich.[213]

bb) Geltung des BBiG?

Auch sonst erfüllen diese Praktikanten die sonstigen, auf sie anzuwendenden Arbeitnehmer-Kriterien. Danach ist Arbeitnehmer, wer auf Grund eines Dienstvertrages eine unselbständige Tätigkeit für den Arbeitgeber ausübt. Die Unselbständigkeit des Arbeitsverhältnisses zeichnet sich dadurch aus, dass der Arbeitnehmer in eine fremde Arbeitsorganisation eingegliedert wird, und dem Weisungsrecht des Arbeitgebers nach Inhalt, Durchführung, Ort und Zeit der Tätigkeit unterliegt.[214]

So liegt der Fall hier. Praktikanten sind auch während des Praktikums in die Organisation des Unternehmens eingegliedert, sie haben in der Regel die gesamte Arbeitszeit (häufig mindestens genau 95 Anwesenheitstage) in dem Betrieb zu verbringen, und unterliegen auch den Bestimmungen des Weisungsrechts bzgl. Ort und Zeit der Tätigkeit. In der Regel kommen diese Praktikanten während der Praktikumszeit nicht in die Hochschule, sondern sind die gesamte Zeit als Vollzeitkraft in dem Betrieb tätig. Dieser liegt häufig auch geographisch weit von der Hochschule entfernt, so dass aus rein tatsächlichen Gründen keine effektive Anbindung an die Hochschule besteht. Studentische Praktikanten müssen sich

---

210 BAG v. 19.6.1974, in: AP Nr. 3 zu § 3 BAT; wohl auch BAG v. 25.3.1981, in: AP Nr. 1 zu § 19 BBiG; BAG v. 16.10.2002, in: BB 2003, 906 f; LAG Hamm v. 24.5.1976, in: NJW 1976, 1806 f; *Schaub* § 16 Rz 9; EK/*Preis* § 611 BGB Rz 205; Küttner/*Röller* „Praktikant" Rz 1, 6; EK-*Schlachter* § 26 BBiG Rz 3; Leinemann/*Taubert* § 19 Rz 11; Henssler/Willemsen/Kalb-*Hergenröder* § 19 BBiG Rz 3; *Scherer* NZA 1986, 283; ebenso LAG Hamm v. 10.9.1998, in: BB 1999, 1709 für Fortbildungsverträge gemäß § 1 Abs. 4 BBiG; LAG Hamm vom 11.7.1995, Az.: 4 Sa 1285/95 für die Unanwendbarkeit von tariflichen Regelungen, andererseits hält es die Zeugnisregelung des (heutigen) § 16 BBiG auf diese Praktikanten für anwendbar; *Backmeister/Trittin/Mayer* §§ 14–17 BBiG Rz 2.

211 Küttner/*Röller* „Praktikant", Rz 6.

212 *Stuhr/Stuhr* in: BB 1981, 917; vgl. auch ArbG Kiel v. 23.12.1997, in: NZA-RR 1998, 344 f.

213 So bereits *Roscher* in: BB 1978, 1121; auch *Schaub* § 16 Rn 10 lässt zumindest Bedenken erkennen.

214 Vgl. EK/*Preis* § 611 BGB, Rz 60 ff; BAG AP Nr. 22 zu § 5 ArbGG m.w.N; LAG Düsseldorf vom 17.8.2001, Az.: 18 Sa 774/01.

weiterhin den gängigen Vertragsmustern zufolge einer Probezeit unterziehen, sich im Falle der Krankheit bei ihrem Betrieb abmelden, ihren Urlaub dort einreichen, Geschäftsgeheimnisse bewahren und Betriebsordnungen anerkennen – alles typische Arbeitnehmerpflichten.[215]

Der Arbeitnehmereigenschaft solcher Praktikanten widerspricht es nicht, dass das Unternehmen sich in Verträgen bereit erklärt, mit der Hochschule in Fragen des Praktikums zusammen zu arbeiten, oder im Anschluss an das Praktikum einen Tätigkeitsnachweis zu erbringen. Arbeitgeber und Praktikanten schließen diese Verträge jedoch für sich konstitutiv.[216] Parteien und Verpflichtete aus dem Vertrag bleiben allein die Unternehmen und Praktikanten.

Spricht nicht der § 3 Abs. 2 Nr. 1 BBiG für die h.M., wonach das BBiG nicht für die Berufsbildung gilt, die „... in Studiengängen an Hochschulen ... durchgeführt werden.“? Dieser Verweis führt zu keinem anderen Ergebnis. Das (in der Kompetenz der Länder, vgl. Art. 70, 74 GG) liegende Hochschulrecht regelt die Berufsausbildung in den Studiengängen an den Hochschulen. Dort findet diese Ausbildung auch im Rahmen von Vorlesungen, Seminare, Laborübungen etc. statt.

Das Praktikum dient jedoch dazu, die in der Ausbildung erworbenen Kenntnisse in der Praxis außerhalb der Hochschule in einem Betrieb zu erproben und anzuwenden sowie berufliche Erfahrungen zu dem Studienfach zu sammeln. Es ist also zu differenzieren zwischen den eigentlichen Ausbildungsinhalten, die in der Hochschule vermittelt werden, und dem Ort der praktischen Erfahrung. Insofern weist der § 3 Abs. 2 Nr. 1 BBiG zwar dem Hochschulrecht die Regelungen zu den einzelnen Studiengängen zu, so dass diese zu Recht aus dem BBiG ausgeklammert werden. Davon zu trennen ist jedoch die Rechtsposition des Praktikanten. Der schließt mit dem Unternehmen einen eigenen privatrechtlichen Vertrag ab, der ergo arbeitsrechtlich einzuordnen ist.[217]

Daher ist die Wertung dieser Praktika als Vertragsverhältnis im Sinne des § 26 BBiG nur folgerichtig. Auch die Tatsache, dass immatrikulierte Studierende selbstverständlich generell in der Lage sind, anderweitig, etwa in Ferienjobs zu arbeiten,[218] zeigt die Möglichkeit, beide Rollen – sowohl als immatrikulierte Studierende als auch als Arbeitnehmer – auszufüllen.

Die folgende Betrachtung führt zum gleichen Ergebnis: Studierende, die ein Praxissemester absolvieren, tun dies sowohl in Studiengängen, in denen ein Praxissemester vorgeschrieben ist, aber auch in solchen, in denen ein Praktikum lediglich emp-

---

215 *Scherer* in: NZA 1986, 285 f.

216 *Hirschberg* in: NJW 1976, 1808; *Stuhr/Stuhr* in: BB 1981, 917 f; *Weber* Anm. in AP Nr. 1 zu § 19 BBiG; interessant ist in diesem Zusammenhang ist auch die Entscheidung des LAG Düsseldorf v. 17.8.2001, Az.: 18 Sa 774/01, die einer ehemaligen Musikstudentin frühere Dienstzeiten, die sie als „Praktikantin“ gearbeitet hatte, für die Eingruppierung bei der späteren Festanstellung im selben Orchester anerkannte.

217 *Hirschberg* in: NJW 1976, 1807/8; *Stuhr/Stuhr* in: BB 1981, 919.

218 Vgl. zu studentischen Aushilfsjobs 2. Kap. § 5 III 2.

fohlen wird. Im letzteren Fall wären auf sie die Grundsätze des Typs A anzuwenden, da diese Praktika lediglich zusätzlich zu Bildungszwecken absolviert werden, sie jedoch für einen Studienabschluss nicht nötig sind. Einen Grund, warum dieser Fall von dem eines in einer Studien- und Prüfungsordnung einer Hochschule vorgeschriebenen Praktikums zu unterscheiden wäre, ist nicht ersichtlich.

c) Arbeitsrechtliche Situation von Praktikanten

Grundsätzlich ist also festzuhalten, dass nach diesseitiger Ansicht sowohl die Praktika des Typs A die des Typs B gemäß §§ 26, 17 BBiG angemessen vergütet werden müssen. Außerdem sind für die hier besprochenen Arten von Praktika vor bzw. während einer Ausbildung noch eine Reihe weiterer Rechtsfolgen maßgeblich:

aa) Zuständigkeit der Arbeitsgerichte

Für Streitigkeiten aus Praktikantenverhältnissen ist der Rechtsweg zu den Arbeitsgerichten eröffnet, da hier der Arbeitnehmerstatus im Sinne des § 5 ArbGG vorliegt. Das gilt zum einen für die Praktikanten des Typs A,[219] aber nach diesseitiger Auffassung auch für die Praktikanten des Typs B, die es also während einer Hochschulausbildung absolvieren.[220] Zumindest wird man sie selbst von der h.M., die ihre Arbeitnehmereigenschaft ablehnt, wegen ihrer wirtschaftlichen Unselbständigkeit als arbeitnehmerähnliche Personen ansehen, für die der Weg zu den Arbeitsgerichten eröffnet ist, § 5 Abs. 1 S. 2 ArbGG.[221]

bb) Praktikanten als Beschäftigte im Sinne des KSchG

Das KSchG ist gemäß § 23 KSchG nur auf Betriebe mit fünf bzw. zehn Arbeitnehmern anzuwenden. Bei der Zählung der Arbeitnehmer sind die „... zu ihrer Berufsbildung Beschäftigten ...“ nicht mitzuzählen. Aus dieser gesetzlichen Vorgabe folgt, dass die Praktikanten des Typs A und B bei der Zählung nicht mit eingerechnet werden können.[222]

Sofern keine zulässige Befristung vorliegt, gilt für die Praktikanten des Typs A und B die Bestimmungen der §§ 10 ff. BBiG entsprechend § 26 BBiG. Bzgl. einer

---

219 LAG Hamm v. 19.5.1995, Az. 4 Sa 443/95; *Grunsky* § 5, Rz 13; *Fangmann* in: ArbuR 1977, 203.

220 Vgl. LAG Düsseldorf v. 17.8.2001, Az.: 18 Sa 774/01, das Tarifverträge auch auf „Praktikanten“ während des Studiums anwendbar hält.

221 LAG Berlin v. 18.11.2005, in: ZTR 2006, 218.

222 LAG Köln vom 28.9.2000, Az.: 5 Sa 1000/00; KPK-*Sowka* § 23 Rz 6; *Backmeister/Trittin/Mayer* § 23 KSchG Rz 18; Löwisch/*Spinner* § 23 Rz 20.

Kündigung geht jedoch die Kündigungs-Sonderbestimmung des § 22 BBiG vor.[223] Dementsprechend erfolgt auch keine Anrechnung dieser echten Praktikumszeiten im Sinne des Typs A und B auf die Wartefrist des § 1 Abs. 1 KSchG, weil § 23 Abs. 1 S. 3 KSchG die zur Berufsbildung Beschäftigten ausdrücklich aus dem Geltungsbereich des KSchG exkludiert.[224]

cc) Praktikanten als Arbeitnehmer im Sinne des BetrVG

Die §§ 1, 5 Abs. 1 S. 1, 7 und 9 BetrVG haben bei der Bestimmung der im Rahmen des BetrVG gemeinten Adressaten einen weiter gefassten Bildungsbegriff als das KSchG. Danach fallen also auch Praktikanten des Typs A und B hier unter den Arbeitnehmerbegriff, da davon auch diejenigen umfasst sind, die auf betrieblicher Ebene Kenntnisse vermittelt bekommen,[225] sofern jedenfalls die Praktikanten auf der Basis privatrechtlicher Verträge mit dem Betrieb verbunden sind. Das dürfte in den hier behandelten Fällen jeweils der Regelfall sein.[226] Also sind diese Praktikanten prinzipiell in den Schutz des BetrVG mit einzubeziehen und sind auch bei der Bestimmung der Betriebsgröße mitzuzählen.

Ein Weiterbeschäftigungsanspruch eines Mitglieds der Jugend- und Auszubildendenvertretung gemäß § 78 a Abs. 2 BetrVG setzt jedoch eine echte Berufsausbildung im Sinne des BBiG voraus,[227] und nicht nur ein Vertragsverhältnis gemäß § 26 BBiG. Insofern unterscheiden sich die §§ 5 und 78 a BetrVG. Praktikanten können daher aus § 78 a BetrVG keine Rechte auf eine Weiterbeschäftigung herleiten.[228]

dd) Befristung von Praktika

Praktikanten des Typs A und B werden in der Regel befristet beschäftigt.[229] Ein Befristungsgrund liegt gemäß § 14 Abs. 1 Nr. 6 TzBefrG häufig im Wunsch des Praktikanten, nur während der hochschulrechtlich vorgesehenen oder die für die Aufnahme einer Ausbildung vorgeschriebenen Dauer als Praktikant beschäftigt zu werden.[230] Eine solche mit einem Sachgrund erfolgte Befristung ist in der Vereinbarung der Schriftform des § 14 Abs. 4 TzBefrG wegen festzuhalten.

---

223 KPK-*Meisel* § 1 Rz 21; Löwisch/*Spinner* § 1 Rz 11.
224 LAG Hamm v. 10.9.1998, Az.: 16 Sa 302/98.
225 BAG v. 13.5.1992, in: BAGE 70, 215; BAG v. 21.7.1993, in: BAGE 74, 1 ff, *Richardi* § 5 Rz 68; **a.A.** *Scherer* in: NZA 1986, 284.
226 *Etzel* Rn 32 mit Verweis auf BAG v. 30.10.1991, in: EzA § 5 BetrVG 1972 Nr. 50; *Fitting* § 5 Rz 253.
227 BAG v. 1.12.2004, Az.: 7 AZR 129/04; BAG v. 17.8.2005, Az.: 7 AZR 553/04; *Richardi* § 78 a Rn 5; *Fitting* § 78 a Rn 6; *Opolony* in: BB 2003, 1329/1330.
228 Schaub/*Koch* § 227 Rn 14.
229 *Lakies* Rn 114.
230 *Nebeling/Dippel* in: NZA-RR 2004, 617/9.

Daneben kann der Praktikumsvertrag eine Befristungsregel gemäß § 14 Abs. 2 TzBefrG ohne einen Sachgrund enthalten. Gemäß § 14 Abs. 2 S. 1 TzBefrG ist die kalendermäßige Befristung eines Arbeitsverhältnisses ohne eine sachliche Begründung von maximal zwei Jahren zulässig.

ee) Anrechnung des Befristungszeitraums eines Praktikantenverhältnisses auf die Zwei-Jahresfrist des § 14 Abs. 2 TzBfrG

Wie wirken sich Praktikantenverhältnisse auf diese Frist des TzBfrG aus? Ist ein als „Praktikum" bezeichnetes Vertragsverhältnis befristet, könnte man diese Beschäftigungszeit im vollem Umfang auf eine mögliche Befristung gemäß § 14 Abs. 2 TzBefrG anrechnen. Eine erneute Zweijahresbefristung wegen eines vorhergegangenen befristeten Praktikums im Sinne des § 14 Abs. 2 S. 2 TzBfrG könnte damit gänzlich ausgeschlossen sein.

Handelt es sich bei einem Praktikum um ein echtes Arbeitsverhältnis, das erst nach Abschluss einer Ausbildung absolviert wird (Typ C),[231] werden diese Vertragslaufzeiten als Bestandteile der Befristungsregeln des § 14 Abs. 2 S. 2 TzBefrG einzurechnen sein. Lediglich echte Praktika vor bzw. während einer Ausbildung (Typ A und B) haben auf die mögliche Befristungszeit keine Auswirkung,[232] da insofern die zur ihrer Berufsbildung Beschäftigten nicht als Arbeitnehmer mit einem Arbeitsverhältnis im Sinne des § 14 Abs. 2 S. 2 TzBefrG anzusehen sind. Anderenfalls wäre die Befristung im Anschluss an eine Ausbildung zur Erleichterung des Wechsels in eine Anschlussbeschäftigung gemäß § 14 Abs. 1 Nr. 2 TzBfrG als sachlicher Grund für eine Befristung gar nicht praktikabel. Unter den Begriff der Ausbildung werden im Wege einer weiten Auslegung auch Vertragsverhältnisse gemäß § 26 BBiG verstanden.[233] Allerdings ist auch hier dieser Sachgrund wegen der Schriftform des § 14 Abs. 4 TzBefrG in den Vertrag mit aufzunehmen, wenn sich der Arbeitgeber später darauf berufen will.

Wird die Beschäftigung nach einem Praktikum anstandslos fortgesetzt, ist das als Angebot des Arbeitgebers auf Abschluss eines sich an das Praktikum anschließenden Arbeitsvertrages zu verstehen.[234] Eine dabei fehlende Vereinbarung über die Vergütung wird hier ebenfalls über § 612 BGB ersetzt.[235]

---

231 S.u. 2. Kap. § 4 IV.

232 BAG vom 19.10.2005, Az.: 7 AZR 31/05; Hessisches LAG v. 12.9.2005, Az.: 10 Sa 1843/04; EK/*Müller-Glöge* § 14 TzBefrG Rz 121.

233 *Meinel/Heyn/Herms* § 14 Rz 24; *Annuß/Thüsing-Maschmann* § 14 Rz 38; *Nebeling/Dippel* in: NZA-RR 2004, 617/620.

234 S. auch § 24 BBiG.

235 LAG Hamm vom 12.11.2004, Az.: 13 Sa 891/04.

d) Zusammenfassung

Trotz des weithin verwendeten Begriffs des Praktikums wird deutlich, dass die rechtliche Einordnung einer solchen Tätigkeit je nach Verknüpfung mit einer (Hochschul-) Ausbildung ganz unterschiedlich einzuordnen ist. Das Praktikum, das vor einer Ausbildung absolviert wird, ist als Vertragsverhältnis im Sinne des § 26 BBiG zu qualifizieren, und zwar einerlei, ob das Praktikum der generellen beruflichen Orientierung oder einer Zulassungsvoraussetzung eines Studiums dient.

Die Einordnung von Praktika, die während eines Studiums zu absolvieren sind, ist hingegen streitig. Die h.M. betrachtet diese Praktika nicht als Vertragsverhältnisse gemäß § 26 BBiG, da Hochschulausbildungen einschließlich derartiger Praktika nicht in den Anwendungsbereich des BBiG einbezogen seien. Die Praktikanten würden danach keinerlei Rechte entsprechend dem BBiG besitzen. Dieser h.M. wird nicht gefolgt. Die Rechtsposition der Praktikanten ist als Vertragsverhältnis im Sinne des § 26 BBiG zu qualifizieren, denn es kommt hierbei auf die privatrechtliche Begründung von individuellen Vertragsverhältnissen zwischen Arbeitgeber und Praktikanten an. Die Kompetenz der Bundesländer in Hochschulangelegenheiten, insbesondere in dem Bereich der Ausgestaltung der Hochschulausbildung wird davon nicht berührt.

Vertragsverhältnisse hingegen, die nach erfolgreichem Hochschulabschluss als „Praktikum“ abgeschlossen werden, werden in § 4 IV behandelt. Dort werden sie als vollwertige Arbeitsverhältnisse eingestuft, weil ein Ausbildungszweck nicht mehr ersichtlich ist. Diese Arbeitsverhältnisse richten sich nach üblichem Arbeitsrecht. In solchen „Praktikums“-Verträgen vereinbarte Entgelte, die die vergleichbaren oder tariflichen Entgelte um 30 % unterschreiten sind als sittenwidrig anzusehen. Stattdessen wird in diesen Fällen die übliche Vergütung gemäß § 612 BGB geschuldet.[236]

3. Bedarf an Konkretisierungen und gesetzlichen Änderungen?

Die bisherigen Ausführungen weisen starke Unterschiede in der arbeitsrechtlichen Behandlung je nach Typ des Praktikums auf. Dabei werden trotz oder auch gerade wegen der einheitlichen Sprachregelung von „Praktika“ die Grenzlinien zwischen dem direkt oder entsprechend anzuwendenden BBiG und dem sonstigen individuellen Arbeitsrecht verwischt. Daher stellt sich die Frage, ob es sich nicht empfiehlt, den Bereich der Praktika neu zu regeln.

---

236 LAG Hamm v. 12.11.2004, 13 Sa 891/04; zur hier nicht näher behandelten Sozialversicherungspflicht von Praktikanten vgl. § 6 Abs. 1 SGB V; während eines Studiums vorgeschriebene Praktika sind sozialversicherungsfrei; alle anderen Praktika sind sozialversicherungspflichtig, sofern die Geringfügigkeitsgrenze überschritten wird.

a) Einheitliche Regelung für alle Praktika?

Wegen der oft problematischen Abgrenzung von Praktika als (Aus-) Bildungsinstrument einerseits zu den „normalen" Arbeitsverhältnissen andererseits kommt eine einheitliche Lösung für alle Arten von Praktika nicht in Betracht. Für den Berufsbildungsbereich gibt es mit dem BBiG einen Sonderbereich des Arbeitsrechts, der sich hier grundsätzlich bewährt hat. Die Praktika, die einen Berufsbildungshintergrund haben, sind über den § 26 BBiG prinzipiell abgedeckt. Davon zu unterscheiden sind insbesondere die Praktika des Typs C, die erst nach dem Abschluss einer Ausbildung stattfinden.[237] Diese Praktika, bei denen es in Wahrheit gar nicht um eine Berufsbildung geht, sondern die ein verkapptes Arbeitsverhältnis darstellen, liegen außerhalb des Berufsbildungsbereichs im eigentlichen Arbeits- (vertrags-) recht, wo sie auch hingehören. Eine Transformation dieser Art von Verträgen in das BBiG sollte bereits begrifflich unterlassen werden und wäre kontraproduktiv.

Gesetzliche Neuerungen sollten sich daher an dieser Aufteilung orientieren. Für die einzelnen, hier behandelten Arten von Praktika ergeben sich daher die nachfolgenden Empfehlungen.

b) Empfehlungen zu Praktika vor einer Ausbildung

Wie bereits ausgeführt, handelt es sich bei einem Praktikum, das außerhalb oder zur Vorbereitung einer Ausbildung zum Erwerb beruflicher Fähigkeiten und Kenntnisse dient, um ein Vertragsverhältnis im Sinne des § 26 BBiG. Daraus folgt, dass die wesentlichen Schutzbestimmungen der §§ 10 ff. BBiG Anwendung finden.

Sind die wesentlichen Kriterien für ein erfolgreiches Praktikum darin abgebildet? Dazu zählen etwa ein Ausbildungsplan, ein Ansprechpartner im Betrieb, eine angemessene Vergütung sowie ein abschließendes, qualifiziertes Zeugnis. Diese Elemente eines sinnvollen Praktikums finden sich in den anzuwendenden Bestimmungen des BBiG wieder. Ein Ausbildungsplan etwa kann in der sachlichen und zeitlichen Gliederung und der Benennung des Ziels des Praktikums gemäß § 11 Abs.1 Nr. 1 BBiG gesehen werden, die „Ausbildenden" bzw. „Ausbilder" im Sinne der §§ 11 Abs. 2, 3, 14 BBiG entsprechen dem erforderlichen Ansprechpartner, Vergütung und Zeugnis sind in den §§ 17 ff., 16 BBiG geregelt.

Damit sind grundsätzlich für diese Art der Praktika die erforderlichen Regeln vorhanden, die auf sie anzuwenden sind. Allerdings ist speziell die Vorschrift des § 11 BBiG gemäß § 26 BBiG bei Praktikantenverträgen abdingbar, d.h. das BBiG selbst gibt die Möglichkeit, dass auf einen Plan verzichtet wird. Dabei ist gerade ein solcher Plan für das Erreichen des Ausbildungsziels eines Praktikums von besonderer Bedeutung. Warum gerade darauf verzichtet werden soll, ist nicht recht einsehbar.

---

237 S.u. 2. Kap. § 4 IV.

Um den Praktikanten hier eine sichere Grundlage insbesondere auch für einen sachlichen und zeitlichen Ablaufplan des Praktikums zu geben, wird empfohlen, in § 26 BBiG den § 11 BBiG aus den in diesen Fällen verzichtbare Bestimmung herauszunehmen. Das bedeutet die Streichung der Worte „... auf die Vertragsniederschrift verzichtet ....“ in § 26 BBiG. Damit wäre eine entsprechende Anwendung des § 11 BBiG auch für diese Praktika gewährleistet.

Für die Einhaltung dieser Regeln kommt es neben den Praktikanten selbst auf die im Betrieb vertretenen Betriebsräte an, da diese auch die Interessen der Praktikanten vertreten. Sofern ein Praktikum in dieser Lebensphase jedoch die Arbeitsleistung in den Vordergrund stellt, handelt es sich um ein „echtes“ Arbeitsverhältnis, für das das reguläre Arbeitsrecht gilt.

c) Empfehlungen zu Praktika während einer Ausbildung

Nach der o.a. herrschende Meinung wird das studienintegrierte Praktikum aus dem Arbeitsrecht bzw. dem § 26 BBiG und damit auch aus seinen Mindestschutzstandards herausgenommen. Diese Auffassung ist dringend zu hinterfragen,[238] und wird hier nicht geteilt. Solche Studierenden sind im Praxissemester, wenn sie nicht bestimmte Rechte einzelvertraglich eingeräumt bekommen, in Bezug auf die Vergütung, Bildungsbedingungen, Zeugnis etc. schutzlos. Man muss sich vorstellen: Studien- und Prüfungsordnungen verlangen von den Studierenden einen Leistungsnachweis. Sie müssen in der Hochschule also ein Zeugnis über das Praktikum einreichen, haben aber arbeitsrechtlich keinen Anspruch darauf! Da hilft es auch nicht, wenn ein Zeugnis als Leistungsnachweis über die Studien- und Prüfungsordnung der Hochschule vorgeschrieben ist: daraus erwächst noch keine Verpflichtung des Betriebs zur Erteilung eines Zeugnisses.

aa) Parallelität von Studierenden- und Arbeitnehmereigenschaften

Auch wenn Studierende Mitglieder der Hochschule bleiben, so können sie doch mit Dritten Arbeitsverhältnisse eingehen. Nicht umsonst arbeitet ein großer Teil der Studierenden in Nebenjobs zur Finanzierung des Studiums.[239] Auch das allgemeine duale Bildungssystem trennt zwischen dem betrieblichen und dem schulischen Verhältnis. Es ist auch kein Hinderungsgrund ersichtlich, die studentischen Praktikanten wegen der grundsätzlichen Zuständigkeit der Länder in Hochschulangelegenheiten aus dem Arbeitsrecht des Bundes auszuschließen. Ein Rechtsverhältnis des Studenten sowohl zu seiner Hochschule als auch zu seinem Praktikums-

238 Vgl. *Roscher* in: BB 1978, 1120; *Scherer* in: NZA 1986, 280; *Weber* Anm. zu AP Nr. 3 zu § 3 BAT.

239 Vgl. 2. Kap. § 3 III 1 e) zu studentischen Hilfskräften, und 2. Kap. § 5 III 2 zu Studentenaushilfsjobs

Arbeitgeber schließt sich nicht gegenseitig aus. Vielfach erhalten studentische Praktikanten von den Unternehmen selbst als Arbeitsverträge vorformulierte Vertragsbedingungen. Insofern besteht kein Grund, diese Art von Praktika nicht in § 26 BBiG mit einzubeziehen.[240]

Da die Frage jedoch kontrovers diskutiert wird und insbesondere das hier maßgebliche BAG anderer Ansicht ist, nämlich, dass hochschulbezogene Praktika nicht in den § 26 BBiG einzubeziehen sind, empfiehlt sich hier dringend eine gesetzliche Klarstellung. Dies kann etwa in der Weise geschehen, dass § 26 BBiG dahingehend ergänzt wird, dass diese Vorschrift auch für Vertragsverhältnisse gilt, welche die Studierende im Rahmen der von den jeweiligen Studien- und Prüfungsordnungen ihres Studiums vorgesehenen Praxissemester eingehen.

Mit einer derartigen Regelung wäre die o.a. Streitfrage entschieden, dass auch diese Praktikanten die Rechte der §§ 10 ff. BBiG für sich geltend machen könnten.

bb) Regelung de lege ferenda

Es stellt sich jedoch die Frage, ob der Bundestag für diesen vorgenannten Änderungsvorschlag des BBiG zuständig ist. Denn die Gesetzgebungskompetenz in allgemeinen Hochschulangelegenheiten liegt bei den Bundesländern und nicht beim Bund, Art. 70, 30 GG, wohingegen das BBiG der konkurrierenden Gesetzgebungskompetenz des Bundes unterliegt, Art. 74 Abs. 1 Nr. 11 GG.

Bei den Praktika während eines Studiums handelt es sich, wie bereits dargelegt wurde, um die aus dem Hochschulgeschehen in Unternehmen ausgelagerte betriebliche Tätigkeit der Praktikanten. Dass Studierende weiterhin einem Rechtsverhältnis mit der Hochschule unterliegen, ändert daran nichts, denn dieser duale Charakter wird besonders deutlich mit dem separaten privatrechtlichen Vertrag, den der Student mit dem Praktikumsbetrieb abschließt.

Dieses privatrechtliche Rechtsverhältnis zwischen dem Studenten und dem Betrieb unterliegt der Privatautonomie dieser Parteien: die Hochschulen haben lediglich generell in ihren Studien- und Prüfungsordnungen ein solches Praxissemester vorgeschrieben, ohne dass sie es damit bereits begründen könnten. Auch nehmen die Hochschulen vielerorts noch nicht einmal auf den einzelnen Vertrag in der Weise Einfluss, dass sie etwa für das Praktikum die entsprechenden Vertragsmuster stellen. Die Erfahrung zeigt, dass zumindest die Dax-, Mdax- und sonstige größeren Unternehmen, die ständig Praktikanten beschäftigen, längst dazu übergegangen sind, derartige Verträge auf der Basis eigener Vertragsmuster abzuschließen.

Der Abschluss solcher Praktikumsverträge auch während des Studiums ist, wenn nicht bereits arbeitsrechtlicher (vgl. § 10 Abs. 2 BBiG), zumindest auch privat-

---

240 So bereits *Weber* in AP Nr. 3 zu § 3 BAT.

rechtlicher Natur, so dass sich daraus auch die konkurrierende Gesetzgebungskompetenz des Bundes gemäß Art. 74 Abs. 1 Nr. 12, Nr. 1 GG, ergibt.[241]

Insofern besitzt der Bund die entsprechende Kompetenz, diese Rechtsverhältnisse, etwa über eine Ergänzung des § 26 BBiG, wie vorgeschlagen, zu ändern.

Dieses Ergebnis wird noch durch eine weitere Überprüfung gestützt. Denn fragt sich nun nicht, ob nicht auch § 3 Abs. 2 Nr. 1 BBiG geändert werden müsste? Einer derartigen Änderung bedarf es jedoch nicht. In dieser Vorschrift ist geregelt, dass das BBiG nicht anzuwenden ist auf die Berufsbildung, die in Studiengängen an Hochschulen entsprechend der Hochschulgesetze durchgeführt wird. Zu der hier vorgeschlagenen Änderung des § 26 BBiG steht dies nicht im Widerspruch, da ein studiumbegleitendes Praktikum nicht *an* einer Hochschule, sondern eben auf Grund eines separaten privatrechtlichen Vertrags *außerhalb* der Hochschule in einem Betrieb *durchgeführt* wird.[242]

Bereits der Tatbestand des § 3 Abs. 2 Nr. 1 BBiG ist mit der Einbeziehung von derartigen Praktika in das BBiG gar nicht berührt. Insofern steht dies mit der vorgeschlagenen Änderung des § 26 BBiG in Einklang.

II. Das Volontariat

Das Volontariat ist traditionell vor allem im Journalismus, Rundfunk, Fernsehen und im Verlagswesen anzutreffen und steht für eine Ausbildung ohne einen anerkannten Ausbildungsabschluss.[243] Auch im Bibliothekswesen, Kunsthandel, Theater oder bei PR-Agenturen finden sich Volontäre. Der Begriff des Volontärs leitet sich aus dem französischen begriff für „freiwillig", „volontaire", ab.

1. Wesen des Volontariats

Der Volontär erhält gegen die Leistung von Diensten eine entsprechende Ausbildung, allerdings ohne einen Abschluss in einem anerkannten Ausbildungsberuf erreichen zu können.[244] Im Gegensatz zu einer Lehre ist diese Ausbildung nicht gesetzlich geregelt.[245] Die rechtlichen Verhältnisse eines Volontärs sind daher teilweise nicht einfach zu bestimmen.[246] § 82 a HGB behandelte nur Wettbewerbsver-

---

241 Vgl. *Leibholz/Rinck* Art. 74 Rn 462; *Jarass/Pieroth* Art. 74 Rn 28 a bezieht das ausdrücklich auf arbeitsrechtliche Regelungen im Berufsausbildungsrecht.

242 *Haug* Rn 679.

243 Vgl. LAG Hamm vom 11.7.1995, Az.: 4 Sa 1285/95.

244 EK-*Schlachter* § 26 BBiG Rn 2; Küttner/*Röller* „Praktikant" Rn 2; *Maties* in: RdA 2007, 137/140; *Lakies* Rn 11.

245 Absolventen einer Journalistenschule werden in der Regel ohne zusätzliches Volontariat direkt als Redakteure eingesetzt.

246 EK/*Preis* § 611 BGB, Rn 179.

bote von Volontären, die mit Handlungsgehilfen vergleichbar sind, wobei diese Vorschrift wegen § 26 (§ 19 a.F.) BBiG sowie § 106 a.F. BBiG seit 1969 gegenstandslos geworden ist.[247]

§ 26 BBiG ermöglicht es, wesentliche Bestimmungen des BBiG auch auf das Volontariat anzuwenden.[248] Voraussetzung hierfür ist allerdings, dass für die Anwendung des § 26 BBiG der Lernzweck des Volontariats im Vordergrund steht, wenn auch von den Volontären Arbeitsleistung abverlangt werden kann. Ist das nicht der Fall, handelt es sich um keinen ausbildungsbezogenen Vertrag, sondern um einen schlichten Arbeitsvertrag.[249] Insofern kann für die Abgrenzung von einem Arbeitsvertrag auf die Ausführungen zum Praktikum verwiesen werden.[250]

2. Regeln für Volontariate

Einige Vorschriften des BBiG werden auf die Volontäre angewendet, und zwar die §§ 10–23 und § 25 BBiG, die insofern dem § 82 a HGB vorrangig sind.[251]

Das Volontariat dauert je nach Vorbildung regelmäßig zwölf bis 24 Monate. Im Bereich der Printmedien wie Tageszeitungen, Zeitschriften finden sich hierzu tarifvertragliche Regelungen, die einer geregelten Ausbildung sehr nahe kommen.[252] Im Verlags- und anderen Bereichen hingegen ist das Volontariat frei gestaltet und weist insofern Vergleichbarkeiten mit Praktikanten bzgl. des Bildungszwecks auf.[253] Gemäß § 10 Abs. 2 BBiG gilt für Volontariate im übrigen das für Arbeitsverträge geltende Recht einschließlich des Arbeitnehmerschutzrecht.[254]

Obwohl ein Vertragsabschluß über ein Volontariat in der Praxis regelmäßig schriftlich erfolgt, kann auf das Schriftformerfordernis des § 11 BBiG gemäß § 26 BBiG verzichtet werden. Ein Vertragsabschluß ist also auch mündlich denkbar, da

---

247 Baumbach/*Hopt* § 82 a HGB Anm. 2; Schaub/*Vogelsang* § 16 Rn 8; *Maties* in: RdA 2007, 137/140; *Scherer* in: NZA 1986, 280/1; insofern ist auch die in § 82 a HGB bezeichnete Unentgeltlichkeit der Volontärsarbeit überholt. Dies offensichtlich bezweifelnd noch EK/*Preis* § 611 BGB Rz 205. Das LAG Hamm v. 11.7.1996 Az. 4 Sa 1285/95 bezog sich allerdings weiter auf die Legaldefinition des § 82 HGB.

248 Küttner/*Kania* „Ausbildungsverhältnis“ Rn 3; *Lakies* Rn 2.

249 BAG v. 1.12.2004, in: NZA 2005, 779.

250 Vgl. 2. Kap., § 2 I; *Lakies* Rn 15 f.

251 *Maties* in: RdA 2007, 137/140.

252 Z.B. den Tarifvertrag für Redaktionsvolontärinnen und Redaktionsvolontäre im Privaten Rundfunk vom 27.4.2005; Tarifvertrag über das Redaktionsvolontariat an Tageszeitungen vom 28.5.1990; das aktuelle Mindestgehalt beträgt gemäß dem Gehaltstarifvertrag für Redakteurinnen und Redakteure an; Tageszeitungen vom 1.8.2005 für (darin mit eingeschlossene) Volontäre immerhin 1.499,– €; vgl. *Lakies* Rn 17.

253 *Nikisch* 723; *Hueck-Nipperdey* 75; nach LAG Hamm vom 11.7.1995, Az.: 4 Sa 1285/95 ist das Praktikantenverhältnis eine Unterart des Volontariats; s. zum ausbildungezogenem Praktikum 2. Kap. § 2 I.

254 Schaub/*Vogelsang* § 16 Rn 8.

dann ein Verzicht auf die Schriftform konkludent als vereinbart gilt.[255] Eine Probezeit ist gemäß § 20 BBiG unproblematisch möglich.

Eine angemessene Vergütung ist auch ohne Tarifvertrag[256] nach § 17 BBiG geschuldet.[257] Insofern ist eine Diskussion über unentgeltliche Volontariate müßig.[258] Die gemäß § 12 BBiG genannten nichtigen Vertragsinhalte, insbesondere Vertragsstrafen, sind auch bei Volontariaten unanwendbar.

Auch die Verhaltens- und Ausbildungspflichten der §§ 13 f. BBiG sind zu beachten. Den Volontär trifft also neben der Arbeitspflicht auch eine Lernpflicht, § 13 BBiG.[259] Erwähnenswert ist hier insbesondere die Verpflichtung, Betriebs- und Geschäftsgeheimnisse zu wahren, § 13 S. 2 Nr. 6 BBiG.

Allerdings sind die §§ 27 ff. BBiG über die Qualität der Ausbildungsstätte und des Ausbildungspersonals mangels Einschluss in die Verweisung des § 26 BBiG nicht anwendbar. Insofern bleibt es bei den Pflichten des Ausbildenden aus § 14 ff. BBiG.

Volontäre sind gemäß § 1 Abs. 2 EFZG im Krankheitsfall bzw. in Fällen des § 19 BBiG weiter zu bezahlen.[260] Entschädigungslose Wettbewerbsverbote sind heute bei Volontären unwirksam.[261] Weibliche Volontäre unterliegen dem MuSchG.[262] Urlaub ist, obgleich nicht ausdrücklich im BBiG erwähnt, zumindest über die §§ 10 Abs. 2 BBiG, BUrlG zu gewähren.[263] Denkbar sind auch tarifrechtlich begründete Urlaubsansprüche.

Volontäre sind zur Berufsausbildung Beschäftigte und somit in allen Zweigen der Sozialversicherung versicherungspflichtig. Die Grundsätze der Arbeitnehmerhaftung mit der Verschuldensprivilegierung ist auch auf Volontäre anwendbar.[264]

Für Volontariate gilt das Kündigungsrecht des § 21 f. BBiG.[265] D.h., nach Ablauf der Probezeit ist eine Kündigung des Ausbilders nur aus wichtigem Grund möglich, § 22 Abs. 2 Nr.1 BBiG. Dabei sind die Kündigungsgründe in der Kündigung mit anzugeben, § 22 Abs. 3 BBiG. Der Volontär hat damit auch nach Ablauf der Probezeit die Möglichkeit, einseitig das Volontariat zu beenden, etwa um eine andere Ausbildung zu beginnen, § 22 Abs. 2 Nr. 2 BBiG.

---

255 *Lakies* Rn 26.

256 Vgl. z.B. nur den „Tarifvertrag für Redaktionsvolontärinnen und Redaktionsvolontäre im Privaten Rundfunk" v. 27.5.2005; mehr Tarifverträge unter http://www.dju.verdi.de/tarif/traifvertraege v. 6.8.2008

257 Zweifelnd EK/*Preis* § 611 BGB Rn 179.

258 Vgl. aber *Maties* in: RdA 2007, 137/140.

259 *Lakies* Rn 102.

260 EK/*Dörner* § 1 EFZG Rn 3; *Lakies* Rn 88.

261 EK/*Schaub/Oetker* § 82a HGB Rn 1.

262 EK/*Schlachter* § 1 MuSchG Rn 3.

263 *Lakies* Rn 91 f.

264 *Lakies* Rn 107 ff.

265 EK/*Oetker* § 1 KSchG Rn 29.

Am Ende des Volontariats erhalten Volontäre ein Zeugnis, das über die Art, Dauer und das Ziel der Ausbildung Auskunft gibt, §§ 26, 16 BBiG. Auf Verlangen des Volontärs sind auch Informationen zu Führung, Leistung und fachliche Fähigkeiten aufzunehmen.[266] Dazu gehören bei Redaktionsvolontären Angaben zu journalistische Tätigkeiten, erlernte Darstellungsformen, Layout- und Umbruchtechnik, wie auch die Funktions- und Arbeitsweise von Verlagen.

Verfahrensrechtlich gelten Volontäre als zur Berufsausbildung Beschäftigte auch als Arbeitnehmer auch im Sinne des § 5 Abs. 1 S. 1 ArbGG anzusehen. Für Streitigkeiten mit dem Ausbilder sind also die Arbeitsgerichte zuständig.[267]

3. Weiterbeschäftigung nach dem Volontariat

Das Volontariat kann als Ausbildung im Sinne des § 14 Abs. 1 S. 2 Nr. 2 TzBefrG angesehen werden. Daraus folgt, dass ein sich unmittelbar an das Volontariat anschließenden Arbeitsverhältnis seinerseits erneut entsprechend dem TzBefrG befristet werden darf.[268] Denn das TzBefrG spricht in dieser Vorschrift nicht von Berufsausbildung im Sinne anerkannter Ausbildungsberufe im Sinne des § 4 BBiG, der dort verwendete Begriff der Ausbildung ist insofern weiter zu fassen. Es reicht somit eine inhaltlich geordnete Ausbildung über einen gewissen Zeitraum hinweg.[269]

Beschränkungen der sich an das Volontariat anschließende beruflichen Tätigkeit, etwa durch Wettbewerbsverbote oder durch Rückzahlungsverpflichtungen von „Ausbildungskosten“, sind gemäß § 12 BBiG unzulässig. Das gilt auch für „Weiterarbeitsklauseln“, „Bleibeverpflichtungen“, „Übernahmeklauseln“. Ausgenommen sind entsprechende Erklärungen, die innerhalb der letzten sechs Monate vor dem Ende des Volontariats abgegeben werden, § 12 Abs. 1 S. 2 BBiG.

Derartige gemäß § 12 BBiG nichtige Klauseln bewirken allerdings nicht die Nichtigkeit des gesamten Vertrages. Zum einen bleibt dieser ansonsten erhalten. Aber auch binden insbesondere die Weiterbeschäftigungsklauseln das Ausbildungsunternehmen. Denn § 12 BBiG ist eine reine Schutzvorschrift für den Volontär, der aus einer solchen Vertragsbestimmung nicht verpflichtet wird oder der Ausbilder daraus Rechte ableiten will. Bleibeklauseln binden also den Ausbildenden sehr wohl, wenn der Volontär nach der Ausbildung daraus Rechte ableiten will.[270] Beiderseits verbindlich gemacht werden können solche Klauseln nur im Rahmen der letzten sechs Monate des Volontariats, § 12 Abs. 1 S. 2 BBiG.

---

266 LAG Hamm v. 11.7.1996, Az. 4 Sa 1285/95; *Lakies* Rn 95.

267 BAG v. 21.5.1997, in: AP Nr. 32 zu § 5 ArbGG 1979; BAG v. 24.9.2002, in: AP Nr. 56 zu § 5 ArbGG 1979; *Lakies* Rn 144 f.

268 BAG v. 22.6.1994, in: DB 1995, 1335; Küttner/*Röller* „Praktikant“ Rn 2; *Nebeling/Dippel* in: NZA-RR 2004, 617/620.

269 Vgl. LAG Köln v. 23.2.2000, in: AiB 2001, 53

270 *Lakies* Rn 48.

4. Volontariat und BetrVG

Volontäre sind als Arbeitnehmer in die Berechnung der (Mindest-) Betriebsgröße der §§ 1, 9 BetrVG mit einzubeziehen, da gemäß § 5 Abs. 1 BetrVG auch die zur Berufsausbildung Beschäftigten mitgerechnet werden.[271] Sofern das Volontariat 24 Monate dauert und tarifvertraglich geregelt ist, genießt ein Jugendvertreter auch den Schutz des § 78 a BetrVG; andere Volontäre dagegen nicht.[272] Dennoch werden sie als „zur Berufsausbildung Beschäftigte" in die betrieblichen Jugend- und Auszubildendenvertretung des § 60 BetrVG mit einbezogen.[273] Im übrigen werden Redaktionsvolontäre als Tendenzträger im Sinne des § 118 Abs. 1 S. 1 BetrVG anerkannt, so dass das BetrVG für diese generell nur eingeschränkt gilt.[274]

Vor der Kündigung von Volontären muss die erforderliche Betriebsratsanhörung gemäß § 102 BetrVG stattfinden. Volontäre sind als Arbeitnehmer auch betriebsverfassungsrechtlich in sonstigen Angelegenheiten der betrieblichen Mitbestimmung einzubeziehen, etwa bei den betrieblichen Bildungsmaßnahmen, §§ 97 f. BetrVG.[275] Allerdings sind Volontäre, die in Tendenzbetrieben, etwa im Pressebereich, arbeiten, als so genannte Tendenzträger anzusehen.[276] Trotz der Ausbildungsfunktion des Volontariats sind sie derart in den z.B. Redaktionsalltag integriert, dass sie vom Tendenzschutz des § 118 Abs. 1 Nr. 2 BetrVG mit umfasst werden.[277]

5. Fazit

Aus dem Gesagten wird ersichtlich, dass für die Beurteilung zwischen Volontären in Redaktionen und anderen zu unterscheiden ist. Insbesondere bei Redaktionsvolontären, für die in der Regel entsprechende Tarifverträge gelten, wird man generell von nicht prekären Verhältnissen ausgehen können. Gesicherte, der Ausbildung entsprechende Vergütung, die Vertretung durch den Betriebsrat, die Geltung der Arbeitsschutzbestimmungen auch für Volontäre machen ihre Ausbildung planbar. Insofern sind sie echte Alternativen zu Praktika. Das heißt nicht, dass im Einzelfall nicht doch Gestaltungen vorkommen können, die einer prekären Beschäftigung nahe kommen, etwa, wenn vor einem festen Volontariatsverhältnis noch unbezahlte Praktika vorgeschaltet werden.[278]

---

271 EK/*Eisemann* § 1 BetrVG Rn 23; *Maties* in: RdA 2007, 137/140; *Lakies* Rn 125.

272 BAG v. 23.6.1983, in: NJW 1984, 2599; BAG v. 1.12.2004, in: NZA 2005, 779; Schaub/*Koch* § 227 Rn 14; **a.A.** *Opolony* in: BB 2003, 1329 f.

273 EK/*Eisemann* § 60 BetrVG Rn 2.

274 BAG v. 19.5.1981, in: AP BetrVG 1972 § 118 Nr. 21; EK/*Kania* § 118 BetrVG Rn 20; zu Tendenzträgern vgl. 2. Kap. § 3 I 2 b).

275 *Lakies* Rn 131.

276 Vgl. zu Tendenzbetrieben 2. Kap. § 3 I.

277 BAG v. 19.5.1981, in: AP Nr. 21 zu § 118 BetrVG.

278 Vgl. BAG v. 1.12.2004, in: NZA 2005, 779.

III. Werkstudenten

Bei Werkstudenten handelt es sich in der Regel um an Hochschulen eingeschriebene Studierende meistens einer technischen Fachausrichtung, die neben dem Studium in der Regel maximal 20 Stunden in der Woche arbeiten und dafür auch bezahlt werden. Die eigentliche Berufsausbildung findet also an der Hochschule statt. Insofern liegt ein Arbeitsverhältnis vor,[279] da die Arbeitsleistung im Vordergrund steht. § 26 BBiG ist nicht anwendbar.[280]

Diese Form ist nicht mit studentischen Ferienjobs zu verwechseln,[281] da die Arbeitstätigkeit oft fachlich an das Studium anknüpft und häufig auch einen Ansatzpunkt für Fach- oder Diplom- oder Thesisarbeiten bietet. Für den Arbeitgeber ist diese Beschäftigungsform deswegen interessant, weil auf diese Weise qualifizierte Nachwuchskräfte an das Unternehmen gebunden werden können. Ob im Zuge der Umstellung und Verkürzung der Studiengänge auf Bachelor-Abschlüsse allerdings diese Form der ausbildungsbegleitenden Beschäftigung weiter halten kann, dürfte angesichts des wachsenden Zeitdrucks auf die Studierenden fraglich sein.

Werkstudenten sind als Arbeitnehmer in der Regel Teilzeitbeschäftigte, so dass die Gleichbehandlung nach § 4 TzBefrG geboten ist.[282] Diese Beschäftigungsverhältnisse sind wegen des parallelen Studiums in der Regel auch befristet.[283] Sie fallen daher nicht unter das KSchG, selbst wenn sie länger als sechs Monate in einem Betrieb arbeiten.

Werkstudenten müssen nicht zwingend geringfügige Beschäftigte sein.[284] Auch eine Höchstverdienstgrenze gibt es nicht.[285] Insofern dürfte, sofern im Einzelfall keine Gegenanzeigen vorliegen, im Regelfall eine angemessene Entlohnung anzunehmen sein. Als Arbeitnehmer sind profitieren sie von der Haftungsprivilegierung für Mitarbeiter. Auch Tarifverträge sind auf sie als Arbeitnehmer grundsätzlich anzuwenden, es sei denn, sie wären ausdrücklich aus dem Anwendungsbereich eines Tarifvertrags ausgenommen.[286]

Bzgl. der Sozialversicherung ist für Werkstudenten zu differenzieren. Auch wenn Erwerbstätigkeiten von Studierenden grundsätzlich sozialversicherungspflichtig sein können, greifen für die Kranken-, Pflege- und Arbeitslosenversicherung die Befreiungstatbestände der §§ 6 Abs. 1 Nr. 3 SGB V, 27 Abs. 4 Nr. 2 SGB III, 20 Abs. 1 SGB XI.[287]

---

279 EK/*Preis* § 611 Rn 205; *Stuhr/Stuhr* in: BB 1981, 916; Küttner/*Röller* „Praktikant" Rz 4.; Kittner/*Zwanziger* § 5 Rn 100; *Ferme* in: AuA 2007, 456 f.

280 EK/*Schleicher* § 26 BBiG Rn 4.

281 S. hierzu 2. Kap. § 5 III 2.

282 EK/*Preis* § 611 BGB Rn 205.

283 *Schaub* § 16 Rn 12.

284 *Grahn* in: JA 2003, 346/350; s. hierzu 2. Kap. § 5 II.

285 *Grahn* in: JA 2003, 346/351.

286 LAG München v. 10.5.2007, Az.: 3 TaBV 93/06

287 *Schaub* § 16 Rn 13.

Diese Vorschriften knüpfen an den Status der Werkstudenten als Studierende an. Voraussetzungen für diesen sozialversicherungsrechtlichen Schutz sind die Immatrikulation, sowie das so genannte „studentische Erscheinungsbild“, also dass das Studium die Hauptsache und die Beschäftigung die Nebensache ist.[288] Das ist unproblematisch bei einer Beschäftigung während der vorlesungsfreien Zeit; bei einer Tätigkeit während des Semesters liegt die zu akzeptierende Grenze bei einer durchschnittlichen Beschäftigungsdauer von 20 Wochenstunden.[289] Aus dieser Stundenbegrenzung wird auch die erforderliche Konzentration auf das Studium als Hauptbeschäftigung deutlich. Die Befreiung greift natürlich nicht mehr, wenn das Studium unterbrochen wird, um sich auf die Erwerbstätigkeit zu konzentrieren.

Dies gilt jedoch nicht für die Rentenversicherung, es sei denn, es handele sich um eine geringfügige Beschäftigung,[290] §§ 8 SGB IV, 5 Abs. 2 Nr. 1 SGB VI. Werden die Grenzen der geringfügigen Beschäftigung überschritten, liegt Rentenversicherungspflicht vor und der Arbeitgeber hat diese Werkstudenten anzumelden.

Um Langzeitstudenten zu vermeiden, die nur wegen der studentischen Krankenversicherung immatrikuliert bleiben, ist die Versicherungspflicht als Studierende auf 14 Fachsemester bzw. bis zum 30. Lebensjahr limitiert. Wenn also keine fachspezifischen oder persönlichen Gründe für ein längeres Studium gelten, § 5 Abs. 1 Nr. 9 SGB V, erwächst nach Ablauf dieser Studienzeit die übliche Krankenversicherungspflicht als Beschäftigte gemäß § 5 Abs. 1 Nr. 1 SGB V.

Daraus folgt, dass der Werkstudent zwar (als Student) kranken- und rentenversichert ist, aber nicht in die Pflege- und Arbeitslosenversicherung einbezogen ist. Unter dem Gesichtspunkt des Studiums mag das zwar im Hinblick auf die Situation des Studierenden vertretbar sein, er ist aber objektiv nicht 100 %-ig in die Sozialsysteme integriert.[291]

Eine weitere Besonderheit ist bei Werkstudenten noch zu klären. Kann ein Arbeitgeber den Arbeitsvertrag für einen ehemaligen Werkstudenten gemäß § 14 Abs. 2 S. 1 TzBefrG befristen, ohne dass die Beschäftigungszeiten als Werkstudent gemäß § 14 Abs. 2 S. 2 TzBefrG als Vorbeschäftigungszeiten anzuerkennen sind? Wie bereits gezeigt, sind ehemalige Arbeitsverhältnisse zum neu einstellenden Arbeitgeber von vorhergehenden (Aus-) Bildungszeiten bei ihm zu unterscheiden: Letztere zählen nicht zu den zu berücksichtigenden Beschäftigungsverhältnissen im Sinne des § 14 Abs. 2 TzBefrG.[292] Das hat zur Folge, dass nach einem echten Praktikum (Typ A oder B) oder einem Volontariat durchaus die volle Befristungszeit des § 14 Abs. 2, 2 a TzBefrG von zwei bzw. vier Jahren ausgeschöpft werden kann.[293]

---

288 BSG v. 10.12.1998, in: SozR 3–2500 § 6 Nr. 16; *Grahn* in: JA 2003, 346/350.
289 BSG v. 23.2.1988, in: SozR 2200 § 172 Nr. 20.
290 Vgl. 2. Kap. § 5 II.
291 Vgl. Küttner/*Schlegel* „Studentenbeschäftigung“ Rn 38 ff.; *Ferme* in: AuA 2007, 456/7.
292 Vgl. bereits 2. Kap. § 2 I 2. c) ee).
293 EK/*Müller-Glöge* § 14 TzBefrG Rn 121; vgl. auch 2. Kap. § 2 I.

Bei Werkstudenten steht jedoch die Arbeitsleistung im Vordergrund;[294] ein (Aus-) Bildungsbezug ist allenfalls untergeordneter Natur. Insofern liegt hier ein Arbeitsverhältnis vor. Es ist daher kein Grund ersichtlich, die Beschäftigungszeiten von Werkstudenten anders zu behandeln, als andere Beschäftigungszeiten. Daraus folgt, dass eine frühere Beschäftigung als Werkstudent bei einer neuen befristeten Einstellung berücksichtigt werden muss und diese Befristung gegen § 14 Abs. 2 S. 2 TzBefrG verstößt.[295] In einem solchen Fall würde trotz der (unwirksamen) Befristung gemäß § 16 TzBefrG ein unbefristeter Arbeitsvertrag vorliegen.

Werkstudenten werden trotz ihrer in der Regel befristeten und teilzeitorientierten Arbeit nicht zwangsläufig prekär beschäftigt. Die Unsicherheit ihrer Beschäftigung wird durch die Perspektive relativiert, dass das parallel durchgeführte Studium bei einem erfolgreichen Abschluss beruflich positive Aussichten mit sich bringt. Die Arbeit als Werkstudent ist daher insofern als nichtprekäres Übergangstadium zu betrachten.

IV. Sonstige bildungsbezogene Beschäftigungsverhältnisse

Das klassische Ausbildungsverhältnis im Sinne des BBiG wird in diesem Zusammenhang nicht behandelt, da es den Regelfall der Berufsausbildung darstellt. Insofern entfällt das Erfordernis, es auf Prekariatsgesichtspunkte zu untersuchen. Ebenso fehlt für die Ferienjobs von Studenten der Ausbildungsbezug.[296] So bleiben die nachfolgend beschriebenen Rechtsverhältnisse.

1. Das „Einfühlungsverhältnis“

Dieses auch etwas lax als „Schnupperkurs“[297] bezeichnete Verhältnis wird empfohlen, wenn ein potentieller Arbeitgeber oder Arbeitnehmer damit Bedenken oder eine Scheu vor dem Abschluss eines Arbeitsvertrages überwinden wollen. Das wird häufiger in klein- oder mittelgroßen Betrieben seitens des Inhabers vorkommen, aber womöglich auch auf der Seite von Arbeitssuchenden, wenn diese unsicher sind, ob sie den Anforderungen eines Arbeitsplatzes überhaupt gewachsen sind.

---

294 EK/*Preis* § 611 Rn 205; *Stuhr/Stuhr* BB 1981, 916; Küttner/*Röller* „Praktikant“ Rz 4.; Kittner/*Zwanziger* § 5 Rn 100; *Ferme* in: AuA 2007, 456 f.

295 *Nebeling/Dippel* in NZA-RR 2004, 617/620.

296 S. 2. Kap., § 5 III 2.

297 *Maties* in: RdA 2007, 135, 141; *Dollmann* in: ArbRB 2006, 306 f. spricht von „Schnupperpraktikum“ und unterscheidet kaum zwischen Praktikum und Einfühlungsverhältnis.

a) Was ist ein „Einfühlungsverhältnis"?

Es geht also um eine Kennenlernphase, in der die Möglichkeit einer eventuellen zukünftigen Zusammenarbeit im Rahmen eines Arbeitsverhältnisses geklärt werden soll. Es ist weder ein ausbildungs- noch arbeitsleistungsbezogenes Verhältnis. In diesen Fällen wäre ansonsten ein Praktikum, ein Probe- oder ein Aushilfsarbeitsverhältnis zu erwägen. Keinesfalls soll mit einem „Einfühlungsverhältnis" die kostenlose Beschaffung von Arbeitskraft erlaubt sein, um damit das Arbeitsrecht zu umgehen.[298] Mit dieser Klarstellung ist einer vereinzelte Meinung, derartige Rechtsverhältnisse für unzulässig einzustufen,[299] nicht zu folgen.

b) Inhalt des Einfühlungsverhältnisses

Auf der Basis der Vertragsfreiheit ist daher eine solche Vereinbarung möglich, bei der ein potentieller zukünftiger Arbeitnehmer sich lediglich im Betrieb aufhält, ohne dabei eine Arbeitsleistung erbringen zu müssen. Andererseits wird kein Entgelt bezahlt.[300] Der potentielle zukünftige Arbeitnehmer darf aber produktiv durchaus etwas leisten, wenn er dadurch die potentiellen Kollegen, Maschinen, Arbeitsumgebung etc. kennen lernen kann. Mangels einer Arbeitspflicht löst auch dieses weder einen Vergütungsanspruch aus noch wird dadurch ein Probearbeitsverhältnis begründet.[301] Hierzu bedarf es einer entsprechenden Vereinbarung, die bei einem Einfühlungsverhältnis fehlt.

Es handelt sich dabei also gerade nicht um ein Arbeitsverhältnis, sondern eher um ein unverbindliches „Kennenlernen". Das Arbeitsrecht ist also nicht anwendbar, es handelt sich vielmehr um ein loses Rechtsverhältnis eigener Art.[302] Zu beachten ist natürlich, dass gerade die konkrete Handhabung eines solchen Rechtsverhältnisses Aufschluss über die rechtliche Einordnung gibt. Werden z.B. Weisungen erteilt oder konkrete Arbeitsaufträge vergeben, so werden die Grenzen eines losen Einfühlungsverhältnisses zu einem Arbeitsverhältnis überschritten.[303] Damit schlüpft der Betriebsinhaber in die Rolle eines Arbeitgebers, die der Betroffene bei der entsprechenden Befolgung konkludent akzeptiert.

---

298 *Bertzbach* in: FA Arbeitsrecht 2002, 340/1.

299 LAG Mannheim v. 28.1.1953, in: AP 1954 Nr. 18; Kittner/*Zwanziger* § 132 Rn 11 meint, es sei nicht gestattet, während eines Einfühlungsverhältnisses überhaupt auch nur freiwillig Arbeit zu leisten. Dem ist in dieser Absolutheit unter o.a. Argumentation nicht zu folgen.

300 LAG Schleswig-Holstein v. 17.3.2005, Az.: 4 Sa 11/05; LAG Bremen v. 25.7.2002, Az.: 3 Sa 83/02; LAG Hamm v. 24.5.1989, in: BB 1989, 1759; *Bertzbach* in: FA Arbeitsrecht 2002, 340.

301 **A.A.** Kittner/*Zwanziger* § 132 Rn 11.

302 *Bertzbach* in: FA Arbeitsrecht 2002, 340/1; zweideutig aber EK/*Eisemann* § 5 BetrVG Rn 10, wonach „Anlernlinge" Arbeitnehmer sein sollen.

303 LAG Hamm v. 24.5.1989, in: BB 1989, 1759; Schaub/*Koch* § 41 Rn 2; *Maties* in: RdA 2007, 137/142.

c) Rechtliche Konsequenzen

Aus einem Einfühlungsverhältnis ergeben sich gleichwohl einige rechtliche Konsequenzen. Der Betreffende unterliegt lediglich dem Hausrecht, nicht jedoch dem Direktionsrecht des Unternehmers.[304] Auf die fehlende Arbeitspflicht bzw. Vergütung wurde bereits hingewiesen. Auch die betriebsüblichen Arbeitszeiten braucht der potentielle zukünftige Arbeitnehmer nicht einzuhalten.[305] Da ein solches Kennenlernen nicht endlos ausgedehnt dauert, wird ein solches „Einfühlungsverhältnis" nur für eine sehr kurze Zeit möglich sein. Ein Zeitraum von 7–9 Tagen selbst bei komplizierteren Arbeitsbedingungen wird hier maximal für möglich gehalten.[306] Dem ist beizupflichten, um so den Schutz vor einer Umgehung des Arbeitsrechts durch ein verdecktes (Aushilfs-) Arbeitsverhältnis wirksam zu gewährleisten. Dementsprechend kann das Verhältnis in dieser kurzen Frist von beiden Seiten mit fristloser Wirkung abgebrochen werden, wenn eine spätere Zusammenarbeit oder ein Arbeitsvertrag ausgeschlossen werden kann.[307]

d) Abgrenzungsfragen

Von einem Einfühlungsverhältnis zu unterscheiden ist das Praktikum[308] oder ein „Anlernverhältnis".[309] Dabei handelt es sich dagegen um einen Arbeitsvertrag, bei dem die Arbeitsleistung im Wege des „learning by doing" gegen ein Entgelt, und nicht eine Ausbildung im Vordergrund steht.[310]

Auch das Probe-[311] oder Aushilfsarbeitsverhältnis sind von dem „Einfühlungsverhältnis" mangels einer Arbeits- und Vergütungspflicht streng von Probearbeitsverhältnissen zu unterscheiden.[312]

Um hier allerdings Rechtssicherheit zu schaffen, ist den Beteiligten eines „Einfühlungsverhältnisses" zu empfehlen, ihre Beziehung schriftlich zu regeln und sich auf den Zweck und die Dauer, die fehlende Arbeitsleistungs- bzw. Vergütungspflicht sowie auf die Möglichkeit der jederzeitigen Beendigung dieses Vertrages zu einigen. Unter diesen Voraussetzungen dürften diese „Einfühlungsverhältnisse" bereits mangels einer echten Beschäftigung aus der Gruppe der „prekären"

---

304 LAG Hamm v. 24.5.1989, in: BB 1989, 1759; Schaub/*Koch* § 41 Rn 2; *Bertzbach* in: FA Arbeitsrecht 2002, 340/1.

305 *Bertzbach* in: FA 2002, 340/1.

306 EK/*Preis* § 611 BGB Rn 184; *Bertzbach* in: FA Arbeitsrecht 2002, 340/1.

307 *Bertzbach* in: FA Arbeitsrecht 2002, 340/1; *Maties* in: RdA 2007, 135, 142.

308 S.u., 2. Kap. § 2 I.

309 S.u. 2. Kap. § 2 IV 2.

310 Schaub/*Vogelsang* § 16 Rn 9; *Küttner-Röller* „Praktikant" Rz 1; LAG Düsseldorf v. 17.8.2001, Az.: 18 Sa 774/01.

311 S.u., 3. Kap. § 3 V.

312 Ähnlichkeiten sieht aber das LAG Schleswig-Holstein v. 17.3.2005, in: AuA 2005, 431.

Beschäftigungsverhältnisse herausfallen. Daher wird es auch in der Tabelle am Ende dieses Abschnitts nicht mit aufgeführt. Zur Vermeidung von Umgehungsversuchen ist jedoch daran zu denken, diese Einfühlungsverhältnisse nur in engen zeitlichen Fristen zu akzeptieren.[313] Auf keinen Fall können mehrere Monate als „Einfühlungszeit" akzeptiert werden.[314]

2. Das Anlernverhältnis

Vor 1969 wurde offiziell noch zwischen Lehrlingen und Anlernlingen unterschieden. Anlernlinge werden statt in einem anerkannten Lehrberuf lediglich Kenntnisse und Fertigkeiten vermittelt, die für eine spezielle Tätigkeit erforderlich sind.[315] Ein förmlicher Abschluss wird dabei nicht angestrebt.[316] Der Ausbildungsaspekt nimmt jedenfalls sehr viel weniger Zeit in Anspruch als eine förmliche Berufsausbildung. Daher steht in der Regel im Unterschied zur Berufsausbildung die Arbeitsleistung des Anlernlings von vorneherein im Vordergrund.[317]

Für diese Rechtsverhältnisse sind somit die allgemeinen Bestimmungen des Arbeitsrechts maßgeblich. Nur wenn ausnahmsweise ein Ausbildungszweck den Hauptschwerpunkt der Tätigkeit bildet, wären die besonderen Vorschriften des Berufsausbildungsrechts über die §§ 26, 10 ff. BBiG anwendbar.[318] Durch die weite Auslegung des § 7 Abs. 2 SGB IV, der in die sozialversicherungspflichtige Beschäftigung auch den Erwerb beruflicher Kenntnisse, Fertigkeiten oder Erfahrungen im Rahmen einer betrieblichen Berufsbildung mit einbezieht, unterliegen auch derartige Anlernverhältnisse der Sozialversicherungspflicht.[319]

Als prekäre Beschäftigungsverhältnisse sind die Anlernverhältnisse daher generell nicht einzustufen. Solange es als ein dem üblichen Arbeitsrecht unterliegendes Vertragsverhältnis ist, kommt es in den Genuss der arbeitsrechtlichen Schutzbestimmungen; steht der Ausbildungsaspekt im Vordergrund, sind über den § 26 BBiG zumindest die Schutzbestimmungen der §§ 10 ff. BBiG anwendbar. Um diese Abgrenzung vorzunehmen, ist dabei weniger auf die Bezeichnungen im

---

313 *Maties* in: RDA 2007, 137/142.

314 So aber *Dollmann* in: ArbR 2006, 306, 307 f.

315 Schaub/*Vogelsang* § 16 Rn 2.

316 Küttner/*Voelzke* „Ausbildungsverhältnis" Rn 93.

317 *Maties* in: RdA 2007, 135, 141; *Scherer* in: NZA 1986, 280 f.; für junge arbeitslose Menschen zwischen 18 und 25 Jahren gibt es außerdem von der Wirtschaft geförderte Bildungsmaßnahmen in Form des berufspraktischen Jahres, um deren Chancen auf dem Arbeitsmarkt zu verbessern. Diese Maßnahmen sind von diesen Anlernverhältnissen zu unterscheiden. Sie dauert in der Regel 12 Monate und wird als Eingliederungshilfe in den Arbeitsmarkt von der Agentur für Arbeit finanziert. Auf das berufspraktische Jahr wird hier nicht näher eingegangen, vgl. hierzu Schaub/*Vogelsang* § 16 Rn 9.

318 *Maties* in: RdA 2007, 135, 141.

319 Küttner/*Voelzke* „Ausbildungsverhältnis" Rn 93.

Vertrag, als vielmehr auf das „gelebte“ Vertragsverhältnis abzustellen. Auf die Aufnahme des Anlernverhältnisses in die Tabelle am Ende des Kapitels wird gleichwohl verzichtet.

3. Betriebliche Umschulung

Umschüler sollen eine weitere[320] als die ursprünglich erlernte Tätigkeit erlernen, wobei die Umschulung auf die dauerhafte und qualifizierte (Wieder-) Eingliederung in den Arbeitsmarkt gerichtet ist. Häufig wird sie erforderlich, wenn Arbeitnehmer aus Gesundheitsgründen ihren ursprünglichen Beruf nicht mehr ausüben können, oder sie lange arbeitslos waren. Auch der Strukturwandel mit einem sich ändernden Arbeitskräftebedarf oder technische Neuerungen machen Umschulungen erforderlich. Da Umschüler diese Maßnahme außer in Berufsbildungswerken auch in Betrieben durchführen können, ist die Umschulung auch an diesem Platz zu besprechen.

a) Organisation der Umschulung

Umschulungsmaßnahmen werden von der Bundesagentur für Arbeit gefördert und auch über deren regionale Datenbanken angeboten.[321] Durchgeführt werden diese Maßnahmen von einer Unmenge von Bildungsinstituten. So bieten bundesweit 27 Berufsbildungswerke/Berufsförderungswerke ca. 15.000 Ausbildungsplätze an. Möglich ist auch eine Umschulung in einem Unternehmen, wenn es von der Bundesagentur für Arbeit als förderungswürdig akzeptiert wird. Finanziert werden diese Umschulungen insbesondere vom Haushalt der Bundesagentur für Arbeit – ein riesiges Budget.

Der Begriff der Umschulungsmaßnahmen umfasst allgemein auch einzelne Lehrgänge und Fortbildungen. Die eigentliche Bedeutung von Umschulungen liegt aber darin, dass die Betroffenen eine (verkürzte) Ausbildung in einem Ausbildungsberuf erhalten, die mit einer Prüfung vor der zuständigen Kammer (IHK oder Handwerkskammer) endet.

Die Umschulung dauert daher nicht so lang wie eine Berufsausbildung und unterfällt auch nicht dem BBiG.[322] Denn § 26 BBiG geht von einer erstmaligen Ausbildung aus.[323] Die Umschulung ist ausdrücklich Teil der in der gesetzlichen Renten- und Unfallversicherung aufgezählten berufsfördernden Leistungen zur Rehabilitation, §§16 und 19 SGB VI sowie 35 und 38 SGB VII. Außerdem gibt es im SGB III eine vergleichbare berufsfördernde Rehabilitationsleistung für Behin-

320 Im Gegensatz zur Fortbildung in einem erlernten Beruf, vgl. § 1 Abs. 1 BBiG.
321 Vgl. etwa nur http://infobub.arbeitsagentur.de/kurs/index.jsp (28.10.2008).
322 BAG v. 15.3.1991, in: DB 1992, 896; BAG v. 19.1.2006, in: NZA 2007, 97.
323 BAG v. 15.3.1991, in: DB 1992, 896; *Maties* in: RdA 2007, 137/141.

derte in Form der Förderung der beruflichen Weiterbildung, §§ 98 und 102 in Verbindung mit den §§77, 87, 92 SGB III.

b) Umschulung im Rahmen eines Arbeitsverhältnisses

Die Umschulung kann im Rahmen eines vereinbarten Arbeitsverhältnisses[324] in einem Betrieb erfolgen, so dass hier das Arbeitsrecht nach Maßgabe des einzelnen Arbeitsverhältnisses anzuwenden ist, obwohl die Umschulung von der öffentlichen Hand finanziert wird.[325] Diese Umschüler dieser Betriebe sind Arbeitnehmer im Sinne des § 5 BetrVG[326] bzw. des ArbGG.[327] Frauen genießen Mutterschutz.[328] Als Arbeitnehmer werden Umschüler auch in einschlägige Tarifverträge mit einbezogen[329] und sind in den Schutzbereich des EFZG einbezogen, § 1 Abs. 2 EFZG. Betriebliche Umschüler sind auch sozialversichert,[330] da die Umschulung zur betrieblichen Berufsbildung im Sinne des § 7 Abs. 2 SGB IV gehört.

Aus dem Umschulungszweck ergeben sich noch einige Besonderheiten zur Beendigung dieses Vertrages. Steht der Zweck der Umschulung im Vordergrund, ist der Vertrag mit der Zweckerreichung erfüllt und beendet. Eine ordentliche Kündigung ist hier ausgeschlossen.[331] Die außerordentliche Kündigung bleibt davon natürlich unberührt.[332] Es gilt für die Kündigung die übliche Schriftform des § 623 BGB, mangels Anwendbarkeit der §§ 26, 22 Abs. 2 BBiG besteht jedoch kein Begründungszwang. Ebenso ist eine auflösende Bedingung im Sinne des § 158 Abs. 2 BGB unzulässig, nach der der Vertrag ist mit der Einstellung der öffentlich-rechtlichen Förderung beendet sein soll.

Dem Umschüler wird jedoch in Anlehnung an § 15 Abs. 2 Nr. 2 BBiG die Möglichkeit einer „Berufsaufgabekündigung" eingeräumt, wenn er zu dem Schluss kommt, sich doch beruflich anderweitig zu orientieren.[333]

Die Umschulung könnte auch für bestehende Arbeitsverhältnisse bedeutsam sein. Bevor ein Arbeitgeber im Rahmen einer Abwägung eine Kündigung als ultima ratio ausspricht, sollte zugunsten des betroffenen Arbeitnehmers eine Umschulung geprüft werden, wenn dadurch seine personen- oder verhaltensbedingte

---

324 Wegen des Bezugs zum Arbeitsrecht werden die Umschulungen in besonderen Bildungseinrichtungen wie die Berufsförderungswerke hier nicht berücksichtigt.
325 BAG v. 12.2.1982, in: NJW 1982, 350; EK/*Schlachter* § 63 BBiG Rn 1.
326 EK/*Eisemann* § 5 BetrVG Rn 10.
327 BAG v. 24.2.1999, in: NZA 1999, 557; *Maties* in: RdA 2007, 135, 141.
328 EK/*Schlachter* § 1 MuSchG Rn 3.
329 LAG Köln v. 23.1.1992, in: LAGE Nr. 42 zu § 99 BetrVG.
330 Vgl. http://www.sozialrecht.justlaw.de/Sozialversicheurngsrecht/Umschueler-Arbeitslosengeld.htm (aufgerufen 28.10.2008); Küttner/*Voelzke* „Ausbildungsverhältnis" Rn 93.
331 BAG v. 15.3.1991, in: DB 1992, 896.
332 Küttner/*Reinecke* „Umschulung" Rn 6.
333 BAG v. 3.11.2004, in: NZA 2005, 895; Küttner/*Reinecke* „Umschulung" Rn 8.

Kündigung vermieden werden kann, §§ 1 Abs. 2 S. 3 KSchG, 102 Abs. 3 Nr. 4 BetrVG. Dies muss dem Arbeitgeber aber insofern zumutbar sein, als für den Betroffenen nach der Umschulung ein entsprechender Arbeitsplatz zur Verfügung gestellt werden kann.[334]

Soll ein erfolgreicher Umschüler weiterbeschäftigt werden, kann das im Wege eines befristeten Arbeitsvertrages erfolgen. Denn die Umschulung wird als Ausbildung im Sinne des § 14 Abs. 1 Nr. 2 TzBefrG verstanden, so dass eine sich daran anknüpfende Befristung zulässig ist.[335] Das ist jedoch dann zumindest zweifelhaft, wenn das zugrunde liegende Arbeitsverhältnis, in das die Umschulung eingebettet ist, neben einem Weiterbildungszweck auch reine Arbeitsleistung einfordert. Nur bei einem isolierten Umschulungsvertrag, das nicht als Arbeitsverhältnis einzustufen ist,[336] kann daher eine spätere, befristete Einstellung erfolgen.

Umschüler in einem Betrieb gehören als zu ihrer Berufsausbildung Beschäftigten zu den Arbeitnehmern im Sinne des § 5 Abs. 1 sowie der §§ 7, 8, 9 BetrVG.[337] Allerdings werden die Umschüler nicht in die Berechnung der Arbeitnehmerzahl gemäß § 23 KSchG miteinbezogen, da hier die zur Berufsausbildung Beschäftigten gerade herausgenommen sind.[338]

Im Rahmen des BetrVG ist der Betriebsrat bei Fragen der beruflichen Bildung auch für Umschulungsmaßnahmen gemäß §§ 96–98 BetrVG zu beteiligen. Ist die Umschulung mit einer Versetzung verbunden, ist auch die Mitbestimmung nach § 99 BetrVG zu beachten.[339] Ein eventueller Weiterbeschäftigungsanspruch gemäß § 78 a BetrVG nach Abschluss einer Ausbildung steht auch Umschülern zu, sofern sie den in § 78 a BetrVG genannten Mitarbeitervertretungen angehören.[340]

c) Bewertung

Die Umschulung soll als Ziel eine Beschäftigungsunsicherheit idealerweise eher beseitigen, und ist insofern tendenziell prekariatsvermeidend. Allerdings ist es problematisch, dass ein Umschulungsverhältnis in einem Betrieb eine Vergütung nicht zwingend vorschreibt. Das wird aus dem Umstand geschlossen, dass ein Umschulungsvertrag nicht mit einem Berufsausbildungsvertrag vergleichbar sei und die §§ 26, 17 BBiG daher unanwendbar sind.[341] Umschüler

334 BAG v. 7.2.1991, in: DB 1991, 1730; eine in dem Zusammenhang des Prekariats weniger entscheidende Streitfrage ist, wer die Kosten für eine derartige Umschulung übernimmt, vgl. Küttner/*Reinecke* „Umschulung“ Rn 9; *Gaul* in: BB 1995, 2422 ff.

335 BAG v. 28.8.1996, in: DB 1997, 679 noch zum alten § 1 Abs. 1 Nr. 2 BeschFG.

336 EK/*Schlachter* § 63 BBiG Rn 1.

337 Schaub/*Vogelsang* § 16 Rn 15; EK/*Eisemann*/*Koch* § 5 BetrVG Rn 10–16.

338 BAG v. 7. 9. 1983, in: DB 1984, 355; Küttner/*Reinecke* „Umschulung“ Rn 12.

339 *Gaul* in: BB 1995, 2422/7.

340 Küttner/*Reinecke* „Umschulung“ Rn 10; *Opolony* in: BB 2003, 1329/1330.

341 *Maties* in: RdA 2007, 137/141.

erhalten in dieser Zeit ggf. eine (gesetzlich nicht vorgeschriebene) Ausbildungsvergütung bzw. Zuschüsse öffentlicher Träger.

In dieser Einschätzung wird eine trotz Umschulungsverhältnis geleistete Arbeitsleistung nicht berücksichtigt. Wenn man bedenkt, dass Auszubildende auch im ersten Lehrjahr zumindest eine Vergütung erhalten, die den Umschülern, die u.U. bereits eine vollwertige Berufsausbildung besitzen, verwehrt wird, erscheint diese Auffassung zumindest zweifelhaft. Auf jeden Fall werden in solchen Umschulungsverhältnissen Kriterien der prekären Beschäftigung erfüllt.

V. Probezeit

Der Gesetzgeber hat die Probzeit nur vereinzelt in verschiedenen Gesetzen erwähnt, ohne diese systematisch geregelt zu haben. Sie ist etwa in § 622 Abs. 3 BGB, §§ 11 Nr. 5, 20, 22 Abs. 1 BBiG, § 90 Abs. 3 SGB IX, § 6 Abs. 3 ArbPlSchG oder § 14 Abs. 1 Nr. 5 TzBefrG zu finden. Sie ist aber im Arbeitsrecht als Instrument allgemein anerkannt[342] und auch teilweise in Tarifverträgen geregelt.[343] Auch freiwillige Betriebsvereinbarungen gemäß § 88 BetrVG können Regelungen zur Probezeit enthalten, wenn sie nicht auf arbeitsvertraglicher Basis vereinbart werden.[344] Die Probezeit ist also im Arbeitsleben ein gängiges Instrument.

Man stellt sich daher vielleicht die Frage, warum die Probezeit als im Arbeitsleben etwas absolut Übliches überhaupt unter der Fragestellung prekärer Beschäftigungsverhältnisse untersucht wird. Befristungen zum Berufseinstieg, auch bei Neueinstellungen waren auch früher nicht unüblich, haben allerdings seit 1996 stark zugenommen.[345] Aber es weisen mehrere Merkmale darauf hin, dass die Behandlung dieses Punktes in diesem Zusammenhang seine Berechtigung hat, auch wenn es grundsätzlich sowohl von arbeitgeber- wie auch arbeitnehmerseitig legitim ist, eine Erprobungszeit zu vereinbaren. Dieser doppelte Nutzen wird allgemein bei den Beschreibungen in den Vordergrund gestellt.[346] In der Praxis wird die Option der vorzeitigen Trennung jedoch eher von den Arbeitgebern genutzt.

Eine Probezeit wird also allgemein für zulässig erachtet.[347] Im Rahmen eines Probearbeitsverhältnisses bestehen die beiderseitigen Hauptverpflichtungen aus dem Arbeitsverhältnis. Insofern schuldet der Arbeitnehmer seine vertragliche Arbeitsleistung, der Arbeitgeber die Entlohnung. Insofern unterscheidet sich die

342 BAG v. 15.3.1978, in: AP Nr. 8 zu § 620 BGB Probearbeitsverhältnis; *Berger-Delhey* in: ZTR 2006, 74.

343 Zugelassen gemäß § 622 Abs. 4 BGB.

344 *Berger-Delhay* in: ZTR 2006, 74.

345 *Körner* 12; *Rudolph* 13.

346 *Berger-Delhay* in: ZTR 2006, 74.

347 Palandt-*Weidenkaff* Vor § 611 Rn 43; *Berger-Delhay* in: ZTR 2006, 74; *Maties* in: RdA 2007, 135 f.

Probezeit von Einfühlungs- oder Anlern-,[348] Umschulungs-, Praktikanten- oder Volontärverhältnissen[349] auf Grund ihrer unterschiedlichen Zweckbestimmung.

1. Vereinbarung der Probezeit

Gesetzlich vorgesehen ist die Probezeit nur für Berufsausbildungsverhältnisse, §§ 20, 22 Abs. 1 BBiG. Teilweise wird sie auch über Tarifverträge oder – sofern das nicht der Fall ist- in freiwilligen Betriebsvereinbarungen Bestandteil des Arbeitsvertrages.[350] Ansonsten muss sich die Vereinbarung einer Probezeit eindeutig aus dem Arbeitsvertrag ergeben, anderenfalls von vorneherein ein unbefristetes Arbeitsverhältnis ohne Probezeit besteht.

a) Laufzeit

Gewöhnlich wird eine Probezeit zwischen einem[351] und sechs Monaten vereinbart. Sechs Monate wird allgemein als ausreichend erachtet, weil damit die Wartezeit für den Kündigungsschutz erfüllt ist, § 1 Abs. 1 KSchG, § 622 Abs. 3 BGB. Mit der sechsmonatigen Karenzzeit verdeutlicht der Gesetzgeber, dass sich ein Arbeitgeber in dieser Anfangszeit unter erleichterten Bedingungen wieder von einem neu eingestellten Arbeitnehmer trennen können soll.[352]

aa) Längere Probezeit als sechs Monate

Ob im Einzelfall längere Fristen zur Erprobung möglich sind, ist allerdings fraglich. Sie können nur bei höchst anspruchsvollen oder wissenschaftlichen Aufgaben denkbar sein. Ein Kriterium wie die Branchenüblichkeit längerer Probezeiten kommt hierbei nicht in Betracht, da es doch keinen Bezug zur Art der Tätigkeit aufweist.[353] Nur bei echten hochqualifizierten Tätigkeiten ist ausnahmsweise eine neun- bzw. sogar eine zwölfmonatige Probezeit möglich.[354] So wurde für einen Konzertmeister eines Orchesters eine 18-monatige Probezeit gebilligt,[355] nicht jedoch eine Probezeit von mehr als einem Jahr für einen Musiker eines

---

348 LAG Hamm v. 24.5.1989, in: DB 1989, 1974; *Berger-Delhay* in: ZTR 2006, 74.

349 S.o. 2. Kap. § 2 I, II, VI.

350 Schaub/*Koch* § 41Rn 3; Kittner/*Zwanziger* § 132, Rn 7.

351 Kittner/*Zwanziger* § 132 Rn 7; aus § 622 Abs. 3 BGB kann man eine Mindestdauer von 14 Tagen ableiten, es sei denn, ein Tarifvertrag sähe auf Grund der Öffnungsmöglichkeit des § 622 Abs. 4 BGB eine kürzere Probezeit vor.

352 Preis/Kliemt/*Ulrich* Rn 95 m.w.N.

353 Preis/Kliemt/*Ulrich* Rn 102.

354 Küttner/*Kaina* „Probearbeitsverhältnis" Rn 3; *Maties* in: RdA 2007, 135 f.

355 BAG v. 12.6.1996, in: NZA 1997, 841.

Rundfunkorchesters.[356] Für den Fall derartiger Ausnahmen ist einer längeren Probezeit als sechs Monate zuzustimmen. Dies kann jedoch nicht schon bei Beschäftigungen z.B. im mittleren oder gehobenen Management gelten, die nicht mit den Tätigkeiten höchster oder wissenschaftlicher Ansprüche zu vergleichen sind. Bei normalen, üblichen Tätigkeiten von Arbeitnehmern auf Produktions- oder Sachbearbeitungsebene ist eine längere Probezeit als sechs Monate erst recht nicht angemessen. Insgesamt ist eine längere als sechsmonatige Probezeit nur sehr restriktiv zuzulassen.[357]

bb) Angemessenheitsprüfung

Im Einzelfall ist gerichtlich die Laufzeit einer Probezeit beurteilt worden. So wurde z.B. eine dreijährige Probezeit als generell überzogen und unangemessen bewertet.[358] Allerdings üben die Gerichte keine Einzelfallprüfung aus, ob eine individuell vereinbarte Probezeit der Arbeitsstelle angemessen ist. § 622 Abs. 3 BGB lasse eine sechsmonatige Probezeit zu, so dass gerichtlich kein Anlass gesehen wird, zu prüfen, ob es im Einzelfall nicht auch eine kürzere Probezeit getan hätte. Das gilt auch bei einfachen Tätigkeiten.[359] Wenn die Probezeitklausel mit dieser Laufzeit im Sinne des AGB-Rechts vorformuliert ist, ändert sich die Beurteilung nicht: da die Klausel nicht von diesem Gesetzesrahmen abweicht, ist für eine Angemessenheitsprüfung im Sinne des § 307 Abs. 3 BGB kein Platz.[360]

b) Inhalt der Probezeit und Übernahme in ein reguläres Arbeitsverhältnis

Die Probezeit soll dem Zweck dienen, dass sich beide Seiten kennen lernen und sich darüber klar werden sollen, ob sie auf Dauer zusammen arbeiten wollen. Daraus folgt, dass der Arbeitgeber dem Probearbeitnehmer auch Aufgaben und Tätigkeiten zu übertragen hat, deren Erfüllung dem Arbeitgeber Aufschluss über die Eignung gibt – und zwar in der Regel innerhalb von maximal sechs Monaten. Das BAG hat nämlich zu Recht auf die Abwägung der Arbeitgeber- und Arbeitnehmerinteressen und den einzuhaltenden Grundsatz der Verhältnismäßigkeit abgestellt, und zugunsten des Arbeitnehmers festgestellt, dass ihm keine unangemessen lange Zeit der Unsicherheit zuzumuten sei.[361]

---

356 BAG v. 7.5.1980, in: AP Nr. 36 zu § 611 BGB „Abhängigkeit".

357 *Siegmund-Schultze* in: NJW 1976, 360, hält über sechs Monate hinausgehende Probezeiten generell für unzulässig.

358 BAG v. 15.3.1966, in: AP Nr. 28 zu § 620 BGB „Befristeter Arbeitsvertrag".

359 Preis/Kliemt/*Ulrich* Rn 230, sehen auch bei kürzeren Probezeiten als sechs Monate durchaus den Bedarf einer Angemessenheitsprüfung.

360 BAG v. 24.1.2008, in: BB 2008, 1068.

361 BAG v. 15.3.1978, in: AP Nr. 45 zu § 620 „Befristeter Arbeitsvertrag".

Allerdings entsteht für den Arbeitnehmer kein Weiterbeschäftigungsanspruch über die Probezeit hinaus, selbst wenn er sich bewährt und für die Aufgaben als geeignet heraus gestellt hat. Aus der Vertragsfreiheit wird abgeleitet, dass beiden Parteien insofern nur ein Bindungswille für die Dauer der Probezeit zu unterstellen ist.[362] Auch wenn der Arbeitgeber von vorneherein im Arbeitsvertrag eine Übernahmeabsicht in ein unbefristetes Arbeitsverhältnis niedergelegt hat, enthält keine Verpflichtung des Arbeitgebers zum Abschluss eines unbefristeten Arbeitsvertrags.[363]

Aus dem Gesichtspunkt des Verbots des widersprüchlichen Verhaltens kann jedoch im Einzelfall ein Anspruch auf Fortsetzung eines unbefristeten Arbeitsverhältnisses entstehen. Hierfür müsste der Arbeitgeber objektiv erkennbar die Erwartung geweckt und bestätigt haben, dass er den Probanden über die Probezeit weiter beschäftigen würde. In einem solchen Fall könnte er sich nicht mehr auf das Ende der Probezeit berufen.[364] Darlegungs- und beweispflichtig hierfür ist allerdings der Arbeitnehmer.[365] Außerdem ist bei befristeten Verträgen die Klagefrist von drei Wochen des § 17 S. 1 TzBefrG bei der Geltendmachung eines weiter fortbestehenden Arbeitsverhältnisses zu beachten.[366]

Allerdings gilt ein befristetes Probearbeitsverhältnis als auf unbestimmte Zeit abgeschlossen, wenn es nach dem Befristungsende widerspruchslos fortgesetzt wird, § 15 Abs. 5 TzBefrG, § 625 BGB.

c) Nachträgliche Verlängerung

Eine nachträgliche Verlängerung des Probearbeitsverhältnisses kann nur einvernehmlich erfolgen. Wird dabei die Wartezeit des § 1 Abs. 1 KSchG überschritten, gilt das KSchG gleichwohl trotz verlängerter Probezeit.[367]

Bei Erkrankungen, die zur Unterbrechung der Arbeitsleistung führen, stellt sich die Frage nach dem Schicksal der Probezeit. Eine automatische Verlängerung der Probezeit, wie dies teilweise durch Auslegung befürwortet wird,[368] kann so pauschal nicht bejaht werden. Sie kann auch keinen Anspruch auf Zustimmung zur Verlängerung der Probezeit begründen. Erst bei einer längeren Unterbrechung kann dies bejaht werden. Bei den üblicherweise klaren zeitlichen Vereinbarungen

---

362 BAG v. 20.2.2002, in: NZA 2002, 896; Preis/Kliemt/*Ulrich* Rn 151.

363 BAG v. 16.3.1989, in: AP Nr. 8 zu § 1 BSchFG 1985.

364 BAG v. 20.2.2002, in: NZA 2002, 896; BAG v. 16.3.1989, in: AP Nr. 8 zu § 1 BSchFG 1985.LAG Hamm v. 6.6.1991, in: BB 1991, 1865.

365 BAG v. 10.6.1992, in: EzA Nr. 116 zu § 620 BGB.

366 Preis/Kliemt/*Ulrich* Rn 171 e.

367 Die Bestrebungen, das zu vermeiden, münden z.B. in dem vom BAG gutgeheißenen Versuch, anlässlich der Verlängerung der Probezeit von vorneherein gleich einen Aufhebungsvertrag mit bedingter Wiedereinstellungszusage abzuschließen, BAG v. 7.3.2002, in: DB 2002, 1997.

368 Küttner/*Kaina* „Probearbeitsverhältnis“ Rn 3.

zur Probezeit dürfte es schon an der Auslegungsbedürftigkeit fehlen. Insofern ist eine Verlängerung einer Probezeit nur als eine Ausnahme möglich.[369] Letztendlich wird aber der Arbeitgeber, der wegen einer längeren Unterbrechung der Probezeit unsicher über den endgültigen Verbleib des neu eingestellten Arbeitnehmers ist, diesem eine einvernehmliche Verlängerung der Probezeit vorschlagen, anderenfalls er das Arbeitsverhältnis noch in der Probezeit oder mit dessen ursprünglichem Auslaufdatum beenden wird.

d) Pläne der großen Koalition

Probezeiten haben, wie gezeigt, eine regelmäßige Laufzeit von bis zu sechs Monaten. Die große Koalition der Bundesregierung hat allerdings im Koalitionsvertrag 2005 geplant, die rechtlich mögliche Probezeit auf 24 Monate zu verlängern. Dieser Plan ist bislang nicht umgesetzt worden.

Dieses Vorhaben stößt allerdings auf wesentliche Bedenken. Nicht nur stellt sich die Frage, wie dann im Rahmen einer derartigen Probezeit mit der sechsmonatigen Wartefrist des § 1 KSchG zu verfahren ist. Auch § 622 Abs. 3 BGB müsste dann geändert werden.

Dieses Vorhaben stellt außerdem die bisherige Rechtsprechung auf den Kopf, die bislang eine in der Regel sechs Monate lange Probezeit als angemessen und nur im Ausnahmefall eine längere Probezeit für zulässig hält. Eine 24-monatige Probezeit verdient diesen Namen nicht. Wer sich über einen neuen Mitarbeiter in sechs (Ausnahmen bestätigen die Regel) Monaten keinen Eindruck über seine Fähigkeiten und „Betriebskompatibilität" verschafft hat, wird ihn auch nicht in zwei Jahren bekommen.

Eine derartige Verlängerung ist außerdem im Hinblick auf Art. 12 Abs. 1 GG bedenklich. Denn das Grundrecht der Berufsfreiheit gewährleistet nicht nur die freie Wahl des Arbeitsplatzes, sondern auch das Recht einen einmal gewählten Arbeitsplatz behalten zu können.[370] Beschränkungen dieses Grundrechts sind zwar möglich und auch im gegenwärtigen Recht zahlreich vertreten. Dennoch hat der Gesetzgeber auch bei einer solchen geplanten Regelung den Grundsatz der Verhältnismäßigkeit[371] zu beachten und das Interesse des Arbeitnehmers am Erhalt seines Arbeitsplatzes mit dem Interesse des Arbeitgebers in der Erprobung neuer Mitarbeiter gegeneinander abzuwägen. Generell beschränken die bereits zulässigen Befristungen diesen aus Art. 12 Abs. 1 GG abzuleitenden Besitzstand des Arbeitnehmers bereits in hohem Maße zugunsten der Arbeitgeber, die davon auch in zunehmenden Maße Gebrauch machen.[372] Eine gesetzlich vorgesehene,

---

369 *Berger-Delhay* in: ZTR 2006, 74 f.
370 BVerfG v. 24.4.1991, in: AP Nr. 70 zu Art. 12 GG.
371 BVerfG v. 8.7.1997, in: AP Nr. 67 zu Einigungsvertrag Anl. I Kap. XIX.
372 S. 2. Kap. § 4 I 1 a).

zweijährige Probezeit berücksichtigt jedoch das Interesse des Arbeitnehmers an der Gewissheit, ob er die Erprobungszeit erfolgreich überstanden hat, überhaupt nicht mehr. Hier führt die Abwägung dazu, dass eine generell gesetzlich vorgesehene zweijährige Probezeit unverhältnismäßig wäre und eine solche Vorschrift dann gegen Art. 12 Abs. 1 GG verstieße.[373]

2. Arten der Probezeit

a) Probezeit als befristetes Arbeitsverhältnis

Die Probezeit kann zum einen als befristetes Arbeitsverhältnis abgeschlossen werden. Damit endet das Arbeitsverhältnis mit Ablauf der vereinbarten Frist, ohne dass es einer Kündigung bedarf, selbst wenn sich der Proband bewährt hat. Der erforderliche sachliche Grund der Erprobung ist gemäß § 14 Abs. 1 S. 2 Nr. 5 TzBefrG gesetzlich zugelassen.[374] Allerdings ist gemäß § 14 Abs. 4 TzBefrG auf die Einhaltung der Schriftform zu achten.

Während des befristeten Probearbeitsverhältnisses ist eine ordentliche Kündigung gemäß § 15 Abs. 3 TzBefrG nur zulässig, wenn dies tarif- oder einzelvertraglich vereinbart ist. Dass ein (befristetes) Probearbeitsverhältnis vereinbart wurde, reicht für die Annahme eines vertraglich eingeräumten ordentlichen Kündigungsrechts nicht aus.[375] Eine außerordentliche Kündigung gemäß § 626 BGB ist dagegen grundsätzlich möglich.

aa) § 14 Abs. 2 TzBefrG

Aus der Zwei-Jahres-Frist des § 14 Abs. 2 TzBefrG wird darüber hinaus eine höchstzulässige Probezeit von zwei Jahren befürwortet,[376] wenn zwischen den Parteien vorher noch kein Arbeitsverhältnis bestand. Dieser pauschalen Aussage ist entgegenzutreten. Denn die Nr. 5 des § 14 Abs. 2 S. 2 TzBefrG enthält diese Aussage gerade nicht. Darin ist lediglich die Erprobung als ein sachlicher Grund für eine Befristung zugelassen. Zu den Maßstäben, wie lang eine Probezeit sein kann, ist aus dieser Bestimmung nichts abzuleiten. Der Zweck der Befristung rechtfertigt nicht jede Befristungsdauer.[377]

---

373 *Berger-Delhay* in: ZTR 2006, 74/5 sieht diese Abwägung erst bei dreijähriger Probezeit als verfassungswidrig an.

374 Ein Befristungsgrund der Erprobung entfällt allerdings, wenn dem Arbeitgeber den Arbeitnehmer aus einer Vorbeschäftigung kennen muss, vgl. BAG 23.6.2004, in: NZA 2004, 1333.

375 Preis/Kliemt/*Ulrich* Rn 145.

376 EK/*Müller-Glöge* § 14 TzBefrG Rn 49; zu den Plänen der Großen Koalition s.o., 2. Kap. V 1. d).

377 Preis/Kliemt/*Ulrich* Rn 93.

Außerdem würde, sollte die Position der Befürworter einer zweijährigen Probezeit zutreffen, auch einer vierjährigen Probezeit bei Existenzgründern nichts mehr im Wege stehen, § 14 Abs. 2 a TzBefrG. Dass eine derartige Verlängerung einer Probezeit nichts mehr mit einer Erprobung eines unbekannten, neu eingestellten Arbeitnehmers zu tun hat, liegt auf der Hand. Eine bereits dreijährige Probezeit wurde daher als generell überzogen und unangemessen bewertet.[378] Bzgl. der Länge einer Probezeit ist daher auf das vorher Gesagte zu verweisen.[379]

Es ist jedoch nicht zu übersehen, dass die Möglichkeit, Arbeitsverträge gemäß § 14 Abs. 2 S. 1, Abs. 2 a TzBefrG sachgrundlos zulässigerweise auf bis zu zwei Jahren zu befristen (bzw. vier Jahre für Existenzgründer) de facto häufig für Neueinstellungen gewählt wird. Das wird auch dadurch erleichtert, dass innerhalb der Befristung von zwei Jahren eine dreimalige Verlängerung ohne weiteres erlaubt ist. Damit können die Laufzeiten eines kalendermäßig befristeten Arbeitsvertrages zunächst mit der üblichen Probearbeitszeit von sechs Monaten beginnen. Der Arbeitgeber erhält so praktisch eine Option, sich von diesem Mitarbeiter über zwei bzw. vier Jahre (§ 14 Abs. 2 a TzBefrG) mit bis zu zwei weiteren, früheren Beendigungsmöglichkeiten „überzeugen“ zu können, und ihn ggf. dann erst zu entlassen. Ließe sich allerdings ein derartiger Erprobungszweck des Arbeitgebers für eine so lange Befristung nachweisen, müsste diese Probezeit als unangemessen lang und damit als unwirksame Befristung eingestuft werden.[380]

bb) Erneute Probezeit?

Die Erprobung ist für beide Seiten vom Arbeitsrecht ein grundsätzlich sinnvoller Zweck. Hatte der Arbeitgeber jedoch durch bereits erfolgte Beschäftigung eines Arbeitnehmers die Möglichkeit, sich von seinen Eigenschaften und Fähigkeit zu überzeugen, entfällt die Möglichkeit einer erneuten Probezeit, wenn dem Mitarbeiter z.B. eine neue Aufgabe übertragen werden soll.[381] Denn auch im Sinne des § 14 Abs. 1 S. 2 Nr. 5 TzBefrG liegt ein Sachgrund „Erprobung“ nicht vor, so dass eine neue Befristung aus diesem Grund unzulässig ist.[382]

Das wird aber teilweise dann anders gesehen, wenn es sich bei einer anderen Tätigkeit um andere Anforderungen handelt, die an den Arbeitnehmer gestellt werden.[383] Dem kann nicht gefolgt werden. Die persönlichen Eigenschaften werden auch bei einer anderen Tätigkeit nicht neu zu beurteilen sein. Für die fachliche Anforderungen an einen neuen Arbeitsplatz gibt es mildere Mittel, als einen unbefristet Beschäftigten wieder in einen befristeten Probearbeitsvertrag zu versetzen.

---

378 BAG v. 15.3.1978, in: AP Nr. 28 zu § 620 BGB „Befristeter Arbeitsvertrag“.
379 S.o. 2. Kap. § 2 V 1 a).
380 Preis/Kliemt/*Ulrich* Rn 93 a.
381 BAG v. 23.6.2004, in: NZA 2004, 1333; Schaub/*Koch* § 41 Rn 3.
382 EK/*Müller-Glöge* § 14 TzBefrG Rn 50.
383 EK/*Müller-Glöge* § 14 TzBefrG Rn 50.

Neben den erforderlichen Fortbildungs- und sonstigen Schulungsmaßnahmen des Arbeitgebers kann ein Aspirant für einen neuen Arbeitsplatz auch auf andere Weise auf die neue Tätigkeit erprobt werden, etwa durch Urlaubsvertretungen, Umsetzungen etc. Insofern ist ein Sachgrund im Sinne des § 14 Abs. 1 S. 2 Nr. 5 TzBefrG zu verneinen. Lediglich wenn ein Arbeitsverhältnis schon länger zurückliegt und die Beschäftigung längere Zeit unterbrochen war, kann eine Probezeit wieder in Betracht kommen.

b) Probezeit in einem unbefristeter Arbeitsvertrag

Statt einer befristeten Probezeit kann auch ein unbefristeter Arbeitsvertrag mit einer Probezeit abgeschlossen werden, das nach Ablauf einer vereinbarten Probezeit in ein normales Arbeitsverhältnis einmündet, wenn es nicht vorher gekündigt wird. Es kann im Einzelfall zweifelhaft sein, welche Form der Probezeit die Parteien vereinbart haben. Diese muss dann ggf. durch Auslegung der Erklärungen bestimmt werden. Beruft sich der Arbeitgeber auf eine Befristung, muss er im Streitfall muss dies beweisen. Das dürfte im Einzelfall aber wegen des Schriftformerfordernisses der Befristung gem. § 14 Abs. 4 TzBefrG unproblematisch sein.[384]

Ansonsten ist die Kündigung des Probearbeitnehmers innerhalb der Probezeit von längstens sechs Monaten mit einer Frist von zwei Wochen möglich, § 622 Abs. 3 BGB, sofern durch Tarifvertrag nicht eine andere Frist festgelegt ist, vgl. § 622 Abs. 4 BGB. Diese tarifvertragliche Regelung kann die Fristen abkürzen, aber auch verlängern. Einzelvertraglich kann nur eine längere Frist vereinbart werden.[385]

Ist im Ausnahmefall die Probezeit zulässigerweise länger als sechs Monate, verlängert sich ab dem Ablauf des sechsten Monats die Kündigungsfrist auf die Grundkündigungsfrist des § 622 Abs. 1 BGB von vier Wochen.

3. Geltung des sonstigen Arbeitsrechts

Unabhängig von der Art der Probezeit gibt es jedoch auch einige gesetzliche Vorgaben, die für ein Arbeitsverhältnis in der Probezeit von Bedeutung sind. Ansonsten gelten die üblichen arbeitsrechtlichen Bestimmungen[386] mit einigen Besonderheiten.

So greift der Kündigungsschutz des KSchG erst nach einer sechsmonatigen Beschäftigung, § 1 Abs. 1. Das gilt auch für den besonderen Kündigungsschutz

---

384 Schaub/*Koch* § 41 Rn 4; vgl. *Maties* in: RdA 2007, 135/7.
385 Palandt/*Weidenkaff* § 622 Rn 19.
386 *Maties* in: RdA 2007, 135 f.; Preis/Kliemt/*Ulrich* Rn 298.

der Schwerbehinderten, § 90 Abs. 1 S. 1 SGB IX.[387] In der Probezeit der ersten sechs Monate ist für den Arbeitgeber daher eine erleichterte Lösungsmöglichkeit durch eine Kündigung eines unbefristeten Arbeitsverhältnisses mit einer nur 14-tägigen Kündigungsfrist möglich, § 622 Abs. 3 BGB, ohne dass eine soziale Rechtfertigung vorliegen muss.[388]

Fraglich ist allerdings, ob diese Probezeit mit einer verkürzten Kündigungsfrist auch bei grundsätzlich befristeten Arbeitsverträgen gilt. Diese verkürzte Kündigungsmöglichkeit sollte seitens des Gesetzgebers demjenigen zugute kommen, der den Arbeitnehmer von vorne herein unbefristet beschäftigen will.[389] Eine weitere Privilegierung der ohnehin diesbezüglich bereits privilegierten befristeten Arbeitsverhältnisse ist nicht das Ziel und Zweck des Gesetzes, so dass diese Möglichkeit abzulehnen ist.[390] In der Praxis werden Arbeitgeber allerdings gemäß § 15 Abs. 3 TzBefrG häufig einzelvertraglich mögliche ordentliche Kündigungsrechte trotz der Befristung in die Probearbeitsverträge einführen können.

Bei befristeten Probearbeitsverhältnissen ist in der Praxis insbesondere das besondere Diskriminierungsverbot des § 4 Abs. 2 TzBefrG zu beachten. Eine niedrigere Bezahlung ist zwar für Probezeiten denkbar, aber nur insoweit, als keine sachwidrigen Gründe dagegen sprechen. Möglich ist etwa, den Probearbeitnehmer für die Probezeit allein das Tarifentgelt zu zahlen, während unbefristet Beschäftigte mit vergleichbarer Tätigkeit nochzusätzlich eine übertarifliche Zulage erhalten.[391]

Der Anspruch auf Entgeltfortzahlung im Krankheitsfall ist gemäß § 3 Abs. 3 EFZG an die ununterbrochene vierwöchige Dauer des Arbeitsverhältnisses geknüpft. Der volle Urlaubsanspruch ist ebenfalls unbeschadet anderer, etwa tariflicher Regelungen ebenfalls gemäß § 4 BUrlG an eine Wartefrist von sechs Monaten gebunden. Bei einer kürzeren Beschäftigungszeit steht den Betroffenen zumindest ein anteiliger Urlaubsanspruch von 1/12 je Beschäftigungsmonat zu, § 5 BUrlG.

Aber die Probearbeitsverhältnisse sind im Rahmen des KSchG dennoch nicht ganz unwichtig. Denn bei der Anzeige von Massenentlassungen gemäß § 17 KSchG sind die Probearbeitsverhältnisse mitzuzählen. Auch die Entlassungssperre des § 18 KSchG kommt Probearbeitsverhältnissen zugute. Denn auch Arbeitnehmer in der Probezeit gelten zu den regelmäßig Beschäftigten im Sinne des § 23 KSchG.[392]

Die Unterscheidung von befristeten bzw. unbefristeten Probearbeitsverhältnissen ist außerdem für den Mutterschutz von Bedeutung. Da in § 9 Abs. 1 S. 1 MSchG ausdrücklich von einer „Kündigung“ die Rede ist, wird daraus die Schlussfolge-

---

387 Die Einstellung Schwerbehinderter ist vom Arbeitgeber innerhalb von vier Tagen dem Integrationsamt anzuzeigen, § 90 Abs.3 SGB IX.

388 Das Recht zur fristlosen Kündigung aus § 626 BGB bleibt natürlich unberührt, vgl. Schaub/*Koch* § 41 Rn 6.

389 BT-Drs. 12/4902, S. 9.

390 Kittner/*Zwanziger* § 132 Rn 8.

391 Beispiel aus Preis/Kliemt/*Ulrich* Rn 299.

392 Preis/Kliemt/*Ulrich* Rn 262.

rung gezogen, die Kündigung einer Schwangeren während bzw. zum Ablauf einer Probezeit sei zwar unzulässig; statt dessen wird die Empfehlung ausgesprochen, Probearbeitsverhältnisse mit Arbeitnehmerinnen ausschließlich als befristete Arbeitsverträge auszugestalten, weil nach Ablauf der Probezeit das Arbeitsverhältnis automatisch ohne Rücksicht auf die Schwangerschaft sein Ende findet.[393] Das ist auch europarechtlich abgesichert,[394] nur ganz vereinzelt finden sich Gegenstimmen.[395] So wünschenswert es ist, dass der Mutterschutz nicht davon abhängig gemacht wird, ob ein befristeter oder unbefristeter Vertrag gewählt wurde, kann an der sprachlichen Eindeutigkeit des § 9 Abs. 1 S. 1 MSchG und damit am eindeutigen Willen des Gesetzgebers nicht gerüttelt werden.

Allerdings wird man heute zu dem Ergebnis kommen müssen, dass eine ungerechtfertigte Diskriminierung im Sinne des §§ 7, 3 Abs. 1, 1 AGG dann vorliegt, wenn der Grund für Nichtübernahme darin liegt, dass die Arbeitnehmerin schwanger ist. Das stellt gemäß § 7 Abs. 3 AGG gleichzeitig eine Vertragsverletzung dar, wegen der Schadensersatz gemäß § 280 Abs. 1 BGB verlangt werden kann. Allerdings besteht der Schadensersatz nicht darin, als Schwangere doch auf die Stelle eingestellt zu werden. Das wird durch § 15 Abs. 6 AGG explizit ausgeschlossen.

Betriebsverfassungsrechtlich gelten Probearbeitnehmer von vorneherein als vollwertige Arbeitnehmer mit aktivem Wahlrecht, §§ 5 Abs. 1, 7 BetrVG. Das passive Wahlrecht gemäß § 8 BetrVG ist allerdings an eine sechsmonatige Beschäftigungszeit geknüpft. Ebenso gehören sie gemäß § 9 BetrVG zu den betriebszugehörigen Mitarbeitern, die für die Größe des Betriebsrats ausschlaggebend ist.[396] Das ist auch gerechtfertigt, handelt es sich doch bei ihnen um langfristig zu besetzende Stellen, die der Betriebsrat in angemessener Stärke zu betreuen hat.

Die Einstellung bzw. Kündigungen von Probearbeitsverhältnissen durch den Arbeitgeber lösen die Beteiligungspflicht des Betriebsrats gemäß §§ 99 ff., 102 BetrVG aus. Läuft ein von vorneherein befristetes Probearbeitsverhältnis lediglich aus, entfällt allerdings die Betriebsratsanhörung.[397] Die Beteiligung des Betriebsrats ist außerdem bei derartigen personellen Maßnahmen entbehrlich, die leitende Angestellte im Sinne des § 5 Abs. 3 BetrVG betreffen, § 105 BetrVG.

4. Das Prekäre an Probezeiten

Trotzdem das Arbeitsrecht gilt, befinden sich Probearbeitnehmer doch noch in einer ggf. prekären Situation. Sie mögen zwar angemessen entlohnt sein. Doch

393 Preis/Kliemt/*Ulrich* Rn 270 f.
394 EuGH v. 4.10.2001, in: NJW 2002, 125/7.
395 ArbG Münster v. 21.10.1982, in: BB 1983, 504.
396 Preis/Kliemt/*Ulrich* Rn 326 a.
397 Preis/Kliemt/*Ulrich* Rn 332.

ist ihr Arbeitsplatz im Prinzip ungeschützt und der weitere Bestand ungesichert, weil sich der Arbeitgeber leicht wieder von ihnen lösen kann. Daher ist es auch gerechtfertigt, die Höchstdauer der Probezeit regelmäßig bei sechs Monaten festzusetzen.

Selbst wenn der Arbeitnehmer den Erwartungen entsprochen und sich damit bewährt hat, ist der Arbeitgeber in den ersten sechs Monaten in seinem Ermessen faktisch nur an die Grenzen der Willkür gebunden, ob er den Probanden übernimmt. Bei befristeten Probezeiten endet das Arbeitsverhältnis ohne Einschaltung des Betriebsrats. Auch der Sonderkündigungsschutz der § 9 MuSchG, § 85 SGB IX greift hier in der Praxis wegen der Wahl befristeter Verträge häufig nicht. Lediglich der Mutterschutz mag allenfalls bei Kündigungen während der Probezeit greifen. Insofern ist dem BAG zuzustimmen, dass diese Phase der Unsicherheit im Rahmen der Verhältnismäßigkeit[398] in der Regel auf sechs Monate zu begrenzen ist.

Probearbeitnehmer sind grundsätzlich in die Sozialversicherungen integriert. Allerdings müssen Arbeitnehmer 12 Monate in einem Versicherungspflichtverhältnis gestanden haben, um im Falle der Entlassung Anspruch auf Arbeitslosengeld I zu haben, § 123 SGB III.

Weitere prekäre Umstände ihrer Beschäftigung können sich außerdem noch aus anderen Kriterien ergeben, etwa wenn es sich um ein Teilzeit- oder sonstiges problematisches Arbeitsverhältnis handelt.

VI. Zusammenfassung

Im Ausbildungs- bzw. Berufsanfängerbereich gibt es für die Betroffenen einige Unsicherheiten, obgleich in allen wichtigen Bereichen die Kriterien, die für ein normales Arbeitsverhältnis charakteristisch sind, überwiegen. Letztendlich handelt es sich hier allerdings nur um eine schematische Darstellung, die individuelle Gestaltungen der Beschäftigungsverhältnisse außer Acht lässt. Insofern wird sich ein Betroffener im Einzelfall im Vergleich zu einem typischen Arbeitsverhältnis noch verschlechtern, wenn weitere Aspekte wie etwa Teilzeitarbeit oder eine fehlende Mitarbeitervertretung vorliegen.

---

398 BAG v. 15.3.1978, in: AP Nr. 45 zu § 620 BGB „Befristeter Arbeitsvertrag“.

Tabelle 3: Prekariatskriterien für ausbildungsbezogene bzw. Berufsanfängerverträge

Kriterien (Max. Punktzahl)	**Praktikum vor Berufsabschluss**	**Volontär**	**Werkstudent**	**Betriebliche Umschulung**	**Probezeit, befristet**	**Probezeit, unbefristet**[399]
Vollzeit (10 P.)	X 10	X 10	O 5	X 10	X 10	X 10
Angemessene Entlohnung (10 P.)	–	X 10	X 10	X 10	X 10	X 10
Sozialversichert (10 P.)	X 10	X 10	X 10	X 10	O 5	O 5[400]
Unbefristet (15 P.)	–	–	–	–	–	X 15
Betriebliche Integration (10 P.)	X 10	X 10	X 10	X 10	X 10	X 10
KSchG gilt (10 P.)	–	–	X 10	–	–	–
Tarifstandards (7 P.)	–	O 3,5	O 3,5	O 3,5	O 3,5	O 3,5
Gleich-/Regelmäßige Arbeitszeit (7 P.)	X 7	X 7	O 3,5	X 7	X 7	X 7
BR-Vertretung (7 P.)	X 7	X 7	X 7	X 7	X 7	X 7
Entgeltschutz (5 P.)	X 5	X 5	X 5	X 5	X 5	X 5
Besonderer Diskriminierungsschutz (5 P.)	–	X 5	X 5	X 5	X 5	X 5
Haftungsprivilegierung (2 P.)	X 2	X 2	X 2	X 2	X 2	X 2
ArbG zuständig (2 P.)	X 2	X 2	X 2	X 2	X 2	X 2
Gesamtpunktzahl (Max. Punktzahl: 100)	**53**	**71,5**	**73**	**71,5**	**66,5**	**81,5**
Anzahl der Kriterien erfüllt/ teilweise erfüllt/ nicht erfüllt	**8** **0** **5**	**10** **2** **1**	**9** **3** **1**	**10** **1** **2**	**9** **3** **1**	**9** **3** **1**

Interessant ist hier der Unterschied der befristeten Probezeit (66, 5 Punkte) zum unbefristeten Arbeitsvertrag mit einer zu Beginn vorgeschalteten Probezeit (immerhin 81,5 Punkte). Das deckt sich mit der Beobachtung, dass Arbeitgeber zu

399 Probezeit in einem ansonsten unbefristeten Vertrag mit Kündigungserfordernis.

400 Beachte die erforderliche Beschäftigungszeit von zwölf Monaten für die Anwartschaft in der Arbeitslosenversicherung für das Arbeitslosengeld I.

Beginn eines Arbeitsverhältnisses mehr und mehr nur noch befristete Probezeiten vereinbaren.

Ebenso fällt die Diskrepanz des Praktikums einerseits zum Volontariat, zur Umschulung und zum Werkstudium andererseits auf. Während letztgenannte doch noch einiges an Sicherheitskriterien aufweisen, erreichen ein Praktikum gerade die Hälfte der möglichen Punkte, obwohl es ebenso wie die anderen Beschäftigungsformen Bestandteil einer Ausbildung ist. Hier ist ein Handlungsbedarf offensichtlich, diese verschiedenen Erscheinungsformen in Bezug auf ihre Sicherheit anzugleichen.

§ 3 Beschäftigung in Tendenzbetrieben, Kirchen, Hochschulen

Dieses Kapitel wendet sich einigen Sonderbereichen des Arbeitsrechts zu. Die hier anzutreffenden Besonderheiten liegen darin, dass einige arbeitsrechtliche Grundsätze nicht oder nur eingeschränkt gelten. In diesen Bereichen unterscheidet sich die Interessenlage zwischen Arbeitgeber und Arbeitnehmer von dem üblichen Interessensgegensatz. Diese Unterschiede gilt es zu identifizieren und zu prüfen, ob dadurch die Beschäftigung in diesen Bereichen unsicherere Züge annehmen kann. Dabei wird es nicht nur darauf ankommen, den Grad der abgeschwächten betrieblichen Mitbestimmung festzustellen, sondern auch die Auswirkungen auf das individuelle Arbeitsverhältnis zu beleuchten.

Dabei ist zwischen Tendenzbetrieben einerseits und den konfessionellen Arbeitgebern andererseits zu unterscheiden, da sich die arbeitsrechtlichen Besonderheiten in beiden Bereichen wiederum unterschiedlich sind. Ebenfalls einen Spezialbereich mit zahlreichen Sonderregelungen abseits des üblichen Arbeitsrechts stellt die Beschäftigung im Hochschulbereich dar, der eine besondere Betrachtung gewidmet ist.

I. Tendenzbetriebe

Tendenzschutz für Unternehmen ist bereits 1920 in den seinerzeitigen § 67 Betriebsrätegesetz und später in den § 81 BetrVG 1952 aufgenommen worden. Die heutige Rechtsgrundlage für die Tendenzbetriebe findet sich in § 118 Abs. 1 BetrVG. Er nimmt solche Tendenzunternehmen und -betriebe von der Anwendung wesentlicher Teile des BetrVG aus. Das liegt darin begründet, dass diese Unternehmen neben den erwerbswirtschaftlichen insbesondere grundrechtlich geschützte Zwecke verfolgen.[401] Das betrifft Art. 4 GG der Glaubens- und Religionsfreiheit,[402] Art. 5 GG mit der Presse-, Meinungs-, Kunst und Wissenschaftsfreiheit, und Art. 9 Abs. 3 GG mit der Koalitionsfreiheit. Damit sind also Unternehmen und Betriebe gemeint, die unmittelbar und überwiegend tendenziell

---

401 Ein weiterer wichtiger Bereich, der gemäß § 130 BetrVG aus dessen Anwendungsbereich in das Personalvertretungsrecht ausgelagert ist, betrifft den öffentlichen Dienst. Dessen Herausnahme aus der betrieblichen Mitbestimmung wird mit der Verpflichtung des Öffentlichen Dienstes auf das Allgemeinwohl zu begründen sein, vgl. *Bauschke* in: ZTR 2006, 69.

402 S. hierzu in 2. Kap. § 3 II die Ausführungen zum Kirchenarbeitsrecht.

- politischen,
- koalitionspolitischen,
- konfessionellen,
- karikativen,
- erzieherischen,
- wissenschaftlichen,
- künstlerischen

Bestimmungen dienen, § 118 Abs. 1 Nr. 1 BetrVG, oder die Berichterstattung und Meinungsäußerung im Sinne des Art. 5 Abs. 1 S. 2 GG verfolgen. In diesen Bereichen der eher geistig-ideell tätigen Unternehmen soll die betriebliche Mitbestimmung in dem Ausmaß ausgeschlossen werden, wie die Tendenz eines solchen Unternehmens hiervon unzulässigerweise beeinträchtigt würde.[403] Dies folgt aus der Verpflichtung des Staates, die tendenzgeschützten Freiheiten nicht nur gegen staatliche Eingriffe zu schützen, sondern ihnen auch einen gesetzgeberischen Rahmen der Freiheitsentfaltung gegenüber Dritten zu garantieren.[404] Der § 118 BetrVG ist also als Ausnahmeregelung von der Regel der uneingeschränkten Betriebsverfassung zu verstehen.[405]

1. Arten der Tendenzbetriebe

Im Rahmen des von § 118 Abs. 1 Nr. 1 BetrVG wird die Frage, ob ein Tendenzunternehmen eine Gewinnerzielungsabsicht verfolgen dürfe, heute unproblematisch bejaht.[406] Allerdings wird man angesichts der wachsenden Ökonomisierung zumindest anzweifeln dürfen, ob dies immer im Einzelfall einen Tendenzschutz mit einschließt. Zumindest wenn der finanzielle oder ökonomische Erfolg als (Haupt-) Motiv für das Unternehmen vorrangig besteht, wird man die Tendenzeigenschaft zu hinterfragen haben.[407] Denn dann konkurriert der Tendenzcharakter eines Unternehmens mit dem des ökonomischen Erfolgs, der für sich keinen

---

403 Schaub/*Koch* § 214 Rn 25; *Meusel* in: WissR 1984, 15/18; *Bauschke* in: ZTR 2006, 69 f.; *Scheriau* in: AiB 2006, 145 f.

404 BVerfG v. 6.11.1979, in: BVerfGE 52, 283; *Berger-Delhay* in: BB 1996, 1064; *Hanau* in: AfP 1993, 452 spricht vom „Opfer“ zugunsten derartiger Grundrechte.

405 Schaub/*Koch* § 214 Rn 26; *Helfrich* in: WissR 1994, 64/71.

406 BAG v. 29.5.1970, in: AP Nr. 13 zu § 81 BetrVG 1952 noch zum alten BetrVG; BAG v. 27.7.1993, in: AR-Blattei ES 1570 Nr. 51, 3; *Hanau* in: AfP 1993, 452/3; *Bauschke* in: ZTR 2006, 69/71.

407 Vgl. BAG v. 22.11.1995, Az.: 7 ABR 12/95; BAG v. 15.2.1998, in: BAGE 61, 113 ff.; *Gillen/Hörle* in: NZA 2003, 1225/6; **a.A.** *Küchenhoff* in: NZA 1992, 679, 681, der gar nicht auf das Motiv abstellt, sondern auf die Art des Unternehmens; wie man allerdings die Bestimmung und den Zweck eines Unternehmens von der Motivation hierzu trennen will, bleibt dabei ungeklärt.

Tendenzschutz genießt. § 118 Abs. 1 BetrVG stellt ja auf den „überwiegenden“ Tendenzcharakter eines Unternehmens ab. Dann wird es schon auf das Ausmaß der ökonomischen Zielrichtung ankommen, ob es sich nur um einen Neben- oder mehr um einen Hauptaspekt handelt.

Ansonsten bedürfen die einzelnen spezifizierten Ausrichtungen von Tendenzunternehmen der genaueren Betrachtung; hierbei sind immer wieder Einzelfallentscheidungen anzufinden:

a) Politische und koalitionspolitische Zwecke

Hierzu gehören nicht nur parteipolitische Organisationen, sondern auch solche, die allgemein-, wirtschafts- oder sozialpolitische Bestimmungen verfolgen. Abzugrenzen sind diese Bereiche von solchen der reinen Interessensvertretungen wie Lobbyorganisationen, oder Einrichtungen, deren Aufgabe es ist, öffentliche Fördergelder zu beschaffen und unter Mitgliedsorganisationen zu verteilen..[408] Es geht hier um solche Vereinigungen, die an der politischen Willensbildung teilnehmen. Namentlich sind hier Bürgerinitiativen, Frauen- und Umweltverbände, Menschenrechtsorganisationen zu erwähnen.[409]

Können derartige politische Betriebe auch im staatlichen Auftrag ausgeführt werden? Der politische Meinungskampf betrifft am ehesten das Verhältnis der Bürger untereinander sowie ihr Verhältnis zum Staat. Wenn der Staat solche privatrechtlichen Organisationen gründet, trägt, oder finanziert, liegt hier doch eher die Ausübung staatlicher Tätigkeit vor. Diese kann nicht im gleichen Maße grundrechtlich, quasi gegen sich selbst, geschützt werden, mit der Folge, dass hier das BetrVG auf diesem Wege nicht ausgeschaltet werden kann. Insofern wird diese staatliche Tätigkeit durch eine teleologische Reduktion des Merkmals „politisch“ aus dem Anwendungsbereich des § 118 Abs. 1 Nr. 1 BetrVG herauszunehmen sein.[410]

Als zusätzliches Merkmal ist in § 118 Abs. 1 Nr. 1 BetrVG auch der koalitionspolitische Zweck von Organisationen genannt. Daher stehen auch Gewerkschaften und Arbeitgeberverbände, die Aufgaben entsprechend dem Art. 9 Abs. 3 GG wahrnehmen, unter dem Tendenzschutz des § 118 Abs. 1 BetrVG. Sofern Koalitionen allerdings Betriebe unterhalten, die sich nicht mit der Wahrung und Gestaltung von Arbeits- und Wirtschaftsbedingungen widmen, können diese nicht in den Tendenzschutz des § 118 Abs. 1 BetrVG mit aufgenommen werden.[411]

---

408 Vgl. auch BAG v. 23.2.1999, in: DB 1999, 57 f.
409 BAG v. 21.7.1998, in: AR-Blattei 1570 Nr. 59, „Inter Nationes e.V.“.
410 BAG v. 21.7.1998, in: AR-Blattei 1570 Nr. 59, „Inter Nationes e.V.“.
411 EK/*Kania* § 118 Rn 9.

b) Wissenschaftliche Einrichtungen

Auch wissenschaftliche Einrichtungen können sich auf den Tendenzschutz des Art. 5 Abs. 3 S. 1 GG berufen, selbst wenn sie privat organisiert sind oder Auftragsforschung betreiben.[412] Diese so geschützten Einrichtungen bedürfen zur Ausnutzung der wissenschaftlichen Freiheit der viel zitierten „innovatorischen Unruhe“,[413] die nicht zu sehr vom BetrVG gedämpft werden soll. Als Beispiel können Forschungsinstitute genannt werden, die in der Rechtsform eines (gemeinnützigen) Vereins organisiert, selbst wenn sie sich überwiegend aus (öffentlichen) Drittmitteln finanzieren.[414]

Wesentlich ist, dass sie unmittelbar und überwiegend wissenschaftlichen Zweckbestimmungen dienen. Ein reines Rechenzentrum, das zwar im Fremdauftrag von Wissenschaftlern, aber nicht im Rahmen einer eigenen wissenschaftlichen Zielsetzung arbeitet, ist daher zu Recht der Tendenzschutz versagt worden.[415]

c) Presse und Medien

Einer der wesentlichsten Bereiche des Tendenzschutzes ist die Presse- und Medienbranche. Im Presse- wie im sonstigen Medienbereich wird, wie in anderen Branchen, unternehmerisch gehandelt und eine Rendite erzielt. Insofern unterscheiden sich diese Unternehmen nicht von anderen. Allerdings gibt es einen wesentlichen, verfassungsrechtlich geschützten Unterschied, der diesen Unternehmen zu einem so genannten Tendenzschutz verhilft. Denn diese Unternehmen üben ihre publizistische Aufgabe im Rahmen der Meinungsfreiheit des Art. 5 Abs. 1 S. 2 GG aus. Neben einem Abwehrrecht gegenüber dem Staat ist dieser auch gehalten, bei seiner Gesetzgebung die Bedeutung der Pressefreiheit zu würdigen und keine Anforderungen zu stellen, die die Ausübung dieses gesellschaftlich so wichtigen Freiheitsrechts nachhaltig beeinträchtigt.[416] Die sonstigen Medien werden dabei ebenfalls von dem Tendenzschutz umfasst, einerlei, ob sie politische oder fachliche Inhalte publizieren. Ausgenommen sind Verlage, die sich auf die Herausgabe von amtlichen Mitteilungen, Adress- und Telefonbüchern etc. beschränken.[417] Allerdings wird auch einem privaten Rundfunksender, der ganz überwiegend Musikkonserven abspielt, und dessen Nachtprogramm überwiegend von Technikmitarbeitern durchgeführt wird, der Tendenzschutz gewährt.[418]

---

412 *Meusel* in: WissR 1984, 15/18 ff.; *Bauschke* in: ZTR 2006, 69/71.
413 *Rieble* WissR 1994, 40 f.
414 LAG Niedersachsen v. 11.11.1993, in: AiB 1994, 504 f.
415 BAG v. 20.11.1990, in: AP Nr. 47 zu § 118 BetrVG.
416 BVerfG v. 15.1.1958, in: BverfGE 7, 198, 208 ff; BVerfG v. 5.8.1966, in: BVerfGE 20, 162, 176.
417 *Bauer* FS Wissmann, S. 215/7.
418 BAG v. 27.7.1993, in: AR-Blattei ES 1570 Nr. 51, 6.

In diesem Bereich gilt das Arbeitsrecht daher mit den Besonderheiten, die sich aus der gesellschaftlichen Aufgabe der Medien und der Nähe zumindest derjenigen, die unmittelbar an dem Medienprodukt arbeiten, ergeben. Im Presse- und Medienbereich wären das die Verleger und Redakteure.[419] Im Individualarbeitsrecht dieser Tendenzträger ist das Arbeitgeberinteresse sowohl bei der Einstellung wie bei der Entlassung zusätzlich an die Tendenzausrichtung des Mediums ausgerichtet.

Dabei ist insbesondere im Presse- und Medienbereich zu beachten, dass zahlreiche dort tätige Menschen gar nicht als Arbeitnehmer, sondern als freie Mitarbeiter einzustufen sein könnten.[420] Das kann pauschal bezahlte Bildberichterstatter betreffen,[421] wie so genannte Teamleiter im Zeitungssonderhandel.[422] Insofern sind hier auch die Grundsätze der freien Mitarbeiterschaft zu prüfen, ob im Einzelfall Arbeitsrecht überhaupt zur Anwendung kommt.[423]

Im kollektiven Arbeitsrecht ist eine arbeitnehmerseitige, tendenzwidrige Einflussnahme ganz ausgeschlossen. Die §§ 1 Abs. 4 MitbestG, 1 Abs. 2 Nr. 2 DrittelbG schließen eine Arbeitnehmervertretung im Aufsichtsrat aus. § 118 Abs. 1 S. 2 BetrVG schließt die Anwendung der §§ 106–110 BetrVG für diese Unternehmen aus. Ein Nachteilsausgleich gemäß der §§ 111–113 BetrVG ist nur eingeschränkt möglich. Darüber hinaus ist gemäß § 118 Abs. 1 BetrVG das Betriebsverfassungsrecht ansonsten unanwendbar, soweit die Eigenart des Betriebs dem entgegensteht.[424]

Demzufolge ist auch trotz eines bestehenden Betriebsrats durchaus die Bildung eines zusätzlichen Redaktionsrats denkbar, dem Kompetenzen bei tendenzbezogenen Maßnahmen eingeräumt werden.[425] Diese Kompetenz kann durchaus auch in personelle Entscheidungen wie die Auswahl oder Abberufung von Chefredakteuren hineinreichen.

d) Konfessionelle Einrichtungen

Einrichtungen der Kirchen und Religionsgemeinschaften werden gesondert in § 118 Abs. 2 BetrVG aus dem Anwendungsbereich des BetrVG heraus genommen. Für Arbeitnehmer in solchen Organisationen sind jedoch zahlreiche Besonderheiten zu beachten, die anders gelagert sind als im üblichen Arbeitsrecht. Dennoch stellt sich hier die Frage nach dem Unterschied zu der im § 118 Abs. 1 Nr. 1 BetrVG gesondert geschützten konfessionellen Tendenzunternehmen.

---

419 Maunz/Dürig/*Herzog* Art. 5 Rn 161.
420 Vgl. *Weberling* in: AfP 2000, 317; *Rieble* in: WissR 1994, 40/2.
421 BAG v. 29.1.1992, in: NZA 1992, 835.
422 ArbG Berlin v. 15.9.1999, in: AfP 2000, 203 f.
423 Vgl. 2. Kap., § 4 II.
424 *Reuter* FS Kissel, 941/2.
425 BAG v. 19.6.2001, in: ZTR 2002, 243.

Von § 118 Abs. 2 BetrVG sind die Religionsgemeinschaften selbst, in ihrer juristischen Einordnung als juristische Person des Öffentlichen Rechts betroffen. Aber auch die von ihnen betriebenen karikativen oder erzieherischen Einrichtungen fallen unter den § 118 Abs. 2 BetrVG, auch wenn letztere in anderer Rechtsform betrieben werden können. Hier spielt das BetrVG überhaupt keine Rolle.

Raum für die zumindest eingeschränkte Anwendung des BetrVG bleibt daher nur bei solchen Betrieben, die zwar gesellschaftsrechtlich bei einer Religionsgemeinschaft angesiedelt sein mögen, aber keine karikativen oder erzieherische Zwecke verfolgen. In Betracht kommen z.B. Klosterbrauereien.

Aber auch andere, weltanschaulich geprägte Organisationen gehören hierzu.[426] Zwar wird der Begriff der „Konfession“ traditionell mit einem religiösen Glaubensbekenntnis in Verbindung gebracht,[427] so dass der Begriff zumindest einen religiösen Bezug zu erfordern scheint. Andererseits ist es von der Wortbedeutung des lateinischen „confessio“ auf alle Arten eines Bekenntnisses anwendbar. Da Art. 4 Abs. 1 GG auch die Freiheit der Weltanschauung garantiert, werden diese zu Recht in den Anwendungsbereich des § 118 Abs. 1 BetrVG hinzugezählt.

e) Karikative, erzieherische und künstlerische Zwecke

Diesen Zielsetzungen wohnte ursprünglich eine völlig fehlende kommerzielle Ausrichtung inne. Insbesondere der Begriff „karikativ“ stammt ursprünglich aus dem kirchlich-mildtätigem Bereich der Hilfeleistung für Hilfsbedürftige.[428] Er wurde aber im Laufe der Zeit auf alle Arten von uneigennützigen Betrieben ausgeweitet, selbst wenn staatliche Aufgaben privat organisiert werden.[429] Das wird allerdings den für den § 118 Abs. 1 BetrVG geforderten geistig-ideellen Zielsetzungen nicht gerecht, weil diese dabei außen vor gelassen werden.

Deswegen sind im Einzelfall die Abgrenzungen etwa bei dem Deutschen Roten Kreuz,[430] bei den Theatern, Symphonieorchestern oder Bibliotheken[431] schwierig. So ist ein Landessportbund kein Tendenzbetrieb,[432] ebenso die GEMA[433] oder ein Zoologischer Garten.[434] Es entsteht dennoch ein Eindruck, dass von der h.M. eher

---

426 Vgl. EK/*Kania* § 118 BetrVG Rn 10.

427 Vgl. Dtv-Lexikon „Konfession“.

428 *Liemen* in: RdA 1985, 85/90.

429 BAG v. 6.12.1977, in: AP Nr. 10 zu § 118 BetrVG.

430 Nicht angewendet auf DRK-Kräfte im Krankenwagendienst, vgl. BAG v. 12.11.2002, in: ZTR 2003, 525.

431 *Bauer* FS Wissmann, 215/7.

432 BAG v. 23.3.1999, in: NZA 1999 Heft 8 S. X.

433 BAG v. 8.3.1983, in: AP § 118 BetrVG 1972, Nr. 26.

434 BAG v. 21.6.1989, in: AP § 118 BetrVG 1972 Nr. 43; das Unternehmen der Kölner Zoo AG wollte als Tendenzbetrieb mit erzieherischem Charakter anerkannt werden; vielleicht wäre es mit einer wissenschaftlichen Ausrichtung gelungen, vgl. zum Ergebnis *Hanau* in: AfP 1993, 452/3.

zugunsten eines weit gefassten Tendenzschutzes geurteilt wird. So wurden auch Lizenzfußballvereine zu solchen Tendenzbetrieben zugeordnet.[435] Dabei wird aber immer darauf zu achten sein, ob die jeweilige Einrichtung in ihrer Zielsetzung unmittelbar und überwiegend durch die Grundrechte geistig-ideellen Zwecken dient.

So ist ein Krankenhaus, das ganz im gesellschaftsrechtlichen Anteilsbesitz einer Gebietskörperschaft stand, wegen des Zwecks der Krankenversorgung der Bevölkerung als eine karikative Einrichtung eingestuft worden.[436] Mit dieser Begründung wäre das grundgesetzliche Sozialstaatsprinzip als ein rein karikatives Gebot zu betrachten. Das ist es aber gerade nicht, da es statt eines auf Mildtätigkeit gegründeten Spendencharakters eine Mindestteilhabechance jedes Einzelnen an der Gesellschaft beinhaltet.[437] Außerdem werden diese Krankenhäuser und ihre Leistungen zu einem Gutteil von denjenigen bezahlt, die diese Einrichtungen auch in Anspruch nehmen. „Karikativ“ beinhaltet außerdem immer auch eine gewisse Freiwilligkeit der Leistung.[438] Das wird man bei Krankenhäusern, die der Grundversorgung der Bevölkerung dienen, sehr anzweifeln können. Daher besteht kein Grund, auch in solchen Fällen noch von „karikativen“ Zwecken, die gemäß § 118 Abs. 1 BetrVG immerhin überwiegend vorliegen müssen, zu sprechen.[439]

Ein Berufsförderungswerk wurde gleichfalls sowohl als karikative als auch erzieherische Einrichtung im Sinne des § 118 Abs. 1 Nr. 1 BetrVG eingestuft, obwohl es von der öffentlichen Hand getragen war. Maßgeblich war hier die fehlende Gewinnerzielungsabsicht des Förderungswerks.[440] Ebenso sind Berufsbildungswerke der Erwachsenenbildung hierzu zu zählen.[441]

f) Mischunternehmen

Obwohl Abs. 1 der Vorschrift des § 118 BetrVG von tendenzbezogenen Betrieben und Unternehmen spricht, besteht Einigkeit, dass es auf die unmittelbare Tendenz des Unternehmens ankommt.[442] Es muss direkt der verfolgten geistig-ideellen Tendenz dienen, d.h., der Unternehmenszweck selbst ist auf die Tendenz aus-

---

435 Z.B. *Preis* in: DB 1971, 1571; *Kania* in: SpuRt 1994, 121/5 als „künstlerische“ (!) Betriebe; hier dürfte weniger die ausweitende Interpretation des Art. 5 Abs. 3 GG, als vielmehr eine eigene persönliche Wertung ausschlaggebend gewesen sein.

436 BAG v. 24.5.1995, in: ZTR 1996, 86; BAG v. 27.10.1998, in: BB 1999, 687 f.

437 *Liemen* in: RdA 1985, 85/93 sieht etwa die privat organisierten Entwicklungshilfeorganisationen des Staates als (sozial-) staatliche Aufgabe, die nicht auf der Selbstentfaltung autonomer geistig-ideeller Interessen beruhen, die demzufolge keinen Tendenzschutz genießen.

438 *Kukat* in: BB 1999, 688 f.; vgl. auch *Liemen* in: RdA 1985, 85, 90.

439 LAG Hamm v. 14.3.2000, in: AiB 2000, 769 f.

440 BAG v. 31.1.1995, in: AiB 1995, 793/5.

441 Hierzu *Küchenhoff* in: NZA 1992, 679/681 ff.

442 *Bauer* FS Wissmann, 215/6; *Gillen/Hörle* in: NZA 2003, 1225/6.

gerichtet.[443] Diese muss unmittelbar, also ohne einen Umweg über Externe oder Dritte den Schwerpunkt des Unternehmens bilden. Sofern ein (Tendenz-) Unternehmen aus nur einem Betrieb besteht, gibt es bei der Feststellung der Tendenzbestimmung keine Probleme.[444]

Die Nennung des Begriffs „Betrieb" in diesem Zusammenhang soll dagegen § 118 BetrVG auch im Rahmen des BetrVG anwendbar machen. Dabei wird aus der Doppelnennung von Unternehmen und Betrieb auch geschlossen, dass ein Tendenzunternehmen tendenzfreie Tätigkeiten betreiben kann, wie umgekehrt auch ein tendenzfreies Unternehmen in Teilen Tendenzbetriebe unterhalten kann.[445]

Für die Anwendung des § 118 Abs. 1 BetrVG muss das Unternehmen „überwiegend" in dem verfolgten Tendenzbereich tätig sein. Hier sind insbesondere quantitative Merkmale von Bedeutung, die bei Mischbetrieben eine Beurteilung zulassen, ob die tendenzbezogene Anteile des Unternehmens überwiegen. Zwar wird teilweise auch darauf abgestellt, ob der Schwerpunkt des Unternehmens mit der entsprechenden Tendenz dem Unternehmen ihr „Gepräge" gibt.[446] Wie dieses Gepräge aber ganz ohne quantitative Kriterien eingegrenzt werden kann, ist fraglich. Hier werden also die prozentualen Anteile an Umsatz, Ertrag, Mitarbeiterschaft und ihr Verhältnis zum nicht-tendenzbezogenen Anteil heranzuziehen sein, um die Geltung des § 118 BetrVG festzulegen.[447] So wird im Forschungsbereich eine Forschungseinrichtung sicher ein Tendenzbetrieb sein, wenn sie als solche organisiert ist. Eine Forschungsabteilung als Teil eines insgesamt viel größeren, gewerblich tätigen Unternehmens wird dagegen selbst dann nicht in den Tendenzschutz fallen, wenn sie zwar zahlenmäßig größer ist als die zuvor erwähnte (alleinige) Forschungseinrichtung, sie aber im gewerblichen Unternehmen insgesamt nur einen relativ kleineren Teil ausmacht.[448]

Insofern müsste also ein Tendenzunternehmen dann zu akzeptieren sein, wenn der Tendenzzweck mehr als 50 % der unternehmerischen Tätigkeit ausmacht.[449] Das schließt nicht aus, dass neben den quantitativen Aspekten auch die qualitativen Zielsetzungen der jeweiligen Einrichtung sehr sorgfältig mit in die Beurteilung einfließen müssen.[450]

---

443 BAG v. 27.7.1993, in: AR-Blattei ES 1570 Nr. 51, 9; **a.A.**: *Lunk* in: NZA 2005, 841/2 mit Verweis auf das alte BetrVG von 1952.

444 *Scheriau* in: AiB 2006, 145/7.

445 *Bauschke* in: ZTR 2006, 69 f.

446 BAG v. 28.8.1968, in: AP § 81 BetrVG 1952 Nr. 10.

447 BAG v. 31.10.1975, in: AP § 118 BetrVG 1972 Nr. 3; Nr. 43 (v. 21.6.1989); *Bauer* FS Wissmann, 215/6.

448 *Bauschke* in: ZTR 2006, 69 f.; vgl. auch *Hanau* in: AfP 1993, 452/3 mit dem Beispiel einer Druckerei; LAG Hamm v. 14.3.2000, in: AiB 2000, 769/771.

449 Schaub/*Koch* § 214 Rn 26.

450 *Gillen/Hörle* in: NZA 2003, 1225/6.

2. Einfluss der Tendenzeigenschaft auf die Beschäftigungsverhältnisse

In dieser Arbeit steht jedoch das individuelle Arbeitsverhältnis im Vordergrund, weswegen die Auswirkungen der Tendenzeigenschaft eines Unternehmens nicht nur im Hinblick auf die betriebliche Mitbestimmung, sondern auch auf das einzelne Beschäftigungsverhältnis betrachtet werden soll. Denn obwohl der Tendenzschutz in § 118 BetrVG geregelt ist, wirkt er über das BetrVG hinaus auch auf das einzelne Arbeitsverhältnis der Tendenzträger. Dabei wird aus dem Anliegen des Grundgesetzes, die durch § 118 BetrVG angesprochenen Freiheiten auch gegenüber den Einflüssen Dritter, etwa die des Betriebsrats zu schützen, geschlussfolgert, dass im Zweifel der Tendenzschutz Vorrang vor den Belangen anderer hat, weil insofern die Verfassungsentscheidung eindeutig sei.[451]

a) Besonderheiten der Tendenzeigenschaft bzgl. der betrieblichen Organisation

§ 118 Abs. 1 BetrVG nimmt Tendenzbetriebe im wesentlichen aus der Betriebsverfassung heraus, wie auch im übrigen der staatliche Bereich mit seinem Öffentlichen Dienst gemäß § 130 BetrVG aus dem Betriebsverfassungsrecht exkludiert ist (in dem das schwächere öffentlich-rechtliche Personalvertretungsrecht gilt. Dieses wird in dieser Darstellung nicht behandelt werden). Sofern der Staat allerdings seine Tätigkeiten privatrechtlich organisiert, wird es sich in der Regel um einen Betrieb im Sinne des BetrVG handeln.[452]

aa) Wirtschaftliche Angelegenheiten

Durch die explizite Herausnahme der §§ 106–110 BetrVG aus der betrieblichen Mitbestimmung bei Tendenzunternehmen ist eine Mitwirkung in wirtschaftlichen Angelegenheiten durch den fehlenden Wirtschaftsausschuss unmöglich.[453] Daraus wird auch eine fehlende Anwendbarkeit des § 92 a BetrVG gefolgert, die eine Beteiligung des Betriebsrats im Rahmen von Beschäftigungssicherungsmaßnahmen zumindest bei Tendenzträgern ausschließt.[454] Diese Auffassung lässt sich jedoch mit dem Gesetz nicht in Einklang bringen, zumal es hier lediglich um Beratungsrechte des Betriebsrats geht. Die Entscheidung über solche Vorschläge zur Beschäftigungssicherung bleibt doch dem Arbeitgeber vorbehalten.

---

451 Maunz/Dürig/*Herzog* Art. 5 Abs. 3 Rn 44; *Berger-Delhay* in: BB 1996, 1064.

452 *Liemen* in: RdA 1985, 85, 90 an Hand des Deutschen Entwicklungsdienstes GmbH.

453 *Kukat* in: BB 1999, 688 f., der aber zu Recht darauf hinweist, dass die Informationspflichten des Arbeitgebers anlässlich von Betriebsversammlungen gemäß § 43 Abs. 2 BetrVG grundsätzlich auch in Tendenzunternehmen besteht.

454 *Lunk* in: NZA 2005, 841/4.

bb) Sozialplan und Nachteilsausgleich

Bedeutsam für Arbeitnehmer ist auch die Beschränkung der §§ 111–113 BetrVG auf die Möglichkeiten eines Sozialplans, nicht jedoch eines weitergehenden, die Betriebsänderung mit regelnden Interessensausgleichs als Folge des Tendenzschutzes. Mit anderen Worten, der Betriebsrat kann in der materiellen Angelegenheit einer Betriebsänderung nichts geltend machen, sondern muss sich auf die wirtschaftlichen Folgen derartiger Betriebsänderungen für die Arbeitnehmer im Rahmen eines Sozialplans beschränken.[455]

Dementsprechend spielt die Streitfrage zumindest bei Tendenzbetrieben keine Rolle,[456] ob der Betriebsrat einen Unterlassungsanspruch gegen geplante Kündigungen im Rahmen einer angestrebten Betriebsänderung durch eine Einstweilige Verfügung geltend machen kann.[457] Denn verhindern kann er die Folgen der Betriebsänderung in einem Tendenzbetrieb ohnehin nicht. Allerdings hat der Arbeitgeber den Betriebsrat über die geplante Betriebsänderung vorab zu unterrichten und die sozialen Folgen mit ihm zu beraten. Unterlässt er das, gelten die Rechtsmittel des Abs. 1 und 2 des § 113 BetrVG entsprechend § 113 Abs. 3 BetrVG, den das Bundesarbeitsgericht zu Recht auch in Fällen des § 118 Abs. 1 BetrVG für anwendbar hält.[458] Anderenfalls könnte der Arbeitgeber die Arbeitnehmer und den Betriebsrat vor vollendete Tatsachen stellen. Dieser Freiraum lässt sich schwerlich mit dem Tendenzschutz in Einklang bringen. Hier wird von der Rechtsprechung trotz des zuzugebenden Grundrechtsschutzes für Tendenzunternehmen eine zumindest doch ersichtliche Berücksichtigung der Interessen der betroffenen Arbeitnehmer gefordert. Konsequent wäre daher auch, den § 113 Abs. 1 und 2 BetrVG auch bei Tendenzunternehmen direkt anzuwenden.[459] Dementsprechend könnte auch die Besetzung einer Einigungsstelle gemäß § 98 ArbGG beantragt werden.[460]

cc) Sonstige Mitbestimmungsrechte

Bei den allgemeinen Bestimmungen des BetrVG in den §§ 1–86 sind Einschränkungen der Betriebsratsrechte für Tendenzbetriebe nicht ersichtlich. Die allgemeinen

---

455 BAG v. 27.10.1998, in: AiB 2000, 38, 41; *Gillen/Hörle* in: NZA 2003, 1225/7; *Kukat* in: BB 1999, 688 weist zu Recht darauf hin, dass die Definition des Sozialplans in § 112 Abs. 1 S. 2 BetrVG identisch mit der Regelung des § 118 Abs. 1 S. 2 a.E. BetrVG ist.

456 ArbG Frankfurt/M. v. 26.9.1995, in: NZA-RR 1996, 295, BB 1996, 1063 f.; LAG Niedersachsen v. 29.11.2002, in: BB 2003, 1337 f.

457 So zumindest grundsätzlich z.B. ArbG Hamburg v. 29.11.1993, AiB 1994, 246.

458 BAG v. 27.10.1998, in: AiB 2000, 38, 41; LAG Niedersachsen v. 11.11.1993, in: AiB 1994, 504 f.; *Weberling* in: AfP 2000, 317/320; **a.A.** *Lunk* in: NZA 2005, 841/7.

459 *Wedde* in: AiB 2000, 42.

460 LAG Niedersachsen v. 11.11.1993, in: AiB 1994, 504 f., mit zustimmender Anmerkung *Kraushaar* in: AiB 1994, 505; vgl. auch *Gillen/Hörle* in: NZA 2003, 1225/7.

Informationsrechte, §§ 43, 111 BetrVG bleiben bestehen.[461] Das gilt auch für die Einsichtnahme in Gehaltslisten, da dieses reine Informationsrecht Tendenzentscheidungen nicht wesentlich berühren.[462] Auch die Berechtigung des Betriebsrats, über die Beschäftigung freier Mitarbeiter gemäß § 80 Abs. 2 BetrVG informiert zu werden, bleibt vom Tendenzschutz unberührt.[463]

Fraglich ist, ob die soziale Mitbestimmung in Angelegenheiten des § 87 BetrVG bei Tendenzbetrieben ausgeschlossen ist. Das kann natürlich entsprechend § 118 Abs. 1 BetrVG nur insoweit gelten, soweit die Eigenart des Tendenzschwerpunkts durch eine Mitbestimmung in sozialen Angelegenheiten unmittelbar berührt ist.[464] So sind etwa Einschränkungen denkbar bei der Mitbestimmung zur betrieblichen Arbeitszeitlage gemäß § 87 Abs. 1 Nr. 2, 3 BetrVG, da hier z.B. bei Theatern oder bei der Presse aus Aktualitätsgründen derartige Mitbestimmungsrechte die Tendenzverwirklichung beeinträchtigen können.[465] Ansonsten sind eher nur ausnahmsweise Einschränkungen denkbar.[466]

Die Mitbestimmung des Betriebsrats in personellen Angelegenheiten und Einzelmaßnahmen gemäß §§ 92 ff. BetrVG ist bei Tendenzträgern naturgemäß schwächer ausgebildet. Die Streitigkeit um die Beendigung eines besonderen Redaktionsstatuts, die die (auch) arbeitsrechtliche Situation der Redakteure betrifft, gehört nicht nur zum Presserecht. Für sie ist auch der Rechtsweg zur Arbeitsgerichtsbarkeit möglich.[467]

b) Tendenzträger

Die Besonderheiten des Arbeitsrechts in Tendenzbetrieben erstrecken sich nicht auf alle Arbeitnehmer, sondern nur auf die „Tendenzträger". Das sind diejenigen Mitarbeiter, die in ihrer Funktion gerade dem jeweiligen Tendenzschwerpunkt des Unternehmens dienen, an ihm mitwirken und damit die Tendenz des Unternehmens erst prägen. Ein Tendenzträger muss die angestrebte Tendenzverwirklichung des Arbeitgebers maßgeblich inhaltlich (mit-) beeinflussen.[468] Daraus folgt, dass sie nicht zwingend leitende Funktionen haben müssen, um als Tendenzträger zu gelten.[469] Bei den Tendenzträgern ist das BetrVG im personellen Mit-

461 *Hanau* in: AfP 1993, 452/4.
462 BAG v. 30.6.1981, in: AP Nr. 15 zu § 80 BetrVG 1972; *Kania* SpuRt 1994, 121/7.
463 BAG v. 15.12.1998, in: NZA 1999, 722 ff.; **a.A.** *Weberling* in: AfP 2000, 317/321, der insofern den Betriebsrat nur für Arbeitnehmer zuständig hält.
464 *Bauschke* in: ZTR 2006, 69/71.
465 *Hanau* in: AfP 1993, 452/4; *Kania* in: SpuRt 1994, 121/7.
466 *Lunk* in: NZA 2005, 841/4; EK/*Kania* § 118 BetrVG Rn 23.
467 BAG v. 21.5.1999, in: NZS 1999, 837 ff.; *Weberling* in: AfP 2000, 317/9; **a.A.** LAG Baden-Württemberg v. 19.6.1998, Az.: 16 Sa 109/97.
468 BAG v. 13.2.2007, in: ArbRB 2007, 293 f.
469 *Scheriau* in: AiB 2006, 145/8.

bestimmungsbereich weitestgehend unbedeutend, damit das Unternehmen seinen Tendenzschwerpunkt verwirklichen kann.[470]

Am Beispiel des Presse- und Medienbereichs sind das etwa diejenigen, die inhaltlich die Berichterstattung und Meinungsäußerung des Organs beeinflussen, sei es, dass sie selbst veröffentlichen, oder Beiträge anderer auswählen oder redigieren. Unerheblich ist die presserechtliche Verantwortlichkeit. Daher sind auch nachgeordnete Redakteure Tendenzträger.[471]

Ebenso ist der Bereich, in dem ein Tendenzträger tätig ist, unerheblich. Die Tendenzeigenschaften besitzen die dort Tätigen, einerlei ob Lokal[472]-, Sport[473]- oder andere Bereiche betroffen sind. Auch die Redakteure von so genannten Anzeigenblättchen werden in den Tendenzschutz mit einbezogen.[474] Auch Volontäre sind von dem Tendenzschutz mit umfasst, da sie trotz der Ausbildungsfunktion ihrer Tätigkeit in den Redaktionsalltag integriert sind.[475]

Weitere Beispiele für Tendenzträger sind die Gewerkschaftssekretäre in den Gewerkschaften, die Erzieher und Lehrkräfte in erzieherischen Einrichtungen, Ärzte in karikativen Krankenhäusern, oder die Wissenschaftler in einer Forschungseinrichtung.[476] Im letzteren Bereich gehören allerdings wissenschaftlich-technischen Assistenten nicht mehr dazu, das sie trotz ihrer Beteiligung an Forschungsvorhaben nicht zum Inhalt der Forschung beitragen.[477]

Andererseits ist etwa ein Leiter der Kostümabteilung eines Theaters nicht als Tendenzträger einzustufen. Hier fehlt es an einem inhaltlichen Einfluss auf die Theaterproduktionen.[478] Die reine Leitungsfunktion birgt also keine automatische Eigenschaft als Tendenzträger in sich.

Nicht zu den Tendenzträgern gehören außerdem solche Mitarbeiter, die lediglich helfen, die Tendenzbestimmung des Unternehmens zu verwirklichen. Denn sie besitzen keinen inhaltlich gestaltenden Einfluss mit einem entsprechenden Spielraum. Sie sind in der Regel mit Tätigkeiten ausgelastet, die auch in anderen Unternehmen unabhängig von einer Tendenzverwirklichung erforderlich sind wie Buchhalter, Gehilfen, Sekretäre etc. pp.[479]

---

470 *Bauschke* in: ZTR 2006, 69/71.

471 BAG v. 30.1.1979, in: AP Nr. 11 zu § 118 BetrVG; 19.5.1981, in: AP Nr. 18 zu § 118 BetrVG; 31.5.1983, in: AP Nr. 27 zu § 118 BetrVG; 1.9.1987, in: AP Nr. 10, 11 zu § 101 BetrVG; *Rieble* in: WissR 1994, 40/4.

472 BAG v. 7.11.1975, in: BAGE 27, 322/8 f.

473 BAG v. 9.12.1975, AP BetrVG 1972 § 118 Nr. 7.

474 BVerfG v. 4.4.1967, in: BVerfGE 21, 271/278 ff.

475 BAG v. 19.5.1981, AP BetrVG 1972 § 118 Nr. 21.

476 *Scheriau* in: AiB 2006, 145/8; *Rieble* in: WissR 1994, 40/4 f.

477 *Rieble* in: WissR 1994, 40/5; weiter *Meusel* in: WissR 1984, 15/22.

478 BAG v. 13.2.2007, in: ArbRB 2007, 293 f.

479 *Scheriau* in: AiB 2006, 145/8.

Tendenzträger brauchen nicht unbedingt Arbeitnehmereigenschaft zu besitzen; so sind freiberufliche Dozenten eines Berufsbildungswerks durchaus als Tendenzträger eingestuft worden, weil diese gerade auch den erzieherischen Tendenzzwecks dieser Einrichtung verwirklicht.[480]

Tendenzträger können nur in Tendenzunternehmen beschäftigt werden. Das ist vor allem in so genannten Mischbetrieben zuweilen eine streitige Angelegenheit, wenn z.B. ein Verlag und die Druckerei in einem Unternehmen zusammengefasst sind. Das Bundesarbeitsgericht hat zunächst aus dem § 118 Abs. 1 S. 1 BetrVG mit eher quantitativen Merkmalen auf die Tendenzeigenschaft geschlossen.[481] Dazu gehören etwa die Umsatzanteile des Tendenzbereichs, oder die Quote der Mitarbeiter, die an dem geschützten Zweck des Unternehmens beteiligt sind. Dagegen kann es sich bei diesen Zahlen lediglich um Indizien handeln. Einem Tendenzunternehmen muss aber zusätzlich noch ein besonderes Gepräge aufweisen, um es als solches anzuerkennen.[482] Es käme dann bei dem o.a. Beispiel darauf an, ob die Verlagstätigkeit so überwiegt, dass trotz externer Aufträge für die Druckerei der Tendenzcharakter des gesamten Unternehmens gewahrt bleibt.[483] Das wird immer eine einzelfallbezogene Beurteilung sein, wobei die rein quantitativen Zahlen sicher eine wesentliche Grundlage der Einordnung sein können. Ökonomische Zielsetzungen des Unternehmens schließen auf jeden Fall den Tendenzschutz nicht aus.[484]

c) Einstellungsfragen

Hier sind es zwei Bereiche, in denen sich Arbeitsverhältnisse in Tendenzbetrieben von jenen in anderen Betrieben unterscheiden.

Zum einen ist in Tendenzunternehmen das arbeitsrechtlich grundsätzlich beschränkte Fragerecht des Arbeitgebers bei der Einstellung erweitert. Normalerweise sind Fragen nach Abstammung, Religion, Weltanschauung unzulässig, vgl. § 75 Abs. 1 BetrVG. Das dürfte erst recht seit der Einführung des AGG gelten. Eine auf derartige Fragen gegebene falsche Antwort berechtigt den Arbeitgeber nicht zur Anfechtung gemäß § 123 BGB.[485]

Bei der Einstellung eines Tendenzträgers kommt es aber gerade darauf an, dass sich dieser z.B. im Printbereich mit der grundsätzlichen Ausrichtung des Publikationsbetriebs in politischer oder weltanschaulicher Hinsicht identifiziert. Dadurch soll im Bereich der Pressefreiheit ein gewisses Maß an geistiger Auseinanderset-

---

480 BAG v. 31.1.1995, in: AiB 1995, 793.
481 BAG v. 31.10.1975, in: BAGE 27, 301/8; vgl. *Lunk* in: NZA 2005, 841/2 f.
482 *Richardi* § 118 Rn 31 f.; vgl. BAG v. 9. 12. 1975, in: AP § 118 BetrVG 1972 Nr. 7.
483 BAG v. 9.12.1975, AP § 118 BetrVG 1972 Nr. 7.
484 BAG v. 14.11.1975, AP § 118 BetrVG 1982 Nr. 5.
485 *Reuter* FS Kissel, 941/5.

zung zwischen den beteiligten Publikationsorganen erreicht werden, die gesellschaftlich erforderlich ist.[486] Daraus folgt, dass der Arbeitgeber eines Tendenzbetriebes bei der Einstellung eines Tendenzträgers berechtigt sein soll, auch Fragen zur weltanschaulichen Position des Bewerbers wahrheitsgemäß beantwortet zu bekommen. Anderenfalls ergäbe sich einer falschen Aussage ein Anfechtungsrecht des Arbeitgebers nach § 123 BGB.[487]

Diese individualrechtliche Situation wird dementsprechend ergänzt durch die betriebverfassungsrechtliche Einordnung. Das Beteiligungsrecht des Betriebsrats gemäß § 99 BetrVG ist gemäß § 118 Abs. 1 S.1 BetrVG nur eingeschränkt anwendbar, das Mitbestimmungsrecht findet hier in der Tendenzeigenschaft des Betriebs seine Grenzen.[488] Zum einen dürfen in Personalfragebögen Aussagen zu weltanschaulichen oder religiösen Fragen von dem Bewerber eingefordert werden.[489] Zu diesen tendenzbezogenen Aussagen entscheidet der Arbeitgeber allein über die gestellten Fragen. Lediglich die tendenzfreien Aussagen z.B. zu Ausbildung, persönliche Verhältnisse wie Alter, Familienstand usw. kann der Betriebsrat mit gestalten, vgl. § 94 BetrVG.

Ungeachtet dessen ist der Betriebsrat natürlich umfassend über den Einstellungsvorgang zu informieren, § 80 Abs. 1 Nr. 1 BetrVG, und ihm alle Bewerbungsunterlagen vorzulegen, § 99 Abs. 1 BetrVG. Dabei ist es nicht erforderlich, dass die Tendenzträger selbst die Arbeitnehmereigenschaft aufweisen, da es auf die Eingliederung in den arbeitgeberseitigen Betrieb ankommt.[490]

Aber das Recht, seine Zustimmung zur Einstellung zu verweigern, entfällt in diesen Fällen.[491] Das begegnet Bedenken, weil die Gründe des § 99 Abs. 2 BetrVG, weswegen der Betriebsrat seine Zustimmung verweigern, an sich mit der inhaltlichen Ausrichtung des Tendenzbetriebs nichts zu tun haben. Dem Arbeitgeber soll es jedoch nicht zuzumuten sein, eine Zustimmungsverweigerung des Betriebsrats zur Einstellung eines Tendenzträgers erst mit einer Entscheidung des Arbeitsgerichts gemäß § 99 Abs. 4 BetrVG zu überwinden.[492] Diese Ungleichbehandlung zu tendenzfreien Betrieben findet seine Rechtfertigung in der außerordentlichen Bedeutung des Grundrechts aus Art 5 Abs. 1 GG. Andererseits stehen auch die tendenzfreien Arbeitgeber unter dem Schutz von Grundrechten der Art. 14, 12, 2 Abs. 1 GG (die natürlich auch für Tendenzbetriebe gelten). Mit dem gleichen Argument könnte man die Beteiligungsrechte des Betriebsrats als mit diesen Grund-

486 BVerfG v. 5.8.1966, in: BVerfGE 20, 162/174 f.

487 *Reuter* FS Kissel, 941/6.

488 EK/*Kania* § 118 BetrVG Rn 25.

489 *Richardi* § 118 Rn 134; *Reuter* FS Kissel, 941/7.

490 BAG v. 31.1.1995, in: AiB 1995, 793/5 mit zustimmender Anmerkung von *Müller-Knapp* AiB 1995, 796.

491 BAG v. 31.1.1995, in: AiB 1995, 793/5; *Gillen/Hörle* in: NZA 2003, 1225/1232.

492 BAG v. 22.4.1997, in: AP § 99 BetrVG 1972 Nr. 3; BAG v. 9. 12. 1975, AP § 118 BetrVG 1972 Nr. 7, Nr. 18 (BAG v. 19. 5. 1981), Nr. 46 (BAG v. 8.5.1990).

rechten unvereinbar erklären. Eine derartige ungleiche Behandlung von tendenzfreien und tendenzbezogenen Arbeitgebern erscheint als zumindest zweifelhaft.

d) Besonderheiten bzgl. der Rechte und Pflichten aus dem Arbeitsverhältnis

Auch im Rahmen eines bestehenden Arbeitsverhältnisses in einem Tendenzbetrieb gibt es Besonderheiten. Das betrifft das Direktionsrecht des Arbeitgebers, die „Tendenztreuepflicht" des Tendenzträgers, sowie einige kollektive Besonderheiten bzgl. Tarifverträge und Betriebsverfassung.

Das sich aus § 315 BGB abgeleitete Direktionsrecht des Arbeitgeber hat im Tendenzbereich nur eingeschränkte Bedeutung, da hier das Recht der freien Meinungsäußerung einen besonderen Einfluss hat. Im Medienbereich wird auf die Formel, wonach eher die Integration als die Direktion bei Tendenzträgern zu bevorzugen ist, verwiesen. Nur, soweit zivil- oder strafrechtliche Sanktionen drohen, soll auch in publizistischen Angelegenheiten die Ausübung des Direktionsrechts das richtige Mittel sein, um negative Folgen für das Unternehmen abzuwenden.[493]

aa) Tendenztreuepflicht

Spiegelbildlich hierzu wird von den Tendenzträgern auch eine „Tendenztreuepflicht" als eine besondere inhaltliche Verpflichtung des Arbeitsverhältnisses abverlangt.[494] Dies betrifft alle Tendenzträger unterhalb der Ebene der leitenden Angestellten. Diese Pflicht strahlt über die reine Arbeitszeit sogar auf das Privatleben aus. Allerdings geschieht dies nur in der Weise, dass von einem Tendenzträger erwartet wird, außerhalb seines Dienstes öffentlich keine Positionen zu vertreten, die sich im Widerspruch zur Tendenz seines Arbeitgebers befinden. Damit soll die Glaubwürdigkeit des Mediums in der geistigen Auseinandersetzung gewährleistet werden.[495] Einzelheiten zum Tendenzschutz finden sich auch in Tarifverträgen z.B. für Redakteure in Zeitungsverlagen, die die Redakteure auf die grundsätzliche Ausrichtung des Presseorgans verpflichten.

bb) Auswirkungen für Tendenzträger

Dementsprechend sind betriebsverfassungsrechtliche Mitwirkungsmöglichkeiten bei Beurteilungsgrundsätzen (§ 94 Abs. 2 BetrVG) oder Versetzungen und Beför-

---

493 *Löffler/Ricker* 257 f., Rn 27; *Reuter* FS Kissel, 941/9.
494 *Reuter* FS Kissel, 941/950.
495 *Reuter* FS Kissel, 941/950.

derungen eingeschränkt. Dabei sind die hier auftretenden Probleme grundsätzlich genauso zu behandeln wie die bei der Einstellung. Bzgl. einer Versetzung ist allerdings eine Beratungs- und Informationspflicht des Arbeitgebers mit dem Betriebsrat entsprechend § 99 BetrVG zumutbar.[496]

Eine ohne Beteiligung des Betriebsrats durchgeführte Versetzung eines Redakteurs berechtigt den Betriebsrat trotz der Eigenschaft des Redakteurs als Tendenzträger, Maßnahmen nach § 101 BetrVG zu beantragen.[497] Die Argumentation, ein Beteiligungsrecht des Betriebsrats entsprechend § 99 Abs. 2 BetrVG nur insoweit bei Tendenzträgern einzuschränken, wie die Maßnahme selbst einen Tendenzbezug aufweist,[498] ist vom BAG aus eher pragmatischen Gründen abgelehnt worden.[499] Denn die Differenzierung, ob es sich im Einzelfall um eine tendenzfreie oder tendenzbezogene Maßnahme handelt, lässt sich im Einzelfall gar nicht feststellen. Handelt es sich daher bei einer Maßnahme um eine solche in einem Tendenzbetrieb und betrifft sie einen Tendenzträger, wird man im Ergebnis davon ausgehen können, dass die in Frage stehende Maßnahme auch eine tendenzbezogene ist.[500] Das dies im Einzelfall fraglich sein kann, wird nachfolgend[501] zur Weiterbeschäftigungspflicht des § 102 Abs. 5 BetrVG diskutiert.

Tendenzneutral ist dagegen die Mitwirkungspflicht des Betriebsrats bei der Einstufung von Arbeitnehmern oder auch dessen Einsichtsrechte in die Gehaltslisten, § 80 Abs. 2 BetrVG. Im einzelnen werden allerdings auch im sozialen Bereich Mitbestimmungsrechte des Betriebsrats im Einzelfall aberkannt, wenn z.B. Überstundenanordnungen für Redakteure mitbestimmungsfrei gestellt werden (§ 87 Abs. 1 Nr. 3 BetrVG), weil dies wegen eines neuen Erscheinungsbilds eines Pressorgans erforderlich ist.[502]

e) Auswirkungen auf die Beendigung von Arbeitsverhältnissen

Bei Kündigungen unbefristeter Arbeitsverhältnisse spielen die Besonderheiten des Tendenzschutzes eine Rolle, sofern die betroffene Person Tendenzträger ist. Dafür ist es erforderlich, dass sich im Sinne einer verhaltensbedingten Kündigung ein Arbeitnehmer in Widerspruch zu der Tendenz des Arbeitgebers setzt. So können bei betriebsbedingten Gründen einer Kündigung von wissenschaftlich tätigem Personal ein Tendenzbezug nicht verneint werden, etwa wenn die Forschungsein-

---

496 BAG v. 31.1.1995, in AiB 1995, 793/5.

497 ArbG Hamburg v. 8.6.1994, in: AiB 1995, 186 mit zustimmender Anmerkung von *Böttcher* in: AiB 1995, 187.

498 LAG Düsseldorf v. 14.11.1990, in: LAGE § 118 BetrVG 1972 Nr. 15.

499 BAG v. 27.7.1993, in: AR-Blattei ES 1570 Nr. 51, 8 f.

500 BAG v. 28.8.2003, in: EWiR 2004, 531 (zu: § 103 BetrVG 1/04) sogar bzgl. eines Betriebsrats in einem Tendenzbetrieb, mit zustimmender Anmerkung *Moll/Henke* ebda.

501 Vgl. unter 2. Kap. § 3 I e) aa).

502 BAG v. 22.5.1979, AP § 118 BetrVG 1972 Nr. 13.

richtung schließt oder erforderliche Drittmittel ausbleiben.[503] Hier sind allerdings auch bei der Sozialauswahl und der Vergleichbarkeit der wissenschaftlichen Mitarbeiter die Kriterien der Forschungsfreiheit mit zu berücksichtigen.[504]

Bei einem Tendenzträger kann ein Verstoß gegen die Tendenztreuepflicht ein kündigungsrelevanter Grund sein.[505] Die Anhörungsrechte des Betriebsrats gemäß § 102 BetrVG bleiben aber insgesamt voll in Kraft.[506] Der Tendenzschutz betrifft dagegen nicht tendenzneutrale Gründe für die Entlassung eines Mitarbeiters, etwa weil er schlicht den beruflichen Anforderungen nicht entspricht.[507]

Sozial gerechtfertigte Kündigungsgründe können gemäß § 1 Abs. 2 KSchG auch aus personellen Gründen, die speziell in der Person von Tendenzträgern liegen, geltend gemacht werden. Diese persönliche Eignung ist im Pressebereich etwa bei früheren Tätigkeiten von Redakteuren als Inoffizieller Mitarbeiter („IM") des ehemaligen Ministeriums für Staatssicherheit der DDR abgesprochen worden.[508]

aa) Weiterbeschäftigungsanspruch gemäß § 102 Abs. 5 BetrVG

Allerdings stellt sich die Frage eines Weiterbeschäftigungsanspruchs des gekündigten Tendenzträgers bei einem Widerspruch des Betriebsrats gemäß § 102 Abs. 5 BetrVG. Diese wird teilweise für Tendenzunternehmen gänzlich verneint, d.h., Tendenzträger hätten selbst bei Vorliegen der Voraussetzungen des § 102 Abs. 5 BetrVG keinen Weiterbeschäftigungsanspruch.[509] Das wird daraus gefolgert, dass eine entsprechende Maßnahme in einem Tendenzbetrieb, einen Tendenzträger betreffend, gleichzeitig den Tendenzbezug der Maßnahme indiziert.[510]

Das findet keine Stütze im Gesetz. § 118 Abs. 1 S. 1 BetrVG nimmt die Tendenzunternehmen nur insoweit aus dem BetrVG heraus, soweit dies der Eigenart des Unternehmens entspricht. Dies ist zu verneinen, wenn tendenzfremde Gründe zu der Kündigung geführt haben. Dann haben diese Fälle nichts mit der Tendenzeigenschaft des Unternehmens zu tun. Auch aus der Tatsache, dass § 118 BetrVG eine Ausnahmeregelung darstellt, die von der Regel des BetrVG abweicht, ergibt sich, dass diese Ausnahmen eng auszulegen sind. Hier lässt sich eine Befreiung

---

503 *Rieble* in: WissR 1994, 40/5 ff.; BAG v. 30.3.2004, in: AR-Blattei ES 530.14.5 Nr. 46; BAG v. 6. 12. 1979, in: AP Nr. 2 zu § 1 KSchG 1969, bei dem es um eine DGB-Gewerkschaftssekretärin ging, die dem KBW (Kommunistischer Bund Westdeutschland) angehörte.

504 *Rieble* in: WissR 1994, 40/8 ff.

505 BAG v. 9.5.1996, in: AP § 1 KSchG Nr. 83; *Löffler/Ricker* 257 f., Rn 27.

506 BVerfG v. 6.11.1979, in: BVerfGE 52, 283/300 f.; BAG v. 7.11.1975, AP § 118 BetrVG 1972 Nr. 4; *Bauer* FS Wissmann, 215/227; *Helfrich* in: WissR 1994, 64/70 f.

507 Schaub/*Linck* § 133 Rn 50 mit mehreren Beispielen.

508 LAG Sachsen v. 23.2.1999, in: AfP 1999, 392 ff.

509 LAG Hamburg v. 17.7.1974, BB 1974, 1396; *Bauer* FS Wissmann, 215/227; *Helfrich* in: WissR 1994, 64/72; *Korinth* in: ArbRB 2003, 350, 351 f.

510 BAG v. 27.7.1993, in: AR-Blattei ES 1570 Nr. 51, S. 8 f.

des Arbeitgebers von der Weiterbeschäftigungspflicht daher allenfalls dann bejahen, wenn die Kündigungsgründe selbst in dem Tendenzschutz des Unternehmens gelegen haben.[511]

bb) Befristungen

Befristungen von Arbeitsverhältnissen gemäß § 620 BGB sind nur bei sachlich rechtfertigenden Gründen zulässig, sieht man von der zweijährigen Grundbefristung des § 14 Abs. 2 S. 2 TzBefrG ab. Bei Tendenzträgern ist es möglich, deren Arbeitsverträge derart zu befristen, dass die Befristung gemäß § 14 Abs. 1 S. 2 Nr. 4 TzBefrG auf die Eigenart der Arbeitsleistung gestützt wird.[512] Die dem Medium zustehende Meinungs- und Rundfunkfreiheit ist grundsätzlich als eine solche Eigenart zugestanden worden.[513]

Ob die Eigenart eines Tendenzbetriebs als solches bereits einen sachlichen Grund für die befristete Beschäftigung von Tendenzträgern darstellt, ist allerdings zweifelhaft. Dabei hat das Bundesverfassungsgericht eine sachliche Begründung nicht grundsätzlich ausgeschlossen, da es ein Abwechselungsbedürfnis von Medien bzgl. politischer und kultureller Veränderungen im Publikum bejahte, das auch eine erhöhte personelle Flexibilität rechtfertige.[514] Allerdings wird die Vielfalt im Medienbereich durch eine entsprechende Anzahl von Konkurrenten gewährleistet. Daraus folgt, dass die Regeln für befristete Arbeitsverhältnisse auch im Tendenzbereich den allgemeinen Regeln zu folgen hat, so dass durch die entsprechende einheitliche Handhabung dieser Regeln alle Tendenzbetriebe den gleichen Konditionen unterworfen sind. Insofern fehlt es an einem besonderen Bedürfnis für eine andere Behandlung der befristeten Arbeitsverhältnisse.

3. Zusammenfassung und Ausblick

Bei Arbeitsverhältnissen in Tendenzunternehmen ist also zu differenzieren. Nicht per se ist dort die Beschäftigung ungesicherter als in Nicht-Tendenzunternehmen. Vielmehr ist festzuhalten, dass Einschränkungen arbeitsrechtlicher Schutzbestimmungen nur gegenüber den Tendenzträgern in Frage kommen.

---

511 *Reuter* FS Kissel, 941/953

512 Vgl. zu diesem Befristungsgrund 2. Kap., § 4 I 5 f).

513 BAG v. 31.1.1982, in: DB 1982, 1062.

514 BVerfG v. 13.1.1982, in: NJW 1982, 1447/50.

a) Tendenzträger prekär beschäftigt?

Hier lässt sich allerdings zusammengefasst feststellen, dass Arbeitsverhältnisse von Tendenzträgern durchaus einige Besonderheiten aufweisen, die sie gegenüber „typischen" Arbeitsverhältnissen mit weniger Rechten ausstatten. Das betrifft insbesondere die abgeschwächten Mitbestimmungsrechte des Betriebsrats als einem Kriterium der prekären Beschäftigungsverhältnisse. Außerdem wird Tendenzträgern eine erhöhte Identifikation mit ihrem Arbeitgeber als arbeitsvertragliche Pflicht abverlangt. Insofern ist die Autonomie und der Handlungsspielraum des Arbeitgebers gegenüber den Tendenzträgern verstärkt. Allerdings haben diese Tendenzträger einen größeren inhaltlichen Persönlichkeitsschutz gegenüber ihrem Arbeitgeber. Liegt eine grundlegende Identifikation mit der Tendenz des Arbeitgebers einmal vor, sind sie in der inhaltlichen Ausgestaltung ihrer Arbeit freier. Daraus folgt eine gewisse Balance und Ausgewogenheit dieser im Unterschied zu „normalen" Arbeitsverhältnissen verstärkten Rechten und Pflichten des Arbeitnehmers.

Insbesondere ist aber über die beschriebenen Abweichungen, die alle ihren Grund in der besonderen Funktion als Tendenzunternehmen haben, keine sonstigen spezifischen Gründe ersichtlich, die die Arbeitsverhältnisse von Tendenzträgern per se zu prekären machen. Unabhängig davon sind natürlich Gestaltungen denkbar, die, in Verbindung mit anderen Erscheinungsformen „untypischer" Arbeitsverhältnisse Beschäftigungsverhältnisse als prekär erscheinen lassen. Zu denken ist dabei etwa an die Praktika[515] von Hochschulabsolventen oder der Einsatz von freien Mitarbeitern[516] im Medienbereich. Diese Prekärisierung hat dann allerdings weniger mit der Eigenart des Unternehmens als Tendenzbetriebs zu tun als mit der zusätzlichen Motivation, häufig junge Leute billig für sich arbeiten zu lassen.

b) Auswirkungen des AGG

Eine neuere Entwicklung lässt sich jedoch nach der Einführung des AGG im August 2006 erwarten. Das AGG verbietet die ungerechtfertigte Ungleichbehandlung von Arbeitnehmern aus Gründen der Religion bzw. Weltanschauung, §§ 1, 3 AGG. Den Kirchen ist es gelungen, in § 9 AGG eine weit reichende Ausnahme im Gesetz zu verankern, wonach sie durchaus nicht nur in den eigentlichen Religionsgemeinschaften, sondern auch bei ihnen zugeordneten Vereinigungen und Einrichtungen Unterschiede in Bezug auf die Religion bzw. Weltanschauung zu machen.[517]

---

515 Vgl. hierzu 2. Kap. § 4 IV.
516 Vgl. hierzu 2. Kap. § 4 II.
517 Vgl. 2. Kap. § 3 II 3 b).

Das AGG übernimmt jedoch nicht die Privilegierung der in § 118 Abs.1, 2 BetrVG genannten Unternehmen. Art. 4 Abs. 2 der dem AGG zugrunde liegenden EU-Richtlinie 2000/78 hätte durchaus die Aufnahme weiterer, „anderer" privater Organisationen in den Tendenzschutz erlaubt. Das hat der Gesetzgeber unterlassen.

Die Frage lautet, ob damit der Tendenzschutz für Tendenzunternehmen im Anti-Diskriminierungsrecht über Religion und Weltanschauung hinaus gilt.[518] Kann der Begriff der „Weltanschauung" so weit ausgedehnt werden, dass auch die übrigen Tendenzen, die § 118 Abs. 1, 2 BetrVG erwähnt, davon umfasst werden? Stellen sich Tendenzunternehmen außerhalb religiöser oder weltanschaulicher Zwecke im Anti-Diskriminierungsrecht schlechter?

Religion und Weltanschauung sind in § 1 AGG in einem Atemzug genannt, so dass sie sprachlich als gleichwertig zu verstehen sind. Daraus folgt, dass eine Weltanschauung in diesem Sinne, ähnlich einer Religion, eine allgemeingültige, alles umfassende Geltung für sich beanspruchen muss, um in den Genuss der Privilegierung des § 9 AGG zu kommen.[519] Allgemeine, (teil-) politische Tendenzen wird man daher in der Regel nicht darunter verstehen können,[520] obgleich es die zugrunde liegende EU-Richtlinie gesetzgeberisch hergegeben hätte.[521] Daraus folgt, dass die allgemein- oder koalitionspolitischen, karikativen, erzieherischen, wissenschaftlichen oder künstlerischen sowie die journalistischen Tendenzen des § 118 BetrVG nicht in den Tendenzschutz des § 9 AGG mit einbezogen werden.

Auch aus § 8 AGG könnte eine Berechtigung zur unterschiedlichen Behandlung von Arbeitnehmern aus Tendenzgründen abgeleitet werden. Allerdings sind die hier genannten Rechtfertigungsgründe daran geknüpft, dass diese die Art der Tätigkeit bzw. die Bedingungen ihrer Ausführung in Bezug auf die „berufliche" Anforderung betrifft. Ein Journalist hat sicher sein Handwerk gelernt, insofern erfüllt er die beruflichen Anforderungen. Aus dieser Formulierung ist eine Ungleichbehandlung wegen anderer als beruflicher Anforderungen, also auch Tendenzgründen, nicht erlaubt.

Insofern deckt die Regelung des § 9 AGG Tendenzbetriebe nur unzureichend ab.[522] Tendenzunternehmen außerhalb der Kirchen und vergleichbaren Weltanschauungen werden also, sofern nicht noch eine gesetzliche Anpassung durch den Gesetzgeber erfolgt, in Zukunft das AGG auch bei Tendenzträgern zu beachten haben.

---

518 So die Befürchtung des Bundesverbands der Arbeitgeber in ihrer Stellungnahme zum Entwurf eines Allgemeinen Gleichbehandlungsgesetzes (AGG) vom 14.6.2006, 12.

519 Auch die Gesetzesbegründung behandelt die Begriffe der Religion und Weltanschauung in einem, vgl. BT-Drucksache 16/1780, S. 35 f.

520 EK/*Schlachter* § 1 AGG Rn 8.

521 Vgl. *Däubler* in: NJW 2006, 2608 f., der zu Recht darauf hinweist, dass in der Übersetzung anderer Gemeinschaftssprachen eher von „Überzeugungen" die Rede ist.

522 EK/*Schlachter* § 9 AGG Rn 2, wörtlich: „Welche 'Weltanschauungsgemeinschaften' erfasst werden, ist offen.".

II. Kirchen

Die etablierten Kirchen in Deutschland gehören zu den größten Arbeitgebern im Lande, je nachdem, wie man alle Körperschaften und die damit zusammenhängenden Einrichtungen zusammenzählt, handelt es sich gar um den größten.[523] Ihre besonderen religiösen und organisatorischen Wurzeln und ihre besondere Berücksichtigung im Grundgesetz haben einen gestaltenden Einfluss auf die bestehenden individuellen Arbeitsverhältnisse, aber auch auf das kollektive Arbeitsrecht. Bevor diese Bereiche daraufhin untersucht werden können, inwiefern sich diese Besonderheiten auf die Sicherheit der Beschäftigungsverhältnisse auswirken, muss zunächst geklärt werden, wie weit diese besondere Zone des besonderen Arbeitsrechts der Religionsgemeinschaften reicht.

1. Grundlagen

Kirchen und Religionsgemeinschaften gehen einen eigenen arbeitsrechtlichen Weg. Art. 140 GG in Verbindung mit Art. 137 Abs. 3 S. 1 WRV gibt ihnen ein verfassungsrechtlich garantiertes Selbstverwaltungsrecht, das über die freie Religionsausübung des Art. 4 GG weit hinausgeht. Es schließt die besondere Gestaltung arbeitsrechtlicher Beziehungen etwa durch ein eigenes Mitarbeitervertretungsrecht mit ein[524] und umfasst auch die individualvertraglichen Beziehungen zu ihren Arbeitnehmern.[525] Darin spiegelt sich die Sensibilität der Beziehungen zwischen Staat und Kirche wieder.[526] Das aus Art. 137 Abs. 3 WRV abgeleitete Selbstverwaltungsrecht bezieht sich dabei nicht nur auf die eigentliche Religionsgemeinschaft.

a) Wie weit reicht diese Privilegierung?

§ 118 Abs. 2 BetrVG schließt die Anwendung des BetrVG auf Religionsgemeinschaften und ihre karikativen und erzieherischen Einrichtungen aus. § 112 BPersVG erweitert dies auf die Personalvertretungsgesetze im Bund und den Ländern. Kirchen in der Rechtsform einer juristischen Person des öffentlichen Rechts sind schon bereits wegen § 130 BetrVG insgesamt aus dem Anwendungsbereich

523 Die Zahlen hierzu schwanken: *Noll* 110, spricht von 600.000 Arbeitsverhältnissen (2001); *Baumann* in: AuA 1997, 154, von 1 Mio Arbeitnehmern, *Bischoff/Hammer* in: ArbuR 1995, 161/6 für 1995 von 1,2 Mio, *Thüsing* in: ZTR 2006, 230 gar von 1,4 Mio Arbeitnehmern. Valide Zahlen scheinen nicht zu existieren, vgl. *Hammer* in: ZTR 1997, 97/8. Das Volumen zeigt doch insgesamt eine gewaltige Relevanz dieses Arbeitsgebiets, auch wenn an dieser Stelle diese Zahlen nicht verifiziert werden.

524 *Noll* 101; *Beckers* in: ZTR 2000, 63.

525 *Neumann* FS Löwisch 205.

526 Dieses schwierige Verhältnis spiegelt sich schon in der Bibel mit widersprüchlichen Aussagen wider, vgl. Apostelgeschichte 5, 25 und Römer 13

des BetrVG ausgeschlossen.[527] Dazu gehören die römisch-katholischen Bistümer, die evangelisch-lutherischen Landeskirchen sowie der Zentralrat der Juden in Deutschland. Den Kirchen wird jedoch ein weiter Selbstverwaltungsrahmen über das kollektive Arbeitsrecht hinaus gestattet. Dieser ermöglicht es den Kirchen, die Beziehungen zu ihren Arbeitnehmern im weiten Sinne autonom zu gestalten.

Dabei wurde den Kirchen bis weit in die achtziger Jahre des letzten Jahrhunderts ein derart weiter Gestaltungsrahmen eingeräumt, dass man durchaus in diesen Bereichen von einem „Staat im Staate“ sprechen konnte. Diese Bevorzugung der kirchlichen Positionen wurde auch in diversen höchstrichterlichen Urteilen deutlich.[528] Trotz der Betonung des Vorrangs staatlichen Arbeitsrechts werden die kirchlichen Besonderheiten besonders berücksichtigt.[529] Allerdings ist auch trotz der weit reichenden Selbstverwaltung der Kirchen zu beachten, dass im Rahmen der Arbeitsbeziehungen weitere Grundrechte eine Rolle spielen. Das betrifft etwa Art. 12 Abs. 1, Art. 9 Abs. 3 GG. Aber auch weitere Grundrechte können in kirchlichen Arbeitsverhältnissen tangiert sein, so z.B. Art. 5 Abs. 1 GG der freien Meinungsäußerung, Art. 6 GG des Schutzes von Ehe und Familie oder der Rechtsweggarantie des Art. 19. Abs. 4 GG.[530] Das bedeutet, dass in diesem Spannungsfeld diese Grundrechte nicht der Kirchenautonomie geopfert werden können, sondern die einzelnen grundgesetzlichen Garantien im Wege der gegenseitigen Konkordanz abgewogen werden müssen.[531]

b) Was ist eine Religionsgemeinschaft?

Der Begriff der Religionsgemeinschaft orientiert sich an Art. 137 Abs. 3 WRV und ist als ein Zusammenschluss ihrer Mitglieder in einer Organisation zu verstehen, die glaubensbezogen übereinstimmen und dies auch nach außen als Glaubensbekenntnis leben.[532] Da die großen Kirchen hierzulande öffentlich-rechtlich organisiert sind, gehören hierher die Organisationen von Minderheitenreligionen, die sich privat formieren. Sekten, die religiöse Lehren dazu benutzen, tatsächlich wirtschaftliche Zwecke zu verfolgen, können jedoch keine Privilegierung als Religionsgemeinschaft gem. Art. 140 GG, 137 Abs. 3 WRV beanspruchen.[533]

Diese Autonomie bezieht sich auch auf die Einrichtungen, die Aufgaben der Religionsgemeinschaft wahrnehmen, auch wenn die einzelne Tätigkeit keinen religiösen Bezug oder Mission aufweist. Das heißt, auch die profanen Tätigkeiten wie Büro-

---

527 BAG v. 21.7.1998, in: AR-Blattei 1570 Nr. 59; *Richardi* FS Kissel, 967/8; *Noll* 105.

528 BVerfG v. 11.10.1977, in: BVerGE 46, 73 ff.; BVerfG v. 17.2.1981, in: BVerfGE 57, 220 ff.; BVerfG v. 4.6.1985, in: BVerfGE 70, 138 ff.

529 BVerfG v. 4.6.1985, in: BVerfGE 70, 138 ff.; *Fey* in: AuR 2005, 349.

530 *Hammer* in: ZTR 1997, 97/103.

531 *Bischoff/Hammer* in: ArbuR 1995, 161/3.

532 Vgl. BAG v. 6.12.1977, in: AP § 118 BetrVG 1972 Nr. 10; BAG v. 24.7.1991, in: NZA 1991, 977; EK/Hanau/*Kania* § 118 BetrVG Rn 30; *Beckers* in: ZTR 2000, 63/5.

533 BAG v. 22.3.1995, in: AP § 5 ArbGG 1979 Nr. 21; *Beckers* in: ZTR 2000, 63/5.

arbeit oder Raumpflege oder auch der Betrieb einer Klosterbrauerei wird davon umfasst.[534] Das gilt auch, wenn die Tätigkeit außerhalb der Religionsgemeinschaft unter einer zivilrechtlich selbständigen Rechtsform wahrgenommen wird.[535] Anfängliche verfassungsrechtliche Bedenken[536] gegen diese Privilegierung der Religionsgemeinschaften im Arbeitsrecht wurden vom Bundesverfassungsgericht nicht geteilt.[537]

Inwiefern allerdings Brauereien oder Druckereien noch in die religiös motivierte Missionsarbeit einbeziehen lassen, ist mehr als zweifelhaft. Hier wird die Garantie der kirchlichen Selbstverwaltung überspannt. Auf solche Betriebe sollte das BetrVG zumindest dann anzuwenden sein, wenn sie privatrechtlich außerhalb der Religionsgemeinschaft organisiert sind.[538]

c) Karikative und erzieherische Einrichtungen

§ 118 Abs. 2 BetrVG bezieht auch die privatrechtlich organisierten karikativen und erzieherischen Einrichtungen der Kirchen mit in die Privilegierung ein, obwohl dies vom Wortlaut des Art. 137 Abs. 3 WRV nicht zwingend geboten gewesen wäre. Dazu können Krankenhäuser,[539] Kindergärten[540] und -heime,[541] Jugenddörfer,[542] Alten- und Pflegeheime[543] gehören.

Hier ist es jedoch zwischen höchsten Gerichten des Landes streitig, ob formal-, etwa satzungsrechtlich abgesicherte Einflussmöglichkeiten der Kirche auf diese privatrechtlichen Organisationen erforderlich sind, um sie in den Bereich des § 118 Abs. 2 BetrVG mit einzubeziehen. Das Bundesverfassungsgericht überlässt es den Kirchen auf Grund ihrer Autonomie deren Ermessen, ob sie eine Einrichtung unter § 118 Abs. 2 BetrVG fallen lassen will oder nicht. Insofern reichte eine schlichte Meinungsäußerung aus.[544] Mit dieser Begründung könnte auch die Scientology entsprechende Einrichtungen dem Geltungsbereich des (Arbeits-)

---

534 *Noll* 105.
535 *Noll* 103 f.
536 *Ruland* in: NJW 1980, 89 ff.
537 BVerfG v. 16.10.1968 in: BVerfGE 24, 236, 244 ff.; BVerfG v. 11.10.1977, in: AP Art. 140 GG Nr. 1; BVerfG v. 25.3.1980, in: AP Art. 140 GG Nr. 6; BVerfG v. 17.2.1981, in: AP Art. 140 GG Nr. 9
538 *Noll* 108; vgl. auch BayrVGH v. 16.6.1999, in: ZTR 2000, 43, wonach ein Verlag eines Ordens als „erzieherische“ Einrichtung gewertet wurde, auf den das Personalvertretungsrecht nicht anwendbar sei.
539 BAG v. 21.11.1975, in: AP § 118 BetrVG Nr. 6
540 BAG v. 9.2.1982, in: AP § 118 BetrVG 1972 Nr. 24
541 BAG v. 11.3.1986, in: AP § 118 BetrVG 1972 Nr. 25
542 BAG v. 30.4.1997, in: AP § 118 BetrVG 1972 Nr. 60
543 BAG v. 6.12.1977, in: AP § 118 BetrVG 1972 Nr. 10
544 BVerfG v. 11.10.1977, in: AP Art. 140 GG Nr. 1, zustimmend: *Beckers* in: ZTR 2000, 63/6.

Rechts weitgehend entziehen.[545] Das Bundesarbeitsgericht dagegen hält zu Recht eine z.B. satzungsrechtlich eingeräumte und dokumentierte Einflussmöglichkeit der Kirche auf die externe Einrichtung für erforderlich, die auch organisatorisch tatsächlich gegeben sein muss.[546]

Problematisch erscheint diese weitgehende Kompetenz der Religionsgemeinschaften z.B. bei Krankenhäusern zu sein. Diese werden ebenfalls zu den karikativen Einrichtungen gezählt, die gemäß §118 Abs.2 BetrVG aus dem BetrVG herausgenommen sind.[547] Mit Gewinnerzielungsabsicht tätige Unternehmen sollten daher nicht vom § 118 Abs. 2 BetrVG mitumfasst werden.[548] Fraglich erscheint dieser Ansatz zumindest dann, wenn die Kirchen z.B. ein als GmbH betriebene Wohnungsbauunternehmen betreibt. Hier erscheint der Zusammenhang mit dem Selbstverwaltungsrecht einer Religionsgemeinschaft doch viel zu weit hergeholt.[549]

Es fällt bei dieser Auffassung des Bundesverfassungsgerichts die Reichweite der Selbstverwaltungsgarantie für die Kirchen auf. Vergleicht man diese mit anderen grundgesetzlich garantierten Selbstverwaltungen, etwa mit Kommunen oder den Hochschulen, so ist festzustellen, dass diese Bereiche auch in ihren Selbstverwaltungsentscheidungen der gerichtlichen Kontrolle unterliegen. Diese wäre bei der Auffassung des Bundesverfassungsgerichts bei Kirchen prinzipiell gar nicht möglich, weil es praktisch in ihrem freien Ermessen liegt, wie sie die betreffende Einrichtung einstuft.[550] Die Einräumung der Selbstverwaltung für die Kirchen kann nicht bedeuten, ihnen einen praktisch unjustitiablen Bereich zuzuordnen, in denen Bundesgesetze wie der § 118 Abs. 2 BetrVG nicht gerichtlich überprüft werden können. Von daher müssen die vom Bundesarbeitsgericht benannten Voraussetzungen für die Anwendung des § 118 BetrVG überprüfbar vorhanden sein.[551]

Aber dennoch ist das BetrVG bei den ausgelagerten, privatrechtlich organisierten Einrichtungen nur beschränkt anzuwenden, soweit sie konfessionellen, erzieherischen oder karikativen Bestimmungen dienen. Denn für diese Unternehmen gilt das BetrVG gemäß § 118 Abs. 1 Nr.1 nur mit den dort genannten Einschränkungen. Insofern spielt in der Praxis das BetrVG in derartigen Einrichtungen regelmäßig keine Rolle.

---

545 Vgl. BAG v. 22.3.1995, in: ArbuR 1995, 193; *Bischoff/Hammer* in: ArbuR 1995, 161/4.

546 BAG v. 21.11.1975, in: AP § 118 BetrVG 1972 Nr. 6; BAG v. 14.4.1988, in: AP § 118 BetrVG 1972 Nr. 36.

547 BAG v. 24.5.1995, in: ZTR 1996, 86.

548 LAG Hamm v. 14.3.2000, in AiB 2000, 769 f.; für die Aufgabe der Voraussetzung der fehlenden Gewinnerzielungsabsicht ist *Beckers* in: ZTR 2000, 63/5: man könne auch mit Gewinnen karikativ tätig sein.

549 BAG v. 23.10.2003, in: ZTR 2003, 416; vgl. auch BayrVGH v. 16.6.1999, in: ZTR 2000, 43, wonach ein Verlag eines Ordens als „erzieherische" Einrichtung gewertet wurde, auf den das Personalvertretungsrecht nicht anwendbar sei.

550 Vgl. zur Societas-perfecta-Lehre, die von zwei unabhängig voneinander bestehende Einheiten zwischen Staat und Kirche ausgeht, *Baumann* in: AuA 1997, 154/5.

551 LAG Hamm v. 14.3.2000, in: AiB 2000, 769 f.

2. Kollektive Vertretungen

§ 118 Abs. 2 BetrVG schließt die Anwendung des BetrVG auf Religionsgemeinschaften und ihre karikativen und erzieherischen Einrichtungen aus, § 112 BPersVG erweitert dies auf die Personalvertretungsgesetze im Bund und den Ländern. Das war nicht immer so. Das Betriebsrätegesetz vom 4.2.1920 war bei entsprechender Anzahl von Arbeitnehmern auf alle Betriebe und damit auch auf für Kirchen maßgeblich.[552] Im Betriebsverfassungsrecht wurde das erst 1952 mit dem seinerzeitigen Tendenzparagraphen 81 BetrVG 1952 bzw. durch den seinerzeitigen § 96 BPersVG 1955 geändert.

Seither haben die großen Kirchen für sich und ihre Organisationen stattdessen eigene Mitarbeitervertretungen eingeführt.[553, 554]

a) Mitarbeitervertretungen

Für den Bereich der katholischen Kirche gilt die MAVO (Rahmenordnung für eine Mitarbeitervertretungsordnung), die im einzelnen regional ausgefüllt wird. Die evangelische Kirche hatte lange eine unübersichtliche und zersplitterte Regelung, die 1992 durch das MVG (Kirchengesetz über Mitarbeitervertretungen in der evangelischen Kirche in Deutschland) abgelöst wurde. Auch hier liegt damit nur ein Rahmen vor, der von der einzelnen Landeskirche selbst ausgestaltet wird.

Die Regelungsgegenstände dieser Mitarbeitervertretungen sind dem BetrVG bzw. dem BPersVG ähnlich. Die Mitgestaltungsrechte der kirchlichen Mitarbeiter sind allerdings grundsätzlich wesentlich schwächer ausgestaltet als im BetrVG oder BPersVG, wobei es im einzelnen regionale Unterschiede gibt. Insofern ist eine echte Vereinheitlichung dieser Mitarbeitervertretungen im kirchlichen Bereich nicht ersichtlich.

Der Vorschlag, Einrichtungen der Kirche etwa wie andere Sonderbereiche der Luft- oder Seefahrt in einem besonderen Abschnitt des BetrVG gesondert zu regeln, wäre dabei zur Herstellung vergleichbarer Bedingungen überlegenswert.[555]

---

552 *Baumann* in AuA 1997, 154/5; *Schleitzer* in: Der Personalrat 1998, 101.

553 LAG Düsseldorf v. 15.1.1991, NZA 1991, 600; vgl. auch *Bischoff/Hammer* in: ArbuR 195, 161/6, die der Meinung sind, Kirchen wären verpflichtet, ihren Arbeitnehmern einen dem staatlichen Recht gleichwertigen Schutz zu gewähren, so dass im kollektiven Bereich ebenfalls gleichwertige Mitarbeitervertretungen zu etablieren wären.

554 Vgl. VG München v. 29.7.1988, Az.: M 20 P 88.2212: „... Bei richtigem Verfassungsverständnis kann es nicht angehen, diese Beschäftigten auf die Gnade (sprich: jederzeit aufhebbare Mitarbeitervertretungsordnungen) monokratisch strukturierter Systeme zu verweisen ...".

555 *Hammer* in: ZTR 1997, 97/105.

b) Paritätisch besetzte Kommissionen

Die Kirchen haben neben den einzelvertraglich vereinbarten Arbeitsregeln („Erster Weg“) und der Alternative eines Tarifvertragssystems („Zweiter Weg“) eine weitere Alternative zur Gestaltung von Arbeitsverhältnissen etabliert („Dritter Weg“).[556] Dabei werden z.B. von überbetrieblichen paritätisch besetzten Kommissionen Beschlüsse zu Abschluss, Beendigung, Inhalt usw. von Arbeitsverhältnissen gefasst, die gemäß Art. 7 Abs. 1 der Grundordnung des kirchlichen Dienstes im Rahmen kirchlicher Arbeitsverhältnisse vom jeweiligen Bischof in Kraft gesetzt werden.[557]

Die Kommissionen sind paritätisch aus gewählten Mitarbeitervertretern und Vertretern des Dienstgebers besetzt.[558] Für die evangelische Kirche in Deutschland besteht hierzu etwa die hierfür geschaffene „Arbeitsrechtliche Kommission“. Bei der katholischen Kirche heißen diese „Kommissionen zur Ordnung des Arbeitsvertragsrechts (KODA)“.[559]

Für das einzelne Arbeitsverhältnis gelten diese kollektiven Regelungen nur, wenn sie individualvertraglich einbezogen werden.[560] Sie unterliegen inhaltlich nicht nur der Billigkeitskontrolle der §§ 317, 319 BGB.[561] Streitig ist, ob in diesen Regelungen vorformulierte AGB zu sehen sind, die der Wirksamkeitskontrolle der §§ 305 ff. unterliegen.

§ 310 Abs. 4 S. 1 BGB stellt Tarifverträge von der Überprüfung durch die §§ 305 ff. BGB frei. Bei den hier mit den Kommissionen getroffenen Regelungen handelt es sich aber nicht um Tarifverträge, da es bei ihnen nicht die für Tarifverträge typische Aushandlungskonstellation zwischen Arbeitgeber und Gewerkschaften gibt.[562] Auch wenn die Regelungswerke an den Aufbau von Tarifverträgen erinnern, fehlt es hier also an der normativen Kraft eines Tarifvertrages. Insofern bleibt es bei § 310 Abs. 4 S. 2 BGB, wonach das AGB-Recht auch für diese Arbeitsregelungen gilt, wobei die Besonderheiten, hier: die des kirchlichen Arbeitsrechts zu berücksichtigen sind.

---

556 BAG v. 8.6.2005, in: ZTR 2006, 270/271 f.; vgl. zum „Dritten Weg“ *Thüsing* in: ZTR 2006, 230/4 f.; *Schleitzer* in: Der Personalrat 1998, 101 f.; *Joussen* in: ZTR 2007, 300 ff.; *Beckers* in: ZTR 2000, 63/4.

557 Zur Mitarbeitervertretung im Bereich der evangelischen Kirche vgl. *Richardi* FS Kissel, 967/ 71 ff.; zur katholischen Kirche vgl. weiter *Bleistein* FS Stahlhacke, 69 ff.

558 Es macht auch offensichtlich gar nichts aus, wenn als Mitarbeitervertreter der Personalleiter der Einrichtung in der Kommission vertreten ist, obwohl er im Management Arbeitgeberfunktionen ausfüllt, vgl. BAG v. 8.6.2005, in: ZTR 2006, 270/1.

559 *Baumann* in: AuA 1997, 154/6.

560 BAG v. 26.1.2005, NZA 2005, 1059; BAG v. 20.3.2002, NZA 2002, 1402/4.; BAG v. 8.6.2005, in: ZTR 2006, 270/4.

561 BAG v. 8.6.2005, in: ZTR 2006, 270/2.

562 Vgl. BT-Drucks. 14/7052, 189; BAG v. 8.6.2005, in: ZTR 2006, 270/3 m.w.N.

c) Übernahme von Tarifverträgen

Kollektive Regelungen für Arbeitsverhältnisse werden im kirchlichen Bereich nicht im Wege des eigenen Tarifvertrages, also durch Austragung eines Konflikts durch Macht und Gegenmacht erzielt; diese Übernahmen der tariflichen Vorbilder des öffentlichen Rechts sollen aus dem Prinzip der „Dienstgemeinschaft"[563] im Hinblick auf gemeinsame Aufgaben der in Kirchen Beschäftigten konsensual erreicht werden.[564]

In der Praxis jedoch werden regelmäßig die Tarifverträge des öffentlichen Dienstes durch die o.a. Kommissionen als kircheninterne Regelungen übernommen.[565] Auch wenn der Name „Tarifvertrag" zwar fehlt, ist also zumindest grundsätzlich ein vergleichbarer Schutz des einzelnen Arbeitsverhältnisses gegeben wie in anderen tarifgebundenen Betrieben. Damit entfällt jedoch für kirchliche Arbeitsverhältnisse grundsätzlich das Prekariatskriterium einer tarifvertraglichen Absicherung. Das gilt auch nach der Ablösung des BAT durch den neuen Tarifvertrag für den Bund und die Kommunen vom 1.1.2005 (TVöD), dem zum 1.11.2006 der entsprechende Tarifvertrag der Länder (TV-L) folgte.

Kritik an der pauschalen Übernahme derartiger Tarifverträge entzündet sich vor allem an einer angeblich fehlenden Adaptierung derartiger Tarifverträge an die kirchlichen Besonderheiten. So soll die in der Präambel des TV-L einbezogene Verpflichtung des Leitprinzips, Frauen und Männer gleich zu bezahlen, die traditionellen Geschlechterrollen zerstören, so dass diese Übernahme der Präambel für kirchliche Arbeitsverhältnisse nicht geeignet sei.[566] Theologisch will ich mir hier kein Urteil anmaßen, rechtlich dürfte diese Auffassung jedoch zweifelhaft sein. Aber allein diese Kritik führt nicht zu einer verschärften Verunsicherung kirchlicher Arbeitsverträge im Sinne eines prekären Beschäftigungsverhältnisses.

Die Frage lautet allerdings für die Zukunft, inwiefern kirchliche Einrichtungen den auch in diesen Bereichen wachsenden Kostendruck in den Beziehungen zu ihren Mitarbeitern weitergeben. Insofern bieten die Grundordnungen der großen Kirchen die Möglichkeit, über Öffnungsklauseln Vergütungsfragen zwischen Arbeitgeber und Arbeitnehmer aus diesen Kommissionen auf betriebliche Ebene zu verlagern, ohne dass die Mitarbeitervertretung dann noch Einfluss nehmen kann.[567] So lange allerdings bestehende Arbeitsverträge die von den paritätischen Kommissionen vereinbarte Regelungen einbeziehen, sind diese auf Grund des Günstigkeitsprinzips zugunsten der Arbeitnehmer vor Verschlechterungen durch solche Dienstverein-

---

563 Vgl. zur rechtlichen Einordnung der Dienstgemeinschaft *Hammer* in: ZTR 1997, 97/8.
564 *Neumann* FS Löwisch 205/8 am Beispiel der katholischen Kirche.
565 Vgl. *Schleitzer* in: Der Personalrat 1998, 101/2.
566 *Neumann* FS Löwisch 205/7.
567 *Joussen* in: ZTR 2007, 300/2 f., durch so genannte „Dienstvereinbarungen", mit Verweis auf Art. 7 Abs. 1 der Grundordnung der katholischen Kirche und vergleichbaren Regelungen der evangelischen Kirchen.

barungen geschützt. Dieser Schutz dürfte bei neu eingestellten Arbeitskräften oder sonstigen vertraglichen Anpassungen der Arbeitsverträge entfallen.[568]

3. Einfluss auf individuelle Arbeitsverhältnisse

Starke Eingriffe und damit Auslöser verschärfter Unsicherheit für ein individuelles Arbeitsverhältnis finden sich jedoch teilweise in Grundsätzen konfessioneller Glaubens- und Sittenlehre, die, durch das Selbstverwaltungsrecht grundgesetzlich geschützt, auch individuelle Arbeitsverhältnisse beeinflussen. Dabei begeben sich die Kirchen aus freien Stücken in das Gebiet des privatrechtlichen Arbeitsrechts. Denn als Körperschaften des öffentlichen Rechts gem. Art. 140 GG, 137 Abs. 5 WRV stünde ihnen auch die Gestaltung dieser Dienstverhältnisse auf öffentlichrechtlichem Wege zu.[569] Da dieser Weg für die Arbeitnehmerschaft nicht gewählt wird, ist das staatliche, privatrechtliche Arbeitsrecht – mit kirchenspezifischen Besonderheiten – entsprechend anzuwenden.[570]

a) Besondere Loyalitätspflichten

Aus dem Selbstbestimmungsrecht der Kirchen werden bestimmte, über das weltliche Arbeitsrecht hinaus gehende Loyalitätspflichten der kirchlichen Mitarbeiter eingefordert. Damit solle der einzelne Arbeitnehmer mit der (jeweiligen) Kirche identifiziert werden und durch sein Verhalten den Lehren der Kirche eine entsprechende Glaubwürdigkeit vermitteln.[571]

Hierzu haben die großen Kirchen Regelungen erlassen. Während bei der katholischen Kirche die auch für individuelle Arbeitsverhältnisse geltende Grundordnung von 1993 in allen Diozösen und Einrichtungen gilt,[572] besteht hierzu bei der evangelischen Kirche lediglich eine „Richtlinie des Rates der Evangelischen Kirche in Deutschland“ vom 1.7.2005. Diese hat für die einzelnen 23 Landeskirchen keine Bindungswirkung und so bestehen in diesen regionalen Organisationen durchaus im Detail unterschiedliche Regelungen.[573] Zumindest für die evangelische Kirche lässt sich also zumindest kritisch anmerken, dass von einem einheitlichen kirchlichen Selbstverständnis auch im Sinne des Ethos der Organisation im Sinne des Art. 4 Abs. 2 der RL 2000/78/EG nicht unbedingt die Rede sein kann. Im Sinne einer die Arbeitnehmer willkürfreien Behandlung ist aber eine

---

568 *Joussen* in: ZTR 2007, 300/4.

569 *Budde* in: AuR 2005, 353.

570 ArbG Hamburg v. 4.12.2007, Az.:20 Ca 105/07; *Zeckei* 165.

571 Vgl. BAG v. 14.10.1980, in: EzA Nr. 1 zu § 1 KSchG Tendenzbetrieb; BAG v. 30.6.1983, in: EzA Nr. 14 zu § 1 KSchG Tendenzbetrieb. *Zachert* in: BB 1998, 1310/3, nennt das: „arbeitsrechtliche Narrenfreiheit“.

572 Vgl. *Budde* in: AuR 2005, 353/5.

573 *Fey* in: AuR 2005, 349, 351.

einheitliche Handhabung erforderlich, um von Arbeitnehmern tatsächlich die Loyalität zur kirchlichen Autorität einzufordern.[574]

Die evangelische und katholische Kirche verweisen hier bis heute gem. Art. 140 GG, 137 Abs. 3 WRV bis heute auf ihr Ethos der jeweiligen kirchlichen Glaubens- und Sittenlehre. Diese sollen es ihnen gestatten, entsprechende Loyalitätspflichten mit ihren Bediensteten zu vereinbaren.[575] Andererseits ist die Wahl privatrechtlicher Arbeitsverträge Ausdruck dafür, dass den Arbeitnehmern nicht zugemutet werden kann, sich wie in kirchlichen Ordensgemeinschaften in einem die gesamte Persönlichkeit einschließlich der privaten Lebensführung umfassenden kirchlichem Statusverhältnis zu verhalten.[576]

Wo liegen die Trennlinien? Die generellen arbeitsrechtlichen Schutzvorschriften sind zunächst auch von den durch Art. 140 GG, 137 Abs. 3 WRV privilegierten Kirchen und Religionsgemeinschaften zu beachten.[577] Im arbeitsvertraglichen Bereich ist es im Kirchenarbeitsrecht teilweise en detail geregelt, inwiefern familiäre oder persönliche, private Einstellungen als Loyalitätsverstöße mit der Folge zu werten sind, dass sie Maßnahmen des Arbeitgebers bis hin zur Kündigung des Arbeitsverhältnisses auslösen können. Hierzu gehören Scheidung, Wiederverheiratung eines Geschiedenen, Geburt eines nichtehelichen Kindes, Eingehen einer Lebenspartnerschaft,[578] Ehebruch,[579] praktizierte Homosexualität,[580] Meinungsäußerungen z.B. zur Abtreibungsproblematik oder kirchlichen Positionen usw.

Derartige Fragen sind im übrigen Arbeitsrecht dagegen der reinen Privatsphäre zuzuordnen, ohne dass sie für das einzelne Arbeitsverhältnis in der Regel eine Bedeutung haben. Die bezeichneten Handlungsweisen sind im übrigen auch durch entsprechende Grundrechte geschützt. Sie führen normalerweise nicht zu Sanktionen weltlicher Arbeitgeber.[581]

Im kirchlichen Arbeitsumfeld ist auch hier ein Konflikt zwischen dem Bundesarbeitsgericht und dem Bundesverfassungsgericht zu konstatieren. Einem Arzt, der in einem katholischen Krankenhaus arbeitete und sich gegen das absolute Verbot des Schwangerschaftsabbruchs aussprach, wurde deswegen ebenso gekündigt, wie einem kaufmännischen Angestellten in einer katholischen Erziehungseinrichtung. Während das Bundesarbeitsgericht diese Kündigungen für unwirksam hielt,

---

574 *Mummenhoff* in: NZA 1990, 585/590; *Buddes* in: AuR 2005, 353/5.

575 *Noll* 111.

576 *Budde* in: AuR 2005, 353/4 mit Verweis auf BVerfG v. 5.6.1985, in: BVerfGE 70, 138, 166.

577 *Noll* 112; *Fey* in: AuR 2005, 349.

578 Vgl. *Budde* in: AuR 2005, 353/5, Fn. 49; bejahend trotz staatlicher Zulassung der Lebenspartnerschaft *Powietzka* in: BB 2002, 149.

579 Bejahend BAG v. 24.4.1997, AP Nr. 27 zu § 611 Kirchendienst.

580 Vgl. *Budde* in: AuR 2005, 353/5, Fn. 48; bejahend BAG v. 30.6.1983, AP Nr. 15 zu Art. 140 GG.

581 BAG v. 23.6.1994 AP Nr. 9 zu § 242 BGB Kündigung, hält die Kündigung z.B. eines homosexuellen Arbeitnehmers für unzulässig; *Fey* in: AuR 2005, 349, 351.

hob das Bundesverfassungsgericht diese Urteile seinerzeit wieder auf,[582] weil es diese Arbeitsverhältnisse zu den ureigenen Angelegenheiten der Kirche im Sinne des Art 137 Abs. 3 WRV zählte.

Dieser Artikel stellt die kirchliche Selbstverwaltung allerdings unter den Vorbehalt, diese nur innerhalb der Schranken der geltenden Gesetze auszuüben. Hierzu ist auch das geltende Arbeitsrecht zu zählen. Es sind immerhin die Kirchen als Arbeitgeber, die sich trotz ihrer Eigenschaft als Körperschaft des öffentlichen Rechts durch die Wahl privatrechtlicher Arbeitsverträge unter das Dach des bürgerlich-rechtlichen Arbeitsrechts begeben haben.[583] Die hier als Arbeitgeber einzufordernden Pflichten zur Loyalität der Arbeitnehmer dürften aber nicht über das Maß des Arbeitsrechts typischer Arbeitnehmer hinausgehen, wenn der Mitarbeiter nicht mit originär kirchlichen, sondern mit allgemeinen Verwaltungsarbeiten wie der kaufmännische Angestellte beschäftigt wird. Hier dürfte der Vorrang des geltenden Arbeitsrechts selbst unter der Berücksichtigung kirchlicher Maßstäbe für die erforderlichen Loyalitätspflichten gegeben sein.[584] Es geht also nicht um die Frage, „ob" staatliches Arbeitsrecht anzuwenden ist, sondern im Einzelfall nur um das „wie" es im Einzelfall anzuwenden ist.

Die Grundordnung der Deutschen Bischofskonferenz von 22.9.1993 sieht durchaus eine Abwägung im Einzelfall nach den Umständen des Einzelfalls vor. Allerdings ist diese danach nur eingeschränkt möglich bei verkündenden, erzieherischen oder leitenden Funktionen. Bei ungültiger Eheschließung oder Kirchenaustritt werden diese Handlungen als Loyalitätsverstöße gewertet, die nach dem Verständnis der katholischen Kirche immer zur Kündigung führen müssen.[585] Bei den evangelischen Kirchen gibt es eine liberalere Handhabung, aber auf jeden Fall keinen ähnlichen einheitlichen bundesweiten Katalog. Allerdings ist auch hier der Kirchenaustritt regelmäßig ein Kündigungsgrund.[586]

b) Auswirkungen des Europarechts und des AGG

Wie wirkt sich die Anti-Diskriminierungsrichtline der EU 2000/78/EG sowie das 2006 verabschiedete AGG auf diese Arbeitsverhältnisse im kirchlichen Bereich aus?[587] Ist das Kirchenarbeitsrecht ein Gebiet, in dem Fragen des 2006 in die Form des AGG gegossenen Diskriminierungsschutzes von vorne herein ausgeschlossen sind?[588]

---

582 BVerfG v. 4.6.1985, in: BVerfGE 70, 138 ff.

583 *Budde* in: AuR 2005, 353.

584 Bischoff/*Hammer* in: ArbuR 1995, 161/4. BVerfG v. 4.6.1985, in: BVerfGE 70, 138 ff.; BAG v. 8.6.2005, in: ZTR 2006, 270/4.

585 *Budde* in AuR 2005, 353/5 m.w.N.

586 *Budde* in: AuR 2005, 353/6.

587 *Reichold* in: NZA 2001, 1054 ff.

588 So noch vor Inkrafttreten des AGG BAG v. 8.6.2005, in: ZTR 2006, 270/271 f.

Auch die Richtlinien der EU, insbesondere die der Richtlinie 2000/78/EG haben grundsätzlich an der Sonderstellung der Kirchen wenig geändert. Darin wird den Mitgliedsstaaten gemäß Art. 4 Abs. 2 Regelungen erlaubt, nach denen eine Organisation, deren Ethos eine wesentliche und gerechtfertigte „berufliche" Anforderung an die Arbeitnehmer stellt, diese deswegen ungleich behandeln darf. Hieraus wird teilweise der Schluss gezogen, das in Art. 4 Abs. 2 der Richtlinie genannte Ethos der Organisation sei mit dem kirchlichen Selbstverständnis identisch.[589] Im deutschen AGG ist in § 9 eine so genannte Kirchenklausel aufgenommen worden, die dem entsprechen soll, so dass das AGG im Grunde keine Änderung der Rechtslage bedeute.[590]

Dennoch ist zu betonen, dass die genannte EU-Richtlinie derartige Ungleichbehandlungen dann erlaubt, wenn es „berufliche" Anforderungen sind, auf die die jeweilige Organisation ihre Ungleichbehandlung stützt – darin kann man aber nicht zwingend Gesinnungs- oder weltanschauliche oder religiöse Aspekte erkennen. Es geht vielmehr um die Art der ausgeübten bzw. auszuübenden Tätigkeiten.[591]

Ein Religionslehrer hat natürlich im Rahmen seiner beruflichen Anforderungen die entsprechenden religiösen Grundlagen zu teilen. Die beruflichen Anforderungen an die Tätigkeit einer Krankenschwester oder Kindergärtnerin, die in einer konfessionellen Einrichtung arbeiten, richten sich aber nach fachlichen Voraussetzungen. Hier müssen medizinische, medizintechnische oder pädagogische Voraussetzungen erfüllt sein. Ungeachtet spezieller berufsethischer Verhaltenskodizes gehören religiöse Auffassungen im eigentlichen Sinne nicht zu diesen Berufsbildern. Also können nach dem Art. 4 Abs. 2 der EU-Richtlinie 2000/78 EG nicht sämtliche Tätigkeiten einer kirchlichen Organisation undifferenziert und absolut an ein religiöses Bekenntnis oder entsprechendes konformes Verhalten geknüpft werden.[592] Insofern hat hier möglicherweise unter dem Eindruck des Europarechts eine Änderung in der Beurteilung des Kirchenprivilegs zu erfolgen.[593]

Man hat daher, um § 9 Abs. 1 AGG richtlinienkonform anzuwenden,[594] bei den Tätigkeiten in kirchlichen Einrichtungen zwischen den Tätigkeiten der Beschäftigten zu unterscheiden und die „beruflichen Anforderungen", auf die § 9 Abs. 1 AGG abstellt, in die Betrachtung mit einbeziehen.[595] Für Aufgaben, die mit der Verkündung, Seelsorge oder Unterweisung oder der Leitung dieser Aufgaben verknüpft sind, wird man die gesteigerten Loyalitätspflichten unproblematisch

---

589 *Fey* in: AuR 2005, 349 f.

590 S. *Fey* in: AuR 2005, 349 f.

591 *Budde* in: AuR 2005, 353/7.

592 ArbG Hamburg v. 4.12.2007, Az. 20 Ca 105/07; *Däubler/Bertzbach/Wedde* § 9 Rn 35, 41 f.

593 So auch *Schliemann* in: NJW 19/2008, Editorial, S. III, allerdings mit der Schlussfolgerung, dass Art. 4 Abs. 2 der Richtlinie gegen Nr. 11 der Erklärung zum Amsterdamer Vertrag (Art. 13) verstieße.

594 *Rust/Falke* § 9 Rn 25.

595 EK/*Schlachter* § 9 AGG Rn 1; *Däubler/Bertzbach/Wedde* § 9 Rn 52.

erkennen. Hier sind an die inner- wie außerdienstliche Amts- und Lebensführung sicher die Anforderungen der Kirchen zu berücksichtigen.[596]

Der Begriff der „Unterweisung" wird in der Regel uneingeschränkt verwendet, so dass unterschiedslos Erzieher in konfessionellen Kindergärten, Lehrende an konfessionellen Fachhochschulen etc. mit diesem Begriff unter die strengen kirchlichen Loyalitätspflichten eingeordnet werden. Hier sind aber Differenzierungen zu machen. An einen Lehrbeauftragten, der angehenden Pflegestudenten medizinische Grundlagen an einer konfessionellen Hochschule nahe bringt, dieselben Pflichten aufzuerlegen wie einem Gefängnispfarrer, erscheint doch zu holzschnittartig. Daher ist der Begriff der „Unterweisung" auf die Fächer und Unterweisungsgegenstände zu beschränken, in denen gerade die Grundsätze der Glaubens- und Sittenlehre der jeweiligen Kirche vermittelt werden bzw. Gegenstand der Unterweisung sind. Die dagegen geäußerte Ansicht, die Kirchen könnten von allen Mitarbeitern verlangen, diese Grundsätze allgemein zu beachten,[597] widerspricht dem nicht. Respekt vor der Glaubens- und Sittenlehre des Betreibers z.B. einer konfessionellen Fachhochschule wird man sicher selbst als konfessionsloser Lehrbeauftragter aufzubringen haben.

Bei Tätigkeiten, die nicht der Verkündung, Seelsorge oder der Unterweisung (im hier verstandenen engeren Sinne) oder ihrer Leitung dienen, sollte daher die jeweilige Funktion im Vordergrund stehen, nicht jedoch die Bekenntnisse und Lebensführung der Betroffenen.[598]

c) Zwischenfazit

Nach allem muss man festhalten, dass trotz der Privilegierung der großen Kirchen in den Art. 140, 135 ff. WRV dadurch kein rechtsfreier Raum entstehen kann. Im Rahmen der kirchlichen Selbstverwaltung ist vielmehr festzustellen, dass die (grundgesetzlich geschützten) Rechte der Kirchen abzuwägen sind gegen die rechtlichen Grundprinzipien des Staates, wie den Grundrechten, dem Willkürverbot, den guten Sitten und dem ordre public. Die von den Kirchen geforderten Loyalitäten müssen daher zunächst auch in Beziehung gesetzt werden zu den beruflichen Anforderungen im Sinne des § 9 Abs. 1 AGG. Für die nicht leitenden, nicht verkündenden und nicht kirchlich erzieherisch Tätigen sind sexuelle Orientierungen, die Entscheidung für eine Ehescheidung, oder ähnliches von der Rechtsordnung aner-

596 *Rust/Falke* § 9 Rn 110; *Zeckei* 167, spricht vom „Kernbereich des Tendenzbetriebs".

597 *Fey* in: AuR 2005, 349 mit Verweis auf BVerfG v. 4.6.1985, in BVerfGE 70, 138 ff.

598 Ausnahmen von den religiösen Loyalitätsanforderungen sind nach den „Richtlinien des Rates der Evangelischen Kirche in Deutschland" vom 1.7.2005 in dessen § 3 Abs. 2 möglich gemacht. Dann sollte hier auch konsequent diese Unterscheidung nach Funktionen durchgeführt werden; darauf beruft sich auch ArbG Hamburg v. 4.12.2007, Az: 20 Ca 105/07.

kannte und grundrechtlich geschützte Verhaltensweisen, die nicht von vorne herein gegen die Sitten- und Morallehre der jeweiligen Kirche zurückstecken muss.[599] Man kann einer Kirche auch als Arbeitnehmer dienen, ohne ihr Mitglied zu sein. Insofern sind spätestens nach Richtlinie 2000/78/EG die in der Rechtslehre und Rechtssprechung häufig zu weit definierten Spielräume der Kirchen anzupassen, wenn sie mit europäischem Recht harmonieren sollen. Realistischerweise muss man sich auf eine längere Übergangsphase einrichten.

d) Zuständigkeit der Arbeitsgerichte

Aus der besonderen Stellung der Kirchen im Arbeitsrecht war es auch lange streitig, ob Maßnahmen der kirchlichen Arbeitgeber der Kontrolle durch staatliche Arbeitsgerichte unterliegen oder Konflikte durch eine eigene Gerichtsbarkeit regeln konnte.[600]

Wie bereits ausgeführt, ist ein rechtsfreier Raum für die Kirchen abzulehnen.[601] Jedenfalls sind zumindest im individual-arbeitsrechtlichen Bereich bei Streitigkeiten die staatlichen Arbeitsgerichte zuständig, so dass Maßnahmen des kirchlichen Arbeitgebers ggf. einer unabhängigen gerichtlichen Kontrolle unterliegen.[602] Ein anderes Ergebnis wäre auch mit der Rechtsweggarantie des Art. 19 Abs. 4 GG unvereinbar.

4. Zusammenfassung

Eine Gesamtbetrachtung führt zu dem Ergebnis, dass die Tatsache, dass eine Kirche oder eine Religionsgemeinschaft Arbeitgeber eines Arbeitnehmers, dieses Arbeitsverhältnis nicht direkt zu einem prekären macht. Es gibt eine Vielzahl von Abweichungen von „typischen" Arbeitsverhältnissen. Nicht nur die Wahrnehmung betrieblicher Mitbestimmung oder die direkte Geltung von Tarifverträgen sind davon betroffen. Auch der Einfluss der an die kirchliche Sittenlehre orientierten Loyalitätspflichten auf das einzelne Arbeitsverhältnis können im Einzelfall Arbeitnehmer in schwere Gewissensnöte bringen oder zu Kündigungen führen, wie sie in einem „typischen" Arbeitsverhältnis so nicht anzutreffen sind. Diese Möglichkeiten für die Kirchen sind auch durchaus entgegen der Rechtsprechung des Bundesverfassungsgerichts kritisch zu würdigen. Aber die kirchlichen Arbeitsverhältnisse erhalten allein dadurch zwar sicher ein größeres Unsicherheits-

---

599 ArbG Lörrach v. 25.8.1992, in: AuR 1993, 151; LAG Baden-Württemberg v. 24.6.1993, in: AuR 1993, 221, zur praktizierten Homosexualität.
600 Vgl. dazu *Hammer* in: ZTR 1997, 97/107 m.w.N.
601 *Budde* in: AuR 2005, 353/7.
602 BAG v. 8.6.2005, in: ZTR 2006, 270/4; *Richardi* FS Kissel, 967/81

potential, jedoch noch kein prekäres Gepräge. Dieses kann sich jedoch ergeben, wenn andere Kriterien prekärer Arbeit, etwa der Teilzeit, Entlohnung, Befristung usw. hinzutreten.

III. Hochschulen

Hochschulen dienen der Lehre und Forschung, Forschungseinrichtungen allein der Forschung. Diese Zielrichtungen bedingen jeweils besondere Bedürfnisse. Neben dem materiellen Inhalt der Erwerbsarbeit wird in einem solchen Arbeitsverhältnis auch der immaterielle Gewinn durch den Vorteil, in der Wissenschaft tätig sein zu dürfen, für eine besondere Beurteilung dieser Arbeitsverhältnisse hervor gehoben.[603] Diese angestellten Hochschulangehörigen hat das Bundesarbeitsgericht im Bereich der Befristungsabreden mit anderen Befristungen früher unter Berücksichtigung des seinerzeitigen HSRG dennoch gleichbehandelt.[604]

1. Befristungen nach dem WissZeitG von 2007

Das hat den Gesetzgeber dazu veranlasst, zuerst in den §§ 57 a ff. HSRG, dann später 2007 im Wissenschaftszeitvertragsgesetz (WissZeitG) die Möglichkeiten zu befristeten Arbeitsverhältnissen im Hochschulbereich neu zu regeln und auszuweiten. Diese Rahmenkompetenz des Bundesgesetzgebers hat er auch genutzt, um im Verhältnis zum alten HSRG, aber auch zum TzBefrG wesentliche Neuerungen einzuführen. Einige Bestimmungen des TzBefrG sind aber gemäß § 1 S. 5 WissZeitG gleichwohl anwendbar. Das betrifft die Schriftform (§ 14 Abs. 4 TzBefrG), oder die Klagefrist (§ 17 TzBefrG).

a) Anwendungsbereich

Das WissZeitG von 2007 gilt für das gesamte wissenschaftliche und künstlerische Personal außer den Hochschullehrern, § 1 Abs. 1 WissZeitG. In den Anwendungsbereich des WissZeitG werden auch Lektoren und Lehrkräfte für besondere Aufgaben sowie zukünftig als „Lecturer“ vorgesehenes Lehrpersonal einbezogen, da sie formal gemäß § 42 HSRG zum wissenschaftlichen Personal gezählt werden.[605]

---

603 *Adomeit* FS Kissel, 1, 3.

604 Vgl. BAG v. 16.6.1976, in: AP Nr. 40 zu § 620 BGB oder BAG v. 26.8.1988, in: AP Nr. 124 zu § 620 BGB.

605 *Räder/Steinheimer* in: Der Personalrat 2007, 328 f.; kritisch *Kortstock* in: ZTR 2007, 350/2 mit Verweis auf die fehlende Forschungsaufgabe dieser Gruppe; ebenso *Epping/Lenz* in: Die Verwaltung 2008, 155/186 mit Hinweis darauf, ob im einzelnen Arbeitsvertrag über die reine Lehre hinaus weiterer Spielraum für Forschung bzw. Qualifizierung besteht.

Gemäß § 42 S. 1 HSRG gehören die Juniorprofessuren ebenfalls in die Gruppe der Hochschullehrer. Für sie gelten, wenn sie im Angestelltenverhältnis beschäftigt werden, die beamtenrechtliche Befristungsregel des § 48 Abs. 1 HRSG entsprechend. Sie können danach also zweimal drei Jahre befristet beschäftigt werden. § 14 TzBefrG gilt hier nicht.[606]

Ob wissenschaftliche oder studentische Hilfskräfte vom WissZeitG mit umfasst werden, hängt davon ab, ob die Landeshochschulgesetze sie zum wissenschaftlichen bzw. künstlerischen Personal zählt.[607] Zahlreiche Bundesländer, etwa in Baden-Württemberg in § 57 LHG, zählen diese Hilfskräfte zum wissenschaftlichen Personal.

Das WissZeitG erstreckt dessen wesentlichen Geltungsbereich ebenfalls auf nichtkünstlerisches bzw. nicht-wissenschaftliches Personal an Hochschulen und Forschungseinrichtungen, vgl. §§ 5 S. 2, 2 Abs. 2 S. 2, 1, Abs. 4; § 3 S. 2 WissZeitG. Das ist eine wesentliche Erweiterung gegenüber dem früheren HSRG. Allerdings ist für dieses Personal die so genannte Tarifsperre des § 1 Abs. 1 S. 2 WissZeitG nicht wirksam, so dass für diese Personengruppe der TVöD bzw. der TV-L weiter gilt.

In den sachlichen Geltungsbereich des WissZeitG werden außerdem mit einbezogen die Beschäftigten an staatlichen oder staatlich finanzierten Forschungseinrichtungen, § 5 WissZeitG. In diesen Einrichtungen ist das WissZeitG auch auf das wissenschaftliche Leitungspersonal anzuwenden.[608]

b) Zeiträume

Das WissZeitG erlaubt für die Anstellung von wissenschaftlichem bzw. künstlerischem Personal grundsätzlich eine zweimalige sechsjährige Befristung, die ersten sechs Jahre vor, die zweiten sechs Jahre nach einer Promotion, § 2 Abs. 1. Für den Bereich der Medizin ist eine Erstreckung der Befristung nach einer Promotion auf sogar neun Jahre zulässig, § 2 Abs. 1 S. 2, 1. HS WissZeitG. Dabei können auf die Sechs-Jahres-Frist für die Zeit nach der Promotion diejenigen Zeiträume, die in der Zeit vor der Promotion noch nicht „verbraucht" wurden, auf die zweite Sechsjahresfrist angerechnet werden. Diese Konstellation kann also zu einer Verlängerung dieser sechsjährigen Befristung führen, § 2 Abs. 1 S. 2, 2. HS WissZeitG.

Auf die maximale Befristungsdauer können allerdings nur solche Beschäftigungszeiten angerechnet werden, die mehr als ¼ der regelmäßigen Arbeitszeit ausmachen. Teilzeitstellen mit kürzerer Arbeitszeit sind also nicht anrechnungsfähig, § 2 Abs. 3 S. 1 WissZeitG.[609]

---

606 *Löwisch* in: NZA 2007, 479/480.
607 *Haratsch/Holljesiefken* in: NZA 2008, 207/8.
608 *Löwisch* in: NZA 2007, 479/480.
609 *Epping/Lenz* in: Die Verwaltung 2008, 155/185; *Kortstock* in: ZTR 2007, 350/3, hält diese Regelung für „unklar".

Bei der Berechnung der Gesamtfristen werden alle befristeten Beschäftigungsverhältnisse in den „Einrichtungen des Bildungswesens, die nach Landesrecht staatliche Hochschulen“ sind, zusammengezählt, unabhängig, ob diese an einer oder mehreren wissenschaftlichen Einsrichtungen absolviert wurde. Dass die früheren Befristungen auf dem WissZeitG oder dem TzBefrG beruhen können, ist unerheblich, § 2 Abs. 3 S. 1 WissZeitG. Daraus folgt, dass bei einem Wechsel der Hochschule die Fristen nicht von neuem zu laufen beginnen.[610] Außerdem sind auch die an privaten Hochschulen verbrachten Arbeitszeiten im Geltungsbereich des WissZeitG mit zu berücksichtigen, sofern sie gemäß § 4 WissZeitG staatlich anerkannte Abschlüsse verleihen dürfen.

Aus der Formulierung des § 2 Abs. 1 WissZeitG, wonach derartige Befristungen „zulässig“ sind, lässt sich gleichermaßen ein Entscheidungsspielraum der Hochschulleitung ableiten. Das heißt, dass die Betroffenen nach dem Ablauf der ersten sechs Jahre keinen automatischen Anspruch auf eine weitere Verlängerung des Arbeitsverhältnisses haben.

c) Prolongation durch Drittmittel

Über die auf zweimal sechs Jahre vorgesehene Befristung des § 2 Abs. 1 WissZeitG hinaus kann noch darüber hinaus weiter befristet verlängert werden, wenn im Anschluss daran eine weitere Beschäftigung aus Drittmittel finanziert wird, § 2 Abs. 2 WissZeitG.[611] Hierdurch ist eine weitere Prolongierung der befristeten Verträge im Wissenschaftsbereich möglich.

aa) Finanzierung durch Drittmittel

Diese Drittmittel sind nicht mit den Haushaltsmittel zu verwechseln, wegen derer eine Befristung gemäß § 14 Abs. 1 S. 2 Nr. 7 TzBefrG zulässig ist.[612] Es reicht aus, dass die Drittmittel für eine bestimmte Zeitdauer und eine bestimmte Aufgabe bestimmt sind. Unschädlich ist es daher, wenn der befristete Arbeitsvertrag einerseits und die Zeitdauer der bewilligten Drittmittel andererseits in ihrer Laufzeit nicht übereinstimmen.[613]

Hier stellt sich die Frage, ob Studiengebühren, die in einigen Bundesländern[614] erhoben werden, ebenfalls zu diesen Drittmittel zählen. Dagegen spricht, dass sol-

---

610 *Räder/Steinheimer* in: Der Personalrat, 328/ 9 f.

611 Diese Befristungsmöglichkeit gilt gemäß § 2 Abs. 2 S. 2 WissZeitG auch für nichtwissenschaftliches und nichtkünstlerisches Personal.

612 BAG v. 15.1.1997, in: NZA 1998, 29.

613 *Löwisch* in: NZA 2007, 479/481 f.; so schon für den alten § 57 b Abs. 2 Nr. 4 HSRG der BAG v. 22.11.1995, in: NZA 1996, 1092.

614 Vgl. etwa das Landeshochschulgebührengesetz von Baden-Württemberg.

che Drittmittel üblicherweise von Stellen, die außerhalb der Hochschulen liegen, geleistet werden. Das können etwa Unternehmen, Spenden Dritter oder spezielle öffentliche Forschungsprogrammen sein. Studierende, die Studiengebühren bezahlen, sind jedoch von Gesetzes wegen Mitglieder der Hochschule.[615] Es fehle also bei den Studiengebühren an der von außen kommenden Zielrichtung, es handelt sich nicht um die Mittel Dritter. Die Befristung von Stellen aus Studiengebühren darf daher nicht mit der Begründung erfolgen, dass sie aus Drittmittel finanziert werden; es steht insofern „nur" die Befristungsmöglichkeit des § 2 Abs. 1 WissZeitG zur Verfügung.

Die Herkunft der Drittmittel zeigt allerdings schon, dass diese Mittel sowohl aus privaten als auch aus öffentlichen Kassen fließen können. Unabhängig davon fließen sie in den Haushalt jeder Hochschule als zweckgebundene Einnahme (z.B. gemäß § 17 Abs. 3 LHO Baden-Württemberg). Je nach Perspektive ist also die Einordnung dieser Einnahmen aus der Einnahmesicht durchaus vergleichbar mit anderen öffentlich-rechtlichen Drittmitteleinnahmen. Sowohl die zusätzlichen Drittmittel der öffentlichen Hand, als auch die Gebühren der Studierenden haben ihren Rechtsgrund im öffentlichen Recht mit den entsprechenden Bescheiden. Außerdem wird zumindest bei Erstsemester-Studenten die Erst-Immatrikulation an die Zahlung der Studiengebühren geknüpft, d.h., im Moment der Bezahlung sind diese Studienbewerber auch noch Externe, die hier eine Leistung an die Hochschule erbringen.

Auch aus dem Wortlaut der Vorschrift des § 2 Abs. 1 S. 2 WissZeitG lässt sich nicht mehr schließen, dass Drittmittel ausschließlich in die Forschung fließen müssen. Zwar wurde der alte § 57 b Abs. 2 Nr. 4 HSRG mit der dort genannten Voraussetzung der „Zweckbestimmung" dahingehend verstanden, dass damit Forschungsvorhaben gemeint waren, für die befristet eingestellt werden durfte.[616] Dem wird auch nach dem Inkrafttreten des WissZeitG mit dem Tatbestandsmerkmal der „bestimmten Aufgabe" in dessen § 2 Abs. 2 weiter gefolgt.[617] Drittmittel sollen danach allein forschungsbezogenen Vorhaben zugeordnet werden. Demnach sind Studiengebühren, die, je nach Landesgesetz, allein für die Lehre einzusetzen sind,[618] keine Drittmittel im Sinne des § 2 Abs. 2 WissZeitG.

Das ist allerdings aus dem Wortlaut des Gesetzes, „bestimmte Aufgabe", nicht ableitbar. Sprachlich sind Drittmittel für Lehrzwecke durchaus denkbar. So wurde es an anderer Stelle durchaus für möglich gehalten, dass Drittmittel selbstver-

---

615 Vgl. § 9 Abs. 1 S. 1 des baden-württembergischen Landeshochschulgesetzes.

616 BAG v. 15.1.1997, in: AP Nr. 14 zu § 57 b HSRG; BAG v. 25.8.1999, in: EzA § 620 Hochschulen Nr. 19; *Löwisch* in: NZA 2007, 479/481.

617 EK/*Müller-Glöge* § 2 WissZeitG Rn 9.

618 Vgl. § 4 Abs. 1 Landeshochschulgebührengesetz Baden-Württemberg, „Die Gebühren stehen ...zweckgebunden für die Erfüllung ihrer Aufgaben in Studium und Lehre zur Verfügung". Mit ihnen lässt sich also im Personalbereich nur ausschließlich Lehrende bezahlen, vgl. *Horstmeier* VBlBW 2008, 93 f.

ständlich auch in die Lehre fließen können.[619] Auch aus der engen Verknüpfung von Forschung und Lehre wird deutlich, dass entsprechend § 2 Abs. 2 S. 1, letzter HS WissZeitG durchaus auch gemischte Tätigkeiten aus beiden Bereichen möglich sind, die man mit weiteren befristeten Verträgen prolongieren kann.

bb) Überwiegende Tätigkeit für die Drittmittelaufgabe

Andererseits erfordert § 2 Abs. 2 WissZeitG lediglich die „überwiegende" Beschäftigung des befristet angestellten wissenschaftlichen Mitarbeiters mit dem Drittmittelvorhaben. Diese Vorschrift ermöglicht es also, Nebenaufgaben auf diese zu delegieren oder in der täglichen Arbeit auch einmal an anderer Stelle auszuhelfen, auch wenn diese außerhalb des Drittmittelzwecks liegen.[620] Darunter kann dann auch die Vertretung für Vorlesungen oder Seminare fallen. Für eine quantitative Bewertung wird eine über 50 %-ige Beschäftigung für den Drittmittelzweck angenommen.[621] Wichtig ist, dass die Tätigkeit für das Drittmittelprojekt die befristete Beschäftigung wesentlich prägt.[622]

cc) Vereinbarkeit mit Europarecht

Die europarechtlichen Vorgaben der Richtlinie 1999/70/EG zum Befristungsrecht haben zum Ziel, Missbräuche durch aufeinander folgende befristete Arbeitsverhältnisse zu verhindern.[623] Daher schreiben sie neben einem sachlichen Grund weiter eine maximal zulässige Gesamtlaufzeit bzw. die maximal zulässigen Verlängerungsmöglichkeiten vor, § 5 Nr. 1 der Anlage zu dieser Richtlinie. Die im WissZeitG getroffenen Regelungen, die es ermöglichen, drittmittelfinanzierte Arbeitsverhältnisse zu verlängern, werden allerdings im Zusammenhang mit der entsprechenden Entscheidung des EuGH[624] als sachlich hinreichende Rechtfertigung für die möglichen jeweiligen Verlängerungen angesehen.[625]

---

619 *Haug* Rn 507; **a.A.** *Epping/Lenz* in: Die Verwaltung 2008, 155/186-190.

620 *Löwisch* in: NZA 2007, 479/482.

621 BT-Drucks. 16/3438, S. 14; nach früherer Rechtsprechung sollten diese Kräfte aber nur zu einem geringen Teil aus Haushaltsmitteln finanziert werden, um den Drittmittelzweck nicht zu gefährden, vgl. BAG v. 31.1.1990, in: ZTR 1990, 526, BAG v. 22.11.1995, in: NZA 1996, 1092; EK/*Müller-Glöge* § 2 WissZeitG Rn 10.

622 Vgl. BAG v. 15.4.1999, in: NZA 2000, 93; BAG v. 22.11.1995, in: NZA 1996, 1092 zum früheren § 57 b Abs. 2 Nr. 4 HSRG

623 *Löwisch* in: NZA 2007, 479/482.

624 EuGH v. 4.7.2006, in: NJW 2006, 2465.

625 *Löwisch* in: NZA 2007, 479/482; im Ergebnis auch *Räder/Steinheimer* in: Der Personalrat 2007, 328/331 f.

d) Prolongation durch Betreuungsaufgaben

Ein weiterer Weg der Prolongation von befristeten Arbeitsverhältnissen im Wissenschaftsbetrieb geht das WissZeitG, in dem man Kinderbetreuungs- und andere Zeiten auf die Zeitdauer von Befristungen anrechnen kann. Nach § 2 Abs. 5 Nr. 1 WissZeitG lässt sich z.B. die Laufzeit von befristeten Verträgen im Einverständnis mit den Betroffenen um die Zeit verlängern, die für eine Beurlaubung wegen Kinderbetreuung oder der Betreuung pflegebedürftiger Angehöriger anfällt. § 2 Abs. 5 S. 3 WissZeitG sieht eine Obergrenze von in der Regel zwei Jahre vor.

Statt einer vollständigen Beurlaubung ist auch die Ermäßigung der Arbeitszeit um mindestens 1/5 berücksichtigungsfähig. Die Inanspruchnahme von Elternzeit ist nicht zwingend erforderlich, aber auch diese Zeiten wie auch die Zeit des Mutterschutzes sind berücksichtigungsfähig, § 2 Abs. 5 Nr. 3 WissZeitG. Ebenso wenig muss es sich um ein leibliches Kind, oder ein Kind, für das die Betroffenen das Sorgerecht haben, handeln. Es reicht, wenn man häuslicher Gemeinschaft lebt.[626]

Als eine weitere familienfreundliche Komponente ist der § 2 Abs. 1 S. 3 WissZeitG gedacht, wonach sich der befristete Arbeitsvertrag wegen der Betreuung von Kindern unter 18 Jahren jedes Kind um zwei weitere Jahre verlängert. Ob sich Nachwuchswissenschaftler durch die im WissZeitG vorgesehenen langfristigen Verlängerungen befristeter Arbeitsverträge durch diese Regelung zu Familiengründungen bewegen lassen, bleibt abzuwarten.

Bei der Entscheidung über entsprechende Verlängerungen hat die Hochschulleitung allerdings keinen Entscheidungsspielraum. § 2 Abs. 1 S. 3, Abs. 5 WissZeitG sehen nämlich die Verlängerung solcher befristeten Arbeitsverhältnisse einfach vor, sofern die Betroffenen damit einverstanden sind.

e) Studentische Hilfskräfte

Studentische Hilfskräfte, die Hiwis, sind im Hauptberuf Studenten. Das sollten sie auch bleiben. Wichtig für die Studierenden ist bei diesen Verhältnissen die Gelegenheit, direkten Kontakt zum Professor zu bekommen und erste Erfahrungen mit wissenschaftlicher Forschung zu machen.

Wie sind die zusätzlichen Beschäftigungszeiten eines befristeten Vertrages, die vor dem Abschluss des Studiums liegen, bei der Berechnung der Beschäftigungshöchstdauer einzuordnen? Diese früheren Beschäftigungszeiten als studentische Hilfskraft sind hier unschädlich, § 2 Abs. 3 S. 3 WissZeitG, d.h., sie werden auf die sechsjährige Maximalbefristung nicht mit angerechnet.

Die europarechtlichen Vorgaben der Richtlinie 1999/70/EG schreiben hier allerdings neben einem sachlichen Grund weiter eine maximal zulässige Gesamtlaufzeit

---

626 *Löwisch* in: NZA 2007, 479/483.

bzw. die maximal zulässigen Verlängerungsmöglichkeiten vor, § 5 Nr. 1 der Anlage zu dieser Richtlinie. Davon ist in § 2 Abs. 3 S. 3 WissZeitG im Wortsinne nicht die Rede. Insofern wird eine richtlinienkonforme Auslegung dieser Vorschrift dahingehend erforderlich, dass für die Zeiten vor dem Abschluss eines Studiums gleichfalls eine maximale Laufzeit von seinerseits sechs Jahren möglich ist.[627] Das wird in der Praxis angesichts der nun weitgehend eingeführten Bachelor-Studiengänge kaum eine Rolle spielen. Allerdings ist es nach der Einführung von gestuften Bachelor/Master-Studiengängen auch möglich, den Master-Abschluss als Abschluss im Sinne des § 2 Abs. 3 S. 3 WissZeitG zu verstehen.[628] Damit wird auch die Zeit als studentische Hilfskraft während des Master-Studiums nicht angerechnet. Theoretisch ergibt sich daraus also eine Dreiteilung von Befristungsmöglichkeiten: sechs Jahre vor dem Abschluss eines Studiums, sechs Jahre vor und sechs Jahre (bzw. neun für Mediziner) nach einer Promotion.

Und noch eine weitere Alternative ist in diesem Zusammenhang zu erwähnen, um vor dem Abschluss des Studiums geleistete, befristete Arbeit nicht anzurechnen. Die meisten studentischen Hilfskräfte arbeiten in der Regel in Teilzeit nur für 40 Stunden im Monat, also nur ¼ der regelmäßigen Arbeitszeit. Diese Beschäftigungszeiten sind außerdem noch gemäß § 2 Abs. 3 S. 1 WissZeitG bei der Berechnung der Höchstlaufzeit außen vor zu lassen.

Wer also als studentische Hilfskraft per Vertrag 40 Stunden im Monat arbeitet und dafür 300–400,– € erhält, für den bestehen prinzipiell die gleichen Probleme prekärer Natur, wie für andere Nebenjobs, auch wenn das teilweise kritisch gesehen wird.[629] Allerdings ist in diesen Fällen in der Regel ein Korrektivkriterium zu berücksichtigen. Denn es ist davon auszugehen, dass diese Studierenden ganz andere, positivere Zukunftsperspektiven haben, die ihre Situation grundsätzlich in einem wärmeren Licht erscheinen lassen.

2. Tarifsperre

Die Regelungen im WissZeitG nehmen insofern für sich eine Sonderstellung ein, als von ihnen gemäß seines § 1 Abs. 1 S. 2, 3 nicht abgewichen werden darf. Das betrifft auch Abweichungen durch Tarifverträge. Diese Regelung verstieße nicht gegen Art. 9 Abs. 3 GG, da insofern die Abwägung der Koalitionsfreiheit mit der Wissenschaftsfreiheit gemäß Art. 5 Abs. 3 GG zugunsten der Forschung und Lehre ausfiele.[630] Lediglich für bestimmte Fachrichtungen und einzelne Forschungsbereiche gibt es Möglichkeiten, tarifvertraglich von einzelnen Fristen und Verlän-

627 *Haratsch/Holljesiefken* in: NZA 2008, 207/211.

628 *Kortstock* in: ZTR 2007, 350/4.

629 *Adomeit* FS Kissel, 1, 3; vgl. zu geringfügiger Beschäftigung auch von Studierenden 2. Kap. § 5 III 2.

630 *Löwisch* in: NZA 2007, 479/480 mit Verweis auf BVerfG v. 24.4.1996, in: NZA 1996, 1157; *Räder/Steinheimer* in: Der Personalrat 2007, 328/331.

gerungsmöglichkeiten von Arbeitsverträgen des § 2 Abs. 1 WissZeitG abzuweichen.[631] Solche sind allerdings nicht ersichtlich, so dass diesen Ausnahmen keine praktische Bedeutung zukommt.

Auch ein Verstoß gegen Art. 12 Abs. 1 GG ist zu verneinen, da trotz der weitreichenden Befristungsmöglichkeiten nach dem WissZeitG die Betroffenen nicht völlig schutzlos stellt. Hierzu wird insbesondere auf das AGG verwiesen.[632] Es ist allerdings zu fragen, ob ein Grundrecht erst dann in der Abwägung entscheidend berücksichtigt werden kann, wenn ein betroffener Arbeitnehmer durch die Regelung ansonsten völlig schutzlos würde. Natürlich ist das AGG auch in diesem Zusammenhang anwendbar. Aber hier wird es als Bollwerk dagegen benutzt, dass Art. 12 Abs. 1 GG überhaupt ernsthaft in Erwägung gezogen wird.

Wo allerdings das Argument der Wissenschaftsfreiheit keinesfalls greift, ist der gesamte Bereich des nicht-künstlerischen bzw. des nicht-wissenschaftlichen Personals. Für diese Beschäftigungsgruppe muss der TVöD bzw. der TV-L weiter anwendbar bleiben.[633] Aus welchen sachlichen Gründen allerdings Befristungsregeln für das nicht-künstlerische bzw. nicht wissenschaftliche Personal im WissZeitG geregelt sind, statt sich bei diesen befristeten Beschäftigungsverhältnisse auf das sachlich viel näher liegenden TzBefrG zu beschränken, erschließt sich einem Beobachter nicht. Dann käme man nämlich mit Blick auf den § 14 Abs. 2 S. 2 Nr. 7 TzBefrG zu dem Schluss, dass die dort mögliche Befristung wegen befristeter Haushaltsmittel gerade ohne eine entsprechende Tarifsperre existiert.[634]

3. Fazit

Im Ergebnis erleichtert das WissZeitG den Abschluss befristeter Arbeitsverträge im Wissenschaftsbereich erheblich. Die Neuerungen im wissenschaftlichen Arbeitsrecht führen zu Tendenzen, die einerseits positiv gewertet werden. So wird eine höhere Fluktuation der wissenschaftlichen Nachwuchskräfte mit einer höheren Produktivität in Verbindung gebracht.[635] Ob die erhöhte Fluktuation aber immer ein Vorteil in Forschung und Lehre darstellt, lässt sich allerdings bezweifeln.

Von der Arbeitsituation der Betroffenen wird mittlerweile davon ausgegangen, dass ¾ der an staatlichen Hochschulen Beschäftigten befristete Verträge haben, Neueinstellungen heute so gut wie immer nur noch befristet erfolgen.[636] Die in § 1 Abs. 2

---

631 *Löwisch* in: NZA 2007, 470/48,1 hält dies für eine Kompetenzüberschreitung des Bundesgesetzgebers.

632 *Löwisch* in: NZA 2007, 479/483.

633 *Kortstock* in: ZTR 2007, 350/1; *Räder/Steinheimer* in: Der Personalrat 2007, 328/331.

634 *Kortstock* in: ZTR 2007, 350/1.

635 So der Prorektor der Universität Leipzig, *Prof. Wolfgang Fach*, nach http://www.dradio.de/dlf/sendungen/campus/722789 vom 11.1.2008.

636 Vgl. Sendung „Darunter leidet die Qualität der Lehre", http://www.dradio.de/dlf/sendungen/campus/777109 vom 28.4.2008; vgl. auch *Räder* in: Der Personalrat 2007, 328/332.

ausgesprochene Befugnis, im Wissenschaftsbereich auch unbefristete Verträge abschließen zu können, wirkt vor dem Hintergrund dieser Zahlen fast zynisch. Damit wird im Hochschulbereich der Grundsatz des Regel- (unbefristeter Vertrag)/ Ausnahme (befristeter Vertrag)-Schemas auf den Kopf gestellt. Es ist festzuhalten, dass im Hochschulbereich mittlerweile der befristete Vertrag der Normalfall ist. Die Befristungsmöglichkeiten des WissZeitG auch auf das nichtkünstlerische oder nicht-wissenschaftliche Personal auszudehnen, verschärft die extremen Befristungsmöglichkeiten über das Wissenschaftspersonal hinaus. Die vom Gesetzgeber hierzu angegebene Begründung, Hemmungen im Bereich von Hochschule und Wissenschaft abzubauen,[637] lässt sich dabei im Prinzip auf jeden Beschäftigungsbereich auch in der Wirtschaft anwenden. Eine Ausdehnung dieser Art von Befristungsrecht über die Wissenschaft und Forschung hinaus dürfte daher wahrscheinlich sein.

Hinzu kommt eine Praxis, die sicherlich einen zusätzlichen Aspekt zur wissenschaftlichen Prekarisierung aufweist: Es wird beklagt, dass Nachwuchskräfte nur halbe Stellen (natürlich befristet) erhalten, aber Vollzeit arbeiten. Derartige Gestaltungen führen natürlich schon allein auf Grund der Ungleichgewichtung von Arbeitsleistung und Entgelt zu einer Prekarisierung, da die Betroffenen häufig nur mittels ihrer Lebensgefährten oder anderweitigen Sozialtransfers leben können.[638]

IV. Zusammenfassung für Tendenzunternehmen

Die Ergebnisse für die Beschäftigung in Tendenzbetrieben, Kirchen und Hochschulen geben ein differenziertes Bild, obwohl die Punktzahlen insgesamt auf ein relativ hohes Niveau kommen:

Tabelle 4: Prekariatskriterien für tendenzbezogene Beschäftigungen

Kriterien (Max. Punkte)	**Tendenzträger im Tendenzbetrieb**	**Kirchen-Angestellte**	**Hochschulen und WissZeitG**
Vollzeit? (10 P.)	X 10	X 10	X 10
Angemessene Entlohnung? (10 P.)	X 10	X 10	X 10
Sozialversichert? (10 P.)	X 10	X 10	X 10
Unbefristet? (15 P.)	X 15	O 7,5	–
Betriebliche Integration? (10 P.)	X 10	X 10	X 10
Gilt KSchG? (10 P.)	O 5	O 5[639]	–[640]

637 Vgl. BT-Drucks. 16/3438.

638 Vgl. den Bericht „Immer mehr Akademiker können von ihren Hochschulstellen nicht leben", http://wwwdradio.de/dlf/sendungen/campus/722189 (11.1.2008); ebenso *Dörre/Neis* „Geduldige Prekarier", http://www.academics.de/portal/action/popup/print?nav=31002 (23.10.08).

639 Betrifft die aus den von der h.M. überspannten Loyalitätspflichten resultierende Kündigungsmöglichkeiten für Tendenzbetriebe und Kirchen.

640 Wegen regelmäßiger Einstellung auf befristeter Basis.

Kriterien (Max. Punkte)	**Tendenzträger im Tendenzbetrieb**	**Kirchen-Angestellte**	**Hochschulen und WissZeitG**
Tarifstandards? (7 P.)	X 7	O 3,5[641]	O 3,5[642]
Gleich-/Regelmäßige Arbeitszeit? (7 P.)	X 7	X 7	X 7
BR-Vertretung? (7 P.)	O 3,5	O 3,5	X 7
Entgeltschutz? (5 P.)	X 5	X 5	X 5
Besonderer Diskriminierungsschutz? (5 P.)	O 2,5	–	X 5
Haftungs-privilegierung? (2 P.)	X 2	X 2	X 2
ArbG zuständig? (2 P.)	X 2	X 2	X 2
Gesamtpunktzahl (Max. Punktzahl: 100)	**89**	**85,5**	**71,5**
Anzahl der Kriterien erfüllt/ teilweise erfüllt/ nicht erfüllt	**10** **3** **0**	**8** **4** **1**	**10** **1** **2**

Für Arbeitsverhältnisse in Tendenzunternehmen ergibt sich in der Übersicht nur ein leicht geringerer Schutz als für Normarbeitsverhältnissen. Bei Tendenz- oder kirchlichen Arbeitsverhältnissen kann aber trotzdem noch ein beachtliches Sicherheitsniveau festgestellt werden. Selbstverständlich müssen diese Kriterien individuell zugeordnet werden, je nach Ausgestaltung des einzelnen Arbeitsverhältnisses. Hat ein kirchlicher Angestellter oder Tendenzträger etwa nur einen befristeten Vertrag und/oder arbeitet er nur auf einer Teilzeitstelle, verringern sich auch entsprechend die Anzahl der erfüllten Kriterien für ein Normarbeitsverhältnis.

Kritischer ist die Entwicklung im Hochschulbereich einzustufen, da sich Befristungen hier viel öfter hintereinander schalten lassen als nach dem TzBefrG möglich ist. Für die betroffenen Angestellten bedeutet das eine langfristige erhöhte Unsicherheit. Insofern wird die nachfolgend aufgezeigte Punktzahl der Tabelle für diesen Beschäftigungstyp ein zu optimistisches Bild wiedergeben.

---

641 Trotz der Übernahme von Tarifverträgen des öffentlichen Dienstes fehlt es hier an Koalitionen.

642 Betrifft die mögliche Schlechterstellung durch Tarifverträge.

§ 4 „Flucht aus dem Arbeitsrecht?“

„Flucht“ klingt natürlich sehr dramatisch. Dennoch gibt es so etwas wie einen durchaus flächendeckenden Versuch, dem Arbeitsrecht so weit wie möglich zu entgehen – z.B. wird hier das Kündigungsrecht des KSchG genannt.[643] Auch wenn die nachfolgenden Ausführungen das Arbeitsrecht nicht verlassen – das TzBefrG ist natürlich eines seiner Bestandteile – so ist die Entscheidung für die nachfolgenden Gestaltungen doch stark davon geprägt, sich als Arbeitgeber weitestgehende Flexibilität zu ermöglichen, was nur auf Kosten des Bestandsschutz der Arbeitnehmer geht.

I. Befristete Arbeitsverhältnisse

1. Einführung

Ursprünglich waren befristete Arbeitsverträge der vom BGB-Gesetzgeber vorgesehene Regelfall, wie sich aus § 620 Abs. 1 BGB erschließen lässt. Erst die Rechtsprechung des Bundesarbeitsgerichts drehte dieses Regel-Ausnahme-Schema herum, wenn auch mit teilweise wechselnder Tendenz und Begründung. Es prüfte die sachliche Berechtigung von befristeten Arbeitsverträgen, insbesondere die so genannten „Kettenarbeitsverhältnisse“,[644] ob sich im Einzelfall daraus eine Umgehung des Kündigungsschutzes und damit ihre Unwirksamkeit der Befristung ableiten ließe.

Rechtsgrundlage für befristete Arbeitsverhältnisse ist nunmehr gemäß § 620 Abs. 3 BGB das Gesetz über Teilzeitarbeit und befristete Arbeitsverhältnisse, TzBefrG, das seit 2001 gilt und das Beschäftigungsförderungsgesetz von 1985 ersetzte. Das seinerzeit neue TzBefrG wurde zur Umsetzung der Richtlinie 1999/70/EG des Rates vom 28.6.1999 erforderlich.[645] Die Befristung von Arbeitsverträgen in zulässiger Weise zu gestalten, ist wichtig, da rechtsunwirksame Befristungen dazu führen, dass das Arbeitsverhältnis als unbefristet abgeschlossen gilt, § 16 TzBefrG.

---

643 *Suchy/Sinn* 151/3 ff.

644 Vor Inkrafttreten des BSchFG noch BAG v. 3.10.1984, in: DB 1985, 2152.

645 ABl. EG 1999 Nr. l 175, 43.

Die besonderen Regeln für befristete Arbeitsverträge im Hochschul- und Wissenschaftsbereich werden an anderer Stelle behandelt.[646]

a) Statistische Anzahl

Arbeitgeber stellen Mitarbeiter befristet ein, weil zum einen betriebliche Gründe existieren, z.B. weil nur vorübergehender Bedarf besteht, oder eine Vertretung für einen erkrankten Mitarbeiter gebraucht wird. Daneben wird aber als Motiv auch klar angeführt, dass befristete Verträge bei ihrem Ende keinen Kündigungsschutz genießen und damit keinen Kündigungsschutzprozess mit evtl. Abfindungen befürchten lassen.

Befristet Beschäftigte haben als atypische Beschäftigungsform den größten Anteil an der Gesamtzahl der Beschäftigten. Für das Jahr 2003 waren 4,1 Mio Arbeitnehmer befristet beschäftigt, gegenüber ca. 25 Mio Vollzeitbeschäftigten.[647] Auffallend ist die steigende Tendenz dieser Zahlen: 1990 waren noch lediglich 6 % der Gesamtbeschäftigung befristet beschäftigt, 2001 lag der Anteil noch unter 10 %, 2003 waren es dann 13 %.[648] Damit verbunden ist ein Bewußtseinswandel zu dieser Beschäftigungsform. Wurden Befristungen früher hauptsächlich für Probezeiten benutzt, werden sie heute in alle Alters- und Beschäftigungsschichten ausgeweitet.[649]

Befristete Arbeitsverhältnisse betreffen allerdings vor allem viele junge Menschen: 2003 wurde für Nordrhein-Westfalen festgestellt, dass mehr als die Hälfte aller Erwerbstätigen unter 24 Jahren nur einen befristeten Arbeitsvertrag hatten. Laut dem Statistischen Bundesamt waren im Jahre 2004 40 % der Erwerbstätigen unter 20 Jahre befristet beschäftigt. In der Altersgruppe zwischen 20–24-jährigen waren es 29 %, und bei den 25–29-jährigen immerhin noch 16 %.[650]

b) Schriftform

§ 14 Abs. 4 TzBefrG sieht die Schriftform für nach dem 1. 1. 2001 eingegangene Befristungsabreden (wie auch für aufschiebende Bedingungen, § 21 TzBefrG) zwingend vor. Auch befristete Vertragsverlängerungen werden von dem Schrift-

---

646 Vgl. 2. Kap. § 3 III

647 *Körner* 12; das Statistische Bundesamt gibt immerhin eine Zahl von 2,7 Mio befristete Beschäftigten für 2007 an, vgl. FAZ v. 10.9.2008, „Mehr Beschäftigte durch Teilzeit und Zeitarbeit".

648 http://www.destatis.dejetspeed/portal/cms/Sites/destatis/Internet/DE/Presse/pm/2004/11/PD04—484—133.psml; diese Statistik zeigt auch, dass in Spanien fast ein Drittel der Beschäftigten (30,6 %) befristet beschäftigt werden, während in Estland gerade 3 % der Beschäftigten eine befristete Beschäftigung haben.

649 *Körner* 12; zu befristeten Verträgen nach dem WissZeitG s. 2. Kap. § 3 III.

650 Pressemitteilung des Statistischen Bundesamts Nr. 193 vom 26.4.2005.

formerfordernis erfasst.[651] Erfolgt die Befristung durch eine Zweckbestimmung, muss auch diese schriftlich abgefasst werden.[652]

Eine immer wiederkehrende Problematik entsteht dann, wenn die Parteien sich zunächst nur mündlich auf einen befristeten Arbeitsvertrag geeinigt haben und dies erst nachträglich, also nach Arbeitsaufnahme, schriftlich dokumentiert werden soll. Heilt das nachträgliche schriftliche Abfassen der Befristung den Formmangel bei der Arbeitsaufnahme? Das ist nach dem Bundesarbeitsgericht nicht der Fall.[653] Dem ist zuzustimmen. Denn der befristete Vertrag ist bereits als eine Schlechterstellung zum unbefristet angestellten Arbeitnehmer anzusehen, also als eine Ausnahme von dieser Regel. Diese ist jedoch eng auszulegen.[654] Auch aus dem Schutzgedanken zugunsten des Arbeitnehmers heraus, genau wissen zu wollen, worauf er sich einlässt, ist die strenge Einhaltung der Schriftform zu fordern.

Sind bei dem Arbeitsvertrag Anlagen hierzu vorgesehen, so sind diese mit dem Arbeitsvertrag zu verbinden. Bei in Bezug genommenen Tarifverträgen können die entsprechenden Passagen auch in den Text des Arbeitsvertrages mit aufgenommen werden.[655] Erleichterungen sind im Gesetz nicht vorgesehen, so dass eine gegenteilige Ansicht, aus Bürokratisierungsgründen die reine Bezugnahme ausreichen zu lassen,[656] keinerlei Stütze im Gesetz findet. Anderenfalls hätte der Gesetzgeber z.B. die Möglichkeit gehabt, insofern auf das NachweisG zu verweisen.

2. Zweckbestimmung und auflösend bedingte Arbeitsverhältnisse

Befristungen können als zeitliche Befristungen nach dem Kalender, aber auch als Zweckbestimmungen vereinbart werden, § 3 Abs. 1 S. 2, 1. und 2. Alt. TzBefrG.

Bei einer Zweckbestimmung handelt es sich um den Eintritt eines Ereignisses, das die Parteien als Ende des Arbeitsvertrages vorsehen. Dass dieses Ereignis eintritt, sehen die Parteien dabei als gewiss an, nur der Zeitpunkt, zu dem es eintreten wird, ist z. Zt. des Vertragsschlusses ungewiss.

Es drängt sich der Vergleich zur auflösenden Bedingung im Sinne des § 158 Abs. 2 BGB auf. Hier ist das als Ende eines Vertrages vorgesehene Ereignis ebenfalls ungewiss. Wann das eine oder das andere vorliegt, kann im Zweifel fraglich sein. Zu denken ist an den Fall einer Krankheitsvertretung, bei dem die Genesung des vertretenen Arbeitnehmers auch prognostiziert werden kann, jedoch eine absolute

---

651 Küttner/*Kania* „Befristetes Arbeitsverhältnis“ Rn 8.

652 BAG v. 1.12.2004, in: NZA 2005, 575; BAG v. 21.12.2005, in: NZA 2006, 321.

653 BAG v. 1.12.2004, in: NZA 2005, 575; BAG v. 16.3.2005, in: NZA 2005, 923; **a.A.** sind *Nadler/v. Medem* in: NZA 2005, 1214.

654 BayObLG v. 9.2.2000, in: NJW 2000, 1875; vgl. *Rüthers* Rn 771; **a.A.** Palandt/*Heinrichs* Vor § 1 Rn 53.

655 *Gussone* in: AuR 2005, 104 f.

656 *Dörner* Rn 62; ebenso Preis/*Tenbrock* 633, der sich auf die „Entstehungsgeschichte“ dieser Vorschrift beruft, ohne hierzu einen Beleg zu nennen.

Sicherheit hierfür nicht gegeben ist. Das Bundesarbeitsgericht stellt auf den Grad der Unsicherheit ab. Dabei kommt es im Zweifel auf die Sichtweise des Arbeitgebers an.[657]

Insofern ist auch der in zahlreichen Arbeitsverträgen vorgesehene Beendigungstatbestand des Erreichens des Renteneintrittsalters eine Bedingung im Sinne des § 158 Abs. 2 BGB, weil ja zur Zeit des Abschlusses des Vertrages ungewiss ist, ob der Arbeitnehmer dieses Bedingung erfüllen wird.[658] Er kann ja vorher selbst kündigen oder gekündigt werden, oder auch vorzeitig versterben. Insofern ist die Annahme, hier liege eine Befristung vor,[659] irrig.

Auflösend bedingte Arbeitsverhältnisse sind gemäß § 21 TzBefrG den zweckbestimmten Befristungen weitgehend gleichgestellt. Daraus folgt, dass sie bei einer sachlichen Rechtfertigung zulässig sind. Wird dem Arbeitnehmer allerdings das wirtschaftliche Risiko des Arbeitgebers mit einer auflösenden Bedingung aufgebürdet,[660] wäre eine solche Bedingung als Umgehung des KSchG unzulässig. Gleiches gilt, wenn personen- oder verhaltensbedingte Gründe als Bedingung für eine Beendigung des Arbeitsverhältnisses in den Vertrag aufgenommen werden. Damit soll verhindert werden, dass z.B. der Eintritt einer Schwangerschaft unabhängig vom absoluten Kündigungsschutz des MSchG in Form einer auflösenden Bedingung zum Ende eines Arbeitsverhältnisses führt.[661]

Der Bestand des Arbeitsvertrages mag also nicht nur zu Beginn von der aufschiebenden Bedingung einer (ungewissen) Zustimmung des Betriebsrats zur Einstellung oder dem Ergebnis einer ärztlichen Eignungsuntersuchung abhängig sein. Auch das tatsächliche reale Interesse des Arbeitnehmers an einer auflösenden Bedingung kann hier bedeutsam sein.[662] Daher dürfte wegen der Zulässigkeit derartiger auflösender Bedingungen der Katalog des § 14 Abs. 1 TzBefrG herangezogen werden können.

Auch für Arbeitsverträge, die unter einer auflösenden Bedingung abgeschlossen werden, ist die Schriftform gemäß §§ 21, 14 Abs. 4 TzBefrG, wie auch die Auslauffrist des § 15 Abs. 2 TzBefrG maßgeblich. Die Klagefrist des § 17 TzBefrG ist dagegen nur für die Frage entscheidend, ob die im Einzelfall vereinbarte Bedingung tatsächlich zulässig ist. Diese Frist gilt nicht für die Frage, ob die Bedingung überhaupt eingetreten ist.[663]

---

657 BAG v. 24.9.1997, in: NZA 1998, 419; BAG v. 21.2.2001, in: NZA 2001, 1382

658 BAG v. 20.12.1984, in: AP Nr. 9 zu § 620 BGB Bedingung; BAG v. 20.11.1987, in: AP Nr. 2 zu § 620 BGB Altersgrenze.

659 EK/*Müller-Glöge* § 21 TzBefrG Rn 3; Preis/*Tenbrock* 631 unter Berufung auf BAG v. 19.11.2003, Az.: 7 AZR 296/03.

660 BAG v. 2.7.2003, in: NZA 2004, 311.

661 Vgl. Küttner/*Kania* „Befristetes Arbeitsverhältnis“ Rn 7.

662 BAG 4.12.2002, in: NZA 2003, 611.

663 BAG v. 23.6.2004, in: NZA 2005, 520.

3. Befristungen mit sachlichem Grund

Neben der Möglichkeit einer als auflösenden Bedingung vereinbarten Zweckbestimmung ist es möglich, einen Arbeitsvertrag wegen eines sachlichen Grundes zeitlich zu befristen, § 14 Abs. 1 TzBefrG. Die frühere Rechtsprechung bis 2000, die befristete Arbeitsverträge wegen der Gefahr der Umgehung des Kündigungsschutzes nur als Ausnahme zuließ, hat bei der Abfassung dieser Vorschrift Pate gestanden[664] und kann insofern für die Beurteilung von Einzelfällen nach wie vor herangezogen werden. Das TzBefrG gilt auch für die Fälle, in denen das KSchG nicht anwendbar ist, also bei Kleinbetrieben oder während der ersten sechs Monate des Arbeitsverhältnisses.[665]

Der sachliche Befristungsgrund muss zu Beginn des Arbeitsverhältnisses vorliegen[666] und muss im Arbeitsvertrag benannt werden.[667] Ein bloßer Bezug zu den Gründen des § 14 Abs. 1 S. 1 Nr. 1 bis 8 TzBefrG reicht ebenso wenig aus wie die Angabe als „Aushilfsvertrag“.[668] Das Bundesarbeitsgericht legt zu Recht Wert auf eine nachprüfbare Festlegung, warum ein Arbeitsverhältnis befristet wird.[669] Insofern ist die Empfehlung, den Befristungsgrund zu Beweiszwecken in einen Aktenvermerk in der Personalakte zu dokumentieren,[670] unzureichend. Denn § 14 Abs. 4 TzBefrG schreibt gerade vor, dass dies durch den Arbeitsvertrag selbst zu geschehen hat.

§ 14 Abs. 1 S. 1 TzBefrG setzt lediglich einen sachlichen Grund für eine Befristung voraus. Die Einzelfälle der Nr. 1 bis 8 im zweiten Satz dieser Vorschrift haben insofern nur exemplarischen Charakter für einen sachlichen Grund, wie sich aus dem Wort „insbesondere“ entnehmen lässt.[671]

Liegt ein sachlicher Grund für einen befristeten Arbeitsvertrag vor, ist dieser nicht an eine bestimmte Dauer gebunden.[672] Die Laufzeit des Arbeitsverhältnisses kann, wenn die Dauer des sachlichen Grundes zu dessen Beginn noch nicht absehbar ist, kürzer befristet werden.[673] Wesentlich ist jedoch, dass diese Umstände zu Beginn des Arbeitsverhältnisses vorliegen; später eintretende Umstände sind insofern bedeutungslos.[674]

---

664 GS des BAG v. 12. 10. 1960, in: NJW 1961, 798.
665 BAG v. 6.11.2003, NZA 2005, 218; *Körner* 24.
666 Küttner/*Kania* „Befristetes Arbeitsverhältnis“ Rn 22.
667 Küttner/*Kania* „Befristetes Arbeitsverhältnis“, Rn 24.
668 BAG v. 5.6.2002 NZA 2003, 150; BAG v. 4.12.2002, in: NZA 2003, 916.
669 BAG v. 15.2.2006, NZA 2006, 781.
670 Küttner/*Kania* „Befristetes Arbeitsverhältnis“, Rn 24 a.E.
671 *Körner* 23.
672 Vgl. BAG v. 6.12.2000, in: NZA 2001, 721 f.
673 BAG v. 22.11.1995, in: BB 1996, 1615.
674 BAG v. 31. 10. 1974, in: DB 1975, 842.

4. Befristungen ohne sachlichen Grund

§ 14 Abs. 2 TzBefrG ersetzt die schon mit dem § 1 Abs. 1 BeschFG 1985 möglichen zweijährigen Befristungen, ohne dass hierfür Sachgründe vorhanden sein müssen. Auch heute dürfen sachgrundlose Befristungen für maximal zwei Jahre vereinbart werden. Innerhalb dieses Zeitraums können diese Arbeitsverhältnisse höchstens dreimalig nacheinander verlängert werden.

Diese Befristungen müssen kalendermäßig bestimmbar sein. Fehlt es an einer genauen Bestimmbarkeit des Endzeitpunktes, weil z.B. nur eine ca.-Angabe gemacht wird, ist die Befristung unwirksam und es liegt ein unbefristeter Arbeitsvertrag vor, § 16 TzBefrG.[675] Der Arbeitsvertrag muss nicht ausdrücklich auf die Regelung des § 14 Abs. 2 TzBefrG verweisen, es reicht aus, wenn dessen Voraussetzungen objektiv vorliegen.[676]

a) Befristete Neueinstellung früherer Mitarbeiter

Zu dieser maximalen zweijährigen Befristungszeit werden alle früheren Beschäftigungszeiten als Arbeitnehmer bei diesem Arbeitgeber zusammen gezählt. Daher ist in der Praxis die befristete Neueinstellung eines früher schon im Unternehmen tätigen Mitarbeiters problematisch. Denn das TzBefrG nennt keine Zeiträume, ab wann lang zurückliegende Beschäftigungszeiten eines Bewerbers im gleichen Unternehmen für das neue befristete Arbeitsverhältnis nicht mehr mit zu zählen sind, § 14 Abs. 2 S. 2 TzBefrG.

Insofern sind auch möglicherweise zeitlich weit zurückliegende Aushilfstätigkeiten eines Bewerbers zu berücksichtigen.[677] Daraus folgt, dass auch zurückliegende Praktika außerhalb eines Studiums[678] zu einer früheren, mitzurechnenden Tätigkeit gehören. Das Gleiche gilt für Werkstudenten.[679] Für eine teilweise vorgeschlagene teleologische Reduktion[680] ist angesichts des klaren Gesetzeswortlauts kein Raum. Hier hilft nur die vor einer Einstellung vorgenommene und standardisierte Befragung des Bewerbers durch einen entsprechenden üblichen Fragebogen.[681]

Unberücksichtigt bei der Berechnung früherer Beschäftigungszeiten bleiben allerdings frühere Tätigkeiten als z.B. freier Mitarbeiter, da es hier an einer Arbeitneh-

---

675 Küttner/*Kania* „Befristetes Arbeitsverhältnis" Rn 4.

676 BAG v. 4.12.2002, in: NZA 2003, 916.

677 BAG v. 6.11.2003, in: NZA 2005, 218.

678 Vgl. 2. Kap. § 2 I 2 c) ee); § 4 IV; vgl. BAG v. 18.11.1999, in: AP Nr. 11 zu § 1 KSchG Wartezeit; Schaub/*Koch* § 39 Rn 12.

679 Vgl. 2. Kap., § 2 III.

680 *Löwisch* in: BB 2001, 254; *Bauer* in: BB 2001, 2473/5.

681 Küttner/*Kania* „Befristetes Arbeitsverhältnis" Rn 10; eine falsche Auskunft soll zu einem Anfechtungsgrund gemäß § 123 BGB zugunsten des Arbeitgebers führen, vgl. Regierungsentwurf BT-Drucksache 14/4374, 19; Schaub/*Koch* § 39 Rn 13.

mereigenschaft fehlt.[682] Das Gleiche gilt für frühere Beschäftigungen im Betrieb des Arbeitgebers als Leiharbeitnehmer.[683] Auch Ausbildungsverhältnisse sollen nicht zu den anrechenbaren, früheren Tätigkeiten gehören.[684] Daraus folgt, dass Auszubildende, Volontäre, Umschüler oder Praktikanten, die ihr Praktikum als Bestandteil ihres Studiums absolvieren, sich nicht auf dieses Anschlussverbot des § 14 Abs. 2 S. 2 TzBefrG berufen können.[685]

Auch Beschäftigungszeiten bei einem Rechtsvorgänger, etwa auf Grund einer Umwandlung im Sinne des UmwG oder im Falle eines Betriebsübergangs, sind nicht mit zu rechnen. Hier liegt zwar eine Rechtsnachfolge vor, aber eben nicht die vom Gesetz geforderte rechtliche Identität des Arbeitgebers.[686]

Eine sachgrundlose, nur kalendermäßig bestimmte Befristung eines Arbeitsvertrages ist also nicht mehr möglich, wenn zuvor bereits ein mit einem Sachgrund befristetes Arbeitsverhältnis bestand. Umgekehrt ist es aber denkbar, dass sich ein neues zeitlich befristetes Arbeitsverhältnis an eines mit einem Sachgrund befristetes anschließt.[687] Voraussetzung ist hier jedoch auch die Einhaltung der Zwei-Jahres-Frist.

b) Neugründungen

2004 wurde in den § 14 TzBefrG ein neuer Absatz 2 a) eingefügt, der bei neu gegründeten Unternehmen sachgrundlos befristete Arbeitverhältnisse bis zu einer Dauer von vier Jahren zulässt. Damit soll in der Gründungsphase eines Unternehmens die Einstellung von Personal erleichtert werden.[688] § 14 Abs. 2 a TzBefrG enthält, anders als § 14 Abs. 2 TzBefrG, keine Höchstzahl mehrerer in dieser Zeit hintereinander geschalteter Verträge. Hier sind also mehr als drei Befristungen möglich. Für Befristungen mit einem Sachgrund bleibt es dagegen auch bei Neugründungen bei der Regelung des § 14 Abs. 1 TzBefrG.

Um ein neu gegründetes Unternehmen handelt es sich dann nicht, wenn ein bestehendes Unternehmen des Arbeitgebers im Sinne des UmwG in neu gegründete juristische Personen übertragen werden, § 14 Abs. 2 a S. 2 TzBefrG. Vielmehr muss eine Erwerbstätigkeit neu, d.h. erstmals aufgenommen werden, die gemäß § 138 AO dem Finanzamt bzw. der Gemeinde mitzuteilen ist. Diese Mitteilung ist auch der für den Fristbeginn maßgebliche Zeitpunkt, § 14 Abs. 2 a S. 3 TzBefrG.

---

682 *Körner* 25.
683 Küttner/*Kania* „Befristetes Arbeitsverhältnis“ Rn 10.
684 BT-Drucksache 14/4374, 20; BAG v. 15.1.2003, in: NZA 2003, 914.
685 EK/*Müller-Glöge* § 14 TzBefrG Rn 94.
686 Preis/*Tenbrock* 670.
687 Regierungsentwurf BT-Drucksache 14/4374, 14; *Körner* 25.
688 Dem entsprechen die Erleichterungen gemäß § 112 a Abs. 2 BetrVG bei der Entlassung von Mitarbeitern im Rahmen der vierjährigen Aufbauphase nach ihrer Gründung.

Diese wesentliche Erweiterung, befristete Arbeitsverträge mit Laufzeiten bis zu vier Jahren abzuschließen, ist eine wesentliche Schlechterstellung der Arbeitnehmer. Ob und inwiefern dadurch die Hoffnung auf vermehrte Einstellungen erfüllt ist, soweit ersichtlich, unbekannt. Eigentlich wird man nach einer zweijährigen Aufbauphase nicht mehr von einem neu gegründeten Unternehmen sprechen können, der Gesetzgeber hat die Zeit über die ersten zwei Jahre hinaus dennoch privilegieren wollen. Um den weitreichenden Charakter dieser Regelung dieser Vier-Jahres-Frist deutlich zu machen, sei auf folgendes Beispiel verwiesen: im Endeffekt kann noch eine solche vierjährige Befristung am letzten Tag vor dem Ablauf der vierjährigen Frist in einem Arbeitsvertrag vereinbart werden, mit dem Ergebnis, dass diese Privilegierung noch bis in das achte Jahr nach einer Unternehmensgründung reicht.[689] Die größte Gefahr für Neugründungen besteht in der Insolvenz in den ersten beiden Jahren.[690] Danach sinkt diese Gefahr erheblich. Insofern besteht für eine über die zwei Jahre hinausgehende Privilegierung derartiger neu gegründeter Unternehmen kein Bedarf.

Dazu ist außerdem zu vermerken, dass tarifvertraglich die gesetzliche Befristungsperiode sowohl verkürzt, aber eben auch verlängert werden kann, § 14 Abs. 2 a S. 4, Abs. 2 S. 2 bis 4 TzBefrG. Bei allem Verständnis für die Förderung von Neugründungen erscheint eine derart extensive Privilegierung doch weit über das Ziel hinaus zu gehen.

c) Befristete Arbeitsverträge für ältere Arbeitnehmer

Die sachgrundlose Befristung wird für eine weitere Zielgruppe durch § 14 Abs. 3 TzBefrG erheblich ausgeweitet. Nachdem zunächst mit älteren Arbeitnehmern ab der Vollendung des 58. Lebensjahres ohne Höchstgrenze befristete Arbeitsverträge abgeschlossen werden konnten, wurde diese Altersgrenze 2003 auf die Vollendung des 52. Lebensjahres herabgesetzt. Auch hier ist der Gesetzgeber deutlich über das Ziel, insbesondere älteren Arbeitslosen den Wiedereinstieg in das Berufsleben zu ermöglichen, hinausgegangen. Denn diese Regelung hätte bedeutet, dass Arbeitnehmer bis zu 15 Jahre ihres Arbeitslebens praktisch vom Kündigungsschutz hätten ausgeschlossen werden können.

Der Europäische Gerichtshof hat konsequenterweise diese Regelung wegen unzulässiger Altersdiskriminierung aufgehoben.[691] Die Bekämpfung der Altersarbeitslosigkeit sei zwar ein sachgerechtes Ziel, allerdings knüpfte die gesetzliche Regelung des § 14 Abs. 3 TzBefrG nicht an die Arbeitslosigkeit, sondern allein an das Alter an.

689 EK/*Müller-Glöge* § 14 TzBefrG Rn 105.

690 *Hommel/Knecht/Wohlenberg* 1224: 2004 entfielen 15,8 % der Insolvenzen auf bis zu zwei Jahre alte Unternehmen; statistisch sind über zehn Jahre alte Unternehmen mit einem Anteil von 33, 2 % wesentlich insolvenzanfälliger.

691 EuGH v. 22.11.2005, in: NZA 2005, 1345 („Mangold“-Fall).

Ab dem 1. 5. 2007 setzt der neu gefasste Abs. 3 des § 14 TzBefrG neben der Vollendung des 52. Lebensjahres daher auch eine vorhergehende, mindestens viermonatige Arbeitslosigkeit entsprechend § 119 SGB III voraus. Alternativ ist auch der Bezug von Transferkurzarbeitergeld oder die Teilnahme an einer öffentlich geförderten Beschäftigungsmaßnahme ausreichend, vgl. §§ 260 ff. SGB III. Auch ein so genannter Ein-Euro-Job gemäß § 16 Abs. 3 SGB II soll ausreichen.[692] Insofern drückt diese Neuregelung den politischen Willen nach erleichterter Einstellung älterer Arbeitsloser eher aus und nimmt die vorhergehende Arbeitslosigkeit als Kriterium für eine Ungleichbehandlung mit auf.[693] Dazu ist diese Befristungsmöglichkeit auf einen Zeitraum von fünf Jahren begrenzt, § 14 Abs. 3 S. 2 TzBefrG.

5. Einzelfälle

a) Nachträgliche Befristungen

Soll ein ursprünglich unbefristeter Arbeitsvertrag nachträglich befristet werden, ist dies nur möglich, wenn hierfür zur Zeit der Vertragsänderung ein entsprechender sachlicher Grund hinzugetreten ist.[694]

Hierbei sind Gestaltungen im Rahmen von Aufhebungsverträgen teilweise problematisch. Zwar einigen sich dabei die Parteien eines unbefristeten Arbeitsvertrages auf ein befristetes Ende des Vertragsverhältnisses; was aber geschieht, wenn der Arbeitgeber für eine Übergangszeit über die eigentliche Kündigungsfrist hinaus noch auf den später ausscheidenden Arbeitnehmer angewiesen ist? Eine Aufhebungsvereinbarung, die das Ende eines Arbeitsvertrages nach dem Zeitpunkt des eigentlichen Endes der Kündigungsfrist festlegt, wandelt das bisherige unbefristete Arbeitsverhältnis in ein befristetes um. Hierfür müsste ein sachlicher Grund vorliegen.[695]

Eine derartige Befristung sollte sicherheitshalber im Rahmen eines gerichtlichen Vergleichs abgeschlossen werden, so dass diese Befristung gemäß § 14 Abs. 1 S. 2 Nr. 8 TzBefrG gesetzlich gerechtfertigt ist. Ansonsten käme als sachlicher Grund gemäß § 14 Abs. 1 S. 2 Nr. 1 TzBefrG ein (noch) vorübergehender Bedarf in Frage, etwa um eine geordnete Übergabe oder die Abarbeitung von Restaufgaben sicherzustellen. Aus dem Wörtchen „insbesondere“ in § 14 Abs. 1 S.2 TzBefrG könnte man auch einen sonstigen Grund für eine derartige Befristung annehmen.[696]

---

692 Küttner/*Kania* „Befristetes Arbeitsverhältnis“, Rn 16; zu den Ein-Euro-Jobs s. 2. Kapitel § 5 IV.

693 Kritisch zur Europarechtskonformität *Bayreuther* in: BB 2007, 1113; *Kast/Herrmann* in: BB 2007, 1841.

694 BAG v. 26.8.1998, in: BB 1999, 424; **a.A.** LAG Berlin v. 14.2.1997, in: NZA-RR 1998, 4.

695 BAG v. 12.1.2000, in: NZA 2000, 718.

696 BAG v. 22.10.2003, in NJW 2004, 3586 f.; Palandt/*Weidenkaff* § 620 Rn 25.

Aber auch eine weitere Gestaltung ist hier problematisch. § 1 Abs. 2 S. 3 KSchG schreibt vor, dass eine an sich sozial gerechtfertigte Kündigung dann doch ungerechtfertigt ist, wenn der Arbeitnehmer „unter geänderten Arbeitsbedingungen" weiterbeschäftigt werden kann. Was liegt da näher, einem zuvor unbefristet Beschäftigten gegenüber im Rahmen der vorzunehmenden „ultima-ratio"-Abwägung eine Änderungskündigung auszusprechen, verbunden mit dem Angebot eines nunmehr nur noch befristeten Arbeitsvertrages?[697]

Einem solchen Angebot einer Befristung gemäß § 14 Abs. 2 TzBefrG steht hier der ausdrückliche § 14 Abs. 2 S. 2 TzBefrG entgegen, wonach eine nur zeitlich bestimmte Befristung unmöglich ist, wenn zuvor ein unbefristetes Arbeitsverhältnis bestanden hat. Dagegen wird vorgebracht, dass § 14 Abs. 2 TzBefrG zum Ziel hat, Kettenarbeitsverträge zu verhindern. Hier stünde jedoch das Interesse im Vordergrund, eine ansonsten wirksame Entlassung durch den Abschluss eines befristeten Vertrags zu vermeiden, wenn der Unternehmer beschlossen habe, sein Beschäftigungskonzept nunmehr auf befristete Verträge zu stützen.[698] Dieser Auffassung ist allerdings angesichts des klaren Gesetzeswortlauts nicht zu folgen. Auch würde eine solche Fortsetzung eines unbefristeten durch ein befristeten Arbeitsvertrag ja gleichfalls eine Kette von Arbeitsverträgen darstellen.

Denkbar ist allerdings, dass in dieser Konstellation einer Änderungskündigung die Fortsetzung eines befristeten Arbeitsvertrages mit einem nach § 14 Abs. 1 TzBefrG gerechtfertigten Sachgrund stattfindet.[699]

b) Kettenbefristungen

Hintereinandergeschaltete, mehrfache mit einem Sachgrund befristete Arbeitsverträge können im Rahmen des TzBefrG frei vereinbart werden. Das gilt auch, wenn im Verlauf eines Arbeitsverhältnisses mehrere Befristungsgründe kombiniert werden.

Für den Fall, dass ein sachlicher Grund fehlt, ist allerdings die zeitliche Maximalgrenze des § 14 Abs. 2 TzBefrG von zwei Jahren sowie eine maximal dreimalige Verlängerung zwingend. Ansonsten ist jedoch der Befristungsgrund des jeweils letzten Arbeitsvertrags zu untersuchen.[700]

Liegt ein sachlicher Grund für eine mehrfache Befristung vor, stellt das Bundesarbeitsgericht höhere Anforderungen an diesen Sachgrund, je länger die mehrfach hintereinander gestalteten Befristungen andauern.[701] Denn die Anzahl und Dauer

---

697 Vgl. die Entscheidung des BAG v. 25.4.1996, in: AP Nr. 78 zu § 1 KSchG „Betriebsbedingte Kündigung"; Preis/*Tenbrock* 640.
698 *Löwisch* in: BB 2005, 1625 f.
699 *Löwisch* in: BB 2005, 1625 f.
700 BAG v. 7.11.2007, in: BB 2008, 955.
701 BAG v. 11.11.1998, in: DB 1999, 804.

aller Befristungen können dafür sprechen, dass diese Begründungen nur vorgeschoben sind, der letzte Vertrag nur ein Annexvertrag zum vorhergehenden darstelle[702] und es daher tatsächlich an einem sachlichen Grund fehlt.[703] Um dies überprüfen zu können, müssen die Gerichte zwangsläufig auch die Begründungen bereits abgelaufener Verträge in dieser Kette untersuchen.[704]

Stellt sich heraus, dass es dabei an einem sachlichen Grund für eine Befristung fehlt, gilt der Arbeitsvertrag gemäß § 16 TzBefrG als auf unbestimmte Zeit geschlossen.

c) Vorübergehender Bedarf, § 14 Abs. 1 S. 2 Nr. 1 TzBefrG

§ 14 Abs. 1 S. 2 Nr. 1 TzBefrG erlaubt die Befristung von Arbeitsverträgen wegen eines nur vorübergehenden Bedarfs an Arbeitskräften. Das Gesetz spricht nicht ausdrücklich vom „zusätzlichen“ Bedarf. Daraus folgt, das nicht nur ein vorübergehender Mehrbedarf auf diese Weise gedeckt werden kann, wie er etwa bei Saisonkräften in der Erntezeit oder im Tourismus während der Ferienzeit auftritt. Auch ein abnehmender Bedarf an Arbeitskräften kann hier berücksichtigt werden, wenn etwa vor dem Abschluss eines Unternehmensvorhabens noch Abwicklungsarbeiten zu erledigen sind.

Auch zeitbefristete Projekte bedeuten einen nur vorübergehenden Bedarf an Arbeitskräften, der befristete Arbeitsverträge rechtfertigt.[705] Projektarbeiten in diesem Sinne liegen vor, wenn die im Rahmen des Projekts angelegten Aufgaben nur vorübergehender Natur und sie gegenüber den sonstigen Daueraufgaben im Unternehmen abgrenzbar sind.[706] Dabei soll es ausreichen, dass der Arbeitgeber bei Abschluss des Vertrages davon ausgehen konnte, dass die Projektaufgaben nicht dauerhaft anfallen werden.[707] Dann sind hierfür sogar hintereinander geschaltete, befristete Verträge denkbar.[708] Insofern kommt es auf die Prognose zur Zeit des Vertragsabschlusses an.

Der künftige vorübergehende Bedarf an Arbeitsleistung muss als Sachgrund zu ihrer Wirksamkeit im Arbeitsvertrag benannt sein, § 14 Abs. 4 TzBefrG. Diesen sollte der Arbeitgeber auch mit hinreichender Sicherheit auf Grund objektiver Tatsachen darlegen können.[709]

---

702 BAG v. 7.11.2007, in: BB 2008, 955.

703 BAG v. 11.11.1998, in: NZA 1999, 1211.

704 **A.A.** Küttner/*Kania* „Befristetes Arbeitsverhältnis“ Rn 26 a.E., der nur die Begründung des jeweils letzten Sachgrundes überprüfen will; diese isolierte Betrachtung verstellt natürlich den Blick auf unzulässige Kettenarbeitsverhältnisse.

705 BAG v. 24.10.2001, in: NZA 2003,153/5.

706 BAG v. 7.11.2007, in: BB 2008, 955.

707 *Fesenmayer* in: BB 2008 955/6.

708 BAG v. 7.11.2007, in: BB 2008, 955.

709 BAG v. 7.7.1999, in NZA 2000, 591 f.; so auch Regierungsbegründung zum Entwurf des TzBefrG, BT-Drucksache 14/4374, 19.

Die weiteren Besonderheiten für Aushilfskräfte, die ebenfalls befristet beschäftigt werden, um einen vorübergehenden Bedarf an Arbeitskraft zu decken, sind an anderer Stelle behandelt.[710]

d) Befristung im Anschluss an Ausbildung/Studium, § 14 Abs. 1 Nr. 2 TzBefrG

Diese Vorschrift soll großzügig ausgelegt werden, um eine entsprechende Anschlussbeschäftigung nach einer erfolgreichen Ausbildung bzw. einem erfolgreichen Studium zu ermöglichen.[711] Das Gleiche gilt für ein abgeschlossenes Volontariat.[712] Allerdings kann darauf eine solche sachliche Befristung nur für den ersten Arbeitsvertrag im Anschluss an eine Ausbildung in Betracht kommen. Eine weitere befristete Vertragsverlängerung mit diesem Sachgrund ist dann nicht möglich.[713]

e) Befristung wegen einer Vertretung, § 14 Abs. 1 S. 2 Nr. 3 TzBefrG

Wie schon vor dem Inkrafttreten des TzBefrG ist die Befristung von Arbeitsverträgen wegen einer Vertretung eines vorübergehend nicht zur Verfügung stehenden Arbeitnehmers einer der wichtigsten und unproblematischsten Gründe.[714] Die Vertretung kann wegen Urlaub, Wehr- oder Zivildienst, Abordnung in das Ausland,[715] Krankheit erforderlich sein. Einen gesetzlichen Grund für eine berechtigte Vertretungsbeschäftigung stellt gemäß § 21 BEEG die Elternzeit bzw. der Mutterschutz dar. Die befristete Einstellung für diesen Vertretungszweck ist insofern gesetzlich privilegiert.

Dieser Befristungsgrund stellt einen Unterfall des vorübergehenden Bedarfs gemäß § 14 Abs. 1 S. 2 Nr. 1 TzBefrG dar.[716] Daher ist anerkannt, dass der Einsatz des befristet eingesetzten Arbeitnehmers nicht zwingend auf dem Arbeitsplatz zu erfolgen hat, der durch den vorübergehend abwesenden Mitarbeiter frei wird. Wenn die Vertretung intern durch einen anderen Kollegen erfolgt, kann die befristete Einstellung auch mittelbar auf dessen Arbeitsplatz erfolgen.[717] Es kommt also maßgeblich darauf an, dass ein Mitarbeiter zeitweise ausfällt, und dass der neue Arbeitnehmer gerade deswegen befristet eingestellt wird. Dies ist allerdings im Interesse des Arbeitgebers zu dokumentieren. Je länger die Abwesenheit des zu

---

710 Vgl. 2. Kap. § 5 III.
711 Küttner/*Kania* „Befristetes Arbeitsverhältnis", Rn 32 a.E.
712 Vgl. 3. Kap. § 2 II; Küttner/*Kania* „Befristetes Arbeitsverhältnis" Rn 10.
713 BAG v. 10.10.2007, in: NJW 2008, 538 f.
714 *Maschmann* in: BB 2002, 2179 f.
715 S. 2. Kap., § 4 VI.
716 *Maschmann* in: BB 2002, 2179 f.
717 BAG v. 21.2.2001, in: NZA 2001, 1069; BAG v. 15.2.2006, in: NZA 2006, 781

vertretenden Arbeitnehmers dauert, desto höher werden die Anforderungen an den Arbeitgeber, den Vertretungscharakter dieses befristeten Arbeitsverhältnisses im Zweifel darzulegen.

§ 14 Abs. 1 Nr. 3 TzBefrG ist nicht mehr anzuwenden, wenn von vorneherein ersichtlich ist, dass der zu vertretende Arbeitnehmer gar nicht mehr an den Arbeitsplatz zurückkehren wird.[718] Anders ist es allerdings, wenn zur Zeit des Vertragschlusses prognostiziert werden konnte, dass der z.B. erkrankte Arbeitnehmer, der vertreten werden sollte, wieder zurückkehrt. Hier entfällt die Berechtigung zur Befristung des Vertrages nicht, wenn sich später herausstellt, dass der zu Vertretende nicht mehr an seinen Arbeitsplatz zurückkehren kann.[719] Denn bei dem Vertragsabschluß kann man ja nur von dem ausgehen, was zu dieser Zeit bekannt war, bzw. wovon beide Seiten ausgegangen sind.

f) Befristung wegen der Eigenart der Arbeitsleistung, § 14 Abs. 1 S. 2 Nr. 4 TzBefrG

Insbesondere für die Unterhaltungsbranche, aber auch für Tendenzunternehmen[720] sind befristete Verträge denkbar, die gemäß § 14 Abs. 1 Nr. 4 TzBefrG mit der Eigenart der Arbeitsleistung gerechtfertigt sind. Diese Verträge mit Künstlern, Schauspielern oder professionellen Sportlern werden vom Bundesarbeitsgericht auch in einem relativ weiten Rahmen gebilligt.[721] Das gleiche gilt für Trainer von Berufssportlern,[722] wobei hier jedoch Abstufungen nach der Qualität der Trainierten vorzunehmen sind.

Ebenso in diese Kategorie fallen Medienmitarbeiter, die programmgestaltende Aufgaben erfüllen. Hier ist eine Befristung unter dem Gesichtspunkt der dem Medium zustehenden Meinungs- und Rundfunkfreiheit bereits vom Bundesverfassungsgericht zugelassen worden.[723] Mangels klarer Abgrenzungsprinzipien führt das Bundesarbeitsgericht aber auch hier eine Abwägung zwischen der Berechtigung der Befristung einerseits und zu dem Einfluss des Mitarbeiters auf das Programm bzw. den redaktionellen Inhalt andererseits durch. Für einen Bestandsschutz spricht z.B. ein bereits seit langer Zeit bestehendes Arbeitsverhältnis.[724]

---

718 BAG v. 21.2.2001, in: NZA 2001, 1382; BAG v. 23.1.2002, in: NZA 2002, 665

719 BAG v. 5.6.2002, in: BB 2002, 2179 f.; *Maschmann* in: BB 2002, 2179 f.

720 Vgl. 2. Kap. § 3 I 2 e) bb).

721 BAG v. 13. 5. 1982, in: DB 1982, 2708; so auch Regierungsbegründung BT-Drucksache 14/4374, 19.

722 BAG v. 29.10.1998, in: BB 1999, 1118.

723 BVerfG v. 31.1.1982, in: DB 1982, 1062.

724 BAG v. 13.1.1983, in: DB 1983, 2041; vgl. auch BAG v. 11.12.1991, in: DB 1992, 2636 zu einem stark programmbeeinflußenden Mitarbeiter.

g) Befristung zur Erprobung, § 14 Abs. 1 S. 2 Nr. 5 TzBefrG

Dieser in § 14 Abs. 1 S. 2 Nr. 5 TzBefrG zugelassene Befristungsgrund ist bereits ausführlich an anderer Stelle besprochen worden.[725]

h) Befristung wegen in der Person des Arbeitnehmers liegende Gründe § 14 Abs. 1 S. 2 Nr. 6 TzBefrG

§ 14 Abs. 1 Nr. 6 TzBefrG umfasst zwei unterschiedliche Gestaltungen, die eine Befristung von Arbeitsverträgen rechtfertigen. Zum einen handelt es sich um soziale Gründe, die einen Arbeitgeber zur Vergabe eines befristeten Arbeitsplatzes veranlassen. Die Beschäftigung im Anschluss an eine Ausbildung bzw. ein Studium im Sinne des § 14 Abs. 1 Nr. 2 TzBefrG wäre ein gesetzlicher Sonderfall, um dem Betroffenen die weitere Arbeitsplatzsuche zu ermöglichen, oder eine Befristung zu Überbrückungsfällen.[726] Aus diesem Grund sind etwa auch Befristungen für Beschäftigungs- und Qualifizierungsgesellschaften, die häufig bei Unternehmenssanierungen einen Teil der zu entlassenden Belegschaft auffangen sollen, gemäß § 14 Abs. 1 Nr. 6 TzBefrG zulässig.[727]

Aber auch der eigene Wunsch des Arbeitnehmers nach einer Befristung fällt unter die Nr. 6 des § 14 Abs. 1 TzBefrG. Dabei ist es allerdings problematisch, wann im Einzelfall ein entsprechender freier Wunsch des Arbeitsnehmers vorliegt, da ansonsten eine Umgehung des Kündigungsschutzes leicht möglich ist. Daher bedarf es hierfür objektiver Gesichtspunkte, die es einem Gericht erlauben, tatsächlich den Schluss zu ziehen, es handele sich um den eigenen Wunsch des Arbeitnehmers, und nicht einer vorgeschobenen Gestaltung durch den Arbeitgeber.[728] Allein die Zustimmung des betroffenen Arbeitnehmers, den Arbeitsvertrag zu befristen, ist hierfür nicht ausreichend.[729]

i) Befristung wegen limitierter Haushaltsmittel, § 14 Abs. 1 S.2 Nr. 7 TzBefrG

Beschränkte bzw. befristete Haushaltsmittel können öffentliche Arbeitgeber daran hindern, ihr Personal in diesen Fällen unbefristet einzustellen. Dass öffentliche Haushalte überschuldet sind und daher insbesondere bei den Personalausgaben gespart werden muss, ist für sich genommen allerdings noch kein ausreichen-

---

725 Vgl. 2. Kap. § 2 V.

726 BAG v. 21.1.2000, in: NZA 2000, 722.

727 *Körner* 23; Preis/*Tenbrock* erstreckt diese Möglichkeit auch auf die Beschäftigung in einer Leiharbeitsunternehmen, S. 658.

728 BAG v. 26.4.1985, in: DB 1985, 2566.

729 BAG v. 6.11.1996, in: AP Nr. 188 zu § 620 BGB Befristeter Arbeitsvertrag

der Sachgrund, deswegen Arbeitsverhältnisse zu befristen.[730] Allgemeine Mittelkürzungen oder Haushaltseinsparungen reichen daher nicht aus.[731] Auch ein „kw-Vermerk“ („künftig wegfallend“) allein reicht nicht für eine arbeitsrechtliche Befristung.[732]

Die Nr. 7 des § 14 Abs. 1 S. 2 TzBefrG stellt explizit auf die Bestimmung der haushaltsrechtlichen Mittel für eine bestimmte Beschäftigung ab. Daraus folgt, dass eine Befristung des Arbeitsverhältnisses nur dann möglich ist, wenn gerade für diese Stelle die entsprechenden Mittel nur zeitlich befristet zur Verfügung stehen.[733] Anderenfalls würden befristete Stellen im Öffentlichen Dienst ohne jede sachliche Begründung allein mit dem Argument, die Haushaltsmittel stünden nur befristet zur Verfügung, möglich sein. Damit entfiele aber jede gerichtliche Überprüfungsmöglichkeit, wenn keine Zweckbindung dieser Haushaltsmittel vorläge.[734]

Daher können mit der Nr. 7 des § 14 Abs. 1 S. 2 TzBefrG keine Befristungen begründet werden, mit denen vorübergehende Bedürfnisse gedeckt werden sollen, etwa Schwangerschaftsvertretungen. Das ist auch nicht mit der Begründung möglich, dass der öffentlich-rechtliche Arbeitgeber nach allgemeinem Haushaltsrecht gehalten ist, in solchen Vertretungsfällen nur für diesen Zeitraum einzustellen. Hierfür kann man sich auf die Befristungsgründe der Nr. 1 und 3 des § 14 Abs. 1 S. 2 TzBefrG beziehen.[735]

j) Befristung auf einem gerichtlichen Vergleich beruhend, § 14 Abs. 1 S. 2 Nr. 8 TzBefrG

§ 14 Abs. 1 Nr. 8 TzBefrG setzt für diesen Sachgrund keinen Rechtsstreit gerade um die Zulässigkeit einer solchen Befristung voraus. Daher wird man daraus schließen können, dass die in einem gerichtlichen Vergleich vereinbarte Befristung zulässig ist, gleich aus welchem Rechtsgrund das Gericht auch angerufen wurde. Dagegen sind außergerichtliche Einigungen, selbst bei einem vorliegenden Streit, nicht von Nr. 8 des § 14 Abs. 1 TzBefrG umfasst, da insofern ein Gerichtsverfahren zwingende Voraussetzung ist.[736]

---

730 *Groeger* in: NJW 2008, 465, 470.
731 BAG v. 16.1.1987, in: DB 1988, 1024.
732 BAG v. 16.1.1987, in: DB 1988, 1024.
733 Vgl. BAG v. 7.7.1999, in: BB 2000, 934; BAG v. 18.10.2006, in: NZA 2007, 332; *Meyer* in: AuR 2006, 86/8.
734 *Meyer* in: AuR 2006, 86/9.
735 **A.A.** *Groeger* in: NJW 2008, 465 f., 469.
736 EK/*Müller-Glöge* § 14 BetrVG Rn 77.

k) Befristung in der Insolvenz

Eine Insolvenz stellt an sich keinen sachlichen Grund für eine befristete Beschäftigung dar. Allerdings ergeben sich in der Regel aus der Notwendigkeit des Insolvenzverfahrens Befristungsmöglichkeiten entsprechend § 14 Abs. 1 S. 2 Nr. 6 TzBefrG, etwa um Restarbeiten innerhalb einer bestimmten Frist abzuwickeln, oder wenn die Betriebsschließung eine entsprechende Befristung erfordert.[737]

Bestehende befristete Arbeitsverhältnisse können entgegen § 15 Abs. 3 TzBefrG vom Insolvenzverwalter vor ihrem eigentlichen Zeitablauf gemäß § 113 InsO ordentlich gekündigt werden. § 113 InsO geht insofern dem TzBefrG als Spezialnorm vor.[738]

l) Sonstige Befristungsgründe

Die Auflistung in § 14 Abs. 1 S. 2 Nr. 1–8 TzBefrG ist nicht abschließend, wie das „insbesondere" in diesem Satz deutlich macht.[739] Viele Anwendungsfälle verbleiben allerdings angesichts der ausführlichen Auflistung in dieser Norm nicht.

Der wesentlichste, bis heute anerkannte sonstige Befristungsgrund ist das Erreichen einer Regelaltersgrenze. Auch die berühmten Altersbeschränkungen von 60 Jahren für Piloten gehören hierher.[740] Erst nach einer Interessensabwägung ist eine solche Befristung[741] möglich.[742] Dabei wird es etwa darauf ankommen, ob der Arbeitnehmer durch die Absicherung der dann erreichten Rente einerseits wirtschaftlich abgesichert ist, und der Arbeitgeber andererseits eine vorausschauende Personalplanung vornehmen kann.

Allein die Angabe des § 41 S. 2 SGB VI im Vertrag reicht als Sachgrund allerdings nicht aus.[743] Unter den dort genannten Fristen ist eine entsprechende Vereinbarung erforderlich, um diese Befristung abzusichern.

Neben einer denkbaren Befristung aus Gründen eines Kündigungsschutzprozesses[744] ist im Einzelfall eine Konkurrentenklage als ein gerechtfertigter Anlass für eine Befristung anerkannt worden.[745]

---

737 LAG Saarbrücken v. 29.4.1987, in: ZIP 1988, 528; LAG Düsseldorf v. 8.3.1994, in: BB 1994, 1504; BAG v. 3.12.1997, in: DB 1998, 2371.

738 Küttner/*Kania* „Befristetes Arbeitsverhältnis", Rn 44.

739 BAG v. 13.10.2004, in: NZA 2005, 401.

740 Schaub/*Koch* § 40 Rn 54; das gilt jedoch nicht für das Kabinenpersonal, BAG v. 31.7.2002, in: AP Nr. 14 zu § 1 TVG Tarifverträge: Luftfahrt.

741 Diese Befristungen finden sich auch häufig in Tarifverträgen.

742 BAG v. 19.11.2003, in: AP Nr. 3 zu § 17 TzBefrG; BAG v. 27.7.2005, in: AP Nr. 27 zu § 620 BGB Altersgrenze.

743 Schaub/*Koch* § 40 Rn 48.

744 S.o. 2. Kap. § 4 I 5 c.

745 BAG v. 16.3.2005, in NJW 2005, 3595.

6. Rechtsfolgen zulässiger bzw. unzulässiger Befristung

a) Ende des befristeten Vertrages

Befristete Arbeitsverträge enden mit Ablauf der Frist, für die sie eingegangen wurden bzw. mit dem Eintritt des von den Parteien als gewiss eintretenden Ereignisses, § 3 Abs. 1 S. 2, 1. und 2. Alt. TzBefrG.

In den Fällen, in denen das den Arbeitsvertrag beendende Ereignis nicht vorhersehbar ist, sieht das Gesetz eine Auslauffrist vor.[746] Sie beträgt gemäß § 15 Abs. 2 TzBefrG mindestens zwei Wochen. Längere, aber keinesfalls kürzere Auslauffristen können vereinbart werden, § 22 Abs. 1 TzBefrG. Anderenfalls wäre es dem Arbeitnehmer bei einem derart unvorhergesehenen Ereignis unzumutbar, von einem auf den anderen Tag seinen Arbeitsplatz zu verlieren.

Betroffene Arbeitnehmer, deren Verträge auslaufen, müssen außerdem darauf achten, dass sie sich gemäß § 37 b S. 1 SGB III spätestens drei Monate (!) vor Ablauf der Befristung bei der Arbeitsagentur arbeitsuchend melden, wenn sie nicht über eine Anschlussbeschäftigung verfügen. Anderenfalls riskieren sie eine Kürzung ihres Arbeitslosengeldes gemäß §140 SGB III. Arbeitgeber müssen zwar darauf gemäß § 2 Abs. 2 Nr. 3 SGB III hinweisen; dies geschieht allerdings häufig schon bereits bei Abschluss des befristeten Arbeitsvertrages über entsprechend vorbereitete Klauseln.[747]

Eine ordentliche Kündigung während der Laufzeit eines befristeten Vertrages ist regelmäßig ausgeschlossen, § 15 Abs. 3 TzBefrG, es sei denn, sie würde durch entsprechende einzelvertragliche bzw. tarifvertragliche Regelungen gesondert ermöglicht. In diesen Fällen greift allerdings das KSchG, sofern das befristete Arbeitsverhältnis länger als sechs Monate besteht und es sich nicht um einen Kleinbetrieb handelt. Das bedeutet, dass bei diesen ausnahmsweise zugelassenen ordentlichen Kündigungen diese zusätzlich sozial gerechtfertigt sein müssen.[748]

b) Weiterbeschäftigung nach Ablauf der Frist

Den Arbeitsvertragsparteien steht es natürlich frei, im Anschluss an einen befristeten Vertrag einen weiteren Arbeitsvertrag abzuschließen. Unproblematisch ist es, wenn der Arbeitnehmer nach der befristeten Phase weiter unbefristet beschäftigt wird. Soll das Arbeitsverhältnis erneut nur befristet verlängert werden, ist neben der sachlichen Zulässigkeit gemäß § 14 Abs. 1 S. 2 TzBefrG das Schriftformerfor-

---

746 *Braun* in: ZTR 2007, 78.

747 Preis/*Tenbrock* 700, empfehlen dies.

748 Küttner/*Kania* „Befristetes Arbeitsverhältnis“, Rn 43; eine weitere Ausnahme betrifft das Insolvenzverfahren, vgl. § 113 InsO.

dernis des § 14 Abs. 4 TzBefrG zu beachten. Wird das Arbeitsverhältnis einfach konkludent fortgesetzt, kommt ein unbefristeter Arbeitsvertrag zustande.[749] Um diese Rechtsfolge zu verhindern, müsste der Arbeitgeber für den Fall, dass der betroffene Arbeitnehmer über das Fristende hinaus weiter arbeitet, unverzüglich widersprechen, § 15 Abs. 5 TzBefrG.

Nach Ablauf eines befristeten Arbeitsvertrages besteht kein Anspruch des Arbeitnehmers auf Weiterbeschäftigung bzw. Verlängerung des ausgelaufenen Arbeitsvertrages. Nur ausnahmsweise wird eine solche Fortsetzung des Arbeitsverhältnisses in Frage kommen.

Zum einen kann eine ausnahmsweise Weiterbeschäftigung aus dem Gedanken des Rechtsmissbrauchs wegen Missachtung eines beachtlichen Vertrauensschutzes in Frage kommen. Allein die subjektive Erwartungshaltung des betroffenen Arbeitnehmers reicht für die Begründung eines entsprechenden Vertrauensschutzes allerdings nicht aus. Das kann auch nicht ohne weiteres bei mehrfachen, hintereinander geschalteten Befristungen angenommen werden.[750] Hinzu kommen muss, dass der Arbeitgeber selbst Handlungen oder Äußerungen vorgenommen hat, die eine entsprechende Erwartung geweckt und bestätigt haben, den Arbeitnehmer über das Befristungsende hinaus weiter zu beschäftigen, auf die der Arbeitnehmer vertrauen durfte. Das könnte dann in Frage kommen, wenn eine Befristung zur Erprobung lediglich als Formsache dargestellt wird.[751] Der Arbeitgeber hat sich dann faktisch selbst gebunden. Der Rechtsmissbrauch liegt dann vor, wenn wegen der unterlassenen Weiterbeschäftigung dieser Vertrauensschutz verletzt wird.[752]

Außerdem kommt eine Weiterbeschäftigung ausnahmsweise in Fällen der ungerechtfertigten Diskriminierung in Betracht. So war eine Schwangere erfolgreich, deren befristeter Arbeitsvertrag allein nur aus dem Grunde ihrer Schwangerschaft nicht fortgesetzt wurde.[753]

Wegen eines Verstoßes gegen den arbeitsrechtlichen Gleichbehandlungsgrundsatzes kommt eine Weiterbeschäftigung im Anschluss an eine Befristung dagegen nur in krassen Ausnahmefällen in Betracht. Selbst wenn eine Anzahl zunächst befristet Beschäftigter alle bis auf einen unbefristet weiterbeschäftigt werden, wird man nicht ohne weiteres darin ein Verstoß gegen den Gleichbehandlungsgrundsatz sehen können. Denn der Arbeitgeber hat auch in solchen Situationen auf der Basis seiner Privatautonomie ein Auswahlrecht. Lediglich wenn einer der-

---

749 *Braun* in: ZTR 2007, 78.

750 *Braun* in: ZTR 2007, 78/80.

751 *Braun* in: ZTR 2007, 78/9.

752 BAG v. 28.11.1963, in: AP Nr. 26 zu § 620 BGB „Befristeter Arbeitsvertrag"; BAG v. 16.3.1989, Az.: 2 AZR 325/88.

753 EuGH v. 4.10.2001, in: ZTR 2002, 137; nach dem AGG kommt allerdings lediglich ein Schadens- und Schmerzensgeldanspruch in Frage, nicht jedoch die Fortsetzung des Arbeitsverhältnisses, vgl. § 15 Abs. 6 AGG.

artigen Auswahl ermessenfehlerhafte Willkürentscheidungen zugrunde liegen, könnte sich daraus ein Einstellungsanspruch ergeben.[754]

c) Rechtsfolgen im Falle unzulässiger Befristung

Liegt bei einem befristeten Arbeitsvertrag keine wirksame Befristungsabrede vor, so dass eine Rechtfertigung für die Befristung fehlt, handelt es sich um ein auf unbestimmte Zeit abgeschlossenes Arbeitsverhältnis, § 16 TzBefrG. Bei einem Unternehmen, dass gemäß § 23 Abs. 1 KSchG in den Anwendungsbereich des Kündigungsschutzes fällt, kann ein solches Arbeitsverhältnis damit nur mit einem rechtfertigenden Kündigungsgrund im Sinne des § 1 KSchG beendet werden, wenn die Wartezeit von sechs Monaten erfüllt ist. In Kleinbetrieben sind dafür lediglich die aus § 242 BGB abgeleiteten Regeln für hier ausgesprochene Kündigungen zu beachten.[755]

Für die Wartezeit von sechs Monaten gemäß § 1 Abs. 1 KSchG sind auch evtl. vorhandene frühere Beschäftigungszeiten beim gleichen Arbeitgeber zu berücksichtigen. Dabei sind nicht irgendwann in ferner Vergangenheit zurückliegende Beschäftigungen maßgeblich. Die frühere und gegenwärtige Beschäftigung müssen dagegen in einem gewissen sachlichen Zusammenhang stehen.[756] In der Praxis dürfte daher zwischen den Beschäftigungszeiten keine allzu großen Lücken liegen.[757] Für die Größenordnung derartiger Lücken gibt es keine allgemein gültigen Maßstäbe. Das Bundesarbeitsgericht hat in einem Einzelfall eine fünfmonatige Unterbrechung bereits als zu lang angesehen, und den früheren Beschäftigungszeitraum nicht mit eingerechnet.[758] In einem anderen Fall hat es eine Unterbrechung des Arbeitsvertrags von drei Wochen bereits als (für den Arbeitgeber) schädlich bezeichnet.[759] Allerdings handelt es sich um Einzelfallentscheidungen, ohne dass hier generalisierende Grundlinien erkennbar wären. Vorzuziehen wäre allerdings die auch dem § 14 Abs.2 TzBefrG entsprechende Handhabung, alle früheren Beschäftigungszeiten mit zu berücksichtigen.[760]

7. Diskriminierungsverbot des § 4 Abs. 2 TzBefrG

§ 4 TzBefrG wurde auf Grund europarechtlicher Vorgaben im Befristungs- und Teilzeitrecht als ausdrückliches besonderes Diskriminierungsverbot in das Gesetz

---

754 *Braun* in: ZTR 2007, 78, 81.

755 S. 2. Kap. § 4 V 3.

756 BAG v. 20.8.1998, in: NZA 1999, 481/2; BAG v. 18.9.2003, in: NZA 2004, 319/320; *Backmeister/Trittin/Mayer* § 1 KSchG Rn 48 f.

757 *Strasser/Melf* in: AuR 2006, 343/5.

758 BAG v. 22.9.2005, Az. 6 AZR 607/04.

759 BAG v. 9.8.2000, Az. 7 AZR 339/99.

760 Vgl. 2. Kap. § 4 I 4. a).

aufgenommen. Der Abs. 2 dieser Vorschrift nimmt daher ausdrücklich befristet beschäftigte Arbeitnehmer in den Diskriminierungsschutz mit auf.

Praktisch wird dieser Diskriminierungsschutz in mehrerer Hinsicht. Häufig werden befristet Beschäftigte durch entsprechende Regelungen von der betrieblichen Altersvorsorge, von betrieblichen Sonderzahlungen, oder auch von Sozialplänen ausgeschlossen.

a) Betriebliche Altersvorsorge

§ 4 Abs. 2 TzBefrG verbietet Diskriminierungen, nicht jedoch gerechtfertigte Ungleichbehandlungen von befristet Beschäftigten im Verhältnis zu unbefristet Beschäftigten eines Arbeitgebers. Gerade in der betrieblichen Altersvorsorge wird der Zweck dieser Leistung zur Förderung und Belohnung der Betriebstreue als Kriterium betont. Daher werden befristet Beschäftigte von dieser Leistung in der Regel ausgeschlossen. Der Arbeitgeber wolle nur die langfristig beschäftigten Arbeitnehmer an den Betrieb binden.[761]

Letzteres könnte ein Arbeitgeber natürlich durch eine unbefristete Anstellung ohne weiteres erreichen. Unabhängig von dieser Option sieht § 1 a BetrAVG hierzu einen ausdrücklichen Ausschluss von befristet Beschäftigten jedoch nicht vor. Auf Grund dieser Vorschrift haben alle Arbeitnehmer Anspruch darauf, dass Teile ihres Entgelts auf die betriebliche Altersvorsorge verwendet werden. Das dürfen also auch befristet Beschäftigte in Anspruch nehmen. Insofern wird ein pauschaler Ausschluss von befristet Beschäftigten aus der betrieblichen Altersvorsorge nicht mehr aufrechterhalten werden können.

b) Betriebliche Sonderzahlungen

Die Rechtsprechung hat es vor dem Inkrafttreten des TzBefrG erlaubt, bei betrieblich oder tarifvertraglich vorgesehenen Sonderzahlungen zwischen befristet und unbefristet Beschäftigten zu unterscheiden.[762] Das galt selbst dann, wenn (nur) unbefristet Beschäftigte die Sonderzahlung trotz ihres Ausscheidens vor einem bestimmten Stichtag erhalten sollten.[763]

Diese Meinung wird sich nach dem § 4 Abs. 2 S. 2 TzBefrG nicht mehr aufrechterhalten lassen können.[764] Diese Vorschrift schreibt gerade die (anteilige) Gleichbehandlung in Entgeltfragen vor. Die vorgehende Rechtsprechung sanktionierte

---

761 Vgl. BAG v. 13.12.1994, in: NZA 1995, 886, das eine tarifvertragliche Ausschlussfrist für auf ein Jahr befristete Verträge abgesegnet hat.

762 BAG v. 6.10.1993, in: DB 1994, 539 selbst für anteilige tarifliche Sonderzahlungen.

763 BAG v. 6.10.1993, in: NZA 1994, 465.

764 **A.A.** *Meinel/Heyn/Herms-Herms* § 4 Rn 118.

aber die Ungleichbehandlung vor dem Hintergrund der Befristung des Arbeitsverhältnisses. Gerade das aber verbietet heute § 4 Abs. 2 S. 2 TzBefrG.[765] Das Kriterium des befristeten Vertrages ist daher grundsätzlich kein alleiniger sachlicher Grund (mehr), diese Beschäftigten von derartigen Sonderzahlungen generell auszuschließen.

c) Ausschluss von Sozialplänen

Befristet Beschäftigte werden in Sozialplanregelungen häufig aus dem Anwendungsbereich ausgeschlossen, weil bei ihnen die Überbrückungsfunktion eines Sozialplans wegen der Befristung ihres Vertrages keine Rolle spiele. Dieser scheinbar zutreffende sachliche Grund für diese Ungleichbehandlung befristet Beschäftigter ist tatsächlich keiner. Denn auch befristet Beschäftigte haben die Überbrückungsfunktion eines Sozialplans bei der Beendigung des Arbeitsverhältnisses genau so nötig wie unbefristet Beschäftigte.

Der soziale Besitzstand von befristet Beschäftigten mag anders zu bewerten sein als der von unbefristet Beschäftigten. Auf jeden Fall ist ein genereller Ausschluss von befristet Beschäftigten von Sozialplänen nicht gerechtfertigt.[766]

d) Rechtsfolgen bei Verstößen

§ 4 TzBefrG ist ein Verbotsgesetz im Sinne des § 134 BGB,[767] so dass eine entsprechende diskriminierende Regelung nichtig wäre. In Entgeltangelegenheiten hat der befristet Beschäftigte einen eigenen anteiligen Zahlungsanspruch direkt aus § 4 Abs. 2 S. 2 TzBefrG, wobei zur Höhe gemäß § 612 Abs. 2 BGB die übliche Vergütung als Maßstab herangezogen werden kann. In anderen Fällen wird im Zusammenhang mit dem allgemeinen Gleichbehandlungsgrundsatz des Arbeitsrechts dem Betroffenen ein eigener Leistungsanspruch sowie ein Unterlassungsanspruch wegen der ungerechtfertigten Ungleichbehandlung für die Zukunft zustehen.[768]

Abgesichert sind diese eigenen Ansprüche der Betroffenen zusätzlich über § 5 TzBefrG, das ein Maßregelungsverbot für die Fälle ausspricht, in denen Arbeitnehmer derartige Ansprüche geltend machen. Wird dagegen verstoßen, können sich Betroffene dagegen wehren.

---

765 Kittner/Däubler/*Zwanziger* KSchR, § 4 TzBefrG Rn 34; *Körner* 20 f.; *Hromadka* BB 2001, 674 f.

766 Kittner/Däubler/*Zwanziger* § 4 TzBefrG Rn 37; *Hromadka* in:BB 2001, 674 f.

767 EK/*Preis* § 4 TzBefrGRn 5 m.w.N.

768 *Körner* 20 f., die das auch als Schadensersatzanspruch gemäß §§ 280 Abs. 1, sowie aus §§ 823 Abs. 2 i.V.m. § 4 Abs. 2 TzBefrG ableitet.

8. Kollektive Regelungen

Für den einzelnen Nachfrager nach Arbeit ist es aus seiner individuellen Sicht schwer bis unmöglich, einen unbefristeten Arbeitsplatz durchzusetzen, wenn der anbietende Arbeitgeber die Stelle nur befristet vergeben will. Auch seitens des Gesetzgebers ist eine Novellierung des TzBefrG mit dem Ziel einer Eindämmung befristeter Verträge nicht in Sicht.

Insofern verbleibt es bei der Frage, was kollektivrechtliche Instrumente vermögen, um die Situation befristeter Arbeitsverträge zu beeinflussen, wenn nicht gar zu ändern.

So sind z.B. Vereinbarungen zwischen den Tarifvertragsparteien gemäß § 14 Abs. 2 S. 3 TzBefrG möglich, mit denen Gründe für befristete Arbeitsverträge beschränkt werden.[769] Umgekehrt können aber tariflich die Höchstfristen als auch die Anzahl der Verlängerungen für sachgrundlos befristete Verträge ausdrücklich abweichend festgelegt werden, und zwar auch zu Lasten der Arbeitnehmer.[770] Insofern wird man nicht sagen können, dass derartige Tarifverträge hier generell einen zusätzlichen Schutz für die betroffenen Arbeitnehmer darstellen. Es liegt an den Tarifvertragsparteien, diese Möglichkeit zugunsten der Arbeitnehmer aufzunehmen. Davon ist allerdings in den heutigen Zeiten, in denen die Flexibilität der Arbeitsplätze beschworen wird, wenig zu bemerken.

a) Informations- und Vorschlagsrechte des Betriebsrats

Auf der Ebene des Betriebsrats besteht zunächst ein spezielles Informationsrecht gemäß § 20 TzBefrG. Die Vorschrift besagt nichts dazu, wie oft und intensiv der Arbeitgeber diese Informationen erteilen muss. Hierzu können allerdings die Grundsätze des allgemeinen Informationsrechts des Betriebsrats gemäß § 80 Abs. 2 BetrVG herangezogen werden, da sich dieses Recht auf die gesamte Betriebsratsarbeit erstreckt.[771] Das ergibt also ein umfassendes, auch die Vorlage der erforderlichen Unterlagen mit einschließendes Recht des Betriebsrats, rechtzeitig über die Anzahl befristet Beschäftigter und ihren Anteil an der Gesamtbelegschaft informiert zu werden. Das schließt eine regelmäßige Unterrichtung ein.[772]

Man wird diese Unterrichtung auch nicht nur allein auf diese zwei in § 20 TzBefrG genannten Parameter der Anzahl und des Anteils der befristet Beschäftigten reduzieren können, da es zu den allgemeinen Aufgaben des Betriebsrats gemäß § 80

---

769 Das dürfte eher selten vorkommen, vgl. *Körner* 26. BAG v. 21.2.2001, in: NZA 2001, 1141 f.

770 Küttner/*Kania* „Befristetes Arbeitsverhältnis" Rn 25; Regierungsentwurf BT-Drucksache 14/4374, 20.

771 *Fitting* § 80 Rn 48.

772 *Meinel/Heyn/Herms-Meinel* § 20 Rn 3.

Abs. 1 Nr. 8 BetrVG, die Beschäftigung zu fördern und zu sichern. Daraus folgt, dass dem Betriebsrat umfassend alle die hierfür erforderlichen Informationen erteilt werden, die etwa für das entsprechende Vorschlagsrecht des Betriebsrats bedeutsam sind.[773]

Denn der Betriebsrat kann gemäß § 92 a, 80 Abs. 1 Nr. 8 BetrVG Vorschläge zur Beschäftigungssicherung machen. Ein Betriebsrat kennt sich auf der Ebene des einzelnen Betriebs in der Regel gut aus, so dass hier sachgerechte Vorschläge erwartet werden können.[774] Da die Aufzählung in § 92 a Abs. 1 S. 2 BetrVG nur beispielhaften Charakter hat, was durch die Formulierung „insbesondere“ belegt ist, kann der Betriebsrat auch für die langfristige Eingliederung befristet Beschäftigter initiativ werden. Daraus folgt zwar kein Mitbestimmungsrecht, sondern lediglich ein Anspruch, dass diese Fragen mit dem Arbeitgeber zu beraten sind. Aber immerhin ergeben sich doch einige Handlungsmöglichkeiten für einen Betriebsrat.

b) Zustimmungsverweigerungsrecht des Betriebsrats bei Einstellungen?

Kann der Betriebsrat darüber hinaus bei Einstellungen Einfluss nehmen, ob diese befristet oder unbefristet erfolgt? Sein Zustimmungsverweigerungsrecht gemäß § 99 Abs. 3 BetrVG, das in Betrieben mit mehr als 20 Arbeitnehmern besteht, könnte ein Hebel sein, wenn z.B. geltend gemachte Sachgründe für eine Befristung gemäß § 14 Abs. 1 TzBefrG nicht greifen. Dann verstieße diese Befristung gegen das TzBefrG und deswegen liegt ein Gesetzesverstoß gemäß § 99 Abs. 2 Nr. 1 BetrVG vor.

Allerdings hat das Bundesarbeitsgericht dies verneint, weil es auf eine unzulässige Inhaltskontrolle von Arbeitsverträgen durch den Betriebsrat hinausliefe. Bei § 99 BetrVG stelle sich aber nicht die Frage nach der Zulässigkeit einzelner Vertragsklauseln, sondern, ob die Einstellung gerade dieser Person gesetzeswidrig ist.[775]

Das ist nicht haltbar. In dem Verfahren hat ein Betriebsrat die Entscheidung nicht nur zur Person und der ihn betreffenden Entscheidung „Einstellung ja oder nein“ zu treffen. Der Arbeitgeber hat nicht nur über die Person des Bewerbers zu unterrichten, sondern auch die möglichen Auswirkungen der – auch der Art – der Einstellung zu unterrichten. Ebenso weist § 99 Abs. 1 S. 2 BetrVG darauf hin, dass selbstverständlich auch die geplante Eingruppierung des Bewerbers Gegenstand des Verfahrens ist. Die Einstellung als personelle Maßnahme erreicht also auch die

---

773 Da § 20 TzBefrG eine Konkretisierung des allgemeinen Unterrichtungsanspruchs gemäß § 80 Abs. 2 BetrVG ist, gehört dieser Bereich auch zu den betriebsverfassungsgerichtlichen Angelegenheiten im Sinne des § 2 a Abs. 1 Nr. 1 ArbGG, weswegen ein Betriebsrat seinen Informationsanspruch auch gerichtlich geltend machen kann, *Körner* 39.

774 Gesetzesbegründung BT-Drucksache 14/5741, 29.

775 BAG v. 28.6.1994, in: AP § 99 BetrVG Einstellung Nr. 4; *Meinel/Heyn/Herms-Meinel* § 14 Rn 116; *Fitting* § 99 Rn 163.

individualvertragliche Ebene. Insofern muss es auch gestattet sein, als Betriebsrat nicht nur die Einstellung als solche zu beurteilen, sondern auch auf welcher Grundlage sie erfolgt. Sein Zustimmungsverweigerungsrecht beschränkt dabei nach wie vor auf die Frage eines Gesetzesverstoßes, nicht auf die Frage, ob eine befristete oder unbefristete Einstellung für opportun gehalten wird. Auf jeden Fall hat ein Arbeitgeber die Möglichkeit, bei einer Zustimmungsverweigerung das Verfahren zur Zustimmungsersetzung gemäß § 99 Abs. 3 BetrVG zu betreiben.[776]

Eine weitere Möglichkeit in größeren Betrieben ab 500 Mitarbeiter bietet die Einführung einer Auswahlrichtlinie gemäß § 95 BetrVG. Je genauer diese Richtlinie die Möglichkeiten befristeter Ausschreibungen beschreibt, desto eher ergibt sich ein zusätzliches Zustimmungsverweigerungsrecht gemäß § 99 Abs. 2 Nr. 2 BetrVG.

9. Prozessuales

Bei unwirksamen Befristungen von Arbeitsverträgen ist der Bestand des Vertrages als solches nicht betroffen, das Arbeitsverhältnis gilt als unbefristet abgeschlossen.[777] Dennoch muss der Arbeitnehmer aktiv werden, um diese unbefristete Beschäftigung geltend zu machen. Er hat drei Wochen Zeit, beim Arbeitsgericht auf Feststellung zu klagen, dass das Arbeitsverhältnis fortbesteht. Wird die Frist versäumt, wird das Ende des Arbeitsverhältnisses gemäß §§ 17 S. 2 TzBefrG, 7 KSchG durch den Fristablauf besiegelt.[778]

Diese Klagefrist gemäß § 17 TzBefrG beginnt mit dem (vermeintlichen) Ende der Befristung bzw. der vereinbarten Zweckerreichung gemäß § 21 TzBefrG zu laufen. Das betrifft bei mehreren, hintereinander geschalteten befristeten Verträgen dann den Ablauf der letzten Frist.[779] Daraus folgt, dass z.B. eine langfristige, sachgrundlose, über die zweijährige Begrenzung des § 14 Abs. 2 TzBefrG hinausreichende Beschäftigung nicht mehr gerichtlich überprüft wird, wenn mit diesem Arbeitnehmer daran anschließend z.B. mit dem Sachgrund der Vertretung ein weiterer befristeter Vertrag abgeschlossen wird.

Diese Ausschlussfrist betrifft alle Arten von Befristungen und alle Formen der unwirksamen Befristung, auch etwa wegen fehlender Schriftform[780] oder wenn eine Befristung an einen anderen sachlichen Grund als auf § 14 Abs.1 S. 2 Nr. 1 bis 8 TzBefrG geknüpft wird.[781]

---

776 BAG v. 16.7.1985, in: NZA 1986, 163 f.

777 BAG v. 26.4.1979, in: DB 1979, 1991; Küttner/*Kania* „Befristetes Arbeitsverhältnis“ Rn 45.

778 EK/*Müller-Glöge* § 17 TzBefrG Rn 11.

779 BAG v. 16.11.2005, in: NZA 2006, 784; Palandt/*Weidenkaff* § 620 Rn 28.

780 LAG Düsseldorf v. 26.9.2002, in: DB 2003, 668.

781 EK/*Müller-Glöge* § 17 TzBefrG Rn 3.

Zur Darlegungs- und Beweislast gelten die üblichen Regeln. Wer sich auf für ihn positive Rechtsfolgen beruft, muss die dafür erforderlichen Tatsachen darlegen und ggf. beweisen. Der Arbeitgeber, der eine sachlich gerechtfertigte Befristung geltend macht, muss diesen sachlichen Grund insgesamt beweisen.[782] Macht ein Arbeitnehmer etwa frühere Beschäftigungszeiten im Sinne des § 14 Abs. 2 S. 2 TzBefrG geltend, muss er diese wiederum beweisen.[783]

10. Sind befristete Arbeitsverhältnisse prekär?

Für die gesetzgeberischen Entscheidungen zum BeschFG von 1985 und für das sich anschließende TzBefrG werden arbeitsmarktpolitische Gründe geltend gemacht, um für die Arbeitgeber eine Hemmschwelle zur Einstellung von Mitarbeitern zu senken. Ob es eine solche Hemmschwelle gibt, ist zumindest zu bezweifeln. Letztendlich deutet der Anstieg der befristet Beschäftigten an der Gesamtzahl aller Beschäftigten darauf hin, dass hier Arbeitgeber dieses Gesetz dazu benutzen, die Beschäftigungsstruktur zu flexibilisieren.

Denn der Gesetzgeber hat zwar das arbeitsmarktpolitische Ziel, mehr Jobs zu ermöglichen. Er hat aber die sachgrundlose Befristung gerade nicht an die Bedingung geknüpft, dass diese nur bei Neueinstellungen zulässig ist. Denn nur eine Neueinstellung führt letztlich zu zusätzlicher Beschäftigung. Tatsächlich werden Arbeitsplätze, die früher unbefristet, jedoch mit einer Probezeit, ausgeschrieben wurden, heute zunehmend von vorneherein als befristete Verträge ausgestaltet. Das heißt, das BSchFG und später das TzBefrG substituieren unbefristete Stellen in befristete Stellen.

Individuell fällt natürlich das Fehlen des Kündigungsschutzes auf, der diesen Arbeitnehmern nicht zusteht. Selbst die gerichtliche Geltendmachung unwirksamer Befristungen ist durch die dreiwöchige Klagefrist sehr begrenzt.

Die übrigen Kriterien der prekären Arbeit werden ansonsten formal nicht erreicht, wenn z.B. die Entlohnung ansonsten angemessen ist. Allerdings erhöhen die tariflichen Öffnungsklauseln des TzBefrG auch die Gefahr, dass sich die Qualität der befristeten Beschäftigungsverhältnisse noch zum Nachteil der Arbeitnehmer verschlechtern kann. Hier wird allerdings auch darauf zu achten sein, dass befristet eingestellte Arbeitnehmer entsprechend ihrer Qualifikation vergleichbar mit den unbefristet eingestellten Arbeitnehmern bezahlt werden.

Ansonsten kommt die Annahme prekärer Arbeit verstärkt in Betracht, wenn neben der Befristung weitere dieser Kriterien vereinbart sind, wie z.B. Teilzeitbeschäftigung oder wenn Leiharbeitnehmer befristet beschäftigt werden.[784]

---

782 BAG v. 12.9.1996, in: DB 1997, 232; Schaub/*Koch* § 38 Rn 74.
783 LAG Niedersachsen v. 26.7.2004, in: NZA 2005, 410.
784 Vgl. hierzu Preis/*Tenbrock* 697 ff.

II. Freie Mitarbeiter

In der Praxis spielt die Unterscheidung von Arbeitsverhältnissen zu anderen Rechtsverhältnissen eine bedeutende Rolle. Das betrifft Dienstverträge für freie Mitarbeiter ebenso wie Werkverträge für Ein-Mann-Subunternehmer, Handelsvertreter oder Franchiseverträge.[785] Diese Wechselwirkung erweist sich vor allem durch die unterschiedliche Behandlung nach arbeits-, sozial- und steuerrechtlichen Gesichtspunkten als sehr bedeutsam.

Dabei hat die Gesetzgebung einen erstaunlichen Schwenk in der Bewertung der („Schein"-) Selbständigkeit vorgenommen. Früher stand im Zweifel die Arbeitnehmereigenschaft des Betroffenen auch aus sozialversicherungsrechtlichen Gründen im Vordergrund, wie durch den Beschäftigtenbegriff des § 7 Abs. 4 SGV IV in der Fassung des Korrekturgesetzes von 1999 belegt ist. Damals sollte „im Zweifel" die Arbeitnehmereigenschaft vorliegen, wenn von vier (später: fünf) Merkmalen zwei vorlagen. Ziel war es, die Basis für die sozialversicherungsrechtliche Beitragspflichten zu erweitern.

Mit dem 2001 in Kraft getretenen Gesetz zur Förderung der Selbständigkeit und dem damit verbundenen Konzept der „Ich-AG" ist eine Wandlung der gesetzgeberischen Zielrichtung eingetreten. In dem Bestreben, die Arbeitslosenzahl mit unterschiedlichsten Instrumenten zu reduzieren, wurde in den §§ 7 Abs. 4 S. 2 SGB IV, 421 SGB III ausdrücklich die Selbständigeneigenschaft gesetzlich festgelegt. Danach gilt unwiderleglich als Selbständiger, wer einen Existenzgründungszuschuss gemäß § 421 SGB III erhält. Hier wird also deutlich, dass zumindest in diesen Fällen die Maßstäbe der Rechtsprechung zur Differenzierung von selbständiger zu unselbständiger Arbeit nicht mehr anzuwenden sind. Hier wird also eine Tendenz erkennbar, dass zumindest in diesem Bereich die Einordnung als Arbeitnehmer schon gesetzlich ausgeschlossen ist, selbst wenn die sonstigen Kriterien der Arbeitnehmereigenschaft zutreffen. Hier kommt es schon gar nicht mehr darauf an, ob jemand tatsächlich unselbständig arbeitet – er bliebe in diesem Fall Selbständiger.

1. „Scheinselbständigkeit"

Die Bedeutung, Arbeitsverhältnisse von der freien Mitarbeit, aber auch von arbeitnehmerähnlichen Personen zu unterscheiden, liegt vor allem in den durch eine „Scheinselbständigkeit" verursachten sozial-, lohnsteuer- und arbeitsrechtlichen Konsequenzen.

Erweist sich nämlich eine freie Mitarbeit tatsächlich als arbeitsrechtliches Beschäftigungsverhältnis, sind u.U. erhebliche Sozialversicherungsbeiträge für die Zeit der Beschäftigung nach zu entrichten. Das betrifft die Kranken-, Pflege-, Arbeits-

---

785 *Franzen* in: FS Bundesarbeitsgericht, 31 ff.

losen- und Rentenversicherung. Der in diesen Fällen als Arbeitnehmer Eingestufte kann nur eingeschränkt zur Nachentrichtung herangezogen werden.[786] Denn § 28 g S. 2, 3 SGB IV beschränkt den Abzug zu Lasten des Arbeitnehmers auf das Arbeitsentgelt und das nur für einen maximalen Zeitraum von drei Monaten. Schuldner für die Sozialversicherungsabgaben ist der Arbeitgeber, § 28 e Abs. 1 S. 1 SGB IV. Je nach Dauer[787] und auch Anzahl der falsch eingeordneten freien Mitarbeiter kann sich daraus für ein Unternehmen eine erhebliche finanzielle und bilanzielle Belastung ergeben.

Ein Organ einer Gesellschaft macht sich außerdem gemäß § 266 a StGB wegen des Nichtabführens von Sozialversicherungsbeiträgen ggf. strafbar.

Um diese Situation zu vermeiden und Klarheit über den Status des Beschäftigten zu gewinnen, können Auftraggeber (aber auch ein so Beschäftigter) gemäß § 7 a SGB IV bei dem Versicherungsträger[788] ein so genanntes Anfrageverfahren zur Statusklärung betreiben. Eine Auskunft der Krankenkasse ist allerdings für die Bundesagentur für Arbeit nicht zwingend verpflichtend,[789] so dass ein an Klärung Interessierter alle in Frage kommenden Versicherungsträger um Auskunft ersuchen sollte.

Auch für die nicht abgeführte Lohnsteuer haftet der Arbeitgeber gemäß § 42 d Abs. 1 Nr. 1 EStG, auch wenn er hier einen Rückgriffsanspruch gegen den Arbeitnehmer hat, weil dieser weiter Steuerschuldner bleibt.

Arbeitsrechtlich wird ein zu Unrecht als freier Mitarbeiter Beschäftigter wie ein Arbeitnehmer behandelt. Er kann sich auf die Arbeitsschutzbestimmungen ebenso berufen wie auf den Kündigungsschutz. Tarifverträge und Betriebsvereinbarungen werden auf ihn anzuwenden sein. Er kann Entgeltsfortzahlungsansprüche wegen Krankheit und Urlaub geltend machen. Die Vergütung muss zumindest entsprechend § 612 Abs. 2 BGB üblichen, ggf. tariflichen Maßstäben entsprechen.[790] Es läge also gerade kein prekäres Beschäftigungsverhältnis vor. All diese Schutzbestimmungen des Arbeitnehmers kommen dem freien Mitarbeiter eben nicht zugute.

2. Arbeitnehmerähnliche Personen

Hierbei handelt es sich um Beschäftigte, die zwar wirtschaftlich, aber nicht persönlich abhängig sind.[791] Der Begriff der „arbeitnehmerähnlichen Person“ wird

---

786 *Reiserer* in: BB 2003, 1557/8 m.w.N.

787 Verjährung tritt frühestens nach vier Jahren ein, § 25 Abs. 1 S. 1 SGB IV.

788 Die Krankenkasse ist die zuständige Einzugsstelle gemäß § 28 h Abs. 2 SGB IV.

789 So BSG v. 6.2.1992, in: BB1992, 2437.

790 BAG v. 9.7.1986, in: AP § 242 Geschäftsgrundlage Nr. 7; BAG v. 21.1.1998, in: BB 1998, 796; LAG Köln v. 10.10.1996, in: LAGE § 611 BGB Nr. 7.

791 *Linnenkohl* in: BB 1999, 48/53.

in Anlehnung an in Heimarbeit Beschäftigte benutzt, sei es, dass sie Heimarbeiter oder Hausgewerbetreibende sind, §§ 1 Abs. 1, 2 Abs. 1 und 2 HAG.[792] Vergleichbar sind die so genannten „Einfirmenvertreter“ gemäß § 92 a HGB. Hier hat der Gesetzgeber einige Schutzvorschriften vorgesehen, weil es sich bei diesen Personen um wirtschaftlich Abhängige handelt, deren Arbeitsabläufe in die Betriebsorganisation des Auftragsgebers eingebettet sind (ohne dass diese persönlich in die betriebliche Organisation eingegliedert sind) und deren Arbeitsergebnisse dem Auftraggeber zufließen. Dieses Ergebnis ergibt sich daraus, dass § 2 Abs. 1 und 2 HAG ausdrücklich auf den fehlenden freien Marktzugang bzw. auf die Verwertung durch den Auftraggeber abstellt. Dieses Merkmal betrachtet der Gesetzgeber also als wesentlichen Unterschied zum wirtschaftlich Selbständigen und damit zum eigentlichen Unternehmer. Im übrigen arbeiten die arbeitnehmerähnlichen Personen auf der Basis eines Dienstvertrages im Sinne des § 611 BGB.[793]

Einige Vorschriften des Arbeitsrechts sind auf arbeitnehmerähnliche Personen anwendbar. Ihnen steht der Rechtsweg zu den Arbeitsgerichten offen, §§ 2 Abs. 1 Nr. 3, 5 Abs. 1 ArbGG, sie sind in den Arbeitsschutz, § 2 Abs. 2 Nr. 3 ArbSchG, in das Urlaubsrecht, § 2 BUrlG, in den Diskriminierungsschutz gemäß § 6 Abs. 1 Nr. 3 AGG mit einbezogen.[794] Tarifvertragliche Regelungen können gemäß § 12 a TVG auf arbeitnehmerähnliche Personen ausgedehnt werden. Zumindest die Rentenversicherungspflicht ist gemäß § 2 S. 1 Nr. 9 SGB VI auch auf diese arbeitnehmerähnlichen Personen ausgedehnt.

Das alles ist ein relativ geringer Schutz, obgleich der Gesetzgeber z.B. im HAG die soziale Schutzbedürftigkeit der arbeitnehmerähnlichen Personen herausgestellt hat. So sind die Kündigungsfristen des §§ 622 Abs. 2 BGB oder des § 29 HAG für arbeitnehmerähnliche Personen außerhalb der Heimarbeit nicht anwendbar.[795] Auch eine Gleichstellung der arbeitnehmerähnlichen Personen mit Arbeitnehmern hat das Bundesarbeitsgericht abgelehnt. Es liege insofern weder eine Regelungs- noch Gerechtigkeitslücke vor.[796]

Mangels sonstiger gesetzlicher Protektion für diese Beschäftigtengruppe müsste es im Interesse der Sozialpartner und hier der Interessenvertretungen der arbeitnehmerähnlichen Personen liegen, hier Abhilfe zu schaffen, um ein Anwachsen prekärer Beschäftigung zu verhindern.

---

792 Näher zur Heimarbeit im 2. Kap. § 5 V.

793 BAG v. 8.5.2007, BB 2007, 2298/2300.

794 § 138 SGB IV nennt ebenso die in Behindertenwerkstätten Beschäftigten „arbeitnehmerähnliche Personen“, wobei aber das Sozialleistungsverhältnis in der Regel im Vordergrund steht.

795 BAG v. 8.5.2007, BB 2007, 2298 f. für einen Frachtführer.

796 BAG v. 20.1.2004, BAGE 109, 180; BAG v. 8.5.2007, BB 2298/9 für Kündigungsfristen.

3. Freie Mitarbeit

Die freie Mitarbeit hat in der Praxis eine große Bedeutung. Betroffen sind vor allem der Schul- und Bildungssektor mit Dozenten und Lehrkräften, der Bereich Rundfunk und Medien, Kunst und Kultur, der Vertrieb (Pharmaberater, Versicherungsvermittler, -vertreter, Verkaufsfahrer).[797] Die Initiative zur Beschäftigung freier Mitarbeiter geht dabei in der Regel kraft seiner Organisationsgewalt vom Unternehmer aus.

a) Begriff des freien Mitarbeiters

Die rechtliche Diskussion um die Abgrenzung von Arbeitnehmern zu freien Mitarbeitern orientiert sich an dem Begriff des Arbeitnehmers. Diese richtet sich vor allem nach dem Kriterium der persönlichen Abhängigkeit.[798] Hierzu wird generell auf § 84 Abs. 1 S. 2 HGB zurückgegriffen, obwohl sich diese Vorschrift im engeren Sinne lediglich auf die Abgrenzung von Handelsvertretern zu kaufmännischen Angestellten bezieht. Ihre Anwendung auch auf die freien Mitarbeiter soll einer allgemeinen gesetzgeberischen Wertung für die Differenzierung von freien Dienst- zum Arbeitsvertrag entsprechen.[799] Mit dem Verweis auf § 84 Abs. 1 S. 2 HGB wird vor allem die Weisungsgebundenheit des Arbeitnehmers als Hauptkriterium seiner persönlichen Abhängigkeit und damit für seine Arbeitnehmereigenschaft herausgestellt.

aa) Weisungsgebundenheit

Allerdings gibt es auch Weisungsgebundenheiten auch in anderer Form, etwa bei freien Unternehmern als Auftragnehmer. Zu denken ist z.B. an das in §§ 665, 645 BGB vorausgesetzte Weisungsrecht des Auftraggebers, oder auch an § 383 HGB bzgl. des Weisungsrechts des Kommittenten. Worin liegen nun die Unterschiede?

Für die Arbeitnehmer wird im Rahmen des § 84 Abs. 1 S. 2 HGB vor allem die zeitliche und örtliche Weisungsgebundenheit hervorgehoben. Aber auch die fachlich-inhaltliche Weisungsgebundenheit eines Arbeitnehmers gehört ebenso zum weiter gefassten Weisungsrecht des Arbeitgebers, das sich nicht nur auf das „wo“ und „wann“, sondern auch auf das „wie“ der Arbeitsleistung bezieht. Daran ist auch festzuhalten, wenn es im Einzelfall häufig gar nicht einfach ist, es in der Praxis fachlich auszuüben.[800] Man denke nur an den EDV-Mitarbeiter, auf dessen

---

797 Vgl. *Reiserer* in: BB 1998, 1258/1260 ff. m.w.N.

798 BAG v. 15.3.1978, in: EZA § 611 Arbeitnehmerbegriff Nr. 16, 17; BAG v. 13.1.1983, in: BB 1983, 1855; BAG v. 27.3.1991, in: BB 1991, 1414; zur Ableitung s. *Franzen* in: FS Bundesarbeitsgericht, 31/7.

799 BAG v. 21.2.1990, in: EZA § 611 Arbeitnehmerbegriff Nr. 32; *Berndt* in: BB 1998, 894.

800 *Berndt* in: BB 1998, 894 f.

Spezialgebiet ein Vorgesetzter oder gar ein GmbH-Geschäftsführer fachlich keine inhaltlichen Anweisungen zu geben vermag. Mehr als ein auf die Erreichung eines Ziels ausgerichteter Arbeitsauftrag ist in diesen Fällen gar nicht praktikabel. Insofern wird die fachlich-inhaltliche Weisung allenfalls ergänzend als ein Kriterium für die Arbeitnehmereigenschaft heranzuziehen sein.

Außerdem wird für die Abgrenzung von Arbeitnehmern und Selbstständigen darauf abgestellt, ob der Mitarbeiter in den Betrieb des Arbeitgebers, in dessen fremdnützige Arbeitsorganisation eingegliedert ist.[801] Die Arbeitsergebnisse gehören dem Arbeitgeber und werden von diesem weiter verwertet in eine weitere Veredelung von Produkten und Dienstleistungen oder direkt im Vertrieb. Darüber mitzubestimmen ist dem Arbeitnehmer verwehrt. Als Gegenleistung für diese Eingliederung wird er unter den Schutz des Arbeits- und Sozialrechts gestellt.[802] Insofern ist zu unterscheiden zwischen tatsächlich selbständig Tätigen, deren Arbeiten letztlich auch dem Auftraggeber zugute kommen. Darauf kommt es aber nicht an. Entscheidend ist, dass der Arbeitnehmer seine Arbeit nicht selbst verwertet, der Selbständige hingegen schon.[803] Insofern geht die arbeitsrechtliche Weisungsgebundenheit über die Weisungsgebundenheit in Verträgen zwischen freien Auftraggebern und -nehmern hinaus.

bb) Wirtschaftliche Abhängigkeit

Letztendlich ist noch das Kriterium der wirtschaftlichen Abhängigkeit des Betroffenen von seinem Arbeitgeber zu prüfen. Diese wird zwar in der Rechtswissenschaft nicht in den Kriterienkatalog zur Prüfung der Arbeitnehmereigenschaft mit einbezogen. Wenn jedoch der Betroffene nicht über die Arbeitsergebnisse verfügen kann, sondern diese in das Produktions- oder Vertriebskonzept des Arbeitgebers einfließen, wird damit die – auch als Kriterium anerkannte – Eingliederung in die Betriebsorganisation letztlich nur vollendet.

Die wirtschaftliche Abhängigkeit wird vom Gesetzgeber nur im Rahmen der arbeitnehmerähnlichen Personen als Begriff eingeführt, vgl. § 2 Abs.1 und 2 HAG. Sie reicht danach für die Annahme einer Arbeitnehmereigenschaft allein nicht aus. Hinzukommen muss die persönliche Abhängigkeit. Allerdings ist die wirtschaftliche Abhängigkeit nichts anderes als eine besondere Ausprägung der persönlichen Abhängigkeit. Die zeitliche, örtliche und inhaltliche Abhängigkeit des Arbeitneh-

---

801 *Reiserer* BB 1998, 1258/9, durch die Einbeziehung in einen Schichten- oder Dienstplan, Berichtserstattungspflichten, einheitliche Behandlung der mit gleichen Aufgaben Betrauten, kein Ablehnungsrecht für gestellte Aufgaben.

802 *Berndt* BB 1998, 894 f.; dementsprechend stellt des BSG v. 21.1.1981, in: BSGE 51, 164/7 als ein Unterscheidungskriterium direkt auf die soziale Schutzbedürftigkeit des Betroffenen ab.

803 *Franzen* in: FS Bundesarbeitsgericht, 31/40.

mers wird ergänzt durch die in seiner Person liegende Angewiesenheit auf diesen Arbeitsplatz. Das ist nichts anderes als seine wirtschaftliche Abhängigkeit.

Dass diese Teil der persönlichen Abhängigkeit ist, wird auch durch den sprachlichen Gegenbegriff deutlich. Das Gegenteil von „persönlich“ ist nicht „wirtschaftlich“, sondern „sachlich“. Die persönliche und wirtschaftliche Abhängigkeit von einem Auftraggeber oder Arbeitgeber sind daher kein grundsätzlich gegenteiliges Begriffspaar, sondern ergänzen sich.

cc) Unternehmerrisiko bei mehreren Auftraggebern

Die wirtschaftliche Abhängigkeit zeichnet außerdem die überwiegende Singularität des Auftraggebers/Arbeitgebers als Merkmal aus. Dementsprechend sind z.B. bereits Nebentätigkeiten in zahlreichen Arbeitsvertragsmustern nur restriktiv oder gar nicht zugelassen.[804] Anders ist es bei einem echten Selbständigen, der mehrere Auftraggeber tätig ist.

Letztlich macht dies einen Selbständigen aus, ob er selbst als Anbieter von Dienstleistungen am Markt auftritt, um sich unternehmerisch zu betätigen und selbst das Unternehmerrisiko freiwillig zu übernehmen.[805] Zwar ist dieses Kriterium wegen mangelnder Unterscheidungskraft angegriffen worden.[806] Dennoch berührt es gerade den Kern einer selbständigen Tätigkeit und kann daher für die notwendige Abgrenzung der Arbeitnehmer von freien, selbständigen Mitarbeitern nicht vernachlässigt werden.

Fraglich ist dagegen, ob die Tatsache, dass jemand auf Dauer für einen einzigen Auftrag- (Arbeit-) Geber ohne eigene Mitarbeiter, ohne eigenes Kapital und ohne eigene Organisation für die Einstufung als Arbeitnehmer maßgeblich ist.[807] Diese Kriterien können nur im Einzelfall herangezogen werden. Insbesondere für Tätigkeiten, wie sie für Freiberufler üblich sind, ist für die Ausübung der Tätigkeit keines der vorgenannten Kriterien zwingend. Für Rechtsanwälte, Ingenieure, Architekten usw. ist weniger der Einsatz eigenen Kapitals oder einer eigenen Betriebsstätte erforderlich, da diese Tätigkeiten geistig-schöpferischer Natur sind.[808] Dennoch kann es sich bei ihnen entweder um Arbeitnehmer oder um selbständig Tätige handeln. Hier sind auch Gestaltungen denkbar, dass ein Auftrag von einem Auftraggeber so auslastet, dass es einer auf Dauer angelegten Vollzeittätigkeit gleichkommt. Als Beispiel sei hier ein selbständiger Ingenieur genannt, der

---

804 Das ist in der Praxis nach wie vor anzutreffen, obwohl es Arbeitnehmern arbeitsrechtlich durchaus zusteht, Nebentätigkeiten auszuüben, so lange die Erfüllung seiner arbeitsrechtlichen Verpflichtungen dadurch nicht gefährdet wird, vgl. Schaub/*Linck* § 42 Rn 3 ff.

805 *Wank* 117.

806 *Franzen* in: FS Bundearbeitsgericht, 31/8.

807 *Wank* 82 ff.; LAG Köln v. 30.6.1995, in: AuR 1996, 413; ArbG Nürnberg v. 31.7.1996, in: NZA 1997, 37.

808 *Berndt* in: BB 1998, 894/6.

über mehrere Jahre in einem komplexen technischen Projekt beauftragt wird. Wenn allerdings die Kriterien insbesondere zur Eingliederung in eine fremde Betriebs-, hier: Projektorganisation und die Fremdnützigkeit der Tätigkeit vorliegen, dürfte allerdings eine Arbeitnehmereigenschaft des Betroffenen nahe liegen.[809]

dd) § 613 BGB

Für die Frage, ob ein Arbeits- oder ein freies Dienstverhältnis vorliegt, kann auch § 613 BGB eine Rolle spielen. Danach sind die versprochenen Dienste im Zweifel persönlich zu erbringen. Zwar ist diese Vorschrift in jedem Dienstverhältnis im Einzelfall abdingbar, also theoretisch auch für Arbeitsverträge. In der Praxis ist das im Arbeitsrecht jedoch nicht üblich, Ausnahmen hiervon sind sehr ungewöhnlich.[810] Arbeitnehmer haben ihre Dienste daher höchstpersönlich zu erbringen.

Im Umkehrschluss wird man annehmen können, dass die vertraglich vereinbarte Möglichkeit, die Dienste auch durch Dritte erbringen zu lassen, ein Indiz für ein freies Dienstverhältnis ist. So wird etwa bei der Beauftragung von Rechtsanwalts-Kanzleien in der Regel vereinbart, dass nicht nur ein Anwalt, sondern auch ein Sozius oder ein Angestellter der Kanzlei das entsprechende Mandat (mit-) bearbeiten kann.[811] Denn diese Möglichkeit der Delegation von (Teil-) Aufgaben einer Dienstleistung spricht für eine größere Selbständigkeit des Beauftragten, die Dienste eigenständig und damit weisungsunabhängig zu erbringen und eröffnet auch die Chancen, den eigenen Marktzugang zu erweitern. Dieser eigene Zugang zum Markt ist aber eben auch ein Ausweis der echten Selbständigkeit.

ee) Vergütungshöhe

Auch die Vergütungshöhe kann als Indiz für die Einordnung eines Rechtsverhältnisses als Arbeits- oder freier Dienstvertrag von Bedeutung sein. Ist diese nämlich so hoch, dass zweifelsfrei ein auskömmliches Auskommen und eine entsprechenden Risikovorsorge möglich ist, liegt die für Arbeitnehmer typische soziale Schutzbedürftigkeit nicht vor. Ein solches Beschäftigungsverhältnis ist nicht prekär. Gestützt wird dieses Kriterium als Unterscheidungsmerkmal durch § 12 a Abs. 1 TVG, der sich konkret auf die soziale Schutzbedürftigkeit von arbeitnehmerähnlichen Personen bezieht. Ob die Honorierung dabei monatlich oder vierteljährlich bezahlt wird, ist dabei von untergeordneter Bedeutung.[812]

809 **A.A.** *Berndt* in: BB 1998, 894/6.

810 LAG Düsseldorf v. 16.5.1967, in: NJW 1967, 2177; EK/*Preis* § 613 BGB, Rn 3; als Ausnahme wird dort das Hausmeisterehepaar erwähnt. Palandt/*Weidenkaff* § 613 Rn 1.

811 Palandt/*Weidenkaff* § 613 Rn 3.

812 *Berndt* in: BB 1998, 894/5.

Aber auch bei der Beurteilung eher geringerer Beträge ist die Vergütung eine Betrachtung wert. Über einen Rückgriff auf das ArbGG kann zumindest ein grundlegender Maßstab gefunden werden, der einen Fingerzeig dafür bietet, was dem Gesetzgeber als Mindestkondition für die Unterscheidung von Selbständigen zu Arbeitnehmern vorschwebt. Zwar geht es „nur“ um die Zuständigkeit der Arbeitsgerichte bei Handelsvertretern. § 5 Abs. 3 ArbGG bezeichnet dabei jene exklusiv für einen Auftraggeber tätige Handelsvertreter im Sinne des § 92 a HGB als Arbeitnehmer, die eine regelmäßige Vergütung von weniger als 1000 € pro Monat erhalten. Darin sind alle Vergütungselemente einschließlich evtl. Aufwandsentschädigungen enthalten.[813]

Zwar betrifft das nur die einzelne Gruppe der Handelsvertreter, und nicht alle Arten der freien Mitarbeit. Hier drängt sich jedoch ein Vergleich mit der Pfändungsfreigrenze für eine Person gemäß § 850 c ZPO auf. Danach ist (aktuell bis zum 30. 6. 2009)[814] ein Betrag von 985, 15 € pfändungsfrei. Auch hier ist der Anwendungsbereich zunächst beschränkt auf das Verhältnis zwischen Schuldner und Gläubiger, und insofern zunächst ohne Aussage darüber, welchen Wert eine Dienstleistung eines freien Mitarbeiters hat.[815]

Dennoch kann nicht darauf verzichtet werden, darauf hinzuweisen, dass der Gesetzgeber zumindest in § 92 a HGB in Verbindung mit § 5 Abs. 3 ArbGG diese Größenordnung als Vergütungsuntergrenze für den sozialen und wirtschaftlichen Schutz der Betroffenen eingeführt hat. Insofern ergibt sich eine Analogie zu vergleichbaren Tätigkeiten als freier Mitarbeiter, die ihrerseits ebenfalls eines derartigen Schutzes bedürfen. Aus diesem Grund kann hier der Betrag dessen, was ein Gläubiger einem Schuldner selbst wegen dessen berechtigten, gerichtlich festgestellten Ansprüchen monatlich als Minimum behalten soll, als genereller Maßstab herangezogen werden. In diesem Rahmen wäre daher die Vergütung von monatlich ca. 1.000,– € durch einen alleinigen Auftraggeber schon als ein Kriterium für die Einstufung eines Beschäftigten als Arbeitnehmer oder freier Mitarbeiter maßgeblich.

ff) Andere formale Kriterien

Weitere, als formale einzuordnende Kriterien können allein nicht die Frage beantworten, ob es sich um ein Arbeits- oder freies Mitabeiterverhältnis handelt. Dazu zählen die Entgeltfortzahlung im Krankheits- oder Urlaubsfall, Führung von Personalakten, Abführung von Lohnsteuer und Sozialabgaben, der Ausweis der Umsatzsteuer bei Honorarzahlungen, oder eine Gewerbeanmeldung. Derartige

---

813 EK/*Oetker* § 92 a HGB Rn 1 a.E.

814 Vgl. Pfändungsfreigrenzenbekanntmachung vom 25.2.2005, BGBl. I 2005, 493 ff., in Verbindung mit der Bekanntmachung zu § 850 c Zivilprozessordnung vom 22.1.2007.

815 Aus diesem Grund § 850 c ZPO als Kriterium ablehnend Schaub/*Linck* § 36 Rn 9.

Kriterien sagen für sich noch nichts über den Charakter des Beschäftigungsverhältnisses aus, und können daher allenfalls hilfsweise als Indizien herangezogen werden.[816]

gg) Fazit

Maßgeblich ist also nicht nur ein einziges der vielen Merkmale, es kommt vielmehr auf die Gesamtschau aller Kriterien an, die für die Beurteilung als freier Mitarbeiter oder Arbeitnehmer wichtig sind.[817] Es ist typisch für das Arbeitsrecht, dass hier keine generellen, abstrakten Merkmale als Kriterien heranzuziehen sind, sondern diese Frage je nach der Art der Beschäftigung mit einer einzelfallbezogenen Betrachtung zu beantworten, wobei die vorgenannten konkreten Abgrenzungskriterien (und nicht nur eines) heranzuziehen sind.[818] Der Preis für eine solche Einzelfallentscheidung ist zuweilen eine gewisse Rechtsunsicherheit.[819]

Dementsprechend wird für die Vertragsgestaltung empfohlen, darin nicht nur die Aufgaben des freien Mitarbeiters, festzulegen, sondern auch seine Autonomie, Aufträge ablehnen zu können, und Dritte für die Auftragsbearbeitung einsetzen zu können.[820]

b) Wahl zwischen freiem Mitarbeiterverhältnis oder Arbeitsverhältnis?

Allerdings kommt es auf die Bezeichnung des Vertrags als solches für die Einstufung eines Beschäftigungsverhältnisses als Arbeits- oder freies Mitarbeiterverhältnis nicht an.[821] Ebensowenig ist auch die nur formale Aufnahme der o.a. einzelnen Klauseln in den Vertrag oder dessen sonstige Ausarbeitung und Ausgestaltung allein entscheidend.

Für die rechtliche Einordnung eines solchen Vertrages ist sowohl die Gestaltung des Vertragsinhalts wie auch ihre tatsächliche Durchführung maßgeblich.[822] Weicht tatsächlichen Handhabung derart von den inhaltlichen Bestimmungen eines freien Mitarbeitervertrages ab, dass sie eigentlich der Durchführung eines

---

816 BAG v. 9.6.1993, in: NZA 1994, 170; *Reiserer* in: BB 1998, 1258/1260; *Berndt* in: BB 1998, 894 f.

817 BAG v. 23. 4. 1980, in: EZA § 611 Arbeitnehmerbegriff Nr. 21; BAG v. 12.9.1996, in: BB 1996, 2690; *Ory* in: BB 1999, 696.

818 BAG v. 15.3.1978, in: EZA § 611 Arbeitnehmerbegriff Nr. 17; BAG v. 23.4.1980, in: EZA § 611 Arbeitnehmerbegriff Nr. 21; BAG v. 9. 5. 1984, in: EZA § 611 Arbeitnehmerbegriff Nr. 30; *Berndt* in: BB 1998, 894/5.

819 *Reiserer* in: BB 1998, 1258/60 f. mit Einzelbeispielen.

820 *Reiserer* in: BB 2003, 1557/8.

821 *Reiserer* in: BB 2003, 1557.

822 *Reiserer* in: BB 1998, 1258/9; BB 2003, 1557; *Berndt* in: BB 1998, 894/6.

reinen Arbeitsvertrages entspricht, ist die tatsächliche Praxis für die rechtliche Einordnung des Beschäftigungsverhältnisses maßgeblich. In diesen Fällen kann also trotz entgegenstehender Vertragsbestimmungen dennoch das Arbeitsrecht anzuwenden sein.[823]

c) Eigeninitiativen durch den Betroffenen selbst?

Allerdings ist auch eine andere Motivation für eine freie Mitarbeit denkbar. Was ist, wenn Betroffene ihr Schicksal selbst in die Hand nehmen und mit dem Arbeitgeber ein Selbständigen-Modell aushandeln, das aus welchen Gründen auch immer, ihnen Vorteile geben sollte, sei es um größere Autonomie in Zeit und Mobilität zu erreichen, sei um eine drohende Arbeitslosigkeit zu vermeiden, sei es aus anderen Gründen? In einer Entscheidung des Bundesarbeitsgerichts[824] ging es um einen wissenschaftlichen Angestellten, der seinem Arbeitgeber wegen des Auslaufens von Befristungsregelungen vorschlug, an dem betreffenden Projekt weiter zu arbeiten. Die für das Projekt entstehenden Kosten sollten durch Spenden und Drittmittel gedeckt werden; bei ggf. ausbleibenden Drittmitteln sollte der Mitarbeiter in die Haftung hierfür gehen.

Diese nahm das betreffende Institut auch in Anspruch, als die Drittmittel ausblieben. Das Bundesarbeitsgericht hat hier diese Regelung gemäß § 138 BGB für sittenwidrig erklärt. Zur Begründung verweist es auf das o.a. wesentliche Kriterium zur Abgrenzung der Arbeitnehmer von Selbständigen: wer trägt das Betriebs- und Wirtschaftsrisiko? Wenn hierzu der Arbeitnehmer herangezogen werde, ohne hierfür eine entsprechende Gegenleistung zu erhalten, so ist das sittenwidrig, auch wenn es hier weniger um einen wirtschaftlichen Erfolg ging, sondern um ein wissenschaftliches Projekt. Stellt man auf die Vertragsfreiheit ab, ließe zumindest der Umstand, dass der Vorschlag für diese Handhabung ja von dem betroffenen Arbeitnehmer selbst stammt, an dieser Entscheidung zweifeln. Aber selbst derartige arbeitnehmerseitige Initiativen stehen doch häufig unter dem Damoklesschwert einer Zwangslage des Betroffenen oder werden doch durch den Arbeitgeber ausgelöst, der aus der schwächeren Verhandlungsposition des Betroffenen Vorteile erreichen will. Insofern ist zwar die Frage, von welcher Seite eine derartige Initiative ausging, zulässig und vermag im Einzelfall die Wertung einer solchen Abrede als noch den guten Sitten entsprechend rechtfertigen. Das wird jedoch eher der Ausnahme- denn der Regelfall sein. Häufiger wird die Möglichkeit, freie Mitarbeiter einzusetzen, eher von arbeitgeberorientierten Autoren gefeiert – um Personalkosten zu reduzieren,[825] aber immer mit den Hinweisen,

---

823 BAG v. 13.1.1983, in: EZA § 611 BGB Arbeitnehmerbegriff Nr. 26; BAG v. 20.7.1994, in: EZA § 611 Arbeitnehmerbegriff Nr. 54.

824 BAG v. 10.10.1990, NJW 1991, 860.

825 *Pohle* in: BB 1999, 2401/2; *Reiserer* in: BB 2003, 1557.

wie die Gefahr der „Scheinselbständigkeit" vermieden wird.[826] Ebenso wenig fehlt der Hinweis, dass nach 1999/2001 durch gesetzgeberische Eingriffe die Möglichkeit zu freier Mitarbeit erleichtert wurde.[827] Kritik an dieser Praxis ist denn auch als „Hetzjagd" bezeichnet worden.[828] Daneben wird auch bereits seit längerem die Veränderungen der Industriegesellschaft in eine Dienstleistungsgesellschaft beschworen, die eine Änderung des Arbeitsmarkts hin zu einer neuen „Selbständigen"-Kultur erforderlich machten.[829]

Dabei soll es weniger um eine Kostenersparnis gehen, wenn Arbeitnehmer durch freie Mitarbeiter ersetzt werden. Es werden – neben dem tatsächlich erweiterten Spektrum an Dienstleistungen – organisatorische Gründe angeführt, die zu einem Zuwachs der „neuen" Selbständigen führt, in dem Betriebe Nebenfunktionen und betriebliche Tätigkeitsabläufe vermehrt ausgliedern.[830] Dass derartige Outsourcing-Maßnahmen natürlich hauptsächlich betriebswirtschaftliche Kostengründe haben, führt letztlich doch wieder zur angestrebten Kostenersparnis, die Unternehmer mit dem Einsatz freier Mitarbeiter erzielen wollen.

d) Inhaltliche Gestaltung

Für die rechtliche Gestaltung des freien Beschäftigungsverhältnisses kommt es zunächst auf die inhaltliche Ausgestaltung des Vertrages an. Ergibt sich bereits daraus, dass der Auftraggeber daran interessiert ist, den Mitarbeiter zeitlich, räumlich und inhaltlich zu führen und will er ihn in eine bestehende Struktur seines Betriebs integrieren, handelt es sich um ein Arbeitsverhältnis. Nur wenn der Mitarbeiter im wesentlichen frei und unabhängig arbeiten kann, kommt ein freier Mitarbeitervertrag in Betracht.[831] Dieser kommt etwa als Dienstleistungsrahmenvertrag mit einer entsprechenden Beschreibung der einzeln abzurufenden Dienste in Betracht. Aber auch ein Projektrahmenvertrag, der für die einzelnen, separaten Projektaufträge, etwa im Web-, Werbe- oder EDV-Bereich, die Grundkonditionen regelt, kommt hier in Frage.

Auf jeden Fall sollte ein freier Mitarbeitervertrag eine Aussage darüber treffen, ob der Betroffene Einzelaufträge ablehnen darf, wie sie zeitlich, räumlich und inhaltlich abzuarbeiten sind und ob der freie Mitarbeiter zur Erledigung des Auftrags dritte Personen einsetzen darf.[832] Die Prüfung der einzelnen Haupt- und Nebenleistungspflichten des zugrunde liegenden Vertrags auf die Auswirkungen der

826 *Ory* in: BB 1999, 696 mit dem bezeichnenden Titel „So wird Scheinselbständigkeit vermieden".

827 *Reiserer* in: BB 2003, 1557.

828 *Reiserer* in: BB 2003, 1557.

829 *Linnenkohl* in: BB 1999, 48, 50; ders., in: BB 1999, 48; *Reiserer* in: BB 1998, 1258 mit Bezug zu Beschäftigungsleitlinien der EU.

830 *Franzen* in: FS Bundesarbeitsgericht, 31/6.

831 *Reiserer* in: BB 2003, 1557/8.

832 *Reiserer* in: BB 1998, 1258/1263 f.

persönlichen und wirtschaftlichen Abhängigkeit des Betroffenen gehört damit zum Instrumentarium, mit dem die Tätigkeit eines Auftragnehmers untersucht wird, ob sie selbständig oder nicht erfolgt.[833]

e) Sittenwidrige Bezahlung?

Bei der inhaltlichen Gestaltung eines freien Mitarbeitervertrags ist ein Aspekt wegen der Beurteilung als „prekäre“ Beschäftigung von großer Bedeutung – das betrifft die angemessene Bezahlung. Während im Arbeitsrecht für Arbeitnehmer im Normalfall vielfach eine tarifliche oder ähnliche Orientierung möglich ist, wie eine Tätigkeit angemessen entlohnt wird, fehlt ein derartiges Instrumentarium für freie Dienstverträge weitgehend.[834]

Eine Grenze, ab wann eine Bezahlung von Arbeitnehmern als zu niedrig und sittenwidrig einzustufen ist, lässt sich nicht in einer allgemeingültigen Aussage zusammenfassen. Dennoch führt eine erhebliche Unterschreitung gegenüber dem allgemeinen Lohnniveau zur Sittenwidrigkeit des Arbeitsvertrages gemäß § 138 BGB.[835] So wurde eine Bezahlung von Lehrern unter 75 % der üblichen Vergütung im öffentlichen Dienst für sittenwidrig angesehen.[836]

Für freie Mitarbeiter ist der Maßstab für eine angemessene Vergütung schwieriger zu ermitteln. Zum einen liegt es daran, dass es bei dieser Beurteilung auf das Verhältnis von Leistung und Gegenleistung ankommt. Zum anderen fehlt es vielerorts an allgemeinen Vergleichsmaßstäben. Lediglich für Handelsvertreter, die vertraglich an einen Auftraggeber gebunden sind, ist gesetzlich in § 92 a HGB ein Mindestschutz gegen denkbare Hungerprovisionen auf niedrigem Niveau vorgesehen. Allerdings ist von der dort genannten Ermächtigung des Bundesjustizministeriums für den Erlass einer entsprechenden Rechtsverordnung, die entsprechende Mindestkonditionen für diese Selbständigen vorschreibt, bislang nicht ausgenutzt worden.[837]

Aber mit der Ergänzung der in § 5 Abs. 3 ArbGG festgesetzten Grenze, dass, wer als derartiger Handelsvertreter durchschnittlich weniger als 1000,– € pro Monat erhält, lässt sich eine Größenordnung feststellen, bei der dem Gesetzgeber zumindest die Einordnung dieser Vertreter als Arbeitnehmer wichtig war.[838] Gleichzeitig ist aber die Einordnung auch ein Maßstab, was eine Vergütungsuntergrenze

---

833 BAG v. 19.11.1997, in: AP Nr. 90 zu § 611 Abhängigkeit; *Franzen* in: FS Bundesarbeitsgericht, 31/42 zum Franchisevertrag.

834 Ausgenommen hiervon sind die Vergütungsregeln z.B. für Architekten, Steuerberater, Rechtsanwälte usw.

835 BAG v. 11.1.1973, in: AP Nr. 30 zu § 138 BGB.

836 BAG v. 26.4.2006, in: NZA 2006, 1354.

837 Insofern stellt § 92 a HGB für sich kein eigenes gesetzliches Verbot im Sinne des § 134 HGB dar, vgl. *Evers* in: BB 1992, 1365 f.

838 S.o. 2. Kap. § 4 II 3a) ee).

sein kann wie eine angemessene Bezahlung eines freien Mitarbeiters. Denn § 92 a Abs. 1 HGB bezieht sich konkret auf die Sicherstellung der sozialen und wirtschaftlichen Bedürfnisse dieser Beschäftigungsgruppe. Auch die in etwa gleiche Größenordnung des Pfändungsfreibetrags des § 850 c ZPO von 985,15 € fällt auf.[839] Wenn bei einer Vollzeitbeschäftigung als freier Mitarbeiter nicht mehr herauskommt, wird man von einem auffälligen Missverhältnis von Leistung und Gegenleistung sprechen können, das den Vertrag objektiv sittenwidrig werden lässt. Hinzukommen muss die subjektive, verwerfliche Gesinnung des Auftragebers, wobei hierfür eine tatsächliche Vermutung wegen des auffälligen Missverhältnisses von Leistung und Gegenleistung besteht.[840]

Im Falle der Nichtigkeit wegen § 138 BGB stellt sich die Frage der Rechtsfolge. Ist der Vertrag insgesamt nichtig,[841] oder bleibt er mit Ausnahme der Vergütungsregelung gemäß § 139, 2. HS BGB weiter wirksam? Man wird in der Regel davon ausgehen können, dass es dem Auftraggeber eines solchen Beschäftigungsverhältnisses schon in erster Linie um die Erbringung der Dienstleistung geht. Dadurch, dass der Gesetzgeber etwa in § 612 BGB oder für Handelsvertreter in § 87 b Abs. 1 HGB Vorschriften geschaffen hat gerade für den Fall, dass eine wirksame Vereinbarung über die Vergütung fehlt, wird man davon ausgehen können, dass der Vertrag selbst im Falle einer sittenwidrigen Vergütungsregelung ansonsten bestehen bleibt und sich die Vergütungshöhe an den taxmäßigen bzw. üblichen Sätzen (§§ 87 b HGB, 612 BGB) orientiert.

f) Outsourcing durch Umstellung von Arbeitsverhältnissen auf freie Mitarbeit durch betriebsbedingte Kündigungen?

Das Outsourcing ist ein Instrument der Betriebsführung, einen Teil der Betriebsorganisation oder einen Teil der betrieblichen Aufgaben zukünftig extern erledigen zulassen. Im Arbeitsrecht wird dieser Vorgang vor allem aus dem Blickwinkel des § 613 a BGB und seiner begleitenden Rechtsfragen betrachtet.[842] Allerdings kann natürlich ein Outsourcingprozess ausnahmsweise auch ohne einen Betriebsübergang stattfinden, wenn z.B. nur eine einzelne Aufgabe ohne Betriebsmittel oder weiteres Personal davon betroffen ist.[843]

---

839 Vgl. Pfändungsfreigrenzenbekanntmachung vom 25.2.2005, BGBl. I 2005, 493 ff., in Verbindung mit der Bekanntmachung zu § 850 c Zivilprozessordnung vom 22.1.2007.

840 BGH v. 24.4.1985, in: WM 1985, 636/8; *Evers* in: BB 1992, 1365/7 f.; differenzierend LAG Hamm v. 16.10.1989, in: ZIP 1990, 880/8, das sich auf eine unzulässige Rechtsausübung gemäß § 242 BGB bezieht.

841 *Evers* in: BB 1992, 1365/9 f.

842 Vgl. *König/Hauptvogel/Zeidler* in: BB 2005, 9 mit Beispielen aus dem Krankenhausbereich.

843 Preis/*Greiner* 995, 1006, nennt das auch „outtasking"; *König/Hauptvogel/Zeidler* in: BB 2005, 9/10; *Reiserer* in: BB 2003, 1557 berichtet von Werbeagenturen, EDV-Dienstleister u.a., für die auf Grund der Kurzfristigkeit der Aufträge und des damit zusammenhängenden schwankenden Arbeitsbedarf solche Arbeiten an freie Mitarbeiter vergeben werden sollte, um das Personalkostenrisiko zu senken.

Als Personalmassnahme ist die Umgestaltung von Arbeitsverträgen in freie Mitarbeiterverträge mit einer betriebsbedingten Änderungskündigung grundsätzlich denkbar.[844] Grundlage für eine derartige Kündigung ist eine entsprechende unternehmerische Entscheidung, einen bestimmten Bereich organisatorisch auszugliedern.[845] Nach der Umstellung der Organisation wären dann die entsprechenden Arbeitsplätze im Betrieb nicht mehr vorhanden, auf denen die Betroffenen weiter beschäftigt werden könnten. In Betrieben mit mehr als 20 Mitarbeitern und mit einem Betriebsrat wäre dann allerdings in diesen Fällen ein entsprechender Sozialplan erforderlich, §§ 111, 112 BetrVG.

Das Bundesarbeitsgericht hat eine solche Entscheidung nicht als willkürlich oder als unsachlich eingeordnet, sondern sie zugelassen. Eine Einordnung als willkürlich käme allerdings dann in Frage, wenn sich die Weiterbeschäftigung als freie Mitarbeiter tatsächlich als verkappte Arbeitsverhältnisse entpuppte.[846]

Allerdings ist darauf zu achten, dass diese Begründung nur für solche Umgestaltungen gelten kann, die keinen Betriebsübergang im Sinne des § 613 a BGB darstellen. Anderenfalls ist natürlich eine Kündigung aus Anlass eines Betriebsübergangs wegen § 613 a Abs. 4 S. 1 BGB unzulässig. Der berühmte „Christel-Schmidt“-Fall[847] zeigt allerdings, dass der Anwendungsbereich dieser Art des Outsourcings ohne einen Übergang von Betriebsmitteln im Sinne des § 613 a BGB relativ klein bleibt.[848]

4. Selbständige Dienst- und Werkverträge im Betrieb

Trotz des eindeutigen Begriffs des „Arbeitnehmers“ in § 7 BetrVG zum Betriebsrats-Wahlrecht wird teilweise befürwortet, dass die Beschäftigten, die auf der Basis eines selbständigen Dienst- oder Werkvertrages im Betrieb arbeiten, gleichfalls vom Betriebsrat vertreten werden.[849] Das gibt der Gesetzeswortlaut allerdings nicht her. In den Bereichen des betrieblichen Mitbestimmungsrechts sind derartige auf der Basis eines Werk- oder Dienstvertrages Tätigen nicht zu berücksichtigen. Das gilt auch für das passive Wahlrecht zum Betriebsrat.[850]

So ist der Betriebsrat nicht vor dem Einsatz derartiger Beschäftigter, sei es als Selbständige, sei es im Auftrag von Dritten, gemäß § 99 BetrVG zu hören.[851] Anders als

844 BAG v. 9.5.1996, BB 1996, 1176; *Reiserer* BB 2003, 1557/8.

845 *Reiserer* in: BB 2003, 1557/8.

846 Vgl. BAG v. 9.5.1996, BB 1996, 2358; etwas anders zugunsten der hier vertretenen Meinung BAG v. 26.9.2002, in: NZA 2003, 549.

847 Vgl. EuGH v. 14.4.1994, in: AP Nr. 106 zu § 613 a BGB.

848 Preis/*Greiner* 1016.

849 *Däubler* in: AuR 2001, 285/6.

850 BAG v. 10.3.2004, in: AP Nr. 8 zu BetrVG § 7.

851 BAG v. 16.4.2003, in: AP BetrVG 1972 § 9 Nr. 7; BAG v. 11.9.2001, in: EzA § 99 BetrVG 1972, Einstellung Nr. 10; BAG v. 5.5.1992, in: AP BetrVG 1972 § 99 Nr. 97.

bei Leiharbeitnehmern (vgl. § 14 Abs. 3 AÜG) hat das Bundesarbeitsgericht ein Mitbestimmungsrecht bei der Bestellung von selbständigen Dienst- oder Auftragnehmern verneint, da es an einer Eingliederung fehlt und damit keine Einstellung im Sinne des § 99 BetrVG vorliegt.[852] De lege ferenda wäre daher eine Überlegung einer gesetzlichen Überarbeitung wert, statt einer arbeitsvertraglichen Bindung die nicht nur vorübergehende Betriebszugehörigkeit als Kriterium ausreichen zu lassen.[853]

Allerdings kann der Betriebsrat gemäß § 80 Abs. 2 S. 1 BetrVG Auskunft über den Einsatz freier Mitarbeiter verlangen, denn er muss die Gelegenheit haben, zu prüfen, ob diese freien Mitarbeiter gemäß § 99 BetrVG tatsächlich in den Betrieb des Arbeitgebers eingegliedert sind oder nicht.[854] Der Betriebsrat soll also prüfen können, ob er für diese freien Mitarbeiter etwa wegen einer Scheinselbständigkeit überhaupt zuständig sein kann. Deswegen erstreckt sich das Auskunftsrecht nicht nur auf die Personalien, sondern auch auf die Vergütung, das Aufgabengebiet und den Arbeitsplatz.[855] Prozessual kann er den Status dieser Beschäftigten allerdings nicht von sich aus prüfen lassen. Er müsste vielmehr einen mittelbaren Weg wählen und etwa im Rahmen des § 99 BetrVG einen Antrag gemäß § 101 S. 1 BetrVG stellen, eine ohne Unterrichtung des Betriebsrats vollzogene Einstellung eines freien Mitarbeiters arbeitsgerichtlich überprüfen zu lassen. In diesem Zusammenhang würde dann inzidenter der Status des Betroffenen beurteilt.[856]

5. Fazit

Das Arbeitsrecht unterscheidet nicht nur zwischen Arbeitnehmern und Selbständigen, sondern differenziert noch eine weitere Gruppe, die arbeitnehmerähnlichen Personen. Insofern darf der Wille des Gesetzgebers, statt einer einfacheren Lösung, die einfach zwischen Unternehmern und Arbeitnehmern unterscheidet, nicht beiseite geschoben werden. In der Abgrenzung zwischen den einzelnen Beschäftigungstypen in diesem Kapitel gibt es also nicht nur die Unterscheidung von Arbeitnehmern und Selbständigen.

Festzuhalten ist, dass die wirtschaftlich und persönlich Anhängigen als Arbeitnehmer einzustufen sind. Für diese Abhängigkeitsprüfung können die o.a. Kriterien

---

852 BAG v. 11.9.2001 EzA BetrVG 1972 § 99 Einstellung Nr. 10; BAG v. 16.4.2003 AP BetrVG 1972 § 9 Nr. 7, das unter II. 2.c) diese Auffassung bestätigt.

853 *Dörner* FS Wissmann, 286/300.

854 BAG v. 15.12.1998, in: BB 1999, 1497; in diesem Fall ging es um einen Verlag, der neben 800 fest angestellten Mitarbeitern 1300–1700 (!) freie Mitarbeiter beschäftigte. Dass bei dieser Relation zumindest ein Teil der freien Mitarbeiter in den Betrieb eingegliedert sein müssen, dürfte einleuchtend sein.

855 *Pohle* in: BB 1999, 2401/2 sieht hier praktische Umsetzungsprobleme: was soll ein Betriebsrat mit einer Liste von 1000 Personen anfangen?

856 *Pohle* in: BB 1999, 2401/3; alternativ käme eine Anzeige wegen einer Ordnungswidrigkeit nach § 121 Abs. 1 BetrVG in Betracht.

herangezogen werden, ob sich aus der Gesamtschau die umfassende Abhängigkeit des Betroffenen ergibt. Diejenigen, die zwar persönlich unabhängig, aber wirtschaftlich abhängig sind, gelten als arbeitnehmerähnliche Personen. Als echte Selbständige sind nur diejenigen einzustufen, die weder persönlich noch wirtschaftlich abhängig tätig sind und über einen eigenen Marktzugang verfügen.

Bei der freien Mitarbeit können die Kriterien einer prekären Beschäftigung in tatsächlicher Hinsicht schnell erfüllt sein. Es kann an sozialversicherungsrechtlicher Absicherung, an betrieblicher Integration, oder regelmäßiger Beschäftigung fehlen. Regelmäßig entbehren freie Mitarbeiter eines wirksamen Bestandschutzes ihrer Beschäftigung durch einen wirksamen Kündigungsschutz, entsprechender Tarifstandards, eines Entgeltschutzes im Krankheitsfalls sowie der einer Haftungsprivilegierung wie für Arbeitnehmer. Bei freien Mitarbeiterverträgen können also zahlreiche Kriterien erfüllt sein, die für eine unsichere Beschäftigung sprechen. Erst recht prekär sind werden sie, wenn noch eine unangemessene Bezahlung hinzukommt.

III. Leiharbeit

1. Entwicklung

Das Arbeitnehmerüberlassungsrecht hat in den letzten Jahren einen regelrechten Umbau erfahren, ja man spricht auch von einer „radikalen Reform“.[857] Es ist zugleich ein Beispiel dafür, dass der Gesetzgeber selbst dafür gesorgt hat, legal Arbeitskonditionen aufzuweichen.

In diesem Bereich wird ungern von „Leiharbeit“ gesprochen. Lieber benutzt man Begriffe wie „Personaldienstleistungen“ oder „Zeitarbeit“. Ersteres ist eher ein unbestimmter Begriff, der im Prinzip auch die als Arbeitnehmer zu leistende Dienste, die in Person zu erbringen sind, beinhalten kann. Das Wesen der Leiharbeit wird damit nicht erfasst. Letzteres ist begrifflich eher als befristeter Arbeitsvertrag zu verstehen.

Der Begriff der Leiharbeit erinnert dagegen an die Leihe gemäß der §§ 598 ff. BGB, die wegen ihrer Unentgeltlichkeit hier eigentlich auch nicht zur Begriffsbildung nutzbar ist. Eher handelt es sich bei der Arbeitnehmerüberlassung um „Mietlinge“, die einem anderen Betrieb überlassen werden. Da aber der Begriff der „Leiharbeit“ mittlerweile sehr üblich ist und er auch den Überlassungsaspekt widerspiegelt, wird im Folgenden weiter von der Leiharbeit gesprochen werden.

Die Leiharbeit führte noch in den 80er Jahren des letzten Jahrhunderts ein Schattendasein. Seither hat sie sich mehr als versiebenfacht und ist zunächst bis Ende

---

857 *Schüren* FS Löwisch 367.

2004 auf über 400.000 Beschäftigungsverhältnisse gestiegen.[858] Das ist angesichts der Zahl von 37 Mio. Erwerbstätigen in Deutschland, relativ betrachtet, mit einem Anteil von unter 1 % nicht sehr viel.[859] In den benachbarten Niederlanden sind bereits 4 % der Beschäftigten als Leiharbeitnehmer tätig. Daraus wird das Potential deutlich, was die Leiharbeit auch hierzulande ausschöpfen könnte, seit 2003 das AÜG entscheidend liberalisiert wurde. Dass dieser Trend anhält, lässt sich der Zahl von 600.000 Leiharbeitnehmern entnehmen, die das Statistische Bundesamt für 2007 festgestellt hat.[860] Für 2008 wird gar die Zahl von 745.000 Leiharbeitsverhältnissen bei insgesamt 13.000 Verleihunternehmen genannt, was einen Zuwachs von fast 20 % in nur einem Jahr bedeutet.[861] Mittlerweile ist durch die Liberalisierung des AÜG auch die Leiharbeit höher qualifizierter und akademischer Arbeitnehmer interessant geworden, obwohl deren Einarbeitungszeit länger dauert.[862]

2. Das Wesen der Leiharbeit: die Aufspaltung des Arbeitsverhältnisses

Bei der Leiharbeit wird ein Arbeitsverhältnis faktisch aufgespalten: der Arbeitsvertrag gemäß § 611 BGB wird zwischen dem Verleihunternehmen und dem Arbeitnehmer geschlossen. Das Verleihunternehmen seinerseits schließt mit dem Entleihbetrieb einen Arbeitnehmerüberlassungsvertrag ab, auf Grund dessen der entliehene Arbeitnehmer seine Arbeit im Entleihbetrieb leistet. Das ist gemäß § 613 S. 2 BGB nur mit dessen Zustimmung möglich.

Insofern unterscheidet sich die Arbeitnehmerüberlassung von der Konstellation, dass ein Arbeitgeber seinen Arbeitnehmer z.B. auf Grund eines Werkvertrages in ein anderes Unternehmen schickt, wie es etwa bei Projektverträgen der Fall sein kann. In diesen Fällen wird dieser Arbeitnehmer nicht in den Betrieb des Auftraggebers eingegliedert, er unterliegt weiter dem Direktionsrecht des Auftragsnehmers, dessen Erfüllungsgehilfe er als dessen Arbeitnehmer ist.[863]

a) Arbeitgeberposition des Verleihers

Die Vertrags- und Entgeltbeziehung bleibt also zwischen dem Arbeitnehmer und dem Verleihunternehmen bestehen. Durch die Eingliederung in den Entleih-

---

858 *Steiner/Mittländer* 9.

859 *Körner* 11 f.; in dieser Zahl sind allerdings auch Beamte und Selbständige mit enthalten.

860 Vgl. FAZ v. 10.9.2008, „Mehr Beschäftigte durch Teilzeit und Zeitarbeit"; *Steiner/Mittländer* 9.

861 Vgl. FAZ v. 6.11.2008, „Schwere Zeiten für Zeitarbeiter", unter Berufung auf das Institut der Deutschen Wirtschaft, Köln.

862 Vgl. SZ v. 5.1.2008, „Kleben statt stempeln".

863 EK/*Wank* § 14 AÜG Rn 16; vgl. hierzu vorstehend 2. Kap. § 4 II 3 a) aa).

betrieb erhält der Entleiher faktisch die Arbeitgeberposition bzgl. des Direktionsrechts,[864] sowie der Gesundheits-, Sicherheits-, Fürsorge- und Schutzpflichten, ohne jedoch selbst in arbeitsvertragliche Beziehungen mit Leiharbeitnehmern zu treten.

Die Abmahnbefugnis kommt allerdings, weil dies ggf. den Bestand des Arbeitsverhältnisses berührt, allein dem Verleiher zu.[865] Auch die Auswahl des Leiharbeitnehmers für den Einsatz beim Entleiher trifft der Verleiher.[866] Dass die wesentlichen Arbeitgeberfunktionen bei dem Verleiher verbleiben müssen, zeigt auch § 1 Abs. 2 AÜG, wonach anderenfalls im Zweifel lediglich eine Arbeitsvermittlung anzunehmen ist.[867]

b) Gleichbehandlungsgrundsatz

Das AÜG gebietet in verschiedenen Vorschriften grundsätzlich eine Gleichbehandlung von Leih- und Stammarbeitnehmer, so in §§ 3 Abs. 1 Nr. 3, 9 Nr. 2, 10 Abs. 4 AÜG. Das sollen Leiharbeitnehmer auch mit ihrem Informationsanspruch gegenüber dem Entleiher gemäß § 13 AÜG überprüfen können. Auch das 2006 in Kraft getretene AGG ist im Leiharbeitsbereich insofern von Bedeutung, als nicht nur der Verleiher als Arbeitgeber, sondern gemäß § 6 Abs. 2 S. 2 AGG auch der Entleiher als Arbeitgeber der Leiharbeitnehmer gilt, der diskriminierendes Verhalten zu unterlassen hat.

Es scheint also auf den ersten Blick hinreichend dafür gesorgt zu sein, dass Leiharbeitnehmer die gleichen Konditionen wie die Stammbelegschaften erhalten. Dies erweist sich in der Realität jedoch nur als ein Prinzip, das unterlaufen wird.[868] Das betrifft vor allem das Gebot des equal-pay sowie dem Grundsatz des unbefristeten Vertrages.

aa) Equal pay

Ausgangspunkt ist der § 9 Nr. 2 AÜG, der besagt, dass Leiharbeitnehmer das gleiche Entgelt erhalten sollen wie vergleichbare Arbeitnehmer des Entleihbetriebs. Das gilt auch bzgl. der anderen Arbeitsbedingungen und betrieblichen Leistungen.[869] Danach ist also das gesetzliche Vorbild anscheinend die Regel des „equal

---

864 *Oberwetter* in: BB 2007, 1109.
865 *Ulber* § 1 Rn 96; *Matthießen* in: AuR 2005, 105 f.
866 *Hamann* in: jurisPR-ArbR 18/2008 Anm. 1.
867 *Brors/Schüren* in: BB 2004, 2745/9.
868 Insofern ist der fehlgeschlagene Versuch der Verleihunternehmen, gegen das Gleichheitsgebot verfassungsrechtlich vorzugehen, relativ bedeutungslos, Bundesverfassungsgericht v. 29.12.2004, in: NZA 2005, 153.
869 *Schüren* FS Löwisch 367 f., Fn. 2.

pay“ bzw. des „equal treatment“, also der gleichen Bezahlung bzw. der Gleichbehandlung. Gegen dieses Gebot verstoßende Überlassungsbestimmungen erklärt § 10 AÜG für unwirksam, Abs. 4 des § 10 AÜG gibt dem Leiharbeitnehmer einen Anspruch auf gleiche Bezahlung.

In der Praxis ist diese gesetzlich vorgeschriebene gleiche Vergütung und die sonstige Gleichbehandlung eher die Ausnahme; teilweise wird behauptet, sie käme gar nicht vor und wäre vom Gesetzgeber auch nicht vorgesehen gewesen.[870] Tatsächlich verdienen Leiharbeitnehmer häufig weniger als die Stammbelegschaft mit vergleichbaren Tätigkeiten. Hier werden Zahlen genannt, die von durchschnittlich lediglich 60 % des vergleichbaren Stammarbeitnehmerentgelts ausgehen.[871] Andere Erhebungen besagen, dass Männer eine um 21 % bzw. Frauen eine um 19 % geringere Bruttovergütung als Leiharbeitnehmer gegenüber den vergleichbaren Arbeitnehmern in den Entleihbetrieben erhalten.[872]

Diese Diskrepanz ist dadurch zu erklären, dass das equal-pay- bzw. equal-treatment-Gebot in zwei Richtungen unterlaufen wird.

bb) Abweichung durch Tarifvertrag

§ 9 Nr. 2 AÜG ist zunächst in folgender Richtung disponibel: durch einschlägige Tarifverträge kann unmittelbar[873] zum Nachteil des Arbeitnehmers von diesem Gleichbehandlungsgrundsatz nach unten abgewichen werden.[874] Verleiher müssen also entweder die Leiharbeitnehmer entsprechend den vergleichbaren Arbeitsverhältnissen des Entleihbetriebs bezahlen, einen eigenen Haustarifvertrag abschließen oder einen anderen ab 2003 abgeschlossenen Flächentarif der Arbeitnehmerüberlassungsbranche übernehmen, die regelmäßig mit geringerer Vergütung versehen sind.[875] Es gibt also die erstaunliche Tendenz, dass sich Gewerkschaften mit dem Abschluss derartiger Flächentarife an der effektiven Verschlechterung von Arbeitskonditionen beteiligt haben. Dabei sind häufig Christliche Gewerkschaften beteiligt.[876]

Das führt zu der weiteren Konstellation, dass im Rahmen eines Konzerns eine Gesellschaft zur Arbeitnehmerüberlassung gegründet wird, in der die zumeist neuen Mitarbeiter eingestellt werden, um dann auf Dauer an die Konzerngesell-

---

870 *Schüren* FS Löwisch 367/8 f.

871 *Körner* 32.

872 *Steiner/Mittländer* 10.

873 Oder bei nicht tarifgebundenen Betrieben durch einzelvertragliche Bezugnahme.

874 Ulber § 9 Rn 152; *Schüren/Hamann* § 9 Rn 98. Ausnahmsweise ist in BAG v. 19.9.2007, Az.: 4 AZR 656/06 einer Vergütungsklage nach dem „equal-pay-Gebot“ Erfolg beschieden gewesen, weil die Bezugnahme auf einen entsprechenden Tarifvertrag fehlgeschlagen war.

875 Hier gibt es vereinzelte Haustarife als Ausnahmen, vgl. *Schüren* in: FS Löwisch 367/9, Fn. 8, sowie in: AuR 2008, 239/240.

876 *Schüren* in: AuR 2008, 239, spricht von mehr als 200 derartiger Tarifverträge.

schaften verliehen zu werden.[877] So werden auch in etablierten Konzernen die auf traditionellem Tarifniveau bestehenden Arbeitskosten gesenkt.[878]

(1) Richtigkeitsgewähr solcher Tarifverträge?

Die Begründung dieser Schlechterstellung liegt in der Überlegung, dass die zwischen den Arbeitnehmer- und Arbeitgeberkoalitionen geschlossenen Tarifverträge eine „Richtigkeitsgewähr“ dieser Tarifverträge aufweisen.[879] Diese Richtigkeitsgewähr wird teilweise angezweifelt mit Blick auf den schwachen Mitgliederbestand auf der Leiharbeitnehmerseite. Es fehle an der erforderlichen Repräsentativität und am Interesse der Gewerkschaften, die Interessen der Arbeitnehmer wahrzunehmen. Beide Aspekte sind nämlich Voraussetzung dafür, dass diese „Richtigkeitsgewähr“ greift.[880] Tatsächlich spricht einiges dafür, dass sich die Gewerkschaften hier zugunsten der Stammbelegschaften und ihrer Arbeitskonditionen darauf eingelassen haben, bei den Leiharbeitnehmern deren Interessen gerade hintanzustellen.

Allerdings spricht noch ein weiterer Umstand dafür, dass hier möglicherweise keine gültigen Tarifverträge vorliegen. Denn die Gewerkschaften, sowohl die Christlichen als auch die des DGB, verfügen in der Leiharbeitsbranche über keinen bzw. nur schwachen Organisationsgrad, so dass hier gar keine kollektiven Tarifverträge vorliegen könnten.[881] Die Tariffähigkeit der Gewerkschaften wird damit begründet, dass diese bereits durch § 9 Nr. 2, 3. HS AÜG gesetzlich bestimmt ist, weil hier ausdrücklich ein Tarifvertrag erwähnt ist. Dem kann nicht gefolgt werden. Diese Meinung übersieht, dass zu § 2 TVG hinsichtlich der Tarifvertragsparteien eine gewisse „Mächtigkeit“ gefordert wird.[882] Dies findet seine gesetzliche Bestätigung in § 12 S. 1 TVG, wonach Spitzenorganisationen der Tarifpartner „erhebliche Bedeutung“ haben müssen. Das ist auch nur verständlich, denn wie will eine Gewerkschaft als Koalition sonst Druck ausüben können und eine gewisse Durchsetzungsfähigkeit für die Interessen der Arbeitnehmer entwickeln? Im Ergebnis entlässt § 9 Nr. 2, 3. HS AÜG die Beteiligten nicht aus dem Erfordernis, tariffähig zu sein, um wirksame Kollektivverträge abschließen zu können. Das ist bei einem zu geringen Organisationsgrad nicht der Fall.

---

877 So *Melms/Lipinski* in: BB 2004, 2409 ff. und *Willemsen/Annuß* in: BB 2005, 437 ff.; dagegen *Brors/Schüren* in: BB 2004, 2745 ff.

878 Dementsprechend lautet der Titel des entsprechenden Aufsatzes von *Willemsen/Annuß* in: BB 2005, 437 ff., auch: „Kostensenkung durch konzerninterne Arbeitnehmerüberlassung“.

879 Vgl. Bundesverfassungsgericht v. 29.12.2004, in: NZA 2005, 153; BAG v. 24.3.2004, in: NZA 2004, 971; BAG v. 28.3.2006, in: AuR 2006, 165; *Willemsen/Annuß* in: BB 2005, 437/9.

880 *Biedenkopf* 52; *Löwisch* ZfA 1970, 295/302.

881 *Böhm* in: NZA 2003, 828 f.; *Deinert* in: AuR 2004, 212/217; *Ulber* § 9 Rn 190 ff.; *Schüren* FS Löwisch 367/372 f.

882 EK-*Schaub* § 2 TVG Rn 10 f.

Ein anderer Gesichtspunkt für die Tarifunfähigkeit bezieht sich auf eine Entscheidung des Bundesarbeitsgerichts von 2006.[883] Dieser Ansatz sieht in der Handhabung derartiger Tarifverträge einen Missbrauch der tariflichen Dispositionsbefugnis über gesetzliche Arbeitnehmerschutzstandards. Denn den Gewerkschaften sei vom Gesetzgeber aufgegeben, verantwortungsvoll mit den gesetzlichen Arbeitnehmerschutzvorschriften zu verfahren, und diese nicht einseitig zugunsten der Arbeitgeber aufzugeben, damit dieser die Kostensenken und den Einsatz der Leiharbeitnehmer optimieren kann.[884] Das ist jedoch bei derartigen Tarifverträgen der Fall, wie zahlreiche Einzelbeispiele zu Vergütung, zur Arbeitszeit und zum Bestandsschutz insgesamt zeigen.[885] In diesen Fällen ist daher davon auszugehen, dass derartige Tarifverträge in der Leiharbeitsbranche unwirksam sein können.

(2) Können Tarifverträge sittenwidrig sein?

Verstoßen speziell für die Leiharbeitsbranche abgeschlossene Tarifverträge wegen der Umgehung des equal-pay-Gebots gegen die guten Sitten im Sinne des § 138 BGB? Können Tarifverträge überhaupt am § 138 BGB gemessen werden? Immerhin nehmen sie doch für sich eine Richtigkeitsgewähr durch die Institutionalisierung ihrer vertragsschließenden Parteien in Anspruch. Mangels einer anderweitigen Kontrolle und ihrer auch im Vertragsrecht ruhenden Grundlage sind sie allerdings einer Sittenwidrigkeitskontrolle nicht entzogen.[886]

In Betracht kommt insbesondere der Wuchertatbestand des § 138 Abs. 2 BGB wegen der geringeren Vergütung der Leiharbeitnehmer durch diese Leiharbeitstarifverträge. Was ist der Maßstab des in diesem Fall erforderlichen auffälligen Missverhältnisses von Leistung und Gegenleistung? Denn üblicherweise werden bei dieser Prüfung Tarifverträge selbst als Vergleichsmaßstab heran gezogen, ob zu geringe Arbeitsvergütungen gezahlt werden. Tarifverträge entsprechen auch grundsätzlich der üblichen Vergütung des § 612 Abs. 2 BGB.

Es stellt sich jedoch die Frage, ob hier die Tarifverträge, die für die Stammbelegschaften im Entleiherbetrieb gelten, als Vergleichsmaßstab genommen werden können. Das hat das Bundesarbeitsgericht einmal verneint und betont, es komme nicht auf die Verhältnisse beim Entleiher, sondern auf die des Verleihers, also des Leiharbeitsunternehmens und dessen tariflicher Bindung an.[887]

Diese Argumentation dreht sich allerdings im Kreis, denn es sollen ja gerade die tariflichen Vergütungen der Leiharbeitsbranche an Hand des § 138 BGB unter-

---

883 BAG v. 28.3.2006, in: AuR 2006, 165.
884 *Schüren* in: AuR 2008, 239/240.
885 *Schüren* in: AuR 2008, 239/242 ff.
886 MüKo/*Armbrüster* § 138 Rn 9.
887 BAG v. 24.3.2004, in: AP Nr. 59 zu § 138 BGB; kritisch hier EK/*Preis* § 612 BGB Rn 3a.

sucht werden. Dieser Zirkelschluss wird auch aus der Entscheidung selbst deutlich, in der sogar ein Erreichen eines Lohnniveaus von gerade einmal knapp 50 %[888] des ansonsten üblichen Niveaus des Entleihergewerbes nicht als sittenwidrig angesehen wurde. Insofern ist auf das Lohnniveau für vergleichbare Arbeiten in einem Gewerbe abzustellen.[889] Vergleichbare Arbeiten führen Leiharbeitnehmer aber im Entleiherbetrieb aus, Arbeiten bei einem Verleiher werden ja gerade nicht ausgeführt.

Eine Umgehung der in § 9 Nr. 2 AÜG ermöglichten Abweichung von den beim Entleiher bestehenden Konditionen ist damit nicht verbunden. Abweichungen durch wirksame Tarifverträge der Leiharbeitsbranche sind ja nicht per se sittenwidrig. Aber um diese Wirksamkeit prüfen zu können, unterliegen diese Tarifverträge wie alle Verträge ungeachtet der bestehenden Privatautonomie einer Sittenwidrigkeitskontrolle. Es kommt somit auf den Vergleich der üblichen Tarifvergütungen beim Entleiher mit denen der entsprechenden Leiharbeitstarife an. Es stellt sich also somit die Frage, ob diese Kostensenkungseffekte der Leiharbeit, teilweise auch Lohndumping genannt,[890] zu einem auffälligem Missverhältnis im Sinne des § 138 Abs. 2 BGB führen.

In der Rechtsprechung gibt es hierzu keine einheitlichen Beurteilungen, wann eine Entlohnung als sittenwidrig anzusehen ist, was eine entsprechende Einordnung schwierig macht.[891] Aus Einzelfallentscheidungen sind verschiedene Größenordnungen zu entnehmen. So sind Vergütungen in Arbeitsverträgen, die nur 70 % des üblichen Tarifniveaus ausmachen, noch nicht als sittenwidrig eingestuft worden.[892] Einzelne Gerichte folgen einer Größenordnung von 2/3 des üblichen Tariflohns zur Abgrenzung der sittengemäßen von der sittenwidrigen Entlohnung.[893] Auf dieser Basis wird auch ein gesetzlich vorgeschriebener Mindestlohn empfohlen.[894] Bei der Hälfte eines Tariflohns wird man sicher von einem auffälligen Missverhältnis von Leistung und Gegenleistung sprechen können.[895]

Die Abweichungen von Tarifkonditionen der Leiharbeitsbranche zu denen des Entleihers müssten also daraufhin im Einzelfall überprüft werden, ob hier derartige Abweichungen zu verzeichnen sind. Hierzu wurden bei der Überprüfung derartiger Tarifverträge Kostensenkungseffekte von 6 % über 15 % bis zu 20 % festgestellt.[896] Sofern diese Größenordnung nicht überschritten wird, ist also noch

---

888 BAG a.a.O.: 12,38 DM/Stunde aus dem Leiharbeitstarifvertrag gegenüber 23,35 DM/Stunde des entsprechenden Tarifvertrages des produzierenden Gewerbes.

889 So auch vom BAG v. 11.1.1973, in: AP Nr. 30 zu § 138 BGB ausgesprochen.

890 Vgl. *Schüren* in: AuR 2008, 239 f.

891 EK/*Preis* § 612 BGB Rn 3; Übersicht auch bei *Bayreuther* in: NJW 2007, 2022 f.

892 BAG v. 23.5.2001, in: EzA Nr. 29 zu § 138 BGB.

893 LAG Berlin v. 20.2.1998, in: LAGE Nr. 1 zu § 302 StGB.

894 Vgl. *Bayreuther* in: NJW 2007, 2022.

895 Vgl. EK/*Preis* § 612 BGB Rn 3; in dieser Größenordnung liegt andererseits die vom BAG v. 24.3.2001, in: AP Nr. 59 zu § 138 BGB beurteilte und nicht als sittenwidrig eingestufte Entlohnung.

896 Vgl. *Schüren* in: AuR 2008, 239/242 f.

kein auffälliges Missverhältnis von Leistung und Gegenleistung festzustellen. Daraus folgt aber auch, dass die Leiharbeitsbranche ihre Marge praktisch allein in dem (noch) den guten Sitten entsprechenden Kostensenkungseffekt suchen und finden muss.

(3) Unwirksame Tarifverträge als AGB?

Es stellt sich die Frage, ob derartige unwirksame tarifliche Regelungen dennoch einzelvertraglich als Regelwerk in den Vertrag mit einbezogen werden können.[897] Dann handelt es sich bei diesen Bestimmungen um vorformulierte Vertragsbedingungen, also um AGB, die der Inhaltskontrolle der §§ 307 ff. BGB unterliegen, § 310 Abs. 4 S. 2 BGB. Das Verbot der Inhaltskontrolle bei Tarifverträgen gemäß § 310 Abs. 4 S. 1, 4. Alt. BGB wäre bei unwirksamen Tarifverträgen obsolet.

Als Unangemessenheitsmaßstab im Sinne des § 307 Abs. 2 Nr. 1 BGB wäre insbesondere der allgemein geltende arbeitsrechtliche Gleichbehandlungsgrundsatz zu berücksichtigen. Dieser steht zwar nicht in einem legislativ verabschiedeten, schriftlich vorliegenden Gesetz. Allerdings ist dieser Grundsatz spätestens als Besonderheit des Arbeitsrechts im Sinne des § 310 Abs. 4 S. 2 BGB zu berücksichtigen. Bei der Inhaltskontrolle ist dieser Grundsatz daher insofern maßgeblich, als daran die einzelnen Konditionen der Leiharbeitnehmer im Verhältnis zu den Konditionen der Stammbelegschaft zu überprüfen sind. Angesichts der in der Regel schlechter als die Stammbelegschaft bezahlten Leiharbeitnehmer dürfte sich bei der Anwendung des arbeitsrechtlichen Gleichbehandlungsgrundsatzes herausstellen, dass derartige erheblich geringere Vergütungen unangemessen im Sinne des § 307 Abs. 2 Nr. 1 BGB einzustufen sind.

Könnten bei der Inhaltskontrolle weitere arbeitsrechtliche Besonderheiten im Rahmen der Leiharbeit, die bei der Prüfung von arbeitsvertraglichen AGB gemäß § 310 Abs. 4 S. 2 BGB gesondert zu berücksichtigen sind, ein anderes Ergebnis begründen? Es ist fraglich, ob die dort vorgesehene Berücksichtigung von „geltenden“ arbeitsrechtlichen Besonderheiten bei dieser Inhaltskontrolle die seit 2004 existierenden Gepflogenheiten in der Arbeitnehmerüberlassungsbranche meinen kann. Denn dieser Zeitraum ist zu kurz, als dass anlässlich des neuen AÜG nachhaltig anerkannte „Besonderheiten des Arbeitsrechts“ wachsen könnten, denen Geltung zu verschaffen wäre. Dafür war die wissenschaftliche Diskussion um die Zulässigkeit dieses Wegs von Beginn an zu kontrovers.[898]

---

897 *Willemsen/Annuß* in: BB 2005, 437.
898 *Schüren* FS Löwisch 367 ff.

(4) Equal-treatment und Diskriminierungsschutz

Auch in der Arbeitnehmerüberlassung ist das AGG anzuwenden, § 6 Abs. 2 S. 2 AGG. Sowohl der Ent- wie auch der Verleiher sind gegenüber dem Leiharbeitnehmer in der Pflicht, evtl. unzulässige Benachteiligungen und Diskriminierungen zu verhindern bzw. zu beseitigen. Hier ist insbesondere das Maßnahmenpaket des § 12 AGG zu nennen.[899] Es liegt nahe, bei einer ungleichen Bezahlung von Leiharbeitnehmern im Verhältnis zur vergleichbaren Stammbelegschaft eine unzulässige Diskriminierung zu sehen.

Sofern allerdings ein wirksamer Tarifvertrag mit geringeren Konditionen gemäß § 9 Nr. 2, 3. HS AÜG besteht, liegt zwar eine Ungleichbehandlung vor, die jedoch gerade durch die AÜG-Reform 2003 gesetzgeberisch zugelassen wurde. Eine solche Ungleichbehandlung wäre demnach zulässig.[900]

Das AGG ist aus einem anderen Grund nicht der Hebel, um eine vergleichbare Bezahlung durchzusetzen. Unzulässig sind Diskriminierungen wegen der in § 1 AGG genannten Gründe. Welcher dieser Gründe sollte hier vorliegen? Werden Leiharbeitnehmer wegen ihrer Herkunft, ihrer Weltanschauung etc. geringer bezahlt? Es fehlt daher in der Regel an einer Benachteiligung gerade wegen eines im AGG gesondert geschützten Grundes.

Etwas anderes wäre natürlich der Fall, wenn im Rahmen der Arbeitnehmerüberlassung Frauen geringer entlohnt werden als Männer in vergleichbaren Positionen oder wenn ein Entleiher z.B. vom Verleiher angebotene ältere Leiharbeitnehmer wegen ihres Alters ablehnen würde. In solchen Fällen ist es auch die Verpflichtung des Verleihers, gemäß § 12 Abs. 4 AGG hiergegen vorzugehen, da Entleiher insofern als Dritte im Sinne dieser Vorschrift anzusehen sind.[901]

cc) Einstellung von Arbeitslosen

Eine weitere Möglichkeit, vom equal-pay-Gebot abzuweichen, entsteht bei der Beschäftigung zuvor arbeitsloser Leiharbeitnehmer, § 9 Nr. 2, 2. HS AÜG. Hier darf das Entgelt in den ersten sechs Wochen netto auf dem Niveau des letzten Arbeitslosengeldes liegen. Diese Ausnahme ist wegen der Zielrichtung des neuen AÜG besonders wichtig, das doch gerade die Arbeitslosigkeit reduzieren helfen soll. Außerdem wird ein Großteil der Leiharbeitnehmer, nämlich 60 %, lediglich kürzer als drei Monate beschäftigt.[902] Das heißt, für eine Vielzahl kurzfristig aus der Arbeitslosigkeit heraus angeheuerter Leiharbeitnehmer ist das equal-pay-Gebot schon von vorne herein gesetzlich irrelevant.

---

899 *Oberwetter* in: BB 2007, 1109/1110.
900 *Oberwetter* in: BB 2007, 1109/1110.
901 *Oberwetter* in: BB 2007, 1109.
902 Linne/Vogel-*Rudolph* 9, 19.

dd) Befristung von Leiharbeitverhältnissen

§ 1 Abs. 1 S. 1 AÜG stellt unbefristete Arbeitsverhältnisse als Grundsatz auf.[903] Für dennoch vorgenommene Befristungen von Leiharbeitsverhältnissen ist das TzBefrG anwendbar, da das AÜG hierzu seit 2004 nichts mehr aussagt. Sachgrundlos können also Leiharbeitsverhältnisse auf zwei Jahre befristet werden, wobei innerhalb dieser Zeitspanne dreimalige Befristungen möglich sind, § 14 Abs. 2 TzBefrG.[904]

Befristungen mit einem Sachgrund gemäß § 14 Abs. 1 S. 2 TzBefrG sind grundsätzlich auch möglich. Es stellt sich jedoch die Frage, ob der vorübergehende Bedarf des Entleihbetriebs ein Grund im Sinne des § 14 Abs. 1 S. 2 Nr. 1 TzBefrG sein kann.[905] Dann wäre in der Konsequenz eine Befristung in praktisch allen Fällen der Arbeitnehmerüberlassung möglich. Eine Befristung muss sich allerdings im Vertrag zwischen dem Leiharbeitnehmer und dem Verleiher niederschlagen, und allenfalls dessen betrieblicher Zweck kann eine solche Befristung rechtfertigen. Ein Bezug zu einem vorübergehenden Bedarf des Entleihers scheidet daher als rechtfertigender Sachgrundbefristung aus.[906]

c) Haftung der Leiharbeitnehmer

Mit der Arbeitnehmereigenschaft gilt für die Leiharbeitnehmer auch die Haftungsprivilegierung entsprechend des allgemeinen Arbeitsrechts.[907] Diese existiert im Verhältnis zwischen Ver- und Entleiher allerdings nicht. D.h., fügt ein Leiharbeitnehmer einem Entleiher schuldhaft einen Schaden zu, kann dieser ggf. gegen den Arbeitnehmer unbeschränkt vorgehen, wobei der Leiharbeitnehmer allerdings entsprechend den Grundsätzen der Haftungsprivilegierung einen entsprechenden Freistellungsanspruch gegen den Verleiher hat. Den Verleiher soll der Entleiher hingegen nicht direkt in Anspruch nehmen können, da der Leiharbeitnehmer insoweit nicht Erfüllungs- bzw. Verrichtungsgehilfe im Sinne der §§ 278, 831 BGB sei.[908] Das ist allerdings fraglich, sofern ein Leiharbeitnehmer dem Entleiher einen solchen Schaden im Rahmen der Erfüllung bzw. der Verrichtung des Arbeitnehmerüberlassungsvertrages zufügt. Denn eine derartige Verletzungshandlung des Leiharbeitnehmers steht durchaus in einem engen Zusammenhang mit der Verpflichtung des Verleihers, geeignete Arbeitnehmer auszuwählen und für bestimmte Tätigkei-

---

903 *Schüren/Behrend* in: NZA 2003, 521/3.

904 Vgl. hierzu 2. Kap. § 4 I 4.

905 *Frik* in: NZA 2005, 386.

906 *Körner* 32; *Wank* in: NZA 2003, 20.

907 EK/*Wank* Einf. vor AÜG Rn 30; zweifelnd gegenüber Ansprüchen des Entleihers Schaub/*Koch* § 120 Rn 68.

908 EK/*Wank* Einf. vor AÜG Rn 29; Küttner/*Röller* „Arbeitnehmerüberlassung“ Rn 14; Preis/*Tenbrock* 943.

ten zu überlassen.[909] D.h., der Verleiher bedient sich gerade der Leiharbeitnehmer, um seine Verpflichtung zu erfüllen, § 278 S. 1 BGB. Die Erfüllung dieser Überlassungspflicht dauert auch während der gesamten Tätigkeit des Leiharbeitnehmers an. Anderenfalls hätte der Verleiher seine Verpflichtungen ja bereits mit der erstmaligen Überlassung vollständig erfüllt. Das widerspricht sich aber mit der fortlaufenden Entgeltzahlungspflicht des Entleihers und der Tatsache dass der Arbeitnehmerüberlassungsvertrag allgemein als Dauerschuldverhältnis angesehen wird.[910] In einem solchen muss auch die grundsätzliche Pflicht zur Überlassung der Arbeitnehmer über deren gesamte Dauer bestehen.

Lediglich für die Haftung nach § 831 BGB, bei der es darauf ankäme, dass sich der Verleiher der Leiharbeitnehmer zur Verrichtungsausübung bedient, entfällt die Haftung des Verleihers. Denn zu konkreten Verrichtungen ist der Verleiher vom Entleiher gerade nicht bestellt worden.

Den Leiharbeitnehmern drohen also im Bereich der Arbeitnehmerhaftung wegen der vertraglichen Dreiecksbeziehungen durchaus höhere Risiken als in einem „typischen“ Arbeitsverhältnis.

d) Sozialversicherungsbeiträge

Sozialversicherungsrechtlich bleibt der Verleiher als Arbeitgeber gemäß § 28 e Abs. 1 SGB IV zur Abführung der Sozialversicherungsbeiträge verpflichtet.[911] Zusätzlich haftet der Entleiher gemäß § 28 e Abs. 2 S. 1, 4 SGB IV wie ein selbstschuldnerischer Bürge für diese Beiträge als Gesamtschuldner. Bei einer unwirksamen Arbeitnehmerüberlassung insbesondere wegen einer fehlenden öffentlich-rechtlichen Erlaubnis besteht gemäß § 10 Abs. 1 S. 1 AÜG ein direktes Arbeitsverhältnis zwischen dem beschäftigenden Betrieb und dem vermeintlichen Leiharbeitnehmer, so dass in diesen Fällen der Entleiher als direkter Arbeitgeber zur Abführung der Sozialversicherungsbeiträgen verpflichtet ist.[912]

e) Leiharbeit in der Krise

Nach der Finanzkrise, die 2008 aus den USA auf Europa und auf Deutschland übergeschwappt ist und die in eine veritable Rezession mit erheblichen Auftragsrückgängen mündet, werden höhere Arbeitslosenzahlen befürchtet. Die ersten

---

909 Das ist gerade Inhalt des Arbeitnehmerüberlassungsvertrages, vgl. Küttner/*Röller* „Arbeitnehmerüberlassung“ Rn 13; s. auch Muster mit der Tätigkeitsbeschreibung bei Preis/*Tenbrock* 942.

910 Die außerordentliche Kündigung des für Dauerschuldverhältnisse konzipierten § 314 BGB ist grundsätzlich möglich, vgl. Preis/*Tenbrock* 944; EK/*Wank* Einf. vor AÜG Rn 17.

911 Küttner/*Voelzke* „Arbeitnehmerüberlassung“ Rn 57.

912 Preis/*Tenbrock* 987; Küttner/*Voelzke* „Arbeitnehmerüberlassung“ Rn 60.

Arbeitnehmer, die das betrifft, sind die Leiharbeitnehmer.[913] Das bedeutet aber nicht, dass die Leiharbeitnehmer damit automatisch sofort aus dem Arbeitsverhältnis mit dem Verleiher entlassen sind. Arbeitgeber dieser Leiharbeitnehmer ist ja die Verleihfirma. In diesen Situationen muss man differenzieren.

aa) Leiharbeitnehmer als befristet Beschäftigte

Die Verleihfirmen können Leiharbeitnehmer grundsätzlich befristet einstellen. Besondere Befristungsregeln gibt es im AÜG nicht, daher gilt auch für diese Verträge das TzBefrG.[914] Also können auch hier sachgrundlose Befristungen bis zu zwei Jahren gemäß § 14 Abs. 2 TzBefrG abgeschlossen werden. Von den zulässigen Sachgründen des § 14 Abs. 1 TzBefrG für eine sachliche Befristung kommen insbesondere die Zwecke der Erprobung (Nr. 5) oder der Wunsch des Arbeitnehmers (Nr. 6) in Frage.

Daraus folgt, dass der Arbeitsvertrag bis zu dessen Fristablauf zwischen dem Verleiher und dem Leiharbeitnehmer bestehen bleibt. Eine ordentliche, ggf. auf betriebsbedingte Gründe gestützte Kündigung dieser Arbeitsverträge vor dem zeitlich befristeten Ablauf ist hier nicht möglich. Lediglich außerordentliche Kündigungen gemäß § 626 BGB wären hier denkbar.[915] Daraus folgt, dass die Leiharbeitnehmer zumindest für die Restlaufzeit des befristeten Vertrages weiterhin ein Arbeitsverhältnis mit dem Verleiher haben. Ergo haben die Verleihfirmen ihre Arbeitnehmer weiterhin auf der pay-roll, obwohl möglicherweise keine aktuellen Aufträge von potentiellen Entleihern vorliegen.

Die Verleihfirmen haben auf diese für sie riskante Konstellation reagiert. Sie stellen die Bewerber zunächst gar nicht erst an, sondern halten nur einen Bewerberpool vor.[916] Erst bei einem konkreten Auftrag wird aus diesem Pool ein Bewerber befristet für diesen Auftrag eingestellt. So werden befristete Arbeitsverträge der Leiharbeitnehmer mit den Aufträgen der Entleiher synchronisiert. Ist der Auftrag vorbei, endet auch das Arbeitsverhältnis. Diese Synchronisation war bis 2003 streng verboten, vgl. § 3 Abs. 1 Nr. 5 AÜG a.F., sie wird heute aber auf diese Weise möglich.[917]

---

913 Vgl. FAZ v. 6.11.2008, „Schwere Zeiten für Zeitarbeiter"; SZ v. 25.10.2008, „Als erstes müssen die Leiharbeiter gehen" mit Einzelbeispielen.

914 *Dörner* Rn 832 ff.

915 Palandt/*Weidenkaff* § 620 Rn 10.

916 Vgl. BAG v. 23.1.2008, Az.: 1 ABR 74/06.

917 EK/*Wank* § 9 AÜG Rn 7; *Schüren* in: AuR 2008, 239/243; die Auswahl bleibt dem Verleiher vorbehalten. Könnte sich der Entleiher aus dem Bewerberpool die Leiharbeitnehmer selbst auswählen, könnte dies eine Strohmanngestaltung darstellen, bei der der Verleiher nur noch formal die Arbeitgeberposition einnimmt, vgl. *Hamann* in: jurisPR-ArbR 18/2008 Anm. 1. Bei kollusivem Verhalten der Beteiligten könnte hier eine Nichtigkeit gemäß § 117 Abs. 1 BGB in Betracht kommen mit der Folge, dass ein derartig eingesetzter Leiharbeitnehmer faktisch Arbeitnehmer des Entleihers wird, so Brors/*Schüren* in: BB 2004, 2745/9.

bb) Unbefristet beschäftigte Leiharbeitnehmer

Sofern Leiharbeitnehmer keine befristeten Verträge haben, kann bei ihnen, wenn die Voraussetzungen der Betriebsgröße und der Wartezeit, §§ 1, 23 KSchG, erfüllt sind, nur bei einer entsprechenden sozialen Rechtfertigung betriebsbedingt gekündigt werden.[918] Für das Geschäftsmodell der Leiharbeit stellt sich daher die Frage, ob extern gestoppte Verleihverhältnisse automatisch die betrieblich dringenden Erfordernisse darstellen die eine betriebsbedingte Kündigung rechtfertigen.

Die Tatsache, dass kurzfristig keine Aufträge vorhanden sind, reicht für eine betriebsbedingte Kündigung nicht aus. Für das Bundesarbeitsgericht ist erforderlich, dass der Auftragsrückgang langfristiger Natur sein muss.[919] Das ist auch zutreffend, da kurzfristige Auftragsschwankungen zum Unternehmensrisiko generell gehören und diese Risiken nicht einseitig auf die Arbeitnehmer abzuwälzen sind. Wann allerdings der Zeitpunkt gekommen ist, an dem das von dem Unternehmer zu tragende Risiko kurzfristiger Auftragslücken endet, ist, soweit ersichtlich, noch nicht entschieden. Man wird hier einen Zeitraum von drei Monaten mindestens annehmen können, der einem Arbeitgeber zur Überbrückung zugemutet werden kann.[920]

Auf Grund der Ermächtigung des § 622 Abs. 4 BGB gibt es zahlreiche Tarifverträge für die Arbeitnehmerüberlassungsbranche, die hier verkürzte Kündigungsfristen vorsehen. Der Kündigungsschutz des KSchG ist allerdings nicht tarifdisponibel.[921]

3. Bedeutung des BetrVG für Leiharbeitnehmer

Die Reform des BetrVG von 2001[922] und die Novellierung des AÜG von 2002[923] haben auch für die Angelegenheiten der Leiharbeitnehmer Auswirkungen. Obwohl § 14 AÜG die betriebsverfassungsrechtliche Vertretung von Leiharbeitnehmern grundsätzlich regelt, wird dieser Vorschrift keine große Bedeutung beigemessen. Dies beurteilt sich nach den wenigen gerichtlichen Entscheidungen, die es zu dieser Vorschrift gibt, aber eben auch wegen des geringen Organisationsgrads der Leiharbeitnehmer und der geringen Anzahl von eingerichteten Betriebsräten generell.[924] Insofern haben die Leiharbeitnehmer im Entleiherbetrieb zwar ein eigenes Informationsrecht sowie das Recht, sich bei dem dortigen Betriebsrat zu beschweren, § 14 Abs. 2 AÜG. Dies spielt aber in der Regel kaum eine Rolle.

---

918 Preis/*Tenbrock* 967.

919 BAG v. 18.5.2006, Az.: 2 AZR 412/05; bereits LAG Köln v. 10.12.1998, in: NZA 1999, 991; Preis/*Tenbrock* 967; *Schüren/Behrend* in: NZA 2003, 521/4.

920 Preis/*Tenbrock* 968 unter Berufung auf § 9 Nr. 3 AÜG a.F.

921 *Schüren* in: AuR 2008, 239/242.

922 BGBl. I S. 1852.

923 BGBl. I S. 4607.

924 *Dörner* FS Wissmann, S. 286.

Juristisch sind bei diesem Thema formelle Aspekte des aktiven und passiven Wahlrechts zum Betriebsrat des Entleiherbetriebs von Bedeutung. Außerdem sind materielle Fragen der Mitbestimmungsrechte von Betriebsräten bei dem Einsatz von Leiharbeitnehmer zu prüfen, um ihre Bedeutung für die Prekarisierung von Arbeitsverhältnissen festzustellen.

a) Wahlrecht der Leiharbeitnehmer und Schwellenwerte

Die Frage des Wahlrechts von Leiharbeitnehmern hat große Bedeutung für die Gültigkeit von Betriebsratswahlen.[925] Die Änderung des § 7 S. 2 BetrVG brachte den Leiharbeitnehmern, die länger als drei Monaten in dem Betrieb des Entleihers tätig sind, das aktive Wahlrecht in diesem Betrieb. Das passive Wahlrecht wird jedoch ausdrücklich in § 14 Abs. 2 AÜG ausgeschlossen.

In diesem Zusammenhang wird auch diskutiert, ob § 7 S. 2 BetrVG auch eine Auswirkung auf die Schwellenwerte der §§ 9, 38, 111 BetrVG hat.[926] Das wird häufig verneint mit dem Hinweis, dass Leiharbeitnehmer kein Arbeitsverhältnis mit dem Entleiher aufweisen können und daher nicht als Arbeitnehmer im Sinne des § 5 BetrVG gelten.[927] Ein Blick auf die §§ 9, 38, 111 BetrVG zeigt jedoch, dass das Gesetz zumindest in den §§ 9 und 111 des BetrVG nicht auf ein bestehendes Arbeitsverhältnis, sondern auf die Wahlberechtigung der Arbeitnehmer abstellt. Hierfür gibt § 7 S. 2 BetrVG aber eine eindeutige Legaldefinition. Das spricht zumindest dafür, die Leiharbeitnehmer, die länger als drei Monate beim Entleiher beschäftigt sind, in die Berechnung der Schwellenwerte mit einzubeziehen.

Dafür spricht auch folgendes: Der Betriebsrat des Entleiherbetriebs hat gemäß § 14 Abs. 2 AÜG eine Betreuungsaufgabe auch für die dort beschäftigten Leiharbeitnehmer. Dann benötigt er aber auch die hierfür erforderliche Kapazität, um sich um deren Belange kümmern zu können, so dass auch aus diesem Grund die über drei Monate im Betrieb beschäftigten Leiharbeitnehmer bei der Feststellung der Größe des Betriebsrats mit zu rechnen sind. Das gilt erst recht, seit das AÜG seit 2003 praktisch die unbefristete Leiharbeit und damit die fortdauernde Beschäftigung im Entleihbetrieb ermöglicht hat.[928]

Hält man sich vor Augen, dass bis zu 60 % der Leiharbeitnehmer weniger als drei Monate im Entleiherbetrieb arbeiten,[929] wird jedoch schnell klar, dass dieses Wahlrecht der Leiharbeitnehmer in der Praxis nicht so innovativ wirkt, wie es ursprünglich beabsichtigt war. Allerdings macht diese Regelung des § 7 S. 2

925 *Dörner* FS Wissmann, S. 286, 293 f.

926 *Dörner* FS Wissmann, S. 286, 292 f.

927 BAG v. 16.4.2003, in: DB 2004, 1836; Küttner/*Röller* „Leiharbeitnehmer", Rn 22 m.w.N.; *Dewender* in: JR 2004, 262/3.

928 *Körner* 47.

929 Linne/Vogel 9, 19; *Körner* 12.

BetrVG auch deutlich, dass der Betriebsrat des Entleiherbetriebs auch die Interessen der Leiharbeitnehmer vertreten soll.

b) Allgemeine Aufgaben des Betriebsrats

Das Vertretungsrecht des Betriebsrats geht über die Vorschrift des § 14 Abs. 3 AÜG hinaus, da es sich nicht um eine abschließende Regelung handelt.[930] Insofern ist das BetrVG ebenfalls heranzuziehen. Fraglich ist jedoch, wie die Mitwirkungsmöglichkeiten der Mitarbeitervertretungen auf den jeweiligen Betriebsrat des Entleihbetriebs bzw. des Verleihbetriebs aufzuteilen sind. Denn hier ist die Aufspaltung des Arbeitsverhältnisses im Arbeitnehmerüberlassungsrecht zu beachten.[931] Dabei wird man die Zuständigkeit des jeweiligen Betriebsrats danach zuordnen, welchem der Betriebe die entsprechende Maßnahme zuzuordnen ist.[932]

Daraus lässt sich ableiten, dass der Diskriminierungsschutz des § 75 BetrVG durch den Betriebsrat des Entleiherbetriebs alle im Betrieb Beschäftigten Personen, also auch Leiharbeitnehmer umfasst.[933] Auch die allgemeinen Aufgaben des § 80 Abs. 1 BetrVG zum Arbeitsschutz der Beschäftigten in einem Entleiherbetrieb betreffen auch die dort tätigen Leiharbeitnehmer. Dessen Betriebsrat hat also auch hierfür ein Mandat.[934] Das wird auch aus dem § 80 Abs. 2 S. 1, 2. HS BetrVG deutlich, der das entsprechende Unterrichtungsrecht des Betriebsrats ausdrücklich auf solche Beschäftigten ausdehnt, die nicht in einem Arbeitverhältnis zu dem Arbeitgeber stehen.[935] Der Betriebsrat des Entleihbetriebs hat demnach alle Überwachungsaufgaben auch auf die im Betrieb tätigen Leiharbeitnehmer auszudehnen. Ebenso kann der Betriebsrat gemäß §§ 80 Abs. 1 Nr. 8, 92 a BetrVG Eingliederungsvorschläge auch bzgl. Leiharbeitnehmer unterbreiten.[936]

Auch die Beschwerderechte der §§ 84 ff. BetrVG stehen den Leiharbeitnehmern im Betrieb des Entleihers zu, genau so wie die Anhörungs- und Vorschlagsrechte, §§ 81, 82 Abs. 1, 86 a BetrVG. Die gemäß § 12 ArbSchG erforderliche Unterweisung über Sicherheits- und Gesundheitsschutzangelegenheiten am Arbeitsplatz durch den Arbeitgeber umfasst auch die im Betrieb tätigen Leiharbeitnehmer.[937]

---

930 *Thüsing* AÜG, § 14 Rn 99; *Körner* 48.
931 S.o., 3. Kap. § 4 III 2 a).
932 BAG v. 19.6.2001, in AP § 87 BetrVG 1972 Nr. 1.
933 *Thüsing* AÜG, § 14 Rn 101.
934 *Thüsing* AÜG § 14 Rn 104 ff.
935 So schon die Rechtsprechung zum früheren AÜG, BAG v. 15.12.1998, in: AP § 80 BetrVG 1972 Nr. 56; BAG v. 31.1.1989, in AP § 80 BetrVG 1972 Nr. 33.
936 *Körner* 53.
937 EK/*Wank* § 14 AÜG Rn 10 ff.

c) Mitbestimmung in personellen Angelegenheiten

Bei der Eingliederung von Leiharbeitnehmern hat ein Betriebsrat des Entleihers gemäß § 14 Abs. 3 AÜG das in § 99 BetrVG normierte Beteiligungsrecht, da es sich bei der Übernahme von Leiharbeitnehmern durch den Entleiher um die Einstellung von Arbeitnehmern in seinen Betrieb handelt.[938] Maßgeblich ist dabei die tatsächliche Übernahme in den Betrieb, nicht jedoch bereits der Vertragsabschluss zwischen Ver- und Entleiher.[939] Dieses Beteiligungsrecht gilt auch, wenn vorhandene Leiharbeitnehmer gegen neue Leiharbeitnehmer ausgetauscht werden.[940]

Werden Leiharbeitnehmer aus einem Bewerberpool einem Entleiher zur Verfügung gestellt, ist erst der konkrete Einsatz von Leiharbeitnehmern im Entleihbetrieb Anlass, den Betriebsrat gemäß § 99 BetrVG zu beteiligen.[941] Der Abschluss des entsprechenden Rahmenvertrages zwischen Ent- und Verleiher für die Bildung eines Bewerberpools ist damit nicht mitbestimmungspflichtig, der Betriebsrat wird dazu also nicht eingeschaltet. In der Praxis ist es allerdings zu fragen, ob es sinnvoll für den Arbeitgeber ist, jeden einzelnen Einsatz über den Betriebsrat gemäß § 99 BetrVG laufen zu lassen, oder ob es nicht rationeller ist, schon früher den Betriebsrat einzuschalten. Im Rahmen einer Betriebsvereinbarung könnte die Beteiligung des Betriebsrats schon zum Abschluss der Rahmenvereinbarung erfolgen. Die Zustimmung des Betriebsrats zum Einsatz dieser Leiharbeitnehmer könnte dann unter den Voraussetzungen der Rahmenvereinbarung schon vorab eingeholt werden. Dabei ist natürlich der Betriebsrat über die einzelnen Einsätze weiter zu beteiligen. Aber das Verfahren könnte so flexibler gestaltet werden.[942]

aa) Schwellenwert des § 99 Abs. 1 BetrVG

Es stellt sich die Frage, ob bei diesem Beteiligungsrecht des Betriebsrats zusätzlich der Schwellenwert von 20 Arbeitnehmern gemäß § 99 Abs. 1 BetrVG überschritten sein muss. Das hängt davon ab, ob § 14 Abs. 3 AÜG eine Rechtsfolgen- oder eine Rechtsgrundverweisung darstellt. Bei letzterer müssten zusätzlich alle materiellen Tatbestandsmerkmale des § 99 BetrVG und damit eine Mindest-Anzahl von 20 Arbeitnehmern vorliegen. Entsprechend dem Wortlaut des § 14 Abs. 3 AÜG kommt es jedoch als auslösendes Tatbestandsmerkmal vor allem auf die „Über-

938 vgl. § 14 Abs. 3 AÜG; BAG v. 12.11.2002, AP BetrVG 1972 § 99 Nr. 41; *Wensing/Freise* in: BB 2004, 2238 f.

939 *Wensing/Freise* in: BB 2004, 2238 f.

940 ArbG Verden v. 1.8.1989, in: EzA Nr. 26 zu § 14 AÜG Betriebsverfassung; Ulber § 14 Rn 143; **a.A.** *Wensing/Freise* in: BB 2004, 2238/9.

941 BAG v. 23. 1. 2008, Az. 1 ABR 74/06; *Ulber* § 14 Rn 145.

942 Vorschlag von *Hamann* in: jurisPR-ArbR 18/2008 Anm. 1.

nahme“ eines Leiharbeitnehmers an, einerlei, ob erstmals, oder nur kurzfristig oder jemand im Austausch für einen vorher eingesetzten Leiharbeitnehmer beschäftigt wird.[943]

Die Bedeutung, die der Gesetzgeber hier dem Betriebsrat zuweist, spricht für eine Rechtsfolgenverweisung.[944] Daraus folgt auch, dass in Betrieben mit weniger als 20 Mitarbeitern der Einsatz von Leiharbeitnehmern dennoch mitbestimmungspflichtig ist.

bb) Ausmaß der Unterrichtungspflicht

Demzufolge hat der Entleiher seinen Betriebsrat nicht nur über die Anzahl und Qualifikation der eingesetzten Leiharbeitnehmer zu informieren,[945] sondern auch über die persönlichen Daten der einzugliedernden Leiharbeitnehmer zu unterrichten, und ggf. auch die Vereinbarungen zwischen Ver- und Entleiher vorzulegen.[946] Anderenfalls wäre die Beteiligung des Betriebsrats de facto darauf begrenzt, dass in dem Betrieb Leiharbeitnehmer eingesetzt werden. Ebenso ergibt sich aus dem Wörtchen „auch“ in § 14 Abs. 3 S. 2 AÜG, dass der Entleiher nicht nur die erforderliche Erklärung, dass der Verleiher die Erlaubnis zur Arbeitsüberlassung besitze, vorzulegen habe. Die Vorlagepflicht ist damit nicht erschöpft. Der Betriebsrat soll vielmehr gemäß § 99 BetrVG in die Lage versetzt werden, zu prüfen, ob ggf. Zustimmungsverweigerungsrechte bestehen oder nicht. Daraus folgt, dass er auch in der Lage sein muss, die individuelle Einstellung des einzelnen Leiharbeitnehmers zu beurteilen.

cc) Zustimmungsverweigerungsrechte des Betriebsrats

Ein Zustimmungsverweigerungsrecht des Betriebsrats wird in der Praxis nur ausnahmsweise angenommen. Hauptsächlich kommt dafür § 99 Abs. 2 Nr. 1 BetrVG wegen eines Gesetzesverstoßes in Betracht, etwa wenn der Verleiher keine nach AÜG erforderliche Erlaubnis für die Arbeitsnehmerüberlassung aufweist.[947] Ein Verstoß gegen § 3 Abs. 1 Nr. 5, 6 AÜG a.F. auf Grund einer zu langen Arbeitnehmerüberlassung ist nach dessen Abschaffung 2003 allerdings nicht mehr möglich

---

943 *Körner* 52.

944 EK/*Wank* § 14 AÜG Rn 18; *Thüsing* AÜG, § 14 Rn 147; **a.A.** *Wensing/Freise* in: BB 2004, 2238.

945 Darauf beschränken sich *Wensing/Freise* in: BB 2004, 2238/2240.

946 BAG v. 31.1.1989, in: BB 1989, 1693 f.; EK/*Wank* § 14 AÜG Rn 21; **a.A.** *Wensing/Freise* in: BB 2004, 2238/2240.

947 LAG Schleswig-Holstein v. 18.6.2008, Az.: 3 TaBV 12/08, 3 TaBV 08/08 auch bei Leiharbeit im Konzern; *Wensing/Freise* in: BB 2004, 2238/22242; sonstige, im Einzelfall u.U. vorkommende Verstöße gegen § 99 Abs. 2 BetrVG z.B. wegen eines Verstoßes gegen evtl. Auswahlrichtlinien oder fehlende Stellenausschreibungen bleiben hier außen vor.

und begründet kein Zustimmungsverweigerungsrecht mehr.[948] Erstaunlicherweise soll ein Verstoß gegen das equal-pay-Gebot des § 9 Nr. 2 AÜG kein Zustimmungsverweigerungsrecht des Betriebsrats auslösen. Zur Begründung wird darauf verwiesen, dass diese Konditionen Bestandteil des Arbeitsvertrages des Leiharbeitnehmers mit dem Verleiher sind, die getrennt von der Übernahme in den Entleihbetrieb zu betrachten sind und für die dessen Betriebsrat unzuständig ist.[949] Auch ein Verstoß gegen § 3 Abs.1 Nr. 3 AÜG löse keinen Rechtsverstoß im Sinne des § 99 Abs. 2 Nr. 1 BetrVG aus, da der Entleiher nicht Adressat dieser Pflichten sei; diese Gleichbehandlung bzw. die Bedingungen für das equal-pay-Gebot habe der Verleiher zu beachten.[950]

Das lässt sich aus dem Wortlaut des AÜG so nicht entnehmen. Ein anderer Aspekt führt allerdings grundsätzlich dazu, dass unterschiedliche Konditionen zwischen Leiharbeitnehmern und Stammbelegschaft kein Zustimmungsverweigerungsrecht des Betriebsrats auslösen: die Schlechterstellung der Leiharbeitnehmer ist ja vom Gesetzgeber mit der AÜG-Reform 2003 gewollt (!) und damit auch gesetzlich akzeptiert.[951] Der Betriebsrat des Entleiherbetriebs ist damit nicht zuständig, derartige Ungleichbehandlungen und Schlechterstellungen von Leiharbeitnehmern zum Anlass einer Zustimmungsverweigerung zu nehmen.

Ein weiteres Zustimmungsverweigerungsrecht kann jedoch aus § 99 Abs. 2 Nr. 3 BetrVG wegen potentieller Nachteile für bestehende Arbeitsverhältnisse entstehen.[952] Da es bei der Einstellung im Sinne des § 99 BetrVG nicht um die vertragliche Ausgestaltung, sondern um die tatsächliche Eingliederung in den Betrieb geht, kann ein vom Betriebsrat zu berücksichtigender Nachteil für die nur befristet beschäftigten Stammarbeitnehmer entstehen, wenn Leiharbeitnehmer statt ihrer langfristig eingesetzt werden. Ein solches Verweigerungsrecht läuft natürlich dann leer, wenn der Arbeitgeber Leiharbeitnehmer nach zeitlich kurzen Fristen austauscht.[953] Hier wird auch ein Dilemma für den Betriebsrat deutlich, denn er wird hier abzuwägen haben zwischen den Interessen der Stammbelegschaft und denen der Leiharbeitnehmer.

d) Mitbestimmung in sozialen Angelegenheiten

Die gespaltene Situation von Leiharbeitnehmern macht sich auch bei den Mitbestimmungsangelegenheiten in sozialen Belangen bemerkbar. Einerseits ist der Betriebsrat des Entleihers für den Leiharbeitnehmer durchaus ein Ansprechpartner, vgl. § 14 Abs. 2, 3 AÜG. Andererseits ergeben sich bei der Beurteilung von

---

948 Vgl. *Dörner* FS Wissmann, 286/8 f.
949 *Wensing/Freise* in: BB 2004, 2238/2242.
950 *Wensing/Freise* in: BB 2004, 2238/2232.
951 EK/*Wank* § 14 AÜG Rn 24.
952 *Wensing/Freise* in: BB 2004, 2238/2242 f.
953 *Dörner* FS Wissmann, 286/301.

Mitbestimmungsfragen im Rahmen des § 87 BetrVG unterschiedliche Zuordnungen. Insofern ist § 14 Abs. 2, 3 AÜG für Leiharbeitnehmer keine abschließende Regelung.[954]

Nach dem oben angegebenen Grundsatz, wonach sich das Mitbestimmungsrecht des Betriebsrats nach der Arbeitgeberfunktion des Entleihbetriebes richtet, sind auch die Rechte des § 87 BetrVG ggf. dort auch auf Leiharbeitnehmer anwendbar. Das hängt davon ab, ob die einzelnen Alternativen des § 87 BetrVG auf die reine Eingliederung des Beschäftigten in den Betrieb abstellt. Daraus folgt auch, dass die soziale Mitbestimmung durch den Verleiherbetrieb praktisch bedeutungslos ist, soweit es um Fragen der Eingliederung in den Betrieb des Entleihers geht. Für besondere Leistungen des Arbeitgebers kann die soziale Mitbestimmung im Verleiherbetrieb dagegen durchaus bestehen.[955]

Als Beispiel hierfür kann die mitbestimmungspflichtige Festlegung der Arbeitszeit dienen. Zum einen wird der Betriebsrat des entsendenden Betriebs für zuständig gehalten, als es um den Einsatz von Leiharbeitnehmern in einem Betrieb mit längerer wöchentlicher Arbeitszeit als beim Verleiher ging, § 87 Abs. 1 Nr. 3 BetrVG.[956] Denn für den verleihenden Betrieb handelt es sich für diese Leiharbeitnehmer um eine entsprechende Verlängerung der üblichen Arbeitszeit.

Der Betriebsrat des Entleihers dagegen ist in Fragen des täglichen Beginns und des Endes der Arbeitszeit im Entleihbetrieb auch für die Leiharbeitnehmer zuständig, § 87 Abs. 1 Nr. 2 BetrVG. Das gilt für die übliche Lage der täglichen Arbeitszeit[957] wie auch für die im Einzelfall erforderliche Leistung von Mehrarbeit.[958] Es ist also eine im Einzelfall sehr differenzierte Betrachtung der jeweiligen Situation erforderlich.[959]

Bestehen im Entleiherbetrieb Betriebsvereinbarungen zu Betriebsordnungen oder zum Gesundheitsschutz gemäß § 87 Abs. 1. Nr. 1, 7 BetrVG, wirken diese auch zugunsten der Leiharbeitnehmer.

---

954 BAG v. 15.12.1992 AP AÜG § 14 Nr. 7 zum alten AÜG; diese Rechtsprechung kann für die erweiterten Möglichkeiten des seit 2003 geltenden neuen AÜG erst recht herangezogen werden; *Körner* 45 ff.

955 Preis/*Tenbrock* 986 f.

956 BAG v. 19.6.2001 AP BetrVG 1972 § 87 Leiharbeitnehmer Nr. 1; Schaub/*Koch* § 120 Rz 96.

957 BAG v. 15.12.1992 AP AÜG § 14 Nr. 7; Schaub/*Koch* § 120 Rn 96.

958 *Dörner* FS Wissmann, 286/291.

959 *Matthießen* in: AuR 2005, 105 f., der mit Recht eine doppelte Zuständigkeit sowohl des Betriebsrats des Verleih- als auch des Entleihbetriebs (so Ulber § 14 Rn 32 ff.) für unpraktikabel hält.

4. Fazit

Von einem verpönten Randphänomen hat sich die Leiharbeit zu einer gängigen, vom Gesetzgeber akzeptierten Methode der Personalpolitik[960] gewandelt. Wurde früher die Leiharbeit zum Schutz der Betroffenen nur restriktiv zugelassen, soll sie nun ein aktives Mittel zur Bekämpfung der Arbeitslosigkeit sein. Allerdings wird die Zahl derjenigen Leiharbeitnehmer, die in ein stabiles Beschäftigungsverhältnis beim Entleihbetrieb wechseln, auf lediglich ca. 12 % geschätzt.[961] Eine andere Untersuchung nennt hier immerhin einen Wert von 25 % der Leiharbeitnehmer, bei dem ein so genannter „Klebeeffekt" zu verzeichnen ist.[962] Es handelte sich dabei allerdings um eine Untersuchung im Auftrag des Bundesverbandes Zeitarbeit (BZA), bei der nicht die betroffenen Leiharbeitnehmer, sondern die Leiharbeitsunternehmen selbst befragt wurden. Immerhin wird für die endgültige Übernahme eines Leiharbeitnehmers durch den Entleiher in der Regel noch eine Vermittlungsgebühr von 20–30 % des künftigen Bruttojahresgehalts an den Verleiher fällig. Auch dies mag den erhofften „Klebeeffekt" bremsen.

Bzgl. der betrieblichen Beschäftigungsdauer ist darauf hinzuweisen, dass die überwiegenden Leiharbeitsverhältnisse kurzfristiger Natur sind; lediglich 40 %[963] bzw. 50 %[964] der Leiharbeitsverhältnisse erstrecken sich über einen längeren Zeitraum als drei Monate. Dafür sind die früheren restriktiven Beschränkungen der Arbeitnehmerüberlassung aufgeweicht und gerade in deren Gegenteil verkehrt worden.

Daher hat sie sich auch in rechtstatsächlicher Hinsicht von einem Randphänomen zu einem wesentlichen Eckpfeiler der jeweiligen Belegschaft eines Betriebs entwickelt. Ihre Anzahl ist mittlerweile so groß und ihre Permanenz im Betrieb mittlerweile so evident, dass sich die Frage stellt, ob und inwiefern eine unterschiedliche Behandlung zur eigentlichen (im Einzelfall immer kleiner werdenden) Stammbelegschaft gerechtfertigt ist. Andererseits ist etwa durch die Reform des BetrVG in § 7 die Arbeitnehmereigenschaft und damit nach h.M. ein bestehender Arbeitsvertrag konstitutiv für eine Zugehörigkeit zum Entleiherbetrieb.[965] Damit wurde also die Trennung des Leiharbeitnehmers von der der übrigen Stammbelegschaft verstärkt. Überlegungen, diese Kluft dadurch zu überbrücken, indem statt des Erfordernisses einer arbeitvertraglichen Bindung die Eingliederung in den Entleiher-

960 BAG v. 9.12.2003, Az.: 9 AZR 16/03.

961 *Steiner/Mittländer* 10.

962 Informationsdienst des Instituts der Deutschen Wirtschaft, Köln, Nr. 17/2008 vom 24.4.2008, in: (abgerufen am 14.6.2008) http://www.iwkoeln.de/tabid/2232/ItemID/22098/Default.aspx.

963 *Steiner/Mittländer* 9.

964 Institut der Deutschen Wirtschaft, Köln, in: (abgerufen am 14. 6. 2008) http://www.iwkoeln.de/tabid/2232/ItemID/22098/Default.aspx.

965 *Dörner* FS Wissmann, 286, 296 f. m.w.N.

betrieb genügen soll,[966] stoßen angesichts des gesetzgeberischen Willens in § 7 BetrVG an ihre Grenzen. Letztlich ist eine Änderung hier nur durch eine gesetzgeberische Initiative möglich, die aber nicht zu erwarten sein. Die Ungleichbehandlung von Leiharbeitnehmern zur Stammbelegschaft wird damit zunächst zementiert. De lege ferenda wäre eine solche Änderung angesichts des massenhaften Zuwachses der Leiharbeit folgerichtig.

Festzuhalten ist, dass für Leiharbeitnehmer eine Reihe von Punkten ihre Beschäftigung zu einer prekären machen kann. Dazu zählen die Frage einer angemessenen Entlohnung sowie die durch das Gesetz eröffnete und viel genutzte Möglichkeit der Ungleichbehandlung der Leiharbeitnehmer im Verhältnis zu der Stammbelegschaft. Insofern ist auch der Schutz von Tarifstandards reduziert. Weiterhin muss auf die in der Regel nur befristete Beschäftigung, häufig auch auf die fehlende Integration in den Entleiherbetrieb verwiesen werden.

Dass die Leiharbeit als „eine Arbeit wie jede andere auch“ bezeichnet wird,[967] darf auf Grund der zahlreichen Schlechterstellungen gegenüber der Stammbelegschaft daher mit Recht bezweifelt werden. Die Leiharbeit hat für eine große Flexibilisierung auf dem Arbeitsmarkt gesorgt, ohne dass sie überwiegend langfristige Arbeitsplätze schaffen kann. Leiharbeit wird heute kaum noch zur Abfederung von saisonalen Produktions- oder Bedarfsspitzen benötigt, sondern verdrängt mehr und mehr die Normalbeschäftigung. Im vergangenen Aufschwung legte die Leiharbeit, wie gezeigt, kräftig zu, während reguläre Arbeitsverhältnisse erst 2006 zunehmend entstanden.[968] Das liegt auch in der Natur der Sache: durch die Leiharbeit kann ein Unternehmen Arbeitskräfte weit rationeller einsetzen, so dass bei gleich bleibenden Rahmenbedingungen tendenziell die Zahl regulärer Arbeitsplätze zurückgehen muss.

IV. Praktika nach einer Ausbildung

Seit einiger Zeit gibt es ein weiteres, mittlerweile medienwirksames Phänomen.[969] Es handelt sich dabei um ein Praktikanten-Phänomen – betroffen sind

966 *Schüren* in: RdA 2004, 184, 186 f.; *Kreutz* in: SAE 2004, 168; *Dörner* FS Wissmann, 286, 298, sympathisiert mit einer Mischform von grundsätzlicher Akzeptanz der gesetzgeberischen Wertung bei Abweichung im Einzelfall, wenn eine Arbeitnehmerüberlassung als nicht mehr „vorübergehend“ i.S.d. § 1 Abs. 3 Nr. 2 AÜG angesehen werden kann; diese Ansicht weist die gleiche Schwäche auf, wie *Dörner* auch einräumt.

967 Informationsdienst des Instituts der Deutschen Wirtschaft, Köln, Nr. 17/2008 vom 24.4.2008, in: (abgerufen am 14.6.2008) http://www.iwkoeln.de/tabid/2232/ItemID/22098/Default.aspx.

968 Wirtschaft Aktuell 09/2008, Aktuelle wirtschaftspolitische Analysen der IG Metall.

969 Das Problem existiert auch bei anderen als Hochschulabsolventen, vgl. LAG Rheinland-Pfalz v. 8. 6. 1984, in: NZA 1986, 293; ich konzentriere mich aber wegen meiner eigenen Erfahrungen auf die Hochschulabsolventen; vgl. hierzu die TAZ vom 22.6.2005, „Lobby für modern Ausgebeutete“; ZEIT vom 27.10.2005, „Die Praktikanten organisieren sich“; Financial Time Deutschland v. 1.11.2005, „Generation Alg II“.

jedoch „Praktikanten“, die bereits ein Hochschulstudium oder eine andere Berufsausbildung erfolgreich abgeschlossen haben.

Hierbei stellt sich zunächst die Frage, ob die nach einer Berufsausbildung durchgeführten Praktika als „Generation Praktikum“ ein Massenphänomen oder eine zu vernachlässigende Randerscheinung darstellen, bevor die rechtliche Beurteilung dieser Praktika erfolgt. Hinzuweisen ist auf den Begriff der Praktika, der sowohl für solche Tätigkeiten vor einer Ausbildung, als auch solche während einer (Hochschul-) Ausbildung benutzt wird und die bereits behandelt wurden.[970] Hier geht es um die Praxis von „Praktika“ nach einer abgeschlossenen Berufsausbildung (Typ C).

1. Hintergrund

Absolventen wollen in der Regel nach ihrem erfolgreichen Ausbildungs- oder Hochschulabschluss arbeiten, an Projekten in Unternehmen beteiligt sein und ihr Wissen anwenden. Es handelt sich dabei um motivierte junge Menschen, die sich, um Arbeitspraxis zu erwerben, auch für wenig Geld in ein Unternehmen einbringen. Aus ihrer Sicht haben diese Praktika die Funktion der Überbrückung von Wartezeiten, des Berufseinstiegs, um einen Job zu ergattern. Der Lerneffekt steht hier bei ihnen daher nicht im Vordergrund.[971]

Für die Arbeitgeberseite stehen dagegen der Rekrutierungsgedanke und ein betriebswirtschaftliches Kalkül im Vordergrund. Das können sie so lange auch realisieren, als die Ableistung derartiger Praktika auch noch gesellschaftspolitisch als „Chancen-Einräumen für junge Arbeitslose“ akzeptiert und sogar erwünscht ist.

a) Praxis

Aber diese Berufsanfänger werden immer seltener z.B. als Trainee oder nach dem TzBefrG bis zu zwei Jahre befristet, aber mit angemessener Bezahlung eingestellt, sondern häufig eben als „Praktikant“.[972] Dabei erhalten diese Berufsanfänger in der Regel nur einen projektweise laufenden Vertrag über wenige Monate mit

---

970 Vgl. 2. Kap. § 2 I.

971 *Böhning/Helbig/Heyser* 12 f.

972 Laut *Böhning/Helbig/Heyser* 5 f., gehen gerade 50 % der Universitätsabsolventen einer regulären Erwerbsarbeit nach, wobei lediglich 42 % eine unbefristete Vollzeitstelle antreten; diese Untersuchung verweist auch auf den jahrelangen Trend, dass zwischen 1989 und 1997 die Zahl derjenigen, die nach dem erfolgreichen Studium eine unbefristete Vollzeitstelle antreten konnte, sich um 13 % reduziert hat.

einem Entgelt je nach Einzelfall von 0,– €[973] bis etwa im Schnitt etwa 400,– € bis 600,– € pro Monat.[974] Unternehmen stellen auf diese Weise junge, aber fertige Berufsanfänger für wenig Geld ein. Die früher übliche Handhabung der zumindest mit einem vertretbaren Anfangsgehalt verbundenen, auf zwei Jahre befristeten Arbeitsverträge als Trainee o. ä. ist für Arbeitgeber, kurzfristig betrachtet, betriebswirtschaftlich deutlich teurer.

Häufig wird diesen ausgebildeten „Praktikanten“ dabei eine langfristige Anstellung in Aussicht gestellt. Tatsächlich sollen etwa 2,3 % aller Einstellungen in 2004/2005 auf ehemalige Praktikanten entfallen, wobei dies überdurchschnittlich im Dienstleistungsgewerbe und bei kleinen Betrieben der Fall ist.[975] Diese „Praktikanten“ arbeiten dann als Vollzeitkräfte sehr hart, um ihre Eignung darzulegen. Sie bearbeiten häufig auch hochwertige Unternehmensvorhaben. Mit anderen Worten: Praktikanten werden aus Kostengründen als Ersatz für reguläre Arbeitskräfte eingesetzt.[976] Und selbst, wenn es ihnen gelingt, im Anschluss an ein Praktikum einen regulären Arbeitsplatz zu besetzen, sind diese häufiger befristet (55 %), als bei anderen Einstellungen (43 %).[977]

In der Praxis schließt sich aber des Öfteren nur ein „neues Projekt“ an das erste abgeschlossene Projekt an, ebenfalls verbunden mit einem weiteren „Praktikanten“-Vertrag. Mittlerweile gibt es Fälle von richtigen „Praktikanten“-Karrieren, bei denen sich die Betroffenen von einem zum nächsten „Praktikum“ hangeln. Es liegt auf der Hand, dass nach mehreren derartigen „Praktika“ die Aussichten auf eine reguläre Arbeit immer geringer werden, weil potentielle Arbeitgeber den Eindruck gewinnen könnten, der Kandidat habe den beruflichen Durchbruch nicht geschafft. Gesellschaftliche und persönliche Auswirkungen dieser Entwicklung etwa auf die aktuelle Geburtenrate bei Akademikerinnen, auf die fehlende

---

973 So in den Fällen Hessisches LAG v. 25.1.2001, Az.: 3 Sa 1818/99; ArbG Berlin v.8.1.2003, Az.: 36 Ca 19390/02; das IAB geht davon aus, dass etwa die Hälfte dieser Praktikanten unentgeltlich arbeitet, vgl. IAB-Kurzbericht 7/2007, „Betriebspraktika – Auf Umwegen zum Ziel“, 2; *Böhning/Helbig/Heyser* geben einen Wert von 25, 8 % dieser unentgeltlich tätigen Praktikanten an.

974 In dem Fall des AGH NRW v. 2.11.2007, BRAK-Mitteilungen 2008, 76 ff. ging es um die Anstellung eines Juristen mit zwei Staatsexamina zu 1.000,– €, der als „Trainee“ bezeichnet wurde; laut *Böhning/Helbig/Heyser* bezogen 2005 18 % eine Vergütung von bis zu 150,– €/ Monat, 28, 1 % eine von bis zu 300,–€/Monat; 28, 1 % erzielten danach eine über 300,– € liegende Vergütung.

975 IAB-Kurzbericht 7/2007, 2 f. Das betrifft in erster Linie noch nicht einmal die Hochschulabsolventen, drei Viertel der so besetzten Stellen betraf Arbeitsplätze, die mittlere Berufsabschlüsse voraussetzten. Vgl. auch *Maties* in: RdA 2007, 135/8; nach Feststellungen des IAB zur Rekrutierung neuer Mitarbeiter schreiben allerdings lediglich 5 % der Unternehmen neue Stellen intern an Praktikanten aus; davon sind 39 % erfolgreich (aus: Wirtschaft im Südwesten 7+8/2008, S. 7).

976 *Böhning/Helbig/Heyser*: 53 % dieser Praktikanten gaben an, reguläre Arbeiten geleistet zu haben.

977 IAB-Kurzbericht 7/2007, 4.

Altersvorsorge solcher Dauerpraktikanten, auf die persönliche Lebensplanung der Betroffenen usw. sind in den Medien behandelt worden.[978]

b) Ausmaß dieser Entwicklung

Wie viele Menschen sind von dieser Entwicklung betroffen? Hierzu werden in der Öffentlichkeit unterschiedliche Zahlen genannt. Während teilweise von einem Massenphänomen gesprochen wird, will das HIS dies durch eigene Untersuchungen nicht bestätigen.[979] Diese Studie des HIS aus dem Jahr 2007, die bzgl. einer „Generation Praktikum" Entwarnung geben will, zeigt allerdings ein durchaus differenziertes Bild. Immerhin waren auch nach dieser Erhebung 21 % der Architekten, 20% der Biologen, 20 % der Psychologen, gar 26 % der Sprach- und Kulturwissenschaftler sowie 21 % der Wirtschaftswissenschaftler als fertige Absolventen zu ihrem Berufsstart zunächst in einem Praktikum tätig. In den technischen Fachrichtungen dagegen waren die Absolventen danach dagegen lediglich in einem einstelligen Prozentbereich auf ein Praktikum als Berufseinstieg angewiesen. Letzteres dürfte auf den Nachwuchsmangel in technischen Berufen zurückzuführen sein.

Auch die Bezahlung von Praktikanten ist Gegenstand der HIS-Studie. Zwar gibt es darin keine absoluten Aussagen zur Höhe der Praktikantenvergütung. Allerdings hält auch die HIS-Studie fest, dass die Mehrzahl der Betroffenen mit der Praktikumsbezahlung unzufrieden waren, gar bis zu 34 % gar keine Vergütung erhielten.[980] Selbst nach dieser Studie handelt es sich bei dieser Praxis also keineswegs um ein zu vernachlässigendes Randphänomen, auch wenn sie keine flächendeckende Praxis feststellt.

Es gibt jedoch einige weitere Indikatoren, die zumindest einen Hinweis auf ein erhebliches Ausmaß derartiger Praktika geben. Da ist zum einen die oft auffällige Praxis von Unternehmen aller Branchen, die Praktika direkt für Hochschulabsolventen ausschreiben. Des Weiteren heißt es in einer Untersuchung des CHE zum Berufseinstieg von Akademikern, dass z.B. 57 % der BWL-Absolventen angegeben haben, Praktika zur Stellensuche genutzt zu haben.[981]

---

978 Z.B. *Nikola Richter*, die als Betroffene ihre Erfahrungen in dem Buch „Die Lebenspraktikanten", 2006, zusammengefasst hat; *Sigrun Matthiesen* Dokumentation „Ewig Praktikant – eine Generation in der Warteschleife", ausgestrahlt am 25.4.2007, 21 h, PHOENIX. Allerdings berichtet das IAB davon, dass diese „Praktikumsschleifen" eher selten vorkommen: 93 % der Absolventen hätten demnach nach 12 Monaten entweder eine Stelle gefunden oder arbeiteten selbständig bzw. freiberuflich, IAB-Kurzbericht 7/2007, 4; *Böhning/Helbig/Heyser* wiederum berichten von 48,3 % derartiger Praktikanten, die bereits zwei oder mehr Praktika nach Abschluss des Studiums absolviert haben, 56,2 % waren weiter auf der Suche nach einem festen Arbeitsplatz.

979 *Briedis/Minks* S 3.

980 *Briedis/Minks* S 6.

981 *Federkeil* „CHE-Alumni-Ranking", Arbeitspapier Nr. 66, 2005, 30.

In einer anderen Untersuchung zum Berufseinstieg von Akademikern ist festgehalten: „Bei den Ingenieuren liegt das Verhältnis von Praktikanten zu angebotenen Stellen für Hochschulabsolventen bei 2:1, bei den Wirtschaftswissenschaftlern beträgt das Verhältnis 1:1.“[982]

Insgesamt lassen alle Indikatoren den Schluss dafür zu, dass Praktika als Berufseinstieg für Hochschulabsolventen ein häufig vorkommendes Phänomen sind. Auch wenn daraus keine Aussagen zu den einzelnen Konditionen von Praktikantenverhältnissen oder zur Häufigkeit von so genannten „Anschlusspraktika“ abzuleiten sind: um Randphänomene handelt es sich ganz offensichtlich nicht.

Von diesen Praktika zu unterscheiden sind die Fälle, in denen sich Berufsabsolventen nach ihrer Ausbildung erneut umorientieren wollen, weil diese Menschen trotz dieser Ausbildung nicht in diesem ursprünglich erlernten Beruf arbeiten wollen. Für diese Gruppe gilt im Prinzip das zu Praktika in Verbindung mit einer Ausbildung Gesagte.[983]

Diese vorgenannten Handhabungen unterscheiden sich von den Fällen, in denen fertige Absolventen als Praktikanten eingestellt werden. Handelt es sich dabei überhaupt um „Praktikanten“? Dabei ist es unerheblich, ob der abgeschlossene Vertrag von den Parteien auch als „Praktikanten-Vertrag“ bezeichnet wird. Denn nicht die Bezeichnung durch die Parteien, sondern der tatsächliche Inhalt des Schuldverhältnisses kennzeichnet den Charakter des Vertrags.[984]

2. Gegenstand des Vertrags

In der Regel arbeiten derartige „Praktikanten“ vollwertig an einem Projekt wie andere angestellte Projektteilnehmer mit und/oder sind mit ihren Arbeitsleistungen in die Arbeitsplanung des Arbeitgebers integriert. Bei diesen Verträgen steht daher das Interesse des Arbeitgebers an der Arbeitsleistung im Vordergrund. Das Ziel eines Praktikums im Sinne von Erfahrungen-Sammeln und Lernen durch den „Praktikanten“ mag dabei im Einzelfall ein Nebeneffekt sein, steht in diesen Fällen jedoch im Hintergrund und ist damit für derartige Dienstverhältnisse nicht prägend.[985]

---

982 Staufenbiel-Studie „JobTrends 2005/2006“, S 15.

983 S. 2. Kap. § 2 I.

984 So bereits *Nikisch* 723; *Maties* in: RdA 2007, 135/8; *Scherer* in: NZA 1986, 281, Fn. 11a; *Reuter* „Zulässigkeit von unentgeltlichen Probearbeitsverhältnissen“, www.rechtpraktisch.de/artikel.html?id=861, die bereits in Frage stellt, ob fertige Absolventen generell überhaupt als Praktikanten anerkennt werden können, da sie doch bereits über eine Berufsausbildung verfügen.

985 LAG Düsseldorf vom 17.8.2001, Az.: 18 Sa 774/01; in dem Fall des AGH NRW v. 2.11.2007, in: BRAK-Mitteilungen 2008, 76/8 wurde klar ausgedrückt, dass ein fest angestellter Rechtsanwalt gesucht, und keine „Ausbildungsstelle“ angeboten wurde.

a) Arbeitsvertrag gemäß § 611 BGB

In einem solchen Fall ist der betroffene Absolvent verpflichtet, weisungsgebundene, fremdbestimmte Arbeit in persönlicher Abhängigkeit zu leisten. Das entspricht der allgemein anerkannten Definition eines Arbeitnehmers.[986] In diesen Fällen handelt es sich also schlicht um ein normales Arbeitsverhältnis gemäß § 611 ff. BGB.[987]

Für diese Auffassung spricht auch, dass derartige Praktikantenverträge den Praktikanten in der Regel den Weisungen des Arbeitgebers unterstellen, wie für andere Arbeitnehmer den Anspruch auf Urlaub oder das Verfahren bei Arbeitsversäumnis regeln, Nebenbeschäftigungen unterbinden wollen und auch Personalakten geführt werden. Auch Probezeiten werden regelmäßig vereinbart. Das ist typisch für „echte" Arbeitsverhältnisse.[988]

Die Bezeichnung derartiger Verträge als „Praktikantenverträge" ist dagegen nicht entscheidend. Die zutreffende ständige Rechtsprechung des Bundesarbeitsgerichts führt dazu aus, dass nicht die Bezeichnung, sondern der gewollte Inhalt der Vereinbarung für die rechtliche Einordnung maßgeblich ist.[989]

b) Gegenargumente

Als Gegenargument hört man immer wieder die Klage, die Absolventen seien ja für den eigenen Betrieb noch nicht „fertig", sie müssten im Rahmen eines derartigen „Praktikums" erst die besonderen erforderlichen Eigenheiten und Fertigkeiten für die spezifischen Anforderungen des Arbeitgebers erwerben. Dafür könne der Praktikant auch an dem know-how des Arbeitsgebers partizipieren.[990] Daraus könnte man folgern, dass doch der Aspekt des Lernens im Vordergrund stehe und die Bezeichnung „Praktikant" gerechtfertigt ist.

Dem kann nicht gefolgt werden. Zum einen haben die Absolventen einen staatlich anerkannten Abschluss erworben. Damit ist gleichzeitig die Wertung des Gesetzgebers als auch der Hochschule bzw. der entsprechenden sonstigen Ausbildungs-

---

986 BAG v. 6.7.1995, in: AP Nr. 22 zu § 5 ArbGG m.w.N.; LAG Düsseldorf vom 17.8.2001, 18 Sa 774/01; EK/*Preis* § 611 BGB Rn 60 ff.

987 Hessisches LAG vom 25.1.2001, Az.: 3 Sa 1818/99; ArbG Berlin vom 8.1.2003, 36 Ca 19390/02; *Horstmeier* in: JR 2006, 313/4.

988 LAG Köln vom 31.5.2006, Az.: 3 Sa 225/06; LAG Düsseldorf vom 17.8.2001, Az.: 18 Sa 774/01.

989 BAG v. 12.6.1996, in: BAGE 84, 108, sub II 2; LAG Düsseldorf vom 17.8.2001, Az.: 18 Sa 774/01.

990 So das Argument des Arbeitgebers in AGH NRW v. 2.11.2007, in: BRAK-Mitteilungen 2008, 76/8; mittlerweile sollen renommierte Firmen teilweise dazu übergehen, derartige Praktika gegenüber den Hochschulabsolventen mit dem Argument des besonderen Renommees des Unternehmens für den weiteren Berufsweg der Absolventen zu rechtfertigen.

stätten verbunden, dass diese Absolventen in ihrem erlernten (akademischen) Beruf, nicht jedoch als „Praktikanten“ dem Arbeitsmarkt zur Verfügung stehen.

Zum anderen ist Folgendes festzuhalten: selbstverständlich brauchen Berufsanfänger Zeit und ein Umfeld, um ihre Berufserfahrungen zu machen. Auch in der Praxis werden frischgebackene Absolventen mit Fragestellungen konfrontiert sein, mit denen sie in der Ausbildung wenig oder nichts zu tun gehabt haben. Dennoch sollten sie in der Lage sein, diese Aufgaben mit den während der Ausbildung erworbenen methodischen und inhaltlichen Kenntnissen zu bewältigen. Nichts anderes bescheinigt der Hochschulabschluss, nämlich dass die Absolventen mit den während der Ausbildung erworbenen fachlichen und methodischen Kenntnissen in der Lage sein sollen, sich auch in neue und unbekannte Aufgabenfelder einzuarbeiten, um sie später zu beherrschen. Es geht also auch in der Einarbeitungs- und Einführungsphase eines Berufsanfängers darum, die mit dem Hochschulabschluss bescheinigten, Kenntnisse in der Betriebspraxis anzuwenden, aber nicht um das erneute Erlernen dieser Fähigkeiten.[991]

Das Erfordernis einer Einarbeitung ist für diese Rechtsverhältnisse daher kein Gesichtspunkt, diese Praktika nicht als Arbeitsvertrag zu qualifizieren.[992] Daher wird man in der Regel bei der o.a. Handhabung davon ausgehen können, dass derartige „Praktikanten“-Verträge tatsächlich Arbeitsverträge sind.

3. Die Vergütung

Die in diesem Rahmen anzutreffende niedrige, in der Regel allenfalls dreistellige Vergütung erscheint, verglichen mit der vollwertigen Arbeitsleistung, als sehr unausgewogen. Es stellt sich die Frage, ob diese Vergütungsregel wegen Wuchers gemäß § 138 Abs. 2 BGB sittenwidrig und damit unwirksam ist. Das ist dann der Fall, wenn der Wert der Arbeitsleistung, gemessen an der Dauer, dem Schwierigkeitsgrad und der Beanspruchung, zum vereinbarten Entgelt in einem auffallenden Missverhältnis stehen, und der Arbeitgeber eine Zwangslage, die Unerfahrenheit, den Mangel an Urteilsvermögen oder eine erhebliche Willensschwäche ausnutzt.[993]

---

991 *Haug* Rn 679 spricht von der mit dem Hochschulabschluss bescheinigten „Berufsfähigkeit“.

992 LAG Düsseldorf vom 17.8.2001, Az.: 18 Sa 774/01; *Maties* in: RdA 2007, 135/140 hält „je nach Tätigkeit“ auch hier ein Praktikum mit wenigen Wochen als Obergrenze für zulässig, ohne hier die Funktion der Probezeit dagegen zu halten.

993 *Reuter* a.a.O.; Schaub/*Linck* § 36 Rn 4; vgl. BAG v. 10.10.1990, in: AP Nr. 47 zu § 138 BGB.

a) Der objektive Tatbestand des § 138 BGB

Für den objektiven Tatbestand geht die Rechtsprechung in diesen Fällen bereits bei einer wesentlichen Unterschreitung des üblichen Tariflohns um 1/3 von Wucher aus.[994]

Bei „Praktikanten“, die in ihrer Tätigkeit und ihrer sonstigen Behandlung anderen Mitarbeitern vergleichbar sind, die einen eigenen Arbeitsplatz, Büroschlüssel und Zeiterfassungskarte erhalten, die selbst für den Arbeitgeber mit Kunden, Zulieferern oder anderen internen und externen Beteiligten kommunizieren und Aufträge des Vorgesetzten ausführen, liegt es auf der Hand, dass deren Arbeitsleistung mit einem üblichen Praktikantengehalt von 400,– bis 600,– € nicht abgegolten ist.[995] Das Missverhältnis von Leistung und Gegenleistung ist in diesen Fällen evident.[996]

b) Der subjektive Tatbestand des § 138 BGB

Für den subjektiven Tatbestand des § 138 Abs. 2 BGB kommt bei Hochschulabsolventen insbesondere der Fall des Ausnutzens einer Zwangslage bzw. der Unerfahrenheit in Frage.

aa) Ausnutzen einer Zwangslage

Eine Zwangslage wird man bei Hochschulabsolventen häufig darin sehen können, dass diese nach ihrem Hochschulabschluss nicht nur dringend einer adäquaten Beschäftigung bedürfen, um den Einstieg in das Berufsleben zu schaffen. Auch

---

994 EK/*Schlachter* § 612 BGB Rz 3 m.w.N; s. aber auch BAG v. 23.5.2001, in: EWiR 2002, 419, das eine 70 %-ige Vergütung des üblichen Lohns noch nicht für wucherisch gehalten hat; derartige Grenzfälle liegen aber bei diesen krassen Missverhältnissen nicht vor.

995 Hessisches LAG vom 25.1.2001, Az.: 3 Sa 1818/99, und ArbG Berlin vom 8.1.2003, Az.: 36 Ca 19390/02, behandeln gar völlig unentgeltliche „Praktikanten“-Verhältnisse; LAG Rheinland-Pfalz vom 18.4.2008 (Az.: 5 Sa 45/07) behandelte einen Fall mit 375,– € im Monat.

996 Der Arbeitgeber in AGH NRW v. 2.11.2007, in: BRAK-Mitteilungen 2008, 76/7 versuchte, durch Hinzurechnen weiterer Kosten, die ihm entstehen, das Entgelt hochzurechnen. So übernahm er Berufshaftpflicht- und Kammerbeiträge. Er berief sich sogar darauf, dass er immerhin seinen hier „Trainee“ genannten Arbeitnehmer zur Sozialversicherung anmelden wollte und rechnete die hierzu erforderlichen Arbeitgeberbeiträge zum Entgelt hinzu (Verpflichtung des Arbeitgebers nach § 249 Abs. 1 SGB V). Immerhin habe er eine sozialversicherungspflichtige statt einer freien Mitarbeit angeboten. Ebenso addierte er einen Betrag von 500–600 € als geldwerter Vorteil zum monatlichen Entgelt hinzu, der sich aus der Partizipation an dem Know-how des Arbeitgebers ergäbe. Der AGH hat zu Recht all diese Versuche als Augenwischerei abgelehnt.

das Erfordernis, Geld zu verdienen, also auf eigenes Einkommen angewiesen zu sein, gehört hierher.[997]

Anderenfalls steht ihnen noch nicht einmal das Arbeitslosengeld I zu, da sie in der Regel nach ihrem Hochschulabschluss noch nicht die dafür vorgesehenen Voraussetzungen der 12-monatigen Anwartschaftszeit gemäß § 123 SGB III erfüllen.

Zwar kann eine dreistellige Praktikantenvergütung in der Höhe immerhin mit dem Arbeitslosengeld II vergleichbar sein, so dass man argumentieren könnte, insofern bestehe kein wesentlicher betragsmäßiger Unterschied und damit keine wirtschaftliche Zwangslage. Das Arbeitslosengeld II ist jedoch eine Sozialleistung, für die keine synallagmatische Gegenleistung erforderlich ist. Die Zwangslage des Hochschulabsolventen besteht dagegen in dem klaren Erfordernis, dass er für eine angemessene Berufs- und Lebensperspektive einen Einstieg braucht. Insofern wiegt dessen Zwangslage wegen der davon abhängigen „Zukunftsfähigkeit“ des Absolventen schwerer als der Hinweis, mit dem Arbeitslosengeld II erhalte der Absolvent ja auch nicht mehr.[998]

bb) Ausnutzen der Unerfahrenheit

Auch die Ausnutzung mangelnder Erfahrung kann für den subjektiven Tatbestand des § 138 Abs. 2 BGB ausreichen. Das kommt zwar bei Hochschulabsolventen – da eine lebenstaugliche Ausbildung unterstellt wird – eher seltener vor. Wenn man aber etwa ausländische Hochschulabsolventen betrachtet oder auch möglicherweise Absolventen theoretischer oder technischer Disziplinen, die in der Wirtschaft keine diesbezüglichen Erfahrungen sammeln konnten,[999] werden auch hier Fälle denkbar, in denen die Ausnutzung mangelnder Erfahrung in Betracht kommen kann.

cc) Vorwerfbarkeit

Für die Ausnutzung derartiger objektiver Situationen durch den Arbeitgeber bedarf es keiner besonderen Ausbeutungsabsicht oder einer verwerflichen Gesinnung des Arbeitgebers.[1000] Es reicht das Wissen des Arbeitgebers um die Unausgewogenheit von Leistung und Gegenleistung sowie die zuvor beschriebene Zwangslage,[1001]

---

997 Schaub/*Linck* § 36 Rn 9; *Horstmeier* in: JR 2006, 313/5.

998 Insofern liegt der Fall anders als bei BGH v. 8.4.1994, in: NJW 1994, 1276, der ein drohendes Scheitern von gemeinsamen Zukunftsplänen eines Paares noch nicht als Zwangslage angesehen hat, vgl. auch BGH v. 19.2.2003, in: NJW 2003, 1860.

999 LG Trier v. 9.10.1973, in: NJW 1974, 151; vgl. Schaub/*Linck* § 36 Rn 9.

1000 LAG Rheinland-Pfalz v. 8. 6. 1984, in: NZA 1986, 293.

1001 BGH v. 24.5.1985, in: NJW 1985, 3006; BGH v. 19.6.1990, in: BB 1990, 1510; Sorgel/*Hefermehl* § 138 Rz 37; Palandt/*Heinrichs* § 138 Rz 40.

bzw. Unerfahrenheit. Die Entgeltabreden sind daher in diesen Fallkonstellationen gemäß § 138 Abs. 2 BGB sittenwidrig.[1002]

c) Marktkonditionen?

Dagegen könnte von Arbeitgeberseite das Argument vorgebracht werden, es handele sich eben um Marktkonditionen, die zu akzeptieren seien. Abgesehen davon, dass es gerade die Arbeitgeber sind, die den Markt für Arbeitskräfte maßgeblich mitgestalten, sie sich also insofern auf selbst geschaffene Fakten wie auf objektive Sachverhalte berufen würden, beseitigt dieses Marktargument nicht die o.a. erfüllten Voraussetzungen des § 138 Abs. 2 BGB. Insbesondere in den Fällen, in denen eine spätere Festanstellung für den Hochschulabsolventen nach einem „erfolgreichen Praktikum" in Aussicht gestellt wird, liegt klar auf der Hand, dass ein derartiger Arbeitgeber die Zwangslage mit diesem Argument sogar gezielt ausnutzt. Das Landesarbeitsgericht Rheinland-Pfalz spricht in diesem Fall ausdrücklich von Ausbeutung.[1003]

Diese Argumentation wird durch folgende Überlegung gestützt: auch wenn das BBiG für derartige „Praktika" von Hochschulabsolventen nicht anwendbar ist, enthält es in § 12 Abs. 1 S. 1 BBiG eine Aussage zu Absprachen *nach* Abschluss einer Berufsausbildung. Danach sind Vereinbarungen, die die berufliche Tätigkeit des ausgebildeten Menschen für die Zeit nach der Ausbildung beschränken, nichtig. Diese Vorschrift wird als Ausprägung des Art. 12 GG verstanden,[1004] so dass ihr Grundgedanke als Wertung des Gesetzgebers auch bei der Beurteilung der hier behandelten Sachverhalte herangezogen werden kann. Die „Praktikanten"-Verträge nach dem Ende der Berufsausbildung beschränken die Hochschulabsolventen in ihrer Berufsausübung, da sie weiterhin wie studentische Praktikanten eingestuft werden, so, als ob sie gerade noch keinen berufsqualifizierenden Abschluss hätten. Damit verstößt diese Praxis gegen die grundlegende Wertung des Gesetzgebers und ist damit auch deswegen als sittenwidrig anzusehen.[1005]

d) Rechtsfolgen der Sittenwidrigkeit

Damit ist eine geringfügige Vergütungs- oder gar die Unentgeltlichkeitsabrede derartiger „Praktikanten"-Verträge unwirksam. Es stellt sich die Frage, ob nur dieser Bestandteil des Vertrags oder der gesamte Vertrag nichtig ist, § 139 BGB. Denn wäre der gesamte Vertrag nichtig, würden die Grundsätze des „faktischen Arbeits-

---

1002 Leinemann/*Taubert* § 19 Rz 26; *Spiegelhalter/Rischar* Arbeitsrechtslexikon Bd. I, Stand 08/2004, Stichwort „Praktikant".
1003 LAG Rheinland-Pfalz v. 8. 6. 1984, in: NZA 1986, 293.
1004 EK/*Schlachter* § 12 BBiG Rz 1; Leinemann/*Taubert* § 5 Rz 1.
1005 *Horstmeier* in: JR 2006, 313/5.

vertrag“ greifen, wenn der Absolvent seine Arbeit aufgenommen hat. Danach ist bei einem nichtigen Arbeitsvertrag wegen der Schwierigkeiten bei der Rückabwicklung für die Vergangenheit von einem quasivertraglichen, durch die tatsächliche Durchführung faktisch bestehenden Arbeitsverhältnis auszugehen.[1006]

Dieses kann dann aber mit einer einseitigen Beendigungserklärung ohne die sonst übliche Beachtung von arbeitsrechtlichen Kündigungserfordernissen bzw. der betriebsverfassungsrechtlichen Beteiligung des Betriebsrats zu einem Ende gebracht werden kann.[1007] Für die Vergangenheit bestünde also für „Praktikanten“ auf alle Fälle zunächst ein Entgeltanspruch, dessen Höhe sich gemäß § 612 BGB nach tariflichen oder sonstigen üblichen Usancen richtet.[1008]

Aber verlören diese „Praktikanten“ dann nicht ihren Arbeitsplatz, wenn der Arbeitgeber dieses „faktische Arbeitsverhältnis“ durch einseitige Erklärung beendet?

Gemäß § 139 BGB kann der Vertrag mit der sittenwidrigen Vergütungsregelung dann aufrechterhalten werden, wenn anzunehmen ist, dass das Arbeitsverhältnis auch ohne den sittenwidrigen Teil abgeschlossen worden wäre. Man darf davon ausgehen, dass es dem einstellenden Arbeitgeber darauf angekommen ist, die Arbeitsleistung des Hochschulabsolventen zu erhalten. Der Wegfall der Vergütungsregelung kann durch § 612 BGB ersetzt werden, so dass das Arbeitsverhältnis auch ohne die sittenwidrige Klausel vollständig wäre.[1009]

Aber hätte der Arbeitgeber den Vertrag ohne die sittenwidrige Vergütungsklausel abgeschlossen, § 139, 2. Halbsatz BGB? Kam es ihm nicht gerade auf diese geringe Vergütung an? Maßstab für diese Prüfung ist jedoch nicht der wirkliche, sondern der mutmaßliche Parteiwille des Arbeitgebers.[1010]

Die Prüfung dieses mutmaßlichen Parteiwillens setzt jedoch voraus, dass der Arbeitgeber die Gründe für die Sittenwidrigkeit nicht kannte. Nur dann lässt sich dieses Tatbestandsmerkmal des § 139 BGB heranziehen, was denn dem Parteiwillen entsprochen hätte, wenn die Umstände bekannt gewesen wären. Der Arbeitgeber handelt aber in der Regel gerade in Kenntnis der Umstände, die zur Sittenwidrigkeit der Entgeltabrede führt. Insofern fehlt ihm hier der Rechtsfolgewille für diesen Teil des Rechtsgeschäfts.[1011]

Da § 612 BGB aber einen Ersatz für diesen fehlenden Teil des Rechtsgeschäfts bietet, ist der Arbeitsvertrag also mit dieser Modifikation aufrechtzuerhalten. Danach

---

1006 Vgl. Palandt/*Putzo* Vor § 611, Rz 29; ArbG Frankfurt/Main vom 20.2.2001, Az.: 5 Ca 2426/00; Sorgel/*Hefermehl* § 138 Rz 15.

1007 EK/*Preis* § 611, Rz 172; Palandt/*Putzo* Vor § 611 Rz 29.

1008 Hessisches LAG vom 25.1.2001, Az.: 3 Sa 1818/99; LAG Rheinland-Pfalz v. 8.6.1984, in: NZA 1986, 293; Sächsisches LAG vom 30.9.2005, Az.: 3 Sa 542/04; Erfurter Kommentar a.a.O.

1009 BAG v. 10.3.1960, in: AP Nr. 2 zu § 138 BGB; Jauernig/*Mansel* § 612 Rz 2.

1010 Palandt/*Heinrichs* § 139, Rz 14.

1011 RG v. 19.10.1928, in: RGZ 122, 140; BGH v. 29.6.1966, in: BGHZ 45, 379; vgl. Soergel/*Hefermehl* § 139 Rz 60.

ist eine 20–30 % unter den einschlägigen tariflichen oder am Ort üblichen Vergütungssätzen gerade noch als angemessen anzusehen.[1012]

Bei einer unter dieser liegenden, teilweise sogar um 100 % unterschrittenen Vergütung, bleibt für die Zuerkennung des gerade noch Zulässigen kein Raum. Denn die Prüfung der Angemessenheit durch das Gericht ist nicht mit der Situation der den eigenen Spielraum ausschöpfenden Vertragsparteien vergleichbar. Insofern käme dann für die Vergangenheit als angemessene Vergütung nur die volle tarifliche oder übliche Vergütung in Betracht.[1013]

4. Sonstige Rechtsfolgen

Daneben sind einige weitere Rechtsfolgen für diese „Praktika" maßgeblich:

Für die „Praktikanten", die in dieser Form nach der abgeschlossenen Hochschulausbildung arbeiten, sind ebenfalls als Arbeitnehmer die Arbeitsgerichte zuständig.[1014]

Das KSchG ist gemäß § 23 KSchG nur auf Betriebe mit fünf bzw. zehn Arbeitnehmern anzuwenden. Handelt es sich jedoch trotz der Bezeichnung als „Praktikant" um echte Arbeitnehmer, bei denen die Arbeitsleistung im Vordergrund steht, sind diese natürlich in die Zahl der Beschäftigen mit einzurechnen.[1015] Sofern als Praktikanten bezeichnete Mitarbeiter ein echtes Arbeitsverhältnis im Sinne des § 1 KSchG länger als sechs Monate innehatten, sind auf sie im Falle einer Kündigung des Arbeitsverhältnisses die materiell-rechtlichen Vorschriften des KSchG anwendbar.[1016]

Wie bereits ausgeführt,[1017] genießen Praktikanten prinzipiell den Schutz des BetrVG und sind auch bei der Bestimmung der Betriebsgröße mitzuzählen. Das gilt natürlich erst recht für solche, die trotz der Bezeichnung „Praktikant", wie hier dargelegt, echte Arbeitnehmer sind.

Handelt es sich bei einem Praktikum um ein echtes, befristetes Arbeitsverhältnis, werden diese Vertragslaufzeiten als Bestandteile der Befristungsregeln des § 14 TzBfrG einzurechnen sein. Lediglich echte, ausbildungsbezogene Praktika haben auf die mögliche Befristungszeit keine Auswirkung,[1018] da die Befristung im

1012 BAG v. 10.4.1991, in: AP Nr. 3 zu § 10 BBiG; Sächsisches LAG vom 30.9.2005, Az.: 3 Sa 542/04; LAG Hamm v. 12.11.2004, Az.: 13 Sa 891/04.

1013 LAG Berlin vom 21.3.2000, Az.: 5 Sa 81/00; Sächsisches LAG vom 30.9.2005, Az.: 3 Sa 542/04; *Horstmeier* in: JR 2006, 313/6.

1014 LAG Hamm vom 19.5.1995, Az.: 4 Sa 443/95.

1015 KPK-*Sowka*, § 23 Rz 6; *Backmeister/Trittin/Mayer* § 23 KSchG Rz 19; Löwisch/*Spinner* § 1 Rz 11.

1016 Vgl. LAG Hamm vom 10.9.1998, Az.: 16 Sa 302/98, das in diesem Fall aber einen Fortbildungsvertrag nicht als Arbeitsverhältnis qualifizierte; *Hurlebaus* in: GewA 2002, 14/15.

1017 S. 2. Kap. § 2 I 2 c) cc).

1018 BAG vom 19.10.2005, Az.: 7 AZR 31/05; EK/*Müller-Glöge* § 14 TzBefrG Rz 121, vgl. 3. Kap. § 2 I 2 c) ee).

Anschluss an eine Ausbildung zur Erleichterung des Wechsels in eine Anschlussbeschäftigung gem. § 14 Abs. 1 Nr. 2 TzBfrG einen sachlichen Grund für eine Befristung darstellt. Unter den Begriff der Ausbildung werden im Wege einer weiten Auslegung auch Vertragsverhältnisse gemäß § 26 BBiG verstanden.[1019]

5. Schlussfolgerungen

Die Schwierigkeiten in der Behandlung von Praktika dürften in der Praxis weniger in einer schwachen dogmatischen Grundlage, als vielmehr in der Prüfung der tatsächlichen Voraussetzungen liegen. Wie bereits ausgeführt, spielt die Bezeichnung eines Vertragsverhältnisses kaum eine Rolle. Vielmehr stehen im Einzelfall die Art und der Zweck der Beschäftigung bei der Prüfung im Vordergrund. Liegt der Schwerpunkt bei einem Praktikum tatsächlich der Ausbildungszweck im Vordergrund, oder handelt es sich um reguläre Arbeitsleistungen? Wie ist es in Fällen, in denen sich die Grenzen zwischen lernender und ausführender produktiver Tätigkeit verwischen?

Bei diesen Fragen geht es um betriebsinterne Angelegenheiten, die für betroffene Praktikanten, die ggf. vorenthaltene Rechte geltend machen möchten, im Einzelfall belegbar sein müssen. Wenn Praktikanten also z.B. eine angemessene Vergütung beanspruchen, weil sie etwa entsprechend den Ausführungen der Meinung sind, wie entsprechende Arbeitnehmer eingesetzt worden zu sein, obliegt ihnen auch insofern im Bestreitensfall die Beweislast.[1020] Das entspricht normalen arbeitsgerichtlichen Gepflogenheiten.

Vertragsverhältnisse, die nach erfolgreichem Hochschulabschluss als „Praktikum“ abgeschlossen werden, erweisen sich häufig als vollwertige Arbeitsverhältnisse, weil ein Ausbildungszweck nicht mehr ersichtlich ist. Es handelt sich in Wahrheit nicht mehr um ein Vertragsverhältnis gem. § 26 BBiG, sondern um ein echtes Arbeitsverhältnis im Sinne § 611 ff. BGB. Diese Arbeitsverhältnisse richten sich nach üblichem Arbeitsrecht. In solchen „Praktikums“-Verträgen vereinbarte Entgelte, die die vergleichbaren oder tariflichen Entgelte um 30 % unterschreiten sind als sittenwidrig anzusehen. Stattdessen wird in diesen Fällen die übliche Vergütung gemäß § 612 BGB geschuldet.[1021]

Insofern haben diese Betroffenen die entsprechenden materiellen und formellen Rechte wie alle Arbeitnehmer, die von den Betroffenen wahrgenommen werden können. In Betrieben mit einem Betriebsrat steht außerdem damit eine weitere

1019 *Meinel/Heyn/Herms* § 14 Rz 24; *Annuß/Thüsing-Maschmann* § 14 Rz 38.

1020 *Grunsky* § 58, Rz 6.

1021 LAG Hamm v. 12.11.2004, Az.: 13 Sa 891/04; zur hier nicht näher behandelten Sozialversicherungspflicht von Praktikanten vgl. § 6 Abs. 1 SGB V; während eines Studiums vorgeschriebene Praktika sind sozialversicherungsfrei; alle anderen Praktika sind sozialversicherungspflichtig, sofern die Geringfügigkeitsgrenze überschritten wird.

Institution zur Verfügung, die in solchen Fällen eingreifen und die Betroffenen in ihren Rechten unterstützen kann.

Aktuell werden über die hier angeschnittenen Fragen hinaus gesetzlich einzuführende Mindestlöhne diskutiert,[1022] die sittenwidrige Löhne generell verhindern wollen. Hierzu gibt es ganz unterschiedliche Denkmodelle. Eine Ausdehnung dieser Arbeit auch auf diese Frage würde diesen Rahmen sprengen. Sollte es zu einer derartigen gesetzlichen Regelung einer Mindestlohn-Regelung kommen, müssten jedoch diese Fälle von nicht oder sittenwidrig bezahlten „Praktikanten", die hauptsächlich um ihrer Arbeitsleistung willen beschäftigt werden, mit berücksichtigt werden.

V. Kleinbetriebe

Arbeitsverhältnisse in Kleinbetrieben sind rechtlich grundsätzlich nicht anders einzustufen als solche in größeren oder Großbetrieben. Die Größe des Betriebs hat dennoch Auswirkungen für die Anwendbarkeit bestimmter Vorschriften, etwa des Kündigungsschutzes, §§ 17, 23 KSchG, § 622 Abs. 5 BGB oder auch des Betriebsverfassungsrechts, §§ 1, 99, 111 BetrVG. Daneben gibt es zahlreiche weitere Ausnahmeregelungen im Arbeitsrecht zum Schutz für Kleinbetriebe.[1023] Dies wirkt sich auch auf das einzelne Arbeitsverhältnis und seine Beständigkeit und Sicherheit aus.

Die Begründung für unterschiedliche, die Kleinbetriebe bevorzugende arbeitsrechtliche Regelungen liegt darin, dass sie gegenüber den Großbetrieben wirtschaftlich von Kosten, die durch die Befolgung des Arbeitsrechts entstünden, entlastet werden sollen. Dahinter steht die Überlegung, dass Kleinbetriebe von arbeitsrechtlichen Regelungen verhältnismäßig stärker belastet werden als Großbetriebe und der Gesetzgeber damit eine Wettbewerbsverzerrung zu vermeiden meint. Z.B. würden Abfindungen gemäß §§ 9, 10 KSchG kapitalarme Kleinbetriebe auszehren.[1024]

Auch die stärkere persönliche Bindung zwischen Arbeitgeber und Arbeitnehmer in Kleinbetrieben wird als Begründung für Ausnahmeregelungen zugunsten der Kleinunternehmen genannt.[1025] Mag das bei einer Größenordnung von fünf Mitarbeitern vielleicht noch der Fall sein, wird das bei höheren Schwellenwerten zweifelhaft. Auch die Tatsache, dass vermehrt Teilzeit- oder Leiharbeitskräfte

---

1022 Vgl. SPIEGEL-online vom 13.9.2006, „Müntefering will der „Generation Praktikum" helfen", www.spiegel.de/wirtschaft/0,1518,druck-436756,00.html.

1023 Vgl. Hinweis von *Seifert* in: RdA 2004, 200, Fn. 3, zur Bedeutung der Schwellenwerte.

1024 *Seifert* in: RdA 2004, 200/1 m. w. N, der zu Recht auf die eigentlich geringe Anzahl von Kündigungsschutzklagen bei Kleinbetrieben (7 % Klagequote, s. dort, Fn. 12) hinweist, sowie (S. 203) darauf, ob derartige Wettbewerbsverzerrungen tatsächlich empirisch nachgewiesen sind.

1025 Vgl. BAG v. 9.6.1983, in: AP Nr. 2 zu § 23 KSchG, allerdings noch zur a.F.

auch in kleineren Betrieben eingesetzt werden, spricht zumindest in solchen Fällen nicht dafür, dass engere persönliche Beziehungen zwischen Arbeitgeber und Beschäftigten entstehen.[1026]

Arbeitsverhältnisse in Kleinbetrieben gibt es millionenfach. Nach einer älteren Arbeitsstättenzählung waren fast 2,7 Mio. Arbeitnehmer in Betrieben beschäftigt, die zwischen einem und vier Beschäftigte aufwiesen. Weitere fast 3,2 Mio. Arbeitnehmer waren danach in Betrieben zwischen fünf und neun Beschäftigten tätig.[1027] Das korreliert mit einer Zahl von 6,5 Mio. Arbeitsverhältnissen in Betrieben mit bis zu zehn Mitarbeitern.[1028] Das Feld der Kleinbetriebe ist also für mehr als 10 % der Beschäftigten in Deutschland von großer Bedeutung.

In der politischen Diskussion wird teilweise die Anhebung dieser Schwellenwerte auf 20 Mitarbeiter gefordert. Bei einem derartigen Schwellenwert würden 91 % aller Betriebe und ca. 9 Mio. Arbeitnehmer nicht mehr unter das KSchG fallen.[1029]

1. Kündigungsschutz

§ 23 Abs. 1 KSchG ist in den letzten Jahren wiederholt Gegenstand der Gesetzgebung gewesen. Dabei hat der Gesetzgeber einen Kompromiss zwischen dem Anspruch insbesondere der mittelständischen Wirtschaft, den Kündigungsschutz auch aus Kleinbetrieben zwischen fünf und zehn Mitarbeitern herauszuhalten und dem Interesse der Mitarbeiter, die bereits in Kleinbetrieben tätig sind und dem Kündigungsschutz der alten Fassung unterlagen, angestrebt. Herausgekommen ist zum 1. 1. 2004 eine „5+5“-Regel, mit jedoch erheblichen Folgen für die betroffenen Arbeitnehmer. Durch diese Reform fallen nach einer Einschätzung nun 80 % aller Betriebe und etwa 30 % aller Arbeitnehmer aus dem Kündigungsschutzgesetz heraus.[1030]

Diese Zahl wird in der Zukunft tendenziell ansteigen. Denn diese Gesetzgebung der Stichtage führt dazu, dass unter Wahrung des Besitzstandes für vor dem 31.12.2003 beschäftigte Arbeitnehmer neu abgeschlossene Arbeitsverträge unter die liberalere Zehner-Regelung fallen. Die Anzahl der Arbeitsverhältnisse, die vor 2004 bestanden, geht dabei zwangsläufig im Laufe der Zeit zurück.

1026 *Seifert* in: RdA 2004, 200/5.

1027 Zahlen nach *Schwerdtner* FS Bundesarbeitsgericht, 459/460.

1028 *Stein* in: DB 2005, 1218 m.w.N.

1029 *Stein* in: DB 2005, 1218 m.w.N.

1030 *Zundel* in: NJW 2006, 3467/8; *Schubert* in: AuR 2006, 70 f.; zur (bejahten) europarechtlichen Zulässigkeit vgl. EuGH v. 30.11.1993, in: AP Nr. 13 zu § 23 KSchG.

a) Kleinbetriebe

Werden in einem Kleinbetrieb regelmäßig fünf oder weniger als fünf Arbeitnehmer beschäftigt, gilt das KSchG auf alle Fälle nicht mit Ausnahme der §§ 4 bis 7 und 13 Abs. 1 S., 2 KSchG.[1031] Darunter sind alle Arbeitnehmer zu verstehen, mit denen ein Arbeitsverhältnis besteht, also auch einschließlich der leitenden Angestellten.[1032] Denn § 14 KSchG beschränkt nur deren Kündigungsschutz, schließt sie aber nicht aus der Arbeitnehmerschaft generell aus.[1033]

aa) Anzahl der Arbeitnehmer

Es kommt also bei der Prüfung des Schwellenwerts von fünf bzw. zehn Beschäftigten auf die Anzahl der Mitarbeiter an. Fraglich ist, ob Mitarbeiter, deren Arbeitsverhältnis auf Grund des Wehrdienstes, Erziehungsurlaubs oder einer Auslandsentsendung[1034] ruht, mit zu zählen sind.[1035]

Hier ist zu unterscheiden: § 23 Abs. 1 S. 2, 3 KSchG stellt auf die „beschäftigten“ Arbeitnehmer ab. Bei einem Ruhen des Arbeitsverhältnisses entfällt aber gerade die Beschäftigung des Betroffenen, er ist ja gerade in der Erziehungszeit bzw. im Wehr- oder Ersatzdienst. Dementsprechend entfällt auch deren Arbeitspflicht für diese Zeit. Sind diese ruhenden Arbeitsverhältnisse damit dann aus der Zählung herauszunehmen?

Dieses Verständnis würde jedoch zu kurz greifen. Die Benutzung des Begriffs „beschäftigt“ bedeutet nicht nur die tatsächlich arbeitenden Arbeitnehmer. Der Begriff geht über die die Arbeitsleistung aktuell Verrichtenden hinaus. Sonst dürften konsequenterweise auch diejenigen Mitarbeiter nicht mitgezählt werden, die etwa krank sind oder sich im Erholungsurlaub befinden. Auch diese verrichten in diesen Fehlzeiten nicht ihre Arbeit. Insofern kommt es auf den Bestand eines Arbeitsverhältnisses an, da das die Rechtsgrundlage der Beschäftigung darstellt. Auch während des Ruhens eines Arbeitsverhältnisses bestehen zudem weiterhin Nebenpflichten für die Parteien. Dies gilt erst recht, wenn das Ruhen des Arbeitsverhältnisses etwa auf einer Auslandsentsendung beruht, die ja gerade auch im Interesse des Arbeitgebers erfolgt.[1036] Insofern sind diese Arbeitnehmer in die Zählung mit einzubeziehen.[1037]

1031 In der Praxis weniger bedeutsam, doch ebenfalls in einen Sonderkündigungsschutzbereich hinein reicht § 2 Abs. 3 ArbPlSchG mit seinem Schwellenwert von fünf Mitarbeitern.

1032 *Zundel* in: NJW 2006, 3467/8.

1033 Küttner/*Kania* „Kleinbetriebe“ Rn 4.

1034 S. hierzu 2. Kap., § 4 VI.

1035 Dafür: ArbG Stuttgart v. 13.10.1983, in: BB 1984, 1097; offen gelassen vom BAG v. 31.1.1991, in: BB 1991, 1047.

1036 Vgl. 2. Kap. § 4 VI.

1037 BAG v. 31.1.1991, in: NZA 1991, 562; *Zundel* in: NJW 2006, 3467/8; *Deinert* in: RiW 2008, 148, 153 f.

Nicht zu den beschäftigten Arbeitnehmern zählen allerdings diejenigen, die keine Arbeitnehmereigenschaften aufweisen.[1038] Das exkludiert die freien Mitarbeiter aus der Berechnung.

Dagegen verfügen Leiharbeitnehmer in einem kleinen Entleihbetrieb nicht über einen Arbeitsvertrag mit dem Entleiher, aber doch über die Arbeitnehmereigenschaft. Sind sie dennoch zu den „beschäftigten“ Arbeitnehmern zu zählen? Das wird in der Regel verneint.[1039] Wenn allerdings auf die Beschäftigung abzustellen ist, kommt es weniger darauf an, mit wem der eigentliche Arbeitsvertrag geschlossen wurde, sondern wo der Arbeitnehmer beschäftigt wird. Insofern werden Leiharbeitnehmer auch zu den beschäftigten Arbeitnehmern gezählt. Dem denkbaren Gegen-Argument, dass Leiharbeitnehmer möglicherweise nur kurzfristig beschäftigt werden oder ausgetauscht werden, ist mit der zusätzlichen, als nächste behandelte Voraussetzung zu begegnen, dass es sich um Arbeitnehmer handeln muss, die in der Regel in dem betreffenden Betrieb arbeiten.

Bei der Berechnung der Mitarbeiterzahl ist außerdem § 23 Abs. 1 S. 4 KSchG zu beachten. Nur Vollzeitbeschäftigte mit einer wöchentlichen regelmäßigen Arbeitszeit von 30 Stunden werden nach der Anzahl ihrer Köpfe gerechnet. Teilzeitbeschäftigte werden nur anteilig mit 0,5 (bis zu 20 Stunden wöchentlicher Arbeitszeit) bzw. 0,75 (zwischen 20 und 30 Stunden wöchentlicher Arbeitszeit) mit gezählt.

bb) „in der Regel“ Beschäftigte

Die Mitarbeiter müssen „in der Regel“ bei dem betreffenden Arbeitgeber beschäftigt sein. Kurzfristig höhere bzw. geringere Beschäftigungszahlen können demnach die regelmäßige Beschäftigungszahl im Sinne des § 23 Abs. 1 S. 2 KSchG nicht beeinflussen.[1040] Insofern wird z. Zt. des Zugangs der Kündigung[1041] ein Rückblick auf die letzten 12 Monate und eine Prognose für die Zukunft angestellt.[1042] Für problematisch wird die Kündigung eines sechsten bzw. elften Mitarbeiters gehalten. Denn bei ihm stellt sich die Frage nach der Anwendbarkeit des KSchG konkret. Wird er aus betriebsbedingten Gründen entlassen, wäre die Prognose zulässig, dass der Betrieb dann auch zukünftig nicht mehr als fünf bzw. zehn Mitarbeiter beschäftigen wird, so dass das KSchG nicht anzuwenden ist. Erfolgt die Entlassung aus personen- oder verhaltensbedingten Gründen,

---

1038 Küttner/*Kania* „Kleinbetrieb“ Rn 4; Schaub/*Linck* § 130 Rn 4.

1039 EK/*Kiel* § 23 KSchG Rn 19 m.w.N.

1040 Küttner/*Kania* „Kleinbetrieb“ Rn 8.

1041 *Zundel* in: NJW 2006, 3467/8.

1042 BAG v. 31.1.1991, in: AuA 1992, 224; LAG Mainz v. 16.2.1996, in: NZA 1997, 315; LAG Hamm v. 3.4.1997, in: DB 1997, 881; BAG v. 24.2.2005, in: AuR 2005, 418 f. hält auch ggf. die Darlegung des künftigen betrieblichen Beschäftigungskonzepts für erforderlich.

darf man auch für die Zukunft von einem weiteren entsprechenden Bedarf an einer sechsten bzw. elften Arbeitskraft ausgehen, so dass das KSchG hier anwendbar ist.[1043]

Diese Auffassung ist unzutreffend. Dabei ist der Wortlaut des § 23 Abs. 1 S. 2, 3 KSchG des „beschäftigt werden", als auf die Zukunft ausgerichtet, zu sehen. Das ist aber nicht zwingend. Es geht vielmehr um den Ist-Zustand, der aus der Formulierung des § 23 Abs. 1 S. 2 KSchG auch als Präsensformulierung abgeleitet werden kann. Es geht ja um den Betroffenen, für den dessen Schutz es letztendlich nicht entscheidend sein kann, mit wie vielen Mitarbeitern der Arbeitgeber zukünftig plant. Der Gekündigte muss daher bei der Beschäftigtenzahl mitgezählt werden.[1044]

cc) Auszubildende

Auszubildende werden bei der Berechnung nicht mitgezählt, § 23 Abs. 1 S. 2 KSchG. Hierzu werden auch Praktikanten des Typs A und B,[1045] Volontäre[1046] während einer Ausbildung oder Anlernlinge gezählt.[1047] Das kann sich allenfalls auf solche Personen beziehen, bei denen die Arbeitsleistung nicht im Vordergrund steht, sondern die, wie es § 23 Abs. 1 S. 2 KSchG postuliert, „ausschließlich" zu ihrer Berufsbildung beschäftigt werden. Erbringen etwa Praktikanten trotz ihrer so verwendeten Bezeichnung wesentliche Arbeitsleistungen für den Arbeitgeber,[1048] sind sie als echte Arbeitnehmer in die Zählung im Sinne des § 23 Abs. 1 S. 2 KSchG mitzuzählen.

dd) Beschäftigung in einem „Betrieb"

Weitere Voraussetzung ist, dass diese Arbeitnehmer in einem Betrieb beschäftigt werden. Hierbei bedient man sich teilweise des Betriebsbegriffs, wie das BetrVG ihn verwendet. Dabei handelt es sich um eine organisatorische Einheit von technischen und immateriellen Arbeitsmitteln, mit deren Hilfe der Arbeitgeber gemeinsam mit seinen Arbeitnehmern einen bestimmten arbeitstechnischen Zweck verfolgt.[1049] Einen Anlass, für das Kündigungsrecht von einem anderen Betriebsbegriff auszugehen als von dem des BetrVG, sei nicht ersichtlich.[1050]

1043 Küttner/*Kania* „Kleinbetrieb" Rn 8

1044 BAG v. 22.1.2004, in: RdA 2005, 185 mit zustimmender Anmerkung von *Otto* a.a.O.; *Zundel* in: NJW 2006, 3467/8.

1045 Vgl. 2. Kap. § 2 I.

1046 Vgl. 2. Kap. § 2 II.

1047 Küttner/*Kania* „Kleinbetrieb" Rn 4; *Zundel* in: NJW 2006, 3467/8.

1048 Vgl. 2. Kap., § 4 IV.

1049 BAG v. 29.1.1987, in: AP BetrVG 1972 § 1 Nr. 6; BAG v. 15.3.2001, in: EzA KSchG § 23 Nr. 23; v. Hoyningen-Huene/*Linck*, § 23 Rn 5; *Deinert* in: RiW 2008, 148/9.

Maßgeblich sei die Unterscheidung zwischen einem (gesellschaftsrechtlich verstandenen) Unternehmen und einem (arbeitsrechtsbezogenem) Betrieb. Das Kündigungsschutzrecht ist daher nicht unternehmensbezogen, sondern ausschließlich betriebsbezogen anzuwenden.[1051]

(1) Dezentral organisierte Betriebe

Das stellt so lange kein Problem dar, wie der Betrieb physisch und räumlich in einem Gebäude o. ä. zu lokalisieren ist. Was ist aber, wenn mit Hilfe der heutigen Kommunikationstechniken Arbeitnehmer beschäftigt werden, die über die gesamte Bundesrepublik verstreut arbeiten und die Leitung etwa in Großbritannien sitzt?[1052] Diese Struktur weise keinen Betriebsbezug auf, so dass das KSchG in diesem Fall unanwendbar ist, weil die Arbeitgeberfunktion außerhalb des Geltungsbereichs der Bundesrepublik Deutschland ausgeübt wurde.[1053]

Allerdings wird man sagen müssen, dass mit der heute per Internet, Mobilfunk etc. möglichen Vernetzung eine einheitliche Organisation auch mit geographisch weit verstreuten Arbeitnehmern, etwa im Vertriebsbereich, durchaus aufgebaut werden kann. Auf diesen soll der Betriebsbegriff des BetrVG und des KSchG jedoch nicht zutreffen, da es trotz einer organisatorischen Leitung es im Einzelfall an einer lokalen Konzentration eines physischen Betriebs fehle.[1054]

Betriebs- und Arbeitsmittel können allerdings auch dezentral zur Verfügung gestellt, ein Betrieb auch dezentral und virtuell organisiert werden. Im Zeitalter der digitalen und informationellen Revolution stellt sich daher die Frage, ob an der physischen Identifizierbarkeit als Tatbestandmerkmal eines Betriebs festzuhalten ist. Eine moderne betriebliche Struktur ist heute nämlich nicht mehr zwingend physisch an einen Ort gebunden. Insofern ist auch ein Erfordernis einer physischen und räumlichen Konzentration eines Betriebs an einem Ort heute nicht mehr gegeben.

Mit Hilfe dieser technischen Kommunikationsmittel kann die Tätigkeit des Betriebs zwar an verschiedenen Orten, aber in einem einheitlichen organisatorischen Rahmen und auf ein einheitliches Arbeitsziel gerichtet ausgeführt werden. Sofern also von einer Stelle eine Leitungs- und Arbeitgeberfunktion für mehrere

---

1050 BAG v. 3.6.2004, Az.: 2 AZR 386/03.

1051 Allerdings verwendet der Gesetzgeber neben dem Unternehmen und Betrieb etwa in § 8 Abs. 7 TzBefrG einen weiteren Begriff des „Arbeitgebers“, kritisch hierzu *Fischer* in: BB 2002, 95/6.

1052 So in BAG v. 3.6.2004, Az.: 2 AZR 386/03; Beispiele auch bei *Gravenhorst* in: RdA 2007, 283/4.

1053 Vgl. BAG v. 17.1.2008, Az.: 2 AZR 902/06, das den § 1 KSchG in solchen Fällen nicht für anwendbar hält.

1054 Vgl. auch *Kessler/Peter* in: BB 2000, 1545 ff. zum Betriebstättenkonzept aus der Sicht des Steuerrechts.

dezentrale Untereinheiten ausgeübt wird, die dem unternehmerischen Zweck dienen, kann also auch bei einer derartigen Organisationsform von einem Betrieb ausgegangen werden.[1055] Insofern ist der traditionelle Betriebsbegriff auch im Arbeitsrecht weiterzuentwickeln und nicht nur auf räumlich begrenzte Betriebeinheiten anzuwenden.[1056]

Zusätzlich ist hier die Auslegung des Betriebsbegriffs zu beachten, die das Bundesverfassungsgericht 1998 bei der erstmaligen Ausdehnung der Bezugsgröße des § 23 Abs. 1 S. 1 KSchG auf zehn Mitarbeiter vorgenommen hat. Der Gesetzgeber hat diese Vorgabe des Bundesverfassungsgerichts allerdings nicht beachtet. Das Bundesverfassungsgericht hat dabei zutreffend auch auf die Funktion des Arbeitgebers angestellt, der nun einmal von einem Unternehmen, und nicht von dem Betrieb als (möglicherweise untergeordnete) Unternehmenseinheit repräsentiert wird.[1057]

Denn das Bundesverfassungsgericht hat die Kleinbetriebsklausel vor allem mit dem Schutz eines kleinen Arbeitgebers begründet, dem die bürokratischen und finanziellen Lasten des Kündigungsschutzes bei gleichzeitiger enger persönlicher Zusammenarbeit nicht zuzumuten sind.[1058] Auch der engere persönliche Kontakt zwischen dem (Klein-) Arbeitgeber und Arbeitnehmer soll eine leichtere Lösung eines Arbeitsverhältnisses ermöglichen.[1059]

Diese vordergründig einleuchtende Argumentation wäre aber nur dann schlüssig, wenn die Belastung eines Kündigungsschutzprozesses geradezu zwangsläufig für den kündigenden Arbeitgeber entstünde. Dem ist aber nicht so. Gerade 11 % der gekündigten Arbeitnehmer erheben Kündigungsschutzklage.[1060] Man darf annehmen, dass diese Rate in Kleinbetrieben nicht höher sein würde.

Dieser Schutzgedanke trifft außerdem gerade auf solche Unternehmen nicht zu, die diesen Schutz nicht benötigen, sondern das Kündigungsschutzgesetz durch eine dezentrale organisatorische Gestaltung zu umgehen versuchen.[1061] Dementsprechend sind auch die Mitarbeiter in den Kündigungsschutz miteinbezogen,

---

1055 Das BAG v. 3.6.2004, in: NZA 2004, 1380, scheint das zumindest grundsätzlich nicht in Zweifel zu ziehen; vgl. auch BAG v. 15.3.2001, in: NZA 2001, 831; BAG v. 7.11.1996, Az.: 2 AZR 648/95; LAG Köln v. 22.11.1996, in: LAGE Nr. 12 zu § 23 KSchG; *Gravenhorst* in: RdA 2007, 283/5.

1056 *Gravenhorst* in: RdA 2007, 283/7; *Gravenhorst* in: jurisPR-ArbR 31/2008 Anm. 1.

1057 BVerfG v. 27.1.1998, in: NJW 1998, 1475; *Zundel* NJW 2006, 3467/8; offengelassen von *Deinert* RiW 2008, 148, 153.

1058 *Fischer* in: BB 2002, 94/5.

1059 BVerfG v. 27.1.1998, in: BVerfGE 97, 169, 177 f.; diese Auffassung ist zumindest diskussionswürdig, ob die Geltung des KSchG nicht zu einer disziplinierteren Personalpolitik zwingt, *Deinert* in: RiW 2008, 148, 150.

1060 *Schwerdtner* FS Bundesarbeitsgericht, 459/464.

1061 *Deinert* in: RiW 2008, 148, 153 benennt als Beispiel ein Großunternehmen, das sich in zahlreiche Kleinbetriebe aufteilt, z.B. eine 100 %-ige Tochtergesellschaft der Volkswagen AG, vgl. *Schwerdtner* FS Bundesarbeitsgericht, 459/468 mit Verweis auf BAG v. 12.11.1998, in: EzA § 23 KSchG Nr. 20.

bei deren Arbeitgeber in einem solchen dezentralen Betrieb die Beschäftigtenzahl die Schwellenwerte des § 23 Abs. 1 S. 2, 3 KSchG übersteigt.

(2) Betriebe zwischen sechs und zehn Arbeitnehmern

Seit dem 1. 1. 2004 ist der Anwendungsbereich des KSchG mit einer komplizierten Stichtagsregel stark verändert. Seither ist das Kündigungsschutzgesetz generell nur noch auf Betriebe mit regelmäßig mehr als zehn Mitarbeitern anzuwenden. Für die Berechnung dieser Mitarbeiterzahl und die damit zusammenhängenden Rechtsfragen kann auf die vorhergehenden Ausführungen verwiesen werden.

Problematisch bei dieser Stufenberechnung sind die Fälle in dem Zwischenbereich von mehr als fünf bis zehn Mitarbeitern. Wird dieser Wert von mehr als zehn Mitarbeitern nicht erreicht, aber mehr als fünf Mitarbeiter beschäftigt, richtet sich die Anwendbarkeit nach dem Beginn des individuellen Arbeitsverhältnisses. Hier sind mehrere Anwendungsfälle zu unterscheiden, die auch die (unnötige) Komplexität der Regelung darlegt:

Bestand das Arbeitsverhältnis bereits zum 31.12.2003, reicht die Anzahl von mehr als fünf Mitarbeitern, um das KSchG anwenden zu können. Das gilt unabhängig davon, dass zum 31.12.2003 ein Arbeitsverhältnis die Wartezeit von sechs Monaten des § 1 Abs. 1 KSchG noch nicht abgelaufen ist.[1062] Es handelt sich bei der Berechnung der Arbeitnehmerzahl um eine betriebliche Kennzahl, die persönliche Voraussetzung der sechsmonatigen Wartezeit spielt bei der betrieblichen Anwendbarkeit keine Rolle.[1063]

Maßgeblich für die Fristberechnung ist der Beginn des Arbeitsverhältnisses, nicht der Abschluss des Arbeitsvertrages. Ersatzeinstellungen für ausgeschiedene Arbeitnehmer, die am 31.12.2003 im Betrieb beschäftigt waren, werden nicht berücksichtigt;[1064] die „Alt-Arbeitnehmereigenschaft“ ist also ein persönliches Merkmal. Das entspricht dem gesetzlichen Willen, die Schwellenwerte im KSchG langfristig wirksam zu erhöhen.[1065]

Der Kündigungsschutz der vor dem 31.12.2003 Beschäftigten entfällt aber wiederum gänzlich, wenn die Mitarbeiterzahl langfristig unter fünf sinkt. Steigt er anschließend die Mitarbeiterzahl wieder, soll es auch für die vor dem 31.12.2003 Beschäftigten für die Erreichung des Kündigungsschutzes erforderlich sein, dass mehr als zehn Mitarbeiter regelmäßig beschäftigt werden.[1066]

1062 *Kock* in: MDR 2007, 1109/11.
1063 Küttner/*Eisemann* „Kündigungsschutz“ Rn 49.
1064 BAG v. 21.9.2006, in: EWiR 2007, 345 mit zustimmender Anmerkung von *Hergenröder* a.a.O.; *Kock* in: MDR 2007, 1109 f.
1065 *Hergenröder* in: EWiR 2007 345 f.
1066 Küttner/*Eisemann* „Kündigungsschutz“ Rn 49

Was ist mit Unternehmen, die zum 31.12.2003 weniger als fünf Mitarbeiter hatten, danach aber ihren Bestand auf mehr als fünf aufgestockt haben? Da der § 23 Abs. 1 S. 3 KSchG auf den Beginn des Arbeitsverhältnisses abstellt, erhalten diese vor dem 31. 12. 2003 vorhandenen Arbeitnehmer nun Kündigungsschutz.[1067]

Eine andere Fallgestaltung beschäftigt sich mit der Frage, wie diese „Altfälle" zu beurteilen sind, wenn von den vor dem 31.12.2003 Beschäftigten so viele ausscheiden, dass deren Zahl unter fünf sinkt, andererseits aber in dem Unternehmen ab dem 1.1.2004 neue Arbeitnehmer eingestellt werden. Hier wird die Ansicht vertreten, dass auch für die „Alt"-Arbeitnehmer der Kündigungsschutz nach dem KSchG erst wieder wirksam wird, wenn die Beschäftigtenzahl insgesamt zehn wieder übersteigt.[1068] Dieser einem Laien nicht nachvollziehbar zu erklärenden unterschiedlichen Behandlung entspricht allerdings dem Gesetz, da es in § 23 Abs. 1 S. 3, 2. HS KSchG heißt, dass diese ab dem 1.1.2004 eingestellten Arbeitnehmer zugunsten der „Alt"-Beschäftigten nicht mitgezählt werden dürfen.[1069] Betroffenen wird man daher insbesondere in Grenzfällen dazu raten, zur Beschäftigungszahl, ggf. unter Protest gegen die Darlegungs- und Beweislast, soweit vorzutragen, wie es ihnen bekannt ist.[1070]

b) Beweislast

Wer in einem Streit über die Anwendbarkeit des KSchG die Darlegungs- und Beweislast trägt, ist streitig.[1071] Die Auffassung, die dem Arbeitnehmer die Beweislast für die Anwendbarkeit des KSchG auferlegt, beruft sich auf die negative Formulierung des § 23 Abs. 1 S. 2, 3 KSchG.[1072]

Stellt man den Kündigungsschutz in ein Regel/Ausnahme-Schema, wird man zu der Auffassung gelangen, dass Arbeitnehmer in der Regel nach der Wartezeit von sechs Monaten den allgemeinen Kündigungsschutz des KSchG erhalten sollen.[1073] Will sich der Arbeitgeber auf den ausnahmsweisen Ausfall des Kündigungsschutzes berufen, muss er daher die für ihn günstigen Voraussetzungen darlegen und beweisen.[1074] Hierzu zählt auch die Nichtanwendbarkeit des KSchG. Das ist auch sachgerecht, da die einzelnen Voraussetzungen der Sätze 3 und 4 des § 23 Abs. 1 KSchG mit dezidierten Angaben zu Beginn der Beschäftigung, Wochen- und Teil-

1067 *Zundel* in: NJW 2006, 3467/9; *Kock* in: MDR 2007, 1109/11.

1068 BAG v. 21.9.2006, Az.: 2 AZR 840/05.

1069 *Zundel* in: NJW 2006, 3467/9.

1070 *Mittag* in: AuR 2005, 419 f.

1071 BAG v. 9.9.1982, in: DB 1983, 1715; BAG v. 23.3.1984, in: DB 1984, 1684; *Seifert* in: RdA 2004, 200/5; für Beweislast zulasten des Arbeitgebers: LAG Berlin v. 28.10.1994, BB 1995, 784; LAG Berlin v. 30.1.2001, 3 Sa 2125/00; LAG Hamm v. 6.2.2003, in: EzA-SD 2003, Nr. 17, 12; vgl. *Zundel* in: NJW 2006, 3467/9 f.

1072 Vgl. *Müller* in: DB 2005, 2022.

1073 Vgl. den Sprachgebrauch in Küttner/*Eisemann* „Kündigungsschutz" Rn 2.

1074 LAG Hamm v. 6.2.2003, in: AuR 2003, 392; *Müller* in: DB 2005, 2022 f. m.w.N.

zeitarbeitszeiten von einem Arbeitnehmer ohne Einblick in die entsprechenden Personalunterlagenhäufig gar nicht geleistet werden können, erst recht nicht in dezentral organisierten Betrieben.[1075]

c) Rechtsfolge für Kleinbetriebe

Als Rechtsfolge der Zugehörigkeit zu einem Kleinbetrieb ergibt sich für die betroffenen Arbeitnehmer, dass Kündigungen vom Arbeitgeber ohne soziale Rechtfertigung ausgesprochen werden können, weil der erste Abschnitt des KSchG hier nicht anwendbar ist. Besondere Kündigungsschutzregeln zugunsten besonders geschützter Personen bleiben allerdings auch in Kleinbetrieben anwendbar. Schwerbehinderte, § 85 SGB IX, oder (werdender) Mütter, § 9 MSchG, bzw. Elternteile, § 18 BEEG, können sich auch in Kleinstbetrieben auf ihren besonderen Schutz berufen.[1076]

Bei einer Kündigung wegen Fehlzeiten in einem Kleinbetrieb bedarf es z.B. nicht der strengeren Überprüfung der Kriterien einer personenbedingten Kündigung. Es reicht ggf. bereits die Mitteilung eines Mitarbeiters, wegen einer Hüftoperation mehrere Wochen auszufallen. Eine daraufhin ausgesprochene Kündigung wurde für zulässig erachtet, da ein Kleinbetrieb einen längeren Ausfall eines Mitarbeiters kaum verkraften könne.[1077] Eine Kündigung in diesen Kleinbetrieben sei nur dann unzulässig, wenn eine Kündigung unter keinen Umständen nachvollziehbar, also willkürlich ist. Selbst nachvollziehbare Argumente gegen diese Kündigung wurden wegen der voraussichtlich längeren Dauer der Arbeitsunfähigkeit eines gut ausgebildeten Mitarbeiter (hier: Zahntechniker) ausgeschlossen. Es ließe sich aber durchaus hinterfragen, ob es denn wirklich zweckdienlich ist, gleich die auch nicht risikolose Akquisition eines neuen Mitarbeiters zu starten, statt auf die Genesung des hüftoperierten Mitarbeiters zu warten. Das spielt aber keine Rolle, weil das LAG darauf abstellte, ob die Entscheidung unter gar keinem Gesichtspunkt nachvollziehbar ist. Das hat es verneint.

Das verschiebt die Überprüfung von Kündigungen in Kleinbetrieben auf die allgemeinen Grenzen des Zivilrechts, der §§ 134, 138, 626 BGB, die gemäß § 13 Abs. 2, 3 KSchG neben dem KSchG anwendbar bleiben.

1075 BAG v. 24.2.2005, in: AuR 2005, 418 f. nimmt zumindest eine gestufte Darlegungs- und Beweislast an, nach der der Arbeitgeber substantiiert erwidern muss, dass eine Überschreitung des Schwellenwerts nur zufällig passiert sein soll; hierzu ist auch die Darstellung des künftigen betrieblichen Beschäftigungskonzepts erforderlich; Betroffenen wird man also raten, weiterhin in Kündigungschutzprozessen zur Beschäftigtenzahl vorzutragen, *Mittag* in: AuR 2005, 419 f.

1076 Küttner/*Kania* „Kleinbetrieb“ Rn 10; dagegen eingeschränkt für Wehrpflichtige in § 2 Abs. 3 ArbPlSchG.

1077 LAG Rheinland-Pfalz v. 30.8.2007, Az.: 2 Sa 373/07.

Daraus hat sich für diese Gruppe von Arbeitnehmern ein „Kündigungsschutz 2. Klasse“[1078] entwickelt, nachdem das Bundesverfassungsgericht auch für die hier Beschäftigten die besondere Bedeutung des Art. 12 GG hervorgehoben hat.[1079] Dennoch müssen sich in Kleinbetrieben Gekündigte auf die in den §§ 4 bis 7 KSchG geregelten Klagefristen einlassen, anderenfalls die Kündigung gemäß § 7 KSchG ungeachtet einer Überprüfung der Gründe rechtswirksam wird.

2. Unwirksamkeit von Kündigungen wegen Verletzung eines Mindestkündigungschutzes?

Die im Grundgesetz festgelegten arbeits- und berufsbezogenen Grundrechte entwickeln zumindest mittelbar eine Drittwirkung in der Weise, dass neben dem Staat im Einzelfall auch private Arbeitgeber in den Beziehungen zu ihren Arbeitnehmern diese Grundrechte zu beachten haben.[1080] Daneben sind gemäß § 13 Abs. 2, 3 KSchG die Grundsätze von Treu und Glauben und des § 138 BGB auch im Falle von Kündigungen anwendbar.

Eine Kündigung kann daher auch in Kleinbetrieben grundrechts-, treu- oder sittenwidrig sein, wenn die Kündigung gerade und allein wegen solcher Umstände erklärt wird, die in den Schutzbereich dieser Regeln fallen.[1081] Das Bundesverfassungsgericht hat dabei folgende Gesichtspunkte herausgearbeitet, die zum Mindestschutz der Arbeitnehmer auch in Kleinbetrieben gelten. Das sind generell:

- Schutz vor willkürlichen Kündigungen,
- das Fehlen jeglicher sozialen Rücksichtnahme bei Auswahlentscheidungen, oder
- die Missachtung erdienten Vertrauens.[1082]

Die Beurteilung von Kündigungen außerhalb des KSchG an diesen Maßstäben wird dabei umso bedeutender, je höher die Schwellenwerte für die Anwendbarkeit des KSchG gesetzt werden. Dabei ist zwischen einzelnen Grundrechten bzw. den zivilrechtlichen Generalklauseln zu unterscheiden.

1078 Zitiert nach *Stein* in: DB 2005, 1218 f.

1079 BVerfG v. 27.1.1998, in: AP Nr. 17 zu § 23 KSchG.

1080 BVerfG v. 27.1.1998, in: AP Nr. 17 zu § 23 KSchG; BVerfG v. 24.4.1991, in: BVerfGE 84, 133/146 f.; BVerfG v. 21.5.1995, in: BVerfGE 92, 140/150; BAG v. 28. 9. 1972, in: DB 1972, 2356; *Stein* in: DB 2005, 1218 f.; *Zachert* in: BB 1998, 1310/14; **a.A.** *Lindner* in: RdA 2005, 166/8 f., der noch nicht einmal einen individuellen Kündigungsschutz für geboten hält; immerhin erklärt er das KSchG für nicht verfassungswidrig, S. 169.

1081 Küttner/*Eisemann* „Kündigungschutz“ Rn 4; zum Grundrecht der Ehe und Familie des Art. 6 GG s. 2. Kap. § 3 II 3.

1082 BVerfG v. 27.1.1998, in: AP Nr. 17 zu § 23 KSchG.

a) Gleichbehandlungsgrundsatz des Art. 3 Abs. 1 GG

Der Gleichbehandlungsgrundsatz des Art. 3 Abs. 1 GG spielt vor allem innerhalb der Anspruchsbeziehungen zwischen Arbeitgeber und Arbeitnehmer eine zentrale Rolle.[1083] Auf den Bestandsschutz des Arbeitsverhältnisses soll er dagegen nicht anzuwenden sein.[1084]

Diese Auffassung ist zweifelhaft. Eine Loslösung des Gleichbehandlungsgrundsatzes im Kündigungsrecht von einer Gleichbehandlung etwa bei gewährten Zulagen oder anderer Teile der Arbeitsvergütung ist nicht recht einsichtig. Zwar wird man z.B. bei den Vergütungsfragen eine Gleich- bzw. Ungleichbehandlung einfacher feststellen können, während bei Kündigungssachverhalten die Vergleichbarkeit von Sachverhalten schwieriger wird. Das kann jedoch nicht dazu führen, dass Art. 3 Abs. 1 GG bei Kündigungen deswegen nicht anwendbar sein soll. Auch in Kleinbetrieben sind ggf. Auswahlkriterien zu finden, die eine Entscheidung für oder gegen eine Kündigung eines Arbeitnehmers in die Abwägung aufzunehmen sind. Diese Auswahlkriterien können daraufhin überprüft werden, ob eine Ungleichbehandlung im Rahmen einer Kündigung, die auf diesem Kriterium beruht, sachlich gerechtfertigt ist oder nicht. Dafür spricht auch seit 2006 die Einführung des AGG. Dieses Gesetz gilt gleichfalls für Kleinbetriebe, § 6 Abs. 2 S. 2 AGG. Daher können seither Diskriminierungen auch dort grundsätzlich auf ihre rechtfertigenden Umstände überprüft werden. Die Betriebsgröße spielt also hier keine Rolle.

Daher ist der Gleichbehandlungsgrundsatz auch im Kündigungsrecht für Kleinbetriebe grundsätzlich anwendbar.[1085] Eine unterschiedliche Handhabung ohne sachlich gerechtfertigten Grund, etwa um als Arbeitgeber einen Arbeitnehmer herauszugreifen und ein Exempel zu statuieren, wäre demnach ein Verstoß gegen das Gleichbehandlungsgebot.[1086]

b) Freie Wahl des Arbeitsplatzes, Art. 12 Abs. 1 GG

Das Grundrecht der freien Wahl des Arbeitsplatzes nach Art. 12 Abs. 1 S. 1 GG begrenzt neben dem Sozialstaatsprinzip das freie unternehmerische Ermessen des Arbeitgebers bei Kündigungen von Arbeitnehmern.[1087] Denn neben der rein

1083 Vgl. *Seifert* in: RdA 2004, 200/2 m.w.N.

1084 BAG v. 21.10.1969, in: DB 1970, 208; BAG v. 22.2.1979, in: DB 1979, 1659; BAG v. 28.4.1982, in: DB 1982, 1776.

1085 Vgl. hierzu Küttner/*Kania* „Gleichbehandlung“, Rn 37 bei herausgreifenden Kündigungen.

1086 Vgl. ArbG Regensburg v. 23.4.1990, in: BB 1990, 1418.

1087 BVerfG v. 21.2.1995, in: BVerfGE 92, 140/150; vgl. Küttner/*Eisemann* „Kündigungsschutz“ Rn 19; EK/*Dieterich* Art. 12 GG Rn 155; **a.A.** *Lindner* in: RdA 2005, 166/8.

vertraglich vorgesehenen Möglichkeit einer Kündigung eines unbefristeten Vertrags ist ein Arbeitsverhältnis in der Regel auch die wirtschaftliche Lebensgrundlage des betreffenden Arbeitsnehmers.[1088] Insofern ist dieses freie unternehmerische Ermessen in größeren Betrieben mit mehr als zehn Mitarbeitern insbesondere durch die Vorschriften zur betriebsbedingten Kündigung im KSchG begrenzt.[1089]

Außerhalb des Geltungsbereichs des KSchG strahlt Art. 12 Abs. 1 S. 1 GG jedoch nur sehr begrenzt einen Schutz des Arbeitnehmers aus. Zwar gebietet dieses Grundrecht auch in einem Kleinbetrieb ein Mindestmaß an sozialer Rücksichtnahme bei der Auswahl des zu kündigenden Arbeitnehmers.[1090] Die Grundsätze einer sozialen Auswahl gelten aber nur sehr abgeschwächt.[1091] Bestreitet ein so gekündigter Arbeitnehmer, dass ein Mindestmaß an sozialer Rücksicht gewahrt wurde, sollte sich dieses für ein Arbeitsgericht praktisch auf den ersten Blick ergeben.[1092] Diese Rechtsprechung verhindert die Überprüfungsmöglichkeit nicht nur in Bezug auf evtl. betriebliche Erfordernisse, sondern auch wegen der Bildung eines Vergleichmaßstabs mit anderen Arbeitnehmern des Kleinbetriebs, so dass eine praktische Relevanz des Art. 12 Abs. 1 S. 1 GG in diesem Zusammenhang eher die Ausnahme bleibt.

c) Sonstige Grundrechte

Alles in allem zeigen die aufgezeigten Grenzen für Kündigungen in Kleinbetrieben durch die Grundrechte deren Schwächen. Immerhin können sie in Kleinbetrieben aber im Einzelfall einen Hebel gegen eine ausgesprochene Kündigung bieten.

aa) Religionsfreiheit

Die Glaubens- und Religionsfreiheit des Art. 4 Abs.1, 2 GG spielt auch im Arbeitsrecht eine Rolle. Solange betriebliche Abläufe nicht gestört oder arbeitsvertragliche Pflichten nicht verletzt werden, kann die Glaubensfreiheit einer Kündigung entgegenstehen, sofern die Ausübung der Religion der Grund hierfür ist. So sollte für Mitglieder der Bhagwan-Bewegung das Tragen oranger Kleidung ebenso keine

---

1088 *Stein* in: DB 2005, 1218/9.
1089 *Schwerdtner* in: FS Bundesarbeitsgericht, 459/470.
1090 BVerfG v. 27.1.1998, in: NZA 1998, 470; *Seifert* in: RdA 2004, 200/8.
1091 BAG v. 21.2.2001, in: NZA 2001, 833.
1092 BAG v. 6.2.2003, in: NZA 2003, 717.

Kündigung rechtfertigen[1093] wie das Tragen eines muslimischen Kopftuchs einer weiblichen Mitarbeiterin.[1094]

bb) Freie Meinungsäußerung

Art. 5 Abs. 1 GG gewährleistet die freie Meinungsäußerung auch im Arbeitsrecht, allerdings wird sie durch die Schranken der Rücksichts- und Loyalitätspflichten im Rahmen eines Arbeitsverhältnisses begrenzt.[1095] Daraus folgt, dass nicht jede freie Meinungsäußerung am Arbeitsplatz zulässig ist. Für die hier interessierenden Fälle einer Kündigung eines Arbeitsverhältnisses muss allerdings eine durch die Meinungsäußerung ausgelöste konkrete wesentliche betriebliche Störung vorliegen, um die Beendigung des Arbeitsverhältnisses zu rechtfertigen.[1096] Der Bestandschutz des Arbeitsverhältnisses darf nicht von allgemeinen, die Betriebsabläufe nicht störenden Kundgaben von Meinungen abhängig sein.[1097]

cc) Koalitionsfreiheit

Die Koalitionsfreiheit des Art. 9 Abs. 3 GG führt bei einer Kündigung mit der Begründung einer Gewerkschaftszugehörigkeit oder eines Beitritts dazu wegen eines Verstoßes gegen ein gesetzliches Verbot gemäß § 134 BGB zu deren Unwirksamkeit.[1098] Das gleiche gilt für zulässige koalitionsbezogene Tätigkeiten, wie die Teilnahme an rechtmäßigen (Warn-) Streiks[1099] oder die Werbung von Neumitgliedern für die Gewerkschaft, letzteres allerdings zur Vermeidung von Ablaufsstörungen nur in Arbeitspausen.[1100]

1093 LAG Düsseldorf v. 22. 3. 1984, in: DB 1985, 391.

1094 BAG v. 10.2.2002, in: NZA 2003, 483; im Falle einer nordrhein-westfälischen angestellten Lehrerin wurde die in den ersten beiden Instanzen (ArbG Düsseldorf v. 29.7.2007, Az.: 12 Ca 175/05 sowie LAG Düsseldorf v. 10.4.2008, Az.: 5 Sa 1836/07) sanktionierte Weisung des Landes, das Kopftuch abzulegen, mit besonderen (aber zweifelhaften) Pflichten aus dem reformierten Landesschulgesetz begründet, die auch in das Arbeitsverhältnis ausstrahlten. Weitere Beispiele in *Zachert* in: BB 1998, 1310/2.

1095 BAG v. 13.10.1977, in: DB 1978, 641.

1096 BAG v. 9.12.1982, in: DB 1983, 2578.

1097 Vgl. Beispiele bei *Zachert* in: BB 1998,1310/3.

1098 BAG v. 5.3.1987, 2 AZR 187/86.

1099 BAG 17.12.1976, in: DB 1977, 824.

1100 BVerfG v. 30.11.1965, in: DB 1966, 229; BAG v. 26.1.1982, in: DB 1982, 1327.

dd) Sonstige

Mit einer Verletzung des Persönlichkeitsrechts eines Arbeitnehmers gemäß Art. 2 Abs. 1, 2 GG wurde vor dem Inkrafttreten des AGG die Kündigung eines Arbeitnehmer allein wegen seiner Homosexualität für unwirksam erklärt.[1101]

Beendigungen von Arbeitsverhältnissen auf Grund von Heirat oder Schwangerschaft verstoßen auch im Arbeitsrecht gegen die Grundsätze des Schutzes der Ehe und Familie des Art. 6 GG.[1102] Wie bereits ausgeführt, gelten für die großen Glaubensgemeinschaften und Kirchen als Arbeitgeber nach der h.M. wesentliche Ausnahmen.[1103]

3. Zivilrechtliche Generalklauseln als Kündigungsbarrieren?

§ 13 Abs. 2 und 3 KSchG eröffnet die Möglichkeit, eine Kündigung auch wegen sonstiger außerhalb des KSchG liegenden Rechtsgründe auf ihre Wirksamkeit zu prüfen. Das eröffnet grundsätzlich den Weg zu den zivilrechtlichen Generalklauseln.[1104]

a) Verstoß gegen die guten Sitten

§ 13 Abs. 2 KSchG erwähnt ausdrücklich, dass eine Kündigung gegen die guten Sitten verstoßen kann. Damit bezieht sich das KSchG direkt auf § 138 Abs. 1 BGB. Die Möglichkeit, sich wegen einer Kündigung in einem Kleinbetrieb auf deren Sittenwidrigkeit gemäß § 138 BGB zu berufen, ist allerdings sehr eingegrenzt. Denn insofern ist die Abstufung zu beachten, dass trotz der sprachlichen und phonetischen Übereinstimmung der Begriffe noch lange nicht sittenwidrig ist, was unter der Geltung des KSchG womöglich als sozialwidrig anzusehen wäre.[1105]

Beide Begriffe sind unterschiedlich. Das Fehlen eines sinnvollen Grundes oder eines nur nichtigen Grundes für eine Kündigung erreicht daher noch nicht die Schwelle der Sittenwidrigkeit. Es müssen vielmehr verachtenswerte Motive wie Rach- oder Vergeltungssucht des Arbeitsgebers vorliegen,[1106] etwa wegen der Ablehnung anstößiger Zumutungen einer Arbeitnehmerin, oder der Weigerung,

---

1101 Vgl. BAG v. 23.6.1994, in: DB 1994, 2190.

1102 Vgl. BAG v. 10.5.1957, in: AP Nr. 1 zu Art. 6 Abs. 1 GG; BAG v. 28.11.1958, in: AP Nr. 3 zu Art. 6 Abs. 1 GG.

1103 Vgl. oben 2. Kap. § 3 II 3.

1104 Insofern ist § 13 KSchG auch für Arbeitsverhältnisse ausserhalb des KSchG anwendbar, vgl. *Schwerdtner* FS Bundesarbeitsgericht, 459/467.

1105 Vgl. BAG v. 25.6.1964, in: DB 1964, 1066.

1106 Vgl. BAG v. 19.7.1973, in: DB 1973, 2307.

dem Arbeitgeber bei einer strafbaren Handlung zu helfen.[1107] Letztlich bildet der § 138 BGB damit nur einen äußersten Damm gegen augenfälligsten Missbrauch der Kündigungsmacht eines Arbeitgebers.

b) Verstoß gegen Treu und Glauben

§ 242 BGB ist weiter gefasst als § 138 BGB. Was sittenwidrig ist, ist immer auch treuwidrig, umgekehrt ist nicht jede treuwidrige Handlung gleich sittenwidrig.[1108] § 242 BGB war vor der Zeit eines umfassenden besonderen Kündigungsschutzes wesentlicher Eckpfeiler einer entsprechenden Rechtsprechung zur Kontrolle von Arbeitgeberkündigungen.[1109]

Heute dagegen lässt sich mit § 242 BGB nach h.M. nicht der Schutz des KSchG auf Arbeitsverhältnisse ausdehnen, die außerhalb seines Geltungsbereichs liegen.[1110] Das bedeutet in der Konsequenz, dass Kündigungen, die sozial ungerechtfertigt im Sinne des KSchG wären, nicht automatisch auch gegen Treu und Glauben verstoßen.[1111] Begründet wird dies mit dem Willen des Gesetzgebers, Kleinbetriebe aus dem Anwendungsbereich des KSchG herauszunehmen, der nicht durch eine Gleichsetzung der Treuwidrigkeit mit fehlender sozialer Rechtfertigung einer Kündigung konterkariert werden soll.[1112] Das KSchG sei eine Konkretisierung des Grundsatzes von Treu und Glauben, es ersetze ihn nicht. Insofern könne § 242 BGB außerhalb des KSchG nur subsidiär angewendet werden.[1113] Daraus wird geschlussfolgert, dass eine Kündigung außerhalb des Anwendungsbereichs des KSchG nur ausnahmsweise in „krassen“ Fällen unwirksam sein könne.[1114] § 242 BGB erfüllt damit lediglich die Funktion einer Missbrauchskontrolle.[1115]

Umgekehrt macht jedoch gerade die Konkretisierung des Grundsatzes von Treu und Glauben durch das KSchG deutlich, dass dieser gesetzliche Kündigungsschutz eben ein besonders gesetzlich normiertes Anwendungsfeld des § 242 BGB darstellt. Die vom Gesetzgeber in § 1 KSchG genannten betriebs-, personen und

---

1107 ArbG Göttingen v. 9.3.1961, in: DB 1961, 1296.

1108 *Stein* in: DB 2005, 1218/21.

1109 *Annuß* in: BB 2001, 1898 m.w.N.

1110 BAG v. 21.2.2001, in: NZA 2001, 951; *Brose* in: ZESAR 2008, 221/3 f.

1111 BAG v. 25.4.2001, in: NZA 2002, 87.

1112 BVerfG v. 27.1.1998, in: NZA 1998, 470.

1113 Küttner/*Eisemann* „Kündigungsschutz“ Rn 24; gegen die Anwendung von § 242 BGB bei Kündigungen in Kleinbetrieben *Annuß* in: BB 2001, 1898/1900 f., da er dies für eine Angelegenheit des Gesetzgebers hält.

1114 So Küttner/*Eisemann* „Kündigungsschutz“ Rn 31 a.E.; vgl. auch Schaub/*Linck* § 123 Rn 65.

1115 Vgl. BAG v. 25.4.2001, in: NZA 2002, 87/9, das lediglich einen „irgendwie einleuchtenden“ Grund fordert, um eine Willkür zu verneinen; *Stein* in: DB 2005, 1218/20; anders in Frankreich, wo es auch in Kleinbetrieben für eine Kündigung jeweils einen „cause réelle et sérieuse“ geben muss, Art. 1232 f. Code du travail, vgl. *Brose* in: ZESAR 2008, 221/2.

verhaltensbedingten Sachverhalte sind also für Kündigungen zur Bedingung gemacht. Das ist diese Konkretisierung des Grundsatzes von Treu und Glauben im KSchG.[1116]

Die daneben weiter bestehenden Grundsätze der Verhältnismäßigkeit des § 242 BGB, die als ultima ratio-Gedanken auch im gesetzlichen Kündigungsrecht anzuwenden sind,[1117] können jedoch nicht nur für Arbeitsverhältnisse gelten, die dem Anwendungsbereich des KSchG unterfallen. Diese Grundsätze dürfen für die Arbeitsverhältnisse, die außerhalb des KSchG stehen, deswegen nicht eliminiert werden. Es ist also nicht so, dass die Existenz des KSchG die Anwendung des § 242 BGB bei der Beendigung von Arbeitsverhältnissen in Kleinbetrieben unterbindet. Vielmehr zeigt eine Zusammenschau von § 242 BGB zusammen mit § 241 Abs. 2 BGB, dass auch innerhalb eines zu kündigenden arbeitsvertraglichen Schuldverhältnisses die Rücksichtnahme auf die Rechte, Rechtsgüter und auch Interessen durch den Arbeitgeber geboten bleibt.

aa) Treuwidrige Kündigungserklärungen?

Hierzu gehören die Fälle, in denen es um die Umstände geht, unter denen eine Kündigung ausgesprochen wird. Dazu zählt die Erteilung der Kündigung in ungehöriger Form, etwa in einer betriebsöffentlichen Betriebsversammlung,[1118] gegenüber einem leitenden Angestellten durch einen Auszubildenden,[1119] oder wenn dem durch einen Arbeitsunfall verletzten Arbeitnehmer vor der deswegen erforderlichen Operation gekündigt wird.[1120] Dagegen erklärt das Bundesarbeitsgericht die Übergabe eines Kündigungsschreibens bei der Beerdigung des Lebensgefährten für immerhin möglich,[1121] ebenso, wenn die Kündigung am Heiligen Abend zugestellt wurde.[1122] Denn der den betreffenden Arbeitnehmer belastende Zeitpunkt allein reicht für ein treuwidriges Verhalten nicht aus. Es ist allerdings sehr fraglich, ob ein derartiges Verhalten hier in der Abwägung der beiderseitigen Positionen nicht doch als unvereinbar mit der Verkehrssitte im Sinne des § 242 BGB anzusehen ist.

Ebenso kann eine Kündigung gegen den aus § 242 BGB abgeleiteten Grundsatz des unzulässigen widersprüchlichen Verhaltens verstoßen. Wenn der Arbeitgeber erklärt, einen Sachverhalt gerade nicht zum Anlass einer Kündigung zu nehmen, es aber kurz darauf wegen dieses Sachverhalts dennoch tut, verstößt er gegen diesen

---

1116 *Stein* in: DB 2005, 1218/20.

1117 *Sowka* H § 1 Rn 74; generell zur Verhältnismäßigkeit im Rahmen des KSchG *Stahlhacke* in: DB 1994, 1361/6.

1118 BAG v. 23.9.1976 in: DB 1977, 213; dies würde mittlerweile wegen des Schriftformerfordernisses des § 623 BGB unwirksam sein.

1119 Beispiel in *Stein* in: DB 2005, 1218/20.

1120 LAG Bremen v. 29.10.1985, in: BB 1986, 393.

1121 BAG v. 5.4.2001, EzA § 242 BGB Kündigung Nr. 3.

1122 BAG v. 14.11.1984, in: AP Nr. 88 zu § 626 BGB.

Grundsatz.[1123] Ebenso kann eine arbeitgeberseitige Kündigung rechtsmissbräuchlich sein, wenn sie aus keinem anderen Grund erfolgt, um zu verhindern, dass auf den betreffenden Arbeitnehmer anderenfalls das KSchG anzuwenden ist.[1124]

bb) Verletzung von Vertrauensverhältnissen?

Schützenswert soll ein Arbeitsverhältnis in einem Kleinbetrieb auch wegen des durch eine langjährige Mitarbeit erdientes Vertrauensverhältnisses sein.[1125] Darauf gab es einige Versuche, diese Frist der langjährigen Mitarbeit näher zu bestimmen. Dabei wurde vorgeschlagen, entsprechend § 624 BGB bzw. § 1 b Abs. 1 BetrAVG eine fünfjährige Frist anzunehmen,[1126] alternativ die maximale Laufzeit von befristeten Verträgen entsprechend dem § 14 Abs. 2 TzBefrG (zwei Jahre),[1127] oder aber durch den Rückgriff auf den § 53 BAT a.F. (15 Jahre).[1128] Begründungen für diese oder jene Fristenregelung lassen sich daraus eigentlich nicht ableiten, weil jede diese Zeitabläufe für einen anderen Regelungshintergrund gesetzgeberisch getroffen wurde. Diese fehlt seitens der Legislative für den Kleinbetrieb. Auch das Bundesverfassungsgericht hat sich dazu nicht geäußert. Insofern kann ein reiner Zeitablauf für sich genommen dieses Postulat des Bundesverfassungsgerichts, dass ein Arbeitsverhältnis in einem Kleinbetrieb nach einer gewissen Zeit schützenswert sei,[1129] nicht erfüllen.

cc) Soziale Auswahl nach Treu und Glauben?

Das Bundesverfassungsgericht hat außerdem bei betriebsbedingten Kündigungen in Kleinbetrieben für den Fall, dass zwischen mehreren Arbeitnehmern auszuwählen ist, für diese Auswahl eine soziale Rücksichtnahme gefordert.[1130] Damit war jedoch nicht die Einführung einer „kleinen“ Sozialauswahl verbunden, durch die die Maßstäbe des KSchG in die Kleinbetriebe hineingetragen worden wäre. Mehrere Beispiele[1131] machen deutlich, dass dies für Kleinbetriebe nicht nachvollziehbar ist. Insofern begnügt sich das Bundesarbeitsgericht mit einer Evidenzkon-

1123 BAG v. 21.3.1996, Az.: 8 AZR 290/94 im Falle eines ehemaligen Stasi-Mitarbeiters, der vom Arbeitgeber in Kenntnis dieses Umstands eingestellt, später aber genau wegen deswegen gekündigt wurde; s. auch LAG Baden-Württemberg v. 12.4.1967, in: DB 1967, 999; vgl. auch LAG Baden-Württemberg v. 2.3.1988, in: BB 1989, 151.

1124 BAG v. 28.9.1978, in: AP Nr. 19 zu § 102 BetrVG.

1125 BVerfG v. 27.1.1998, EzA § 23 KSchG Nr. 18; *Seifert* in: RdA 2004, 200/8.

1126 ArbG Reutlingen v. 21.10.1998, EzA § 242 BGB Vertrauensschutz Nr. 1.

1127 Nach *Schwerdtner* FS Bundesarbeitsgericht, 459/468.

1128 *Hanau* FS Dieterich, 1999, 200/7.

1129 BVerfG v. 27.1.1998, EzA § 23 KSchG Nr. 18.

1130 BVerfG v. 27.1.1998, EzA § 23 KSchG Nr. 18.

1131 Vgl. *Schwerdtner* in: FS Bundesarbeitsgericht, 459/471.

trolle, die aber der „unternehmerischen Freiheit" Vorrang einräumt.[1132] Für eine gegen Treu und Glauben verstoßende Auswahl müsse auf den ersten Blick erkennbar sein, dass der Arbeitgeber ohne entgegenstehende betriebliche Gründe einem erheblich schutzwürdigerem Arbeitnehmer kündigt, statt vergleichbarer ungekündigter Arbeitnehmer.[1133] Im Endeffekt wird diesen betrieblichen und wirtschaftlichen Kriterien dadurch ein höheres Gewicht zugewiesen wird. Es bleibt für soziale Abwägungen im Rahmen von Treu und Glauben im Ergebnis kaum noch ein Abwägungsspielraum. Als Folge ergibt sich daraus immerhin das Erfordernis für den Arbeitgeber, im Bestreitensfall im Einzelnen die Umstände etwa in Bezug auf Leistungsgesichtspunkte, besondere Kenntnisse der Betroffenen, wirtschaftliche Überlegungen etc. für seine Kündigungsentscheidung darzulegen.[1134] Allein subjektive Einschätzungen des Arbeitgebers, der betroffene Arbeitnehmer habe ein „mürrisches Naturell", reichen für die Auswahl des Betroffenen für eine wirksame Kündigung nicht aus.[1135]

dd) Abmahnung erforderlich?

Bei verhaltensbedingten Sachverhalten wird außerhalb des KSchG sogar eine Abmahnung für überflüssig gehalten.[1136] Dies wird man, nachdem der Gesetzgeber für außerordentliche Kündigungen bei allen Dauerschuldverhältnissen insbesondere für Pflichtverletzungen eine Abmahnung in § 314 Abs. 2 BGB vorgeschrieben hat,[1137] für außerhalb des KSchG liegende Arbeitsverhältnisse nicht aufrechterhalten können. Zwar wird man das Argument hören, dies gelte nur für außerordentliche, nicht aber für ordentliche Kündigungen von Dauerschuldverhältnissen. Der Gesetzgeber hat aber diese Warnung auch an anderer Stelle vorgesehen, wenn ein Gläubiger an der weiteren Leistung des Schuldners kein Interesse mehr hat. Dies ist für den Schadensersatz statt der Leistung, § 281 Abs. 1 S. 1, Abs. 2 BGB oder auch für den Rücktritt von einem gegenseitigen Vertrag gemäß § 323 Abs. 1, 2 BGB vorgesehen. Bevor ein bestehender Vertrag also entgegen der alten Regel „pacta sunt servanda" aufgelöst werden soll, hält der Gesetzgeber in der Regel einen derartigen Warnschuss für erforderlich. Dies ist gerade unter Abwägung der beiderseitigen Verhältnisse zwischen dem Kleinbetrieb und dessen Arbeitnehmer, insbesondere der Bedeutung eines Arbeitsverhältnisses für einen Arbeitnehmer auch angezeigt.

1132 BAG v. 21.2.2001, in: EzA Nr. 1. zu § 242 BGB Kündigung.

1133 BAG v. 21.2.2001, in: EzA Nr. 1. zu § 242 BGB Kündigung; BAG v. 6.2.2003, Az. 2 AZR 672/01, vgl. Pressemitteilung des BAG Nr. 7/03.

1134 ArbG Freiburg v. 4.2.2005, in: AuR 2006, 70.

1135 *Schubert* in: AuR 2006, 70 f.

1136 Küttner/*Eisemann* „Kündigungsschutz" Rn 30 mit Hinweis auf BAG v. 21.2.2001, in: NZA 2001, 951

1137 Zum Abmahnungserfordernis im allgemeinen Zivilrecht s. z.B. *Horstmeier* 176

Für ordentliche Kündigungen eines Arbeitsverhältnisses in einem Kleinbetrieb wegen einer Pflichtverletzung ist daher zumindest im Regelfall eine Abmahnung vorzusehen. Anderenfalls wäre es völlig unverhältnismäßig, einem Mitarbeiter in einem Kleinbetrieb etwa schon bei der erstmaligen Verspätung sofort fristgemäß kündigen zu können. Je nach Schwere der Pflichtverletzung kann im Einzelfall eine Abmahnung sicher entbehrlich sein. Das wird im Arbeitsrecht parallel bei der außerordentlichen Kündigung ja auch bejaht.[1138]

ee) Anhörung erforderlich?

Bei einer ordentlichen Verdachtskündigung soll auch außerhalb des KSchG der Arbeitnehmer immerhin rechtliches Gehör erhalten, bevor eine Kündigung ausgesprochen wird.[1139] Eine derartige Anhörung ist bei allen verhaltensbedingten Kündigungen angezeigt.[1140] Die Frage allerdings, welche Folge eine fehlende Anhörung hat, wird z.T. so beantwortet, dass das unbeachtlich sei. Die fehlende Anhörung sei lediglich ein unschädlicher Verfahrensfehler.[1141] Dem kann nicht zugestimmt werden. Form ist Inhalt. Im Zusammenhang mit der Verdachtskündigung hat das Bundesarbeitsgericht zutreffend darauf abgestellt, dass der Arbeitgeber zuvor alles Zumutbare unternehmen muss, um den Sachverhalt zu klären.[1142] Hierzu zählt gerade auch die Gelegenheit für den Betroffenen, vor der Kündigung Stellung nehmen zu können, und ggf. den Vorwurf aus der Welt zu schaffen.[1143] Daraus wird klar, dass die Anhörung sehr wohl einen über das reine Verfahrensmäßige hinaus auch eine inhaltliche Funktion hat. Dementsprechend wäre im Regelfall eine derartige Verdachtskündigung ohne vorherige Anhörung unwirksam.[1144] Auch bei einer ordentlichen verhaltensbedingten Verdachtskündigung in einem Kleinbetrieb ist eine vorherige Anhörung daher regelmäßig eine zwingende Wirksamkeitsvoraussetzung.

c) Diskriminierungsverbot bei Kündigungen im Kleinbetrieb

Gemäß § 6 Abs. 2 S. 1 AGG fallen auch Arbeitgeber mit einem Kleinbetrieb in den Anwendungsbereich des AGG. Sie müssen also generell auch das AGG beachten. Die Frage ist, ob dies auch im Falle der Kündigung von Arbeitsverhältnissen gilt, da § 2 Abs. 4 AGG für Kündigungen ausdrücklich allein die Bestimmungen des all-

---

1138 Palandt/*Weidenkaff* § 626 Rn 18; EK/*Müller-Glöge* § 626 BGB Rn 25.
1139 BAG v. 1.11.1983, in: DB 1984, 407.
1140 *Lettl* in: NZA 2004, 57, 64.
1141 *Lettl* in: NZA 2004, 57, 64.
1142 BAG v. 26.3.1992, in: DB 1992, 2194.
1143 BAG v. 30.11.1960, in: EzA Nr. 13 zu § 242 BGB; BAG v. 2.11.1983, in: AP Nr. 29 zu § 102. BetrVG; BAG v. 10.2.2005, in: NZA 2005, 1056.
1144 BAG v. 11.4.1985, in: DB 1986, 1726.

gemeinen und besonderen Kündigungsschutzes für anwendbar erklärt.[1145] Lebt das AGG in Kleinbetrieben wieder auf, weil im Einzelfall besondere Kündigungsschutzregeln oder das allgemeine KSchG nicht gelten?[1146] Das wird mit dem Argument verneint, dass unter dem Begriff des „allgemeinen Kündigungsschutzes" auch der Schutz der §§ 138, 134, 242 BGB zu verstehen ist.[1147]

Das ist schon sprachlich zweifelhaft. Der allgemeine und besondere Kündigungsschutz richtet sich im Arbeitsrecht allein danach, ob Mitarbeiter z.B. als werdende Mütter oder Schwerbehinderte in den Anwendungsbereich eines besonderen Kündigungsschutzes unterfallen, oder ohne diesen besonderen Schutz lediglich den allgemeinen Kündigungsschutz des KSchG genießen. Die allgemeinen Regeln des Allgemeinen Teils des BGB sind ersichtlich nicht Teil des speziellen Rechtsgebiets „Kündigungsschutzrecht". Bei ihnen handelt es sich vielmehr um allgemeine Unwirksamkeitsgründe des Rechtsgeschäfts „Kündigung" als solche.[1148]

Die ursprüngliche Begründung zum AGG bezog sich dementsprechend ausdrücklich auf das KSchG als allgemeines Kündigungsschutzrecht.[1149]

Damit stellt sich allerdings die Frage, ob diese Herausnahme des Kündigungsrechts aus dem AGG in dessen § 2 Abs. 4 europarechtskonform ist. Denn diese sehen die Anwendung von Anti-Diskriminierungsregeln auch auf alle Fälle von Entlassungen vor.[1150] Mit Schreiben vom 31.1.2008 hat die Kommission der EU die Bundesregierung ebenfalls darauf hingewiesen, dass das AGG insofern die Richtlinie 2000/78/EG insgesamt nicht hinreichend umsetzt. Weder das im § 1 KSchG normierte Erfordernis der sozialen Rechtfertigung (das ja für Kleinbetriebe nicht anwendbar ist) noch der Verweis auf die Begriffe der Sittenwidrigkeit bzw. des Treu und Glaubens stellen die europarechtskonforme Umsetzung der Richtlinie sicher.

Dagegen wird eingewandt, dass eine Konkurrenz zwischen einer rechtmäßigen Kündigung, die ja grundsätzlich in einem Kleinbetrieb begründungslos erfolgt,

---

1145 Im Gesetzesentwurf der Bundesregierung (BT-Drucksache16/1780, S. 7) lautete gar: „Für Kündigungen gelten vorrangig die Bestimmungen des Kündigungsschutzgesetzes"; die heute gültige geänderte Fassung des § 2 Abs. 4 AGG geht auf den Bundesrat zurück, Bundesrat-Drucksache 466/06, S. 1

1146 Diese Frage betrifft nicht nur Mitarbeiter in Kleinbetrieben, sondern grundsätzlich auch Arbeitnehmer in der Probezeit, für die die sechsmonatige Wartezeit des § 1 Abs. 1 S.1 KSchG noch nicht abgelaufen ist.

1147 *Willemsen/Schweibert* in: NJW 2006, 2583/4.

1148 Küttner/*Eisemann* „Kündigungsschutz", Vor Rn 1: das Inhaltsverzeichnis dieser Kommentierung spiegelt die hier getroffene Feststellung sehr deutlich wider.

1149 BT-Drucksache 16/1780, S. 32.

1150 Vgl. Richtlinie 2000/78/EG vom 27.11.2000, in dessen Art. 3 Abs. 1, Buchstabe c) ausdrücklich auch die Entlassungsbedingungen zum Gegenstand des Diskriminierungsschutzes erklärt. Die Bundesregierung hat allerdings in einer Antwort auf eine kleine Anfrage am 6.3.2008 erklärt, sie gehe davon aus, dass eine entsprechende Änderung des AGG nicht erforderlich sei, BT-Drucks. 16/8461, S. 3.

und einem Schadensersatzanspruch gemäß § 15 AGG undenkbar ist.[1151] Ein solcher Widerspruch sei aber denkgesetzlich nicht möglich. Verstößt eine Kündigung allerdings gegen das Benachteiligungsverbot der § 7 AGG, liegt darin gleichzeitig ein Verstoß gegen ein gesetzliches Verbot im Sinne des § 134 BGB.[1152] Dass diese Unwirksamkeitsfolge richtig ist, zeigt ein Blick auf § 7 Abs. 2 AGG, wonach diskriminierende Vereinbarungen ebenfalls unwirksam, die Rechtsfolgen also kongruent und in sich stimmig sind. Dass so diskriminierte Arbeitnehmer möglicherweise einen zusätzlichen Anspruch auf Schadensersatz gemäß § 15 AGG haben, ist die vom Gesetzgeber gewünschte Folge des angestrebten Diskriminierungsschutzes gemäß § 1 AGG.[1153]

Daher wird man eine Kündigung, die z.B. wegen der Homosexualität eines Arbeitnehmers ausgesprochen wird,[1154] auch unter dem heutigen Regime des AGG als Verstoß gegen dessen Benachteiligungsverbotgemäß der §§ 7 Abs. 1, 1 AGG als grundsätzlich unwirksam ansehen müssen. Das gleiche gilt, wenn lediglich wegen des Alters eines Mitarbeiters gekündigt wird.[1155] Heute ist außerdem deswegen ein zusätzlicher Schadensersatzanspruch bzw. Schmerzensgeld gemäß § 15 Abs. 1, 2 AGG durchaus denkbar.

d) Maßregelungsverbot

Trotz des 2006 in Kraft getretenen § 16 AGG ist das arbeitsrechtliche Maßregelungsverbot des § 612 a BGB in Kraft geblieben. § 16 AGG[1156] geht dem § 612 a BGB insofern vor. Das Maßregelungsverbot soll Arbeitnehmer auch in einem Kleinbetrieb vor Benachteiligungen in Schutz nehmen, wenn sie zulässig Rechte für sich in Anspruch nehmen. Dies gilt auch für Kleinbetriebe. Rechtsgeschäfte, die gegen das Maßregelungsverbot verstoßen, sind gemäß § 134 BGB unwirksam.[1157]

Kündigungen können daher auch gegen dieses Verbot verstoßen und deswegen unwirksam sein, wenn sie ausgesprochen werden, weil sich Arbeitnehmer auf ihre Rechte berufen.[1158] In der Praxis sind arbeitgeberseitige Maßnahmen wie

---

1151 *Willemsen/Schweibert* in: NJW 2006, 2583/5.

1152 Palandt/*Weidenkaff* § 7 AGG Rn 5; auch die Vorgängerregelung des § 611 a BGB stellte einen Unwirksamkeitsgrund für eine Kündigung im Sinne des § 134 BGB dar, Küttner/*Eisemann* 11. Aufl. (2004) „Kündigungsschutz“ Rn 32. Man kann sich nicht vorstellen, dass mit dem AGG diesbezüglich eine Schlechterstellung angestrebt war.

1153 **A.A.** Palandt/*Heinrichs* § 2 AGG Rn 17. Bei der strengen Anwendung des § 2 Abs. 4 AGG hätte das zur Folge, dass gekündigte Arbeitnehmer im Anwendungsbereich des KSchG keinen Schadensersatzanspruch nach § 15 AGG erheben könnten, weil ja hier das KschG „ausschließlich“ gilt. Hier zeigt sich die Europarechtswidrigkeit dieser Regelung.

1154 Vgl. BAG v. 23.6.1994, in: DB 1994, 2190.

1155 ArbG Freiburg v. 4.2.2005, in: AuR 2006, 70.

1156 wie auch die dem § 612 a BGB vorgehenden Sondervorschriften des § 5 TzBefrG und § 84 Abs. 3 BetrVG.

1157 Palandt/*Weidenkaff* § 612 a Rn 2; Küttner/*Eisemann* „Kündigungschutz“ Rn 35.

1158 Palandt/*Weidenkaff* § 612 a BGB, Rn 1.

Kündigungen wegen der (zulässigen) Inanspruchnahme der Elternzeit,[1159] oder tarifgerechter Bezahlung bzw. gewerkschaftlicher Rechte,[1160] oder der Teilnahme an einem rechtmäßigen Streik[1161] oder wegen des Versuchs, ein Weiterbeschäftigungsurteil vollstrecken zu wollen,[1162] für unwirksam erklärt worden. Auch die auf Grund der Weigerung eines Arbeitnehmers, die vom Arbeitgeber geforderte Unterschrift unter eine Erklärung gegen die Wahl eines Betriebsrats zu leisten, ausgesprochene Kündigung fällt unter die §§ 134, 612 a BGB.[1163]

Aus der Zeit vor Inkrafttreten des § 612 a BGB wurde solche Fälle als sittenwidrig im Sinne des § 138 BGB gewertet. Deren Rechtsprechung lässt sich heute auch für die Begründung eines Verstoßes gegen § 612 a BGB heranziehen.[1164] Danach waren Kündigungen unwirksam, die ausgesprochen wurden, weil Mitarbeiter eine besondere Bezahlung von Nachtdiensten beanspruchten,[1165] oder arbeitsunfähig wegen eines vom Arbeitgeber verschuldeten Arbeitsunfalls wurden,[1166] oder weil eine Mitarbeiterin sich weigerte, einen ihr zustehenden Hausarbeitstag schriftlich zu beantragen.[1167]

Die Ausübung des Rechts durch Arbeitnehmer muss für einen Verstoß gegen § 612 a BGB kausal, also wesentliches arbeitgeberseitiges Motiv für die inkriminierte Maßnahme sein.[1168] Problematisch ist, wie man als betroffene Arbeitnehmer ein solches Motiv beweisen will, denn ihnen obliegt die generelle Beweislast für ein derartiges Vorbringen. Hier hält man daher einen Anscheinsbeweis für ausreichend, der vom Betroffenen dargelegt werden muss.[1169] Das ist seit 2006 durch die §§ 16 Abs. 3, 22 AGG nun auch gesetzlich bestätigt.

e) Prozessuales

Materiellrechtlich bieten die Grundrechte bzw. die Schranken der zivilrechtlichen Generalklauseln im Ergebnis nur punktuell einen Schutz des Arbeitnehmers vor Kündigungen im Kleinbetrieb. Prozessual sind dennoch einige weitere Maßgaben zu beachten. Obwohl das materielle KSchG in Kleinbetrieben nicht gilt, müssen

---

1159 Vgl. LAG Niedersachsen v. 12. 9. 205, in: NZA-RR 2006, 346.

1160 ArbG Ulm v. 11.6.1957, in: DB 1957, 1050; LAG Hamm v. 18.12.1987, in: LAGE Nr. 1 zu § 612 a BGB.

1161 BAG v. 17.12.1976, in: DB 1977, 824.

1162 LAG Düsseldorf v. 13.12.1988, in: DB 1989, 685.

1163 ArbG München v. 26.5.1987, in: DB 1987, 2662.

1164 *Stein* in: DB 2005, 1218/21.

1165 BAG v. 23.11.1961, in: DB 1962, 243.

1166 BAG v. 8.6.1972, in: DB 1972, 2071.

1167 LAG Hamm v. 6.5.1960, in: SAE 1960, 135.

1168 BAG v. 14.3.2007, in: NJW 2007, 2939, 2942; BAG v. 2.4.1987, Az.: 2 AZR 227/86, hielt noch die Maßregelung als „tragendes" Motiv für erforderlich.

1169 Palandt/*Weidenkaff* § 612 a BGB, Rn 1; ArbG Augsburg v. 7.10.1997, in: NZA-RR 1998, 542.

sich deren gekündigte Arbeitnehmer auf die in den §§ 4 bis 7 KSchG geregelten Klagefristen einlassen, anderenfalls die Kündigung gemäß § 7 KSchG ungeachtet einer Überprüfung der Gründe rechtswirksam wird.

Bei der Darlegungs- und Beweislast wird teilweise darauf verwiesen, dass der Mindestschutz durch die Grundrechte bzw. die zivilrechtlichen Generalklauseln einen Ausnahmetatbestand vom KSchG bildet, und daher der Kündigungsschutz nicht über die Hintertüre des § 242 BGB auch bei Kleinbetrieben wieder eingeführt werden dürfe.[1170] Daher könne die Beweislast des § 1 Abs. 2 S. 4 KSchG nicht auf die Überprüfung von Kündigungen in Kleinbetrieben übertragen werden, so dass der Gedanke nahe liegt, Arbeitnehmer hätten nach den allgemeinen Darlegungs- und Beweislastregeln alle Umstände für eine Unwirksamkeit der Kündigung darzulegen und zu beweisen.[1171]

Wie soll ein Arbeitnehmer subjektive Motive eines Arbeitgebers oder auch betrieblich unzutreffende Erfordernisse eines Arbeitgebers beweisen? Insofern liegt es nahe, den Arbeitgeber entsprechend § 138 Abs. 2 ZPO zu verpflichten, sich über die seiner Sphäre entspringenden Umstände zur Kündigung zu erklären, wenn der Arbeitnehmer Tatsachen glaubhaft macht, die den Schluss auf eine gegen Grundrechte oder zivilrechtliche Generalklauseln verstoßende Kündigung zulassen.[1172] Dieses löst dann die nächste Stufe der Darlegungs- und Beweislast des Arbeitgebers für die Tatsachen aus, die danach eine Kündigung rechtfertigen. In Fällen der Sittenwidrigkeit des § 138 BGB reicht es, wenn objektive Umstände nachgewiesen werden, die unter Zugrundelegung eines objektiven Wertmaßstabs als sittenwidrig zu bezeichnen sind. Insofern bedarf es keines Nachweises einer vorwerfbaren Gesinnung.[1173]

4. Betriebsverfassungsrecht und Kleinbetrieb

Das BetrVG hat einen etwas anderen Begriff eines Kleinbetriebs als das KSchG.[1174] Die Anzahl von „mindestens“ fünf ständigen wahlberechtigten Arbeitnehmern setzt die Grenze in § 1 BetrVG wie im Kündigungsschutz für Alt-Arbeitnehmer bei fünf fest, während im neuen Kündigungsschutzrecht mindestens zehn Arbeitnehmer beschäftigt sein müssen, § 23 Abs. 1 S. 2, 3 KSchG. Anders als im KSchG werden im BetrVG Teilzeit- und geringfügig Beschäftigte voll mit eingerechnet, § 7 S. 1 BetrVG. Wesentlich ist, dass es sich um „ständige“, also nicht nur vorüber-

---

1170 *Stein* in: DB 2005, 1218/20.

1171 Vgl. BAG v. 16.9.2004, in: ArbuR 2004, 391.

1172 BAG v. 21.2.2001, in: DB 2001, 1677; ArbG Freiburg v. 4.2.2005, in: AuR 2006, 70; EK/*Dieterich* Art. 12 GG Rn 36; *Lettl* in: NZA-RR 2004, 57/64; *Stein* in: DB 2005, 1218/21 f.

1173 *Stein* in: DB 2005, 1218/22.

1174 Dementsprechend verstehen Gewerkschafter Kleinbetriebe als Betriebe mit bis zu immerhin 100 Mitarbeitern, *Heilmann* in: AiB 2008, 30 Fn. 1.

gehend besetzte Arbeitsstellen handelt.[1175] Wann ist dieser Zeitraum erreicht? Das BetrVG beantwortet diese Frage für die wahlberechtigten Arbeitnehmer mit einer Zeitdauer von drei Monaten (vgl. § 7 S. 2 BetrVG) und für das passive Wahlrecht mit einer sechsmonatigen Beschäftigungszeit, § 8 Abs. 1 S. 1 BetrVG.

In derartig kleinen Betrieben entfällt die Möglichkeit, einen Betriebsrat zu wählen. Diese Privilegierung wird damit begründet, dass die Kosten eines Betriebsrats kleinere Betriebe wirtschaftlich stärker als größere belaste, da die Zahl der Arbeitnehmer, die ein Betriebsrat nach der Staffelung des § 9 BetrVG vertritt, in größeren Betrieben immer abnimmt. Umgekehrt heißt das, je geringer die Beschäftigtenzahl, desto teurer ein Betriebsrat.[1176] Davon sollen Kleinbetriebe zur Vermeidung von Wettbewerbsverzerrungen verschont werden.

Es gibt also in Kleinbetrieben unter fünf Mitarbeitern, keine Möglichkeit, insbesondere bei personellen Maßnahmen wie Kündigungen, einen Betriebsrat als Anhörungsinstanz einzuschalten. Ebenso wenig gibt es die Möglichkeit, in Kleinbetrieben verbindliche Vereinbarungen im Sinne des § 77 BetrVG auf betrieblicher Ebene zu vereinbaren. Unabhängig davon werden aber die §§ 81 ff. BetrVG zu Unterrichtungs-, Erörterungs-, Anhörungs- und Beschwerderechte auch in Kleinbetrieben für anwendbar erklärt.[1177]

5. Sonstige Privilegierungen von Kleinbetrieben

Für Kleinbetriebe sind einige weitere Besonderheiten und Privilegien zu beachten, wobei es im Arbeitsrecht eine Vielzahl unterschiedlicher Schwellenwerte gibt.[1178] Hier können nur die wesentlichen Punkte behandelt werden.

a) Arbeits- und Gesundheitsschutz

So findet man z.B. im Bereich des Arbeits- und Gesundheitsschutz einige Begünstigungen. Zwar sind Arbeitgeber in Kleinbetrieben für den Arbeits- und Gesundheitsschutz ihrer Mitarbeiter gleichermaßen wie größere Betriebe verantwortlich. § 2 ArbSchG etwa macht insofern keinen Unterschied zwischen Groß- und Kleinbetrieben. Allerdings gibt es für kleinere Betriebe einige Erleichterungen, die jedoch für die Beurteilung der Beschäftigungsverhältnisse unbedeutend sind. So hat der Kleinbetrieb z.B. weniger Dokumentationslasten gemäß § 6 Abs. 1 S. 3 ArbSchG oder einige Privilegien im Ausgleichsverfahren für Entgeltfortzahlungen im Krankheitsfall gemäß dem Aufwendungsausgleichsgesetz vom 22.12.2005

1175 Küttner/*Kania* „Kleinbetrieb“ Rn 13.
1176 *Seifert* in: RdA 2004, 200/1 m.w.N.
1177 Küttner/*Kania* „Kleinbetrieb“ Rn 15.
1178 Vgl. *Seifert* in: RdA 2004, 200 mit Hinweis auf dortige Fn. 3.

(AAG) vorgesehen. Auch bei der Bestellung von Betriebsärzten oder Fachkräften für Arbeitssicherheit können für kleinere Unternehmen überbetriebliche Einrichtungen eingeschaltet werden, § 19 ASiG.

b) Sozialer Arbeitnehmerschutz

Arbeitgeber mit mehr als 15 Arbeitnehmern können eine Elternteilzeit gemäß § 15 Abs. 7 Nr. 4 BEEG wegen dringender betrieblicher Erfordernisse ablehnen.

Auch die Integration Behinderter oder die Zusage von Teilzeitarbeit kann in Kleinbetrieben gemäß § 81 Abs. 4 S. 3 SG IX, § 8 Abs. 4 S. 1, 2 TzBefrG an unverhältnismäßigen oder unzumutbaren Aufwendungen bzw. Kosten scheitern. Ohnehin sieht § 8 Abs. 7 TzBefrG einen Anspruch auf Verringerung der Arbeitszeit nur bei Arbeitgebern vor, die mehr als 15 Arbeitnehmer beschäftigen. Die übrigen Vorschriften des 2. Abschnitts des TzBefrG gelten allerdings auch für Kleinbetriebe. Hier bereiten allerdings die unterschiedliche Handhabung der Begriffe „Arbeitgeber“ (in § 8 Abs. 7 TzBefrG) und Betrieb (§ 23 Abs. 1 KSchG) Schwierigkeiten.[1179]

6. Bewertung

In Bezug auf die Frage nach den Kriterien für eine prekäre Beschäftigung haben der fehlende Kündigungsschutz und die fehlende Betriebsratsvertretung erhebliche Auswirkungen auf deren Beantwortung. Auch weitere Schwellenwerte schränken die Arbeitnehmerrechte ein, ohne dass man diese allein daraus gleich als zusätzliche Prekariatsgesichtspunkte werten kann. Andererseits verschärft sich die rechtliche Situation von Arbeitnehmern in Kleinbetrieben zusätzlich, wenn etwa weitere Kriterien der unsicheren Beschäftigung hinzukommen, wie z.B. befristete oder geringfügige Arbeitsverträge etc.

Im Ergebnis lässt sich de lege lata festhalten, dass der Kündigungsschutz in Kleinbetrieben, der sich auf die zivilrechtlichen Generalklauseln stützt, im Grunde nicht vorhanden ist.[1180] Es sind lediglich Ausnahmefälle, in denen eine Berufung darauf erfolgreich sein kann. Das gleiche gilt für eine Berufung auf Grundrechte als Kündigungsschutzbarriere in Kleinbetrieben. Ebenso ist die fehlende Vertretung durch einen Betriebsrat nicht unbedingt mit einem engeren persönlichen Verhältnis zwischen Arbeitgeber und den Arbeitnehmern in einem Kleinbetrieb aufgewogen. Letztlich bewirken die Schwellenwerte immer eine „Alles oder Nichts“-Lösung: Entweder das KSchG oder das BetrVG gilt oder eben nicht. Dieses gesetzliche Schwarz-Weiß-Bild muss aber nicht de lege ferenda das letzte Wort

1179 Hierzu *Fischer* in: BB 2002, 94 ff.
1180 *Seifert* in: RdA 2004, 200/8.

sein. Insofern existieren Vorschläge für abgestufte, auf Kleinunternehmen zugeschnittene Lösungen, die den Schutz der Arbeitnehmer nicht vollends wegen des Erreichens des Schwellenwerts entwerten.[1181]

Die Begründung der Besserstellung der Kleinbetriebe insbesondere in Bezug auf den Kündigungsschutz als auch auf das Betriebsverfassungsrecht, Wettbewerbsverzerrungen gegenüber größeren Betrieben zu vermeiden bzw. den engeren persönlichen Beziehungen zwischen Arbeitgeber und Arbeitnehmer in Kleinbetrieben Rechnung zu tragen, steht empirisch auf wackeligen Füßen. Man kann daher sagen, dass diese Argumente wissenschaftlich fragwürdig sind.[1182] Zumindest ist de lege ferenda die Schutzbedürftigkeit von Kleinbetrieben vor diesen Vorschriften in zweierlei Hinsicht zu überdenken.[1183]

Zum einen stellt sich die Frage, ob man nicht der Empfehlung der Europäischen Kommission vom 6.5.2003 folgt,[1184] neben der reinen Beschäftigtenzahl zusätzlich den Jahresumsatz bzw. die Bilanzsumme in diese Bewertung mit einzubeziehen. Denn wie gezeigt,[1185] sagt im Einzelfall die Beschäftigtenzahl nicht immer etwas über die wirtschaftliche Potenz eines Unternehmens aus. Diese wäre aber nach der Begründung der h.M. das Differenzierungskriterium, warum Kleinunternehmen gegenüber größeren zu bevorzugen wären. Insofern gehören diese Kriterien über die reine Beschäftigungszahl hinaus grundsätzlich mit zur Beurteilungsgrundlage.

Zum anderen wird auch zu Recht der unterschiedliche Anknüpfungspunkt bei den verschiedenen Schwellenwerten kritisiert.[1186] Einmal sind es „Unternehmen" (§§ 1 Nr. 2 MitbestG, §§ 99 Abs. 1, 106 Abs. 1, 111 BetrVG) oder auch „Unternehmensgruppen" (§ 1 Abs. 1, 3 Abs. 2 EBRG), an denen derartige Differenzierungen geknüpft werden, in anderen Vorschriften ist es der „Betrieb" (§§ 17 Abs. 1, 23 Abs. 1 KSchG, im BetrVG u.a. in deren §§ 1, 7, 9; § 2 Abs. 3 ArbPlSchG), in wiederum weiteren Regelungen ist es der „Arbeitgeber" (§ 3 Abs. 1 EFZG, § 8 Abs. 7 TzBefrG, § 1 a Abs. 1 AÜG, § 15 Abs. 7 Nr. 1 BEEG). Nicht nur wegen einer einheitlichen Handhabung wäre ein einheitlicher Bezug zum Arbeitgeber wünschenswert. Es wäre auch sachlich geboten, vom eigentlichen Betrieb, der heute auch ohne eine zentrale physische Organisation auskommen kann, auf den unternehmensbezoge-

1181 *Seifert* in: RdA 2004, 200/8 f.

1182 Vgl. *Seifert* in: RdA 2004, 200/4 ff.

1183 Das dürfte auch vor dem Hintergrund erforderlich sein, dass die Bundesrepublik Deutschland in Art. 30 der Charta der Grundrechte der Europäischen Union grundsätzlich den Anspruch auf Schutz vor ungerechtfertigten Entlassungen aller Arbeitnehmer (und damit auch solchen in Kleinbetrieben) anerkennt; bedenkenswert hierzu *Brose* in: ZESAR 2008, 221/8 ff.

1184 ABl. Nr. L 124/36.

1185 S.o. die Erläuterungen zu dezentralen Betrieben, 2. Kap. § 4 V 1 a) dd) (1).

1186 Vgl. *Seifert* in: RdA 2004, 200/4.

nen[1187] Arbeitgeber zu rekurrieren, weil nur dann auch die wirtschaftliche Leistungsfähigkeit mit in die Beurteilung einfließen kann. Auch kann ein Arbeitgeber dann auch z.B. eine ausländische Gesellschaft sein, ohne dass dies in diesen Fällen zum Nachteil der Arbeitnehmer gereichen müsste.[1188] Diese wirtschaftliche Leistungsfähigkeit ist auch zu berücksichtigen, weil nur dann geprüft werden kann, ob die jeweilige Privilegierung als Kleinunternehmen überhaupt sachlich geboten ist. Denn, zur Erinnerung, die unterstellte geringere wirtschaftliche Leistungskraft von Kleinbetrieben ist ja ein Hauptargument für die ungleiche Behandlung von Klein- und größeren Unternehmen.[1189] Dann muss dieses Erfordernis der gerechtfertigten Ungleichbehandlung überprüfbar sein. In Konzernverbünden, bei denen ja nach § 18 Abs. 1 AktG in der Regel eine einheitliche Leitung existiert, müssten dementsprechend auch die arbeitsrechtlichen Schwellenwerte in einen Zusammenhang mit der gesamten wirtschaftlichen Leistungskraft dieses Verbundes gebracht werden.[1190]

VI. Auslandsentsendungen von Arbeitnehmern

Mit der Globalisierung der Wirtschaft sind nicht nur die Anforderungen an die Wirtschaft gestiegen. Nach dem es früher noch genügte, aus Deutschland das hier Produzierte in das Ausland zu exportieren, mussten Unternehmen später die ausländischen Kunden mit eigenen Vertriebstöchtern betreuen. Mehr und mehr wurde in der weiteren Entwicklung auch der Aufbau zunächst eigener Service- und Montageleistungen, später auch die Errichtung eigener Produktionsstätten in den ausländischen Absatzmärkten erforderlich.

Auch wenn man bei der Rekrutierung der im Ausland benötigten Arbeitskräfte in der Regel örtliche Kräfte berücksichtigt, bedarf es jedoch zumindest auf der Experten- oder Managementebene der ausländischen Tochterunternehmens Mitarbeiter aus dem Mutterhaus, die deren Vorgaben und Philosophie vor Ort umsetzen. Hierfür empfehlen sich häufig bereits bewährte Mitarbeiter aus dem Stammhaus, die bereit sind, kurz-, mittel- oder gar langfristig für den Arbeitgeber in das Ausland zu gehen.

Allerdings wird ein Auslandseinsatz häufig nicht als besonders karrierefördernd angesehen.[1191] Ein Unternehmen, das auf die Entsendung von Arbeitnehmern in das Ausland angewiesen ist, sollte daher entsprechende Voraussetzungen schaffen.

1187 Diese Differenzierung ist sinnvoll, weil eine natürliche Person etwa ganz verschiedene Unternehmen betreiben kann, etwa eine Gaststätte und einen Handelsbetrieb, oder ein Gemeinschaftsunternehmen mit mehreren Arbeitgebern existieren kann, vgl. *Fischer* in: BB 2002, 94/5.

1188 Vgl. *Fischer* in: BB 2002, 94/5.

1189 S.o. Einleitung zu 2. Kap., § 4 V 1 a) dd).

1190 *Seifert* in: RdA 2004, 200/4 f.; *Fischer* in: BB 2002, 94/6.

1191 *Gnann/Gerauer* 155; vgl. auch SZ v. 5.1.2008, „ Wenn aus dem Kick ein Knick wird“.

Das liegt nicht nur im Interesse des betroffenen Arbeitnehmers, die bisherigen Standards zu erhalten, sondern auch im eigenen Interesse des Arbeitgebers, um potentielle Kandidaten für die Auslandsentsendung zu interessieren und zu motivieren.

Denn es stellt sich die Frage, unter welchen Voraussetzungen Mitarbeiter bereit sind, für den Arbeitgeber in das Ausland zu wechseln. Da dürften zum einen erhoffte Chancen für die persönliche Entwicklung oder sonstige persönliche Motive und Vorlieben des Arbeitnehmers eine wesentliche Rolle spielen. Zum anderen liegt hier auch die Bedeutung der vertraglichen Ausgestaltung einschließlich der Entgeltfragen, und zwar nicht nur, um die juristisch wesentlichen Gegenleistungen der Vertragsparteien für die Arbeitsleistung festzulegen. Diese dürften wesentlich für die (De-) Motivierung des Arbeitnehmers sein. Daher müssen vertragliche Absprachen das angepasste Arbeitsentgelt sowie die Absicherung des Arbeitnehmers besonders berücksichtigen, um für diesen unsichere Situationen bei Auslandsentsendungen zu vermeiden. Unter dem Gesichtspunkt einer unsicheren oder gar prekären Beschäftigung kann eine Auslandsentsendung dann kritisch werden, wenn dadurch soziale Schutzrechte, die für „normale" Arbeitsverhältnisse typisch sind, verloren gehen.

Allerdings kennt das Arbeitsrecht keinen einheitlichen Begriff der Entsendung in das Ausland.[1192] Sozialrechtlich sieht § 4 Abs. 1 SGB IV als Entsendung an, wer im Rahmen eines inländischen Beschäftigungsverhältnisses zeitlich begrenzt in ein Gebiet außerhalb des Geltungsbereichs des Sozialrechts entsandt wird. Arbeitsrechtlich wird der Begriff der Entsendung hier grundsätzlich als Oberbegriff für deren verschiedenen Erscheinungsformen verwendet.

Die Entsendung kann unter ganz unterschiedlichen rechtlichen Rahmenbedingungen stattfinden – von der kurzfristigen Dienstreise bis zum mehrjährigen Aufenthalt im Ausland. Die folgende Darstellung orientiert sich an diesen unterschiedlichen Entsendungsformen, wobei Überschneidungen zwischen den einzelnen Entsendungsformen in der Praxis unvermeidbar sind.

1. Allgemeine Gesichtspunkte

Die nachfolgenden Abschnitte, die die einzelnen Erscheinungsformen von der Dienstreise, der Abordnung, Versetzung,[1193] Delegation bis hin zum Übertritt behandeln, beschäftigen sich mit den individuellen Möglichkeiten, die man als Betroffene im Falle dieser jeweiligen Entsendungsform in das Ausland wahrnehmen sollte. Wegen der mit einem Auslandsaufenthalt verbundenen schwierigeren Umstände wird man dabei zu Recht generell eine gesteigerte Fürsorgepflicht des

1192 *Schirner/Eiderhorst* Eine Frage von Person und Vertrag, AuA 2005, 352, 354; *Gemmel* in: AuA2008, 270; *Reiter* in: NZA 2004, 1246/7.

1193 Die Versetzung im Rahmen der Auslandsentsendung ist hier in einem weiteren Sinn zu verstehen als die Versetzung im Sinne des § 95 Abs. 3 BetrVG.

Arbeitgebers feststellen müssen.[1194] Vorab sollte jedoch ein Blick auf einige grundsätzliche Gesichtspunkte geworfen werden, die für die Auslandsentsendung von Bedeutung sind.

a) Kollisionsrecht

Zunächst ist festzuhalten, dass für entsandte Mitarbeiter, die im Ausland arbeiten, grundsätzlich deutsches Arbeitsrecht gilt. Das kann also auch mehrjährige Entsendungen umfassen, es sei denn, ihre Rückkehr wäre nicht mehr vorgesehen.[1195] Das gilt unabhängig davon, ob das deutsche Arbeitsrecht durch Rechtswahl im Vertrag festgelegt wurde, vgl. § 30 Abs. 1, 2 Nr. 1 EGBGB.[1196] Es gilt also in diesen Fällen grundsätzlich das KSchG wie für Tarifverträge.[1197]

b) Anwendung des BetrVG

Fraglich ist allerdings, ob vor einer Kündigung der Betriebsrat gemäß § 102 BetrVG anzuhören ist, wenn der zu kündigende Arbeitnehmer im Ausland beschäftigt wird. Das ist zumindest dann zu bejahen, soweit der Arbeitnehmer zwar im Ausland tätig ist, aber nach wie vor einem inländischen Betrieb zuzuordnen ist. Insofern strahlt das inländische Territorialprinzip des BetrVG auch auf solche Fälle aus.[1198] Das wird bei den nachfolgend beschriebenen Dienstreisen, Abordnungen und Delegationen unproblematisch zu bejahen sein. Bei einer Versetzung wird das hingegen verneint.[1199] Hingegen wird man auch bei einer Abordnung oder Delegation von einer nach wie vor vorhandenen Integration in den inländischen Betrieb sprechen können, wenn verschiedene Indizien dies anzeigen. Das kann z.B. der Fall sein, wenn dem in das Ausland versetzten Mitarbeiter eine Rückkehrmöglichkeit zugestanden und/oder deutsches Arbeitsrecht vereinbart wurde und er zumindest einen Teil seiner Vergütung in Deutschland ausgezahlt bekommt. Auch wenn das Weisungsrecht aus dem Stammhaus in Deutschland ausgeübt wird oder der entsandte Mitarbeiter für die inländische

---

1194 Küttner/*Kreitner* „Auslandstätigkeit“ Rn 6, der sich zu Recht gegen LAG Hessen v. 4.9.1995, in: NZA 1996, 482, ausspricht, das eine Aufklärungspflicht des Arbeitgebers zur Krankenversicherung im Ausland verneint hatte.

1195 *Mastmann/Stark* in: BB 2005, 1849/51.

1196 *Gemmel* in: AuA 2008,270/1; *Reiter* in: NZA 2004, 1246/8; *Gravenhorst* in: RdA 2007, 283/5; zu beachten ist, dass gemäß § 30 Abs. 1 EGBGB durch eine willkürliche Rechtswahl eines nichtdeutschen Rechts dem Arbeitnehmer keine Nachteile entstehen dürfen, wenn das deutsche Recht über § 30 Abs. 2 EGBGB anzuwenden wäre.

1197 Küttner/*Kreitner* „Auslandstätigkeit“ Rn 11, 25, der zutreffend darauf hinweist, dass Tarifverträge im übrigen auch anwendbar sind, wenn ihr Regelungsschwerpunkt im Ausland liegt; so gibt es Tarifverträge für die im Ausland tätigen Bediensteten der Goethe-Institute.

1198 BAG v. 25.4.1987, in: AP Nr. 16 zum Internationalen Privatrecht.

1199 *Reiter* in: NZA 2004, 1246/50.

Zweckbestimmung des deutschen Betriebs tätig ist, spricht dies für eine Integration in den deutschen Entsendebetrieb.[1200] Bei einem Übertritt zu einem ausländischen Arbeitgeber wird man hingegen nicht mehr von einer Ausstrahlungswirkung des BetrVG auch auf diese Fälle sprechen können.

c) Sonstige Gesichtspunkte

Solange deutsches Arbeitsrecht anwendbar ist, bleiben auch Sonderkündigungsschutzrechte nach §§ 85 SGB IX oder § 9 MSchG weiter anwendbar. Auch die deutsche Arbeitsgerichtsbarkeit ist prozessual für Streitigkeiten aus derartigen Arbeitsrechtsfällen zuständig.[1201] Das liegt darin begründet, dass § 34 EGBGB diese Schutzvorschriften auch auf solche Fälle ausdehnt.

Entsandte Arbeitnehmer bleiben in der deutschen Sozialversicherung versichert, soweit die Ausstrahlungswirkung des § 4 Abs. 1 SGB IV reicht.[1202] Voraussetzungen hierfür sind ein weiterhin vorhandenes Arbeitsverhältnis im Inland, eine nach wie vor vorhandene Eingliederung in den inländischen Betrieb und eine zeitliche Begrenzung des Auslandsaufenthalts.[1203] Ansonsten richtet sich die Sozialversicherungspflicht bei unbefristeten Entsendungen grundsätzlich nach dem Beschäftigungslandprinzip. Dann ist zu prüfen, ob für den Beschäftigten eine Sozialversicherungsmöglichkeit im Beschäftigungsstaat existiert.[1204, 1205]

2. Die Dienstreise

Hier wird der Arbeitnehmer im Rahmen eines bestehenden Arbeitsverhältnisses kurzfristig[1206] im Ausland eingesetzt. Dies erfolgt auf Grund einer Weisung auf der Basis des Direktionsrechts des Arbeitgebers, wenn es zum Berufsbild und/oder zur Arbeitsplatzbeschreibung des Arbeitnehmers gehört, dass Dienstreisen in das

1200 Küttner/*Kreitner* „Auslandstätigkeit“ Rn 17 f.; *Gravenhorst* in: RdA 2007, 283/9.

1201 *Reiter* in: NZA 2004, 1246/54; zweifelnd Küttner/*Kreitner* „Auslandstätigkeit“ Rn 24.

1202 Das führt nicht automatisch zum Ausschluss der ausländischen Sozialversicherung, hier kommt es gemäß § 6 SGB IV auf das Bestehen evtl. zwischenstaatlicher Sozialversicherungsabkommen an, *Mastmann/Stark* in: BB 2005, 1849/54.

1203 Vgl. im einzelnen *Mastmann/Stark* 2005, 1849/54; Küttner/*Schlegel* „Auslandstätigkeit“ Rn 105.

1204 Vgl. Küttner/*Schlegel* „Auslandstätigkeit“ Rn 112, 115, für die EU vgl. ist dieses Prinzip auch im Art. 13 der VO 1408/71 bestimmt. Im Einzelfall bestehen zwischenstaatliche Sozialversicherungsabkommen, die zu beachten sind, vgl. Auflistung in Küttner/*Schlegel* „Auslandstätigkeit“ Rn 94 ff.

1205 Zum hier nicht näher zu beleuchtenden Steuerrecht vgl. Küttner/*Macher* „Auslandstätigkeit“ Rn 35 ff.

1206 Eine Dienstreise kann nach den LohnsteuerRL max. drei Monate andauern; so auch *Mastmann/Stark* in: BB 2005, 1849 f.; in vielen internen Regelungen von Unternehmen werden Dienstreisen auf maximal vier Wochen bzw. einen Monat begrenzt, vgl. *Kölpien* 53.

Ausland üblich sind.[1207] Betriebsverfassungsrechtlich ist die zeitliche Grenze einer Dienstreise an einen anderen Arbeitsort auf einen Monat begrenzt.[1208] Wird der Zeitraum von einem Monat überschritten, liegt eine mitbestimmungsrelevante Versetzung gemäß § 95 Abs. 3 BetrVG vor.[1209] Der reisende Arbeitnehmer berichtet weiterhin an seinen entsendenden Arbeitgeber, dessen Weisungsrecht er außerdem unterliegt. Auch sein Arbeitsplatz bei seinem Arbeitgeber bleibt erhalten.

Erledigt der Arbeitnehmer einen Auftrag in einer ausländischen Tochtergesellschaft, hat diese demzufolge keinerlei Funktion als Arbeitgeber;[1210] sie ist lediglich für die Zeit der Dienstreise der Einsatzort des Arbeitnehmers.

Daher hat der Arbeitnehmer, sofern Dienstreisen zu seinen Leistungspflichten gehören, keinen Anspruch auf eine zusätzliche Vergütung, diese Leistungen sind mit seinem Gehalt abgedeckt.[1211] Davon unabhängig besteht sein Anspruch auf Erstattung seiner Reisekosten entsprechend § 670 BGB.[1212]

3. Die Abordnung

Für Aufgaben, die über eine Dienstreise hinausgehen, kommt die Abordnung in Betracht. Sie ist nach der Dienstreise die kürzeste Form der Auslandsentsendung, die in der Regel zwischen einem und maximal zwölf Monaten dauert.[1213] Sie findet insbesondere bei Montage- oder Baustelleneinsätzen, aber auch bei Einsätzen in einer Auslandsgesellschaft des Arbeitgebers Anwendung. Es kann sich aber auch um Tätigkeiten bei Zulieferern, Kunden oder Joint Ventures handeln.[1214] Zuweilen werden auch inländische Arbeitsverträge geschlossen, die von vorne herein auf die Abordnung des Arbeitnehmers ins Ausland abzielen. Diese können mit dieser sachlichen Begründung im Rahmen des TzBefrG befristet werden.[1215]

1207 EK/*Preis* § 611 BGB Rz 808, 931; Münchener Handbuch zum Arbeitsrecht, Bd. 1, § 12, Rz 55; Loritz/*Koch* Reisezeit als Arbeitszeit, in: BB 1987, 1105; *Loritz* NZA 1997, 1188, 1190.

1208 *Kölpien* 54.

1209 EK/*Kania* § 99 BetrVG Rz 16; *Gemmel* in: AuA 2008, 270/2.

1210 *Flämig* 26.

1211 EK/*Preis* § 612 BGB Rz 18; *Loritz* in: NZA 1997, 1188, 1193 f.; differenziert Schaub/*Linck* § 45 Rz 61.

1212 Sofern nicht arbeitsvertraglich gesondert zugesagt, vgl. Schaub/*Koch* § 86 Rn 3.

1213 *Hoppe* 31, bestimmt bei der Abordnung einen Zeitraum von max. drei Monaten; *Mastmann/Stark* differenzieren nicht zwischen Abordnung oder Delegation, sondern sprechen nur von kurz- bis mittelfristiger Entsendung, in: BB 2005, 1849/ f.

1214 *Gnann/Gerauer* 37.

1215 EK/*Müller-Glöge* § 14 TzBefrG Rn 51; s. zum befristeten Arbeitsvertrag 2. Kap. § 4 I.

a) Rechtliche Einordnung der Abordnung

Auch bei dieser Form der Entsendung fehlt es an der Eingliederung des entsandten Arbeitnehmers in den ausländischen Betrieb,[1216] er bleibt daher voll in sein Rechts- und Pflichtenspektrum des bestehenden Arbeitsvertrages eingebunden. Neben den weiter laufenden vertraglichen Bezügen kommen jedoch einige Ergänzungen in Betracht.

Da die Abordnung einen starken Eingriff in ein bestehendes Arbeitsverhältnis bedeutet, wird man diese nicht einseitig auf Grund des Weisungsrechts des Arbeitgebers anordnen können.[1217] Daher werden die Parteien in der Praxis ohnehin einen ergänzenden Abordnungs- oder Entsendevertrag abschließen.[1218]

Dementsprechend liegt gemäß § 95 Abs. 3 BetrVG bei der Zuweisung eines neuen Arbeitsorts im Ausland für eine längere Dauer als einem Monat eine mitbestimmungspflichtige Versetzung gemäß § 99 Abs. 1 BetrVG vor.[1219] Zwar gilt das BetrVG mit Ausnahme der §§ 114 ff. BetrVG nur für inländische Betriebe[1220] und der Wechsel zu einem Arbeitsort im Ausland prinzipiell eine neue Betriebszugehörigkeit begründet. Allerdings wird die Entscheidung, den (noch) im inländischen Betrieb befindlichen Arbeitnehmer zu entsenden, während seiner Zugehörigkeit zum Stammhaus in Deutschland getroffen. Und genau diese Entscheidung ist es, die das BetrVG der Mitbestimmung des Stammhauses unterwirft.[1221]

b) Besondere Konditionen

Bei der Abordnung sind generelle Auslandszulagen üblich, um Mitarbeiter hierfür zu motivieren. Auch pauschale Erschwerniszulagen, die die im Ausland üblicherweise anfallenden Belastungen vergüten sollen, sind denkbar. Ebenso wird bei der Übernahme einer weiteren/höherwertigere Funktion während der Abordnung mit einer entsprechenden Funktionszulage honoriert. Diese Zulagen werden in der Regel außertariflich gewährt. Für ihren Widerruf gelten, sofern sie nicht von

---

1216 *Flämig* S 26; zu den steuerlichen Auswirkungen, insbesondere zur der 183-Tage-Regelung bei Doppelbesteuerungsabkommen vgl. *Heinke/Böcking/Lingg* 45 ff.

1217 Küttner/*Kreitner* „Auslandstätigkeit“ Rn 5; *Mastmann/Stark* in: BB 2005, 1849/51 f., die auch zu Recht darauf hinweisen, dass eine Entsendung gegen den Willen des Arbeitnehmers wenig hilfreich ist; *Gemmel* in: AuA 2008, 270.

1218 *Kölpien* S 55 f; *Schirner/Eiderhorst* 352, 355; *Mastmann/Stark* in: BB 2005, 1849 f.; *Gemmel* in: AuA 2008, 270/1 f.

1219 EK/*Kania* § 99 BetrVG Rn 16; *Gemmel* in: AuA 2008, 270//2; *Mastmann/Stark* in: BB 2005, 1849/52 f.; *Meyer* Kap D Rz 90; dieses Mitbestimmungserfordernis gilt auch für die nachfolgenden Entsendungsformen bis auf den Übertritt, s. 2. Kap. § 4 VI 6.

1220 *Boemke* in: NZA 1992, 112.

1221 BAG v. 30.4.1981, in: BB 1981, 1833; *Gaul* in: BB 1990, 698; *Boemke* in: NZA 1992, 112/4; dementsprechend wird auch die Entscheidung, einen entsandten Mitarbeiter zurück zu rufen und ihn wieder im inländischen Betrieb zu beschäftigen, erneut das Beteiligungsrecht des Betriebsrats auslösen, *Mastmann/Stark* in: BB 2005, 1849/53.

vorneherein nur befristet werden, die allgemeinen Regeln über den Widerruf außertariflicher Zulagen.[1222] Aber auch Abschlussprämien, die ein qualitatives und/oder zeitgerechtes Ergebnis der Auslandstätigkeit honorieren, sind denkbar. Wesentlich ist hier, dass die Voraussetzungen und Bemessungsgrundlagen für die Prämie zuvor festgelegt werden.

Darüber hinaus gewähren Unternehmen so genannte „Auslösungen“ für den abgeordneten Arbeitnehmer. Darunter sind zusätzliche Vergütungen zu verstehen, die die Aufwendungen des Arbeitnehmers für Unterkunft und Verpflegung am Einsatzort ersetzen.[1223] Diese werden in der Regel in der jeweiligen Landeswährung ausbezahlt.[1224] Damit sollen insbesondere Härten der Lebensführung im Ausland abgegolten werden, während die o.a. Auslandszulage die Motivation für den Arbeitnehmer schaffen soll, für den Arbeitgeber Auslandsaufgaben zu erledigen. Dabei legen die Unternehmen häufig Pauschalsätze zugrunde, die sich an den steuerfreien Pauschalen des Lohnsteuerrechts orientieren.

In Unternehmen, die häufig Arbeitnehmer in eine Vielzahl von Ländern schicken, gibt es so genannte „Ländereinteilungssysteme“, die derartige Auslösungen nach länderspezifischen Belastungen des jeweiligen Ziellandes staffeln. Diese Staffelungen können auch auf der Basis von Betriebsvereinbarungen erfolgen. Die Zahlung dieser Auslösungen entfällt für die Zeiträume, wenn der Arbeitnehmer etwa zwischenzeitlich in das entsendende Stammhaus zur Berichterstattung oder sich im Urlaub befindet.

Die Auslandszulage wie auch die übrigen Zulagen gehören dagegen prinzipiell zu den Berechnungsgrundlagen für die Ansprüche auf das Urlaubsentgelt (§ 11 BUrlG)[1225] bzw. für die Entgeltfortzahlung im Krankheitsfalle, § 3 EFZG.[1226]

Neben den sonstigen, wie üblich zu erstattenden Reisekosten übernimmt der Arbeitgeber häufig auch zusätzliche Versicherungen, wie eine private Auslandskrankenversicherung, eine private Unfallversicherung, die nicht nur das Risiko von Berufsunfällen abdeckt, sowie eine Reisegepäckversicherung.[1227]

Darüber hinaus stellt sich die Frage, ob dem entsandten Arbeitnehmer die während seines Auslandsaufenthalts geleistete Mehrarbeit zusätzlich zu vergüten ist. Auch wenn hierzu keine kollektiven oder individuellen Absprachen bestehen, könnte sich ein derartiger Anspruch aus § 612 BGB ergeben. Grundsätzlich wird

---

1222 Vgl. EK/*Preis* § 611 Rz 538; Schaub/*Linck* § 69, Rn 26 f.; *Meyer* Kap A, Rz 45.

1223 Schaub/*Linck* § 69, Rz 36; *Gnann/Gerauer* S 43; hierzu gibt es etwa in der Bau- oder Metallindustrie auch tarifvertragliche Regelungen, vgl. EK/*Preis* § 611 BGB, Rn 755; vgl. auch *Gemmel* in: AuA 2008, 270/2 mit einer Checkliste für die Inhalte einer Entsendevereinbarung.

1224 *Kolpien* S 62.

1225 EK/*Dörner* § 11 BUrlG, Rz 21; BAG v. 15.6.1983, in: NJW 1984, 1838.

1226 EK/*Dörner* § 4 EntgeltfortzG, Rz 25, der zu Recht darauf hinweist, dass u.U. im Einzelfall tarifvertragliche Ansprüche Entgeltcharakter haben können und dann zum Inhalt des Arbeitsentgelts gehören; *Gnann/Gerauer* S 44.

1227 *Gnann/Gerauer* S 51.

in Arbeitsverhältnissen eine bereits stillschweigende Vereinbarung zur Leistung der Mehrarbeit anzunehmen sein.[1228] Damit ist aber noch nicht die Frage geklärt, ob jede Mehrarbeit zusätzlich zu vergüten ist. Denn allein ein überdurchschnittliches Gehalt allein bedeutet nicht, dass damit bereits Mehrarbeit mit abgegolten ist.[1229] Die Umstände des Einzelfalls des Dienstverhältnisses, insbesondere durch entsprechende Vertragsklauseln, müssen dafür sprechen, dass Mehrarbeit zusätzlich vergütet werden soll.[1230]

Wie soll nun das Stammhaus die evtl. Mehrarbeit des entsandten Arbeitnehmers zur Kenntnis bekommen, oder gar konkret erfassen? Wenn daher der Auslandseinsatz mit entsprechenden Zulagen zusätzlich honoriert wird, kann man daraus schließen, dass damit im Einverständnis mit dem Arbeitnehmer[1231] auch ein erhöhter und längerer Arbeitseinsatz abgegolten wird. Eindeutig ist das, wenn die Zulage ausdrücklich auch für diesen Zweck gewährt werden.

c) Dokumentation

Für die formale Dokumentation bedeutsam ist das seit 1995 bestehende NachweisG. Nach dessen § 2 Abs. 2 Nr. 3 sind die hier besprochenen Zusatzleistungen, aber auch sonstige wesentliche Angaben für Arbeitnehmer, die länger als einen Monat in das Ausland entsandt werden, schriftlich auszuhändigen. Entgegen dem Normalfall des NachweisG, in dem es ausreicht, die Arbeitskonditionen einen Monat nach Aufnahme der vereinbarten Tätigkeit schriftlich zu dokumentieren, hat der in das Ausland entsandte Arbeitnehmer Anspruch darauf, diese zusätzlichen Konditionen vor seiner Abreise ausgehändigt zu bekommen.[1232] Bei tarifgebundenen Parteien kann sich die Schriftform auch aus den Tarifverträgen ergeben. Ist der Arbeitsvertrag mit dem Ziel der Entsendung befristet, ergibt sich ein Schriftformerfordernis auch aus § 14 Abs. 4 TzBefrG.[1233]

4. Die Delegation

Unter einer Delegation wird ebenfalls ein mittelfristiger, aber auch langfristiger Auslandseinsatz des Arbeitnehmers verstanden. In der Regel wird die Delegation ab einem Zeitraum von zwölf Monaten eingesetzt.[1234] Dabei wird das bestehende

---

1228 BAG v. 31.3.1960, in: AP BGB § 611 Ärzte Gehaltsanspruch Nr. 17; BAG v. 17.3.1982, in: AP § BGB 612 Nr. 33; BAG vom 3.2.1988, 4 AZR 516/87.

1229 LAG Bremen v. 1.9.1954, in: AP BGB § 611 Mehrarbeitsvergütung Nr. 1; Erfurter Kommentar/*Preis* § 611 BGB Rz 613.

1230 BAG v. 3.9.1997, in: AP BGB § 611 Dienstreise Nr. 1; *Loritz/Koch* in: BB 1987, 1107.

1231 Vgl. LAG Hamm v. 10.6.1999, in: MDR 2000, 220.

1232 *Gnann/Gerauer* 106 f.; *Mastmann/Stark* in: BB 2005, 1849/51.

1233 *Gemmel* in: AuA 2008, 270; *Schirner/Eiderhorst* 352, 355.

1234 *Kölpien* 54.

Arbeitsverhältnis zum entsendenden/delegierenden Arbeitgeber weiter aktiv aufrechterhalten, der Arbeitnehmer bleibt ihm weiter angegliedert.[1235] Die Grenzen zwischen der Abordnung und der Delegation sind dabei fließend.

a) Delegationsvereinbarung

Das Arbeitsverhältnis wird aber mit einer entsprechenden Delegationsvereinbarung modifiziert. Der Unterschied zur Abordnung besteht darin, dass im Ausland für den entsandten Arbeitnehmer lokal häufig ein eigenständiger zusätzlicher Arbeitsvertrag erforderlich ist, um eine örtliche Aufenthalts- und Arbeitsgenehmigung zu erlangen. Teilweise liegt dem Arbeitgeber auch daran, auch bei längerfristigen Entsendungen eine rechtliche Beziehung zu seinem Arbeitnehmer über den weiter bestehenden Arbeitsvertrag beizubehalten. Der Lebensmittelpunkt des Arbeitnehmers bei einer Delegation verlagert sich für diese Zeit allerdings in das Zielland. Dennoch streben beide Seiten eine Rückkehr des entsandten Arbeitnehmers in das Stammhaus an.

b) Einzelkonditionen

Bezüglich des Gehalts sowie der mit der Entsendung verbundenen Zulagen und besonderen Versicherungen wird auf das bereits zur Abordnung Gesagte verwiesen. Da die vertraglichen Beziehungen zwischen dem Arbeitnehmer und entsandten Arbeitnehmer aktiv bleiben sollen, werden die Bezüge in diesen Fällen weiterhin vom Stammhaus in Euro in der Regel auf das bekannte Gehaltskonto des Arbeitnehmers überwiesen.

aa) Kaufkraftausgleich

Daneben wird bei dieser Form der längerfristigen Entsendung das Lebenshaltungsniveau des Ziellandes eine größere Rolle spielen, so dass auch ein Kaufkraftausgleich in Frage kommt. Man muss sich nur die Entwicklung des Währungskurses des Euro zum US-Dollar in den letzten Jahren vor Augen halten, um ein Bedürfnis für eine derartige Regelung zu begründen. Aber nicht nur die reinen Währungsparitäten, sondern auch die konkreten Kaufkraftparitäten müssen berücksichtigt werden. Hierzu kann kein generell gültiges Schema angeboten werden. Für die Kaufkraftparitäten einzelner Länder sei auf verschiedene Institutionen verwiesen, auf deren Erhebungen zurückgegriffen werden kann.[1236] Dabei muss im Einzelfall die

---

1235 *Gnann/Gerauer* 62.

1236 www.destatis.de des Statistischen Bundesamts, Wiesbaden, „Internationaler Vergleich der Preise für die Lebenshaltung“; Kaufkraftkennzahlen für das Ausland gibt auch www.auswaertiges-amt.de, die Website des Auswärtigen Amts, Referat 11 (Besoldung), Wer-

Frage entschieden werden, ob diese Ausgleiche für veränderte Lebensumstände auf das Gesamtgehalt einschließlich der Zulagen oder nur auf einen Teil der Bezüge gewährt werden.

Eine lediglich automatische Kopplung des Entgelts an die Inflationsrate des Ziellandes oder andere Indices unterliegen dem Verbot des § 2 Preisangaben- und Preisklauselgesetz, von dem durch das Bundesamt für Wirtschaft durch eine Einzelfallerlaubnis abgewichen werden kann. Ohne eine solche Genehmigung sind derartige Preisgleitklauseln unwirksam, ohne in der Regel den Bestand des gesamten Vertrags in Frage zu stellen.[1237] Da diese Genehmigungsverfahren relativ aufwendig sind, empfiehlt es sich, stattdessen auf genehmigungsfreie Spannungsklauseln oder Kostenelementeklauseln auszuweichen[1238]

bb) Unterkunft

Für die ersten drei Monate gewähren die Unternehmen in der Regel auf der Basis von Reisekostenregelungen die Kosten für eine Hotelunterkunft, bis der Mitarbeiter eine Wohnung gefunden hat. Stattdessen kann der Mitarbeiter auch in einer gestellten Wohnung untergebracht werden, wobei diese wegen der besseren Ortskenntnisse in der Regel von der aufnehmenden Gesellschaft gemietet wird. Das ist insbesondere aus zwei Gründen vorteilhaft: zum einen lohnt sich diese Verfahrensweise dann, wenn das Stammhaus permanent Mitarbeiter in die Tochtergesellschaft delegiert und damit ein langfristiges Bedürfnis existiert, diese entsandten Arbeitnehmer adäquat unterzubringen. Damit spart man die ansonsten immer wieder anfallenden Maklergebühren, Renovierungs- oder Umbau- und sonstige Einrichtungskosten. Zum anderen ist es für das Unternehmen günstiger, dem Mitarbeiter eine kleine Wohnung zu stellen, als den Umzug seiner gesamten Familie zu finanzieren.

cc) Heimatkosten

Will der Mitarbeiter seine in Deutschland befindliche, für die Dauer der Entsendung aber unbenutzte Wohnung beibehalten, sind entsendende Unternehmen z.T. auch bereit, hierfür einen Zuschuss zu gewähren. Allerdings sind für die Abgeltung der Besonderheiten der Entsendung eigentlich die Auslands- und die sonstigen Zulagen vorgesehen. Die Kosten der Wohnung in Deutschland hätte der Arbeitnehmer ja ohnehin zu tragen, erst recht, wenn er in Deutschland bliebe.

---

derscher Markt 1, 10117 Berlin; Bundesstelle für Außenhandelsinformationen, Agrippastr. 87–93, 50676 Köln, www.bfai.com; „Kaufkraftvergleichsindex“ des Departments für Auswärtige Angelegenheiten der Schweiz, GS-Ressourcen, Personelles Rechnungswesen, Freiburg Str. 130, CH-3003 Bern-Außerholligen.

1237 Palandt/*Heinrichs* § 139 Rz 15.

1238 Palandt/*Heinrichs* § 245 Rz 25, 30 f.

Wenn er die Unterkunft im Ausland erstattet oder gestellt bekommt, besteht für einen solchen Zuschuss eigentlich kein Bedarf mehr. Eine Alternative wäre die Untervermietung der deutschen Wohnung an Dritte oder an den Arbeitgeber für die Delegationszeit, etwa um „Expatriates“[1239] in Deutschland einquartieren zu können.

Neben den üblichen Reisekostenerstattungen ist es weiterhin üblich, dem entsandten Mitarbeiter die Reisekosten für Familienbesuche in Deutschland zu erstatten. Darüber hinaus kommt bei diesen längerfristigen Delegationen außerdem als evtl. Zusatzposten Heimreisekosten in besonderen Notfällen in Frage, insbesondere wenn der Mitarbeiter schwer erkrankt oder einen schweren Unfall erleidet, und er im Ausland nicht angemessen medizinisch versorgt werden kann. Soweit könnte sich dies bereits aus der Fürsorgepflicht[1240] des Arbeitgebers ergeben.[1241] Zwar ist die Auslandstätigkeit, soweit ersichtlich, nicht explizit als ein die Fürsorgepflicht des Arbeitgebers für Leben und Gesundheit des Arbeitnehmers begründendes Merkmal ersichtlich, vgl. §§ 617 f. BGB. In § 17 Abs. 1 SGB V ist jedoch auch der Ersatz von im Ausland anfallenden Heilungskosten durch den Arbeitgeber vorgesehen, soweit keine anderweitige Deckung besteht. Daher sollte eine medizinisch indizierte Rückführung des Arbeitnehmers von der Fürsorgepflicht mit umfasst sein. Das gleiche gilt bei politischen Unruhen, Katastrophen, Seuchengefahr etc. Soweit derartige Notfälle in der Familie geschehen, werden dem Arbeitnehmer in der Regel entsprechende Rechts in der Delegationsvereinbarung eingeräumt.

5. Versetzung

Soll ein Mitarbeiter mehrere Jahre ins Ausland wechseln, kann dies über seine Versetzung zum ausländischen Unternehmen erfolgen.[1242] Hierbei schließt der Arbeitnehmer einen eigenen Arbeitsvertrag mit der ausländischen Tochtergesellschaft ab. Da eine derartige Maßnahme einschneidend in ein bestehendes Arbeitsverhältnis eingreift, wird sie von dem einseitigen Direktionsrecht des Arbeitgebers in der Regel nicht gedeckt. Hier sind zugunsten des betroffenen Arbeitnehmers folgende Instrumente einzusetzen, die von professionellen Personalabteilungen auch ohne Diskussion benutzt werden.

Zum einen werden derartige Versetzungen einvernehmlich mit dem Arbeitnehmer in einem Entsendungsvertrag geregelt. Sein bestehendes Arbeitsverhältnis mit dem entsendenden Arbeitgeber sollte zum anderen für die Zeit der Versetzung

1239 Aus dem Lateinischen „ex Patriae“, außerhalb des Heimatlandes.

1240 Vgl. Schaub/*Koch* § 108 Rz 36 ff.; EK/*Preis* § 611 BGB Rz 883 ff.

1241 *Gnann/Gerauer* S 72.

1242 *Mastmann/Stark* in: BB 2005, 1849 f. gehen bei der entsendenden Versetzung von einem Zeitraum von zwei bis fünf Jahren aus; in diesem Zusammenhang ist darauf hinzuweisen, dass hier nicht der engere Versetzungsbegriff des § 95 Abs. 3 BetrVG gemeint ist.

ruhend gestellt werden.[1243] Nur so kann der Arbeitnehmer vermeiden, dass sein Arbeitsverhältnis mit den Standards des entsendenden Arbeitgebers abgekoppelt wird. Damit existieren mindestens drei Rechtverhältnisse, nämlich das ruhende Arbeitsverhältnis, der separate Arbeitsvertrag mit der ausländischen Tochtergesellschaft sowie die Entsendungsvereinbarung.[1244]

a) Konditionen

Auch bei einer Versetzung ist die Kombination von Grundgehalt, Auslands-, Funktions- und sonstige Zulagen, leistungsbezogene Tantiemen sowie weitere Aufwendungsersatzleistungen üblich, wie sie bereits beschrieben wurde.[1245] Bei einem längerfristigen Aufenthalt sind jedoch zusätzlich weitere Besonderheiten zu beachten:

aa) Einstufung

Zunächst ist auf die gehaltliche und funktionale Einstufung des entsandten Mitarbeiters vor Ort zu achten. In vielen Ländern insbesondere der Dritten Welt sind die Einkommensverhältnisse des entsandten Arbeitnehmers für die lokalen Mitarbeiter selbst utopisch. Um den lokalen Mitarbeitern diesen krassen Einkommensunterschied nicht permanent vorzuführen, bietet sich eine Doppellösung an: dem entsandten Mitarbeiter wird ein Teil der Bezüge auf der Basis des ruhenden Arbeitsverhältnisses bzw. der Entsendungsvereinbarung weiter in Deutschland ausgezahlt. Sein eigentliches Gehalt erhält er vor Ort auf der Basis des lokalen Arbeitsvertrages von der Tochtergesellschaft.[1246] Auf diese Weise wird die entsendende Muttergesellschaft auch entsprechend von diesen Kosten des Arbeitnehmers entlastet.

International erfahrene Konzerne haben für die Einstufung entsandter Mitarbeiter weltweit gültige Standards erarbeitet, die die Vergütungen für internationale Tätigkeiten vergleichbar machen. Dabei werden Funktionen, besondere Erschwernisse, Bedeutung der Tochtergesellschaft mit einander in Beziehung gesetzt. Für

---

1243 S.u. 2. Kap. § 4 VI. 5 b.

1244 *Kölpien* 61; die außerdem denkbare Gestaltung, dass die ausländische Tochtergesellschaft dem bestehenden Arbeitsverhältnis und der Entsendungsvereinbarung lediglich beitritt, ist für die Unternehmen nicht praktikabel. Denn beide Gesellschaften müssten praktisch für alle vertraglichen Beziehungen zum entsandten Arbeitnehmer einvernehmlich handeln. Wenn man sich den worst case einer außerordentlichen Kündigung vorstellt, wäre es erforderlich, dass beide Unternehmen diese aussprächen, was angesichts der Zwei-Wochen-Frist des § 626 Abs. 2 BGB sehr problematisch werden kann, vgl. *Flämig* 27.

1245 S o. Hinzu kommen im Einzelfall im Zielland gesetzlich vorgesehene Zusatzausgaben wie z.B. Beiträge zu Sonderfonds, etwa in Brasilien, *Gnann/Gerauer* 127, Fn. 81.

1246 *Kölpien* 63; *Gnann/Gerauer* 154.

die einzelnen Arbeitsplätze erzielen die vorgenannten Kriterien bestimmte Punktwerte, die für die Bewertung der Entgelte maßgeblich sind. Der entsandte Mitarbeiter bleibt damit in den Gehaltsrahmen des Mutterhauses integriert.

bb) Anpassung der Bezüge

Neben der Anpassung der Bezüge an äußere Einflüsse wie Währungskursschwankungen oder Lebenshaltungskosten kommt der generellen Anpassung des Gehaltsniveaus besondere Bedeutung zu. Denn der Arbeitnehmer fällt mit seinem Auslandseinsatz aus dem normalen Anpassungsrahmen der deutschen Tarifverträge heraus, an die sich häufig auch Gehälter außertariflicher Mitarbeiter orientieren. Daher sollten betroffene Arbeitnehmer auch bei einem Auslandseinsatz auf eine regelmäßige Gehaltsüberprüfung nicht verzichten. Diese kann etwa einmal jährlich während eines Heimaturlaubs oder eines routinemäßigen Berichtsaufenthalts im Stammhaus auf Grund von Leistungsbeurteilungen oder Zielerreichungsmaßstäben erfolgen.

b) Ruhen des deutschen Arbeitsvertrages

Bei der hier beschriebenen Vorgehensweise handelt es sich um ein Mehr-Vertrags-Modell, um Nachteile für den betroffenen Arbeitnehmer zu vermeiden. Es basiert auf einem lokalen Arbeitsverhältnis, eines ruhenden Arbeitsvertrages sowie einer Entsendungsvereinbarung mit dem Stammhaus.[1247] Dabei wird der bestehende deutsche Arbeitsvertrag mit dem Stammhaus nicht schlechthin beendet oder aufgehoben, sondern lediglich ruhend gestellt. Daraus folgt, dass er prinzipiell bestehen bleibt, aber – im Gegensatz zu den zuvor besprochenen Konstellationen – die jeweiligen Hauptleistungspflichten für die Zeit der Entsendung suspendiert sind.[1248] Das betrifft die Gehaltszahlungs[1249]- und Arbeitsleistungspflicht. Die Nebenpflichten aus dem ursprünglichen Arbeitsverhältnis bleiben aber, soweit anwendbar, hiervon unberührt.[1250] Die Treue- und Verschwiegenheitspflicht des Arbeitnehmers, aber auch die Fürsorgepflicht des Arbeitgebers bleiben bestehen. Praktisch hat das vor allem Bedeutung für die Zeiten der Betriebszugehörigkeit sowie für die Aufrechterhaltung und Fortführung der betrieblichen Altersvorsorge,

---

1247 Denkbar ist auch ein Ein-Vertrags-Modell, wenn der betreffende Arbeitnehmer ggf. befristet allein zum Zwecke der Auslandstätigkeit eingestellt wird, und ein Rückruf nach Deutschland nicht in Betracht kommt, vgl. *Reiter* in: NZA 2004, 1246/7.

1248 *Gnann/Gerauer* 180 f; der Begriff des ruhenden Arbeitsverhältnisses wird gesetzlich z.B. in § 1 Abs. 1 ArbPlSchG erwähnt.

1249 Es sei denn, ein Teil des Gehalts wird absprachegemäß in Deutschland auf ein deutsches Konto überwiesen, s.o., 2. Kap. § 4 VI 4 a) aa).

1250 Vgl. BAG v. 9.8.1995, in: EzA Nr. 130 zu § 611 BGB; *Leube* Das ruhende Arbeitsverhältnis, 1969, 63.

aber auch für die sonstigen Grundsätze für Arbeitsverträge.[1251] Im Übrigen werden die Konditionen der Delegation im Entsendungsvertrag geregelt.

aa) Der ursprüngliche Arbeitsvertrag

Dass der ursprüngliche Arbeitsvertrag bestehen bleibt, kann Vorteile für beide Seiten haben. Zum einen bestehen weiter Schutz- und Fürsorgepflichten des entsendenden Arbeitgebers für den in das Ausland delegierten Arbeitnehmer. Ferner sollte das Stammhaus dem entsandten Mitarbeiter zusichern, auch für die Bezüge der ausländischen Tochtergesellschaft einzustehen.

Andererseits wird zwischen dem entsendenden Unternehmen und dem Mitarbeiter durch das bestehende, ruhende Arbeitsverhältnis eine loyalitätserhaltende Verbindung hergestellt, die dem Mitarbeiter das Gefühl vermittelt, auch im Ausland nicht völlig vom Stammhaus abgeschnitten zu sein. Damit sollte er z.B. auch an die weiteren Informationen, etwa auch zur allgemeinen Gehalts- oder Personalentwicklung in der Muttergesellschaft, eingebunden bleiben. Bei der Rückkehr des entsandten Arbeitnehmers lebt der ruhende Arbeitsvertrag wieder auf. Hier wird das personalpolitische Erfordernis für den Arbeitgeber deutlich, den Rückkehrer aktiv bei seiner erneuten Integration zu betreuen.

Im Falle eines Betriebsübergangs wird auch der ruhende Arbeitsvertrag von den Auswirkungen des § 613 a BGB umfasst.[1252]

bb) „Notional income“

Das „notional income“ ist für die Wahrung des auch zukünftig angemessenen Entgelts für den entsandten Mitarbeiter wichtig. Neben verschiedenen Regelungen, etwa zu Berichtspflichten an das Mutterhaus, oder diversen sonstigen Zulagen, Zuschüssen und Zusatzleistungen für den Auslandseinsatz sollte zusätzlich zu den tatsächlichen Bezügen für die Auslandstätigkeit bei dem entsendenden Unternehmen ein „Schattengehalt“, „ruhendes Gehalt“ oder „notional income“ für den entsandten Mitarbeiter weitergeführt werden.[1253] Dabei handelt es sich um ein fiktives Inlandsgehalt, das in der Regel auf dem bisherigen Gehalt z. Zt. der Entsendung basiert und bei der Rückkehr zum Stammhaus als Grundlage für die dann wieder aufzunehmende, weitere Bezahlung dient. Außerdem bleibt die-

1251 Vgl. auch BAG vom 14.7.2005, Az.: 6 AZR 392/04 zur Weitergeltung des § 613 a BGB auch für den entsandten Mitarbeiter.

1252 BAG v. 14.7.2005, in: AP Nr. 4 zu § 611 „Ruhen des Arbeitsverhältnisses“; Küttner/*Kreitner* „Auslandstätigkeit“ Rn 30.

1253 *Schirner/Eiderhorst* 352, 355; *Gnann/Gerauer* 128; ist der Mitarbeiter aber gerade für den Zweck der Entsendung eingestellt worden, so dass er keine „Gehaltshistorie“ aufweist, muss sich dieses „Schattengehalt“ an einer vergleichbaren Position seiner Auslandstätigkeit im Stammhaus orientieren.

ses fiktive Einkommen Grundlage für Leistungen zur betrieblichen Altersversorgung bzw. für die Weiterführung inländischer Sozialversicherungen. Damit hat dieses „Schattengehalt“ eine wesentliche Bedeutung für den Arbeitnehmer. Daher sollte es an den regelmäßigen Gehaltserhöhungen, ob auf Grund von Tarifverträgen, betrieblicher Zusagen oder sonstiger Faktoren, teilnehmen.[1254] Zu beachten ist ggf. auch der allgemeine arbeitsrechtliche Gleichbehandlungsgrundsatz,[1255] dass der Arbeitgeber die vergleichbaren Arbeitnehmer nicht ohne sachliche Rechtfertigung ungleich behandeln darf.

Damit der entsandte Mitarbeiter hinsichtlich dieser Entwicklung auf dem Laufenden bleibt, bietet sich seine Einbeziehung in die entsprechenden betrieblichen Informationen sowie die Besprechung dieses Themas in den jährlichen Besuchen im Stammhaus an. Denn der Mitarbeiter im Ausland kann sonst mit der Zeit die entsprechende Entwicklung aus der Entfernung nicht mehr korrekt einschätzen.

cc) Beratervertrag

Zum Teil wird neben den genannten Verträgen zwischen dem entsendenden Unternehmen und dem entsandten Mitarbeiter ein zusätzlicher Beratervertrag geschlossen.[1256] Mit diesem Beratervertrag wäre auch eine Rechtsgrundlage für die Zahlung des Honorars in Euro geschaffen, das der entsandte Arbeitnehmer zusätzlich erhält. Ob es sich bei diesem Vertrag tatsächlich um einen freien, nicht dem Arbeitsrecht unterliegenden Dienstvertrag handelt, muss im Einzelfall geprüft werden. Die rechtliche Einordnung des Beratervertrags hat natürlich auch Auswirkungen auf die Höhe der rechtlich geschuldeten Arbeitsvergütung sowie die Einbeziehung in die Sozialversicherungspflicht. Häufig werden mit dem Honorar zu diesem Beratervertrag tatsächlich lediglich ein Teil der beschriebenen Erschwernisse der Auslandsdelegation pauschal abgegolten. Eine andere Variante besteht darin, dass der entsandte Arbeitnehmer aus dem Beratervertrag dem Stammhaus Informationen und Berichte geschuldet werden. Aber die Nebenpflichten aus dem ruhenden Arbeitsverhältnis, wie Informations- oder Berichtspflichten gehören nach wie vor zu den weiter bestehenden Pflichten des entsandten Arbeitnehmers. Wenn es also keine echten, freien Beraterleistungen gibt, die der entsandte Arbeitnehmer zusätzlich zu seinem ruhenden Arbeitsverhältnis schuldet, wären in diesem Fall die Regeln über das Scheingeschäft maßgeblich. Gemäß § 117 Abs. 2 BGB richteten sich die Rechtsfolgen eines solchen Beratervertrags dann nach den Regeln des Arbeitsrechts.[1257]

1254 *Leube* 45, geht ohne weiteres von der Geltung der während des Ruhens geänderten Vorschriften für das wiederauflebende Arbeitsverhältnis aus.

1255 Vgl. BAG v. 17. 5. 1978, in: AP Nr. 42 zu § 242 BGB „Gleichbehandlung“; Schaub/*Linck* § 112 Rn 5 ff.

1256 Vgl. *Gnann/Gerauer* 186 ff.

1257 BAG v. 22.9.1992, in: NZA 1993, 837.

Bei der Vereinbarung eines derartigen Beratervertrages ist auf dessen Synchronisierung mit den Bestimmungen der sonstigen Verträge zu achten. Dies gilt insbesondere für eine übereinstimmende Laufzeit bzw. Beendigungsmöglichkeit.

dd) Altersversorgung

In einem Entsendungsvertrag bedarf außerdem die konkrete Ausgestaltung der weiteren Zugehörigkeit des Mitarbeiters zur evtl. bestehenden betrieblichen Altersversorgung der Regelung.[1258] Der entsandte Mitarbeiter, der zu einem Auslandsengagement bereit ist, darf hierbei gegenüber seinen im Inland verbleibenden Kollegen nicht benachteiligt werden. Insbesondere bedarf es einer Regelung, ob und wie viel Beiträge zur betrieblichen Altersversorgung entrichtet werden. Außerdem sollte klargestellt werden, ob die Zeit der Auslandstätigkeit auf die Dauer der Betriebszugehörigkeit zum Stammhaus angerechnet wird. Das ist insbesondere dann zu empfehlen, wenn die Betriebszugehörigkeitsdauer an eine Beschäftigung im Stammhaus anknüpfen.[1259] Eine Beschäftigung dort entfällt aber gerade für den entsandten Arbeitnehmer für die Zeit der Auslandstätigkeit. Als Bemessungsgrundlage für die Beiträge kommt das o.a. „notional income" oder Schattengehalt in Betracht.

6. Der Übertritt

Eine besondere Form der Entsendung eines Mitarbeiters in das Ausland ist dessen Übertritt in das ausländische Zielunternehmen – der entsendende Arbeitgeber verliert nämlich damit diesen Mitarbeiter. Dieses Vorgehen kommt insbesondere bei einer unbefristeten oder sehr langfristigen Entsendung in Betracht. Dabei wird der ursprüngliche Arbeitsvertrag mit dem deutschen Arbeitgeber beendet und ein neues mit der ausländischen Tochtergesellschaft abgeschlossen.[1260] Da eine Konzernzugehörigkeit der ausländischen Tochtergesellschaft keinen Einfluss auf die Relativität des einzelnen arbeitsvertraglichen Schuldverhältnisses hat, ist die Beendigung des ursprünglichen Arbeitsvertrags mit dem deutschen Stammhaus endgültig. Der übertretende Arbeitnehmer steht danach nicht mehr in einem Arbeitsverhältnis mit seinem früheren deutschen Arbeitgeber.[1261] Nur vereinzelt ist in diesen Fällen eine Wiedereinstellungszusage zu verzeichnen, wenn das entsendende Unternehmen selbst den Betroffenen wieder zurückholt.

1258 *Kölpien* 60.

1259 *Leube* 92.

1260 *Gnann/Gerauer* 191; *Kronisch* in: AuA 2001, 119, der dieses Vorgehen für zunehmend üblich hält, während *Flämig* 29, diese Maßnahme im internationalen Bereich für unüblich hält.

1261 EK/*Preis* § 611 BGB Rn 233; Schaub/*Vogelsang* § 17 Rn 3.

Bei dieser Form der Entsendung sind also für den betroffenen Mitarbeiter der Verlust von sozialen Schutzrechten oder verschlechterte Konditionen denkbar. Was mag einen Mitarbeiter bewegen, diesen Schritt zu tun? Es wird sich dabei um Menschen handeln, die eine derart enge Beziehung zum Zielland haben, dass sie dort auf lange Zeit Lebensmittelpunkt haben. Für sie ist die in den sonstigen Entsendungsverträgen übliche Rückrufklausel des entsendenden Unternehmens eher ein Risiko, weil sie gar nicht mehr zurück wollen.

Das bedeutet, dass das ausländische Tochterunternehmen diesen Mitarbeiter auf Dauer bezahlen muss. Es wird daher in der Regel kein Interesse daran haben, die finanziellen Anreize, Vergünstigungen und Zulagen, die die lokalen Mitarbeiter als Privileg betrachten könnten, langfristig aufrechterhalten. Insofern wird man etwa die Auslandszulage, die ja eigentlich erst die Zusatzmotivation hervorrufen soll, für seinen Arbeitgeber eine Zeitlang in da Ausland zu wechseln,[1262] bei einem Übertritt spätestens nach einem fünfjährigen Auslandsaufenthalt stufenweise abzubauen sein.[1263] Jede einzelne im Hinblick auf den Auslandseinsatz gewährt Vergünstigung wird darauf hin überprüft, ob sie für einen Mitarbeiter, der auf Dauer im Zielland leben und arbeiten will, noch angemessen sind. Im Zusammenhang mit der zu übernehmenden Funktion und die Einordnung in das Personaltableau des ausländischen Tochterunternehmens wird der betreffende Mitarbeiter mit seinem neuen Arbeitgeber dann ein angemessenes Entgelt vereinbaren.

Es muss ihm bewusst sein, dass er mit dieser Entscheidung auch dem deutschen Arbeitsrecht mit seiner arbeitnehmerfreundlichen Rechtslage den Rücken kehrt, da in sofern Art. 30 Abs. 2 EGBGB das Arbeitsrecht des Landes einschlägig ist, in dem der Arbeitnehmer gewöhnlich seine Arbeit verrichtet.[1264] So ist es z.B. in Tschechien relativ einfach möglich, sich auch von langjährigen Mitarbeitern gegen Zahlung einer begrenzten Abfindung zu trennen.[1265]

7. Fazit

Die Fragen, die mit der Entsendung von Arbeitnehmern in das Ausland zusammenhängen, sind sehr komplex und bedürfen in jedem Einzelfall einer sorgfältigen Prüfung nicht nur in aufenthaltsrechtlicher, steuerlicher oder sozialversicherungsrechtlicher Sicht. Das wird schon daraus ersichtlich, dass es keine einheitliche Terminologie hinsichtlich der Entsendung gibt. Eine der wesentlichsten Fragen für den Mitarbeiter ist die der Entgelte und der Vertragsgestaltung, die zu Beginn der Auslandsaufgabe geklärt sein sollten. Denn die Entsendung von Mitarbeitern führt zu einer erheblichen Kostenbelastung des Unternehmens, so

1262 S.o. 2. Kap. § 4 VI 3 b).
1263 *Gnann/Gerauer* 193.
1264 *Gnann/Gerauer* S 157.
1265 Vgl. *Kusak* Große Novelle des tschechischen Arbeitsgesetzbuchs, in: WiRO 2000, 409 ff.

dass die entsprechenden Entscheidungen zum „ob“ und „wie“ des Auslandseinsatzes genau zu prüfen sind. Die Auslandstätigkeit eines Mitarbeiters bedarf daher der besonderen und guten Vorbereitung nicht nur des entsendenden Unternehmens, sondern auch des betroffenen Mitarbeiters.

Unter Einhaltung der üblichen arbeitsrechtlichen Standards werden Dienstreisen, Abordnungen oder Delegationen als hinreichend geschützte Maßnahmen anzusehen sein, die das Arbeitsverhältnis rechtlich nicht verschlechtern. Bei der Versetzung ist der weitere Bestand des inländischen Arbeitsverhältnisses als ruhend erforderlich, um ein gleich bleibendes Schutzniveau zu behalten. Bei einem Übertritt gefährdet der Arbeitnehmer seinen bisherigen Bestandsschutz nach deutschem Arbeitsrecht. Das sollte den Betroffenen in diesen Fällen bewusst sein.

VII. Zusammenfassung

Die in diesem Kapitel „Flucht aus dem Arbeitsrecht“ behandelten Beschäftigungsverhältnisse bieten in der Übersicht ein ambivalentes Bild. Hier zeigt sich besonders der nur indizielle Charakter der in diesem Buch verwendeten Tabellenbeispiele, der keine absoluten Aussagen über die (Un-) Sicherheit solcher Beschäftigungsverhältnisse zulässt.

Tabelle 5: „Flucht aus dem Arbeitsrecht“ und Prekariatskriterien

Kriterien (Max. Punkte)	**Befristete Arbeitsverträge**	**Freie Mitarbeiter**	**Leiharbeit**	**Kleinbetrieb**	**Praktika (nach der Ausbildung)**	**Übertritt in das Ausland**[1266]
Vollzeit (10 P.)	X 10	X 10	X 10	X 10	X 10	X 10
Angemessene Entlohnung (10 P.)	X 10	O 5	O 5	X 10	–	X 10
Sozialversichert (10 P.)	X 10	–	X 10	X 10	X 10	O 5
Unbefristet (15 P.)	–	–	–[1267]	X 10	–	–
Betriebliche Integration (10 P.)	X 10	–	–	X 10	X 10	–
KSchG gilt (10 P.)	–	–	O 5	–	–	–
Tarifstandards (7 P.)	X 7	–	O 3,5	O 3,5	–	O 3,5
Regelmäßige Arbeitszeit (7 P.)	X 7	–	X 7	X 7	X 7	X 7
BR-Vertretung (7 P.)	X 7	–	O 3,5	–	X 7	–
Entgeltschutz (5 P.)	X 5	–	X 5	X 5	X 5	O 2,5

1266 Bewertungen zur Auslandsentsendung bezogen auf das Verhältnis zum deutschen Stammbetrieb, soweit anwendbar.
1267 Bezogen auf den Einsatz im Entleiherbetrieb.

Kriterien (Max. Punkte)	**Befristete Arbeitsverträge**	**Freie Mitarbeiter**	**Leiharbeit**	**Kleinbetrieb**	**Praktika (nach der Ausbildung)**	**Übertritt in das Ausland**[1266]
Besonderer Diskriminierungsschutz (5 P.)	X 5	–	X 5	X 5	X 5	–
Haftungsprivilegierung (2 P.)	X 2	–	X 2	X 2	X 2	O 1
ArbG zuständig (2 P.)	X 2	–	X 2	X 2	X 2	–
Gesamtpunktzahl (Maximale Punktzahl: 100)	**75**	**15**	**58**	**74,5**	**58**	**39**
Anzahl der Kriterien erfüllt/ Teilweise erfüllt/ Nicht erfüllt	**11** **0** **2**	**1** **1** **11**	**7** **4** **2**	**10** **1** **2**	**9** **0** **4**	**5** **3** **5**

Dass diese Tabellen als Orientierungshilfen, nicht aber als strikte Maßstäbe zu verstehen sind, zeigt sich z.B. an den Praktika, die nach einer Ausbildung absolviert werden. Einerseits sind sie klar zu den prekären Beschäftigungsverhältnissen zuzuordnen, obwohl sie andererseits in der Tabelle immerhin neun Kriterien eines regulären Arbeitsverhältnisses aufweisen. Aber hier ist die Gewichtung insbesondere der unzureichenden Vergütung und der Befristung (in Verbindung mit den weiteren, für ein „sicheres“ Arbeitsverhältnis fehlenden Kriterien) so stark, dass sie zu den prekären Arbeitsverhältnissen zuzuordnen sind.

Ein anderes Beispiel sind die befristeten Arbeitsverhältnisse: sie weisen in der folgenden Tabelle immerhin 75 von 100 Punkten aus, so dass auf den ersten Blick ein geringeres Prekariatsrisiko zu befürchten sein könnte. Andererseits stehen gerade die befristeten Arbeitsverträge in dem Ruf, unsicher zu sein, weil den Betroffenen eine längerfristige Perspektive fehlt. Insofern erweist es sich auch hier einmal mehr als besonders wichtig, darauf hinzuweisen, jeden Einzelfall an Hand der individuell zu bewertenden Prekariatskriterien zu prüfen.

Neben den genannten Praktika erscheinen die Leiharbeit und der Übertritt in ein ausländisches Arbeitsverhältnis als besonders gefährdete Beschäftigungsarten, die den Betroffenen nicht die Sicherheit eines typischen Arbeitsverhältnisses bieten.

§ 5 „Patchwork"-Beschäftigungen

Unter „Patchwork"-Beschäftigungen werden hier solche Tätigkeiten verstanden, die, sofern noch nicht in früheren Kapiteln behandelt, keine Vollzeitbeschäftigung in einem Betrieb darstellen. Insbesondere verschiedene Formen der Teilzeitarbeit werden hier betrachtet.

I. Teilzeitarbeit

In Deutschland arbeiten über 10 Mio. Menschen, das sind über 20 % aller nichtselbständig Erwerbstätigen in Teilzeit.[1268] Auf immerhin noch 5 Mio. Teilzeitbeschäftigte kommt das Statistische Bundesamt unter der Prämisse, dass darunter alle Beschäftigten mit einer geringeren wöchentlichen Arbeitszeit von 21 Stunden zu verstehen sind.[1269]

Bei der Teilzeitarbeit handelt sich dabei um ein überwiegend weibliches Phänomen, da der größte Anteil der Teilzeitarbeitnehmer Frauen sind. 42 % aller erwerbstätigen Frauen haben einen Teilzeitjob. Teilzeitarbeit von Frauen ist sowohl wegen des Fehlens von Vollarbeitsplätzen für Frauen insbesondere mit Kindern, aber auch als bewusste Entscheidung wegen ihrer familiären Einbindung weit verbreitet.[1270]

1. Gründe für Teilzeitarbeit

Die Motivation für die Teilzeitarbeit hängt von der Perspektive ab. Der Gesetzgeber des TzBefrG erwartet, dass durch Teilzeitregelungen mehr Jobs entstehen.[1271]

Ein Arbeitgeber kann Teilzeitbeschäftigte flexibler einsetzen, insbesondere bei Einstellungsprozessen kann er mit der Aufteilung einer Stelle auf zwei Kandida-

1268 Küttner/*Reinicke* „Teilzeitarbeit" Rn 2.

1269 FAZ v. 10.9.2008, „Mehr Beschäftigte durch Teilzeit und Zeitarbeit".

1270 Preis/*Meng* 283 f. auch zu Unterschieden zwischen ost- und westdeutschen Bundesländern.

1271 EK/*Müller-Glöge* § 1 TzBefrG Rn 2; zuvor war das erst seit 1994 im Öffentlichen Dienst auf Grund des § 15 b BAT, heute § 11 TVöD möglich.

ten beurteilen, wer sich am Ende der Probezeit besser für die Stelle eignet. Auch leisten Teilzeitbeschäftigte in der kürzeren Arbeitszeit relativ mehr als Vollzeitbeschäftigte in derselben Zeit.

Hierfür nimmt man offensichtlich die Nachteile in Kauf, die ebenfalls in der Teilzeitarbeit begründet sein können. So entsteht ein höherer Koordinationsaufwand, wenn mehr Teilzeitbeschäftigte informiert, instruiert, abgerechnet oder auch weiter gebildet werden müssen.

Aus Arbeitnehmerinteresse ist zu konstatieren, dass der Wunsch überwiegend von Frauen kommt.[1272] Es ist anzunehmen, dass dies vor allem familiäre Gründe hat.

2. Wesen der Teilzeitarbeit

Teilzeitbeschäftigte arbeiten kürzer als vergleichbare Vollzeitbeschäftigte in einem Betrieb, § 2 TzBefrG, sie sind also keine Vollzeitarbeitnehmer. Der Vergleichsmaßstab ist also die betriebsübliche Wochenarbeitszeit des jeweiligen Betriebs. Fehlt es an vergleichbaren vollzeitbeschäftigten Arbeitnehmern im Betrieb, ist subsidiär die Arbeitszeit des entsprechende Tarifvertrages heranzuziehen, § 2 Abs. 1 S. 4 TzBefrG.

a) Förderung der Teilzeit durch den Gesetzgeber

Das TzBefrG setzt die entsprechende EU-Richtlinie 1997/81[1273] um und löste 2001 das früher geltende BeschFG ab. § 1 TzBefrG postuliert ausdrücklich, Teilzeitarbeit zu fördern und die Diskriminierung von Teilzeitbeschäftigten zu verhindern. Der Gesetzgeber erwartete dadurch, dass mehr Jobs entstehen.[1274] Der Arbeitgeber wird in § 6 TzBefrG geradezu dazu aufgefordert, dies den Mitarbeitern zu ermöglichen. So sind Arbeitsplätze, die einer Teilzeitarbeit zugänglich sind, entsprechend auszuschreiben, § 7 Abs. 1 TzBefrG. Ebenso muss er interessierten Arbeitnehmern über entsprechende Stellen im Unternehmen unterrichten, § 7 Abs. 2 TzBefrG.

Letztendlich hat der Arbeitgeber aus individuellem Arbeitsrecht hierzu keine Sanktionen zu befürchten, wenn er diese Vorschriften verletzt.[1275] Insofern steht hier die unternehmerische Entscheidung im Ermessen des Arbeitsgebers, Teilzeitstellen einzurichten. In mitbestimmten Unternehmen ist der Betriebsrat zwar gemäß § 7 Abs. 3 TzBefrG in die Planung der Teilzeitarbeitsplätze mit einzubezie-

---

1272 2003 wurden 73 % von 128.000 Anträgen von Frauen gestellt, vgl. *Feldhoff* in: ZTR 2006, 58/60, Fn. 21.

1273 Vom 15.12.1997, ABl. EG 98 L 14, 9.

1274 EK/*Müller-Glöge* § 1 TzBefrG Rn 2.

1275 Küttner/*Kreiner* „Ausschreibung" Rn 5.

hen. In Unternehmen mit mehreren Betriebsräten ist wegen des weit gefassten Wortlauts der „Arbeitnehmervertretung“ auch der Gesamtbetriebsrat zu informieren.[1276] Aber auch hier soll dem Betriebsrat keine Sanktionsmöglichkeit an die Hand gegeben werden, wenn dieses unterbleibt.[1277] Denn der Betriebsrat hätte danach bei einer der Information gemäß § 7 Abs. 3 TzBefrG zuwiderlaufenden Einstellung kein Zustimmungsverweigerungsrecht.

Dabei kann ein Betriebsrat gemäß § 93 BetrVG verlangen, dass offene Arbeitsplätze ausgeschrieben werden. Wenn es aber zu einer Ausschreibung kommt, muss der Arbeitgeber sich auch an die Maßgabe des § 7 TzBefrG halten. Es wäre ein Widerspruch in sich, wenn der Arbeitgeber sich bei derartigen Ausschreibungen nicht an das an ihn adressierte Gesetz halten müsste. Insofern wäre eine gesetzeswidrige Ausschreibung, die eine mögliche Teilzeitoption verschweigt, gleichbedeutend mit einer unterbliebenen Ausschreibung im Sinne des § 99 Abs. 2 Nr. 5 BetrVG, weil ja auch gerade die Möglichkeit für eine Teilzeitarbeit nicht in die Ausschreibung aufgenommen wurde. Insofern ist es nur folgerichtig, wenn der Betriebsrat in einem solchen Fall ein Zustimmungsverweigerungsrecht erhält.[1278]

b) Anspruch auf Arbeitszeitverkürzung

§ 8 TzBefrG gibt allen Arbeitnehmern[1279] das Recht, eine Verkürzung der vertraglichen Arbeitszeit zu verlangen. Das umfasst auch Arbeitnehmer, die bereits in Teilzeitarbeiten, oder nur einen befristeten Arbeitsplatz haben. Die leitenden Mitarbeiter haben diesen gesetzlichen Anspruch ebenso, worauf § 6 TzBefrG explizit hinweist. Ausgenommen sind lediglich Arbeitgeber mit weniger als 15 Arbeitnehmern, § 8 Abs. 7 TzBefrG, sowie Mitarbeiter, die die Wartezeit von sechs Monaten noch nicht absolviert haben, § 8 Abs. 1 TzBefrG. Tatsächliche Unterbrechungen in dieser Zeit wie Urlaub oder Krankheit spielen dabei keine Rolle.[1280]

aa) Teilzeit in Kleinbetrieben

§ 8 Abs. 7 TzBefrG enthält zur Berechnung des Schwellenwerts zwei bemerkenswerte Kriterien, die sich von anderen Berechnungsmethoden für Schwellenwerte

1276 Küttner/*Reincke* „Teilzeitbeschäftigung“, Rn 18.

1277 EK/*Preis* § 7 TzBefrG Rn 4; Küttner/*Kreiner* „Ausschreibung“ Rn 5.

1278 LAG Baden-Württemberg v. 19.7.2004, Az.: 14 TaBV 4/03.

1279 Daneben gibt es weitere spezielle Grundlagen, Arbeitszeiten zu verkürzen, vgl. § 15 BEEG für die Elternzeit, § 81 Abs. 5 S. 3 SGB IX für Behinderte, sowie teilweise in Tarifverträgen.

1280 *Rolfs* in: RdA 2001, 129/133; eine tatsächliche Umstellung der Arbeitszeit kann also demnach frühestens neun nach Beginn eines Arbeitsverhältnisses vorgenommen werden, Preis/*Meng* 301.

unterscheiden. Zum einen wird nicht auf den Betrieb wie im BetrVG abgestellt, sondern auf den Arbeitgeber. Arbeitgeber ist jeder, der Arbeitnehmer beschäftigt.[1281] Zusammengerechnet werden also alle Arbeitnehmer, die dieser Arbeitgeber, auch als ausländischer Arbeitgeber oder als Konzern insgesamt beschäftigt.[1282]

Zum anderen werden alle Mitarbeiter als jeweils eine Person mitgezählt. Ihre Beschäftigung als Voll- oder Teilzeitkraft spielt also dabei keine Rolle.[1283] Die Rechtsprechung zu Kleinbetriebsregelungen wie z.B. in den §§ 23 Abs. 1 KSchG, 1, 99, 111 BetrVG kann also hier nicht unbesehen übernommen werden.[1284] Umgekehrt verweist § 8 Abs. 7 TzBefrG nur bezüglich der Arbeitszeitverringerung auf den Mindestschwellenwert von 15 Arbeitnehmern. Daraus folgt, dass die übrigen Regelungen des TzBefrG zu befristeten Arbeitsverträgen, aber auch zu Diskriminierungsverboten (§ 4 TzBefrG) auch in kleineren Betrieben anwendbar sind.

bb) Antrag auf Arbeitszeitverkürzung

Das Verfahren zur Arbeitszeitreduzierung beginnt mit einer fristgebundenen, arbeitnehmerseitigen Geltendmachung des Wunsches nach Arbeitszeitverkürzung, der Erörterung dieses Wunsches mit dem Arbeitgeber, der Abwägung mit betrieblichen Interessen und der Entscheidungsfindung und endet letztlich mit der formellen Mitteilung der Arbeitgeberentscheidung an den Arbeitnehmer.

Bei der Geltendmachung eines entsprechenden Wunsches gemäß § 8 Abs. 2 TzBefrG handelt es sich um ein Angebot des Arbeitnehmers, den bestehenden Arbeitsvertrag unbefristet zu ändern, § 145 BGB,[1285] wobei der Arbeitnehmer an seine Erklärung drei Monate gebunden ist, §§ 145, 148 BGB.[1286] Das TzBefrG stellt keine Formvorschrift auf, § 623 BGB ist nicht anzuwenden, weil das Angebot des Arbeitnehmers nicht auf eine Beendigung des bestehenden Arbeitsverhältnisses abzielt. Andererseits sind allgemeine Anfragen zur Verringerung der Arbeits-

1281 Vgl. Schaub/*Vogelsang* § 17 Rn 1 ff.; zur einschränkenden Auslegung, wenn eine natürliche Person mehrere, unabhängig voneinander bestehende Unternehmen betreibt, bei denen es sinnvoll ist, den Arbeitgeberbegriff nur unternehmensbezogen einzusetzen vgl. *Fischer* in: BB 2002, 94/5.

1282 Preis/*Meng* 301; *Feldhoff* in: ZTR 2006, 58/9; *Fischer* in: BB 2002, 94/5 f.; zur interessanten Überlegung diesen Begriff in die Berechnung von Kleinbetrieben gemäß § 23 KSchG einzubinden, s. 2. Kap. § 4 V 1 a) dd).

1283 *Rolfs* in: RdA 2001, 129/134; *Feldhoff* in: ZTR 2006, 58/9.

1284 *Fischer* in: BB 2002, 94/6.

1285 BAG v. 18.2.2003, in: NZA 2003, 1392; hier wird man den Zeitpunkt der Arbeitszeitverringerung gemäß § 8 Abs. 2 S. 1 TzBefrG hilfsweise auf den Zeitpunkt richten, der ab Antragstellung dieser Frist entspricht, wenn der Arbeitnehmer diese Frist in seinem Antrag nicht oder nicht richtig berechnet; der Antrag wird damit nicht unwirksam, vgl. *Feldhoff* in: ZTR 2006, 58/9.

1286 EK/*Dörner* § 8 TzBefrG Rn 13.

zeit noch kein Verringerungsverlangen im Sinne des § 8 Abs. 1 TzBefrG, so dass diese auch nicht die Fristen des § 8 Abs. 5 S. 2, 3, Abs. 6 TzBefrG auslösen.[1287]

Das Gesetz bevorzugt also die Vertragslösung. Das wird auch in der Obliegenheit des Arbeitgebers deutlich, den Änderungswunsch zu erörtern, § 8 Abs. 3 TzBefrG. Die Erörterung selbst kann er nicht als Anspruch einklagen.[1288] Allerdings könnte eine Verweigerung einer Erörterung mittelbare Folgen für den Arbeitgeber haben. Denn der Arbeitnehmer hat unter den Voraussetzungen des § 8 Abs. 4 TzBefrG einen Anspruch auf Annahme seines Angebots.

Der Antrag des Arbeitnehmers kann sich sowohl auf die rein zeitlich Verringerung seiner Arbeitszeit beziehen als auch auf die Verteilung der Verkürzung der Arbeitszeit.[1289]

(1) Arbeitszeit

Das Gesetz sieht keine Maßgabe für den Umfang der Arbeitsverkürzung vor. Der Gesetzgeber lässt es den Arbeitsvertragsparteien frei, ein Teilzeitmodell zu wählen. Neben einer kürzeren täglichen Arbeitszeit, kommen Kürzungen über Wochen- oder auch Jahreskontingente in Betracht, die Beschäftigung an nur einzelnen Arbeitstagen oder auch nur an Wochenenden, oder auch die Teilung eines Vollarbeitsplatzes in zwei Teilzeitarbeitsplätze, § 13 TzBefrG, in Betracht. Der Gesetzgeber hat also insofern einen weiten Spielraum eröffnet.

Dabei ist es streitig, ob eine Verkürzung der Arbeitszeit sich nur auf das vorher bestehende Arbeitszeitmodell auswirken kann: Wenn also in einem Arbeitsvertrag eine Wochenarbeitszeit vereinbart ist, soll danach nur die wöchentliche Arbeitszeit verringert werden können, bei einer vereinbarten Jahresarbeitszeit nur die jährliche Gesamtarbeitszeit.[1290] Dem kann nicht zugestimmt werden.[1291] Nicht nur das Ziel des Gesetzgebers, die Teilzeit zu fördern, und sie nicht durch derartige Beschränkungen zu behindern,[1292] spricht dagegen. Die Parteien sind auf Grund ihrer Privatautonomie in der Lage, die Verkürzung der Arbeitszeit selbst zu bestimmen, und können daher von dem ursprünglichen Arbeitszeitmodell abweichen.

1287 *Reinecke* in: BB-Special 4.2008, 21/4.

1288 Küttner/*Reinicke* „Teilzeitbeschäftigung", Rn 32.

1289 BAG v. 24.6.2008, Az.: 9 AZR 514/07; eine besondere Gestaltung der Arbeitszeitverkürzung ist das so genannte „Sabbatical", eine Langzeitarbeitsunterbrechung, die sich Arbeitnehmer durch vorheriges „Ansparen" von Arbeitszeit erdienen, vgl. Küttner/*Reinecke* „Teilzeitbeschäftigung", Rn 71 f. Wegen des ersichtlich fehlenden Zusammenhangs mit prekären Beschäftigungsverhältnissen wird auf eine nähere Beschreibung verzichtet.

1290 *Annuß/Thüsing/Mengel* § 8 Rn 18.

1291 LAG Düsseldorf v. 1.3.2002, Az.: 18 (4) Sa 1269/01.

1292 Küttner/*Reinecke* „Teilzeitbeschäftigung", Rn 25.

(2) Verteilung der Arbeit

Anders als die Arbeitszeit ist die Verteilung der Arbeitszeit nicht immer Gegenstand des ursprünglichen Arbeitsverhältnisses. Insofern ist hier das Weisungsrecht des Arbeitgebers nach § 106 GewO zu beachten, das ggf. durch ein Mitbestimmungsrecht gemäß § 87 Abs. 1 Nr. 2 BetrVG eingeschränkt wird. Der Arbeitnehmer kann aber die Verteilung der (zu verkürzenden) Arbeitszeit ebenfalls mit in seinen Antrag mit aufnehmen. Es ist sogar zu empfehlen, wenn die Verknüpfung der Arbeitszeitreduzierung mit der Neuverteilung dieser Arbeitszeit für den Arbeitnehmer miteinander zwingend zusammenhängt.[1293] Ein Arbeitgeber kann diesen Antrag gemäß § 150 Abs. 2 BGB nur insgesamt annehmen oder ablehnen.[1294]

§ 8 Abs. 2 S. 2 TzBefrG ermöglicht es dem Arbeitnehmer explizit, seinen Wunsch nach Arbeitszeitverkürzung mit einem eventuellen Wunsch nach einer besonderen Verteilung zu verbinden in dem er seinen Vorschlag zur Arbeitszeitverteilung „dabei" angeben soll.[1295] Einen erst später, evtl. erst nach der Entscheidung über die Arbeitszeitverkürzung vorgebrachten Wunsch nach einer andere Arbeitszeitverteilung kann der Arbeitgeber ignorieren, weil insoweit das Weisungsrecht vorrangig ist.[1296]

cc) Job Sharing

Dieses Instrument der Personalarbeit hängt inhaltlich mit der Teilzeitarbeit zusammen, da sich hierbei mehrere Arbeitnehmer einen Arbeitsplatz teilen, also zwingend weniger als ein Vollzeitbeschäftigter auf diesem arbeiten. Das Job Sharing hat in § 13 auch Eingang in das TzBefrG gefunden.

Das Job Sharing begründet keinen mehrseitigen Vertrag, vertragliche Beziehungen bestehen immer nur zwischen dem Arbeitgeber und dem jeweiligen Arbeitnehmer.[1297] Dennoch ergeben sich aus dem Job Sharing einige Besonderheiten für die Betroffenen.

So hat der Arbeitgeber auf Grund des § 13 Abs. 1 S. 2 TzBefrG die Möglichkeit, einen verhinderten Arbeitnehmer dieses Job Sharings durch einen seiner Partner vertreten zu lassen, wenn sie dieser Vertretungsregel zugestimmt haben. Scheidet ein Partner des Job Sharings aus dem Unternehmen aus, so ist das gemäß § 13

1293 *Sievers* in: jurisPR-ArbR 48/2008 Anm. 1; das wird bei familiären Gründen häufig der Fall sein, vgl. *Feldhoff* in: ZTR 2006, 58/60.

1294 Preis/*Meng* 304.

1295 BAG v. 23.11.2004, in: NZA 2005, 769 lässt einen besonderen Verteilungswunsch noch in der Erörterungsphase zu.

1296 BAG v. 24.6.2008, Az.: 9 AZR 514/07; Küttner/*Reincke* „Teilzeitbeschäftigung", Rn 26.

1297 Schaub/*Linck* § 43, Rn 23.

Abs. 2 S. 1 TzBefrG kein Grund, den anderen deswegen zu kündigen. Allerdings kann der Arbeitgeber in dieser Konstellation eine Änderungskündigung aussprechen, um auf das Ausscheiden zu reagieren, § 13 Abs. 2 S. 2 TzBefrG.

Diese Grundsätze gelten nicht nur, wenn sich mehrere Arbeitnehmer einen Arbeitsplatz teilen, sondern auch wenn Gruppen von Arbeitnehmern sich auf bestimmten Arbeitsplatzen in festgelegten Zeitabschnitten ablösen, § 13 Abs. 3 TzBefrG. Die Bestimmungen des § 13 Abs. 1 und 3 TzBefrG können tarifvertraglich auch zuungunsten der Arbeitnehmer verändert werden. Der besondere Kündigungsschutz des § 13 Abs.2 TzBefrG ist davon allerdings nicht betroffen.

dd) Entscheidung des Arbeitgebers

Nach der dem Arbeitgeber obliegenden Erörterung des Teilzeitwunsches gemäß § 8 Abs. 3 TzBefrG hat der Arbeitgeber dem Arbeitnehmer seine Entscheidung über die Arbeitszeitreduzierung schriftlich mitzuteilen, § 8 Abs. 5 S. 1 TzBefrG. Damit ist die Schriftform des § 126 BGB gemeint.[1298] Das gilt auch für eine evtl. Ablehnung des Reduzierungswunsches, § 8 Abs. 5 S. 2 TzBefrG. Eine Mitteilung per E-Mail oder Fax reicht also nicht aus. Für die Erklärung gelten auch ansonsten die allgemeinen Regeln über die Willenserklärung.[1299] Eine Begründung soll nicht erforderlich sein,[1300] wird jedoch spätestens bei einer gerichtlichen Überprüfung notwendig.

Sofern der Antrag des Arbeitnehmers sowohl das Ausmaß der Arbeitszeitreduzierung als auch die Neuverteilung der Arbeitszeit miteinander verbindet, kann der Arbeitgeber nur insgesamt darüber entscheiden, § 150 Abs. 2 BGB. Bezieht sich der Antrag nur auf eine geringere Arbeitszeit, ist der Arbeitgeber kann der Arbeitgeber die Verteilung der Arbeitszeit einseitig gemäß § 315 BGB vornehmen.[1301] Der Arbeitnehmer sollte also in seinen Antrag auch die Arbeitszeitverteilung mit aufnehmen, wenn diese für ihn von Bedeutung ist, § 8 Abs. 2 S. 2 TzBefrG.

Das Vertragsmodell der Teilzeitbeschäftigung wird in § 8 Abs. 4 TzBefrG insoweit eingegrenzt, als der Arbeitgeber nicht völlig frei ist, über den Antrag des weniger arbeiten wollenden Arbeitnehmers mit ja oder nein zu entscheiden. Die Vorschrift erlaubt eine Ablehnung nur, wenn dem Wunsch nach Arbeitszeitverkürzung nicht betriebliche Gründe entgegenstehen.

1298 *Feldhoff* in: ZTR 2006, 58/60.
1299 Küttner/*Reinecke* „Teilzeitbeschäftigung" Rn 43.
1300 Preis/*Meng* 312.
1301 *Feldhoff* in: ZTR 2006, 58/61.

ee) Entgegenstehende betriebliche Gründe

Es fällt auf, dass es sich nicht um „dringende“ Gründe handeln muss, also solche, die die Ablehnung des Wunsches zwingend erforderlich machen.[1302] Insofern besteht für den Arbeitgeber ein weiter Entscheidungsspielraum, der seine eigene Privatautonomie hinreichend wahrt.

Andererseits steht seine Privatautonomie auch im Spannungsfeld der Berufsfreiheit des Arbeitnehmers gemäß Art. 12 Abs. 1 GG, so dass der Arbeitgeber hier keine absolute Freiheit in seiner Entscheidung hat. Betriebliche Gründe, einen Wunsch nach Verkürzung der Arbeitszeit abzulehnen, müssen daher plausibel, rational nachvollziehbar[1303] bzw. hinreichend gewichtig[1304] sein. Das betrifft sowohl die Reduzierung der Arbeitszeit als auch deren (neue) Verteilung.[1305] In Frage kommen derartige „betrieblichen“ Gründen also bei organisatorischen Beeinträchtigungen des Arbeitgebers, der Sicherheit oder der Arbeitsprozesse seines Betriebs, oder wenn die Maßnahme unverhältnismäßige Kosten verursacht.[1306] Im Einzelfall sind außerdem tarifliche Präzisierungen und Regelungen für die Beachtung betrieblicher Gründe zu berücksichtigen.[1307]

Zur Prüfung des Verringerungswunsches sind drei Schritte notwendig: zunächst ist das der generellen Arbeitszeitregelung zugrunde liegende Organisationskonzept festzustellen, dann ist zu prüfen, ob und inwieweit der Verringerungswunsch des Arbeitnehmer mit diesem Konzept und der generellen Arbeitszeitregelung kollidiert, und endlich, ob die betrieblichen Gründen so gewichtig sind, dass die Erfüllung des Verringerungswunsches des Arbeitnehmers die Betriebsabläufe wesentlich beeinträchtigt oder unverhältnismäßige Kosten verursacht.[1308]

Die Beweislast für die dem Verringerungswunsch entgegenstehenden betrieblichen Gründe trägt der Arbeitgeber.[1309] Zu Recht wird man hier im Falle der Ablehnung eine schlüssige Darstellung der betrieblichen Gründe erwarten dürfen.

1302 Vgl. BAG v. 18.3.2003, in: ZTR 2004, 143 zu einem solchen Fall eines dringenden Erfordernisses.

1303 Küttner/*Reinicke* „Teilzeitbeschäftigung“, Rn 33.

1304 Das stellt die Herausarbeitung von sinnvollen Kriterien zu den betrieblichen Gründen in die Verantwortung der Rechtsprechung, vgl. BAG v. 8.5.2007, Az.: 9 AZR 1112/06; *Reinecke* in: BB-Special 4.2008, 21/4.

1305 BAG v. 18.2.2003, in: NZA 2003, 1392.

1306 Küttner/*Reinicke* „Teilzeitbeschäftigung“, Rn 33; *Reinecke* in: BB-Special 4. 2008, 21/24, hält § 8 Abs. 4 S. 2 TzBefrG nicht für eine abschließende Regelung, es könnten also auch weitere Gründe gegen den Verringerungswunsch geltend gemacht werden.

1307 *Reinecke* in: BB-Special 4.2008, 21/5.

1308 BAG v. 18.2.2003, in: AP Nr. 2 zu § 8 TzBefrG; BAG v. 27.4.2004, in: AP Nr. 12 zu § 8 TzBefrG; *Reinecke* in: BB-Special 4.2008, 21/4.

1309 BAG v. 18.2.2003, in: AP Nr. 2 zu § 8 TzBefrG; LAG Köln v. 3.2.2006, in: NZA 2006, 343; *Feldhoff* in: ZTR 2006, 58/68.

Allgemein gehaltene Aussagen wie „bestmöglich", „effektiv" zu gestaltende Arbeitsabläufe, subjektiv geprägte Vorstellungen über die „richtige" Arbeitszeit reichen allein nicht aus.[1310]

Eine Abwägung zwischen den beiderseitigen Interessen des Teilzeitwunsches einerseits und den betrieblichen Gründen andererseits soll nicht vorgenommen werden. Entscheidet der Arbeitgeber aus betrieblichen Gründen gegen eine Arbeitszeitverkürzung, soll der Arbeitnehmer dies hinnehmen.[1311] Ganz wird man um eine Bewertung der beiderseitigen Interessen dennoch nicht herumkommen. Der Gesetzgeber hat, auch wenn das nicht in Abs. 4 des § 8 TzBefrG geregelt ist, in dieser Frage zumindest bezüglich der Verteilung der Arbeitszeit an anderer Stelle, nämlich in Abs. 5 S. 4 des § 8 TzBefrG, eine Interessenabwägung zwischen beiden Positionen eingeführt. Und da die Verkürzung wie die Verteilung der reduzierten Arbeitszeit miteinander zusammenhängen, wird man diese Abwägung auch bei der Arbeitszeit vornehmen müssen.[1312]

Jeder einzelne Wunsch nach einer Arbeitszeitverkürzung bewirkt selbstverständlich einen gewissen betrieblichen Aufwand an Organisationsänderungen, Umstellungen in den Arbeitsprozesse und Kosten, § 8 Abs. 4 S. 2 TzBefrG. Insofern wird nicht jede singuläre oder typische betriebliche Schwierigkeit bei der Durchführung einer Arbeitszeitverkürzung als Ablehnungsgrund gerechtfertigt sein.[1313] Tatsächlich kommt es, auch um das gesetzgeberische Ziel der Förderung der Teilzeitarbeit zu verwirklichen, auf eine Verhältnismäßigkeit an, ob dem Arbeitgeber diese Änderungen zuzumuten sind, da nur „wesentliche" bzw. „unverhältnismäßige" Gründe maßgeblich sind, § 8 Abs. 4 S. 2 TzBefrG. Ein gewisses Gewicht, und zwar im Gegengewicht zum Anliegen des Arbeitnehmers, müssen die betrieblichen Gründe, die zur Ablehnung einer Arbeitsverkürzung führen, daher haben.

Ein typischer Einwand ist der Mangel an entsprechenden qualifizierten Ersatzarbeitskräften auf dem Arbeitsmarkt. Das kann ggf. ein gewichtiger betrieblicher Grund sein, den Wunsch nach einer Arbeitszeitverkürzung abzulehnen.[1314] Allerdings reicht die bloße entsprechende Behauptung nicht aus, entsprechende vergebliche Bemühungen müssen ggf. nachgewiesen werden. Der Einsatz von Leiharbeitern ist dem Arbeitgeber ebenso zuzumuten wie die entsprechende Anordnung von Überstunden.[1315] Auch darf die Arbeitszeitverkürzung nicht dadurch torpediert werden, indem an die Ersatzkraft zu hohe fachliche Anforderungen gestellt werden.[1316]

1310 Beispiele aus *Reinecke* in: BB-Special 4.2008, 21/4; *Feldhoff* in: ZTR 2006, 58/64.
1311 BAG v. 9.12.2003, in: NZA 2004, 921; Küttner/*Reinicke* „Teilzeitbeschäftigung" Rn 33 a.E.
1312 *Feldhoff* in: ZTR 2006, 58/65.
1313 *Feldhoff* in: ZTR 2006, 58/63.
1314 BT-Drucks. 14/4625, 17.
1315 BAG v. 9.12.2003, in: NZA 2004, 921.
1316 BAG v. 14.10.2003, in: ZTR 2004, 545.

ff) Rechtsfolge

Im Falle einer Einigung zwischen den Arbeitsvertragparteien wird die neu vereinbarte und vom Arbeitgeber mitgeteilte verkürzte Arbeitszeit Bestandteil des Arbeitsvertrages, § 8 Abs. 3 S. 2, Abs. 5 S. 1 TzBefrG, und zwar spätestens drei Monate nach der Antragstellung, § 8 Abs. 2 S. 1 TzBefrG. Kommt es nicht zu einer Einigung, lehnt der Arbeitgeber die Arbeitszeitverkürzung aber auch nicht spätestens einen Monat vor deren gewünschten Beginn ab, verringert sich die zu leistende Arbeitszeit gesetzlich im vom Arbeitnehmer gewünschtem Umfang, § 8 Abs. 5 S. 2, 3 TzBefrG. Bzgl. der Verteilung der Arbeitszeit bleibt es allerdings bei dem Weisungsrecht des Arbeitgebers, wenn der Arbeitnehmer keinen eigenen Verteilungswunsch beantragt hat.[1317]

Einerlei, wie die Entscheidung ausfällt, kann eine erneute Arbeitszeitverkürzung erst wieder nach dem Ablauf von zwei Jahren verlangt werden, § 8 Abs. 6 TzBefrG, um das Arbeitsverhältnis zu beruhigen.[1318] Das gilt auch, wenn ein Änderungswunsch abgelehnt wurde und der Arbeitnehmer einen anderen, modifizierenden Verteilungsvorschlag für die Arbeitszeit vorbringt.[1319] Für den Fall, dass der Arbeitnehmer nicht mit der ablehnenden Entscheidung des Arbeitgebers einverstanden ist, steht ihm der Klageweg offen; für zulässig wird auch ein einstweiliger Rechtsschutz in Form einer Leistungsverfügung gehalten.[1320]

c) Geänderter Arbeitsvertrag

Was geschieht mit der Gegenleistung, dem Arbeitsentgelt, wenn es zu einer Arbeitszeitverkürzung kommt? Aus dem synallagmatischen Verhältnis der gegenseitigen Leistungen eines Arbeitsvertrages gemäß § 611 BGB wird klar, dass eine verkürzte Arbeitszeit auch einen entsprechenden Einfluss auf die Höhe des Gehalts haben muss, und zwar quasi automatisch. Das kann allerdings nur derartiger Gehälter betreffen, die zeitbezogen bezahlt werden. Für erfolgsbezogene Vergütungsbestandteile bleiben die Voraussetzungen auch bei einer verkürzten Arbeitszeit gleich,[1321] so dass sich hier keine Änderung ergibt. Bei variablen Bestandteilen, die sich nicht auf einzelne, individuelle Leistungen des Mitarbeiters beziehen, also etwa unternehmensgewinn- oder gesamtumsatzabhängige Boni, Tantiemen etc., kann eine Entgeltminderung je nach den Anspruchsvoraussetzungen nur im Einzelfall in Betracht kommen.

1317 Küttner/*Reinecke* „Teilzeitbeschäftigung", Rn 44.

1318 *Sievers* in: jurisPR-ArbR 48/2008 Anm. 1.

1319 BAG v. 24.6.2008, Az.: 9 AZR 514/07.

1320 LAG Hamburg v. 4.9.2006, in: NZA-RR 2007, 122; *Reinecke* in: BB-Special 4.2008, 21/5.

1321 Anders ggf. bei Gesamtprovision, vgl. BAG v. 11.4.2000, in: NZA 2001, 153.

Bei Arbeitgeberleistungen wie Dienstwagen oder Dienstwohnung kann es im Einzelfall zusätzlich einer Vereinbarung bedürfen, da diese Leistungen nicht teilbar sind.

d) Sozialversicherungsrecht

Auch Teilzeitbeschäftigungen sind grundsätzlich sozialversicherungspflichtige Beschäftigungsverhältnisse im Sinne des § 7 SGB IV. Eine Mindestarbeitszeit ist nicht erforderlich. Das Ausmaß der sozialversicherungspflichtigen Lasten richtet sich nach dem Umfang der Teilzeitbeschäftigung. Insofern wird auf die Ausführungen zur geringfügigen Beschäftigung verwiesen.[1322]

e) Einseitige Rücknahme der Arbeitszeitverkürzung?

Der Arbeitgeber kann allerdings unabhängig von dieser Zwei-Jahres-Frist des § 8 Abs. 6 TzBefrG die einvernehmlich vorgenommene Arbeitszeitverteilung nach § 8 Abs. 5 S. 3 bzw. Abs. 3 S. 2 TzBefrG wieder einseitig ändern, wenn betriebliche Erfordernisse dies nötig machen. Dies betrifft nicht jedoch die eigentliche Verkürzung der Arbeitszeit an sich, § 8 Abs. 5 S. 4 TzBefrG. Hierzu wird vertreten, es handele sich nicht um eine Teilkündigung, so dass ein Betriebsrat nicht gemäß § 102 BetrVG zu beteiligen ist, weil es sich lediglich um eine rechtsgeschäftsähnliche Erklärung handelt.[1323]

Wenn man allerdings die Änderungen der Arbeitszeitregelung in § 8 TzBefrG als Vertragsmodell gestaltet, und die erfolgte Änderung der Arbeitszeit zu einer entsprechenden Änderung des Arbeitsvertrages führen, wie soll der Arbeitgeber diese Vertragsbedingungen wieder einseitig ändern können, wenn nicht durch Kündigung? Sofern sich die Parteien nicht einvernehmlich auf eine andere Aufteilung einigen, was unbenommen bleibt, handelt es sich selbstverständlich um eine Teilkündigung, da diese Entscheidungen nicht mehr dem einseitigen Weisungsrecht des Arbeitgebers unterliegen.

Daran ändert nichts, dass das Gesetz in Abs. 5 S. 4 des § 8 TzBefrG diese Möglichkeit dem Arbeitgeber mit einem „kann" eröffnet. Deutet das nicht auf eine einseitige Ermessensausübung im Sinne des § 315 BGB hin? Das ginge nur, wenn ein Arbeitgeber berechtigt wäre, einseitig Vertragsbedingungen zu bestimmen. Vertragsbestimmungen erfordern jedoch ein Einvernehmen der Beteiligten. Eine Ermessensausübung ist ja nur für Fälle sinnvoll, die vertraglich nicht geregelt sind. Hier läge aber eine vertragliche Regelung bzgl. der Arbeitszeit und ihrer Ver-

1322 S. 2. Kap. § 5 II.
1323 Küttner/*Reinecke* „Teilzeitbeschäftigung", Rn 45.

teilung vor. Insofern ist für eine reine billige Ermessensausübung im Sinne des § 315 BGB kein Raum. Der Betriebsrat ist also für diese Teilkündigung gemäß § 102 Abs. 1 S. 1 BetrVG zu beteiligen.

f) Von der Teilzeit- wieder zur Vollzeitstelle?

Im Hinblick auf die Beurteilung von Teilzeitbeschäftigungen als atypische bzw. prekäre Beschäftigung ist auch auf die Möglichkeit des § 9 TzBefrG hinzuweisen. Diese Vorschrift ermöglicht es einem Teilzeitbeschäftigten, bei seinem wieder Arbeitgeber eine Verlängerung der Arbeitszeit zu erreichen. Dies setzt aber einen entsprechenden freien Arbeitsplatz bei gleicher Eignung des Teilzeitbeschäftigten voraus, um entsprechend § 9 TzBefrG bei der Stellenbesetzung bevorzugt berücksichtigt zu werden.

Alle teilzeitbeschäftigten Arbeitnehmer fallen in den Anwendungsbereich des § 9 TzBefrG, also nicht nur solche, die auf Grund des TzBefrG weniger arbeiten.[1324] Ebenso einbezogen sind hier Arbeitnehmer in Betrieben mit weniger als 15 Mitarbeitern, da § 8 Abs. 7 TzBefrG diesen Schwellenwert nur für den Wunsch nach einer Verringerung der Arbeitszeit voraussetzt.[1325]

aa) Freier Arbeitsplatz?

Voraussetzung für eine entsprechende bevorzugte Behandlung ist ein dafür geeigneter freier Arbeitsplatz. Der Arbeitgeber kann nicht gezwungen werden, einen entsprechenden Arbeitsplatz zu schaffen, weil ein Teilzeitbeschäftigter einen entsprechenden Wunsch nach Verlängerung seiner Arbeitszeit äußert. Er muss keinen Arbeitsplatz entsprechend zuschneiden, oder durch Abbau von Überstunden einen solchen Arbeitsplatz schaffen.[1326] Es verbleibt bei der freien unternehmerischen Entscheidung des Arbeitgebers, ob solche Arbeitsplätze geschaffen werden.

Auch bei der Prüfung, ob der den Wunsch nach Arbeitszeitverlängerung äußernde Arbeitnehmer für den entsprechend freien Arbeitsplatz geeignet ist, hat der Arbeitgeber einen Beurteilungs- und Entscheidungsspielraum. Dieser wird ihm nach einer Ansicht in weitem Maße nach billigem Ermessen eingeräumt, § 315 BGB.[1327] Stellt der freie Vollzeitarbeitsplatz eine höherwertige Funktion dar, kann es sich dennoch um eine „entsprechende“ Stelle handeln, wenn der Arbeitnehmer früher schon in dieser Funktion tätig war und nur zwischenzeitlich auf seinen Teilzeit-

---

1324 BT-Drucks. 14/4374, 18; Schaub/*Linck* § 43 Rn 159 m.w.N.; Küttner/*Reinecke* „Teilzeitbeschäftigung“ Rn 59; EK/*Preis* § 9 TzBefrG Rn 3.

1325 Schaub/*Linck* § 43 Rn 159; *Rolfs* in: RdA 2001,129/139.

1326 LAG Berlin v. 9.6.2006, in: NZA-RR 2007, 12; *Rolfs* in: RdA 2001, 129/140; Schaub/*Linck* § 43 Rn 160; *Reinecke* in: BB-Special 4.2008, 21/6.

1327 *Kliemt* in: NZA 2001, 63/8; *Lindemann/Simon* in: BB 2001, 147/151.

wunsch hin eine geringwertigere Tätigkeit ausgeübt hat.[1328] Soziale Gesichtspunkte müssen bei der Entscheidung zwar nicht einbezogen werden,[1329] können aber bei der Berücksichtigung von Wünschen anderer teilzeitbeschäftigter Arbeitnehmer eine Rolle spielen, § 9 a.E. TzBefrG.

bb) Auswahlermessen des Arbeitgebers

Ein solcher Wunsch eines Teilzeitbeschäftigten nach Arbeitsverlängerung kann vom Arbeitgeber ansonsten nur aus dringenden betrieblichen Gründen abgelehnt werden. Diese dringenden betrieblichen Gründe müssen gleichsam zwingend sein.[1330] Insofern sind die Anforderungen hier höher als in § 8 Abs. 4 TzBefrG, der für die Ablehnung eines Teilzeitwunsches „nur“ betriebliche Gründe erfordert. Daraus folgt, dass der Arbeitgeber keinen freien, allein an der Billigkeit zu messenden Entscheidungsspielraum hat, sondern nur einen entsprechenden gebundenen Ermessenspielraum.

Im Ergebnis wird § 9 TzBefrG also dann wesentlich, wenn der Arbeitgeber neben dem teilzeitarbeitenden Arbeitnehmer eine Auswahl für die Stelle zwischen diesem und zumindest einem weiteren Bewerber hat. Wenn die weiteren Voraussetzungen eines freien Arbeitsplatzes und eine entsprechende Eignung des Betroffenen vorliegen, ist dieser gemäß § 9 TzBefrG bevorzugt bei der Besetzung zu berücksichtigen.[1331] Daraus folgt, dass es sich dann um einen durchsetzbaren Anspruch des Arbeitnehmers handelt,[1332] der im Falle der Nichtbeachtung ggf. auch zu einem Schadensersatzanspruch des nicht berücksichtigten Arbeitnehmers führen kann.[1333]

3. Mitbestimmung

Teilzeitbeschäftigte haben auch Einfluss auf die Betriebsverfassung und können umgekehrt auch in ihrer besonderen Situation vom Betriebsrat profitieren. Teilzeitbeschäftigte sind Arbeitnehmer gemäß § 5 Abs. 1 BetrVG und beeinflussen auch entsprechend die Schwellenwerte der Belegschaft, vgl. § 9 BetrVG. Sie sind aktiv und (nach sechs Monaten) passiv wahlberechtigt, §§ 7, 8 BetrVG.

1328 BAG v. 16.9.2008, Az.: 9 AZR 781/07.
1329 Anders noch im Regierungsentwurf, vgl. BT-Drucks. 14/4374, 18.
1330 BAG v. 15.8.2006, in: NZA 2007, 255.
1331 BAG v. 8.5.2007, Az.: 9 AZR 874/06.
1332 *Reinecke* in: BB-Special 4.2008, 21/6.
1333 LAG Düsseldorf v. 23.3.2006, in: FA 2006, 253, 285.

a) Konsultationen mit dem Betriebsrat

Betriebsräte haben zwar kein direktes Mitbestimmungsrecht bei der Gestaltung von beantragten Arbeitszeitverkürzungen und deren Verteilung, weil es insofern um individualvertragliche Angelegenheiten geht. Zu beachten sind jedoch die Informations- und Konsultationspflichten des Arbeitgebers gegenüber dem Betriebsrat gemäß § 7 Abs. 3 TzBefrG. Außerdem kann der Betriebsrat mittelbar über den § 87 Abs. 1 Nr. 2 BetrVG Einfluss die die Verteilung von Teilzeitarbeit nehmen, da insoweit auch die Mindestdauer der täglichen Arbeit, sowie die Verteilung der Arbeitszeit auf einzelne Wochentage zum Umfang dieses Mitbestimmungsrechts gehört.[1334]

b) Mitbestimmung bei individuellen Maßnahmen

Die individuelle Verkürzung und Verteilung der Arbeitszeit stellen dagegen keine Versetzung im Sinne des § 95 BetrVG dar.[1335] Sofern bei der Einstellung ein Arbeitsplatz trotz der Eignung hierzu nicht als Teilzeitbeschäftigung ausgeschrieben wurde, § 93 BetrVG, stellt sich daher die Frage, ob dem Betriebsrat daraus ein Zustimmungsverweigerungsrecht gemäß § 99 Abs. 2 Nr. 1 BetrVG entstehen könnte. Diese Frage wurde an anderer Stelle bereits bejaht.[1336] Zum Schutz des Arbeitgebers ist es daher empfehlenswert, derartige Ausschreibungen mit dem Betriebsrat abzustimmen. Etwas anderes gilt allerdings dann, wenn der Betriebsrat kein dem § 93 BetrVG entsprechendes Ausschreibungsverlangen gestellt hat.[1337]

Auch bei einem Wunsch eines Arbeitnehmers nach einer Arbeitszeitverlängerung nach § 9 TzBefrG kann ein Betriebsrat von Bedeutung sein. Das gilt zum einen für die Ausschreibungspflicht des Arbeitsplatzes, § 93 BetrVG,[1338] bzw. für die Auswahlrichtlinien gemäß § 95 BetrVG. Mit der Einführung des § 80 Abs. 1 Nr. 2 a und 2 b BetrVG wird man sagen müssen, dass es zu den Aufgaben des Betriebsrats gehört, Ausschreibungen auch als Teilzeitstellen zu verlangen, sofern die Stellen hierzu objektiv dazu geeignet sind.[1339] Insofern kann es auf Grund der sprachlichen Fassung des § 7 Abs. 1 TzBefrG nicht auf betriebliche Gründe ankommen,

---

1334 Vgl. BAG v. 13.10.1987, in: DB 1988, 341; BAG v. 28.9.1988, in: DB 1989, 1033.

1335 Preis/*Meng* 326; anders dagegen eine nicht unerhebliche Aufstockung der Arbeitszeit, etwa im Rahmen des § 9 TzBefrG, die als Einstellungsvorgang mitbestimmungspflichtig ist, BAG v. 25.1.2005, in: NZA 2005, 945.

1336 Vgl. 2. Kap. § 4 III 3 c) cc).

1337 *Fischer* in: AuR 2005, 256/7.

1338 Diese Ausschreibungspflicht des § 7 Abs. 1 TzBefrG betrifft auch betriebsratslose und kleine Betriebe, vgl. *Fischer* in: BB 2002, 94; die bis dahin wegen mangelnder Durchsetzungsfähigkeit als „Lex imperfecta“ bezeichnete Bestimmung könnte auf Grund des § 11 AGG mit einer Verpflichtung zur diskriminierungsfreien Ausschreibung an Bedeutung gewinnen.

1339 *Fischer* in: AuR 2005, 255/6.

die dem Arbeitgeber hier ein Ermessen einräumen. Die entsprechende Formulierung in § 8 Abs. 4 S. 1 TzBefrG lautet dementsprechend anders.

§ 9 TzBefrG gibt dem Betriebsrat auch ein Zustimmungsverweigerungsrecht gemäß § 99 Abs. 2 Nr. 1 BetrVG, wenn der betreffende Arbeitnehmer bei einer entsprechenden freien Stelle nicht bevorzugt berücksichtigt wird.[1340] Nur so lässt sich das gesetzliche Anliegen auch durchsetzen, im Arbeitsmarkt Teilzeitstellen nicht nur als schlecht angesehene Verlegenheitslösungen für Familienmütter, sondern als vollwertige Alternativen in den Personalkonzepten der Unternehmen zu verankern. Anderenfalls bliebe das TzBefrG in diesen Beeichen ein „Papiertiger".[1341]

4. Diskriminierungsverbot

Unabhängig von dem 2006 in Kraft getretenen Allgemeinen Gleichbehandlungsgesetz (AGG) enthält das TzBefrG eine besondere Vorschrift zum Diskriminierungsverbot. § 4 Abs. 1 S. 1 TzBefrG bezieht das zum einen darauf, dass Teilzeitbeschäftigte wegen der verkürzten Arbeitszeit nicht schlechter behandelt werden dürfen als Vollzeitbeschäftigte. Zum anderen wird insbesondere wegen des Entgelts in § 4 Abs. 1 S. 2 TzBefrG ein besonderes Diskriminierungsverbot ausgesprochen.

Interessant ist, dass § 4 TzBefrG den Diskriminierungsschutz vor allem im Vergleich zwischen Vollzeit- und Teilzeitbeschäftigung sucht. Beschäftigt ein Arbeitgeber ausschließlich Teilzeitkräfte, entfällt damit die erforderliche Vergleichsgruppe, so dass z.B. individuelle, unterschiedliche Entgeltvereinbarungen wirksam bleiben.[1342]

Weiterhin ist natürlich wegen des hohen Frauenanteils bei den Teilzeitbeschäftigten die Frage nach einer Geschlechterdiskriminierung virulent.[1343] Über § 22 TzBefrG entfaltet der Anti-Diskriminierungsschutz auch Wirkung auf die die Teilzeitarbeit regelnden Tarifverträge.[1344]

1340 *Hromadka* in: NJW 2001, 400/3; *Rolfs* in: RdA 2001, 129, 140; **a.A.** ArbG Hannover v. 13.1.2005, in: AuR 2005, 275.

1341 *Fischer* in: AuR 2005, 256/6.

1342 BAG v. 17.4.2002, in: NZA 2002, 1334; so auch in Österreich der OGH v. 8.8.2002, in: AuR 2003, 303 für einen österreichischen Teilzeitfall. Diese Entscheidung des OGH und damit auch die Frage der Vergleichbarkeit bei fehlenden Vollzeitbeschäftigten hat der EuGH bestätigt, EuGH v. 10.12.2004, in: AuR 2004, 424.

1343 Vgl. hierzu EuGH v. 6.12.2007, Az.: C 300/06, allerdings zu unterschiedlichen Mehrarbeitsvergütungen von voll- und teilzeitbeschäftigten Beamten, zitiert nach *v. Roetteken* in: jurisPR-ArbR 34/2008.

1344 Küttner/*Reinecke* „Teilzeitbeschäftigung" Rn 9.

a) Diskriminierende Arbeitsbedingungen

Das Verbot des § 4 Abs. 1 S. 1 TzBefrG betrifft alle benachteiligenden Arbeitsbedingungen, denen Teilzeitbeschäftigte gerade wegen ihrer Teilzeitarbeit unterliegen, ohne dass es hierfür eine sachliche Rechtfertigung gibt. Der Umfang der zu leistenden Arbeitszeit ist dabei grundsätzlich als sachliches Unterscheidungsmerkmal anerkannt. Die Anwendungsfälle beziehen sich auf Erklärungen, Vereinbarungen und sonstigen Maßnahmen des Arbeitgebers.

- Abfindungen

  Bei Sozialplänen ist es zulässig, die Höhe der Abfindung von Teilzeitbeschäftigten in Relation zur üblichen Arbeitszeit zu bemessen.[1345] Das ist insofern zutreffend, als der soziale Besitzstand an dem betreffenden Arbeitsplatz eben nur anteilig besteht, § 4 Abs. 1 S. 2 TzBefrG.[1346]

- Arbeitgeberdarlehen

  Unzulässig ist ein vollständiger Ausschluss von Teilzeitbeschäftigten von Arbeitgeberdarlehen.[1347]

- Bereitschaftsdienst

  Bereitschaftsdienst kann von Teilzeitbeschäftigten grundsätzlich verlangt werden.[1348]

- Betriebliche Altersvorsorge

  Ein ausdrücklicher Ausschluss von Teilzeitkräften vom Zugang zur betrieblichen Altersversorgung ist unzulässig. So ist die Rentenversicherungsfreiheit von studentischen Teilzeitbeschäftigten kein Grund für deren generellen Ausschluss aus der betrieblichen Altersversorgung.[1349] Daraus folgt, dass auch mittelbare Ausschlüsse unzulässig sind. So liegt ein Verstoß vor, wenn die Anspruchsvoraussetzungen derart formuliert sind, dass sie nur von Vollzeitbeschäftigten erfüllt werden können.[1350] Die Höhe der Beiträge und damit auch der späteren Ansprüche kann dagegen nach der Höhe der Arbeitszeit differenziert werden.

- Betriebszugehörigkeit

  Teilweise ist die Dauer der Betriebszugehörigkeit von Bedeutung, etwa bei Abfindungshöhen (§ 10 KSchG). Nach dem alten § 53 Abs. 3 BAT waren z.B. länger als 15 Jahre beschäftigte Arbeitnehmer praktisch unkündbar. Für die

1345 BAG v. 28.10.1992, in: DB 1992, 591.
1346 BAG v. 13.2.2007, Az.: 9 AZR 729/05.
1347 BAG v. 27.7.1994, in: DB 1994, 2348.
1348 LAG Baden-Württemberg v. 21.11.1991, in: BB 1992, 572.
1349 LAG Hessen v. 10.3.1994, in BB 1994, 2493.
1350 BAG v. 13.3.1989, in: DB 1989, 1983; BAG v. 20.11.1990, in DB 1991, 1330.

Berechnung dieser Beschäftigungszeit sind auch die Zeiten zu berücksichtigen, die in Teilzeit absolviert wurden, selbst wenn es sich „nur" um eine geringfügige Beschäftigung handelte.[1351]

- Gleitzeitregelungen,[1352]

  die sich nur auf Vollzeitbeschäftigte beschränken, können Teilzeitbeschäftigte mittelbar diskriminieren.

- Kündigungsschutz

  Teilzeitkräfte fallen wie Vollzeitbeschäftigte nach sechs Monaten Wartezeit in den Schutzbereich des KSchG. Das gilt auch für die Wartezeit für eine tariflich festgelegte ordentliche Unkündbarkeit.[1353]

- Rufbereitschaft

  Rufbereitschaft kann von Teilzeitbeschäftigten grundsätzlich verlangt werden.[1354]

- Urlaub

  Teilzeitbeschäftigte haben grundsätzlich den gleichen Urlaubsanspruch wie Vollzeitbeschäftigte. Bezieht sich die Teilzeitarbeit nur auf anteilige Wochentage, so sind zur Ermittlung der Urlaubsdauer die Teilzeitarbeitstage rechnerisch zur betrieblichen Wochenarbeitszeit in Beziehung zu setzen. Bei einer betrieblichen Arbeitswoche von fünf Tagen und einer Teilzeitarbeit von vier Wochentage hat eine derartiger Teilzeitbeschäftigter Anspruch auf 80 % des üblichen Urlaubs, bei 30 Urlaubstagen für Vollzeitbeschäftigte also in diesem Fall 24 Urlaubstage.[1355]

b) Entgeltbezogene Diskriminierungen

§ 4 Abs. 1 S. 2 TzBefrG stellt gerade entgeltbezogene Kriterien unter einen besonders erwähnten Diskriminierungsschutz. Teilzeitbeschäftigte sind so zu bezahlen, wie es ihrem Anteil an der üblichen Arbeitszeit entspricht, die Grundvergütung muss gleich hoch sein.[1356] Obwohl in dieser Vorschrift nicht gesondert erwähnt, hält man eine unterschiedliche Behandlung bei sachlich gerechtfertigten Gründen für zulässig,[1357] da es sich um eine Konkretisierung des im ersten Satz dieser Vor-

1351 BAG v. 25.4.2007, Az. 6 AZR 746/06.
1352 LAG Hessen v. 10.11.1989, in: DB 1991, 918.
1353 BAG v. 13.3.1997, in: NZA 1997, 842; BAG v. 18.9.1997, in: NZA 1998, 153.
1354 LAG Baden-Württemberg v. 21.11.1991, in: BB 1992, 572.
1355 Vgl. BAG v. 14.2.1991, in: DB 1991, 1987.
1356 BAG v. 21.4.1999, NZA 1999, 939.
1357 Küttner/*Reinecke* „Teilzeitbeschäftigung", Rn 10.

schrift bestimmten allgemeinen Diskriminierungsschutzes handelt.[1358] So ist eine Differenzierung nach der Qualifikation der Betroffenen auch zwischen Vollzeit- und Teilzeitbeschäftigten unproblematisch.[1359]

- Abfindung, s.o., a)
- Akkordlohn

  Da die Arbeitsbelastung von Akkordarbeitern steigt, je länger ihre Arbeitszeit dauert, wird ein degressiver Anstieg mit längerer Arbeitsdauer für zulässig gehalten.[1360]

- Lohnerhöhungen

  Teilzeitbeschäftigte dürfen von Lohnerhöhungen nicht ausgenommen werden[1361]

- Tarifgruppen

  Teilzeitbeschäftigte müssen genauso wie Vollzeitbeschäftigte in die entsprechenden Tarifgruppen von Tarifentgeltsystemen zugeordnet werden.[1362]

- Überstunden

  Unterschiedliche Vergütungen für Mehrarbeit, die auf das Kriterium der Voll- bzw. Teilzeitarbeit rekurrieren, sind unzulässig, wenn die Teilzeitbeschäftigten geringere Leistungen für ihre Mehrarbeit erhalten. Insofern ist die individuelle Arbeitszeit maßgeblich.

  Fraglich war, ob eine Überstundenvergütung erst ab dem Überschreiten der betriebsüblichen Arbeitszeit zu zahlen war.[1363] Regelungen, die Überstundenzuschläge davon abhängig machen, dass die betriebsübliche Arbeitszeit überschritten wird, sollen zulässig sein.[1364] Derartige Regelungen, die Überstundenvergütungen erst ab der betriebsüblichen Vollarbeitszeit vorsehen, dürften aber als unzulässig gelten. Sie verstoßen nicht nur gegen § 4 Abs. 1 S. 2 TzBefrG, sondern stellen auch eine mittelbare Diskriminierung gemäß § 7 Abs. 2 AGG von Frauen dar, wenn überwiegend diese in Teilzeit beschäftigt sind.[1365]

1358 BAG v. 5.11.2003, in: ZTR 2004, 195.

1359 LAG Hamm v. 19.12.1991, in: BB 1992, 858; bei tariflichen Entgeltsystemen muss sich dies in verschiedenen Eingruppierungen niederschlagen, BAG v. 16.6.1993, in: DB 1993, 2288.

1360 Vgl. Schaub/*Linck* § 43 III Rn 55 f.

1361 BAG v. 5.11.1992, in: NZA 1993, 511.

1362 BAG v. 18.6.1991, in: DB 1991, 2140.

1363 So noch Preis/*Meng* 293 f. unter Verweis auf BAG v. 7.2.1995, in: NZA 1995, 1048.

1364 BAG v. 20.6.1995, in: DB 1996, 685, 687; BAG v. 25.7.1996, in: NZA 1997, 774. EuGH v. 15.12.1994, in: DB 1995, 49.

1365 Vgl. EuGH v. 6.12.2007, Az.: C 300/06, in: AuR 2008, 107 ff., allerdings zu unterschiedlichen Mehrarbeitsvergütungen von voll- und teilzeitbeschäftigten Beamten, vgl. auch *v. Roetteken* in: jurisPR-ArbR 34/2008.

- Urlaubsgeld

  Die Kriterien für ein Urlaubsentgelt sind einheitlich zu bemessen, wobei das Ausmaß der Arbeitszeit ein sachliches Differenzierungskriterium sein kann.[1366] Das gilt auch für ein pauschales, von der Höhe des Verdienstes unabhängiges Urlaubsgeld.[1367]

- Weihnachtsgeld

  kann zeitanteilig im Verhältnis zur betrieblich üblichen Arbeitszeit bezahlt werden.[1368]

- Zulagen

  Funktionszulagen können entsprechend der verkürzten Arbeitszeit reduziert werden,[1369] ebenso Pflegezulagen,[1370] Sozialzulagen, oder Ortszuschläge,[1371] sofern die Bemessung an dem Kriterium der Arbeitszeit ausdrücklich festgelegt ist.[1372]

- Zuschläge

  Für Arbeiten an Sonn- und Feitagen sind die üblichen Zuschläge zu zahlen,[1373] ebenso für Spätarbeits- und Nachtzuschläge.[1374]

c) Spezieller Diskriminierungsschutz

Eine weiterer, recht allgemein formulierter Diskriminierungsschutz enthält § 5 TzBefrG, wonach Arbeitnehmer nicht wegen ihres Wunsches nach Arbeitszeitverkürzung benachteiligt werden dürfen. § 5 TzBefrG wiederholt im Grunde das bereits in § 612 a BGB formulierte Maßregelungsverbot. Eigenständige Bedeutung wird ihm daher nicht zugemessen.[1375]

Eine konkretere Ausprägung des Diskriminierungsverbots enthält § 10 TzBefrG, wonach auch teilzeitbeschäftigten Arbeitnehmern die Teilnahme an Aus- und Weiterbildungsmaßnahmen ermöglicht werden muss. Teilzeitbeschäftigte erhalten damit zwar keinen prinzipiellen Anspruch auf derartige Aus- oder Weiterbildungsmaßnahmen, aber in Verbindung mit den Beteiligungsrechten eines Betriebsrats gemäß §§ 96 ff. BetrVG können derartige Maßnahmen zur Qualifizierung auch

---

1366 BAG v. 24.10.1989, in: DB 1990, 1040.
1367 BAG v. 15.11.1990, in: DB 1991, 865.
1368 BAG v. 24.5.2000, in: NZA 2001, 216.
1369 BAG v. 17.4.1996, in: NZA 1997, 324.
1370 BAG v. 10.2.1999, in: NZA 1999, 1001.
1371 BAG v. 24.6.2004, Az.: 6 AZR 389/03.
1372 BAG v. 7.10.1992, in: DB 1993, 891.
1373 BAG v. 9. 7. 1959, in: BB 1959, 887.
1374 BAG v. 15.12.1998, in: NZA 1999, 882; BAG v. 24.9.2003, Az.: 10 AZR 675/02.
1375 Küttner/*Reinecke* „Teilzeitbeschäftigung", Rn 14.

den Teilzeitbeschäftigten zugute kommen. Maßgeblich hierfür ist natürlich ein entsprechendes Engagement der Arbeitnehmervertretung.

d) Folgen unzulässiger Diskriminierung

Unzulässige Diskriminierungsklauseln entsprechend § 4 TzBefrG im Bereich der Teilzeitbeschäftigung verstoßen gegen ein gesetzliches Verbot im Sinne des § 134 BGB. Derartige diskriminierende Bestimmungen und Regelungen sind damit nichtig und nicht zu beachten. Der Vertrag also solcher bleibt jedoch bestehen.[1376] Bei ungerechtfertigt benachteiligenden Entgeltregelungen greift außerdem § 612 Abs. 1, 3 BGB mit seinem Anspruch auf die übliche Vergütung. Ein Verschulden des Arbeitgebers ist nicht erforderlich.[1377]

Im Übrigen können auch Schadensersatzansprüche wegen einer ungerechtfertigten Diskriminierung entstehen. Das Bundesarbeitsgericht hat die frühere Vorgängernorm des § 2 BeschFG als Schutzgesetz im Sinne des § 823 Abs. 2 BGB bezeichnet.[1378] Dagegen wird vorgetragen, dass hier eine Verletzung von vertraglichen Nebenpflichten vorläge. Die daraus resultierenden vertraglichen Schadensersatzansprüche ließen keinen Raum für diesen weiteren deliktischen Anspruch.[1379]

§ 4 TzBefrG ist allerdings ein gesetzliches Verbot, das gerade den Schutz der betroffenen Teilzeitkräfte bezweckt. Dass der Anspruch von Arbeitnehmern auf Gleichbehandlung auch nach dem allgemeinen Gleichbehandlungsgrundsatz des Arbeitsrechts seinen Grund in der arbeitsvertraglichen Beziehung zwischen den Arbeitsvertragsparteien hat,[1380] beseitigt nicht den gesetzlichen Schutzcharakter des § 4 TzBefrG. Es ist auch kein Ausschlussgrund für eine deliktische Haftung, dass ggf. auch ein vertraglicher Schadensersatzanspruch wegen einer Pflichtverletzung in Betracht kommt.

Zum erforderlichen Verschulden des Arbeitgebers für einen Schadensersatzanspruch ist im Falle einer ungerechtfertigten Diskriminierung wird von diesem das zur Vermeidung einer Diskriminierung erforderliche Wissen als die für ihn zu beachtende Sorgfaltspflicht erwartet.[1381] Bzgl. eines sachlichen Kriteriums für eine Ungleichbehandlung ist der Arbeitgeber nach dem Wortlaut des § 4 TzBefrG darlegungs- und beweispflichtig.[1382]

1376 Palandt/*Heinrichs* § 134 Rn 27; Preis/*Meng* 295.
1377 Küttner/*Reinecke* „Teilzeitbeschäftigung“, Rn 12.
1378 BAG v. 25.4.2001, in: DB 2001, 2150.
1379 EK/*Franzen* § 4 TzBefrG Rn 6.
1380 Küttner/*Kania* „Gleichbehandlung“, Rn 15.
1381 Küttner/*Reinecke* „Teilzeitbeschäftigung“, Rn 13.
1382 Schon BAG v. 29.1.1992, in: DB 1993, 278.

5. Fazit

Teilzeitarbeit erscheint vielen als ein januskọpfiges Gebilde. Einerseits mag es viele Gründe geben, sich als Arbeitnehmer für Teilzeitarbeit zu interessieren. Andererseits ist eine Teilzeitstelle in einer Gesellschaft, in der nach wie vor nur die volle Erwerbsarbeit auch die volle Reputation genießt, eben häufig auch mit Nachteilen für den Betroffenen verbunden.

Für die Emanzipationsbestrebungen der Frau sind Teilzeitarbeitsplätze generell ein zweischneidiges Schwert. Einerseits erlauben sie es Müttern, trotz der Erziehung und Pflege ihres/-r Kindes/-r, beruflich wieder Fuß zu fassen. Andererseits werden klassische Rollenmuster zementiert, nach denen der(Ehe-) Mann die Vollzeitstelle weiterführt und teilzeitbeschäftigte Mütter sich auf eher gering geschätzten „Frauenarbeitsplätze" wieder finden. Wenn es einmal in diesen Klischees Bewegung gäbe, würde die Teilzeitarbeit sicher einiges Potential für die Integration von Frauen, insbesondere von Müttern auf dem Arbeitsmarkt bergen. So ist in den skandinavischen Ländern oder in den Niederlanden so verstandene Teilzeitarbeit ausgesprochen üblich und angesehen.[1383]

Bemerkenswert an dem TzBefrG ist nicht nur, dass der Gesetzgeber diese Form der Arbeit explizit fördert, sondern dass er auch wohl die Gefahren gesehen hat, dass diese Arbeitsform zu Diskriminierungen führen kann. Anders, als etwa für Praktikanten,[1384] hat er im TzBefrG ausdrückliche besondere Diskriminierungsverbote aufgestellt.

Dennoch wird wegen des hohen Frauenanteils an der Zahl der Teilzeitbeschäftigten bei Regelungen mit unterschiedlichen Inhalten für Vollzeit- bzw. Teilzeitbeschäftigten immer zu prüfen sein, ob im Einzelfall eine mittelbare Diskriminierung vorliegt.

II. Geringfügige Beschäftigung/Mini-Job

1. Zielsetzung der Gesetzgebung

Eine besondere Art der Teilzeitarbeit ist die geringfügige Beschäftigung, die in den letzten Jahren zahlreichen Neuerungen unterworfen war. 2003 wurde durch das Zweite Gesetz für moderne Dienstleistungen im Arbeitsmarkt der Niedriglohnsektor im Rahmen des Hartz-Konzepts neu geregelt. Erklärtes Ziel der Reform war es, den Arbeitsmarkt auch im Bereich der geringfügigen Beschäftigungen zu aktivieren und gleichzeitig die vorhandene Schwarzarbeit zu bekämpfen. Durch einfachere Verfahren und Pauschalierungen sollen Steuerehrlichkeit und die Bereitschaft zur Leistung von Sozialversicherungsbeiträgen gefördert

---

1383 Vgl. Preis/*Meng* 283 f.
1384 Vgl. 2. Kap. § 2 I und § 4 IV.

werden. Auszubildende fallen grundsätzlich nicht unter die geringfügige Beschäftigung,[1385] vgl. § 7 Abs. 1 SGB V.

a) Gang der Gesetzgebung

Zu beobachten ist dabei ein bemerkenswerter Zick-Zack-Kurs der Gesetzgebung der letzten Jahre. 1999 wurde mit dem Gesetz zur Neuregelung der geringfügigen Beschäftigung vom 24.3.1999 noch das Ziel der Eindämmung der geringfügigen Beschäftigung verfolgt. Angesichts erodierender Sozialkassen und der sie finanzierenden Beitragsleistungen stand seinerzeit noch die Schaffung sozialversicherungspflichtiger Stellen im Vordergrund. Zumindest über Pauschalen sollten auch diese Beschäftigungsverhältnisse Einnahmen für die Sozialversicherungen generieren.

2003 wurde dann weniger die Reduzierung geringfügiger Beschäftigung als vielmehr ihre Ausweitung verfolgt. Die Grenze der geringfügigen Arbeit wurde, auch für hauswirtschaftliche Tätigkeiten, auf 400,– € festgelegt, § 7 Abs. 1a, 8 Abs. 1 SGB IV. Bis dahin sind derartige Einkünfte, anders als in der vorhergehenden Lösung, abgabenfrei. Pauschalen werden nun bei Einkünften zwischen 400,– bis 800,– € angewandt. Ob dieser Paradigmenwechsel der Gesetzgebung die Zielsetzung zu neuer Arbeit erreicht hat, bleibt allerdings fraglich.

b) Stand der geringfügigen Beschäftigung

Die Anzahl geringfügiger Beschäftigungsverhältnisse in Deutschland betrug im Juni 2003 über 5,5 Mio.,[1386] in 2007 bereits 6,5 Mio..[1387] 1992 waren es lediglich 4, 45 Mio. Personen, was die rasante Entwicklung mit einer Erhöhung um fast 20 % in diesem Bereich aufzeigt.[1388] Der Grund hierfür dürfte in der steigenden Attraktivität dieser Beschäftigungsform für Arbeitgeber liegen.

Die Betroffenen in der Gruppe der geringfügig Beschäftigten sind zu 71 % Frauen; bei den Minijobs in Haushalten sind es sogar 94 %. Auch der Anteil ausländischer Beschäftigter an geringfügiger Arbeit (9%) ist höher als der Gesamtanteil der Mini-Jobber (6,8 %). Ausländische Arbeitnehmer haben einen solchen Mini-Job auch häufiger zusätzlich zu einer sozialversicherungspflichtigen Beschäftigung.[1389]

1385 *Niermann/Plenker* in: DB 2003, 304.
1386 www.AuS-innovativ.de vom 23.7.2004.
1387 *Steiner/Mittländer* 50.
1388 *Blanke* 7, 11.
1389 *Brinkmann/Dörre/Rabenack* 49 f.

2. Arten der geringfügigen Beschäftigung

Es gibt mehrere Erscheinungsformen der geringfügigen Beschäftigung. Sie kommt als geringfügig entlohnte oder als lediglich kurzfristige Beschäftigung vor. Dabei unterscheidet die Regelung zwischen geringfügiger Arbeit in Unternehmen einerseits und Privathaushalten andererseits. Neu eingeführt wurde 2003 auch die Einführung einer „Gleitzone" mit monatlichen Entgelten zwischen 400 und 800 €.

a) Geringfügig Beschäftigte in Unternehmen

aa) Wann liegt Geringfügigkeit vor?

Maßgeblich für die Geringfügigkeit der Beschäftigung ist allein die Grenze von einem regelmäßigen Entgelt von 400,– € pro Monat, §§ 8 Abs. 1 Nr. 1 SGB IV, 7 Abs. 1 S. 1 SGB V, 5 Abs. 2 S. 1 SGB VI, 27 Abs. 2 S. 1 SGB III. Die frühere zeitliche Begrenzung von 15 Stunden/Woche existiert nicht mehr, so dass es möglich ist, Arbeitszeitkonten anzulegen und so den Bedarf nach dieser Beschäftigung zu steuern.[1390] Dafür gilt als geringfügige Beschäftigung auch solche, die gemäß § 8 Abs. 1 Nr. 2 SGB IV innerhalb eines Kalenderjahres auf maximal zwei Monate oder 50 Arbeitstage beschränkt sind. Standardfälle sind hier die z.B. die vorübergehenden Erntezeiten.[1391]

Geringfügig Beschäftigte sind bis zu der o.a. Grenze nicht sozialversicherungspflichtig. Der Arbeitgeber hat grundsätzlich monatliche Pauschalabgaben in Höhe von z. Zt. 30 % des geringfügigen Entgelts an die Bundesknappschaft als Einzugsstelle abzuführen. Bei einem Monatsentgelt von 400,– € wären für ihn also 120,– € zusätzlich anzusetzen. 15 % (also die Hälfte der 30 %) entfallen auf die Rentenversicherung, 13 % auf die Krankenversicherung,[1392] 2 % auf eine pauschale Lohnsteuer einschließlich der Kirchensteuer und Solidaritätszuschlag. Eine Mitgliedschaft des geringfügig Beschäftigten in der Krankenversicherung ist allerdings trotz der entsprechenden Pauschalabgaben des Arbeitgebers nicht verbunden.[1393] D.h. die Betroffenen haben, wenn sie nicht familienversichert sind o. ä., keine Krankenversicherung.

Zusätzlich können die so Beschäftigten die Rentenversicherungsbeiträge um 4,9 % auf 19,9 % (2007) insgesamt aufstocken, um in den Genuss aller Leistungen der Rentenversicherung zu kommen, das entspräche einem Betrag von 19,60 €/Monat bei einem monatlichen Entgelt von 400,– €.

1390 *Niermann/Plenker* in: DB 2003, 304.

1391 *Grahn* in: JA 2003, 346/8.

1392 Dieser Block entfällt zusätzlich, wenn geringfügig Beschäftigte nicht gesetzlich versichert ist, z.B. Ehegatten von Beamten, vgl. § 249 b SGB V.

1393 Küttner/*Schlegel* „Geringfügige Beschäftigung" Rn 58.

Ein Versuch des Arbeitgebers, die von ihm zu tragenden Pauschalabgaben im Arbeitsvertrag auf den Arbeitnehmer abzuwälzen wird bzgl. der Sozialabgaben scheitern. Von der gesetzlichen Regelung abweichende Klauseln sind gemäß § 32 SGB I unzulässig.[1394] Das gilt allerdings nicht für die pauschale Lohnsteuer.

bb) Geringfügige Beschäftigung und Arbeitsrecht

Arbeitsrechtlich handelt es sich bei den geringfügig Beschäftigten um Arbeitnehmer. So haben sie Anspruch darauf, ihre Arbeitskonditionen schriftlich ausgehändigt zu bekommen, sofern sie länger als einen Monat beschäftigt werden, §§ 1, 2 NachweisG. Hierzu gehört auch der hier wichtige Hinweis auf die Möglichkeit, sich zur Rentenversicherung anzumelden, § 2 Abs. 1 S. 4 NachweisG. Als Sonderform der Teilzeitbeschäftigung sind die Bestimmungen des TzBefrG grundsätzlich auch bei der geringfügigen Beschäftigung anzuwenden, vgl. § 2 Abs. 2 TzBefrG.

Bei Feiertagen ist das Entgelt fortzuzahlen, § 2 EFZG, im Krankheitsfall jedoch nur, wenn eine mindestens vierwöchige Beschäftigungsdauer besteht, § 3 Abs. 1 und 3 EFZG. Geringfügig Beschäftigte haben aber keinen Anspruch auf Krankengeld gemäß § 44 SGB V. Sie haben entsprechend dem BUrlG Anspruch auf bezahlten Erholungsurlaub, wobei die sechsmonatige Wartezeit des § 4 BUrlG zu beachten ist.

Werdende Mütter stehen unter dem Schutz des MSchG, insbesondere des besonderen Kündigungsschutzes des § 9 MSchG. Mutterschaftsgeld gemäß § 13 MSchG erhalten nicht gesetzlich krankenversicherte Beschäftigte allerdings nur auf Antrag vom Bundesversicherungsamt, § 13 Abs. 2 MSchG

Das KSchG ist auf geringfügig Beschäftigte grundsätzlich ebenfalls anzuwenden, sofern die Wartefrist von sechs Monaten erfüllt ist, § 1 Abs.1 KSchG. Bei der Berechnung der Mindestbetriebsgröße von fünf bzw. zehn Mitarbeitern gemäß § 23 Abs. 1 KSchG sind geringfügig Beschäftigte nach dessen S. 4 allerdings nur mit je 0,5 mitzuzählen, sofern sie dort regelmäßig beschäftigt werden. Kündigungsfristen richten sich nach § 622 BGB, wobei in der Regel eine vierwöchige Frist einschlägig sein dürfte, § 622 Abs. 1 BGB. Allerdings können für vorübergehende Aushilfen in den ersten drei Monaten noch kürzere Kündigungsfristen vereinbart werden, § 622 Abs. 5 Nr. 1 BGB.

Die Geringfügigkeit der Beschäftigung gibt hinsichtlich einer zulässigen Kündigung in der Regel keine zusätzlichen Kriterien. Weder der Umstand, dass ein geringfügig Beschäftigter durch eine weitere, gar hauptberuflich ausgeübte Tätigkeit wirtschaftlich besser gestellt ist, kann nicht als personenbedingter Kündigungsgrund anerkannt werden.[1395] Auch die Tatsache, dass jemand wegen veränderter Konditionen oder auch wegen einer Gesetzesänderung von einer versicherungsfreien in eine versicherungspflichtige Tätigkeit rutscht, ist kündi-

1394 Küttner/*Griese* „Geringfügige Beschäftigung“ Rn 13.
1395 BAG v. 13.3.1987, in: BB 1987, 1320.

gungsrechtlich irrelevant. Denn es besteht kein rechtlich geschütztes Interesse des Arbeitgebers, dass Beschäftigungen sozialversicherungsfrei bleiben.[1396]

Sofern das BetrVG anzuwenden ist, gelten für geringfügig Beschäftigte keine Besonderheiten. Der Betriebsrat ist auch im Hinblick auf personelle Maßnahmen für geringfügig Beschäftigte einzuschalten. Ebenso haben diese Arbeitnehmer das aktive wie passive Wahlrecht für den Betriebsrat gemäß §§ 5,7 und 8 BetrVG. Bei der Berechnung der betriebsverfassungsrechtlichen Schwellenwerte[1397] sind die geringfügig Beschäftigten als Personen mitzuzählen.

Wesentlich für geringfügig Beschäftigte ist der Diskriminierungsschutz des § 4 Abs. 1 S. 1 TzBefrG für Teilzeitbeschäftigte, wozu auch die hier behandelte Arbeitnehmergruppe gehört.[1398] Diese darf wegen ihrer Teilzeitbeschäftigung nicht schlechter behandelt werden, als vergleichbare in Vollzeit beschäftigte Arbeitnehmer, es sei denn, es lägen sachlich gerechtfertigte Gründe für eine Ungleichbehandlung vor. Daraus folgt, dass z.B. die Bezahlung, Gratifikationen etc. pro-rata-temporis mit den Leistungen der Vollzeitbeschäftigten vergleichbar sein muss. Auch der Ausschluss von Beschäftigungszeiten als geringfügig Beschäftigter vor einem bestimmten Stichtag, die erforderlich sind, um in den Genuss tarifrechtlicher Ansprüche zu kommen, verstößt gegen § 4 Abs. 1 S. 1 TzBefrG.[1399]

Bei einem Verstoß des Arbeitgebers gegen dieses Gleichbehandlungsgebot kommt eine Nichtigkeit der Maßnahme gemäß § 134 BGB in Betracht. So war früher ein Ausschluss der geringfügig Beschäftigten aus der betrieblichen Altersvorsorge mit dem Hinweis zugelassen worden, Anknüpfungspunkt für eine ungleiche Behandlung sei die Rentenversicherungspflicht der vollzeitbeschäftigten Arbeitnehmer gewesen, für die die betriebliche Altervorsorge hierzu nur eine Ergänzungsfunktion habe.[1400] Dies dürfte heute nur noch für kurzfristig geringfügig Beschäftigte im Sinne des § 8 Abs. 1 Nr. 2 SGB IV zulässig sein, weil hier die Beschäftigungsdauer als sachliches Kriterium evident ist. Ansonsten ist ein anderes sachliches Kriterium, geringfügig Beschäftigte grundsätzlich aus dem Anwendungsbereich der betrieblichen Altersvorsorge auszuschließen, nicht ersichtlich.

b) Geringfügig Beschäftigte in Privathaushalten

Für haushaltsnahe Dienstleistungen wie z.B. Kochen, Putzen, Gartenarbeiten,[1401] vgl. § 8 a SGB IV, gelten andere Werte für die Pauschalabgaben der Arbeitgeber. Im

1396 Küttner/*Griese* „Geringfügige Beschäftigung" Rn 15.
1397 Vgl. nur §§ 9, 99, Abs. 1 S. 1, 106 Abs. 1 S. 1, 111 S. 1 BetrVG.
1398 S. Legaldefinition des § 2 Abs. 2 TzBefrG.
1399 BAG v. 25.4.2007, Az.: 6 AZR 746/06.
1400 BAG v. 27.2.1996, in: AP § 1 BetrAVG „Gleichbehandlung" Nr. 28; BAG v. 22.2.2000, in: AP § 1 BetrAVG „Gleichbehandlung" Nr. 44 zu einem Ausschluss der geringfügig Beschäftigten durch einen Tarifvertrag.
1401 *Grahn* in: JA 2003, 346/8.

Unterschied zur geringfügigen Beschäftigung in Unternehmen müssen private Haushalte als Arbeitgeber weniger Sozialabgaben entrichten, nämlich nur 12 %; insgesamt 5 % (dieser 12 %) entfallen dabei auf die Rentenversicherung, 5 % auf die Krankenversicherung und 2 % auf die pauschale Besteuerung. Für eine freiwillige Aufstockung des Rentenbeitrages auf insgesamt 19,5 % bedarf nun eines eigenen Beitrags der Beschäftigten um 14,5 %. Der Anreiz der Privathaushalte, derartige Arbeitnehmer anzumelden, liegt in der steuerlichen Absetzbarkeit gemäß § 35 a EStG, der seinerzeit ebenfalls reformiert wurde.[1402]

c) Mehrere geringfügige Beschäftigungen

In der heutigen Arbeitswelt ist eine Tendenz zu beobachten, dass Menschen gezwungen sind, sich mit mehreren parallelen Beschäftigungen über Wasser zu halten.[1403] Das führt zu einer besonderen Betrachtung bzgl. der Sozialversicherungspflicht. Mehrere gleichartige geringfügige Beschäftigungen sind zusammenzuzählen, so dass entweder die Verdienste oder die Monate bzw. Arbeitstage addiert werden. So können mehrere geringfügige Beschäftigungen doch versicherungspflichtig werden.[1404]

Übt eine Person mehrere geringfügige Beschäftigungen aus, werden diese Einkünfte sozialversicherungsrechtlich zusammengerechnet, sodass bei einem höheren Gesamteinkommen als 400,– € eine pauschale Abgabe auf die Sozialversicherung entfällt, § 8 Abs. 2 S. 1 SGB IV. Im Gegensatz zur früheren Haftung wird der Arbeitgeber jedoch seit der Reform von 2003 entlastet, der eine rückwirkende Haftung für nicht entrichtete Sozialabgaben in diesen Fällen nicht mehr fürchten muss.[1405] Gemäß § 8 Abs. 2 S. 3 SGB IV tritt die Versicherungspflicht nämlich erst ab dem Zeitpunkt ein, in dem die Einzugstelle die Versicherungspflicht bekannt gibt.

Ebenso ist eine pauschalierte Besteuerung von 2 % nicht mehr möglich. Sofern allerdings die jeweilige Vergütung 400,– € nicht übersteigt, ist eine immer noch pauschale Lohnsteuer von 20 % an das Betriebsstätten-Finanzamt anzumelden und abzuführen, § 40 a Abs. 2 a EStG. Hier muss sich ein Arbeitgeber bei seinen geringfügig Beschäftigten also genau nach deren Beschäftigungssituation insgesamt erkundigen.

Von Bedeutung ist hier, dass eine geringfügige Beschäftigung mit einer regelmäßigen Entlohnung von monatlich mehr als 400,– € gemäß § 8 Abs. 1 Nr. 1 SGB IV zusätzlich zu einer nicht geringfügigen Beschäftigung nicht zusammen zu rechnen ist (!), § 8 Abs. 2 S. 1, letzter Satzteil SGB IV.[1406] Hier reicht es also für

1402 Vgl. hierzu *Niermann/Plenker* in: DB 2003, 304/7 f.
1403 Vgl. SZ v. 23.1.2008, „Wenn eine Arbeit nicht mehr zum Leben reicht".
1404 *Wiegelmann* in: BB 2003, 734.
1405 Vgl. Preis/*Genenger/Urmersbach* 816 f.
1406 *Grahn* in: JA 2003, 346/8; *Wiegelmann* in: BB 2003, 734.

diese eine geringfügige Beschäftigung, die jemand neben einer nicht geringfügigen Arbeit ausübt, nach wie vor aus, entsprechend den o.a. Pauschalsätzen Abgaben an die Sozialversicherung bzw. die Lohnsteuer abzuführen.

d) Midi-Jobs zwischen 400,– € und 800,– €

Zwischen diesen Beträgen wurde mit der Reform von 2003 eine so genannte Gleitzone geschaffen, in der der jedoch der volle Arbeitgeberanteil für die Sozialversicherung anfällt, während für den Arbeitnehmer diese Abgaben langsamer ansteigen sollten, § 20 Abs. 2 SGB IV. Mit der Einführung dieser Gleitzone sollte verhindert werden, dass bei einem Übergang von einer seinerzeit sozialabgabenfreien Beschäftigung zu einer höher bezahlten Arbeit die Sozialversicherungsabgaben des Arbeitnehmers gleich auf etwa 21,5 % hochschnellten.

Dieser Anteil wächst nun in dieser Gleitzone entsprechend dem steigenden Verdienst von 4 % auf 21,5 %. Der Arbeitnehmeranteil wird anhand einer Formel errechnet,[1407] deren Kompliziertheit allerdings nicht zur Vereinfachung der gesamten Situation beiträgt. Durch die Aufnahme in die Sozialversicherung sind die in der „Gleitzone" Beschäftigten auch sozial abgesichert. So haben sie z.B. Anspruch auf Krankengeld, § 44 SGB V oder als werdende Mütter Anspruch auf Mutterschaftsgeld, § 13 MSchG

Lohnsteuerlich muss der so bezahlte Mitarbeiter eine Lohnsteuerkarte vorlegen, insofern gelten keine Besonderheiten.

Die sozialversicherungs- und lohnsteuerrechtlichen Besonderheiten wirken sich nicht auf den Status als Arbeitnehmer aus. Ihm stehen alle gesetzlichen, tariflichen, betrieblichen und arbeitsvertraglichen Rechte und Pflichten zu, die auch für diejenigen Arbeitnehmer gelten, die oberhalb der 800,– €-Grenze bezahlt werden. Als eine besondere Form der Teilzeitarbeit ist das TzBefrG gemäß dessen § 2 Abs. 2 auch auf diese Midi-Jobs anzuwenden.

e) Kurzfristige Beschäftigungen

Ebenfalls zu den Mini-Jobs gehören die so genannten kurzfristigen Beschäftigungen. Diese wurden mit der Reform von 2003 derart verändert, dass nicht mehr längstens eine Beschäftigungszeit von zwei Monaten innerhalb eines Jahres eingegangen werden kann, sondern diese Beschäftigungszeit auf das Kalenderjahr umgerechnet wird. Dadurch kann jemand, verteilt auf zwei Kalenderjahre, maximal vier Monate zusammenhängend beschäftigt werden, ohne dass die Geringfügigkeit der Beschäftigung entfiele.

1407 Mit Rechenbeispiel *Niermann/Plenker* in: DB 2003, 304/7 und *Grahn* in: JA 2003, 346/350.

Für die Frage, ob eine Sozialversicherungspflicht für ein Kalenderjahr besteht, werden mehrere kurzfristige Beschäftigungen aufaddiert. Werden die zeitlichen Limits überschritten, beginnt die Sozialversicherungspflicht von Anfang an.

Arbeitsrechtlich handelt es sich um Arbeitnehmer. Zahlreiche Schutzrechte greifen allerdings erst nach einer bestimmten Beschäftigungsdauer, so z.B. der Kündigungsschutz nach sechs Monaten, § 1 Abs. 1 KSchG, oder der Vier-Wochen-Frist des § 3 Abs. 3 EFZG. Von diesen sind kurzfristig Beschäftigte demnach ausgeschlossen, wenn die Mindestbeschäftigungsdauer nicht erreicht wird.

3. Bewertung

Alles in allem ist den Arbeitgebern mit diesen Maßnahmen eine weitere größere Flexibilisierung ermöglicht worden, insbesondere Bedarfsspitzen mit geringfügig Beschäftigten auszugleichen.

Geringfügig Beschäftigte erhalten ihr Entgelt in der Regel ungeschmälert, also brutto für netto. Das ist sicherlich der Traum für Verdienende, angesichts der geringen Entlohnung allerdings ist diese Gruppe von Beschäftigten sicher auf jeden Euro angewiesen, den man verdient. Man spricht in 2007 von 2,1 Mio. Beschäftigten, die neben einer regulären Beschäftigung eine zusätzliche geringfügige Beschäftigung ausüben müssen, 60 % mehr als noch vier Jahre zuvor.[1408]

Die Prekarisierung tritt vor allem in der Entlohnung hervor. Das betrifft nicht nur die absolute Lohnhöhe, weswegen zahlreiche Beschäftigte mehrere derartiger Tätigkeiten ausüben müssen, um ihren Lebensunterhalt zu bestreiten. Auch die relative Lohnentwicklung zeigt das Auseinanderklaffen von „typischen“ Arbeitsverhältnissen zu den geringfügig Beschäftigten: während 2006 die Bruttodurchschnittsverdienste um 0,7 % stiegen, erhöhten sich gesamtwirtschaftlichen Tariflöhne um 1,3 %, also fast um das Doppelte. Der im Vergleich zu den Tariflöhnen schwächere Gesamtzuwachs wird darauf zurückgeführt, dass die Anzahl der geringfügig Beschäftigten zugenommen hat.[1409] Geringfügige Beschäftigung wird auch als ein Grund für das insgesamt sinkende Lohnniveau in Deutschland genannt.[1410]

Es fällt auf, dass außerhalb Deutschlands abgabenfreie oder abgabenprivilegierte geringfügige Beschäftigungsregeln ähnlich der §§ 7, 8 SGB IV unbekannt sind.[1411] Das dürfte daran liegen, dass zum einen in zahlreichen Ländern der EU Mindestlohnregelungen bestehen, die, als zusätzlicher Effekt, auch in der Regel sozialversicherungspflichtig sind. Es ist also auch aus diesem Blickwinkel zu überdenken,

---

1408 „Immer mehr Berufstätige machen zwei Jobs“, Spiegel-online vom 14.12.2007.
1409 http://www.destatis.e/jetspeed/portal/cms/Sites/destatis/Internet/DE/Presse/pm/2007/03/PD07—121—81.psml (Abgerufen am 31.5.2008).
1410 FAZ v. 26.8.2008, „Minijobs drücken Lohnniveau“.
1411 *Knospe* in: ZESAR 2008, 323 ff.

ob die deutsche Regelung der geringfügigen Beschäftigung wirklich der Weisheit letzter Schluss ist.

III. Aushilfsarbeitsverhältnisse

Häufig besteht ein Bedarf, zeitlich vorüber gehende Spitzen oder Bedürfnisse mit nur kurzfristig engagiertem Personal zu erledigen. Dem kann etwa bei Studierenden oder Rentnern durchaus auch ein Bedürfnis entsprechen, „nebenbei“ etwas dazu zu verdienen. Aber auch schlecht bezahlte Vollerwerbstätige bedürfen immer öfter weiterer Zusatzverdienste, um ihren Lebensunterhalt zu bestreiten.[1412] Bei diesen vorübergehenden Bedarfe deckenden Arbeitsverhältnissen wird ein späteres Dauerarbeitsverhältnis nicht angestrebt.

1. Arbeitsrechtliche Grundsätze

Aushilfsverträge sind im Arbeitsrecht nicht gesondert geregelt, es gelten die üblichen arbeitsrechtlichen Regeln.[1413] Aushilfen können in Vollzeit, oder auch in Teilzeit beschäftigt werden. Im letzteren Fall sind die besonderen Regelungen des TzBefrG je nach Ausgestaltung gesondert zu beachten. Aushilfskräfte besitzen also die Arbeitnehmereigenschaft, auch wenn sie „nur“ nebenbei arbeiten.

Ein Aushilfsarbeitsvertrag liegt allerdings nicht vor, wenn der Arbeitgeber keinen echten Aushilfsbedarf hat, und parallel zur (erleichterten) Entlassung dieser „Aushilfskräfte“ gleich wieder neue Arbeitnehmer als Aushilfen sucht und einstellt.[1414]

a) Abgrenzungen

Die Aushilfsbeschäftigung ist von den Beschäftigungen als freie Mitarbeiter und den Probearbeitsverhältnissen abzugrenzen.

aa) Aushilfen oder freie Mitarbeiter?

Diese Art des „nebenbei“-Arbeitens kann allerdings zu Abgrenzungsproblemen zur freien Mitarbeit führen. Die bereits beschriebenen[1415] Kriterien für die freie Mitarbeit gelten zwar auch hier. Allerdings lässt sich u.U. das Kriterium der per-

---

1412 Vgl. SZ v. 23.1.2008, „Wenn eine Arbeit nicht mehr zum Leben reicht“.
1413 *Maties* in: RdA 2007, 135/7.
1414 LAG Düsseldorf v. 12.11.1974, in: EzA Nr. 11 zu § 622 BGB n.F.
1415 Vgl. 2. Kap. § 4 II 1–3.

sönlichen Abhängigkeit[1416] hier nicht so deutlich heraus arbeiten, wie bei Vollzeitbeschäftigten. Daher kann es sein, dass Arbeitgeber Aushilfskräfte nur zum Schein als „freie“ Mitarbeiter beschäftigen, um Sozialabgaben zu sparen. Die Bezeichnung im Vertrag ist allerdings nicht maßgebend. Es kommt vielmehr auf die inhaltliche Ausgestaltung und die konkrete Handhabung an.[1417]

Hier wird es in zeitlicher Hinsicht darauf ankommen, ob dem aushilfsweise Beschäftigten ausreichend Zeit bleibt, die einzelnen Aufträge unter freier Disposition der ihm zur Verfügung stehenden Zeit zu erledigen,[1418] etwa als Jurastudent Gutachten für ein Rechtsanwaltsbüro zu fertigen. Werden Aufträge so unter Zeitdruck erteilt, dass von einer zeitlichen Dispositionsfreiheit der Aushilfskraft keine Rede mehr sein kann, spricht dies für eine Arbeitnehmereigenschaft.

Ebenso ist neben der zeitlichen Beurteilung erst recht die Arbeitnehmereigenschaft zu bejahen, wenn die Aushilfskraft in einen betrieblichen Ablauf integriert ist, und ebenso, wenn der Ort der Arbeitsleistung vorgegeben ist. Dann liegt eine abhängige Beschäftigung als Arbeitnehmer vor.[1419]

bb) Probe- oder Aushilfsarbeitsverhältnis?

Vom Probearbeitsverhältnis[1420] unterscheidet sich die Aushilfe durch den unterschiedlichen Zweck. Dabei können als Motivbündel natürlich beide Zielrichtungen beim Arbeitgeber vorliegen und in einem realisiert werden.[1421] Allerdings kann ein tatsächliches Probearbeitsverhältnis nicht mit dem Ziel als Aushilfsarbeit deklariert werden, um als Arbeitgeber in den Genuss der kürzeren Kündigungsfristen des § 622 Abs. 5 BGB zu gelangen.[1422]

Bei der Probezeit[1423] steht zwar auch die Arbeitsleistung im Vordergrund, wesentlicher Zweck ist jedoch die Möglichkeit für beide Vertragspartner, sich ein Bild über den jeweils Anderen und seiner Leistungskraft zu machen. Insofern sind das Probe- und Aushilfsarbeitsverhältnis nicht identisch. Im Ausnahmefall kann natürlich auch ein Aushilfsarbeitsvertrag eine Probezeit beinhalten. Sie muss dann aber auch entsprechend vereinbart sein.[1424] Unzulässig wäre es, erst ein Aus-

---

1416 BAG v. 3.5.1989, in: BB 1990, 779.
1417 *Reiserer* in: BB 1998, 1258/9; BB 2003, 1557; *Berndt* in: BB 1998, 894/6.
1418 BAG v. 3.5.1989, in: BB 1990, 779.
1419 LAG Berlin v. 16.8.1983, in: AP § 611 BGB „Abhängigkeit“ Nr. 44.
1420 Vgl. hierzu 2. Kap., § 2 V.
1421 BAG v. 8. 3. 1962, in: AP Nr. 22 zu § 620 BGB „Befristeter Arbeitsvertrag“.
1422 Schaub/*Koch* § 41 Rn 17.
1423 Vgl. 2. Kap. § 2 V.
1424 BAG v. 8.3.1962, in: BB 1962, 639; LAG Düsseldorf v. 22.2.1967, in: DB 1967, 690.

hilfsarbeitsverhältnis als zur Erprobung begründen, um danach erneut eine Anstellung mit einer weiteren Probezeit vorzunehmen. Hier ist die Erprobung bereits abgeschlossen.[1425]

b) Befristete Aushilfen

Da den Aushilfsarbeitsverhältnissen die langfristige Perspektive fehlt, werden sie in der Regel befristet abgeschlossen,[1426] so dass das TzBefrG anzuwenden ist. Hierbei ist auf die Schriftform des § 14 Abs. 4 TzBefrG zu achten.[1427]

Ohne Sachgrund kann dies bis zu zwei Jahre durch dreimalige Verlängerung eines befristeten Arbeitsvertrages geschehen, § 14 Abs. 2 TzBefrG.[1428] Zahllose hintereinander gekoppelte befristete Eintages-Aushilfsverhältnisse führen bereits zur Unzulässigkeit solcher Befristungen.[1429] Auch evtl. früher bestehende befristete Arbeitsverhältnisse sind gemäß § 14 Abs. 2 S. 2 TzBefrG zu berücksichtigen.

Daneben können derartige Aushilfenverhältnisse mit einem Sachgrund zulässig befristet werden. Die Bezahlung als Studenten- oder Rentenbeschäftigung ist allerdings für sich genommen kein Grund für eine zulässige Befristung, das TzBefrG räumt diese Möglichkeit nicht ein.[1430] Insofern bedarf es ausdrücklich eines sachlichen Grundes im Sinne des § 14 Abs. 1 S. 2 TzBefrG.

Das dürfte in dieser Fallgruppe am ehesten der vorübergehende Mehrbedarf an Arbeitskräften sein, § 14 Abs. 1 S. 2 Nr. 1 TzBefrG.[1431] Das Bundesarbeitsgericht verlangt hierfür greifbare Tatsachen, auf Grund dessen ein Mehrbedarf erwartet werden kann, sowie dessen mit einiger Sicherheit zu erwartender späterer Wegfall.[1432] Das dürfte vor allem für saisonale Arbeiten, für bestimmte Kampagnen oder Messeauftritte des Arbeitgebers in Frage kommen.

Ein weiterer sachlicher Grund bietet sich in § 14 Abs. 1 S. 2 Nr. 3 TzBefrG mit der Beschäftigung zur Vertretung in Fällen an, in denen ein Stammarbeitnehmer längere Zeit erkrankt, in den Mutterschutz oder Elternzeit geht oder auch vorübergehend in das Ausland entsandt wird. Auch für eine so genannte mittelbare

---

1425 Schaub/*Koch* § 41 Rn 17; Küttner/*Röller* „Aushilfskräfte", Rn 5.

1426 *Maties* in: RdA 2007, 135/7.

1427 EK/*Preis* § 611 BGB Rn 160, der sich hierzu auf § 623 BGB bezieht.

1428 Vgl. im einzelnen 3. Kap. § 4 I 4.

1429 Vgl. BAG v. 16.4.2003, in: NZA 2004, 40; BAG v. 29.10.1998, in: DB 1999, 964; BAG v. 10.8.1994, in: DB 1994, 2504.

1430 EK/*Preis* § 611 BGB Rn 160; Küttner/*Kania* „Befristetes Arbeitsverhältnis", Rn 32; zu unterscheiden ist dies von der Möglichkeit, Studierenden im Anschluss an ihr Studium einen befristeten Arbeitsvertrag anzubieten, § 14 Abs. 1 Nr. 2 TzBefrG, um ihre Anschlussbeschäftigung zu sichern.

1431 Kittner/*Zwanziger* § 132 Rn 2.

1432 BAG v. 11.2.2004, in: NZA 2004, 978

Vertretung, in der die Aushilfe jemanden aus dem Betrieb vertritt, der seinerseits die fehlende Kraft vertritt, ist die Befristung nach § 14 Abs. 1 S. 2 Nr. 3 TzBefrG zulässig.[1433]

Die vereinbarte Befristung muss hinreichend bestimmt sein. Wird lediglich jemand für einige Tage oder für die Dauer des Vertretungsbedarfs eingestellt, fehlt es an einer konkreten Befristung.[1434] Werden Aushilfskräfte nach Ablauf der Befristung auch nur an einzelnen Tagen weiterbeschäftigt, entsteht gemäß § 15 Abs. 5 TzBefrG ein unbefristeter Arbeitsvertrag.[1435]

c) Teilzeit

Für Aushilfen, die in Teilzeit beschäftigt werden, gelten die hierzu bereits gemachten Ausführungen entsprechend.[1436] Zu beachten ist hier die erforderliche Abgrenzung zur Arbeit auf Abruf, § 12 TzBefrG.[1437]

Will ein Arbeitgeber jemanden aushilfsweise bei voller Zeitflexibilität einzusetzen, wird eher eine Rahmenvereinbarung für die einzelnen, erst noch in Zukunft abzuschließenden Einzelverträge in Betracht kommen. Diese regelt nur die Bedingungen der einzelnen befristeten Arbeitsverträge, stellt aber selbst noch keine Verpflichtung zur Erbringung der Arbeitsleistungen dar. Diese erwächst erst aus dem Einzelvertrag, der auch ggf. nur auf einen Tag befristet sein kann.

Diese Gestaltung wird nicht als Umgehung eines Dauerarbeitsverhältnisses angesehen.[1438] Dementsprechend bestehe auch keine Verpflichtung, in diesen Fällen auf ein Vertragsverhältnis entsprechend § 12 TzBefrG zu schließen.[1439] In dieser Absolutheit lässt sich das sicher nicht aufrechterhalten. Es kommt auf die Prüfung der Einzelfallgestaltung an, ob hier ein Umgehungstatbestand, etwa durch unzulässige Befristungen im Sinne eines Kettenarbeitsverhältnisses, vorliegt.[1440]

d) Betriebsverfassungsrecht

Aushilfskräfte sind bei den Schwellenwerten für die Betriebsratsfähigkeit gemäß § 1 Abs. 1 S. 1 BetrVG oder der Anzahl der Betriebsratsmitglieder gemäß § 9

1433 BAG v. 15.2.2006, in: NZA 2006, 781; Palandt/*Weidenkaff* § 620 Rn 20; EK/*Müller-Glöge* § 14 TzBefrG Rn 34.
1434 Schaub/*Koch* § 41 Rn 18.
1435 LAG Rheinland-Pfalz v. 18.11.1996, in: ArbuR 1997, 250.
1436 Vgl. 2. Kap. § 5 I
1437 Vgl. im einzelnen 2. Kap. § 5 VII
1438 BAG v. 31.7.2002, in: BB 2003, 525 in einem Einzelfall; Küttner/*Röller* „Aushilfskräfte", Rn 2; *Lindemann* in: BB 2003, 527.
1439 BAG v. 31.7.2002, in: DB 2003, 96.
1440 Vgl. BAG v. 16.4.2003, in: NZA 2004, 40.

BetrVG nicht zu berücksichtigen, da sie in der Regel nicht ständig im Betrieb beschäftigt werden.[1441] Das passive Wahlrecht steht ihnen auch nicht zu, wenn sie keine drei Monate im Betrieb arbeiten, § 7 S. 2 BetrVG, wohl aber das aktive, § 7 BetrVG.

Die Einstellung von Aushilfen ist wie jede andere Einstellung mitbestimmungspflichtig gemäß § 99 Abs. 1 BetrVG.[1442] Maßgeblich ist der Abschluss des Arbeitsvertrages. Dauerschuldverhältnisse wie die beschriebenen Rahmenvereinbarungen, die für sich noch keine Einstellung bedeuten, müssten demzufolge unberücksichtigt bleiben. In der Praxis dürfte einen Betriebsrat vor allem die Auswirkungen von Aushilfskräften auf die Stammbelegschaft interessieren.

e) Sonstige Rechte und Pflichten

Beide Vertragsparteien haben ihre vertraglichen Verpflichtungen in Bezug auf Arbeitsleistung und Entgeltzahlung zu erfüllen. Die Tatsache, dass jemand „nur“ als Aushilfe beschäftigt wird, oder sozialversicherungsfrei arbeitet, rechtfertigt keine Schlechterstellung bei der Entlohnung. Im Teilzeitbereich ergibt sich dieser Grundsatz neben dem allgemeinen arbeitsrechtlichen Gleichbehandlungsgrundsatz zusätzlich aus § 4 TzBefrG. Ebenso unterliegen Aushilfskräfte den Regelungen zum Arbeitsschutz und haben Anspruch auf ein Arbeitszeugnis. Für Aushilfskräfte gelten allerdings teilweise Besonderheiten.

aa) Nachweisgesetz

Auch Aushilfskräfte haben einen Anspruch auf eine schriftliche Ausfertigung ihrer Vertragsbedingungen. Voraussetzung ist allerdings gemäß § 1 NachweisG eine Vertragsdauer von mehr als einem Monat.[1443]

bb) Entgeltfortzahlung im Krankheitsfall

Als Arbeitnehmer haben auch Aushilfskräfte Anspruch auf Entgeltfortzahlung, allerdings muss das Aushilfsarbeitsverhältnis seit der Neuregelung von 1996 nach § 3 Abs.3 EFZG vier Wochen ununterbrochen bestanden haben. Es kommt also auf den Bestand des Arbeitsverhältnisses, nicht auf die tatsächliche Arbeitsleistung an.[1444] Die Fristberechnung erfolgt nach den allgemeinen Vorschriften der §§ 188 ff. BGB. Mehrere selbstständige Arbeitsverhältnisse zwischen densel-

1441 BAG v. 25.11.1992, in: AP Nr. 8 zu GesamthafenbetriebsG § 1.
1442 EK/*Kania* § 99 BetrVG Rn 5.
1443 Entspricht der europäischen Vorgabe des Art. 1 Abs. 2 der RL 91/533/EWG.
1444 EK/*Dörner* § 3 EFZG Rn 68.

ben Parteien werden dabei nicht zusammengezählt, d.h., die Wartezeit beginnt mit jedem neuen Arbeitsvertrag von neuem an zu laufen.[1445] Im Krankheitsfall vor Ablauf der Frist erhalten Betroffene Krankengeld von der Krankenkasse. Feiertagsvergütung kann die Aushilfskraft vom ersten Tag verlangen, vgl. § 2 EFZG.

cc) Urlaub

Auch ein Urlaubsanspruch setzt den Ablauf einer Wartefrist voraus, nämlich den Zeitraum von sechs Monaten, § 4 BUrlG. Einen vollen Monat muss das Aushilfsarbeitsverhältnis bestanden haben, um zumindest einen anteiligen Urlaubsanspruch von einem 1/12 je Monat zu erwerben, § 5 BUrlG. Hintereinander geschaltete Tagesaushilfen mit einer entsprechenden Dauer reichen hierfür aus.[1446]

dd) Kündigungsschutz, Kündigungsfristen

Sofern Aushilfsarbeitsverträge nicht befristet abgeschlossen wurden, bestehen bzgl. des Kündigungsschutzes keine grundsätzlichen Besonderheiten.[1447] Allerdings werden Aushilfskräfte häufig nicht die Wartezeit von sechs Monaten entsprechend § 1 Abs. 1 KSchG erfüllen. Wegen ihrer in der Regel nur kurzfristigen Beschäftigung werden sie dann auch nicht in der Berechnung der Schwellenwerte von fünf bzw. zehn Mitarbeitern des § 23 Abs. 1 KSchG mitgezählt.

Bzgl. der Kündigungsfrist kann daher gemäß § 622 Abs. 5 Nr. 1 BGB für Aushilfen eine noch kürzere Kündigungsfrist als in § 622 Abs. 1 BGB vereinbart werden, sofern die Tätigkeit drei Monate nicht überschreitet. Damit entfällt eine Mindestkündigungsfrist, so dass diese Mitarbeiter sogar unabhängig von § 626 BGB ordentlich ohne Einhaltung einer Frist entlassen werden können.[1448] Allerdings muss es sich um ein echtes Aushilfsarbeitsverhältnis handeln, die bloße Bezeichnung als solches im Vertrag reicht nicht aus, um die Vorraussetzung des § 622 Abs. 5 Nr. 1 BGB zu erfüllen.[1449] Die Unsicherheit dieser Beschäftigungsverhältnisse ergibt sich aus der schnellen Trennungsgefahr durch den Arbeitgeber und der damit zusammenhängenden fehlenden Perspektive für die Betroffenen. Die Möglichkeit, diese Kündigungsfrist auf diese Weise zu verkürzen, entfällt allerdings, wenn das Aushilfsarbeitsverhältnis über drei Monate dauert. Maßgeblich ist der Zugang der Kündigungserklärung.[1450] Übersteigt die Dauer des Aushilfsarbeitsverhältnisses diese drei Monate, gelten die gesetzlichen Kündigungsfristen.

1445 BAG v. 22.8.2001, in: NZA 2002, 610; EK/*Dörner* § 3 EFZG Rn 70.
1446 Schaub/*Koch* § 41 Rn 22.
1447 EK/*Preis* § 611 BGB Rn 187.
1448 *Maties* in: RdA 2007, 135/7.
1449 BAG v. 22.5.1986, in: AP Nr. 23 zu § 622 BGB; EK/*Müller-Glöge*, § 622 BGB Rn 16.
1450 MüKo/*Hesse* BGB, § 622, 76; EK/*Müller-Glöge* § 622 BGB Rn 16.

Der besonderer Kündigungsschutz für Schwerbehinderte, §§ 85 ff. SGB IX, bzw. des Mutterschutzes nach § 9 MSchG besteht auch für Aushilfskräfte.[1451] Für Schwerbehinderte beginnt dieser Schutz allerdings erst nach einer ununterbrochenen Dauer des Aushilfsverhältnis von sechs Monaten, § 90 Abs. 1 Nr. 1 SGB IX.

2. Besonderheiten bei Studentenjobs

Studentenjobs haben in der Wirtschaft ein größeres Potential als man vermuten könnte. In der Regel arbeiten 2/3 der etwa 2 Mio. Studierenden neben ihrem Studium, und zwar unabhängig von studienerforderlichen Praktika und ohne Berücksichtigung der Werkstudenten.[1452] Dies geschieht weniger, um besondere Wünsche finanzieren zu können, als vielmehr den laufenden Lebensunterhalt und Studiengebühren zu finanzieren.

Unternehmen suchen ihren Standort teilweise gezielt nach einer Hochschulanbindung gerade auch im Hinblick auf diese Möglichkeit der Personalrekrutierung aus. Das gilt etwa für Call-Center oder Telefonunternehmen. Auch die Gastronomie beschäftigt viele Studierende.

a) Abgrenzung zu anderen Rechtsverhältnissen

Der Erwerbszweck steht bei einem studentischen Nebenjob im Vordergrund. Dadurch unterscheidet sich dieses Arbeitsverhältnis von den ausbildungsbezogenen oder gar Teil der Ausbildungen seienden Praktika während einer Ausbildung,[1453] Volontariaten[1454] oder dem des Werkstudenten.[1455] Auch eine Probezeitbeschäftigung wird in der Regel nicht vorliegen.[1456]

b) Inhaltliche Besonderheiten

Für Studentenjobs gelten die Regelungen des üblichen Arbeitsrechts. Sie sind als Arbeitnehmer im Sinne des BetrVG anerkannt. Sie sind von Anfang an aktiv wahlberechtigt, § 7 S. 1 BetrVG; für das passive Wahlrecht ist allerdings eine sechsmonatige Wartezeit erforderlich, § 8 Abs. 1 S. 1 BetrVG.

1451 Küttner/*Röller* „Aushilfskräfte", Rn 9.

1452 18. Sozialerhebung des Deutschen Studentenwerks, S. 32 berichtet von 66 % nebenerwerbstätigen Studierenden für das Jahr 2003, und von 63 % für das Jahr 2006.

1453 Vgl. 2. Kap. § 2 I.

1454 Vgl. 2. Kap. § 2 II.

1455 Vgl. 2. Kap. § 2 III.

1456 Vgl. 2. Kap. § 2 V.

Einige Hinweise müssen jedoch speziell zur Studentenbeschäftigung erwähnt werden.

Zum einen sind Aushilfsverträge mit ausländischen Studierenden, die keine EU-Bürger sind, daraufhin zu überprüfen, ob und inwieweit ihre Visa für das Studium Raum lassen für eine aushilfsweise Arbeitstätigkeit.

Für die Studierenden, die als wissenschaftliche Hilfskräfte an Hochschulen arbeiten, gelten die besonderen Befristungsregeln des WissZeitG.[1457]

Die Arbeit als studentische Aushilfskraft unterliegt der üblichen Lohnsteuer; ggf. ist bei einer geringfügigen Arbeit eine Lohnsteuerpauschalierung möglich.[1458]

c) Sozialversicherung

Für Arbeitgeber ist die evtl. Sozialversicherungsfreiheit von studentischen Hilfskräften ein Argument, diese einzustellen. Der Wegfall der Sozialversicherungsfreiheit eines Studierenden ist allerdings kein personenbezogener Grund für eine Kündigung im Sinne des § 1 Abs. 2 KSchG.[1459]

Für die Sozialversicherungspflicht ist zu beachten, dass Studenten generell in der Kranken- und Pflegeversicherung pflichtversichert sind, § 186 Abs. 7 SGB V, von der Immatrikulation bis zum 14. Fachsemester. Ebenso unterliegen sie als Studierende der Unfallversicherung, § 2 Abs. 1 Nr. 8a SGB VII. Das wirft für die Sozialversicherungspflicht von studentischen Aushilfstätigkeiten einige Fragen auf. Ist die Aushilfstätigkeit nämlich nicht versicherungsfrei, geht die Sozialversicherungspflicht wegen der Beschäftigung der Studierenden ihrer studentischen Pflichtversicherung vor, §§ 5 Abs. 1 Nr. 1, 9 SGB V, 20 Abs. 1 Nr. 1, 9 SGB IX.

Eine Befreiung von der Sozialversicherungspflicht kann zum einen bei geringfügiger Beschäftigung vorliegen, insofern wird auf die bereits gemachten Ausführungen verwiesen.[1460] Zum anderen besteht Sozialversicherungsfreiheit, wenn die Voraussetzungen für die besondere Werkstudentenregelung vorliegen. Auch diese wurden bereits dargestellt.[1461] Ein Anspruch auf Arbeitslosengeld kommt für Studierende nach der Erfüllung der Anwartschaftszeit nur in Betracht, wenn sie dem Arbeitsmarkt weiter zur Verfügung stehen. Hierfür müssen sie darlegen, dass ihnen trotz der Erfüllung der studien- und prüfungsrechtlichen Voraussetzungen eine versicherungspflichtige Beschäftigung möglich ist.[1462]

1457 Vgl. 2. Kap. § 3 III.
1458 Vgl. hierzu 3. Kap. § 5 II 2 a) aa).
1459 BAG v. 18.1.2007, in: NZA 2007, 680.
1460 Vgl. 3. Kap. § 5 II 2 a) aa).
1461 Vgl. 3. Kap. § 2 III; Küttner/*Schlegel* „Studentenbeschäftigung", Rn 38 ff.
1462 BSG v. 14.3.1996, in: SozR 3–4100 § 103 a Nr. 2.

3. Rentnerbeschäftigung

Auch für Rentner, die arbeiten, gelten als Arbeitnehmer die üblichen arbeitsrechtlichen Bestimmungen, einerlei, ob sie Vollzeit oder Teilzeit arbeiten. Also stehen ihnen die üblichen Ansprüche auf Entgelt, Entgeltfortzahlung im Krankheitsfall oder an Feiertagen, bezahlten Urlaub usw. zu. Insbesondere kann mit dem Argument, derartige Arbeitnehmer bezögen mit dem Altersruhegeld bereits ein Einkommen, die Tätigkeit nicht schlechter bezahlt werden als vergleichbare Arbeitnehmer.[1463] Rentner, die arbeiten, sind als Arbeitnehmer im Sinne des BetrVG anerkannt. Sie sind von Anfang an aktiv wahlberechtigt, § 7 S. 1 BetrVG; für das passive Wahlrecht ist allerdings eine sechsmonatige Wartezeit erforderlich, § 8 Abs. 1 S. 1 BetrVG.

a) Arbeitsrechtliche Besonderheiten

Ansonsten ist bei der Rentnerbeschäftigung auf einige Besonderheiten hinzuweisen:

aa) Befristung

Die in § 14 Abs. 3 TzBefrG vorgesehene Erleichterung, allein wegen des höheren Alters mit diesen Arbeitnehmern längere und einfachere Befristungen von Arbeitsverhältnissen abzuschließen, verstoßen gegen das Diskriminierungsrecht und wurde vom EuGH bereits vor Inkrafttreten des AGG für unwirksam erklärt.[1464] Die Regelung kann daher nicht mehr angewandt werden.[1465] Das weitere Kriterium einer längeren Beschäftigungslosigkeit im Sinne des § 14 Abs. 3 TzBefrG dürfte bei Rentnern, die ihre Erwerbstätigkeit im Grunde beendet haben, nicht mehr vorliegen, so dass eine längere Befristung aus diesem Grund auch nicht in Betracht kommen kann.

Zulässig ist eine Befristung eines Arbeitsverhältnisses gemäß § 41 S. 2 SGB VI frühestens zu dem Zeitpunkt, in dem der Arbeitnehmer eine Altersrente beanspruchen kann, spätestens auf die Vollendung des 65. Lebensjahres. Das Gesetz sieht damit für die Betroffenen eine Wahlmöglichkeit vor, ob sie bereits zum frühestmöglichen Termin in Rente gehen wollen, oder bis zur Vollendung des 65. Lebensjahres weiterarbeiten wollen. Diese Regelung gilt allerdings nur, wenn sie früher als drei Jahre vor diesem Zeitpunkt des Ausscheidens (nicht zwingend der Vollendung des 65. Lebensjahres) vereinbart bzw. bestätigt wurde.[1466] Für einen

---

1463 BAG v. 1.11.1995, NZA 1996, 816.

1464 EuGH v. 22.11.2005, DB 2005, 2638.

1465 Küttner/*Huber*/*Seidel* „Rentnerbeschäftigung", Rn 1.

1466 In Fällen der Altersteilzeit knüpft § 8 Abs. 3 ATG an den Anspruch auf Rente wegen Altersteilzeit an.

Arbeitnehmer, der über das 65. Lebensjahr hinaus weiter im Betrieb arbeitet, ändert sich arbeitsrechtlich nichts, ggf. muss er einen entsprechend gekürzten Rentenbezug hinnehmen.

bb) Betriebliche Altersversorgung

In Betrieben mit einer betrieblichen Altersversorgung darf allerdings bei Rentnern von der allgemeinen Gleichbehandlungspflicht eine Ausnahme gemacht werden, diese von der Teilhabe auszuschließen. Der Grund hierfür liegt in dem sachlichen Unterscheidungskriterium zu den anderen Arbeitnehmern, dass der beschäftigte Rentner typischerweise bereits für das Alter abgesichert ist und schon eine Rente bezieht.[1467]

cc) Kündigung

Sofern die Rentnerbeschäftigung nicht befristet vereinbart wird, gelten die üblichen Kündigungsschutzregeln. Dabei stellt § 41 S. 1 SGB VI ausdrücklich klar, dass keine Kündigung wegen des Erreichens des Altersrentenanspruchs zulässig ist. Auch eine abgewandelte Begründung, dass diese Betroffenen mit einer Altersrente wirtschaftlich abgesichert seien, begründet keinen personenbedingten Kündigungsgrund,[1468] dürfte aber als Kriterium im Rahmen einer Sozialauswahl bei betriebsbedingten Gründen anwendbar sein.

Verursacht ein geringfügig beschäftigter Rentner eine Mehrbelastung des Arbeitgebers, weil er eine weitere geringfügige Tätigkeit aufnimmt, und der Arbeitgeber deswegen höhere Beiträge zu leisten hat, stellt dies keinen Kündigungsgrund dar.[1469]

b) Lohnsteuer und Sozialversicherung

Lohnsteuerlich treten bei der Rentnerbeschäftigung keine Besonderheiten auf. Häufig wird es wegen der Geringfügigkeit der Beschäftigung zur Lohnsteuerpauschalierung kommen, wie sie auch bei den geringfügig Beschäftigten generell anwendbar ist.[1470]

Von Beiträgen zur Renten- und Arbeitslosenversicherung werden beschäftigte Rentner wegen einer bereits erdienten Vollrente befreit, § 5 Abs. 4 Nr. 1 SGB VI, § 28 Nr. 3 SGB III. Zur Steigerung der Einnahmen der Versicherungseinrichtungen hat der Arbeitgeber die auf ihn entfallenden Beiträge dennoch zu entrichten,

---

1467 Küttner/*Huber/Seidel* „Rentnerbeschäftigung", Rn 1.
1468 Vgl. BAG v. 13.3.1987, in: BB 1987 1320.
1469 BAG v. 6.9.1990, in: NJW 1991, 1002; BAG v. 18.11.1988, in: BB 1989, 847.
1470 Vgl. 3. Kap. § 5 II 2 a) aa).

wenn der beschäftigte Rentner ansonsten versicherungspflichtig wäre, § 172 Abs. 1 Nr. 1 SGB VI, 346 Abs. 3 SGB III. Das gleiche gilt für eine Vollrente wegen Erwerbsminderung. Bezieher sonstiger Renten können danach nach allgemeinen Grundätzen wegen der Geringfügigkeit der Beschäftigung von der Versicherung befreit sein, § 8 SGB IV.

Zur Kranken- und Pflegeversicherung gelten die üblichen, für alle Beschäftigten Vorschriften, wobei zu beachten ist, dass auch die Rentenbezüge zusätzlich zum Arbeitsentgelt beitragspflichtig ist, §§ 226 Abs. 1 Nr. 2, 228 SGB V.

Bei der Rentnerbeschäftigung stellt sich allerdings die Frage, ob und inwieweit das erzielte Arbeitsentgelt Auswirkungen auf den Bezug der Rente hat. Hierzu sind ggf. relevante rentenrechtliche Hinzuverdienstgrenzen zu beachten. Dabei lassen sich keine allgemein gültigen Grenzbeträge nennen. Vielmehr kommt es auf die Art des Rentenbezugs an.

aa) Altersrente

Bei der üblichen Altersrente ab Vollendung des 65. Lebensjahres bestehen überhaupt keine Hinzuverdienstgrenzen, § 34 Abs. 2 S. 1 SGB VI. Für Altersrenten, die vor der Vollendung des 65. Lebensjahres bezogen werden, gelten bei einer Vollrente 1/7 des monatlichen Bezugs als Hinzuverdienstgrenze, § 34 Abs. 3 Nr. 1 SGB VI.

Bei Altersrenten, die als (in der Praxis selten vorkommenden) Teilrenten gemäß § 42 SGB VI in Anspruch genommen werden, gilt ein anderes Verfahren. Hier sind die Hinzuverdienstgrenzen jeweils individuell mit der Hinzuverdienstformel des § 34 Abs. 3 SGB VI zu bestimmen.

Werden die Hinzuverdienstgrenzen überschritten, kann in dem Ausmaß der Überschreitung dieser Grenze die Rente nicht beansprucht werden, wobei ein zweimaliges Überschreiten der Grenze im Kalenderjahr unschädlich ist, § 34 Abs. 2 S. 1 SGB VI.

bb) Rente wegen Erwerbsminderung

Hier werden grundsätzlich Hinzuverdienstgrenzen relevant, wobei im Einzelfall entscheidend ist, welche Art der Erwerbsminderungsrente man bezieht, § 96 a SGB VI.[1471]

Hier sind ebenfalls das zweimalige Überschreiten der monatlichen Hinzuverdienstgrenzen unschädlich, § 96 Abs. 1 S. 2 SGB VI.

1471 Vgl. ausführlich, auch zu den Berechnungsformeln Küttner/*Schlegel* „Rentnerbeschäftigung", Rn 31 ff.

4. Fazit

Im Hinblick auf die Aushilfskräfte, die als Studierende oder Rentner sich etwas hinzu verdienen wollen, ist die Bewertung, ob hier prekäre Beschäftigungsverhältnisse vorliegen, eher zu verneinen. Allerdings wird es auch hier immer auf den jeweiligen Einzelfall ankommen.

Bei den Studierenden wird man sagen müssen, dass deren Aushilfstätigkeit zur Finanzierung ihres Studiums eher deren Chancen auf eine spätere auskömmliche akademische Tätigkeit erhöht. Auch erhalten sie hierdurch u.U. wertvolle Erfahrungen für ihre spätere berufliche Tätigkeit, insbesondere, wenn die Tätigkeit mit dem späteren Berufsfeld etwas zu tun hat. Die arbeitsrechtlichen Schutzvorschriften sind für sie grundsätzlich anwendbar.

Allerdings ist das Ausmaß an Studentenbeschäftigung so hoch, dass sich die Frage stellt, ob es im Einzelfall tatsächlich vorteilhaft für den Einzelnen ist. Unter Umständen verlängert sich sein Studium gerade durch die Erwerbsarbeit zusätzlich, so dass die finanzielle Einbuße durch einen späteren Berufsbeginn höher sein kann als das durch die Arbeit während des Studiums verdiente Geld sein kann. Denn die Verdienste während des Studiums werden sich in der Praxis eher am unteren Ende der Lohnskala bewegen, so dass der Studierende dennoch nicht von den Zuschüssen der Eltern bzw. des BaföG-Amts unabhängig wird. Ggf. subventionieren diese beiden Geldgeber einem Arbeitgeber eine entsprechend billige Arbeitskraft. Bildungspolitisch wäre eine Konzentration auf das Studium einschließlich eines Praktikums sinnvoller. Daraus lässt sich die Forderung ableiten, den Studierenden das zügige Vollzeitstudium auch pekuniär zu ermöglichen, als sie es durch zusätzliche Arbeit zu verzögern.

Die Beschäftigung von Rentnern dagegen ist ambivalent. Einerseits kann es sich je nach Verdienst und sozialer Lage um völlig unproblematische Arbeitsverhältnisse handeln. Je nach Situation kann es aber auch erforderlich sein, zu geringe Renten durch Zusatzarbeit aufzustocken, was zur Schonung der Sozialkassen zu begrüßen ist.

IV. Ein-Euro Jobber

Zur Eingliederung Arbeitsloser in den Arbeitsmarkt können seit 2005 gemäß § 16 Abs. 3 SGB II erwerbsfähige Hilfsbedürftige, die keine Arbeit finden, im öffentlichen Interesse liegende Aufgaben erfüllen, ohne hierfür eine Arbeitsvergütung zu beziehen. Deswegen werden sie „Ein-Euro-Jobs“ genannt,[1472] wobei in der Regel diese Aufwandsentschädigung geringfügig über einen Euro/Stunde hinausgeht.

1472 Diese Bezeichnung noch die Höhe der Entschädigung in dieser Größenordnung ist weder im Gesetz noch in der Rechtsprechung festgelegt, vgl. Hessisches LSG v. 28.4.2008, Az. L 9 AS 1/07.

Andere Begriffe in diesem Zusammenhang sind „Zusatzjobs" oder „Brückenjobs". Die gezahlten Mehraufwandentschädigungen sind daher nicht als Arbeitsentgelt anzusehen. Das Arbeitslosengeld II wird während des Ein-Euro-Jobs weitergezahlt. Einen individueller Rechtsanspruch auf einen Ein-Euro-Job gibt es allerdings nicht, § 16 Abs. 3 S. 1 SGB II. Wenn sich ein solcher allerdings in einer Eingliederungsvereinbarung konkretisiert, wird man hier allerdings zu einem entsprechenden konkreten Zuweisungsanspruch gelangen.

Die Zielgruppe dieser Maßnahme sind Langzeitarbeitslose. Damit soll den Betroffenen geholfen werden, wieder in den Arbeitsmarkt zurückzufinden. Üblicherweise handelt es sich um eine Teilzeitarbeit im Ausmaß von 20 bis 30 Stunden pro Woche für eine Laufzeit von sechs bis neun Monaten.[1473]

Nach Feststellungen des Bundesrechnungshofs[1474] waren 2005 insgesamt 604.000 Arbeitslosengeld-II-Empfängern Ein-Euro-Jobs zugewiesen. Mehrheitlich wird diese Maßnahme in den neuen Bundesländern angewendet, weil dort die Langzeitarbeitslosigkeit besonders hoch ist.

1. Vorläufer ABM-Kräfte

ABM-Maßnahmen sind Förderinstrumente des 2. Arbeitsmarktes. Die Beschäftigung findet dabei in einem normalen Arbeitsverhältnis statt, wobei die Stelle staatlicherseits bezuschusst wird, § 260 Abs. 1 SGB III. Es gilt also normales Arbeitsrecht.[1475] Diese Zuschüsse betragen zwischen 900 bis 1.300,– €, vgl. § 264 Abs. 2 SGB III.

Grundsätzlich ergeben sich aus der Rechtsnatur als ABM-Maßnahme zwar keine unmittelbaren Prekariatsauswirkungen. Diese können sich jedoch aus den anderen Kriterien für ein prekäres Beschäftigungsverhältnis ergeben. So ist das Kriterium der Befristung von ABM-Arbeitsverträgen gemäß § 14 Abs. 1 Nr. 6 TzBefrG einschlägig, d.h. solche ABM-Maßnahmen können sachlich befristet werden, und zwar bis zur Dauer der Förderung.[1476] In der Regel ist eine Laufzeit von maximal 12 Monaten vorgesehen, § 267 SGB III.

Auch die Höhe der Bezahlung dürfte sich häufig am unteren Ende der Skala bewegen. Aus den allgemeinen Kriterien kann also bei einer ABM-Maßnahme durchaus ein prekäres Beschäftigungsverhältnis vorliegen, das auch noch öffentlich-rechtlich gefördert wird.

1473 *Rixen/Pananis* in: NJW 2005, 2177 f. sprechen allerdings von max. 15 Stunden/Woche und maximal sechs Monaten Laufzeit.

1474 Bundesrechnungshof, „Wesentliche Ergebnisse der Prüfungen im Rechtskreis des Zweiten Sozialgesetzbuch" v. 19.5.2006, S. 4, 16 f.; das entspricht den Zielen des Gesetzgebers, der diese Größenordnung von vorneherein angestrebt hatte, vgl. BT-Drucksache 15/5191, 3.

1475 *Maties* in: RdA 2007, 135, 143.

1476 Kittner/*Zwanziger* § 26 Rn 33; EK-*Müller-Glöge* § 14 TzBefrG Rn 85.

Die ABM-Maßnahmen waren weitestgehend erfolglos. Das Ziel, so Geförderte in reguläre Beschäftigung zu bringen, wurde nicht erreicht.[1477] Daher sind sie zugunsten des Aufbaus der Ein-Euro-Jobs ausgelaufen.

2. Rechtlicher Rahmen der Ein-Euro-Jobs

„Ein-Euro-Jobs“ sind kein Instrument des Arbeitsrechts, sondern kommen in einem Dreiecksverhältnis zwischen der Arbeitsverwaltung, dem die Arbeitsgelegenheit bietenden Dritten und dem Arbeitssuchenden zustande. Der Gesetzgeber hat die „Ein-Euro-Jobs“ aus dem Bereich des Arbeitsrechts bewusst herausnehmen wollen.[1478] Vielmehr werden die damit zusammenhängenden Rechtsverhältnisse vom öffentlichen Recht geprägt.[1479] Insofern sind sie auch von den ABM-Maßnahmen zu unterscheiden.

a) Beteiligte

Ein „Ein-Euro-Job“ setzt einmal das Verhältnis des Anspruchs- oder Leistungsberechtigten (des Arbeitssuchenden) und dem Leistungsträger voraus. Das ist die Bundesagentur für Arbeit, einer gemäß § 44 b SGB II gebildeten Arbeitsgemeinschaft zwischen ihr und der jeweiligen Kommune oder allein einem entsprechenden kommunalen Träger, sofern die Kommune von der Option des § 6a SGB II Gebrauch gemacht hat. In diesem Verhältnis wird insbesondere das Recht und die Pflicht zur Übernahme angebotener Arbeitsgelegenheiten geregelt.

Dieses Verhältnis wird ergänzt durch das des Leistungsträgers zu dem die eigentliche Arbeitsgelegenheit bietenden Dritten[1480] sowie dem hier interessierenden Verhältnis zwischen dem Leistungsberechtigten und dem Dritten. Dabei handelt es sich häufig um Träger der freien Wohlfahrt, § 17 Abs. 1 SGB II. Da dieser Dritte keine öffentliche Verwaltung, auch nicht in Form eines beliehenen Unternehmers darstellt, wird dieses Verhältnis durch einen Vertrag geregelt.[1481] Dabei handelt es sich um einen öffentlich-rechtlichen Vertrag, weil diese Maßnahme der öffentlich-rechtlichen Pflicht zur Eingliederung von Arbeitssuchenden in den ersten Arbeitsmarkt dient.[1482] Hierfür ist gemäß § 56 SGB X die Schriftform zu beachten.[1483]

1477 *Lohmann* 107 m.w.N.

1478 Vgl. § 16 Abs. 3 S. 2, 2. HS SGB II; *Zwanziger* in: AuR 2005, 8/10; als Hilfsangebot für Arbeitssuchende ist es auch nicht als unzulässige Zwangs- oder Pflichtarbeit im Sinne der Nr. 29 des ILO-Abkommens zu verstehen.

1479 BAG v. 26.9.2007, Az: 5 AZR 857/06.

1480 Vgl. § 17 Abs. 2 SGB II.

1481 *Zwanziger* in: AuR 2005, 8/10.

1482 *Zwanziger* in: AuR 2005, 8/10.

1483 *Zwanziger* in: AuR 2005, 8/10.

b) Arbeitsgelegenheiten

Wo kommen die erforderlichen Arbeitsgelegenheiten für „Ein-Euro-Jobs" her? § 16 Abs. 3 S. 1 SGB II spricht davon, dass solche „geschaffen" werden sollen.[1484] Das tut die Arbeitsverwaltung aber nicht selbst, sondern bedient sich hierzu Dritter. Bietet sich eine Arbeitsgelegenheit an, schließt die Arbeitsverwaltung eine Eingliederungsvereinbarung mit dem Arbeitssuchenden über einen Zeitraum von drei bis neun Monaten, § 15 Abs. 1 SGB II.

Die Annahme dieser Vereinbarung steht allerdings nicht im freien Ermessen des Arbeitssuchenden. Die Überlegung, eine solche Eingliederungsvereinbarung nur „unter Vorbehalt" zu akzeptieren, führt dazu, dass diese Vereinbarung nicht zustande kommt, da insofern ein offener Dissens gemäß des hier ebenfalls anwendbaren[1485] § 154 BGB zu Tage tritt.[1486]

Entsprechende Vorgaben der Arbeitsagentur für Arbeitssuchende können daher durch einen verpflichtenden Heranziehungsbescheid gestaltet werden, § 15 Abs. 1 S. 6 SGB II, wenn die Arbeitsgelegenheit besteht und zumutbar ist, § 16 Abs. 3 S. 2, 10 Abs. 1 bis 3 SGB II. Ein gegen den Heranziehungsbescheid gerichteter Widerspruch des Betroffenen hat außerdem keine aufschiebende Wirkung, § 39 Nr. 1 SGB II.

aa) Zusätzliche Arbeit

Gesetzlich sind in § 16 Abs. 3 S. 1 SGB II nur „zusätzliche" Aufgaben gemeint, also Arbeiten, die ansonsten nicht erledigt werden. Dem entspricht § 261 Abs. 2 S. 1 SGB III.[1487] Dieses Kriterium wird allerdings weit ausgelegt. Demnach soll jede Tätigkeit geeignet sein, die zusätzlich verrichtet werden könne.[1488] Bereits die Benutzung des Begriffs „jede" Tätigkeit zeigt die ausufernde Wirkung solcher zusätzlichen Arbeitsgelegenheiten, weil frühere Berufserfahrungen oder Ausbildungen der Betroffenen nicht mehr berücksichtigt werden müssen.[1489]

Es drängt sich außerdem auch der Eindruck auf, dass das Merkmal „zusätzlicher" Arbeitsgelegenheiten in der Praxis von dem Leistungsträger eher ignoriert und bei der Bewertung angebotener Arbeitsgelegenheiten nicht gesondert geprüft wird.[1490] Damit sind natürlich auch grundsätzlich Tätigkeiten des ersten Arbeits-

---

1484 Arbeitssuchende haben also grundsätzlich einen Anspruch auf die Schaffung derartiger Arbeitsgelegenheiten, vgl. *Zwanziger* in: AuR 2005, 8.

1485 Für den Abschluss öffentlich-rechtlicher Verträge sind die Bestimmungen der §§ 116 ff. BGB entsprechend anwendbar, § 62 S. 2 VwVfG, *Kopp/Ramsauer* § 54 Rn 18.

1486 SozG Hamburg v. 21.2.2007, Az.: S 53 AS 352/07 ER.

1487 Das betrifft die ABM-Maßnahmen; so auch bereits im alten § 19 Abs. 2 BSHG.

1488 OVG Münster v. 27.5.1991, 24 A 899/89; HessVGH v. 26.11.2002, in: NVwZ-RR 2003, 572; vgl. *Lohmann* 24.

1489 *Lohmann* 24.

markts denkbar, so dass hier ein Verdrängungseffekt eintritt. Das ist aber mit der Zielrichtung des Ein-Euro-Jobs, Arbeitssuchende wieder in den ersten Arbeitsmarkt zu integrieren, schwer vereinbar, vgl. § 1 Abs. 1 SGB II.[1491] Dabei entsteht selbst dann kein Arbeitsverhältnis zwischen dem Ein-Euro-Jobber und der beschäftigenden Instanz, wenn mit Händen zu greifen ist, dass die Maßnahme nicht diesen Voraussetzungen der §§ 16 Abs. 3 S. 2 SGB II, 261 Abs. 2 S. 1 SGB III entspricht, da diese Vorschrift nicht dem Schutz des Hilfebedürftigen dienten.[1492] Also soll selbst bei einer offensichtlichen Rechtswidrigkeit der Maßnahme das Arbeitsrecht ausgeklammert werden. Insofern ist der Entscheidung richtig, einem Betroffenen in diesem Fall Prozesskostenhilfe zu gewähren, um diese Frage zu prüfen.[1493] Dabei geht es gleichfalls um die Frage, ob einem arbeitslosen Akademiker im Rahmen eines Ein-Euro-Jobs faktisch die Tätigkeit eines wissenschaftlichen Mitarbeiters an einer Hochschule übertragen werden kann. Auch hier wäre nicht von einer „zusätzlichen" Arbeitsgelegenheit auszugehen.[1494]

Zusätzlich stellt sich auch die Frage, deren Beantwortung das hier vorliegende Werk sprengen würde, ob dieses Ziel nicht nur nicht erreicht, sondern überhaupt verfolgt wird. Dass diese Fälle existieren zeigt der Fall eines Busfahrers, der als Ein-Euro-Jobber regulär im normalen Schichtplan wie andere Arbeitnehmer eingesetzt wurde.[1495]

Der Bundesrechnungshof jedenfalls hat in einem vertraulichen Bericht Pressemeldungen zufolge die Praxis gerügt, feste Stellen zunehmend durch Ein-Euro-Jobber zu ersetzen.[1496] Im Jahr 2005 wurden 604.000 Ein-Euro-Jobbern entsprechende Arbeitsgelegenheiten zugewiesen mit einer durchschnittlichen Dauer von 5,7 Monaten. Bei fast einem Viertel, also fast 150.000 Beschäftigungen, sollen die Fördervoraussetzungen einer zusätzlichen Arbeit bzw. einer im öffentlichen Interesse legenden Arbeit nicht vorgelegen haben. Bei weiteren über 50 % der Fälle sollen keine verlässlichen Angaben über die Arbeits- und Maßnahmeninhalte vor-

---

1490 So *Rixen/Pananis* in: NJW 2005, 2177 f. m.w.N.; *Brötzmann* in: NJW 2007, 1229.

1491 Kritisch auch *Zipprich* in: JR 2008, 263.

1492 BAG v. 26.9.2007, Az.: 5 AZR 857/06, jurisPR-SozR 2/2008, Anm. 1; ArbG Weiden v. 29.5.2005, Az.: 2 Ca 480/05.

1493 SG Hamburg v. 4. 1. 2008, Az.: S 62 AS 1885/07.

1494 Damit stellt sich die – in diesem Handbuch nicht zu untersuchende – Frage, ob Ein-Euro-Jobs nicht als verbotene Pflicht- oder gar Zwangsarbeit im Sinne des auch von Deutschland ratifizierten Abkommens C 029 der International Labor Organization (ILO) anzusehen ist. Denn die Aufnahme dieser Tätigkeit wird mit der Androhung von Leistungskürzungen erzwungen.

1495 Beispiel nach *Zipprich* in: JR 2008, 263 f. unter Verweis auf LAG Hamm vom 18.6.2007, Az.: 2 Ta 661/06; so auch im Fall des BAG v. 26.9.2007, Az.: 5 AZR 857/06, in: jurisPR-SozR 2/2008 Anm. 1, in dem eine Ein-Euro-Jobberin neben angestellten Raumpflegerinnen ebenfalls mit Raumpflegearbeiten für eine Entschädigung von 1,25 € beschäftigt war; weitere Beispiele bei *Lohmann* 102 f.

1496 Beck-onlinenachrichten: http://rsw.beck/rsw/shop/ default.asp?docid=261495& docClass=NEW&site=Beck%20Aktuell&from=HP.10 vom 18.6.2008; zur parlamentarischen Behandlung s. Antwort der Bundesregierung (BT-Drs. 16/9545) auf die parlamentarische Anfrage der Linksfraktion (BT-Drs 16/9278).

gelegen haben, so dass auch hier die Zweifel an der Zulässigkeit der Maßnahme zumindest vorliegen. Bei einem Fördervolumen von rund 1,1 Milliarden € stellt sich die Frage nach dem richtig eingesetzten Fördergeld durchaus. Daher ist davon auszugehen, dass Leistungsträger erst dann Fördergelder für Ein-Euro-Jobs ausschütten dürfen, wenn positiv geprüft ist, dass die Arbeitsgelegenheiten allen gesetzlichen Voraussetzungen, und damit auch des Merkmals der „zusätzlichen" Arbeitgelegenheit erfüllt sind.[1497]

bb) Zumutbarkeit

Der Begriff der Zumutbarkeit hat mit der Einführung der Ein-Euro-Jobs große Bedeutung gewonnen. Nach altem Recht des § 19 BSHG war eine vollschichtige Arbeit nicht zulässig, da der Betroffene nur eine Mehraufwandsentschädigung zu erwarten hat. Mangels echter Vergütung könne auch eine vollwertige Arbeit nicht verlangt werden.[1498]

Heute ist gemäß § 10 Abs. 1, 3 SGB II jede legale, nicht sittenwidrige Arbeit zumutbar, sofern der Betroffene körperlich, geistig und seelisch zur Erbringung der Arbeitsleistung in der Lage ist. Eine vollschichtige Arbeit kann auch heute aus wichtigem Grund abgelehnt werden, wenn ihr insofern ein wichtiger Grund entgegenstünde, § 10 Abs. 1 Nr. 5 SGB II. Dazu zählen etwa gesundheitliche oder persönliche Gründe, wenn z.B. eine Kinderbetreuung bei Kindern unter drei Jahren erforderlich bleibt.[1499] Weigert sich der Arbeitsuchende allerdings, eine zumutbare Beschäftigung aufzunehmen, oder bricht er sie ungerechtfertigterweise ab, kann ihm nach erfolgter Belehrung[1500] gemäß § 31 Abs. 1 SGB II das Arbeitslosengeld gekürzt werden.

Die üblicherweise kürzere Dauer dieser Arbeitsmaßnahme von 20 bis 30 Stunden pro Woche[1501] begründet sich darin, dass der Arbeitssuchende neben seinem Ein-Euro-Job natürlich auch noch Gelegenheit haben muss, sich anderweitig auf dem ersten Arbeitsmarkt bewerben zu können. Das gilt erst recht, wenn noch jeweils eine An- und Abfahrtszeit hinzuzurechnen ist.[1502]

1497 *Rixen/Pananis* in: NJW 2005, 2177 f.
1498 BVerwG v. 13.10.1983, in: BVerwGE 68, 91 ff.
1499 *Lohmann* 24.
1500 VG Bremen v. 22.6.2007, Az.: S 3 V 1575/07; BSG v. 16.12.2008, Az.: B 4 AS 60/07.
1501 30 Stunden-Woche für zulässig hält das BSG v. 16.12.2008, Az.: B 4 AS 60/07.
1502 LSG Berlin-Brandenburg v. 28.9.2006, Az.: L 14 B 518/06 AS ER; LSG Rheinland-Pfalz v. 18.3.2008, Az.: L 3 AS 127/07; SG Ulm v. 24.4.2007, Az.: S 11 AS 1219/07.

3. Individuelles Arbeitsverhältnis

Die Verpflichtung zur Arbeit erfolgt gegenüber dem Leistungsträger auf der Grundlage der Eingliederungsvereinbarung bzw. des Heranziehungsbescheids gemäß § 15 SGB II. Darin werden jedoch nicht die Rechte und Pflichten gegenüber dem Dritten geregelt.

a) Rechtsgrundlage zwischen Anspruchsberechtigtem und Dritten

Es fehlt also noch an einer rechtlichen Basis zwischen dem Ein-Euro-Jobber und der dritten Partei. Ein Arbeitsvertrag zwischen beiden scheidet aus, § 16 Abs. 3 S. 2 SGB II.[1503]

Vielmehr nimmt der Arbeitssuchende die Beschäftigung in Erfüllung seiner Verpflichtungen gegenüber der Arbeitsverwaltung wahr, bei der es sich um eine öffentlich-rechtliche Pflicht im Sinne des § 15 SGB II handelt und die ja auch durch einen öffentlich-rechtlichen Heranziehungsbescheid oder einen öffentlich-rechtlichen Eingliederungsvertrag als sozialrechtliches Verhältnis individualisiert werden kann.[1504] Es soll sich dabei um einen öffentlich-rechtlichen Vertrag handeln, obwohl nicht nur der Arbeitssuchende eine private Person ist. Das soll auch dann gelten, wenn ein privater Dritter im Sinne des § 17 Abs. 1 S. 1 SGB II für die Beschäftigung sorgt.[1505] Denn der Inhalt ihrer Absprache entspringe öffentlich-rechtlichen Pflichten.[1506]

In der Praxis werden die Arbeitssuchenden häufig von der Arbeitsagentur oder von dem sie betreuenden Job-Center jedoch lediglich auf eine solche Arbeitsgelegenheit hingewiesen mit der Aufforderung, sich dort zu bewerben.[1507] Im Anschluss an eine erfolgreiche Bewerbung schließt der Dritte dann in der Regel eine entsprechende Vereinbarung mit dem Arbeitssuchenden.

Dabei sind hier gemäß § 61 SGB X neben den SGB-Vorschriften ergänzend die allgemeinen Bestimmungen heranzuziehen. Wenn sich aus den Erklärungen der Parteien ergibt, dass sich beide Seiten – ungeachtet der öffentlich-rechtlichen Vermittlung oder gar Zuweisung des Arbeitssuchenden – rechtlich binden wollen, können die §§ 611 ff. BGB als Recht des freien Dienstvertrags angewandt werden. Für den Abschluss des Vertrages sind die allgemeinen Regeln der §§ 145 ff. BGB anwendbar. Dann wäre allerdings über den § 612 BGB vom Maßnahmeträger das

1503 BAG v. 8.11.2006, in: NJW 2007, 1227 f.; *Brötzmann* in: NJW 2007, 1229; *Zwanziger* in: AuR 2005, 8/10.

1504 BT-Drucks. 15/1579, 32; *Rixen/Pananis* in: NJW 2005, 2177/9.

1505 BAG v. 26.9.2007, Az.: 5 AZR 857/06.

1506 BSG v. 27.11.1991, in: BSGE 70, 37 ff.; BVerwG v. 12.6.1992, in: NJW 1992, 2906 f.; *Zwanziger* in: AuR 2005, 8/10.

1507 Vgl. ArbG Berlin v. 25.8.2005, in: NJW 2005, 3741.

übliche Entgelt zu beanspruchen. Dieser hätte dann auch für die korrekte sozialversicherungsrechtliche und steuerliche Behandlung dieses Arbeitsverhältnisses zu sorgen.[1508]

Wegen des Ausschlusses des Arbeitsrechts in § 16 Abs. 3 S. 2 SGB II liegt insofern auch kein „faktisches“ Arbeitsverhältnis vor, da auch dieses von der Rechtsprechung geschaffene Institut mindestens ein, wenn auch fehlerhaft begründetes Arbeitsverhältnis voraussetzt. Das ist jedoch, wie gezeigt, gerade hier nicht der Fall.[1509]

Eigentlich ist also der separate Abschluss eines „Vertrages“ zwischen dem Ein-Euro-Jobber und dem Dritten an sich gar nicht erforderlich. Evtl. dennoch abgeschlossene Dokumente sind sorgfältig daraufhin zu überprüfen, ob es sich im Einzelfall tatsächlich um rechtlich relevante Vereinbarungen handelt. Häufig würden sie gerade eingesetzt, um bei dem Arbeitssuchenden den Eindruck zu erwecken, er schlösse einen echten Arbeitsvertrag ab.[1510]

Zumindest sprächen derartige Verhaltensweisen doch zumindest für eine zivilrechtliche Beziehung eigener Art, mit der die Ein-Euro-Jobber wenigstens als arbeitnehmerähnliche Personen anzusehen sein können,[1511] was zwar überwiegend abgelehnt wird.[1512] Zumindest dann, wenn die direkt beteiligten Parteien dem Privatrecht zuzuordnen sind, ein Vertrag mit ganz üblichen Pflichten zur Arbeitszeit, Dauer, Meldepflicht bei Arbeitsunfähigkeit usw. vorhanden ist, die Arbeitsgelegenheit dem Arbeitssuchenden nicht per Verwaltungsakt zugewiesen ist, wird man nicht von einer fehlenden zivilrechtlichen Verbindung sprechen können. § 16 Abs. 3 S. 2 SGB II schließt nur die Geltung des Arbeitsrechts aus, lässt aber eine dienstvertragliche Verknüpfung als arbeitnehmerähnliche durchaus zu. Insofern ist die Einordnung von Ein-Euro-Jobbern als arbeitnehmerähnliche Person durchaus zulässig. Dafür sprechen auch die ausdrücklich für Ein-Euro-Jobs als anwendbar erklärten Teilbereiche des Arbeitsrechts in § 16 Abs. 3 S. 2, 3. und 4. HS SGB II.[1513] Die sozialrechtliche Beziehung zur Arbeitsagentur kann daneben durchaus parallel bestehen.

1508 Auf die ggf. auch strafrechtlichen Konsequenzen weisen *Rixen/Pananis* in: NJW 2005, 2177, 2180 f. zu Recht hin.

1509 *Rixen/Pananis* in: NJW 2005, 2177/8 f.

1510 *Rixen/Pananis* in: NJW 2005, 2177/9 f. sprechen vom psychologisch entlastendes Vertragsplacebo; auch der Begriffs des „Jobs“ in diesem Zusammenhang erweckt diesen (rechtlich falschen) Eindruck.

1511 ArbG Berlin v. 25.8.2005, in: NJW 2005, 3741 f.

1512 BAG v. 8.11.2006, in: NJW 2007, 1227 f.; Küttner/*Röller* „Arbeitnehmer“ Rn 4; Schaub/*Vogelsang* § 8, Rn 20; EK/*Preis* § 611 BGB Rn 32.

1513 Mehr hierzu in nachfolgend c).

b) Bezahlung

Dass Ein-Euro-Jobber nur einen Euro pro Stunde erhalten, ist weder gesetzlich oder von der Rechtsprechung her so festgelegt.[1514] Die Höhe der Vergütung beträgt in der Regel etwas mehr als einen Euro, so dass sich umgangssprachlich diese Bezeichnung durchgesetzt hat.[1515] Bei schweren Bedingungen werden im Einzelfall Entschädigungen von 2,50 Euro pro Stunde bezahlt. Allerdings wurde auch schon eine stündliche Entschädigung von 0,78 Euro als zulässig erachtet.[1516]

Bei einem durchschnittlichen Zusatzverdienst von 1,50 € pro Stunde[1517] und einer Beschäftigungszeit von z.B. 30 Stunden pro Woche ergibt sich ein Zusatzverdienst zum Arbeitslosengeld II von weniger als 200, – € pro Monat. Abzuziehen davon sind die Aufwendungen, die ein Ein-Euro-Jobber noch tatsächlich für diese Tätigkeit selbst tragen muss.[1518] Berücksichtigt man die Vielzahl der Fälle, in denen Ein-Euro-Jobber reguläre Arbeitskräfte verdrängen, stellt sich schon die Frage danach, ob derartige Beträge tatsächlich Integrationsbeiträge der Betroffenen in den Arbeitsmarkt leisten können, oder ob dadurch nicht eher ein lang wirkendes Frustrationspotential aufgebaut wird. Sicher begrüßen es Betroffene durchaus, in ihrer schwierigen Situation eine Beschäftigung zu haben, einen Beitrag zu leisten, soziale Kontakte zu haben. Damit befürworten sie zwar den positiven Einfluss auf ihre Lebenssituation, nicht jedoch den Ein-Euro-Job als solchen. Viele empfinden diese Konditionen als Abwertung.[1519]

Diese Vergütung ist mangels eines Arbeitsvertrages nicht als Arbeitsvergütung zu betrachten.[1520] Dementsprechend soll auch deren Fortzahlung im Krankheitsfalle entfallen, da insofern das Arbeitslosengeld II den Mindestlebensbedarf deckt. Allerdings ist unter Rückgriff auf die §§ 616 BGB, 25 SGB II im Krankheitsfall die Mehraufwandsentschädigung für sechs Wochen weiter zu zahlen.[1521]

c) Mindestschutz des Ein-Euro-Jobbers

Um den Ein-Euro-Jobber nicht gänzlich rechtlos zu stellen, sind gemäß § 16 Abs. 3 S. 2, 3., 4. HS SGB II zumindest die Grundsätze des Urlaubsrechts, des Arbeitszeit-

1514 Vgl. Hessisches LSG v. 28.4.2008, Az. L 9 AS 1/07.

1515 *Rixen/Pananis* in: NJW 2005, 2177.

1516 Hessisches LSG v. 28.4.2007, Az.: L 9 AS 1/07.

1517 So in BSG v. 16.12.2008, Az.: B 4 AS 60/07; dabei handelte es sich immerhin um einen ausgebildeten Ingenieur.

1518 Vgl. BSG v. 13.11.2008, Az.: B 14 AS 66/07, in dem ein Betroffener sich vergeblich dagegen wehrte, von der Vergütung in Höhe von 130,– €/Monat noch 51, 90 € für eine zusätzlich erforderliche Monatsfahrkarte zahlen zu müssen.

1519 *Lohmann* 73, 77 f.

1520 LSG Bayern v. 19.9.2007, Az.: L 2 U 80/07.

1521 *Zwanziger* in: AuR 2005, 8/11.

schutzes sowie die der Arbeitnehmerhaftung auf sie anwendbar.[1522] Auch der öffentlich-rechtlichen Arbeitsschutzes kommt dem Beschäftigten zugute, § 618 BGB. Die den Arbeitssuchenden betreffenden Verpflichtungen sind ansonsten teilweise an das individuelle Arbeitsrecht angelehnt.

Insofern werden die Bestimmungspflicht des Dritten zur Lage, Ort und Inhalt der Arbeitsleistung aus §§ 611, 315 BGB, 106 GewO abgeleitet werden.[1523] Auch die Verpflichtung zur Vergütung des Mehraufwands an den Arbeitssuchenden entspricht dem § 611 BGB. Diese Entschädigung ist eine echte Vergütung, deren Fälligkeit richtet sich nach § 614 BGB, und auch während des Urlaubs gemäß § 11 BUrlG zu zahlen.[1524] Die Regeln für die Entgeltfortzahlung sind mangels Anwendbarkeit des Arbeitsrechts hier nicht gültig.

Das AGB-Recht ist bei derartigen Vertragsverhältnissen zwischen Privaten anwendbar, auch wenn sich die Inhalte aus Öffentlichem Recht ergeben.[1525] Besonderheiten des Arbeitsrechts gemäß § 310 Abs. 4 S. 2 BGB gelten hier mangels direkter Geltung des Arbeitsrechts nicht. So sind daher vorformulierte Vertragsstrafen wegen § 309 Nr. 6 BGB hier unwirksam.[1526]

Der arbeitsrechtliche Gleichbehandlungsgrundsatz ist hier für die Ein-Euro-Jobber keine Grundlage, sich in den Arbeitskonditionen mit den übrigen „normalen“ Arbeitnehmern des Dritten zu vergleichen. Insofern wird die unterschiedliche Verpflichtungsgrundlage als ein zulässiges Kriterium für eine Ungleichbehandlung beider Beschäftigungsgruppen gesehen. Nur soweit es um die Eingliederung des Arbeitssuchenden in den Betrieb geht, kommt ein Gleichbehandlungsanspruch in Betracht, also etwa die Benutzung betrieblicher Einrichtungen wie Kantine, ggf. Arbeitskleidung.[1527] Denn die Eingliederung des Arbeitssuchenden ist ja auch das Ziel der Ein-Euro-Job-Maßnahmen.

Ungerechtfertigte Diskriminierungen nach den Kriterien des AGG sind auch bei Ein-Euro-Jobbern unzulässig. Diese Beschäftigung fällt zumindest gemäß § 2 Abs. 1 Nr. 3 AGG als Zugang zur praktischen Berufserfahrung unter das Anti-Diskriminierungsrecht. Auch das Maßregelungsverbot des § 612 a BGB ist für dieses öffentlich-rechtliche Dienstverhältnis grundsätzlich anwendbar.[1528]

1522 *Zwanziger* in: AuR 2005, 8/11; *Rixen/Pananis* in: NJW 2005, 2177, 2180; Schaub/*Linck* § 53 Rn 41 mit Verweis auf § 2 Abs. 2 S. 1 SGB VII.

1523 BAG v. 7.12.2000, in: AuR 2001, 355.

1524 *Zwanziger* in: AuR 2005, 8/ 11.

1525 BVerwG v. 6.3.1986, in: BVerwGE 74, 78 ff.

1526 Sie sind auch wegen der öffentlich-rechtlichen Sanktionsmöglichkeit des § 31 Abs. 1 SGB II nicht erforderlich, vgl. *Zwanziger* in: AuR 2005, 8/12.

1527 *Zwanziger* in: AuR 2005, 8/12.

1528 *Zwanziger* in: AuR 2005, 8/12.

d) Beendigung des Ein Euro-Jobs

Entsprechend der Bestimmungen des § 15 Abs. 1 S. 3 SGB II ist von einer regelmäßigen Befristung der Beschäftigungsdauer von mehreren Monaten auszugehen. Nur ausnahmsweise wird daher eine vorzeitige Beendigung der Beschäftigung möglich sein.

Im Rahmen des sozialintegrativen Ansatzes, den dieses arbeitsmarktpolitische Instrument für sich in Anspruch nimmt, wird ein Abbruch der Maßnahme entsprechend § 31 Abs. 1 S. 2 SGB II durch den Leistungsträger in Frage kommen, wenn trotz einer Abmahnung der Anspruchsberechtigte hierzu Anlass gibt. Umgekehrt kann auch der Anspruchsberechtigte vorzeitig die Maßnahme abbrechen und außerordentlich kündigen, etwa, um eine Beschäftigung im ersten Arbeitsmarkt aufzunehmen oder aus dem Arbeitsleben auszuscheiden.[1529] Als Anlass kann hier nicht jede beliebige, willkürliche Motivation zur Beendigung der Maßnahme sein, sondern nur ein berechtigter Anlass. Im Hinblick auf das Hinwirken des Leistungsträgers wie des Ditten auf eine Integration des Arbeitssuchenden in den Arbeitsmarkt ist insofern bei Verhaltensgründen eine vorherige Abmahnungspflicht zu bejahen.[1530] Als Konsequenz für vom Leistungsempfänger einseitig ohne wichtigen Grund abgebrochene Maßnahme wird das ohnehin geringe Arbeitslosengeld II gemäß § 31 SGB II von 30 bis 100 Prozent gekürzt werden können. Ansonsten ist auch für ihn eine außerordentliche Kündigung aus wichtigem Grund entsprechend § 626 BGB denkbar.[1531]

e) Verfahrensfragen

Für diese Beschäftigungen und den sich daraus ergebenden Streitigkeiten im Verhältnis zum Leistungsträger sind nicht die Arbeitsgerichte, sondern die Sozialgerichte zuständig.[1532] Denn insofern liegen keine bürgerlich-rechtlichen Verfahren im Sinne des § 2 Abs. 1 Nr. 3 ArbGG, sondern öffentlich-rechtliche Streitigkeiten vor. Soweit allerdings zivilrechtliche Ansprüche, etwa ein Schadenersatz, beansprucht werden, sind die Arbeitsgerichte zuständig, da dieser Rechtsweg gemäß § 5 Abs. 1 S. 2, 2. Alt. ArbGG insofern für arbeitnehmerähnliche Personen und damit auch für Ein-Euro-Jobber geöffnet ist.

1529 SG Bayreuth v. 15.7.2005, Az.: S 4 AS 145/05; SG Berlin v. 27.6.2005, Az.: S 37 AS 4801/05 ER; *Zwanziger* in: AuR 2005, 8/13.

1530 *Zwanziger* in: AuR 2005, 8/13.

1531 *Zwanziger* in: AuR 2005, 8/13.

1532 BAG v. 8.11.2006, 5 AZB 36/06, in: NZA 2007, 53 ff.; Schaub/*Vogelsang* § 8 Rn 20; *Maties* in: RdA 2007, 135, 143; *Zwanziger* in: AuR 2005, 8/15; *Voelzke* Urt.-Anmerkung zu BAG v. 26.9.2007, in: jurisPR-SozR 2/2008 Anm. 1; *Brötzmann* in: NJW 2007, 1229.

4. Kollektives Arbeitsrecht

Ein-Euro-Jobber nehmen auch im kollektiven Arbeitsrecht eine besondere Stellung ein, da ihre Position im Tarifvertrags- und Betriebsverfassungsrecht klärungsbedürftig ist.

a) Tarifrecht

Obwohl Ein-Euro-Jobber keine Arbeitnehmer sind, wird das TVG über § 12 a TVG für anwendbar erklärt, als die Anspruchsberechtigten insofern die Voraussetzungen von arbeitnehmerähnlichen Personen erfüllen. Dass es sich um einen öffentlich-rechtlichen Dienstvertrag handele, sei irrelevant, da § 12 a TVG insofern nur auf einen Dienstvertrag abstellt. Auch die wirtschaftliche Abhängigkeit und soziale Schutzbedürftigkeit sind hier gegeben.[1533]

Das kann bezweifelt werden, weil der Anspruchsberechtigte in der Regel tatsächlich nicht nur für den die Arbeitsgelegenheit bietenden Dritten tätig ist, sondern auch im Rahmen seiner Mitwirkungspflicht gegenüber dem Leistungsträger entsprechend seiner Eingliederungsvereinbarung gemäß § 15 Abs. 1 SGB II seine Dienste erbringt. Auch die wirtschaftliche Abhängigkeit vom Dritten ist als Kriterium hier zumindest zweifelhaft: gemäß § 16 Abs. 3 S. 2 AGB II wird sein Arbeitslosengeld II während seiner Arbeit für den Dritten weiter entrichtet. Insofern kommt diese Auffassung letztlich nur auf Grund der Tatsache zum Ergebnis, dass hier arbeitnehmerähnliche Tätigkeiten vorliegen, indem die geleisteten Dienste mit denen eines Arbeitnehmers vergleichbar sind.[1534]

Im Ergebnis werden aber für einen wesentlichen Bereich, nämlich der Entlohnung, Tarifverträge hier keine Wirkung entfalten. Insofern ist die Vorgabe des § 16 Abs. 3 S. 2 SGB II eine Barriere, die es den Anspruchsberechtigten unmöglich macht, sich insofern auf die tarifliche Mindestentlohnung zu berufen.[1535] Allerdings könnten sich Tarifvertragsparteien auch im Rahmen eines Tarifvertrages über die Einstellung von Ein-Euro-Jobbern in den ersten Arbeitsmarkt einigen. Letztendlich dürften allerdings in der Praxis Tarifverträge für Ein-Euro-Jobber bedeutungslos sein.

b) Betriebsverfassung

Da Ein-Euro-Jobber keine Arbeitnehmer sind, werden sie nicht in die Betriebsverfassung mit einbezogen, § 5 BetrVG.[1536] Bzgl. deren Einstellung ist allerdings der

---

1533 BAG v. 2.10.1999, in: AP § 12 a TVG Nr. 1; *Zwanziger* in: AuR 2005, 8/13

1534 *Zwanziger* in: AuR 2005, 8/13.

1535 *Zwanziger* in: AuR 2005, 8/13; allerdings soll die Teilnahme an einem Arbeitskampf für höhere Entlohnung zulässig sein, a.a.O., S. 14.

1536 BAG v. 2.10.2007, in: JR 2008, 263.

Betriebsrat zuvor anzuhören, weil sich § 99 BetrVG mit der Eingliederung aller Personen in den Betrieb befasst, sofern sie dem Weisungsrecht des Arbeitgebers unterliegen. Das ist hier der Fall.[1537] Daher kommt es auf das fehlende zivilrechtliche Arbeitsrechtsverhältnis nicht an. Dm Betriebsrat könnten insofern entsprechende Zustimmungsverweigerungsrechte zustehen, wenn bestehende Arbeitsverhältnisse durch Ein-Euro-Jobber ersetzt werden sollen.[1538]

In der Praxis wird das allerdings eher ein Ausnahmefall sein, dass ein solches Zustimmungsverweigerungsrecht besteht. Denn ein Betriebsrat hat kein Mandat, etwa die Zulässigkeit eines Herziehungsbescheides zu überprüfen, ob etwa eine Arbeitspflicht für den Arbeitssuchenden zumutbar ist oder nicht. Allerdings wird dem Betriebsrat ein Zustimmungsverweigerungsrecht gemäß § 99 Abs. 2 Nr. 1 BetrVG zustehen, wenn der Einsatz eines Ein-Euro-Jobbers nicht in einer gemäß § 16 Abs. 3 S. 2 SGB II erforderlichen „zusätzlichen“ Arbeit[1539] besteht, sondern reguläre Arbeit ersetzt.[1540] Gerade auch für solche Fälle des betrieblichen Einsatzes ist ja die Einbindung des Betriebsrats in Einstellungsprozesse sinnvoll.

5. Bewertung

Die Einführung der Ein-Euro-Jobs war in der politischen Diskussion heftig umstritten. Nach den ersten Erfahrungen wird teilweise festgehalten, dass einige Verdrängungseffekte stattgefunden haben. So hat die Einführung der Ein-Euro-Jobs zu einem entsprechenden Rückgang von Stellenangeboten im Pflegebereich geführt.[1541] Dieser Effekt hat zur Folge, dass mit Ein-Euro-Jobs reguläre Arbeitsstellen abgebaut werden. Hier rächt es sich, dass das Tatbestandsmerkmal der „zusätzlichen“ Arbeit für Ein-Euro-Jobs nicht wirklich realisiert wird. Damit besteht auch die Gefahr, dass durch den Staat selbst ein künstlicher Billiglohnbereich geschaffen wird, um den Preis, dass diese Maßnahme auch dem „Schönen“ der Arbeitslosenstatistik dient: gemäß § 16 Abs. 2 SGB II gelten Ein-Euro-Jobber nicht als arbeitslos (!). Auf jeden Fall sind sie billiger als die früher geförderten ABM-Maßnahmen.

Letztendlich erhalten die Betroffenen keine angemessenen Arbeitsbedingungen. Lediglich die Arbeitsschutzbestimmungen können sie direkt für sich in Anspruch nehmen. Weder sind sie vom Betriebsrat vertreten noch können sie sozialversicherungsrechtliche Ansprüche aufbauen. Unabhängig von der teilweisen Wettbewerbs-

1537 BAG v. 19.6.2001, in: AuR 2001, 271, 517; BAG v. 2.10.2007, in: JR 2008, 263, mit zustimmender Anmerkung von *Zipprich* a.a.O.; BAG v. 2.10.2007, in: NJW 2008, 685; das gleiche gilt für den öffentlich-rechtlichen Personalrat, vgl. VG Oldenburg v. 22.6.2005, Az.: 9 A 1738/05 sowie VG Mainz v. 24.8.2005, Az.: 5 K 193/05 MZ.

1538 *Zwanziger* in: AuR 2005, 8/14.

1539 S.o., 2. Kap. § 5 IV 2 b) aa).

1540 *Zipprich* in: JR 2008, 263 f. mit Hinweis auf einen Beispielfall eines Busfahrers, der als Ein-Euro-Jobber im regulären Schichtdienst eingesetzt wurde.

1541 http://doku.iab.de/forschungsbericht/2007/fb2007.pdf.

verzerrung, die besteht, wenn reguläre Arbeit durch Ein-Euro-Jobber erledigt wird, wird hier ein Beschäftigungsmarkt geschaffen, der für die Betroffenen fast alle Kriterien der prekären Arbeit erfüllt.

Letztlich wird man sagen können, dass es gerade die Sprache des Gesetzgebers ist, die hier zu einer schon zynischen Behandlung der Arbeitssuchenden kommt. Mit dem Begriff des Ein-Euro-Jobs sollen Jobs, also echte Arbeit suggeriert werden. Dabei werden die Betroffenen zur Verrichtung von Arbeitsdiensten herangezogen.

Auch auf einen weiteren Widerspruch ist hinzuweisen. Einerseits werden Ein-Euro-Jobs lediglich als ultima-ratio-Lösung für die Betroffenen bezeichnet.[1542] Andererseits waren von vorneherein bis zum Jahr 2005 600.000 solcher Ein-Euro-Jobs geplant.[1543] Dieser Widerspruch bleibt ungelöst. „Ultima ratio“ hieße in diesem Zusammenhang, dass andere Maßnahmen, andere Eingliederungsversuche oder Beschäftigungen vorrangig sind. Die geplante Größenordnung von 600.000 kann jedoch nicht mehr auf dem Arbeitsmarkt vernachlässigt werden. Sie lässt stark daran zweifeln, ob es dem Gesetzgeber tatsächlich darum ging, diese Ein-Euro-Jobs als Maßnahme lediglich nachrangig vorzusehen.

Neben dem Aktivierungs- und Wiedereingliederungszweck, der dem Gesichtspunkt des „Förderns und Forderns“ entspricht, § 2 SGB II, wird man daher festhalten können, dass die Ausgestaltung der Ein-Euro-Jobs weiteren Zielen dient, als da sind: Verbesserung des Angebots im Niedriglohnbereich durch die Beschäftigung faktisch kostenloser Mitarbeiter, Entlastung der Arbeitslosenstatistik, Kostensenkung der öffentlichen Mittel durch den Abbau der ABM-Maßnahmen und Leistungskürzungen bei Verweigerung.

V. Heimarbeit

Heimarbeit ist eine Form der erwerbsmäßigen unselbständigen Lohnarbeit, bei der der Arbeitsplatz in der eigenen Wohnung oder einer anderen, vom Heimarbeiter selbst gewählten Örtlichkeit liegt. Der Arbeitgeber stellt üblicherweise die Produktionsmittel zur Verfügung und erwirbt das Eigentum an den vom Heimarbeiter hergestellten Produkten.

In Deutschland sind offiziell ca. 60.000 Personen als Heimarbeiter gemeldet.[1544] Wie hoch die Dunkelziffer in diesem Bereich ist, lässt sich schwer abschätzen.

1542 Vgl. *Lohmann* 36 m.w.N., die auch die Ausweitung der Ein-Euro-Jobs mit dem Motiv der Kostenersparnis für die Öffentliche Hand begründet. Vgl. auch „Arbeitshilfe zur Umsetzung von Arbeitsgelegenheiten“, 1. Änderungsversion vom 20.1.2005 der BA/Zentralbereich SGB II, zit. nach *Lohmann* 105.

1543 BT-Drucksache 15/5191, 3.

1544 Aus „11 gute Gründe, das IAO-Übereinkommen über Heimarbeit zu ratifizieren“ (Hg. Deutscher Gewerkschaftsbund, Evangelischer Entwicklungsdienst, Friedrich-Ebert-Stiftung, Global Labor Institute), Bonn 2005, S. 12. Heimarbeit ist vor allem in Entwicklungsländern ein millionenfaches Ausbeutungsphänomen, das insbesondere Frauen und

Für diese Heimarbeiter gelten einige Besonderheiten. Heimarbeiter haben arbeitsrechtlich eine Zwitterstellung. Sie gelten nicht als in den Betrieb des Arbeitgebers eingegliedert, so dass sie auch dementsprechend nicht dessen Direktionsrecht unterliegen.[1545] Gleichwohl sind Heimarbeiter wie andere Arbeitnehmer sozialversicherungspflichtig. Das individuelle und kollektive Arbeitsrecht kann daher nicht direkt angewendet werden. Für diese Gruppe der Arbeitnehmer hat der Gesetzgeber jedoch ein Schutzbedürfnis erkannt und sie durch das Heimarbeitsgesetz (HAG) geschützt.

1. Geltungsbereich des HAG

Das HAG unterscheidet in dessen § 2 mehrere unter dieses Gesetz fallende Personengruppen. Die genaue Abgrenzung dieser verschiedenen Arten der Heimarbeiter ist deswegen erforderlich, weil unter das HAG fallende Personen in den Genuss der entsprechend differenzierten Schutzvorschriften des HAG kommen, vgl. § 1 Abs. 3 HAG.

a) Heimarbeiter

Wie bereits erwähnt, arbeiten Heimarbeiter erwerbsmäßig in einer selbst gewählten Arbeitsstätte allein (oder mit Familienangehörigen) in fremden Auftrag und überlassen die Arbeitsergebnisse jedoch dem auftraggebenden Gewerbetreibenden, § 2 Abs. 1 S. 1 HAG. Die Bereitstellung von Rohstoffen oder Maschinen durch den Auftraggeber ist üblich, aber nicht zwingend für die Einordnung als Heimarbeiter, § 2 Abs. 1 S. 2 HAG.[1546]

Streitig ist, ob auch qualifiziertere Angestelltenarbeiten unter das HAG subsumiert werden können.[1547] Das ist nicht der Fall. Das HAG spricht auch nach der letzten Änderung vom 23.12.2003 immer noch von Heim-„Arbeitern“. Auch wenn die Unterscheidung von Arbeitern und Angestellten im Laufe der Zeit praktisch aufgehoben wurde, lässt sich aus der Beibehaltung dieses Begriffes doch etwas ableiten. Insofern ist die traditionelle Unterscheidung der Gruppen „Arbeiter“, als diejenigen, die vorwiegend Hand- oder körperliche Arbeit verrichten, von denen der

---

Kinder betrifft. Insofern versucht das Übereinkommen über Heimarbeit (Ü 177) der ILO vom 22.4.2000, hier einige Mindeststandards zu setzen. Das deutsche HAG geht inhaltlich weit über das Ü 177 hinaus.

1545 Preis/*Genenger* 1076; allerdings ist auch hier die tatsächliche Durchführung des Vertragsverhältnisses maßgeblich, S. 1075; *Schaub* § 163 Rn 2.

1546 Küttner/*Röller* „Heimarbeit“, Rn 2; Schaub § 163 Rn 4.

1547 Küttner/*Röller* „Heimarbeit“, Rn 2 bejaht dies, ambivalenter in Küttner/*Röller* „Telearbeit“ Rn 6; **a.A:** *Otten* § 2 Rn 27; Preis/*Genenger* 1077.

„Angestellten“, die vorwiegend geistige Arbeit leisten,[1548] nach wie vor wichtig. Denn das HAG stellt damit weiter auf die Tätigkeitsmerkmale, Aufgabenstellungen und Anforderungsprofile ab, die sich auf überwiegend Hand- oder körperliche Arbeit von Arbeitern beziehen. Auch die Tatsache, dass derartige Arbeiten gemäß § 1 Abs. 2 lit. a) HAG, § 613 BGB an Familienangehörige delegiert werden kann, spricht für den Anwendungsbereich einfacherer Arbeiten.

Damit unvereinbar ist es jedoch, qualifizierte Angestelltentätigkeiten unter das HAG zu subsumieren. Das ist auch der Grund, z.B. die Telearbeit gesondert zu betrachten.[1549] Typischerweise betrifft es also die Produktion und Montage von Spezial- oder Nischenprodukten, bei denen die industrielle Massenfertigung unwirtschaftlich wäre. Darauf deutet auch § 20 HAG hin, der zum Entgelt von einer Bezahlung nach Stückzahlen ausgeht, ein für die Hand- und körperliche Arbeit typisches Kriterium. Lediglich einfachere Schreib-, Rechnungswesen- oder Zeichenaufgaben können als typische einfache Angestelltentätigkeiten unter das HAG fallen.[1550]

Da der Auftrag zur Heimarbeit mittelbar oder unmittelbar von einem Gewerbetreibenden ausgehen muss, wird wissenschaftliche, künstlerische oder schriftstellerische Arbeit oder Arbeit für Freiberufler, die jeweils zu Hause bearbeitet wird, nicht als Heimarbeit im Sinne des HAG gewertet.[1551] Sie sind entweder als Selbständige tätig, oder sie können entsprechend einem Antrag gemäß § 1 Abs. 2 lit. a) HAG Heimarbeitern gleichgestellt werden.

b) Mitarbeitende Familienangehörige

§ 2 Abs. 1 S. 1 HAG erwähnt ausdrücklich, dass Heimarbeiter allein oder „mit seinen Familienangehörigen“ Aufträge bearbeitet. Diese haben nicht den Status von Heimarbeitern, da sie nicht in einer eigenen Rechtsbeziehung zum Auftraggeber stehen; sie werden häufig auf Grund einer rein familienrechtlicher Grundlage mitarbeiten.[1552] Der Kreis dieser Familienangehörigen ist in § 2 Abs. 5 HAG abschließend beschrieben.

1548 *Hueck-Nipperdey* I, 63 f.

1549 Vgl. hierzu 2. Kap. § 5 VI.

1550 BAG v. 25.3.1992, in: DB 1992, 1782; LAG Düsseldorf v. 23.8.1989, in: BB 1989, 2400.

1551 BAG v. 25.3.1992, in: DB 1992, 1782.

1552 Vgl. hierzu 2. Kap. § 1 I 1a), 2 a); in dieser Vorschrift klingt auch das in vielen Entwicklungsländern übliche Prinzip an, dass Auftraggeber hier insbesondere Frauen und ihre Kinder für die Heimarbeit einspannen.

c) Hausgewerbetreibende und Zwischenmeister

Hausgewerbetreibende sind Heimarbeitern gleichgestellt, §§ 1 Abs. 1, 2 Abs. 2 HAG. Der Unterschied zu diesen besteht darin, dass sie ein oder zwei Hilfskräfte oder Heimarbeiter (§ 2 Abs. 6 HAG) beschäftigen, im übrigen aber mitarbeiten.

Zwischenmeister sind gemäß § 2 Abs. 3 HAG Mittelspersonen, die von einem Gewerbetreibenden erteilten Aufträge an Heimarbeiter oder Hausgewerbetreibende weitergeben. Um in den Schutzbereich des HAG zu fallen, müssen sie gemäß § 1 Abs. 2 lit. d) HAG einen entsprechenden Gleichstellungsantrag bei dem durch die jeweils zuständige Arbeitsbehörde eingerichteten Heimarbeitsausschuss stellen, § 4 HAG.

d) Den Heimarbeitern Gleichgestellte und Abgrenzungen

Zu unterscheiden sind Heimarbeiter von selbständigen Gewerbetreibenden, die fremde Dienst- oder Werkaufträge erfüllen, sowie der Telearbeit.[1553] § 1 Abs. 2 HAG sieht jedoch die Möglichkeit vor, diese entsprechend seinen lit. a) – d) den Heimarbeitern vergleichbare Personen gleichzustellen, damit sie gemäß § 1 Abs. 3 HAG in den Schutzbereich des HAG gelangen. Maßgeblich für die Entscheidung sind hier verschiedene Kriterien: dazu gehören

- das Ausmaß der wirtschaftlichen Abhängigkeit, insbesondere die Abhängigkeit von nur einem Auftraggeber,
- den eigenen Zugang zum Absatzmarkt,
- die Höhe und die Art evtl. Eigeninvestitionen sowie
- die Zahl evtl. beschäftigter Hilfskräfte.

Die Entscheidung über einen solchen Gleichstellungsantrag trifft ein von der jeweilig zuständigen Arbeitsbehörde eingerichteter Heimarbeitsausschuss gemäß §§ 1 Abs. 4, 4 HAG.

Wird ein solcher Antrag positiv beschieden, kann sich aus § 242 BGB für den gleichgestellten Heimarbeiter eine entsprechende Informationspflicht gegenüber seinem Auftraggeber ergeben.[1554] Gesetzlich normiert ist diese Informationspflicht nur, wenn der Auftraggeber danach fragt, § 1 Abs. 6 HAG.

1553 Vgl. hierzu 2. Kap. § 5 VI.
1554 Küttner/*Röller* „Heimarbeit", Rn 10.

2. Schutz von in Heimarbeit Beschäftigten

Da Heimarbeiter nicht in Betrieben eingegliedert sind, sondern isoliert zu Hause die Aufträge abarbeiten, sind diese Arbeitsplätze schlecht einsehbar und intransparent. Insofern sah und sieht der Gesetzgeber eine Notwendigkeit, diesen Menschen einen gewissen Mindestschutz angedeihen zu lassen, auf den individualvertraglich nicht verzichtet werden kann.[1555] Die einzelnen Schutzbestimmungen erreichen jedoch im Ganzen nicht den Standard von typischen Arbeitnehmern in Betrieben.

a) Arbeitszeit

Heimarbeiter sind dem Wortlaut nach nicht in das Arbeitszeitgesetz mit eingeschlossen, § 2 Abs. 2 ArbZG. Lediglich als deren Arbeitnehmer beschäftigte Hilfskräfte unterliegen diesem Gesetz.

Für Heimarbeiter selbst sind zur Arbeitszeit im HAG lediglich die §§ 10 und 11 anwendbar. Danach gibt es keine fixen Maximalarbeitszeiten, sondern es obliegt dem Auftraggeber, bei der Ausgabe bzw. Abnahme von Heimarbeit unnötige Zeitversäumnisse zu vermeiden (§ 10 HAG) bzw. die Verteilung der Arbeitsmenge unter Berücksichtigung der Leistungsfähigkeit vorzunehmen, dass sie in der üblichen Arbeitszeit bewältigt werden kann, § 11 HAG.[1556] Das sind naturgemäß offene, auslegungsbedürftige Begriffe. Mangels einer betrieblichen Interessensvertretung übernimmt hier gemäß § 11 Abs. 2 HAG der Heimarbeitsausschuss eine Kontrollfunktion, der allerdings nur bei generellen Missständen tätig wird.

b) Gefahrenschutz

Auch das Arbeitsschutzrecht ist nicht auf Heimarbeiter anwendbar, die in § 2 Abs. 2 Nr. 3 ArbSchG ausdrücklich von diesem Gesetz ausgeschlossen sind. Es gelten die besonderen Regeln der §§ 12 ff. HAG. Diese Vorschriften haben eher den Charakter von Gefahrenabwehrregeln, während das ArbSchG konkrete Maßnahmen fordert, wenn die Sicherheit und Gesundheit der Beschäftigten beeinflusst wird, § 3 Abs. 1 ArbSchG. Insofern ist die öffentlich-rechtliche Gewerbeaufsicht allenfalls eine Korrekturinstanz, § 16 a HAG.

1555 BAG v. 12.7.1988, in: BB 1988, 2392.
1556 *Schaub* § 163 Rn 14.

c) Arbeitsentgelt

Grundsätzlich gilt hier die Vertragsfreiheit zwischen den Beteiligten.[1557] Dennoch sind einige Rahmenbedingungen maßgeblich.

Statt einer Zeitvergütung wird bei Heimarbeitern in der Regel nach Stückzahlen bezahlt, die sich mittelbar auf Stückzeiten beziehen sollen, § 20 HAG. Neben Vereinbarungen zwischen Auftraggebern und Heimarbeitern können Tarifverträge gemäß § 17 Abs. 1 HAG Grundlage für die Vergütung sein. Gemäß § 23 HAG werden die Entgelte von den Ländern[1558] überprüft und ggf. gemäß § 24 HAG erforderliche Nachzahlungen von Minderbeträgen eingefordert.

Außerdem gibt es hier bei der Heimarbeit eine Besonderheit, die so genannte „bindende Festsetzung“ gemäß § 19 HAG, die mit einer Allgemeinverbindlichkeit von Tarifverträgen gemäß § 5 TVG vergleichbar ist. Daraus folgt, dass, sofern Heimarbeitsausschüsse entsprechend dem Verfahren gemäß § 19 Abs. 1 HAG Mindestarbeitbedingungen festgesetzt haben, hier Mindestkonditionen bestehen, die unabhängig von der Zugehörigkeit zu einer Tarifvertragspartei einzuhalten sind. Bei der Orientierung an vergleichbaren Tarifverträgen, die der Ausschuss vornimmt, kommt es nicht auf die betreffende Branche an, sondern auf das in Heimarbeit hergestellte Produkt.[1559] Bindend festgesetzte Konditionen werden von den Arbeitsgerichten indiziell als korrekt betrachtet und werden lediglich auf ihre Vereinbarkeit mit höherrangigem Recht, sowie mit den tragenden Gründen des Rechts wie den guten Sitten hin überprüft.[1560]

Die unter das HAG fallenden Zwischenmeister erzielen ihre Vergütungen durch entsprechende Zuschläge auf die Entgelte der Heimarbeiter, § 21 HAG. Sind diese Entgelte für die letztendlich die Aufträge abarbeitenden Heimarbeiter nicht auskömmlich, so haftet deren mittelbarer Auftraggeber gesamtschuldnerisch neben dem Zwischenmeister für diese Entgelte, § 21 Abs. 2 HAG.

d) Fehlender Kündigungsschutz

Ein Kündigungserfordernis kann bereits dadurch entfallen, dass Heimarbeiter gemäß § 620 BGB ohne einen Sachgrund befristet beschäftigt werden. Das TzBefrG ist auf sie nicht anwendbar.[1561]

Ebenfalls nicht auf Heimarbeiter anwendbar ist das KSchG, da es sich gemäß § 1 KSchG auf Arbeitnehmer in „Betrieben“ bezieht.[1562] Dieser Betriebsbezug fehlt

---

1557 *Schaub* § 163 Rn 21.
1558 Dies geschieht durch deren oberste Arbeitsbehörde, § 23 HAG.
1559 BAG v. 10.11.1981, in: DB 1982, 1420.
1560 BAG v. 5.5.1992,, in: DB 1993, 941.
1561 EK/*Müller-Glöge* § 620 BGB Rn 4.
1562 EK/*Oetker* § 1 KSchG Rn 26.

bei Heimarbeitern. Der besondere Kündigungsschutz gemäß §§ 1 Nr. 2, 9 Abs. 4 MSchG, 20 Abs. 2 BEEG, 7, 2, ArbPlSchG, 85 ff. SGB IX ist allerdings auch auf Heimarbeiter anwendbar.[1563] Auch Heimarbeiter, die als Betriebsräte gewählt sind, sind gemäß § 29 a HAG geschützt.

Ansonsten gilt für Heimarbeiter im Kündigungsfall § 29 HAG, ohne dass die besonderen Kündigungsgründe des KSchG eine Rolle spielen. Die Kündigungsfristen des Abs. 4 entsprechenden denen des § 622 BGB. Kündigungsgründe sind lediglich bei einer fristlosen Kündigung von Bedeutung, da insoweit gemäß § 29 Abs. 6 HAG die Vorschrift des § 626 BGB entsprechend anzuwenden ist.

Eine Besonderheit stellt § 29 Abs. 8 HAG dar, der einer „Aushungerung“ von Heimarbeitern verhindern soll. Diese Vorschrift verhindert, dass die Arbeitsmenge für Heimarbeiter ohne Kündigungsfrist erheblich, und zwar um mindestens 25 % gekürzt wird. Zumindest für die Zeit der Kündigungsfrist erzielt der Heimarbeiter noch das vorherige Jahresdurchschnittentgelt.

e) Sonstiges Arbeitsrecht

Für die Heimarbeit sind noch einige sonstige arbeitsrechtliche Aspekte zusätzlich zu beachten:

- Arbeitsgerichte

  Für die Klagen der in Heimarbeit Beschäftigten sind die Arbeitsgerichte zuständig, § 5 Abs. 1 S. 2 ArbGG.

- Betriebsübergang

  § 613 a BGB ist bei einem Betriebsübergang auf in Heimarbeit Beschäftigte nicht anwendbar, da insofern allein auf die im Betrieb oder Betriebsteil tätigen Arbeitnehmer abgestellt wird.[1564]

- Elternzeit

  Heimarbeiter sind ebenfalls in das System von Elternzeit und Erziehungsgeld einbezogen, § 20 Abs. 2 BEEG.

- Entfortzahlung

  Die Entgeltfortzahlung im Krankheitsfall wird bei Heimarbeit durch einen Zuschlag auf das Entgelt gemäß § 10 EFZG ohne Ansehung individueller Gesundheit wirtschaftlich abgesichert. Feiertagsbezahlung für Heimarbeiter erfolgt nach § 11 EFZG. Die Vergütungspflicht im Falle eines Annahmeverzugs durch den Auftrageber gemäß § 615 BGB wird allerdings für Heimarbeit verneint.[1565]

1563 Küttner/*Röller* „Heimarbeit“, Rn 32.
1564 BAG v. 3.7.1980, in: BB 1981, 1466; BAG v. 24.3.1998, in: DB 1998, 1669.
1565 EK/*Preis* § 615 BGB Rn 12.

- Mutterschutz

  Auch der Mutterschutz ist für Heimarbeiterinnen maßgeblich, § 1 Nr. 2 MSchG.

- Urlaub

  Auch ein Urlaubsanspruch auf 24 Werktage ist für Heimarbeiter in § 12 BUrlG vorgesehen. In der Praxis erhalten die Heimarbeiter als Pendant zum Urlaubsgeld einen Zuschlag von 9, 1 % auf ihr Entgelt.[1566]

3. Betriebliche Mitbestimmung

Bei der Heimarbeit stellt sich die Frage, ob und inwiefern ein bestehender Betriebsrat bei dem Auftraggeber kompetent ist, sich der Angelegenheiten der in Heimarbeit Beschäftigten anzunehmen.

a) Geltungsbereich des BetrVG

§ 5 Abs. 1 S. 2 BetrVG ordnet Heimarbeiter und Hausgewerbetreibenden, die hauptsächlich für einen Betrieb arbeiten, diesem Betrieb als Arbeitnehmer zu. Insoweit unterscheidet sich dieser Betriebsbezug zu dem des § 1 Abs. 1 KSchG. Nicht dazu gehören die den Heimarbeitern Gleichgestellten gemäß § 1 Abs. 2 HAG, also z.B. die mitarbeitenden Familienangehörigen,.[1567] Das leitet sich aus dem Wortlaut des § 5 Abs. 1 S. 2 BetrVG ab, der auf die „in Heimarbeit Beschäftigten" abstellt. Dieser Begriff ist in § 1 Abs. 1 HAG auf die Heimarbeiter und Hausgewerbetreibenden beschränkt. Allerdings ist eine Anerkennung der mit Heimarbeitern Gleichgestellten wegen festgestellter Schutzbedürftigkeit im betrieblichen Bereich sinnlos, wenn für diese Gleichgestellten nicht auch ein Betriebsrat zuständig ist. Insofern können die als schutzbedürftig anerkannten gleichgestellten Personen im Sinne des § 1 Abs. 2 HAG in den Geltungsbereich des BetrVG fallen.

Für die Zuordnung zu dem Betrieb des Auftraggebers reicht es aus, dass die in Heimarbeit Beschäftigten hauptsächlich für diesen arbeiten.[1568] Unschädlich ist es, wenn einzelne Tätigkeiten für einen anderen Auftraggeber erledigt werden. Maßgeblich ist die Verteilung der Arbeitsmenge, nicht die Höhe und Aufteilung des Verdienstes. Da es auf die Vergleichbarkeit mit den anderen vollzeitbeschäftigten Arbeitnehmern des betreffenden Betriebs ankommt, ist die Arbeitsmenge des Heimarbeiters zu der von den anderen Arbeitnehmern in ein Verhältnis zu setzen.[1569]

1566 Küttner/*Röller* „Heimarbeit", Rn 35.
1567 *Fitting* § 5 Rn 275; Küttner/*Röller* „Heimarbeit", Rn 37; EK/*Eisemann*/*Koch* § 5 BetrVG 19.
1568 BAG v. 27.9.1974, in: DB 1975, 936.
1569 *Otten* B, Rn 177 ff.

Der Betriebsrat hat gegen den Arbeitgeber einen Anspruch auf die Informationen, die ihn in die Lage versetzen, selbst zu beurteilen, ob die Arbeitskonditionen von Heimarbeiter in ihre Mitbestimmungskompetenz fallen.[1570]

b) Mitbestimmungsrechte

Soweit der Betriebsrat auch für in Heimarbeit Beschäftigten zuständig ist, kommen auch die üblichen Mitbestimmungsrecht für diese Mitarbeitergruppe in Betracht.

aa) Entgelte und Eingruppierung

Auch bei dem Stückentgelt gemäß § 20 HAG handelt es sich um leistungsbezogene Entgelte gemäß § 87 Abs. Nr. 11 BetrVG. Sofern Änderungen in den Auftragsvergaben Auswirkungen auf das Entgelt haben, besteht dieses Mitbestimmungsrecht ebenfalls.[1571] Allerdings sollen Heimarbeiter und im Betrieb arbeitende Mitarbeiter im Rahmen des Gleichbehandlungsgrundsatzes unterschiedlich behandelt werden können, da beide Arbeitstypen grundsätzlich zu verschieden sind.[1572] Das ist in dieser Absolutheit zweifelhaft, können doch, bezogen auf die Arbeitsleistung und ihre Relation zum Entgelt durchaus Parallelen bestehen.

Außerdem ist der Betriebsrat gemäß § 99 BetrVG bei der Eingruppierung von Heimarbeitern in die gemäß § 19 HAG festgesetzten Entgeltgruppen zu beteiligen.[1573]

bb) Kündigung

Bei Kündigungen von Heimarbeitern im Sinne des § 5 Abs. 1 S. 2 BetrVG ist zuvor der Betriebsrat gemäß § 102 anzuhören, auch wenn diese Personengruppe nur einen sehr eingeschränkten Kündigungsschutz gemäß § 29 HAG hat. Bei einer Sozialauswahl hat der Arbeitgeber auch die entsprechenden Kriterien und Daten für seine Auswahl mitzuteilen.[1574] Eine Weiterbeschäftigung nach § 102 Abs. 5 BetrVG kommt für Heimarbeiter allerdings nicht in Betracht.[1575]

1570 LAG München v. 30. 11. 1984, in: AiB 1985, 94.
1571 BAG v. 13.9.1983, in: DB 1984, 2047.
1572 BAG v. 19.5.1957, in: DB 1957, 775; Küttner/*Röller* „Heimarbeit", Rn 40.
1573 BAG v. 20.9.1990, in: DB 1991, 552.
1574 BAG v. 7.11.1995, in: DB 1996, 1525.
1575 *Schaub* § 163 Rn 50.

cc) Sozialplan

Bei Sozialplänen im Rahmen von Betriebsänderungen sind die in Heimarbeit Beschäftigten im Sinne des § 5 Abs. 1 S. 2 BetrVG zwingend mit einzubeziehen.[1576] Allgemein anerkannt ist hierbei, dass wegen des deutlich niedrigeren Bestandsschutzes der Heimarbeiter auch wesentlich geringere Abfindungsbeträge zulässig seien.[1577] Stellt man auf die Schutzbedürftigkeit der in Heimarbeit Beschäftigten ab, so ergäbe sich allerdings umgekehrt eher eine Grundlage für höhere Abfindungen. Letztendlich soll der Sozialplan gemäß § 112 Abs. 1 S. 2 BetrVG die wirtschaftlichen Nachteile ausgleichen bzw. mildern, die durch die Betriebsänderung entstehen. Die Kriterien hierfür sind etwa in Abs. 5 Nr. 1–4 des § 112 BetrVG genannt, die im Falle der Nichteinigung der Betriebsparteien eine Einigungsstelle beachten muss. Diese Kriterien gelten dann sowohl für die zu berücksichtigenden, in Heimarbeit Beschäftigten als auch für die im Betrieb beschäftigten Arbeitnehmer. Insofern kann dem o.a. Grundsatz der „quasi“ automatisch niedrigeren Abfindungen für die in Heimarbeit Beschäftigten nicht zugestimmt werden.[1578]

4. Transparenzregeln

Da die in Heimarbeit Beschäftigten physisch nicht in einen Betrieb integriert sind, kann man derartige Beschäftigungsverhältnisse schlecht einsehen. Diesen evtl. mangelnden Kenntnissen über solche Heimarbeitsverhältnisse soll durch einige rechtliche Informationsbestimmungen abgeholfen werden, um hier eine gewisse Transparenz zu schaffen.

So sind die Auftraggeber verpflichtet, gemäß § 6 HAG Listen über alle von ihnen in Heimarbeit Beschäftigten zu führen, auszuhängen und den Obersten Landesarbeitsbehörden halbjährlich zu übersenden. Bei einer Erstbeschäftigung von Heimarbeitern hat dies direkt zu erfolgen, § 7 HAG. Auch die Entgelte sind in Verzeichnissen zu führen und durch Belege zu dokumentieren, §§ 8, 9 HAG.

§ 23 Abs. 1 Nr. 1 ArbSchG schreibt außerdem die jährliche Information an die zuständigen Behörden zu beauftragten Heimarbeitern, aufgegliedert nach Geschlecht, Alter und Staatsangehörigkeit vor.

Neben den staatlichen Stellen, die diese Mitteilungen erhalten, sei erneut auf die Informationsrechte des Betriebsrats hingewiesen, der entsprechende Auskunftsansprüche gegen den Arbeitgeber hat.[1579]

1576 Küttner/*Röller* „Heimarbeit“, Rn 41.
1577 Vgl. BAG v. 3.7.1980, in: BB 1981, 1446; *Otten* B Rn 193.
1578 Vgl. ArbG Kaiserslautern v. 24.8.1987, Az.: 7 Ca 112/87.
1579 S.o., 3. Kap. § 5 V 3 a).

5. Soziale Absicherung

Das Sozialversicherungsrecht macht einen anderen Unterschied zwischen Heimarbeitern und Hausgewerbetreibenden als das HAG. § 12 Abs. 2 SGB IV stellt Heimarbeiter den abhängig Beschäftigten gleich. Daher sind sie gesetzlich kranken- und pflegeversichert, vgl. § 5 Abs. 1 Nr. 1 SGB V,[1580] rentenversichert, § 1 Abs. 1 Nr. 1 SGB VI, und unterstehen dem Schutz der Arbeitslosenversicherung, § 13 SGB III.[1581] Sie sind auch gesetzlich unfallversichert, § 2 Abs. 1 Nr. 1 SGB VII.

Hausgewerbetreibende dagegen sind gemäß § 12 Abs. 1 SGB IV sozialversicherungsrechtlich Selbständige. Sie unterliegen daher nur dann dem Schutz des Sozialversicherungsrechts, wenn dies ausdrücklich angeordnet ist. Sie sind nicht mehr gesetzlich kranken- versichert oder arbeitslosenversichert, wohl aber rentenversichert, § 2 Nr. 6 SGB VI sowie in der Unfallversicherung, § 2 Abs. 1 Nr. 6 SGB VII.

Die Sozialversicherungspflicht von Zwischenmeistern beurteilt sich danach, ob der Schwerpunkt der Tätigkeit die eigene Heimarbeit oder die eines Zwischenmeisters ist, § 27 Abs. 3 Nr. 2 SGB III

Bei Heimarbeitern (sowie für die Unfallversicherung auch bei Hausgewerbetreibenden) gelten die Auftraggeber als beitragspflichtige Arbeitgeber, § 12 Abs. 3 SGB IV. Ihnen obliegt daher auch die Meldepflichten sowie die Abführung der Beiträge. Die Beitragshöhe richtet sich nach dem Arbeitsentgelt gemäß der §§ 14 ff. SGB IV. Insofern sind hier auch die sozialversicherungsrechtlichen Grundsätze der geringfügigen Beschäftigung zu beachten.[1582] Bei mehreren Auftraggebern ist wegen der Addition der Einzelentgelte ggf. die Geringfügigkeitsgrenze von 400,– € des § 8 Abs. 2 SGB IV schnell überschritten.

6. Fazit

Für die Heimarbeit sieht das Fazit bzgl. der Einordnung als prekäre Beschäftigung ambivalent aus. Im Vergleich zu den typischen Heimarbeitern in der Dritten Welt sind die im HAG statuierten Rechte der hiesigen in Heimarbeit Beschäftigten erheblich besser geschützt.[1583] Gegenüber den hierzulande in einem Betrieb arbeitenden, typischen Arbeitnehmern sind deren Rechte allerdings stark reduziert, insbesondere, was die Kündigungen angeht. Wer als Hausgewerbetreibender eingestuft ist, erhält dazu noch wesentlich geringeren Sozialversiche-

1580 BSG v. 10.9.1987, in: BB 1988, 210.

1581 Zur Berechnung des Arbeitslosengeldes für Heimarbeiter an Hand der erzielten Entgelte vgl. BSG v. 6.2.1992, in: SozR 3–4100 § 112, Nr. 12.

1582 Vgl. hier 2. Kap. § 5 II; *Schaub* § 163 Rn 33.

1583 Vgl. das Übereinkommen über Heimarbeit der ILO (Ü 177) vom 22.4.2000, das die Mindestrechte von Heimarbeit international auf einen Mindeststandard heben soll; das HAG geht doch weit darüber hinaus.

rungsschutz. Diese Unterscheidung zwischen Arbeitnehmern und Heimarbeitern soll dennoch weiterhin gerechtfertigt sein.[1584]

Heimarbeit ist allerdings zu 90 % Frauenarbeit. Daraus folgt, dass die geringeren Schutzrechte für diese Heimarbeit mittelbar hauptsächlich Frauen betreffen. Worin liegt ein sachlich gerechtfertigtes Unterscheidungskriterium, das diese Ungleichbehandlung im Verhältnis zu anderen Arbeitnehmern legitimiert? § 6 Abs. 1 Nr. 3 AGG weitet den Anwendungsbereich des Anti-Diskriminierungsrechts auch auf die in Heimarbeit Beschäftigten aus. Insofern stellt sich die Frage, ob das HAG selbst nicht eine mittelbare Diskriminierung gemäß § 3 Abs. 2 AGG darstellt, weil diese Vorschriften zwar allgemein unabhängig vom Geschlecht für alle in Heimarbeit Beschäftigten gilt, aber tatsächlich in der ganz überwiegenden Mehrheit diesen Frauen weniger sozialen Schutz gewährleisten als die in Betrieben tätigen Arbeitnehmer.

VI. Telearbeit

Telearbeit entwickelte sich in Zeiten der Digitalisierung der Arbeitswelt als eine wesentliche, neue Möglichkeit, Arbeitsverhältnisse an geänderte Verhältnisse im Rahmen der Vertragsfreiheit anzupassen.[1585] Insgesamt sollen zwischen 1,75 Mio. und 3,5 Mio. Arbeitsplätze als Telearbeitsplätze geeignet sein. 2002 waren ca. 875.000 Arbeitnehmer als Telearbeiter tätig.[1586]

Beliebt ist dieses Modell z.B. auch bei jungen Eltern, wenn auf diese Weise die Kindeserziehung mit der (Wieder-) Aufnahme des Berufs verknüpft werden können. Für die Arbeitgeber ist es von Vorteil, bewährte Arbeitskräfte zu halten, von deren Fachwissen zu profitieren und geringere Raumkosten tragen zu müssen.

1. Vorgaben der Telearbeit

Bei der Telearbeit werden Arbeitsleistungen für den Arbeitgeber nicht in dessen Betrieb, sondern mit Hilfe von Instrumenten der dezentralen Informationsverarbeitungs- und Kommunikationstechnik an einem anderen Ort erbracht.[1587] Das geschieht in der Regel bei dem Telearbeitnehmer zu Hause, oder auch einfach unterwegs mit einem mobilen Telearbeitsplatz. In der Regel wird man die Telearbeit nicht ausschließlich extern organisieren, sondern auch mehr oder weniger alternierend einige Aufenthaltszeiten in den Räumen des Arbeitgebers vor-

1584 BAG v. 19.6.1957, in: AP Nr. 12 zu § 242 BGB; EK/*Preis* § 611 BGB Rn 600.
1585 *Linnenkohl* in: BB 1998, 45/6.
1586 So *Schaub* § 164 I 3 m.w.N.
1587 *Boemke* in: BB 2000, 147; *Tillmann* in: K&R 2002, 629.

sehen.[1588] Dennoch macht die ernsthafte Einrichtung von Telearbeitsplätzen einen anderen, weniger kontroll- denn ergebnisbezogenen Führungsstil erforderlich.

Inhaltlich sind verschiedene Tätigkeiten denkbar, die als Telearbeit ausgeübt werden können, sofern sie für die erforderlichen Informations- und Kommunikationstechniken zugänglich sind. Zu denken ist etwa an einen EDV-Programmierer, oder EDV-Operator, selbständig durchführbare Schreib- oder Buchhaltungsarbeiten, aber auch Vertriebsaktivitäten des Außendienstes. Ungeeignet sind Tätigkeit, bei denen es auf die direkte Kommunikation von Mitarbeitern ankommt, also z.B. Führungsaufgaben, Teamwork-Aufgaben, persönliche Serviceleistungen. Auch Arbeiten, die eine bestimmte Infrastruktur (z.B. einen Großrechner oder andere betriebliche Anlagen) voraussetzen, die ein Telearbeitsplatz nicht vorhalten kann, sind dafür nicht geeignet.[1589]

Bei der Telearbeit werden z.B. Unternehmens- und Kundendaten außerhalb des Sitzes des Arbeitgebers verarbeitet. Unter Beachtung der datenschutzrechtlichen Vorgaben werden häusliche Telearbeitsplätze für zulässig erachtet, sofern der Telearbeitsvertrag hierzu die erforderlichen Regeln beinhaltet.[1590]

2. Abgrenzungen

Da Telearbeiter nicht an der physischen Betriebstätte des Arbeitgebers anzufinden sind, ist die Telearbeit ist von der Heimarbeit im Sinne des HAG und der freien Mitarbeit abzugrenzen.

a) Telearbeit und freie Mitarbeit

Maßgeblich für die Anwendung des Arbeitsrechts ist, ob die die Telearbeit Verrichtenden als Arbeitnehmer im Sinne des Arbeitsrechts einzustufen sind. Das kann im Einzelfall zweifelhaft sein, weil auch die Beauftragung als Selbstständige bzw. freie Mitarbeiter denkbar ist.[1591] Mangels besonderer Regelungen wird die Abgrenzung zu freien Mitarbeitern mit Hilfe des § 84 Abs. 1 HGB vorgenommen. Danach ist insbesondere die Weisungsabhängigkeit des Telearbeiters von den Vorgaben des Arbeitgebers maßgeblich, also ob er Arbeitsort und Arbeitszeit frei wählen kann und ob er in eine fremde Arbeitsorganisation eingebunden ist.

Man kann in der Praxis davon ausgehen, dass in den vorgenannten Tätigkeitsbereichen wie z.B. die EDV-Programmierung etc. konkrete inhaltliche Vorgaben gemacht bzw. ein bestimmtes Volumen an zu entrichtender Arbeit an den Tele-

1588 *Tillmann* in: K&R 2002, 629 f.
1589 *Boemke* in: BB 2000, 147 f.
1590 *Boemke/Ankersen* in: BB 2000, 1570/ 1
1591 Vgl. 2. Kap. § 4 II; *Schaub* § 164 II 2, 3; *Boemke* in: BB 2000, 147/8 f.

arbeiter zugewiesen wird. Häufig besteht auch mit Hilfe der Kommunikationstechnik eine online-Verbindung zwischen dem Betrieb und dem Telearbeiter, der hierüber zu den betriebsüblichen Zeiten in der Regel ansprechbar sein soll. Entsprechendes gilt für den im Einzelfall erforderlichen Zugriff des Telearbeiters auf den Betriebsrechner. Der Arbeitgeber will auch in der Regel sicher sein, wo er den Telearbeiter zur Not persönlich antrifft, so dass auch insofern der (Tele-) Arbeitsort durch den Arbeitgeber festgelegt ist. Das gilt erst recht, wenn vom Telearbeiter zusätzliche Fixtermine am Standort des Arbeitgebers wahrzunehmen sind.[1592] Auch wird in der Regel erwartet, dass der Telearbeiter seine Arbeit persönlich leistet, also sich nicht Dritter Personen hierzu bedienen darf. Letztlich wird auch die Tatsache, dass der Arbeitgeber in der Regel das Equipment stellt, für die Arbeitnehmereigenschaft des Telearbeiters sprechen.[1593]

Weitere Vorgaben wie die Pflicht zur Urlaubsanmeldung, oder die Genehmigungspflicht für freie Tage, Krankmeldungen usw. sind dann nur noch Abrundungen der organisatorischen Einbindung des Telearbeiters in den Betrieb des Arbeitgebers. Im Ganzen wird man sagen müssen, dass die Kriterien für eine selbständige Tätigkeit bei diesen Fallkonstellationen in der Regel nicht gegeben sein werden. Letztlich wird man Telearbeiter daher als Arbeitnehmer im Sinne des Arbeitsrechts einstufen können,[1594] selbst wenn man diesem in Einzelfall eine gewisse Zeitsouveränität zubilligen wird.

b) Telearbeit und HAG

Telearbeitnehmer könnten auch den Status von Heimarbeitern nach HAG innehaben. Zumindest soweit es sich um hochwertigerer Tätigkeiten handelt, die üblicherweise von qualifizierten Angestellten erledigt werden, ist das HAG wegen dessen besonderer Ausrichtung auf eher hand- und körperlicher Arbeit auf Telearbeit allerdings nicht anzuwenden.[1595] Auch zeigen diese Tätigkeiten zumindest bei den o.a. typischen Fällen der Telearbeit eine doch sehr viel engere Einbindung in den Betrieb als bei der Heimarbeit. Diese zeichnet sich ja dadurch aus, dass zwar eine wirtschaftliche Abhängigkeit besteht, nicht jedoch das Direktionsrecht des Arbeitgebers.[1596] Im Regelfall wird daher keine Heimarbeit vorliegen.

1592 *Tillmann* in: K&R 2002, 629 f.

1593 *Tillmann* in: K&R 2002, 629 f.

1594 *Boemke* in: BB 2000, 147/9.

1595 Vgl. 2. Kap. § 5 V 1 d).

1596 *Preis/Genenger* 1076; allerdings ist auch hier die tatsächliche Durchführung des Vertragsverhältnisses maßgeblich, S. 1075; *Schaub* § 163 Rn 2.

3. Betriebsverfassungsrecht

Wegen des Zuwachses an Telearbeitsplätzen wurde bereits das Ende des organischen Betriebsbegriffs des BetrVG durch die „Virtualisierung" der Arbeitsbeziehungen ausgerufen.[1597] Das heißt aber nicht, dass es den Betrieb nicht mehr gibt. Es stellt sich vielmehr die Frage, ob der traditionelle Betriebsbegriff an die geänderte technische Umgebung angepasst werden muss. Die ursprünglich räumlich an einem Ort befindliche Organisationseinheit „Betrieb" hat traditionell dem Zweck gedient, ein Produkt oder Dienstleistung herzustellen und/oder zu vertreiben, sowie das Unternehmen zu verwalten. Viele dieser Funktionen können durch eine Digitalisierung und dem weiteren Einsatz der Informationstechnik „virtualisiert", d.h. räumlich dezentralisiert werden, ohne dass der Zweck des Ganzen damit beseitigt ist. Das gilt vor allem für reine Dienstleistungsbetriebe. Denn trotz einer räumlichen Entfernung gibt es auf der Basis des heute möglichen elektronischen Datenaustausches eine umfassende Kontroll- und Weisungsmöglichkeit für den Arbeitgeber.[1598]

Auch dass das BetrVG in § 87 Abs. 1 Nr. 6 hier ein kollektivrechtliches Mitbestimmungsrecht für derartige technische Kontrollmöglichkeiten bietet,[1599] spricht für die Anpassung des Betriebsbegriffs an die elektronischen Zeiten. Der Betrieb bedarf also nicht zwingend einer räumlichen, physischen Konzentration an einem Ort. Er kann auch durch virtualisierte Leitungs- und Weisungswege realisiert werden, so dass das BetrVG auch auf derartig virtualisierte Betriebe grundsätzlich anwendbar ist.

Insofern sind in der neuen Fassung des § 5 Abs. 1 S. 1 a.E. BetrVG konsequenterweise auch Telearbeitnehmer als Arbeitnehmer im Sinne des BetrVG wörtlich erfasst. Voraussetzung ist natürlich deren Eigenschaft als Arbeitnehmer. Dabei sind die Telearbeitnehmer dem Betrieb zuzuordnen, dem das Weisungsrecht für diese Telearbeitnehmer zukommt.[1600] Daraus folgt, dass die einzelnen Telearbeitsplätze keine eigenen Betriebsteile im Sinne des § 4 Abs. 1 BetrVG sind, sondern zum (Haupt-) Betrieb gehören.[1601]

Telearbeiter sind daher sowohl aktiv wie passiv wahlberechtigt, §§ 7 f. BetrVG. Wegen ihrer Einbeziehung in den Betriebsbegriff werden sie auch bei den Schwellenwerten des BetrVG mitzuzählen sein (vgl. §§ 9, 99 Abs. 1, 106 Abs.1 S. 1, 111 S. 1 BetrVG). Auch wenn sie ausnahmsweise als Heimarbeiter im Sinne des HAG einzustufen sein sollten, ist das BetrVG gemäß dessen § 5 Abs. 1 S. 2 anwendbar.

1597 Telearbeit ist mittlerweile auch Gegenstand von kollektiven Tarifverträgen, die im Einzelfall ebenfalls heranzuziehen sind, vgl. *Tillmann* in: K&R 2002, 629 Fn. 4.

1598 *Linnenkohl* in: BB 1999, 48/53.

1599 *Lindemann* in: BB 2001, 1950/4.

1600 Schaub/*Koch* § 212 Rn 6a mit Verweis auf BAG v. 10.3.2004, Az.: 7 ABR 36/03.

1601 *Tillmann* in: K&R 2002, 629/632; als selbstständiger Betriebsteil im Sinne des § 4 S. 1 BetrVG kommt Telearbeit dann in Frage, wenn sie separaten Satellitenbüros des Arbeitgebers stattfindet, *Boemke/Ankersen* in: BB 2000, 2254.

Das BetrVG kann natürlich nur so lange geltend gemacht werden, als der Arbeitgeberbetrieb und der dazugehörige Zentralserver in Deutschland angesiedelt sind.[1602]

Der Gesetzgeber hat also durch die Novellierung des § 5 Abs. 1 S. 1 BetrVG zu erkennen gegeben, neben der traditionellen räumlichen Verknüpfung von Arbeitsplatz und Betrieb auch eine organisatorische, virtuelle Verknüpfung des (Tele-) Arbeitsplatzes mit dem Betrieb zuzulassen.[1603] Daher kann durch die zunehmend in diesen Bereich über online-Verbindungen hergestellten Arbeitsbeziehungen ein Betriebsrat natürlich noch seine Rechte geltend machen. So kann er sich etwa gemäß § 87 Abs. 1 Nr. 6 BetrVG einbringen, wenn Telearbeitern PC-Arbeitsplätze außerhalb des Firmengebäudes eingerichtet werden, und diese objektiv geeignet sind, Kontrolldaten zur Leistung und zum Verhalten des Telearbeiters zu gewinnen.[1604] Auch wenn der Arbeitgeber allgemeine Regeln über die dienstliche oder private Nutzung der elektronischen Arbeitsmittel einführen will, ist dies als Fragen der Betriebsordnung gemäß § 87 Abs. 1 Nr. 1 BetrVG mitbestimmungspflichtig.[1605] Dem Betriebsrat ist hier erst recht die eigene Nutzung von PCs als für den Betriebsrat unerlässlich zuzubilligen, § 40 Abs. 1 BetrVG.[1606]

Neben dem bereits angesprochenen § 87 Abs. 1 Nr. 6 BetrVG kommt die betriebliche Mitbestimmung vor allem in Bezug auf die Gestaltung der Arbeitszeit (§ 87 Abs. 1 Nr. 2, 3 BetrVG) in Betracht, die für Telearbeit eine Besonderheit darstellt, sofern der Telearbeitnehmer seine Arbeitszeit nicht ausschließlich selbstbestimmt gestalten darf.[1607] Auch wegen des Unfallschutzes sind Mitbestimmungsrechte des Betriebsrats nach § 87 Abs. 1 Nr. 7 BetrVG denkbar, ebenso wie für auf die Telearbeit (leistungs-) bezogene Lohngestaltungselemente, § 87 Abs. 1 Nr. 10, 11 BetrVG.

Ein Betriebsrat ist noch in der Planungsphase über die geplante Einführung und Ausgestaltung von Telearbeit umfassend zu unterrichten, §§ 80 ff. BetrVG.[1608] Auch in den damit zusammenhängenden Fragen der Arbeitsplatzplanung (§ 90 BetrVG) wie auch der entsprechenden Personalplanung (§ 92 BetrVG) ist ein Betriebsrat zu beteiligen.[1609]

Ggf. ist in Betrieben mit mehr als 20 Mitarbeiter bei der Einführung von Telearbeit auch die wirtschaftliche Mitbestimmung zu beachten, §§ 111 ff. BetrVG, da hier Fragen der Betriebsorganisation gemäß § 111 S. 2 Nr. 4, 1. Alt. BetrVG betroffen sind. In Betrieben mit mehr als 100 Mitarbeitern ist außerdem der Wirt-

---

1602 BAG v. 16.1.1990, in: NJW 1990, 3104; *Schaub* § 164 Rn 43.
1603 *Tillmann* in: K&R 2002, 629, 631 f.
1604 *Boemke/Ankersen* in: BB 2000, 2254/2260.
1605 *Lindemann* in: BB 2001, 1950/4; *Boemke/Ankersen* in: BB 2000, 2254/9.
1606 *Linnenkohl* in: BB 1998, 45/7, einschließlich der Unterstützung des Betriebsrats durch Sachverständige.
1607 *Boemke/Ankersen* in: BB 2000, 2254/9.
1608 *Boemke/Ankersen* in: BB 2000, 2254/5.
1609 *Boemke/Ankersen* in: BB 2000, 2254/6.

schaftsausschuss einzubeziehen. Denn die Einführung von Telearbeit bedingt ggf. auch die Einführung neuer Arbeitsmethoden gemäß § 106 Abs. 3 Nr. 5 BetrVG, die zu den mit dem Wirtschaftsausschuss zu beratenden wirtschaftlichen Angelegenheiten gehören.[1610]

4. Individualarbeitsrecht

Im Individualarbeitsrecht ist wegen der Einrichtung dezentralisierter Telearbeitsplätze der Versuch zu beobachten, den Arbeitnehmerbegriff zu erodieren. Der Telearbeiter sei nicht mehr persönlich, sondern nur noch informationell abhängig. Durch seine Tätigkeit in seinem eigenen Telebüro entfalle auch die klassische Weisungsabhängigkeit. Eine Entwicklung zu mehr selbstständiger Mitarbeit hin zu Dienst- oder Werkverträgen mit einem analogen handwerklichen Charakter sei in Gang.[1611]

Sofern allerdings aus den geschlossenen Abmachungen und ihrer Durchführung nicht auf einen Vertrag als Selbständiger oder freier Mitarbeiter geschlossen werden kann, ändert sich rechtlich nichts an dem Weisungsrecht des Arbeitgebers. Dies kann auch durch eine permanente online-Verbindung, aber auch durch eine automatisierte Verteilung der Aufgaben, etwa von Telefonanrufen, erhärtet werden.[1612]

Weisungsabhängige Telearbeiter sind daher Arbeitnehmer. Außerdem sind auch Telearbeitnehmer sozialversicherungspflichtig Beschäftigte im Sinne des § 12 f. SGB III, § 7 Abs. 1 SGB IV, § 5 Abs. 5 SGB V.[1613]

a) Arbeitszeit

Bei der Gestaltung der Arbeitsverträge sind Besonderheiten wegen der Arbeitszeit zu beachten. Kann der Telearbeiter selbstbestimmt die Arbeitszeiten einteilen, fehlt es insofern an einer festen, „betriebsbestimmten" Arbeitszeit, so dass hier kein Mitbestimmungsrecht im Sinne des § 87 Abs. 1 Nr. 3 BetrVG bestehen soll.[1614] Das ist irrig. Wenn, wie gezeigt, ein Betrieb sich nicht nur räumlich, sondern über virtuelle Verbindungen definiert, gehören auch derartige selbstbestimmt auszufüllende Arbeitszeiten für Telearbeiter insofern zur in diesem Segment betrieblich üblichen Arbeitszeit, so dass der Betriebsrat deswegen nicht ausgeschlossen werden kann. Außerdem wird in der Regel im Telearbeitsvertrag

---

1610 *Boemke/Ankersen* in: BB 2000, 2254/7.

1611 *Linnenkohl* in: BB 1998, 45/8 mit Verweis auf das „weight-watcher"-Urteil des BAG v. 9.5.1996, in: BB 1996, 2358 ff.

1612 S. bereits oben unter Ziffer § 5 VI 1; *Schaub* § 164 Rn 15.

1613 *Boemke/Ankersen* in: BB 2000, 1570/2 mit Hinweisen zu besonderen Gestaltungen, etwa zum Zutrittsrecht des Unfallversicherungsträgers gemäß §§ 18 f. SGB VII

1614 *Schaub* § 164 Rn 27.

ein bestimmtes Arbeitszeitvolumen, z.B. 20 Stunden/Woche, festgelegt. Auch die Lage der Arbeitszeit wird in den Verträgen in der Regel ein entsprechendes Bestimmungsrecht des Arbeitgebers vereinbart.

Selbst bei einer vollen Zeitsouveränität des Telearbeiters gilt daher auf jeden Fall der Arbeitszeitschutz, der einzuhalten ist. Das betrifft die tägliche Arbeitszeit von acht, maximal zehn Stunden, § 3 ArbZG, oder die Ruhepausen nach § 4 ArbZG. Um seiner Fürsorgepflicht als Arbeitgeber zu genügen, aber auch als Nachweis für die für den Arbeitslohn nachzuweisende Arbeitsleistung ist die Erfassung der Arbeitszeiten erforderlich und mittlerweile auch technisch möglich. Auch hierzu ist ein ggf. vorhandener Betriebsrat gemäß § 87 Abs. 1 Nr. 6 BetrVG einzubinden. Insofern wäre auch die Erfassung von Mehrarbeit oder an Samstagen möglich, um die hierfür vorgesehenen Entgeltzuschläge zu vergüten.

Ansonsten sind die Arbeitsschutzvorschriften auch für Telearbeitnehmer anwendbar, § 618 Abs. 1 BGB, § 3 Abs.1, 2 ArbSchG.[1615]

b) Telearbeitsplatz

Die Kosten eines derartigen Telearbeitsplatz hat der Arbeitgeber zu tragen. Das gilt für die entsprechende Büro- und EDV- und Kommunikationsausstattung, deren Pflege, Reparatur und Wartung, sowie der anteiligen Raummiete und Nebenkosten. Der Telearbeitnehmer hat einen entsprechenden Erstattungsanspruch gemäß § 670 BGB, wenn er diesen Aufwand vorleistet.[1616] Die Ausrüstung, die der Arbeitgeber im häuslichen Arbeitsplatz installiert, bleibt damit dessen Eigentum. Es empfiehlt sich dringend, bei der Installation des Arbeitsplatzes hierüber eine Inventarliste anzufertigen.

Als Eigentümer der Ausrüstungsgegenstände ist der Arbeitgeber in der Lage, dem Telearbeitnehmer ggf. die private Nutzung der Ausrüstung zu untersagen. Der Arbeitsvertrag allein berechtigt nicht ohne weiteres zur privaten Nutzung der elektronischen Arbeitsmittel.[1617] Das gilt natürlich insbesondere wie für einen Internetzugang. Eine erlaubte private Nutzung sollte vertraglich oder ggf. in einer Betriebsvereinbarung gemäß § 87 Abs. 1 Nr. 1 BetrVG festgehalten werden.

Bevor ein Telearbeitsplatz im häuslichen Umfeld eingerichtet wird, muss sich der Arbeitgeber davon überzeugen, dass der Arbeitsplatz den Bestimmungen der ArbStättVO entspricht und sich für eine dauernde Arbeit eignet.[1618] Da ein häusliches Arbeitszimmer in den Wohnräumen des Arbeitnehmers liegt, muss sich der

---

1615 *Boemke/Ankersen* in: BB 2000, 1570 zu ArbSchG, ArbZG, ArbeitsstättenVO, § 618 BGB.

1616 *Schaub* § 164 Rn 31.

1617 *Lindemann* in: BB 2001, 1950/3.

1618 Vgl. §§ 7 Abs. 1 S. 1, 23 Abs. 1, 2 S. 1, 1. Alt. ArbStättVO, die etwa eine Sichtverbindung nach außen durch ein Fenster, eine Grundfläche von 8 qm und eine lichte Höhe von 2,5 m vorschreiben. Kleine Keller-, Dachboden oder Garagenräume scheiden also aus.

Arbeitgeber für seinen Zutritt die Einwilligung des Arbeitnehmers besorgen, damit er und ggf. der Betriebsrat sich über die Örtlichkeiten informieren kann. Auch der Zugang von ggf. erforderlichem Wartungspersonal für die möglicherweise hochwertig ausgestatteten Arbeitsplätze sollte bedacht sein. Dies ist idealerweise von vorneherein im Vertrag en detail bzgl. der Einzelheiten wie Ankündigungsfrist, räumlicher und personeller Umfang des Zugangsrechts zu regeln.[1619]

Bei der Beendigung des Telearbeitsverhältnisses sind die dem Arbeitgeber gehörenden Gegenstände herauszugeben. Das gilt auch, wenn der Telearbeitnehmer lediglich (wieder) auf einen innerbetrieblichen Arbeitsplatz wechselt. Mangels anderweitiger Vereinbarung wird hier eine so genannte Holschuld vorliegen, § 269 Abs. 1 BGB.[1620]

c) Haftungsfragen

Bei Telearbeitsverhältnissen kann es zu spezifischen Problemen kommen, wenn gestellte Ausrüstungsgegenständen beschädigt werden. Bei Telearbeitnehmern sind im Falle der Beschädigung solcher Ausrüstungsgegenstände grundsätzlich die allgemeinen arbeitsrechtlichen Haftungsgrundsätze anzuwenden.[1621] Daraus folgt, dass der Arbeitnehmer den Schaden bei vorsätzlicher bzw. grob fahrlässiger Verursachung eines Schadens voll bzw. anteilig zu ersetzen hat, während bei „nur“ leichter Fahrlässigkeit eine Haftung des Arbeitnehmers ausscheidet. Bei Schäden, die auf normaler Fahrlässigkeit des Arbeitnehmers beruhen, kommt es zu Aufteilung des Schadens zwischen Arbeitgeber und Arbeitnehmer.

Wegen der räumlichen Distanz sollte der Arbeitnehmer bei eingetretenen Schäden den Arbeitgeber unverzüglich informieren, damit dieser die erforderlichen Maßnahmen einleiten kann. Wegen der teilweise hochwertigen Ausrüstung der Telearbeitsplätze empfiehlt es sich, vorsorglich einen entsprechenden Versicherungsschutz in dem entsprechenden Telearbeitsvertrag mit aufzunehmen.

Wegen des häufig vorhandenen häuslichen Umfelds des Telearbeiters ist es denkbar, dass Dritte, z.B. Familienangehörige für Schäden an der Ausrüstung verantwortlich sind. Hier stellt sich die Frage, ob die Haftungsprivilegierung auch solchen dritten Personen zugute kommen soll, obwohl sie keine arbeitsrechtliche Vertragsbeziehung zum Arbeitgeber haben.[1622] Da bei einer solchen Konstellation auch ein Mitverursachungsanteil des Telearbeitnehmers denkbar ist, der dann gemäß §§ 840, 426 BGB mithaften würde, kommt nur eine Erstreckung des arbeitsrechtlichen Haftungsprivilegs auf diesen Dritten in Betracht. Anderenfalls

---

1619 *Boemke* in: BB 2000, 147/151 mit Verweis auf einen entsprechenden Tarifvertrag für die Deutsche Telekom AG.

1620 *Boemke* in: BB 2000 147/154.

1621 Vgl. hierzu generell Schaub/*Linck* § 53; *Boemke* in: BB 2000, 147/152.

1622 Verneinend Schaub/*Linck* § 53 Rn 68.

würde dieser in gleichem Ausmaß den mithaftenden Arbeitnehmer anteilig in Regress nehmen können, wenn der Dritte als Verursacher vom Arbeitgeber voll in Anspruch genommen werden würde. Damit wäre aber das Haftungsprivileg, dass er als Arbeitnehmer genießt, entwertet. Insofern wird man eine solche Erstreckung des Haftungsprivilegs zumindest auf Familienangehörige oder sonstige in den Schutzbereich der Wohnung[1623] mit einbezogenen Personen bejahen müssen.

Dritte Personen dagegen, die den Schaden ohne Haftungsbeteiligung des Telearbeitnehmers allein verursachen, kommen nicht in den Genuss eines aus dem Arbeitsrecht „erweiterten" Haftungsprivilegs.[1624] Ebenso sind dritte Personen, die nicht in den Schutzbereich der Wohnung mit einbezogen sind (Gäste, Besucher) unbeschränkt haftbar für Schäden, die sie schuldhaft verursachen. Kommt im letzteren Fall ein Mitverursachungsanteil des Telearbeitnehmers hinzu, weswegen ein interner Regress zwischen den Schädigern nach den §§ 840, 426 BGB in Frage kommt, kann dieser einen entsprechenden Freistellungsanspruch gegen seinen Arbeitgeber geltend machen, wenn ihm die arbeitsrechtliche Haftungsprivilegierung zugute kommt. Als Rechtsgrundlage wird hierfür § 257 BGB herangezogen.[1625]

d) Kündigungsschutz

Es liegt auf der Hand, dass bei der vorliegenden Arbeitnehmereigenschaft der Telearbeiter das KSchG Anwendung findet, sofern dessen Schwellenwerte des § 23 Abs. 1 KSchG überschritten werden. Hier ist der o.a. Betriebsbegriff anzuwenden, so dass es unzulässig wäre, die Betriebseigenschaft eines Unternehmens mit einer virtuellen Organisation zu verneinen oder jeden einzelnen Telearbeitsplatz als separate Betriebsstätte anzusehen, für die jeweils das KSchG wegen der Nichterreichung der Schwellenwerte des § 23 Abs. 1 KSchG nicht anwendbar wäre. Durch die einheitliche Führung der Telearbeiter und die über das Internet und die modernen Kommunikationsmittel herbeigeführte Vernetzung sind diese Arbeitnehmer des virtuellen Betriebs zusammen zu zählen.

e) Datenschutz

Datenschutzrechtlich handelt es sich bei der Bearbeitung von Daten des Arbeitgebers an einem Telearbeitsplatz um interne Datenverarbeitung gemäß § 28 BDSG. Der Telearbeiter hat daher ggf. dafür zu sorgen, dass Familienmitglieder keinen Zugang hierzu erhalten.

1623 Diese Argumentation für eine Haftungsmilderung, die aus der Rechtsfigur des Vertrags mit Schutzwirkung für Dritte (vgl. hierzu Palandt/*Grüneberg* § 328 Rn 13 ff., 28) bekannt ist, kann auch hier heran gezogen werden.

1624 *Albrecht* in: NZA 1996, 1240/5.

1625 Schaub/*Linck* § 53 Rn 73.

5. Bewertung

Obwohl das Telearbeitsverhältnis in das Betriebsverfassungsrecht mit einbezogen ist, wird die Bindung der Telearbeiter an das Mutterhaus des Arbeitgebers nicht so stark ausgeprägt sein. Es drohen durchaus Selbstausbeutung und Vereinsamung von Telearbeitnehmern. Hier ist ein höherer Aufwand erforderlich, um als Betriebsrat oder Kollege Kontakt zu diesen Mitarbeitern zu halten. Dementsprechend wird befürchtet, dass die Einführung der Telearbeit zu einer tatsächlichen Ausdünnung der betrieblichen Mitbestimmung führt.[1626]

Allerdings dürfte eher die Ausweitung der Telearbeit in das Ausland dazu führen, dass die Mitbestimmung nach dem BetrVG dann schon aus Territorialitätsgründen nicht mehr greift.[1627] Auch wenn es rechtlich möglich ist, Tarifverträge auf im Ausland gelegene Konzerntöchter und -betriebsstätten zu erstrecken,[1628] wird das bei der Telearbeit in der Regel nicht erfolgen. Daraus folgt, dass Telearbeit, insbesondere, wenn sie in das Ausland verlagert wird, mitbestimmungsrechtlich zunehmend unberücksichtigt bleibt.

VII. Arbeit auf Abruf

Die Abrufarbeit ist heute im § 12 TzBefrG geregelt. In diesem Zusammenhang stellt sie dabei keine eigentliche Alternative zur Befristung eines Arbeitsverhältnisses oder einer Arbeitszeitverkürzung im Sinne des § 8 TzBefrG dar.

1. Gesetzliche Regelung des § 12 TzBefrG

Eine gesetzliche Regelung zur Arbeit auf Abruf wurde zunächst mit dem BeschFG von 1985 in dessen § 4 eingeführt. Diese Neuregelung war in die seinerzeitige arbeitswissenschaftliche Einführung variabler Arbeitszeiten in den 1980er Jahren u.a. als „Kapazitätsorientierten Variablen Arbeitszeit (Kapovaz)" eingebettet.[1629] Völlig variable Bereitschaftszeiten, die im freien Ermessen des Arbeitgebers lagen, waren untersagt.

1626 *Fricke* in: AiB 1997, 31; Schaub § 163 Rn 91.
1627 *Schaub* § 164 Rn 43.
1628 BAG v. 11.9.1991, in AP Nr. 29 zu Internationales Privatrecht (Goethe-Institut).
1629 Vgl. *Malzahn* in: AuR 1985, 137 ff.; Löwisch/*Schüren* in: BB 1984, 925, 929 f.; *Schüren* SAE 1985, 362.

a) (Mindest-) Arbeitsdauer

Diese Regelung wurde dann in den § 12 TzBefrG überführt. Diese Bestimmung ist nur auf Teilzeitbeschäftigte anzuwenden, wie sich aus der Zielsetzung des Gesetzes ergibt, § 1 TzBefrG.[1630]

§ 12 TzBefrG legt einen anderen Rahmen für die Arbeit auf Abruf fest, als es im allgemeinen Sprachgebrauch möglicherweise gemeint ist. Im Arbeitsvertrag ist eine bestimmte Dauer der wöchentlichen/täglichen Arbeitszeit festzulegen. Fehlt im Vertrag eine solche Bestimmung der Wochen- oder Tagesarbeitszeit, gelten nach § 12 Abs. 1 S. 3, 4 TzBefrG zehn Wochenstunden bzw. mindestens drei Tagesstunden an einem Stück als vereinbart. Damit wird dem Arbeitnehmer sein hierfür vereinbartes Entgelt zugesichert, auch wenn das Kontingent an Arbeitszeit vom Arbeitgeber nicht ausgeschöpft werden sollte. Insofern gerät der Arbeitgeber in Annahmeverzug gemäß §§ 293 ff. BGB, wenn er diese Mindestvorgaben nicht einhält.[1631]

§ 12 Abs. 1 S. 3, 4 TzBefrG beinhaltet keine gesetzliche Mindestzahl der Arbeitsstunden. Diese Vorschrift greift für den Fall, dass keine Regelung getroffen wurde. Insofern ist es zulässig, dass die Parteien eine geringere Stundenzahl vereinbaren, als in dieser Bestimmung vorgesehen ist.[1632] Ohnehin ist bei der Arbeit auf Abruf deren Gestaltung von unterschiedlichen variablen oder auch in Verbindung mit festen Arbeitszeiten flexibel möglich.[1633]

Dadurch kann natürlich durch eine entsprechende Gestaltung des Vertrages das wirtschaftliche Risiko des Arbeitgebers auf den Arbeitnehmer teilweise abgewälzt werden. Das Bundesarbeitsgericht hat daher die vorformulierte Möglichkeit eines so flexiblen Anteils der Arbeitszeit auf maximal 25 % der wöchentlichen Arbeitszeit begrenzt.[1634] Das ist in der wissenschaftlichen Diskussion sowohl begrüßt[1635] als auch scharf kritisiert worden.[1636] Diese Begrenzung ist aus den o.a. Gründen dieser gesetzlichen Regelung des § 12 TzBefrG jedoch zu bejahen.

1630 EK/*Preis* § 12 TzBefrG Rn 3, 7; differenzierend Laux/*Schlachter* § 12 Rn 31.

1631 Küttner/*Reinecke* „Teilzeitbeschäftigung“ Rn 66.

1632 Schaub/*Linck* § 43 Rn 15; EK/*Preis* § 12 TzBefrG Rn 15; in z.B. Österreich existiert keine mit § 12 TzBefrG vergleichbare Regelung mit entsprechenden Mindestkonditionen. Dagegen muss bei Teilzeitarbeit in Österreich die Dauer und Lage der Arbeitszeit positiv festgelegt werden, vgl. OGH v. 22.12.2004, AUR 2005, 462.

1633 Vgl. Preis/*Necati* 134 ff. mit verschiedenen Anwendungsformen.

1634 BAG v. 7.12.2005, in: AP Nr. 4 zu § 12 TzBefrG; Schaub/*Linck* § 43 Rn 13, allerdings mit Bezug auf eine entsprechende vorformulierte Klausel, so dass hier die Inhaltskontrolle nach § 307 Abs. 2 Nr. BGB greife.

1635 *Bauer/Günther* in: DB 2006, 950; *Preis/Lindermann* in: NZA 2006, 632.

1636 *Decruppe/Utess* in: AuR 2006, 347.

b) Ankündigungsfrist

Um dem Arbeitnehmer ein gewisses Maß an Dispositionsfreiheit und Planung zu ermöglichen, muss der Arbeitgeber ihm seinen Arbeitsbedarf vorher ankündigen. Er hat daher den Arbeitnehmer über die Lage der Arbeitszeit vier Tage im voraus zu informieren, anderenfalls die Arbeitspflicht des Arbeitsnehmers entfällt, § 12 Abs. 2 TzBefrG. Eine Prüfung des Tatbestandsmerkmals „Arbeitsanfall“ im § 12 Abs. 1 S. 1 TzBefrG findet dabei nicht statt, weil diese Entscheidung in den Ermessenspielraum des Arbeitgebers fällt.[1637]

Der Tag der Mitteilung sowie der Arbeitstag selbst sind bei dieser Fristberechnung nicht mitzuzählen, wie sich aus der Formulierung „im voraus“ ergibt.[1638] Hiervon kann auch nicht einzelvertraglich zuungunsten des Arbeitnehmers abgewichen werden, § 22 Abs. 1 TzBefrG. Über den Umweg des § 12 Abs. 3 TzBefrG, dessen Regelungszweck gemäß § 22 Abs. 1 TzBefrG abweichend geregelt werden, ist es jedoch möglich, etwa über eine tarifrechtliche Bestimmung eine kürzere Ankündigungsfrist festzulegen.

Gemäß § 12 Abs. 2 TzBefrG ist die Ankündigung eine Mitteilung, also keine eigenständige Willenserklärung, sondern eine empfangsbedürftige Gestaltungserklärung.[1639] Daher ist auf die Möglichkeit des Zugangs zu achten, d.h. ein Aushang am Schwarzen Brett des Arbeitgebers kann nur dann ausreichend sein, wenn der Arbeitnehmer auf Grund seiner Anwesenheit die Möglichkeit hat, diese Bekanntmachung wahrzunehmen.[1640] Da es sich nicht um eine Willenserklärung handelt, können bereits erfolgte Abrufe innerhalb der Vier-Tages-Frist des § 12 Abs. 2 TzBefrG unproblematisch zurückgenommen oder geändert werden, ohne dass es eines Widerrufsvorbehalts oder einer Anfechtung bedarf.

c) Mehrarbeit

Neben einer festen Mindestdauer können die Parteien auch vereinbaren, dass der Arbeitnehmer im Einzelfall darüber hinaus gehende Mehrarbeit zu leisten hat.[1641] Ist das nicht vertraglich geregelt, verbleibt es bei der vertraglichen bzw. gesetzlich festgelegten Arbeitsdauer. Das wirft zum einen die Frage auf, wann bei der Arbeit auf Abruf Mehrarbeit zusätzlich zu vergüten ist, und ob für diese Mehrarbeit auch die Ankündigungsfrist des § 12 Abs. 2 TzBefrG einzuhalten ist.

1637 EK/*Preis* § 12 TzBefrG Rn 2; Preis/*Necati* 134.
1638 Schaub/*Linck* § 43 Rn 16; EK/*Preis* § 12 TzBefrG Rn 32.
1639 Preis/*Necati* 148.
1640 EK/*Preis* § 12 TzBefrG Rn 27.
1641 BAG v. 7.12.2005, in: NZA 2006, 423.

aa) Vergütung von Mehrarbeit?

Gilt die Überschreitung der Mindestarbeitszeiten des Vertrages bzw. des § 12 Abs. 1 S. 3, 4 TzBefrG bereits als Mehrarbeit, oder ist diese Schwelle erst erreicht, wenn die betriebsübliche wöchentliche Arbeitszeit überschritten wird? Im letzteren Fall würde eine besondere Überstundenvergütung nur dann anfallen, wenn die Arbeitszeit des Arbeitnehmers auf Abruf über die einer Vollzeitarbeitskraft hinausgeht.

Nimmt der Arbeitgeber den Arbeitnehmer über die vertragliche bzw. gesetzliche Arbeitszeiten hinaus in Anspruch, greift er in den über den vereinbarten Zeitrahmen hinaus in die Dispositionsfreiheit des Arbeitnehmers über seine Zeit ein. Der Gesetzgeber hat diese Dispositionsfreiheit durch die Ankündigungsfristen des § 12 Abs. 2 TzBefrG anerkannt. Da der Arbeitnehmer für die reine Bereitschaftszeiten keine Vergütung erhält, ist es daher folgerichtig, dass ihm Mehrarbeit über die vereinbarte Zeit hinaus zu vergüten ist.[1642]

bb) Mehrarbeit nur nach einer Ankündigung gemäß § 12 Abs. 2 TzBefrG?

Bei Teilzeitbeschäftigten, die Arbeit auf Abruf zu leisten haben, ist die Unterscheidung im Einzelfall nicht einfach, ob es sich um Mehrarbeit und Überstunden handelt, die angeordnet werden, oder schlichte, über die Mindestarbeitzeitdauer hinaus zu leistende Arbeit auf Abruf, die vier Tage früher anzukündigen ist. Sind dringende betriebliche Erfordernisse der Auslöser für die Mehrarbeit, die auch von Vollzeit- und anderen Beschäftigten zu leisten ist, wird das eher für Mehrarbeit sprechen, die dann auch für den Arbeitnehmer auf Abruf als Überstunden zu werten sind, sofern seine Arbeitszeit überschritten wird. Soll dagegen speziell dieser Teilzeitbeschäftigte selbstständig zu Mehrarbeit über die Mindestarbeitszeit hinaus herangezogen werden, handelt es sich um Abrufarbeit, für die § 12 Abs. 2 TzBefrG zu beachten ist.[1643]

d) Entgeltfortzahlung

Da Arbeitnehmer auf Abruf ggf. nur an bestimmten Tagen arbeiten, stellt sich außerdem die Frage nach der Feiertags- bzw. der Bezahlung im Falle der Krankheit.

Für Feiertage könnte ein Arbeitgeber die Entgeltfortzahlung gemäß § 2 EFZG durch geschickte Auswahl der abzuleistenden Arbeitstage verhindern, wenn die Feiertage nur dann vergütet werden müssten, wenn dann auch gearbeitet worden

---

1642 *Schüren* in: SAE 1985, 362/3; Preis/*Necati* 144, empfiehlt daher den Arbeitgebern, im Vertrag konkret die Fälligkeit von Überstundenvergütungen erst für den Fall der Überschreitung der Arbeitszeit einer Vollzeitkraft zu vereinbaren.

1643 EK/*Preis* § 12 TzBefrG Rn 12.

wäre, sprich: wenn gerade zu dem Tage der Abruf erfolgt wäre. So könnten Arbeitnehmer auf Abruf von der Feiertagsvergütung ausgeschlossen werden. Das hält das Bundesarbeitsgericht zu Recht für unzulässig.[1644] Daher haben Arbeitnehmer auf Abruf dann die Feiertagsvergütung, wenn entsprechend dem vorhergehenden Abrufverhalten des Arbeitgebers zu erwarten ist, dass sie ansonsten auch an dem Feiertag eingesetzt worden wären.[1645]

Auch im Krankheitsfall haben Arbeitnehmer grundsätzlich Anspruch auf Entgeltfortzahlung gemäß §§ 3, 4 EFZG, sofern der Arbeitgeber die Arbeitszeit in seiner Ankündigungszeit bereits spezifiziert hat. Was geschieht jedoch mit den Zeiten, in denen noch kein Abruf erfolgte, der Arbeitnehmer aber erkrankt? Auch dann besteht zu Recht ein Entgeltfortzahlungsanspruch. Mangels Abruf besteht zwar noch keine konkret geschuldete Arbeitsleistung, dennoch hat sich der Arbeitnehmer zur Verfügung zu halten und den evtl. Ankündigungen des Arbeitgebers Folge zu leisten. Er trägt also bereits ein Teil des wirtschaftlichen Risikos, dass der Arbeitgeber auf ihn abgewälzt hat. Insofern wäre es verfehlt, den Arbeitnehmer auch noch das Entgeltrisiko im Krankheitsfalle zu tragen. Die Höhe der Entgeltfortzahlung richtet sich nach der regelmäßigen, durchschnittlichen wöchentlichen Arbeitszeit, die auf Grund des vorher gehenden Abrufverhaltens feststellen kann, bzw. nach den zeitlichen Vorgaben des § 12 Abs. i S. 3 TzBefrG.[1646]

2. Weitere Gestaltungen

Obwohl die nachfolgenden Gestaltungen häufig auch mit den individuellen Wünschen der betroffenen Arbeitnehmer zusammenhängen, und im Einzelfall weniger mit prekären Arbeitsverhältnissen zu tun haben, sind sie doch so abweichend von einem „normalen Arbeitsverhältnis, dass sie hier als atypische Konstellationen zu behandeln sind.[1647]

a) Vollzeitbeschäftigte und Arbeit auf Abruf

Wie bereits erwähnt, ist § 12 TzBefrG nur auf Teilzeitbeschäftigte anzuwenden, wie sich aus der Zielsetzung des Gesetzes ergibt, § 1 TzBefrG.[1648] Abrufarbeit von Vollzeitbeschäftigten ist auf der Grundlage der Privatautonomie möglich und unterliegt insofern einzelvertraglich bei vorformulierten Klauseln nur dem

1644 BAG v. 3.5.1983, in: AP Nr. 39 zu § 1 Feiertagslohnzahlungsgesetz; BAG v. 26.3.1985, in: AP Nr. 47 zu § 1 Feiertagslohnzahlungsgesetz.

1645 BAG v. 12.6.1996, in: NZA 1997, 191/4.

1646 Preis/*Necati* 154 f.

1647 Zum Job Sharing s.o., 3. Kap. § 5 I 2 b); nicht zu Arbeit auf Abruf auch in einem weiten Sinne zu zählen sind auch variable Gleitzeitregelungen oder die Vertrauensarbeitszeit, Preis/*Necati* 141.

1648 EK/*Preis* § 12 TzBefrG Rn 3, 7; **a.A.** Laux/*Schlachter* § 12 Rn 31.

Schutz des AGB-Rechts, §§ 307 ff. BGB.[1649] Auch die analoge Anwendung des § 12 Abs. 2 TzBefrG mit seiner Ankündigungsfrist ist nicht möglich.[1650] Das betrifft insbesondere die Frage, inwieweit der Arbeitgeber die Möglichkeit hat, über eine Mindestdauer hinaus einseitig Arbeit abzurufen. Um den Arbeitnehmer hier nicht entgegen § 615 BGB mit dem unternehmerischen Risiko zu belasten, sind solche einseitigen Abrufe noch zulässig, wenn sie nicht mehr als 25 % der vereinbarten wöchentlichen Mindestarbeitszeit betragen. Darüber hinaus würden sie gegen die Grundsätze des § 615 BGB und somit als Klausel auch gegen § 307 Abs. 3 S. 1, Abs. 2 BGB verstoßen.[1651]

Wenn den Arbeitgebern hier größere Ermessenspielräume eröffnet würden, hätte dies zur Folge, dass sie durch die Reduzierung der Arbeitsabrufe auch die Höhe des Arbeitsentgelts reduzieren könnten. Insofern sind solchen Bandbreitenklauseln Grenzen gesetzt.[1652]

b) Rahmenvereinbarungen

Außerdem ist die Arbeit auf Abruf auch zu unterscheiden von Rahmenvereinbarungen, wie sie häufig z.B. für Studierende geschlossen werden. Diese stellen nur die Grundkonditionen für einzelne, erst noch abzuschließende Arbeitsverträge dar. In diesem Rahmen werden dann im Einzelfall Einzelarbeitsverträge z.B. als Aushilfe für einen Tag abgeschlossen.

Das kann in durchaus beiderseitigen Interessen dienen. Problematisch können jedoch so genannte Poolsysteme sein. Dabei richten sich Unternehmen Arbeitnehmerpools ein, in dem sie eine Vielzahl solcher Rahmenvereinbarungen treffen. Je nach Bedarf nehmen sie diese im Wege eines kurzfristigen Einzel-Arbeitsvertrags in Anspruch. Bei einer optimalen, nämlich kostenlosen Verfügbarkeit dieser Personen ergeben sich für das Unternehmen passgenaue, nämlich nur auf den Arbeitseinsatz konzentrierte Lohnkosten.

aa) Auswirkungen auf das Arbeitsverhältnis

Derartige Rahmenverträge sollen keine Arbeitsverträge sein.[1653] Erst die einzelnen, (kurz) befristeten „Abrufe“ sollen arbeitsvertragliche Vereinbarungen darstellen.

1649 S.u.; Schaub/*Linck* § 43 Rn 10; EK/*Preis* § 12 TzBefrG Rn 4.

1650 EK/*Preis* § 12 TzBefrG Rn 4 a.E.

1651 BAG v. 7.12.2005, in: AP Nr. 4 zu § 12 TzBefrG, bestätigt vom BVerfG v. 23.11.2006, in: NJW 2007, 286 f.; Preis/*Necati* 138 f.

1652 Küttner/*Röller* „Aushilfskräfte“ Rn 2; vgl. EK/*Preis* § 12 TzBefrG Rn 5.

1653 BAG v. 31.7.2002, in: AP Nr. 1 zu § 12 TzBefrG; Schaub/*Linck* § 43 Rn 20; Preis/*Necati* 137; frühere tarifrechtliche Regelungen, ohne eine Mindestarbeitszeit den Abruf der Arbeit je nach Bedürfnis in das Ermessen des Arbeitgebers zu stellen, sind heute nicht mehr möglich, Küttner/*Reinecke* „Teilzeitbeschäftigung“, Rn 67.

Diese Gestaltung bringt für den betroffenen Arbeitnehmer erhebliche Nachteile. Angesichts der sehr kurzfristigen Arbeitsverträge kann es lange dauern, bis die Mindestwartezeit von sechs Monaten und der ununterbrochenen Mindestdauer von vier Wochen erreicht ist, bevor ein Entgeltzahlungsanspruch entsteht, § 3 Abs. 3 EFZG. Ähnliches gilt für die Wartezeit nach dem § 4 BUrlG.

Auch wird mit dieser Gestaltung erreicht, dass die betroffenen Arbeitnehmer mit dem Abschluss kürzester, aber hintereinander geschalteten Arbeitsverträge keine regelmäßige Wochenarbeitszeit zumindest im Rahmen einer bestimmten Bandbreite oder eine wöchentliche/monatliche Mindestarbeitszeit haben.

bb) Poolverträge als Umgehungstatbestand?

In dieser Praxis liege auch keine Umgehung des § 12 TzBefrG.[1654] Dieser regele nur die Abrufarbeit im Rahmen von arbeitsrechtlichen Dauerschuldverhältnissen. Davon seien diese Rahmenvereinbarungen mit ihren jeweiligen Kurz-Arbeitsverträgen zu unterscheiden. Insofern läge auch keine Umgehung der Befristungskontrolle nach § 14 TzBefrG oder gar des gesetzlichen Kündigungsschutzes vor.[1655]

Das kann so generell nicht gesagt werden. Dem ist nur insoweit zuzustimmen, wenn dem Arbeitnehmer das Recht eingeräumt wird, einen solchen einzelnen Abruf abzulehnen, ohne dass ihm daraus negative Konsequenzen erwachsen. Fehlt es daran, besteht bereits eine Arbeitspflicht auf Grund der Rahmenvereinbarung, und damit eine wesentliche Verpflichtung aus einem Arbeitsvertrag, sowie eine sich daraus ergebende Vergütungspflicht für die geleistete Arbeit. Insofern wäre § 12 TzBefrG in solchen Fällen anwendbar.

Allerdings ist festzuhalten, dass die Ablehnungsmöglichkeit zugunsten des Arbeitnehmers für den Arbeitgeber einerseits in der Regel keine Probleme bereitet, wenn er einen größeren Pool derartiger Rahmenvereinbarungen vorhält.[1656] Andererseits ist z.B. ein Student, der auf den Zusatzverdienst angewiesen ist, selten in der Lage, konsequenzenlos einen Einsatz abzulehnen. Insofern ist dieses Ablehnungsrecht für ihn eine stumpfe Waffe.[1657]

Unbenommen sind daneben natürlich die Befristungskontrollen der häufig nur eintägig befristeten Einzelarbeitsverträge. Neben der erforderlichen Schriftform des § 14 Abs. 4 TzBefrG ist vor allem der zugelassene Befristungsgrund des nur vorübergehenden Arbeitsanfalls gemäß § 14 Abs. 1 S. 2 Nr. 1 TzBefrG von Bedeutung. Dieser vorübergehende Arbeitsanfall muss aber konkret vorliegen bzw.

1654 Schaub/*Linck* § 43 Rn 20.

1655 *Strasser/Melf* in: AuR 2006, 343/4.

1656 Als Beispiel für einen derartigen größeren Pool, vgl. BAG v. 23.1.2008, zitiert nach *Hamann* in: jurisPR-ArbR 18/2008 Anm. 1, mit mehr als 100 Abrufkräften.

1657 *Strasser/Melf* in: AuR 2006, 343/3.

prognostiziert werden können.[1658] Insofern müssen echte Bedarfsspritzen vorliegen, etwa zum Weihnachtsgeschäft, nicht jedoch allgemein erwartbare Marktschwankungen.[1659] In diesem Fall sieht das Gesetz ein Arbeitsverhältnis auf der Basis des § 12 TzBefrG vor, das in diesen Fällen anzuwenden wäre.[1660]

Der in der betreffenden Person liegende sachliche Grund des § 14 Abs. 1 S. 2 Nr. 6 TzBefrG ist nicht schon durch die Eigenschaft als Studierender erfüllt, der Nebentätigkeiten nach seinen Studienerfordernissen einrichten muss.[1661] Erst wenn nachgewiesenermaßen eintägige Einzelarbeitsverträge auf besonderen Wunsch des Studierenden abgeschlossen werden, und ein stattdessen möglicher unbefristeter Teilzeitvertrag vom Studierenden abgelehnt wird, liegt eine sachliche Rechtfertigung für diese Handhabung vor.[1662]

cc) Rahmenvereinbarung als Arbeitsvertrag?

Die genannte Rahmenvereinbarung wird im Einzelfall als Vorvertrag auf die einzeln abzuschließenden Kurz-Arbeitsverträge abgeschlossen, in dem die arbeitsvertraglichen Pflichten noch nicht verbindlich sind. Ein Dauerschuldverhältnis wird häufig explizit darin ausgeschlossen, ein Ablehnungsrecht zugunsten des Arbeitnehmers bzw. ein Freiwilligkeitsvorbehalt darin festgehalten.

Läuft die praktische Handhabung im Einzelfall jedoch darauf hinaus, kann im Einzelfall dennoch ein unbefristetes Arbeitsverhältnis entstehen.[1663] So etwas ist zu bejahen, wenn jemand über sechs Monate regelmäßig herangezogen wird, ohne dass er einzelne Einsätze ablehnt und auch darauf vertraut, auch zukünftig zur Arbeit heran gezogen zu werden. Hier kommt dann auch der Vertrauensschutz der § 242 BGB zur Geltung.[1664] Betroffene, die sich möglicherweise auf diese Konstellation berufen können, sollten über ihre Arbeitseinsätze wegen ihrer Beweislast entsprechende Dokumentationen vorhalten.

Über den Einzelfall hinaus ist jedoch zu fragen, ob bei einer solchen Rahmenvereinbarung nicht doch ein Dauerschuldverhältnis zumindest mit den Verpflichtungen des § 241 Abs. 2 BGB vorliegt, und zwar unabhängig davon, wie häufig ein Betroffener zur Arbeitsleistung in Anspruch genommen wurde. Darüber hinaus begründet in der Regel der Freiwilligkeitsvorbehalt zur Arbeitsleistung die Unverbindlichkeit. Zumindest in einem Fall hat es das Bundesarbeitsgericht offen gelassen und damit für möglich gehalten, dass eine der schriftlichen Vereinbarung

1658 BAG v. 22.11.1995, in: NZA 1996, 878, 880.
1659 *Strasser/Melf* in: AuR 2006, 343/5.
1660 EK/*Preis* § 12 TzBefrG Rn 13; *Strasser/Melf* in: AuR 2006, 343/5.
1661 *Strasser/Melf* in: AuR 2996, 343/5; **a.A.** noch BAG v. 4.4.1990, in: NZA 1991, 18, 20.
1662 BAG v. 4.6.2003, in: BB 2003, 1683/4.
1663 *Strasser/Melf* in: AuR 2006, 343/4.
1664 BAG v. 22.4.1998, in: BB 1998, 2211/2213.

zuwider laufende mündliche Abrede doch zur Annahme einer verbindlichen Arbeitsleistung und damit zu einem Arbeitsvertrag führen kann.[1665]

dd) Bewertung

Die Beschäftigung im Poolsystem ist eine sehr unsichere Angelegenheit für den Betroffenen. Trotz der Möglichkeit, etwa eine zulässige Befristung gerichtlich prüfen zu lassen, läuft er in einem solchen Fall natürlich Gefahr, vom Pool-Arbeitgeber nicht mehr zur Arbeit heran gezogen zu werden. Insofern haben diese Rahmenvereinbarungen disziplinierenden Einfluss auf die Betroffenen, da sie permanent in der Situation sind, auf ein Angebot eines jeweils kurzfristigen Arbeitsvertrages zu warten.

c) Bereitschaftsdienst

Unter dem Begriff des Bereitschaftsdienstes können mehrere Gestaltungen verstanden werden. Klassischerweise hält sich ein Arbeitnehmer zusätzlich zu seiner regelmäßigen Arbeitszeit an einem vom Arbeitgeber bestimmten Ort auf, um auf Abruf unverzüglich seine Arbeit aufnehmen zu können. Zu unterscheiden ist dies von der so genannten Rufbereitschaft, bei der sich der Arbeitnehmer außerhalb seiner Arbeitszeit an einem von ihm gewählten Ort befindet, von dem aus er bei entsprechendem Bedarf zu seiner Arbeitsstelle kommt.[1666] Bei beiden Gestaltungen liegt keine Arbeit auf Abruf im Sinne des § 12 TzBefrG vor.[1667]

aa) Bereitschaftsdienst zusätzlich zur üblichen Arbeitszeit

Beide Gestaltungen sind heute arbeitszeitrechtlich unproblematisch. Bereitschaftsdienst ist nach öffentlich-rechtlichem Arbeitszeitrecht Arbeitszeit. Durch die Ruhepausenregelung des § 5 ArbZG als auch die tarifliche Öffnungsklausel des § 7 Abs. 2a ArbZG können diese Bereitschaftszeiten in die übliche Arbeitszeit integriert werden.

Arbeitsvertraglich kann der Arbeitgeber Bereitschaftsdienst verlangen, wenn dies vertraglich oder tariflich vorgesehen ist. Ob der Arbeitgeber dabei statt Bereitschaftsdienst ggf. Überstunden oder Rufbereitschaft anordnet, ist ihm im Rahmen des vertraglich, tariflich und gesetzlich Zulässigen als Ermessensentscheidung überlassen.[1668] Dem Arbeitnehmer steht für die Zeit des Bereitschaftsdienstes ein

1665 BAG v. 22.4.1998, in: BB 1998, 2211/2213.
1666 Küttner/*Reinecke* „Bereitschaftsdienst“ Rn 1.
1667 EK/*Preis* § 12 TzBefrG Rn 10; Preis/*Necati* 142.
1668 BAG v. 25.4.2007, in: NZA 2007, 1108.

entsprechendes Entgelt zu.[1669] Fehlt es an einer Vereinbarung, bestimmt sich die Höhe gemäß § 612 Abs. 2 BGB nach der üblichen Vergütung.[1670]

Der Betriebsrat hat bei der Einführung und Gestaltung des Bereitschaftsdienstes ein Mitbestimmungsrecht gemäß § 87 Abs. 1 Nr. 3 BetrVG.[1671] Insgesamt stellt das ArbZG im Individual- wie auch im Betriebsverfassungsrecht die gesetzlichen Grenzen der zulässigen Arbeitszeit dar.

bb) Vollständiger Bereitschaftsdienst

Ebenfalls nicht mit der Arbeit auf Abruf im Sinne des § 12 TzBefrG zu verwechseln ist eine Vertragsgestaltung, bei der der Arbeitnehmer vollständig in Bereitschaft eines arbeitgeberseitigen Abrufs steht. Eine solche Gestaltung ohne eine Vergütung hat das Bundesarbeitsgericht zu Recht als unzulässig erachtet. Ein vollständiges Bestimmungsrecht des Arbeitgebers über die Zeit, möglicherweise auch anderweitige Arbeitszeit des Arbeitnehmers schränke diesen zu sehr ein.[1672] Dem Arbeitgeber würde damit theoretisch erlaubt, den Arbeitnehmer überhaupt nicht zur Arbeit heranzuziehen und damit den Kündigungsschutz zu umgehen.[1673]

Die Rechtfertigung einer bezahlten Bereitschaft lässt sich mit der Regelung des nachvertraglichen Wettbewerbsverbots vergleichen, § 74 HGB: Auch hier muss die (nachvertragliche) Passivität des Handelsvertreters mit einer entsprechenden Vergütung kompensiert werden. D.h., wenn man will, dass der Betroffene nicht anderweitig arbeitet, muss man diese Zeit abkaufen.

d) Jahresarbeitszeitkonten

Zusätzlich gibt es das Bedürfnis, etwa in Betrieben mit saisonalen Spitzen, aber auch im Interesse der Mitarbeiter, Jahresarbeitszeiten zu flexibilisieren, obwohl § 12 Abs. 1 S. 2 TzBefrG nur von der wöchentlichen bzw. täglichen Arbeitszeit spricht. Dennoch ist eine flexible Handhabung der Jahresarbeitszeit grundsätzlich möglich.[1674]

1669 Diese grundsätzliche Einstufung als Arbeitszeit geht auf den EuGH zurück, der die früheren Ruhezeiten der Arbeitszeit zuordnete, EuGH v. 9.9.2003, in: NZA 2003, 1019.

1670 Küttner/*Reinecke* „Bereitschaftsdienst" Rz.

1671 BAG v. 29.2.2000, in: NZA 2000, 1243.

1672 BAG v. 12.12.1984, in: SAE 1985, 362, wobei möglicherweise eine Gestaltung, bei der die Bereitschaftszeit ebenfalls vergütet wird, möglicherweise akzeptiert worden wäre, vgl. *Schüren* in: SAE 1985, 362; so sah es auch der erste Regierungsentwurf zum BeschFG vor, vgl. *Schüren* a.a.O.

1673 *Schüren* in: SAE 1985, 362.

1674 Schaub/*Linck* § 43 Rn 18; **a.A.** *Boewer* § 12 Rn 13.

Ist das TzBefrG hier anwendbar? Immerhin wird ein Arbeitnehmer, der etwa in der Summe etwa 1500 bis 2000 Stunden pro Jahr arbeitet, wegen einer anderen zeitlichen Gewichtung seiner Arbeit zeitweise eine kürzere Wochenarbeitszeit als die eines vergleichbaren Vollzeitbeschäftigten haben. Andererseits wird diese Gruppe von Mitarbeitern zumindest in der Zeit der Volllast regelmäßig keine kürzere Wochenarbeitszeit als vergleichbare Vollzeitbeschäftigte haben, § 2 TzBefrG. Damit wären sie aber nach dem Gesetzeswortlaut keine Teilzeitbeschäftigten mehr, auf die § 12 Abs. 1 S. 2 TzBefrG anzuwenden wäre.

Aber auch für Mitarbeiter, die weniger als eine übliche volle übliche Jahresarbeitszeit zu leisten haben und deswegen in den Anwendungsbereich des TzBefrG fallen, schließt § 12 Abs. 1 S. 2 TzBefrG eine jährliche Betrachtung nicht aus.[1675] So war es auch im Vorgängergesetz, § 4 BeschFG, vorgesehen, das das TzBefrG fortführen sollte.[1676]

Daher sind Vereinbarungen nicht nur mit täglichen und wöchentlichen Arbeitszeiten, sondern auch mit Jahresarbeitszeiten, auch in einer Aufteilung von Arbeitszeitblöcken mit arbeitsfreier Zeit möglich. Wichtig ist, dass eine kontinuierliche Vergütung des Arbeitsnehmers sichergestellt ist. Die Grenzen der täglichen bzw. wöchentlichen Arbeitszeit gemäß § 3 ArbZG sind natürlich auch bei Jahresarbeitszeitkonten zu beachten.

3. Betriebsverfassungsrecht

Liegen die Voraussetzungen des BetrVG vor, ist bei der betrieblichen Festlegung der täglichen Mindestarbeitszeit das Mitbestimmungsrecht des Betriebsrats gemäß § 87 Abs. 1 Nr. 2 BetrVG zu beachten.[1677] Der einzelne Abruf als gestaltende Festlegung der individuellen Arbeitszeit ist dagegen mitbestimmungsfrei.[1678]

Im Einstellungsverfahren ergeben sich an sich keine Besonderheiten bis auf die Fälle, in denen kurzfristige Arbeitsverträge auf der Grundlage der beschriebenen Pool- oder Rahmenvereinbarungen geschlossen werden. Hier stellt sich die Frage, ob bereits der Abschluss solcher Vereinbarungen bereits gemäß § 99 Abs. 1 BetrVG mitbestimmungspflichtig ist. Das Bundesarbeitsgericht hat das mit der Begründung, dass es sich hierbei noch nicht um die eigentliche Einstellung handelt, abgelehnt.[1679] Unabhängig von der Fragwürdigkeit dieses Ansatzes wird man pragmatisch aber festhalten müssen, dass es für den Arbeitgeber in diesen Fällen dann erforderlich ist, bei jeder einzelnen, auch kürzestfristigen Einstellung auf der Basis einer solchen Rahmenvereinbarung zuvor den Betriebsrat einzuschalten.

1675 Schaub/*Linck* § 43 Rn 18; EK/*Preis* § 12 TzBefrG Rn 18.

1676 Vgl. BT-Drucks. 14/4625, 20.

1677 BAG v. 28.9.1988, in: AP Nr. 29 zu § 87 BetrVG; Schaub/*Linck* § 43 Rn 17; Preis/*Lindemann*/*Urmersbach* 64 f.

1678 Preis/*Necati* 157.

1679 BAG v. 23.1.2008, Az.: 1 ABR 74/06.

Insofern wäre es zu empfehlen, in der Praxis über derartige Rahmenvereinbarungen mit dem Betriebsrat ein Einvernehmen zu erzielen.[1680]

4. Fazit

Auch bei der Arbeit auf Abruf erkennt man den Willen des Gesetzgebers, diese Gestaltungsform von Arbeitsverhältnissen mit einem Mindestschutz für betroffene Arbeitnehmer zu versehen. Insbesondere unterliegen Arbeitsverhältnisse auf Abruf grundsätzlich dem Arbeitsrecht. Sofern die individuellen Voraussetzungen vorliegen, gelten für sie auch die üblichen arbeitsrechtlichen Schutzmechanismen wie z.B. Entgelt-, Diskriminierungs- oder Kündigungsschutz.

Kritisch ist bei solchen Arbeitsverhältnissen mit insgesamt geringer Arbeitszeit das Arbeitsentgelt, das in solchen Fällen als Lebensgrundlage häufig nicht auskömmlich sein dürfte, auch wenn dies der geringen Arbeitszeit geschuldet ist. Daneben können von den Prekariatskriterien insbesondere die der betrieblichen Integration sowie der geregelten Arbeitszeit fraglich sein. Arbeitsverhältnisse auf Abruf haben daher nicht per se den Charakter einer prekären Beschäftigung. Wie in vielen anderen Fällen auch, kommt es darauf an, jeden Einzelfall zu prüfen.

Allerdings sind die Arbeitsverhältnisse auf Abruf mit ihrem gesetzlich vorhandenen Mindestschutz leicht zu umgehen. Eine Rahmenvereinbarung, unter dessen Dach Einzelarbeitsverträge für genau die vom Arbeitgeber gewünschte Zeit abgeschlossen werden, nimmt auf diesen Mindestschutz keine Rücksicht, so lange diese Beschäftigungsform nicht unter den § 12 TzBefrG fällt. Bei diesen Rahmenvereinbarungen mir kurzfristigen Einzelbeschäftigungen sind so gut wie alle wesentlichen Prekariatskriterien gegeben. Dementsprechend lauten dann auch entsprechende Empfehlungen, für punktuelle Bedürfnisse dann ggf. einen auf einen Tag befristeten Arbeitsvertrag abzuschließen.[1681]

VIII. Zusammenfassung

Die Patchwork-Arbeitsverhältnisse zeichnen sich durch eine hohe Unsicherheit für die Beschäftigten aus. Aus der tabellarischen Übersicht wird deutlich, dass lediglich die Telearbeit deutlich mehr als die Hälfte der Kriterien erfüllen kann, die für ein normales Arbeitsverhältnis anzusetzen sind. Etwa die Hälfte dieser Kriterien können noch bei der Teilzeitarbeit erfüllt sein.

Die schematische Übersicht lässt natürlich individuellen vorliegende, zusätzliche Konditionen unberücksichtigt. Insofern ist eine Verbesserung beim Einzelnen durchaus möglich, wenn geringfügig Beschäftigte etwa fest in einen Betrieb, in

1680 *Hamann* in: jurisPR-ArbR 18/2008 Anm. 1.
1681 BAG v. 16.4.2003, in: NZA 2004, 40.

seine Abläufe und in die soziale Gruppe integriert sind. Umgekehrt ist individuell eine höhere Unsicherheit möglich, wenn im Einzelfall etwa keine Mitarbeitervertretung wie ein Betriebsrat als Ansprechpartner zur Verfügung steht.

Tabelle 6: „Patchwork"-Arbeit und Prekariatskriterien

Kriterien (max. Punkte)	**Teilzeit**	**Geringfügige Beschäftigung**	**Aushilfen**	**1-€-Jobs**	**Heimarbeit**	**Telearbeit**	**Arbeit auf Abruf**
Vollzeit (10 P.)	–	–	–	–	O 5	O 5	–
Angemessene Entlohnung (10 P.)	O 5	–	–	–	O 5	X 10	–
Sozialversichert? (10 P.)	X 10	O 5	–	–	X 10	X 10	O 5
Unbefristet? (15 P.)	O 7,5	O 7,5	–	–	X 15	X 15	O 7,5
Betriebliche Integration (10 P.)	O 5	–	–	–	–	O 5	O 5
Gilt KSchG? (10 P.)	X 10	X 10	–	–	–	X 10	O 5
Tarifstandards (7 P.)	X 7	–	–	–	O 3,5	X 10	O 5
Gleich-/Regelmäßige Arbeitszeit (7 P.)	X 7	X 7	O 3,5	X 7	O 3,5	O 3,5	–
BR-Vertretung? (7 P.)	X 7	X 7	X 3,5	O 3,5	O 3,5	X 7	X 7
Entgeltschutz? (5 P.)	X 5	X 5	O 2,5	–	O 2,5[1682]	X 5	O 2,5
Besonderer Diskriminierungsschutz? (5 P.)	X 5	X 5	X 5	O 2,5	O 2,5	X 5	X 5
Haftungsprivilegierung? (2 P.)	X 2	X 2	X 2	X 2	–	X 2	X 2
ArbG zuständig? (2 P.)	X 2	X 2	X 2	O 1	X 1	X 2	X 2
Gesamtpunktzahl (Max. Punktzahl 100)	**72,5**	**50,5**	**18,5**	**16**	**51,5**	**94,5**	**46**
Anzahl der Kriterien erfüllt/ teilweise erfüllt/ nicht erfüllt	**9** **3** **1**	**7** **2** **4**	**4** **2** **7**	**2** **3** **8**	**4** **6** **3**	**10** **3** **0**	**4** **6** **3**

1682 Entgeltschutz ist hier nicht im Sinne der §§ 23 ff. HAG zu verstehen, sondern als Entgeltsfortzahlungsschutz für Feiertage, Krankheit usw. Allerdings wird hier mangels Geltung des § 615 BGB nur die halbe Punktzahl angesetzt.

Man sieht deutlich Prekariatstendenzen bei den Ein-Euro-Jobs, und den Aushilfstätigkeiten. Aber auch die Arbeit auf Abruf, die Heimarbeit und geringfügige Beschäftigungen, sowie etwas weniger die Teilzeitarbeit weichen in ihren Sicherheitsstandards stark von Normarbeitsverhältnissen ab.

3. Kapitel – Schlußfolgerungen

Am Ende bleibt ein kurzer Rückblick auf die Betrachtungen der einzelnen, nicht den „normalen“ Arbeitsverhältnissen entsprechenden Beschäftigungsformen sowie eine Zusammenfassung der Ergebnisse. Gewöhnungsbedürftig ist dabei sicher der Versuch, den Sicherheitsgrad der einzelnen atypischen Arbeitsverhältnisse tabellarisch festzuhalten.

§ 1 Zusammenfassung der Ergebnisse

Nach der Durchsicht aller wesentlichen Beschäftigungsformen, die von einem Normarbeitsverhältnis atypisch abweichen, lässt sich kein eindeutiges Bild darüber gewinnen, dass diese atypischen Arbeitsverhältnisse per se prekären Charakter haben.

Die Gewichtung der einzelnen Kriterien in den Tabellen am Ende der jeweiligen Kapitel ist dabei naturgemäß pauschaliert vorgenommen worden. Was nutzen sieben Punkte für das Kriterium eines vorhandenen Betriebsrats, wenn dieser sich ausnahmsweise nicht um die Mitarbeiterbelange von Leiharbeitern bzw. nur um die Belange der Stammbelegschaft kümmert? Wie sind zehn Punkte für die betriebliche Integration zu bewerten, wenn Betroffene ihre Tätigkeit zwar im Rahmen der betrieblichen Organisation zu erbringen haben, aber von Kollegen und/oder Vorgesetzten gemobbt werden? Auch hier sind im Einzelfall bei Bedarf Anpassungen vorzunehmen, um zu einem zutreffenden individuellen Ergebnis zu kommen.

Stellt man diese Gesichtspunkte in Rechnung und bemüht man sich um eine individuelle Beurteilung des Einzelfalls, erscheint die gewählte Vorgehensweise, atypische Beschäftigungsverhältnisse mit Hilfe der gezeigten Tabelle einzuordnen und zu bewerten, als durchaus praktikabel. Die einzelnen Tabellen und die darin vorgenommenen Gewichtungen zeigen dennoch einige wesentliche Unterschiede auf. Daher kann man sagen, dass sowohl die in den einzelnen Aufstellungen zugrunde gelegten Punktzahlen als auch die erfolgte Gewichtung der Kriterien zu einem in sich schlüssigen, brauchbaren Ergebnis führen. Und nur so, als Hilfestellung für eine rasche erste Einschätzung, bietet sie den größtmöglichen Nutzen für den Anwender.

I. Die Prekarier

Es lässt sich daraus ableiten, dass insbesondere freie Mitarbeiter, Ein-Euro-Jobs oder Aushilfen – wenig überraschend – am unteren Ende der Punkte- und Kriterienskala als prekär zu bezeichnen sind. Aber auch Au pairs oder die familienrechtliche Unterhaltsarbeit erreichen keine 20 Punkte und sind somit zumindest objektiv mit einem hohen Prekariatsrisiko versehen. Wie viele Menschen in dieser Gruppe davon betroffen sind, lässt sich schwer quantifizieren. Aber man kann insgesamt wohl schon einer siebenstelligen Zahl von Betroffenen ausgehen, wenn man sich die 604.000 Ein-Euro-Jobs vor Augen hält, die man 2005 zählte.[1683]

1683 Vgl. 2. Kap. § 5 IV.

II. Die Unsicheren

Weit von der Sicherheit eines normalen Arbeitsverhältnisses entfernt sind auch die Arbeit auf Abruf, der Übertritt in ein ausländisches Arbeitsverhältnis, die Praktika (sowohl vor als auch nach einem Berufsabschluss), die geringfügige Beschäftigung, die Leih- und Heimarbeit sowie die Beschäftigung von Haushaltshilfen. Hier werden wesentliche Kriterien, die ein normales Arbeitsverhältnis ausmachen, nicht erfüllt. Diese Beschäftigungsformen erreichen 50 Punkte gar nicht oder liegen nur wenig darüber. Die Betroffenen tragen daher tendenziell ein hohes Prekarisierungsrisiko. In der Leiharbeit allein waren 2008 bereits 745.000 Arbeitnehmern tätig[1684] und es 6,5 Mio geringfügig Beschäftigte geben soll. Auch hier liegt also ein millionenfaches Phänomen vor.

Im übrigen lässt sich am Beispiel der Haushaltshilfen und der geringfügig Beschäftigten veranschaulichen, dass die hier getroffenen Einordnungen recht realistisch sind. Es ist einsichtig, dass Haushaltshilfen häufig auch als geringfügig Beschäftigte arbeiten. Insofern sind beide Beschäftigungsarten vergleichbar. Auch die hier ermittelten Werte decken sich mit dieser Beobachtung. Mit 52,5 bzw. 50,5 Punkten liegen beide Beschäftigungsformen praktisch gleichauf. Auch die Gewichtung mit den ganz/teilweise/nicht erfüllten Kriterien ist fast identisch.[1685] Das spricht auch für eine Alltagstauglichkeit der gewählten Tabellenform.

III. Die noch nicht sicheren Arbeitsverhältnisse

Auf den ersten Blick erscheinen Beschäftigungsverhältnisse in Kleinbetrieben, aber auch die Tätigkeit als Volontär, Werkstudent, betrieblicher Umschüler oder in der Probezeit tendenziell positiver. Erstaunlicherweise gehören hier auch die Teilzeit- und befristete Arbeitsverträge hin, obwohl sie in der öffentlichen Diskussion zu den Prototypen prekärer Arbeit gezählt werden. Mit den Kleinbetrieben, der Teilzeit- und der befristeten Arbeit liegen hier drei Beschäftigungsformen in Millionenstärke vor, für die der volle Schutz des Arbeitsrechts nicht mehr wirkt.

Hier zeigt sich jedoch der reine Überblickscharakter der Tabellen, da hier nur das einzelne Vertragsverhältnis als solches untersucht wird. Befristete Arbeitsverträge erzielen hier in der Tabelle immerhin 75 Punkte und erfüllen neun von dreizehn Kriterien. Dennoch werden befristete Verträge zu Recht als eine Form möglicher prekärer Beschäftigung genannt, da es den Betroffenen, wenn sie keine Aussicht auf eine unbefristete Anstellung haben, an einer längerfristigen Perspektive mangelt. Diese prekäre subjektive Perspektive haftet jedoch nicht dem einzelnen abstrakten Vertragstyp als solchem an. Es wird daher auch hier auf den Einzelfall

1684 Vgl. 2. Kap. § 4 III 1.

1685 Mit 6 erfüllten, drei teilweise und vier nicht erfüllten Kriterien für die Haushaltshilfe sind sie praktisch vergleichbar mit den sieben erfüllten, zwei teilweise und vier nicht erfüllten Kriterien für die geringfügige Beschäftigung.

ankommen. Denn das Prekariatsrisiko bei befristeten Verträgen verschärft sich natürlich enorm, sie mit weiteren atypischen Beschäftigungsformen kombiniert werden. Wenn es sich zusätzlich z.B. um eine Teilzeitstelle mit wenig auskömmlicher Bezahlung handelt und möglicherweise außerdem noch Leiharbeit vorliegt, verstärkt sich dieser Effekt noch. Die Tabellen ersetzen daher keine Beurteilung individueller Beschäftigungsverhältnisse. So ist die Gewichtung für die einzelnen Kriterien für jeden Einzelfall vorzunehmen. Dennoch zeigt sich hier deutlich der zusätzliche destabilisierende Effekt solcher Kombinationen.

IV. Die einigermaßen sicheren Arbeitsverhältnisse

Von den atypischen Arbeitsverhältnissen dürften Arbeitsverträge in Tendenzbetrieben oder bei den Religionsgemeinschaften, die Telearbeit, aber auch die echten Arbeitsverträge für Familienangehörige das geringste Prekariatsrisiko aufweisen. Sie erreichen in den Übersichten fast 90, die Telearbeit gar 94,5 Punkte.

Aber auch hier kann das keine Absolution per se bedeuten, denn die Tabellen können nur eine generelle Orientierung bieten. Es kommt auf die individuelle Gestaltung des Arbeitsverhältnisses und die individuelle Situation. Einem Mitarbeiter einer Amtskirche, dem wegen des Austritts aus der Kirche das Arbeitsverhältnis gekündigt wird, helfen die 85 Punkte nicht, wenn er sich gegen diese Kündigung nicht mit Aussicht auf Erfolg wehren kann.

§ 2 Entwicklung zu einem Massenphänomen der atypischen Beschäftigungsverhältnisse

Dass es neben den „typischen“ Vollzeitarbeitsplätzen auch zahlreiche anderweitige Vertragsgestaltungen im Arbeitsrecht gibt, ist schon lange Allgemeingut. Allerdings wird aus der Arbeit deutlich, dass es zahlreiche „atypische“ Beschäftigungsformen gibt, die per se ein Unsicherheitsrisiko für die Betroffenen in sich bergen. Das gehören neben der in der Öffentlichkeit hierzu immer wieder kolportierten Leih-, Teilzeitarbeit, sowie den Ein-Euro-Jobs die befristeten Arbeits- und freien Mitarbeiterverträgen sowie eine Vielzahl weiterer Beschäftigungsformen. Diese sind in der öffentlichen Diskussion wesentlich unbekannter,[1686] haben aber ebenfalls ein Prekariatsrisiko.

Der Blick auf einzelne Beschäftigungsverhältnisse erschließt das ganze Ausmaß eines eventuellen Unsicherheitsrisikos im Einzelfall. Er versperrt jedoch die Sicht auf die massenhafte Ausweitung dieser Beschäftigungsformen, die keine typischen, einigermaßen sicheren Arbeitsverhältnisse mehr sind. Das zahlenmäßige Ausmaß dieser Entwicklung zeigt, wie sehr die Arbeitswelt von den unsichereren Arbeitsverhältnissen durchdrungen wird. Auch wenn die nachfolgenden Zahlen von dritter Seite häufig schwanken und insofern nur eine Orientierung geben können, so zeigen sie doch, dass es insgesamt eine millionenfache Ausweitung des Arbeitsmarkts in diese atypischen Beschäftigungsverhältnisse gegeben hat.[1687] Die Größenordnungen muss man sich einmal insgesamt betrachten:

- 5–10 Mio. Teilzeitbeschäftigten (2004),[1688] davon 6,5 Mio. geringfügig Beschäftigte[1689]
- 6,5 Mio. Arbeitsnehmer in Kleinbetrieben bis zu neun Beschäftigten[1690]
- 2,7–4,1 Mio. befristeter Arbeitsverträge (2003)[1691]
- 875.000 Telearbeiter (2002)[1692]

1686 Abgesehen von dem Stichwort der öffentlich diskutierten „Generation Praktikum“.

1687 S.o. 1. Kap. § 3 I.

1688 Vgl. 2. Kap. § 5 I.

1689 Vgl. 2. Kap. § 5 II 1. b).

1690 Vgl. 2. Kap. § 4 V.

1691 *Körner* 12; das Statistische Bundesamt gibt immerhin die Zahl von 2,7 Mio. befristeter Arbeitsverhältnisse an, vgl. FAZ v. 10.9.2008, „Mehr Beschäftigte durch Teilzeit und Zeitarbeit“.

- 745.000 Leiharbeitnehmer (2008),
- 604.000 Ein-Euro-Jobs (2005)[1693]
- 60–70.000 Betriebspraktika (2007)[1694]
- 60.000 Heimarbeiter (2005).[1695]

Beschäftigungszahlen zu Tendenzbetrieben, freien Mitarbeitern, in das Ausland entsandten Mitarbeitern sowie zur Arbeit auf Abruf sind gar nicht berücksichtigt, da insofern keine Werte ersichtlich sind. Bei Praktika, die nach einer abgeschlossenen Berufsausbildung durchgeführt werden, gibt es m.E. zu stark schwankende Angaben, als das sie auch nur eine einigermaßen sichere Aussage zulassen.[1696] Die Aushilfskräfte dürften bereits in den geringfügig Beschäftigten größtenteils mit enthalten sein. Bei den Amtskirchen schwanken die Zahlen zwischen 600.000 über 1,2 Mio. zu 1,4 Mio. Beschäftigten.[1697]

Selbstverständlich ist auch die Möglichkeit sich überschneidender Zahlen möglich, weil z.B. Teilzeitbeschäftigte gleichzeitig auch nur einen befristeten Vertrag haben und vielleicht noch in einem Kleinbetrieb arbeiten. Dennoch machen diese Größenordnungen deutlich, dass wir es mit einer weit verbreiteten, ja flächendeckenden Entwicklung zu tun haben. Diese Vielzahl an immer häufiger eingesetzten Vertragsformen führen nebenbei natürlich auch zu einem erhöhten know-how-Bedarf der Unternehmen (und Betriebsräte) in arbeitsrechtlichen und personalpolitischen Fragen.

Auch die Entwicklung der Zahlen über die Jahre verdient Beachtung. In fast allen Bereichen war in den letzten Jahren ein Anstieg der jeweiligen atypischen Beschäftigungsverhältnisse zu beobachten. Eine grundsätzliche Änderung dieser Entwicklung ist daher nicht zu erwarten, auch wenn die Zahl etwa der Leiharbeitnehmer wegen der aktuellen Rezession abnehmen mag.

1692 Nach *Schaub* § 164 Rn 5 m.w.N.
1693 Vgl. 2. Kap. § 5 IV.
1694 IAB-Kurzbericht 7/2007, „Betriebspraktika – Auf Umwegen zum Ziel“, 2.
1695 2. Kap. § 5 VI.
1696 Vgl. 2. Kap. § 4 V 1.b).
1697 S.o. 2. Kap. § 3 II.

§ 3 Gründe dieser Entwicklung

Ursprünglich wurde das Arbeitsrecht entwickelt, um zu der persönlichen und wirtschaftlichen Abhängigkeit des Arbeitnehmers, seiner fehlenden wirtschaftlichen Durchsetzungsfähigkeit gegenüber den Interessen der Arbeitgeber und dem sich daraus ergebenden, seither anerkannten Schutzbedürfnis der Arbeitnehmer ein Gegengewicht zu schaffen.[1698] Die oben angegebenen Zahlen zeigen ein mittlerweile gewandeltes Bild. Ehemals als schutzbedürftig eingestufte Voll-Arbeitnehmer gelten heute gegenüber den atypisch Beschäftigten als privilegierte Menschen. Deren Privilegien stehen allerdings zunehmend zur Disposition zugunsten einer größeren Flexibilisierung des Arbeitsmarkts.

Als Ursache für diese Entwicklung ist aber nicht nur die Globalisierung zu berücksichtigen. Auch der ebenfalls stattfindende Strukturwandel in eine zunehmende personenbezogene Dienstleistungsgesellschaft mit traditionell niedrigeren Löhnen ist nicht der alleinige hauptsächliche Treiber dieses langfristigen Trends. Ebenso sind die Gründe nicht nur in der Findigkeit von Personaljuristen zu suchen, die auf der Basis der Privatautonomie eine Vielzahl von atypischen Gestaltungsformen bei Beschäftigungsverhältnissen entwickelt haben und weiter entwickeln werden.

Vielmehr ist es gerade die Politik in Deutschland, die durch die gesetzgeberische Atomisierung und Dezentralisierung des Arbeitsrechts diese Entwicklung forcieren.

Das geschah nicht nur durch die öffentlich-rechtliche Subventionierung von ABM-Maßnahmen und der später erfolgten gezielten Herausnahme von Beschäftigten aus dem Arbeitsrecht (1-Euro-Jobber). Gerade der Gesetzgeber selbst hat durch die Verabschiedung einer Vielzahl von Gesetzen den Weg von der Aufweichung des „Normal“-Arbeitsverhältnisses hin zu vermehrten atypischen Gestaltungsformen mitgezeichnet. Hierzu zählen etwa

- beginnend 1985 mit dem BeschFG, sowie seiner Nachfolgeregelung von 2001, dem TzBefrG,
- die Neufassung des AÜG 2003 mit der Ausweitung der Leiharbeit,
- der neue § 16 SGB II für die Ein-Euro-Jobber (2005),
- das Wissenschaftsfreiheitsgesetz von 2007 für die wissenschaftlichen Mitarbeitern an Hochschulen,

1698 Vgl. Schaub/*Linck* § 2 Rn 4 ff.

- § 23 KSchG mit seiner 2004 erfolgten Erweiterung der Definition des Kleinbetriebs,
- die Gesetzgebung zu den geringfügigen Beschäftigungen, z.B. § 7 Abs. 1a SGB IV.[1699]

Man kann sagen, dass der Ausbau der atypischen Beschäftigung durch gesetzgeberische Maßnahmen geradezu gefördert wurde. Bei der Leiharbeit wurde die ursprünglich vorgesehene maximale Überlassungszeit von drei Monaten sukzessive auf zunächst sechs, dann zwölf und später auf 24 Monate ausgedehnt, bevor diese Befristung letztendlich ganz aufgegeben wurde. Seit der Einführung grundlos befristeter Arbeitsverträge 1985 ist diese Befristung von einem auf zwei Jahre ausgedehnt worden, bei neu gegründeten Unternehmen gar auf vier Jahre. 2003 ist die Verdienstgrenze für Minijobs von 325, – € auf 400,– € angehoben und die 15-Stunden-Grenze abgeschafft worden. Die Versicherungspflicht in Nebenjobs wurde aufgehoben.

Man kann sicher davon ausgehen, dass diese erweiterten gesetzlichen Möglichkeiten für die Arbeitgeber in einem engen Zusammenhang mit der Zunahme von atypischen und prekären Beschäftigungsverhältnissen stehen. Mit anderen Worten, die politische Deregulierung hat zu einem Gutteil dazu beigetragen, dass die Zahl der Normarbeitsverhältnisse in den letzten Jahren zurückgegangen ist. Und sie wird auch in Zukunft weiter zurückgehen.

Dem liegt ein utilitaristischer Ansatz zugrunde. Durch die erhöhte Flexibilität am Arbeitsmarkt war und ist die Hoffnung verbunden, möglichst viele Menschen, und gerade auch Arbeitslose, wieder in Arbeit zu bringen. Dass damit die Anzahl der Normarbeitsplätze zurückgegangen ist und sich die Arbeitsbedingungen insgesamt verschlechtert haben, und die Gefahren für die sozialen Sicherungssysteme steigt,[1700] wird sozusagen in Kauf genommen, wenn unter dem Strich in der Gesamtheit der Bevölkerung die Beschäftigung steigt. Hinzu kommt außerdem noch das Bedürfnis der öffentlichen Hand, die sozialen Aufwendungen für Arbeitslose in Zeiten knapper öffentlicher Haushalte zu reduzieren.

Dabei wird aber in der Sprachregelung darauf geachtet, dass zumindest für bestehende Arbeitsverhältnisse der Schein weiter bestehender Schutzmechanismen beibehalten wird. Zu diesem Zweck wird gesetzlich weniger in die einzelnen rechtlichen Schutzpositionen eingegriffen, etwa indem das KSchG liberalisiert wird. Es wird vielmehr der Anwendungsbereich geändert. Insofern sei nur auf den 2004 ausgeweiteten Begriff des Kleinbetriebs im § 23 KSchG hingewiesen. Durch die Übergangsregelungen werden materiell die Kündigungsschutzmaßstäbe nicht aufgeweicht, und die alte Fünf-Mitarbeiter-Regel gilt für die vor dem 31.12.2003

1699 Auch die Schaffung der „Ich-AG" gehört hierher. Sie macht deutlich, dass es der Sozialpolitik weniger auf die Schaffung echter Arbeitsplätze ankommt, als vielmehr um fast jeden Preis die Arbeitslosigkeit zu bekämpfen – auch wenn Arbeitslose als „prekäre" Selbständige scheitern.

1700 *Keller/Seifert* in: WSI-Mitteilungen 2006, 235/7.

in Kleinbetrieben Beschäftigten weiter. Durch die Fluktuation am Arbeitsmarkt, durch den nach und nach vorgenommenen Ersatz und Austausch der vor dem 31.12.2003 Beschäftigten durch neu eingestellte Mitarbeiter wird sich die Kleinbetriebsklausel in Zukunft immer seltener auf „Altfälle" mit dem niedrigeren Schwellenwert von fünf Mitarbeiter anwenden lassen. Man verkleinert einfach den Anwendungsbereich, ohne politisch am materiellen Kündigungsschutz etwas zu ändern. Dennoch fallen so mit der Zeit immer weniger Arbeitnehmer in den Schutz des KSchG.

§ 4 Folge der Gesetzgebung

Damit erfolgte schleichend eine Aufteilung des Arbeitsmarktes in einen typischen und atypischen Arbeitsmarkt, die bis zur prekären Beschäftigung führt. Denn die Betrachtung der einzelnen Beschäftigungsformen führt zu dem Ergebnis, dass in der Regel arbeitsrechtliche Schutzmechanismen zugunsten des Einzelnen bei den atypischen Formen verglichen mit den typischen Arbeitsverhältnissen reduziert sind. Es fällt auf, dass diese unterschiedlichen Schutzmaßstäbe häufig für ansonsten vergleichbare Tätigkeiten herrschen. Auch die einzelnen Vertragsgestaltungen unterscheiden sich häufig trotz an sich vergleichbarer Arbeit. Diese Beobachtungen ungleicher Gestaltungen lassen sich auch häufig innerhalb des gleichen Betriebs feststellen.

In den Zeiten der Massenarbeitslosigkeit erscheinen diejenigen, die relativ sichere „Normal"-Arbeitsplätze innehaben, daher als privilegiert – nicht nur gegenüber denjenigen, die keine Arbeit haben, sondern auch gegenüber denjenigen, die atypisch beschäftigt werden. In der Politik aber hielt und hält man Arbeit, ob atypisch oder gar prekär, (schein-) selbständig oder als Leiharbeitnehmer für allemal vorzugswürdiger als die Arbeitslosigkeit.

Folge dieser unterschiedlichen Entwicklungen ist der Abbau arbeitsrechtlicher Schutzvorschriften weniger im materiellen Sinne als vielmehr dadurch, dass diese arbeitsrechtlichen Maßstäbe für immer weniger „Normal"-Arbeitnehmer gelten. Dabei trifft diese Entwicklung auf neoliberale Tendenzen, die die Interessen der Unternehmen an der Flexibilisierung der Arbeitswelt in den Vordergrund rücken. Die Sozialpolitik negiert damit den klassischen Interessensgegensatz zwischen Arbeitnehmer und Arbeitgeber, sondern postuliert eher einen Gegensatz zwischen Arbeitslosen und denjenigen, die (welche auch immer) Arbeit haben.

Wird diese Entwicklung unter dem Strich nicht doch durch das positive Ergebnis neuer Arbeitsplätze gerechtfertigt? Der damit einhergehende Abbau auf arbeitsrechtliche Rahmen- und Schutzbestimmungen führt jedoch entgegen anders lautenden Stimmen gerade nicht zwangsläufig zur Schaffung neuer Arbeitsplätze.[1701] Vielmehr ist der Rückgang der Arbeitslosigkeit bis 2008 sicher zu einem Gutteil auf den Aufschwung zurückzuführen. Die massenhafte Ausweitung des atypischen und prekären Beschäftigungssektors stabilisiert nicht nur die Situation der Instabi-

1701 *Schwerdtner* FS Bundesarbeitsgericht, 459/464; vgl. auch *Körner* 10 f. m.w.N., die darauf hinweist, dass in den USA und Großbritannien die dortigen „Jobwunder" staatliche Subventionierung von Löhnen („tax credits") zurück zu führen ist.

len, d.h., dass diese Änderung der Aufteilung des Arbeitsmarkts bestehen bleiben wird. Einher geht damit aber auch die Destabilisierung des bisher Stabilen, nämlich der Zone der Normalität.[1702] D.h., auch die bisher auf „privilegierten" Vollzeitarbeitsplätzen arbeitenden Arbeitnehmer müssen sich insgesamt darauf einstellen, dass ihre Zahl weiter zurückgeht. Individuell müssen sie weiter damit rechnen, dass ihre privilegierte Situation sich jederzeit ändern kann und sie sich künftig ggf. nicht mehr auf einem solchen Normalarbeitsplatz wieder finden.

Denn die Ausweitung der atypischen Beschäftigungsverhältnisse zeigt auch die Bereitschaft der Arbeitgeber an, diese Instrumente auch offensiv zu nutzen. In all diesen Fällen zeigt sich ihre Strategie, statt der etablierten, „typischen" Form von Arbeitsverhältnissen „flexiblere" Beschäftigungsformen zur Verfügung gestellt zu bekommen, die eine Anstellung für den Arbeitgeber (kosten-) günstiger und einfacher gestalten. Eine Ausnahme wird man allenfalls bei hoch spezialisierten, stark nachgefragten Arbeitskräften feststellen, die sich insofern in einer besseren Situation befinden.

Es geht letztendlich auch hier um die Kollision von betriebswirtschaftlich motiviertem Denken gegen gesellschaftlich oder sozial wünschenswerte Positionen. Als Reaktion auf den wirtschaftlichen Strukturwandel, auf die Globalisierung der Märkte – auch der Arbeitsmärkte – wird der Ruf nach einer weitergehenden Änderung und Deregulierung des Arbeitsmarkts nicht verstummen. „Perspektivisch neue Wege" sollen beschritten werden, der Typ des „Selbst-Angestellten" wird gefordert.[1703]

1702 *Brinkmann/Dörre/Röbenack* 61 f.
1703 *Linnenkohl* in: BB 1998, 45

§ 5 Korrekturmöglichkeiten?

Wie aus den vorausgegangenen Kapiteln ersichtlich wird, gibt es eine Reihe von Beschäftigungsformen, die außerhalb des „normalen“, geschützten, unbefristeten Arbeitsverhältnisses angesiedelt sind. Bei der Bewertung stellt sich auch die Frage, ob mit diesen Beschäftigungsformen rechtlich geschützte Vertragsverhältnisse im Sinne von Arbeitsverträgen umgangen werden sollen. Im Grunde wird man sich als Arbeitgeber häufig sagen, dass man es ja probieren könne. Passieren kann im Grund nicht viel.[1704] Hier stellt sich daher die Frage, ob die beschriebenen Rechtsfolgen ausreichen, um den Schutz derartiger Arbeitnehmer zu gewährleisten, oder wie dieser Schutz anderweitig gegeben werden kann.

I. Vertragliche Korrekturmöglichkeiten

Häufig wird ein Beschäftigungsverhältnis juristisch mit einem vermeintlich prekären Hintergrund in das Fahrwasser des üblichen Arbeitsrechts gelangen können, wenn sich herausstellt, dass die Parteien ein echtes Arbeitsverhältnis leben, dass von dem schriftlich vereinbarten atypischen Beschäftigungsverhältnis abweicht. Davon ist etwa bei Praktika auszugehen, die nach einer abgeschlossenen Ausbildung in diesem Beruf eingegangen werden. Diese Art der Umgehung des Arbeitsrechts ist mit der richtigen Einordnung des durchgeführten und damit auch tatsächlich gewollten Beschäftigungsverhältnis abzugleichen, um zum Ergebnis zu gelangen, dass hier ein echtes Arbeitsverhältnis vorliegt.[1705] Es handelt sich in diesen Fällen um eine „falsa demonstratio“, bei der der gewählte Vertragstyp tatsächlich nicht durchgeführt, gelebt wird. Insofern ist die Vertragsbezeichnung falsch.

Wird dadurch zwingendes Recht umgangen, erfolgt zunächst eine Korrektur durch das Recht – aber nur, wenn der Betroffene sich denn wehrt. So verstößt z.B. ein unentgeltliches Praktikum im Sinne des § 26 BBiG gegen die Vergütungspflicht des § 17 BBiG, und das Gesetz spricht dem Betroffenen eine angemessene Vergütung zu. Man könnte daher sagen: dann ist ja auf diesem Wege alles in Ordnung, der Betroffene hat die rechtliche Möglichkeit, diese angemessene Vergütung durchzusetzen.

1704 Strafrechtliche Konsequenzen nach §§ 263, 291 StGB dürften angesichts des erforderlichen Nachweises innerer Tatsachen und subjektiver Tatbestandsmerkmale nicht realistisch sein, vgl. *Maties* in: RdA 2007, 137/144.

1705 S.o. 2. Kap. § 4 IV 2; vgl. *Horstmeier* in: JR 2006, 313 ff.

Im Extremfall helfen dem Betroffenen auch die §§ 134, 138 BGB, wobei der Kernvertrag gemäß § 139 BGB bestehen bleibt. Für diesen gelten dann die gesetzlichen Regeln und damit ein rechtlicher Mindestschutz. Man könnte daher der Meinung sein, dass das Recht derartige Umgehungsversuche korrigiert, um so den Schutz von Arbeitnehmern zu gewährleisten.[1706]

Diese Sicht der Dinge übersieht allerdings, dass derartige Korrekturen nicht ohne weiteres erfolgen; erforderlich ist in der Regel eine gerichtliche Klärung dieser Rechtslagen, die vom Arbeitnehmerausgehen muss. Daraus folgt, dass ein derartig die arbeitsrechtlichen Grundbedingungen umgehender Arbeitgeber schlimmstenfalls die üblichen Konditionen zu gewährleisten hat, vgl. § 612 BGB.

II. Korrekturmöglichkeiten durch Betriebsräte?

Zumindest in Betrieben mit einem Betriebsrat bestehen außerdem Einflussmöglichkeiten dieser Arbeitnehmervertretungen,[1707] prekär oder atypisch Beschäftigte und ihre Interessen zu vertreten. Allerdings vertreten diese auch die Interessen der unbefristet Vollzeitbeschäftigten. Diese können z.B. befristete Arbeitsverhältnisse oder Leiharbeit so wahrnehmen, dass diese ein höheres Maß an Sicherheit für die eigene Position darstellen. Denn bei einem evtl. anstehenden Personalabbau und den damit verbundenen Entlassungen sind in erster Linie diejenigen betroffen, von denen man sich einfacher trennen kann, eben die Leiharbeitnehmer, die befristet Angestellten, die Praktikanten usw. Daraus wird auch die Zweiteilung der Arbeitswelt auf dem betrieblichen Niveau deutlich: zum einen existiert eine „Stammbelegschaft“, die langfristig gehalten wird, und eine variable Belegschaft, mit der man als Arbeitgeber jonglieren kann. Die Betriebsräte werden in dieser Situation in erster Linie die Interessen der Stammbelegschaft verfolgen, hier dürfte der Konformitätsdruck am größten sein. Daraus folgt, dass die Integration von atypisch oder prekär Beschäftigten in die Interessensvertretung durch die Betriebsräte zumindest nicht die erste Priorität haben dürfte, wenn sie überhaupt vorkommt.

III. Ausblick

Der Schutzmaßstab des Arbeitsrechts wurde und wird dadurch reduziert, dass sich ein immer größerer Anteil der Arbeitnehmerschaft in Rechtsverhältnissen außerhalb des „Normal“-Arbeitsverhältnisses wieder findet, in denen die klassischen Schutzmechanismen des traditionellen Arbeitsrechts nicht mehr greifen. Es ist grundsätzlich problematisch, solchen Arbeitnehmergruppen wesentliche Arbeitnehmerrechte vorzuenthalten, indem mit dem Argument der Vertragsfrei-

1706 *Wank* 102 ff.; *Maties* in: RdA 2007, 137/143.
1707 Vgl. z.B. 2. Kapitel § 4 I 8 zur befristeten Arbeit.

heit Gestaltungen geschaffen werden, die stark von „normalen" Arbeitsverhältnissen abweichen, obwohl doch vergleichbare Leistungen von den Arbeitnehmern erbracht werden.

Andererseits ist zu berücksichtigen, dass sich die die Zahl der atypisch oder gar prekär Beschäftigten in den Betrieben in den nächsten Jahren eher erhöhen wird und die Zahl der typisch Beschäftigten als Stammbelegschaft tendenziell reduzieren wird. Das wird ein schwieriger Balanceakt für Betriebsräte, denn bisher wurden die Leih- und befristet beschäftigten Arbeitnehmer eher als Konkurrenz zur Stammbelegschaft gesehen. Hier wächst aber eine zunehmend größere Klientel heran, und es wäre eine wichtige Aufgabe für Betriebsräte wie auch für die Gewerkschaften im Rahmen ihrer Rolle als Tarifpartei, sich dieser wachsenden Zahl von Arbeitnehmern mehr anzunehmen, und auf eine Integration dieser Mitarbeiter in die Betrieb sowie die Verbesserung ihrer Arbeitskonditionen hinzuarbeiten.

Register

www.ingramcontent.com/pod-product-compliance
Lightning Source LLC
LaVergne TN
LVHW010653300926
849161LV00005B/1110